目　录

一、领导讲话

二、垦区经济与社会发展情况

三、主要经济与社会指标

附录

一

深入贯彻落实十八大精神
为率先实现农业现代化和率先全面
建成农垦小康社会而努力奋斗

——杨绍品总经济师在全国农垦工作会议上的讲话（摘要）

2012 年 12 月 23 日

一、农垦事业发展取得了辉煌成绩，已经站在新的更高的起点上

党的十六大以来，农垦在极其艰难的条件下奋力拼搏、开拓前进，创造了辉煌业绩。可以说，这10年是农垦发展最快、农场变化最大、职工得到实惠最多的时期。

一是整体经济实力显著增强。10 年间，农垦生产总值由 800 多亿元跃升到 5 000 多亿元，今年预计达到 5 008 亿元，比上年增长 13.7%，连续10 年保持 12%以上的增长速度。自 2002 年走出严重亏损困境后实现连续 10 年盈利，预计今年全国农垦实现企业利润 149 亿元，是 2002 年的 7 倍。

二是现代农业建设跃上新台阶。粮食等重要农产品供给能力明显增强，今年农垦粮食总产达到670 亿斤*，比 2002 年翻了一番多，10 年间相继跨越 300、400、500、600 亿斤四个台阶，粮食亩产达到 475 千克，高出全国平均水平 100 多千克。其他农产品产量全面提高，质量安全水平大幅提升；农业生产综合机械化率达到 86%，比 2002 年提高 21 个百分点；农业规模化、组织化、标准化、产业化和现代化整体水平处于全国领先地位。

三是改革开放迈出重大步伐。农业经营体制实现重大创新，新型农业经营主体加快发展，新型农业经营体系不断完善。垦区管理体制朝着产业化、集团化、股份化和现代企业制度方向实现根本性转变。国有经济布局全方位调整，企业产权制度改革全面展开，非公有制经济迅速发展。农场办社会职能改革实现重大突破，政企社企关系逐步理顺。“走出去”战略取得重大进展，垦地合作扎实推进，全方位开放格局进一步形成。

四是垦区民生得到显著改善。2012 年农垦人均纯收入达到 10 600 元，首次突破万元，连续 9 年保持 8%以上增长速度。农垦养老、医疗保险基本实现全覆盖，人均年养老金达到 13 500 多元。以危房改造为重点，农垦公益性基础设施建设步伐加快，生产和生活环境明显改观。截至今年，累计有 120 多万户职工进行了危房改造，中央投资超过 150 亿元，职工住房得到根本改善。农垦扶贫开发稳步实施，10 年间累计有 110 多个贫困农场脱贫。

五是农垦地位作用进一步提升。农垦在保障国家粮食安全和示范带动现代农业建设中的重要作用更加凸显。今年，农垦实现可供商品粮近 600 亿斤，是 2002 年的 2.5 倍，十年累计提供商品粮超过 4 000 亿斤，在保障粮食等主要农产品供给方面已名副其实成为国家在关键时刻调得动、顶得上、应得急的战略力量。创建不同类型、不同层次现代农业示范区 600 多个，通过示范窗口展示和对外科技服务、农机跨区作业、场县（乡）共建等方式，现代农业发展的示范引领作用进一步凸现。农垦还在促进边疆地区繁荣稳定等方面继续发挥独特作用。

二、贯彻落实党的十八大精神，确立“两个率先”的农垦发展新目标

党的十八大是在我国进入全面建成小康社会决定性阶段召开的一次十分重要的大会。大会确定了

---

* 斤为非法定计量单位，1 斤＝0.5 千克。

全面建成小康社会和全面深化改革开放的目标，确立了中国特色社会主义事业“五位一体”的总布局，对农垦事业发展有很强的指导性和针对性。当前和今后一个时期，农垦系统贯彻落实党的十八大精神，最重要的目标任务就是“两个率先”，即率先实现农业现代化、率先全面建成农垦小康社会。

（一）率先实现农业现代化是新时期农垦的历史使命

加快发展现代农业，大力提高农业综合生产能力，确保国家粮食安全和重要农产品有效供给，是党的十八大提出的建设中国特色社会主义现代化国家的一项重要任务。作为农业“国家队”，示范引领我国现代农业发展，是中央赋予农垦的历史使命。农垦必须冲锋在前，勇挑重担。几十年来，农垦现代农业发展取得了长足的进步，始终走在全国的前列，为下一步加快发展奠定了良好的基础。但是，也应该看到，随着农垦现代农业建设水平的不断提高，进一步提升的难度在加大；特别是近些年全国农业生产力水平在迅速提高，农业现代化发展的速度在加快，农村与农垦在现代农业发展上的差距在逐步缩小。因此，我们必须切实增强责任感和紧迫感，进一步提升农垦现代农业发展水平。只有在全国率先实现农业现代化，始终保持领先地位，才能更好地发挥示范引领作用。

率先实现农垦农业现代化，要围绕提高农业劳动生产率、土地产出率和资源利用率，着力在六个方面取得新突破：着力加强基础设施建设，不断提高农业机械作业的普及率和使用效率，率先实现农业物质装备现代化；着力加强农业新技术新品种研发和推广应用，不断提高科技对增产、增效的贡献率，率先实现农业科技现代化；着力创新农业经营体制机制，积极培育新型农业经营主体、发展新型农业经营体系，推进规模经营，提高生产管理效率，率先实现农业组织管理现代化；着力发展和应用现代信息技术，使之贯穿于农业产前、产中和产后等各个环节，率先实现农业信息化；着力加强农业生产经营队伍建设，提高劳动者素质，率先实现农业人才职业化；着力加大资源环境建设与保护力度，提高农业环境质量，增强可持续发展能力，率先实现农业资源利用可持续化。

需要特别强调的是，农业现代化是一个不断发展的动态过程。加快推进农垦农业现代化，要坚持因地制宜、分类实施、重点突破、梯次推进的原则，进一步以 100 个全国农垦现代农业示范区为重点，抓好现代农业先行示范区建设，发挥好“窗口”作用；进一步围绕建设大基地、培育大企业、构建大产业的目标，全面提升集团化垦区的农业现代化水平，辐射带动当地现代农业发展；进一步以推动农场“转方式、调结构、成特色、增效益”为重点，大力发展高效农业，着力增强农场综合实力、职工增收能力，提升地方农场的农业现代化水平，以此继续领跑全国农业现代化建设。

农垦集产业发展和区域发展于一体。因此，在推进农垦农业现代化发展的进程中，要按照十八大提出的“四化”同步发展的要求，通过提升工业化、信息化、城镇化水平来带动农业现代化，以推进垦区工业化、城镇化发展来延长农业产业链条、优化农业就业结构、提高农业综合效益，构建垦区城乡一体化发展的新格局。

（二）率先全面建成小康社会是农垦人的共同期盼

确保到 2020 年实现全面建成小康社会，是党的十八大提出的宏伟目标。提出农垦率先实现全面建成小康社会，主要基于两方面考虑，一是我们改革发展的根本目的是要让职工群众富裕起来、过上幸福美好生活。只有加快垦区小康社会的建设，加快农垦现代农业发展才有动力；只有率先全面建成垦区小康社会，农垦现代农业示范引领作用的发挥才有更坚实的基础和更广泛的影响力。二是经过多年快速发展，农垦率先全面建成小康社会已经具备良好的基础。目前，农垦人均纯收入比农村高出 2 000多元，基础设施、生活条件、社会保障、社会建设等也总体好于农村。

党的十八大提出的关于全面建成小康社会的目标任务，是一个更加注重经济、政治、文化、社会、生态文明全面发展的综合性、系统性目标，集中体现了科学发展的理念和原则。率先全面建成农垦小康社会，要求我们必须把解决农垦经济社会发展不平衡、不协调、不可持续问题作为主要着力点。要全面加快经济发展，坚持以科学发展为主题，以加快转变经济发展方式为主线，在确保农垦经济持续快速增长的前提下，积极推动发展的立足点转到提高质量和效益上来，不断做强做大农垦经济；要切实改善垦区民生，把增加职工收入作为率先全面建成农垦小康社会的关键环节，加快产业结构调整，扩大就业增收渠道，完善企业收入分配机制，全面落实中央各项强农惠农富农政策，同时以全面解决垦区职工住房、道路、饮水安全等重大问题为切入点，全面改善职工生活条件；要加快社会事业建设，以稳步推进农垦特色新型城镇化为突破口，不断完善城镇功能，健全社区服务功能，创新社区管理方式，营造和谐社会环境；要切实保障职工民主政治权益，始终坚持人民主体地位，以充分尊重和切实维护职工民主政治权利为核心，不断完善基层民主制度，特别要高度关注弱势、困难群体的利益诉求，促进社会公平正义；要加强生态文明建设，以转变经济发展方式为主线，在垦区着力推动形成绿色发展、循环发展、低碳发展的格局，积极构建资源节约型、环境友好型社会。

“两个率先”既充分体现了党的十八大精神，又完全符合农垦实际和广大职工群众的期盼。我们必须统一思想，提高认识，牢牢抓住“两个率先”不放松并为之不懈奋斗。

三、紧紧围绕“两个率先”目标，进一步创新工作思路

确保农垦事业持续健康发展，完成率先实现农业现代化、率先全面建成农垦小康社会的目标，必须始终坚持以邓小平理论、“三个代表”重要思想、科学发展观为指导，深入贯彻落实党的十八大决策部署，紧紧围绕加快发展现代农业和加快改善民生的中心任务，大力推进农垦改革开放和科技创新，不断强化人才和政策支撑，为农垦事业发展提供不竭动力和根本保障。

一要更加重视改革开放。对于农垦来说，改革开放是农垦发展的不竭动力。农垦上下必须以更大的勇气和智慧，坚定不移地深化农垦重要领域改革。着力消除制约政府公共资源和公共服务覆盖农垦的体制性障碍，明确农垦基本定位，切实理顺政企关系，创新垦区社会管理，加强垦地融合发展，确保农垦平等享受国家公共资源和政府基本公共服务；着力消除制约农垦国有经济活力的体制机制性障碍，加快建立现代企业制度，不断完善企业产权结构、法人治理结构和企业经营机制，加大资源整合力度，优化国有经济布局，切实增强国有经济内生活力和市场开拓能力；着力消除制约垦区非公有制经济发展的体制性障碍，毫不动摇鼓励、支持和引导垦区非公有制经济发展，积极争取条件，使之逐步做到平等使用生产要素、公平参与市场竞争、同等受到法律保护。同时，加快提高农垦企业走出去水平，进一步提升高附加值产品出口比重；增强农垦企业国际化经营能力，切实提高境外资源合作开发和产业发展的经济效益。

二要更加重视科技创新。科技创新是提高农垦生产力水平和综合实力的战略支撑，必须摆在农垦发展全局的核心位置。要立足农垦实际，从战略高度谋划和推动科技创新，着力构建以企业为主体、市场为导向、产学研相结合的农垦技术创新体系，着力提高农垦集成创新和引进消化吸收再创新能力，推动农垦产业结构优化升级。大力加强企业技术改造和革新，有针对性地研发先进适用技术、工艺和适销对路产品，提高产品市场竞争力。围绕垦区主导产业、核心领域和关键环节，依托企业研发中心、科技园区、示范基地，加强新品种、新农艺研发和关键技术攻关，加大新品种、新技术推广力度，加快提高科技对农业增长的贡献率。

三要更加重视人才队伍建设。人才是推动农垦事业发展宝贵的战略性资源。要克服重物质投入轻人才投入、重资源开发轻人才开发、重项目引进轻人才引进的倾向，加大人才发展投入力度，加强人才资源能力建设。切实加强农垦管理人才培养，加大干部培训、轮岗交流和基层锻炼力度，建设一支政治坚定、能力过硬、作风优良、奋发有为的农垦管理人才队伍。切实加强垦区科技人才队伍建设，以提高科技创新能力和成果转化应用能力为核心，着力引进、培养一批农业科技领军人才和科技创新团队。切实加强垦区职工队伍建设，以家庭农场经营者、承包大户、农机手等为重点，多渠道、多形式、多层次开展农业从业人员培训，培养一批懂技术、会经营、善管理的高素质新型职业农工。切实加强有利于人才成长的制度建设，在实践中发现人才、锻炼人才、培养人才，充分调动垦区各级各类人才的积极性、主动性和创造性。

四要更加重视政策创新和落实。政策是农垦改革发展的重要支撑和保障。随着党的十八大精神的全面贯彻落实，可以预见必将有一系列涉及改革发展和民生改善的重大政策出台。农垦上下要把研究创新和协调落实政策作为一项长期任务常抓不懈。深入调查研究，及时了解垦区新情况、新问题、新诉求，同时密切关注国家宏观政策动向、把握政策趋势，主动参与政策谋划，适时提出新的政策建

议。加强政策协调，跟踪研究涉及农垦改革发展的重大政策，把政策精神、内涵、支持方向吃透摸准，努力寻找政策对接的突破口和切入点，力争在强农惠农富农、公共服务和社会保障等政策的落实上取得更大成效。加强政策宣传，让农场和职工充分了解有关政策的出台背景、扶持范围、实施过程、取得成效，并自觉接受群众监督，推动政策高效规范廉洁实施，确保职工得到实惠。

认清形势　凝聚力量　攻坚克难 努力开创农垦事业发展新局面

——李伟国局长在全国农垦工作会议上的讲话（摘要）

2012年12月23日

一、2012年农垦经济社会保持良好发展态势，各项工作取得新的成效

今年是实施"十二五"规划的重要一年，也是农垦事业发展迈出坚实步伐、各项工作取得明显成效的一年。面对错综复杂的宏观经济环境和频发多发的自然灾害影响，全国农垦沉着应对、砥砺奋进，坚决贯彻落实中央和部党组对农垦工作的部署要求，圆满完成了各项目标任务，保持了经济社会全面发展的好势头。

——经济保持快速发展，产业结构进一步优化。农垦生产总值突破5 000亿元大关，预计实现5 008亿元，比上年增长13.7%，连续10年保持12%以上的增长速度。三次产业增加值分别达到1 578亿元、2 182亿元、1 248亿元，第二产业份额明显上升，成为农垦经济增长的重要动力。预计实现企业利润149亿元以上，比上年有所下降，但仍属历史第二高位。

——粮食产量再攀新高，主要农产品全面增产。粮食生产成功实现"九连增"，预计总产超过670亿斤，比上年增产30多亿斤。其他主要农产品的增产幅度也在5%左右，其中棉花总产172万吨，增长5.0%；糖料总产861万吨，增长5.2%；肉类总产291万吨，增长4.2%；牛奶产量430万吨，增长5.9%；天然橡胶有望突破80万吨，创历史新高。

——职工收入大幅增加，垦区民生明显改善。农垦人均纯收入首次突破万元大关，预计达到10 600元，比上年增加1 600元以上，增长9.3%以上，实现连续九年较快增长。社会保险参保率继续提高，人均年退休金达到13 543元，较上年增长9%。科教文卫等社会事业健康发展，水电路房等民生工程加快推进。全年落实危房改造任务50多万套、完工24万套。

一年来，农垦上下积极创新改革发展思路，努力加强作风建设和能力建设，做了大量卓有成效的工作。

（一）着眼全局强示范，加快现代农业建设步伐

以确保粮食等主要农产品有效供给为中心任务，在推动政策落实、强化科技应用、提升装备支撑上下工夫，农垦现代农业建设水平和示范带动能力进一步增强。

努力提高农业综合生产能力。加强农田基础设施建设，巩固粮食等大型农产品生产基地，增强农业持续产出能力。加快推进农业生产全程机械化，耕种收综合机械化率达到86%。稳定面积、优化结构、提高单产，千方百计挖掘粮食增产潜力，粮食平均亩*产达475千克。强化科学防灾减灾，确保关键时点、关键措施、关键技术落实到位，打赢抗旱保苗、抗病治虫、抗涝保收等多场硬仗，最大程度减轻灾害损失。大力发展规模化、标准化养殖和高效特色农业，推进农业结构优化。

强化示范带动能力建设。以种植业高产创建、畜牧业高产攻关和现代农业示范区创建提升为抓手，积极开展新品种、新技术、新机具的集成推广和先行先试，促进农机农艺信息融合、良种良法配套，提升农垦种养业整体水平。全年共实施农作物高产创建示范项目438个，比上年增加近一倍，带动粮食亩均增产12千克以上。组织畜牧业高产攻关单位138家，攻关单位产量创新高。创建各类现代农业示范区683个，成为区域现代农业建设的样板。

---

* 亩为非法定计量单位，1公顷=15亩。

推进热作产业健康发展。加强天然橡胶生产指导，认真落实良种补贴政策，积极应对市场价格剧烈波动，确保天然橡胶产业稳定发展。大力推进热作标准化生产，新增标准化生产示范园 59 个，新发布主导品种 54 个、主推技术 38 项。完善热作病虫害疫情监测网络，新建 8 个病虫害监测站和 17 个固定观察点。加强热作种质资源保护，建成 77 个种质资源圃、区域试种基地和苗木生产基地。

加强科技创新和推广体系建设。组织开展农垦“科技促进年”活动，开展校企、院企合作，创建企业研发中心近 300 个，提升垦区科技自主创新能力。加强科技服务体系建设，推动落实基层农技推广体系改革与示范县建设项目。开展先进实用技术的集成组装，扩大农业标准化生产规模。扎实推进农垦农产品质量追溯体系建设，种植业可追溯面积达 483 万亩，养殖业可追溯数量达 6 713 万只(头)，规模明显增加。加强农垦人才队伍建设，举办各类培训近 30 万人次。

狠抓强农惠农富农政策落实。加大政策协调力度，积极参与政策创设，全力抓好“四补贴”等政策资金的落实，确保政策力度不断增强，政策执行不走样。全年共落实“四补贴”等强农惠农富农政策资金近 70 亿元，比上年增加近 10 亿元，极大地调动了职工群众生产的积极性。

在强化自身现代农业建设的同时，注重发挥示范辐射作用，通过场县共建、窗口展示、科技服务和跨区作业，加快先进技术扩散、生产服务输出和产业链条衔接。全年为周边农村培训农民近 100 万人次，完成农机跨区作业 5 943 万亩，供应良种 9.5 亿千克、冷冻精液 675 万支、种猪 32 万头，有效促进了周边农业生产的新发展。

（二）转变方式调结构，提升二、三产业发展水平

坚持多渠道利用资本、多形式推进创新、多方位开拓市场，确保二、三产业平稳较快发展。

不断优化产业结构。延伸农业产业链条，推动传统农产品加工和食品制造企业转型升级。积极发展高新技术、绿色低碳、节能环保等新型工业。大力发展第三产业，特色旅游、餐饮服务、酒店地产等优势产业保持较快增速，物流配送、电子商务等新兴服务业开始起步。园区建设和招商引资工作良性发展，中小企业和民营经济不断壮大。

积极做大产业规模。积极引导农产品加工业、农业服务业等二、三产业的整合并购扩张，培育农垦经济发展新的增长点，二、三产业经济总量进一步扩大。大力发展产业化经营，扶持壮大龙头企业。目前，全国农垦已拥有国家级农业产业化重点龙头企业 70 家、省级龙头企业 394 家，农业产业化经营组织 4 116 个，成为垦区经济发展的中坚力量。

逐步壮大境外产业。依托项目带动，境外粮食和天然橡胶等作物种植面积扩大到 270 万亩，较上年增加 59 万亩。承担的援非农业科技示范中心已全部建成，进入推广运营阶段。跨国并购步伐明显加快，境外经营范围和产业规模不断扩大，经济效益稳步提高。2012 年，全国农垦新增境外投资 93 亿元，实现产值 140 亿元、利润 21 亿元，均比上年大幅度增加。

（三）深化改革建机制，不断增强内生发展活力

坚持用改革的办法破解发展中的难题，在完善体制、创新机制上下工夫，促进农垦经济社会发展活力不断增强。

办社会职能改革实现新突破。启动国有农场办社会职能改革试点，推动各垦区加快农场政府职能社会事务的属地管理移交。对暂时移交不了的，或通过内部分开的方式争取经费保障，或通过企业化经营的途径实现良性发展。适应职工居住方式和农业经营模式的新变化，调整优化农场内部组织架构，全面推行扁平化管理，管理成本大幅下降，运行效能逐步提升。

农业经营体制创新迈出新步伐。适应现代农业发展需要，积极试行模拟股份制、联合体承包等农业经营新模式，扶持发展职工合作组织，培育新型农业经营主体，推进适度规模经营，增强农场的组织服务功能，促进技术、资本等要素投入，提高了农业的专业化、组织化、集约化水平。加大农工负担监管力度，减负增收的基础更加夯实。农业保险参保品种和参保覆盖面进一步扩大。

垦区管理体制改革取得新进展。集团化垦区对内完善治理结构、推进产业重组，对外强化资本运作、推进战略并购和拓展发展空间，整体实力显著增强。非集团化垦区积极创新指导管理方式，强化指导和协调，并积极创造条件推进农场间合作，组建区域性、产业性集团。

（四）加大投入保民生，提高职工群众生活水平

各垦区从职工群众最关心的突出问题入手，不断加大改善民生力度，推动社会事业全面发展，维护社会和谐稳定。

认真落实社会保障政策的广覆盖。坚持以扩大覆盖面、提高待遇水平和解决遗留问题为切入点，提升五项社会保险的参保率和保障水平。养老和医疗保险基本实现全覆盖，保障水平逐年提高。以城乡居民最低生活保障制度为基础的新型社会救助体系基本覆盖，弱势群体基本生活得以保障。国有农场自然灾害救助政策基本落实。

积极开展公益性基础设施建设。加大危房改造及其配套基础设施建设政策实施力度，落实中央投资80多亿元。狠抓危房改造进度，近三年累计改造危房120万户，部分垦区已基本完成危改任务。组织项目衔接，推动水电路等建设规划落地，全年共建成农村安全饮水项目207个、电网改造项目634个，新修公路9 245千米，职工生产生活面貌大幅改观。

稳步发展垦区社会事业。加大政策协调力度，积极争取各方支持，推动社会发展政策在垦区的同步实施，提高基本公共服务均等化程度。义务教育、公共卫生服务和公共文化服务体系建设逐步完善。扎实开展一事一议筹资筹劳工作，财政奖补资金规模稳步增加。农场社区管理模式创新有序开展。

扎实推进农垦扶贫开发。集中整合资源，加大对重点贫困农场的扶持力度。全年共投入扶贫开发资金4.68亿元，实施扶贫建设项目272个。扶持壮大特色主导产业，增强贫困农场的"造血"功能。2012年303个重点贫困农场预计实现生产总值450.17亿元，绝大多数农场经营状况好于往年，资产负债率下降1.5个百分点。

二、认清形势，进一步增强做好农垦工作的责任感和紧迫感

经过较长时期的持续健康发展，农垦事业发展已经站在了新的历史起点。继续向前迈进，既面临前所未有的机遇，也面临前所未有的挑战。对此，我们必须要有清醒认识。

清醒认识全面建成小康社会新部署带来的重大机遇。党的十八大对全面建成小康社会提出了新目标、作出了新部署，明确了中国特色社会主义事业"五位一体"的总布局，促进工业化、信息化、城镇化和农业现代化同步发展以及城乡一体化发展的目标途径。特别是大会再次强调"重中之重"的战略思想，要求加快发展现代农业，增强农业综合生产能力，确保国家粮食安全和重要农产品有效供给；培育新型农业经营主体，发展新型农业经营体系；加强以保障和改善民生为重点的社会建设等等。这一系列新部署、新要求必将催生一系列新政策、新举措，对农垦改革发展不仅具有重大的指导意义，而且带来了重大机遇。抓住机遇，积极主动地争取好、落实好相关政策和措施，农垦就能赢得更快更好的发展机会。

清醒认识农垦自身存在的突出矛盾和问题。随着农垦改革发展的不断推进，各种新旧问题叠加、新旧矛盾交织，促进农垦经济社会持续健康发展的难度空前加大。一是发展不平衡、发展动力不足、发展方式粗放的问题比较突出。垦区间经济发展差距拉大，不同群体间生活水平差距扩大。第一产业比重仍占30%以上，依靠二、三产业推动农垦发展的机制有待进一步完善。土地等农业资源过度开发，化肥、农药等投入品过度消耗，单位GDP能耗偏高等问题亟待解决。二是民生改善任务繁重，离职工群众期盼还有较大差距。普遍面临民生建设欠账多、投入不足的矛盾，仍有部分特困职工无力参加危旧房改造、仍有部分农场和职工因缴不起费而不能参加养老等社会保险。三是制约农垦科学发展的体制机制性障碍尚未根本消除，不适应改革发展新形势要求的思想观念还不同程度存在。

清醒认识宏观经济环境对农垦的深刻影响。随着开放程度的不断提高，农垦经济发展受宏观经济尤其是市场波动影响加大。从今年情况看，受宏观经济的影响，全国农垦企业实现利润比2011年下降15亿元左右。主要原因是国际经济萧条导致棉花、天然橡胶、食糖等农产品市场价格大幅下降，加之原材料、劳动力及融资成本上升，大大压缩了企业的盈利空间。今年全国农垦企业预计营业收入增长13.1%，而营业成本却增长16%。明年世界经济总体上仍将延续低迷态势，我国经济发展的外部环境仍然偏紧，经济增长动力不足、生产要素价格上涨趋势明显，对农垦经济发展的不利影响依然存在。

清醒认识示范带动作用发挥面临的新要求。随着中央强农惠农富农政策全面实施，农村基础设施和民生改善投入力度不断加大，农村农业生产力水平和居民生活水平迅速提高。特别是农业机械化、规模化、产业化、组织化等加速推进，科技支撑能力不断增强，农民人均纯收入快速增长，对农垦现代农业建设和示范带动作用发挥提出了新的更高要

求。只有不断加快农垦现代农业发展步伐，不断巩固和提升农垦现代农业的领先水平，才能更好地发挥示范带动作用。

总之，做好当前农垦工作既有重大机遇，也有严峻挑战。我们必须紧紧抓住机遇，切实用好机遇，决不可有丝毫松懈；必须敢于正视现实，沉着应对挑战，决不可有任何侥幸。一定要始终保持清醒头脑，始终保持奋发有为的精神状态，以高度的使命感、责任感和紧迫感，扎扎实实做好当前农垦改革发展稳定和民生改善等工作。

三、深入贯彻落实党的十八大精神，努力做好 2013 年各项工作

明年是全面贯彻落实党的十八大精神的开局之年，是全面实施“十二五”规划承上启下的关键一年，也是全面建成小康社会奠定坚实基础的重要一年，做好农垦各项工作意义重大。

根据当前农垦面临的新形势和推进实现“两个率先”目标的新任务，明年农垦工作的总体要求：深入学习和全面贯彻落实党的十八大精神，坚持以邓小平理论、“三个代表”重要思想、科学发展观为指导，以加快发展现代农业和加快提高居民生活水平为中心任务，着力推进改革创新，完善体制机制，进一步增强经济发展内生活力和动力；着力推进现代农业建设，培育壮大优势产业和龙头企业，进一步增强粮食等重要农产品供给保障能力和示范带动能力；着力推进民生改善，切实解决重点难点问题，进一步保障职工经济政治权益，促进农垦经济社会持续健康发展。力争全年实现农垦生产总值 5 500 亿元，增长 9%以上；人均纯收入 11 500 元，增长 8%以上；粮食总产量稳定在 630 亿斤以上。

“两个加快”是明年农垦工作的中心任务，也是实现“两个率先”目标的具体步骤。

按照上述要求，明年农垦工作要突出抓好以下六项重点任务：

（一）坚持保障供给和示范引领两手抓，进一步提高现代农业建设水平

巩固提高粮棉生产能力。以粮棉等主要农产品生产为中心，稳定种植面积，优化生产布局，提高单产水平。要努力确保粮食种植面积稳定在 6 800 万亩以上，棉花种植面积稳定在 960 万亩以上。积极挖掘粮食增产潜力，积极扩大优质水稻、专用玉米等高产作物种植面积。继续组织开展种植业高产创建，推进新品种、新技术的集成示范，促进大面积平衡增产。

着力优化农业生产结构。在保障粮食生产基础上，根据优势区域布局，因地制宜发展高效特色产业。积极发展现代种业，力争在品种创新、良种繁育基地建设和龙头企业培育上取得新进展。以推进农垦现代化养殖场标准化提升活动为重点，大力发展现代畜牧业，扩大奶牛、生猪、禽蛋等主导产业规模。继续开展畜牧高产攻关、现代养殖示范场创建、水产健康养殖场创建等活动，提升农垦养殖业发展水平。严格落实防疫措施，确保不发生重大动物疫情。

加强农业物质装备建设。以农田水利设施建设重点，积极争取新增千亿斤粮食田间工程、旱涝保收高标准基本农田建设等项目支持，提高农业基础设施建设水平。完善农业防灾减灾体系，推进专业化统防统治，牢牢把握农业生产的主动权。优化农机装备结构，主攻薄弱环节机械化，推进水稻、玉米、棉花、马铃薯和甘蔗生产全程机械化。开展农垦农机标准化示范场创建活动，促进农机农艺信息技术融合。

提高热作产业发展水平。稳步提高天然橡胶生产能力。继续实施好天然橡胶良种补贴、技术推广、病虫害监测与防控、种质资源保护等项目；认真组织好天然橡胶非生产期抚管补贴试点。深入推进热作标准化生产示范园创建，加强技术培训和指导，推动热作主导品种、主推技术和标准化生产广泛应用，大力提升热作产业质量效益和生产水平。

不断增强示范带动能力。围绕率先实现农业现代化的总体目标，按照“因地制宜，分类实施，梯次推进，重点突破”的原则，深入开展农垦“现代农业示范场（区）提升活动”，以 100 个全国农垦现代农业示范场为先导，加快种养业生产标准化进程、加强对先进适用技术的推广应用，力争尽快建成一批农业现代化先行示范区，引领带动面上整体推进。积极开展场县共建，扩大对周边农村农业的社会化服务规模，辐射带动当地现代农业发展。

（二）坚持科研创新与应用推广两兼顾，进一步强化科技支撑体系建设

加快推进农业科技创新。推动建立以企业为主体、产学研相结合的科技创新体系，促进科研与经济紧密结合，加快科技成果产业化。围绕垦区主导产业，以企业研发中心、科技园区、示范基地等为依托，联合开展新品种、新农艺研发和关键技术攻关，加强丰产栽培、节本增效、防灾减灾等先进实用技术的先行先试，扩大推广应用范围。继续抓好基层农技推广“一衔接两覆盖”政策的衔接落实，完善农垦农业科技推广体系，创新推广机制。加强绿色生产，进一步提高农产品质量安全水平。

加强实用人才队伍建设。继续组织实施“人才兴垦”战略。充分利用系统内外资源，依托大专院校、科研基地、培训机构，以新知识、新技术、新理念的培训为重点，以垦区生产、经营、管理等各方面人员为对象，以农业科研、技术推广、农机作业、企业管理、质量控制、市场营销、走出去等领域为重点，多层次、多渠道、全方位开展人才培训，努力打造一支适应现代农业建设和企业管理需要的专业化人才队伍，努力打造一支高素质的职工队伍，为农垦经济社会发展提供人才保障。

提升信息化应用水平。按照统筹规划、因地制宜、资源共享、协同推进的要求，进一步完善信息化基础设施，优化系统功能、拓展应用领域、提高应用水平。大力推进农业生产信息化、经营信息化、管理信息化、服务信息化。开展农场信息化建设试点，积极探索3S、物联网、智能农业等信息化技术在农业生产中的应用。完善农情调度平台和农业生产信息库建设，发展智慧农业。扩大农产品质量追溯、土地信息管理等专项系统的推广应用，力争在农业信息化建设上有所突破。

（三）坚持调整结构和增加效益两注重，进一步提升二、三产业运行质量

大力发展第二产业。效益是企业生存的根本。推进农垦工业化，必须始终以提升质量、增加效益为中心，坚持市场化原则，采取开放式的发展路径。要立足农垦发展定位和资源优势，大力发展农产品精深加工业，促进一、二、三产业深度融合。培育壮大龙头企业，打造自主创新能力强、加工水平高、行业领先的企业集团。促进垦区垦地合作，积极引进业绩优秀、信誉良好，具有共同目标追求的投资主体，参与农垦企业改制。加强对工业园区的指导，注重与区域发展规划的有机结合。

加快发展第三产业。大力发展农业生产性服务行业，培育新型农业社会化服务主体，积极参与农技推广、农机作业、农资配送、信息咨询等服务。加强农产品营销网络建设，发展新型营销业态，扩大零售网络，提升商贸流通业。立足农垦生态、区位和文化优势，积极发展旅游业、酒店餐饮服务业，合理谋划房地产开发。

积极实施“走出去”战略。坚持以农业资源合作开发为重点，大力推进境外重要农产品种植与加工基地建设。稳步推进跨国并购，不断开拓境外产业发展领域和发展模式。继续组织实施好国家援外任务和境外替代种植项目，扩大农垦的国际影响力。加强与金融部门的合作，拓宽境外融资渠道，增强投资能力。加强出口产品基地建设，着力培育以技术、品牌、质量、服务为核心的出口竞争优势，稳步扩大垦区出口规模与效益。

（四）坚持创新体制与完善机制两结合，进一步激发经济社会发展活力

着力健全现代农业经营制度。在坚持基本经营制度、保障职工土地承包权益前提下，积极培育新型农业生产经营主体，探索完善能发挥双层经营体制优势、有利于采用先进科技和生产手段，提高农业集约化、规模化、组织化水平的现代农业经营制度。加快推进农业社会化服务体系建设，增强国有农场统一服务能力。稳步扩大农业保险覆盖面。

着力培育和打造现代企业。紧紧围绕增强国有经济活力、控制力、影响力，培育壮大骨干企业，做强做大优势主导产业。加快垦区集团和农场的现代企业制度建设，形成科学的内部管控制度、适宜的企业组织架构、合理的要素流动机制，有效提高核心竞争力。提高资本运营质量，探索产业资本和金融资本有机融合的发展模式。非集团化垦区要强化管理机构的职能和手段，明确定位，巩固地位。有条件的要找准突破口，搭建农场间联合合作的平台，扩大对区域经济的影响力。

着力推进办社会职能改革。深入贯彻落实国农改〔2012〕4号文件精神，全力抓好改革试点及扩大试点各项工作。在操作中要协调解决好债权债务、人员安置、经费补偿等重大问题，确保按时完成改革任务。暂未纳入试点的垦区，要按照实现政企分开、理顺管理职能、落实保障经费、减轻农工负担的总体原则，谋划推动改革的具体方式。绝大多数农场，要积极移交社会职能，争取彻底解决社会负担。暂时不移交的农场，也要从促进经济社会全面协调发展的角度，作长远考量和总体设计。

着力完善垦地战略合作机制。农垦的发展离不开地方政府的大力支持，只有构建互惠共赢的合作机制，才能真正开创垦地共同发展的新局面。垦地合作要着眼于战略层面，实现农垦发展战略与区域

发展目标的有机结合，真正做到优势互补、利益共享。要加快推进土地确权发证，奠定资源共同开发利用的基础。增强主动合作的意识，通过项目共同开发等模式，分享土地增值收益。

（五）坚持增加收入和扩大投入两加强，进一步维护垦区社会和谐稳定

切实提高职工收入。提高收入是最大、最根本的民生。要充分挖掘垦区内部增收潜力，调整收入分配格局，在增量上做文章，在预期上作调整，在存量上作优化，推动收入更多地向一线职工倾斜。不断拓宽就业渠道，支持垦区居民外出就业、就地就近就业，鼓励有条件的自主创业。强化农工负担监管，认真解决职工反映的突出问题，确保不加重农工负担。

切实强化基础设施建设。继续做好住房保障、安全饮水、农网改造等民生工程建设。加强规划目标和年度任务衔接，强化项目监管和督导，完善后期运行管理。加强政策研究，推动解决特困群众危房改造问题。抓住国家积极稳妥推进城镇化的机遇，积极争取落实有关政策，扎实推进农垦城镇化进程，完善城镇功能，促进产业和人口集聚，不断提高农垦城镇化的质量。

切实完善社会保障体系。积极协调将符合条件人员全部纳入企业职工基本养老和医疗保险范围，鼓励和引导垦区非职工居民积极投保，落实好社会保障政策的覆盖面。研究解决农垦职工收入和社会保险缴费的衔接问题，尽可能地提高保障水平。要高度关注垦区弱势群体，有针对性地建立帮扶体系。加强技能培训和职业介绍，促进有就业能力的自食其力。加快建立新型社会救助体系，落实好民政救灾等政策。

切实推进社会事业发展。统筹规划学校布局，加强医疗卫生服务和公共文化体系建设。推进公益事业建设一事一议的规范化管理，科学编制中长期规划，建立财政奖补项目库，完善后续管护措施。加强和创新社会管理，完善农场社区管理体制。健全职工代表大会制度，保障职工参与民主管理和监督的权利。深入推进垦区社会管理创新，积极探索适合垦区和农场社区特点的管理方式，增强社区管理和服务功能。

切实做好农垦扶贫开发。继续坚持开发式扶贫和项目带动方针，以提高农业综合生产能力和改善民生为重点，加强贫困农场基础设施建设。以增强贫困农场经济实力和发展后劲为重点，加大优势特色产业发展的扶持力度，推动贫困农场尽快走上增强积累、稳定发展的轨道。

（六）坚持转变作风和创新思路两促进，进一步增强推动科学发展的能力

加强十八大精神学习，研究谋划发展思路。坚持把学习宣传贯彻党的十八大精神作为当前和今后一个时期的首要政治任务，深刻理解和把握重中之重、四化同步、城乡发展一体化等重大思想和部署，切实增强开创农垦事业新局面的责任感、使命感和紧迫感。坚持学以致用，立足工作实际，以十八大精神为指导，深入研究分析新形势新任务，提高战略谋划能力，不断完善发展思路、明确发展目标、细化发展措施，真正把十八大精神转化为加快农垦改革发展的具体行动和实践成果。

加强作风建设，大力提高工作实效。认真学习贯彻中央关于改进工作作风、密切联系群众的规定，切实增强服务意识，坚决克服形式主义、官僚主义，以及慵懒散奢等不良风气。坚持深入实际、深入基层、深入群众开展调查研究，认真倾听群众真实诉求，切实帮助基层单位和群众解决实际困难和问题，促进政策落实到位、工作指导到位。明年是“十二五”规划中期评估之年，要加强形势研判、增强应对能力，提高工作预见性、主动性和实效性，确保“十二五”规划顺利实施。

加强沟通协调，争取更多政策支持。明年中央强农惠农富农政策和民生改善力度还将进一步加大，要更加主动地向当地政府和有关部门汇报沟通，争取理解和支持。既要抓好已有政策的落实，也要争取新出台政策的纳入，还要关注政策研究的动向，不遗余力地让更多资金和项目惠及垦区。加强政策宣传和督导检查，推动各项政策项目高效、规范、廉洁实施。

加强宣传工作，营造良好的舆论氛围。充分利用各类宣传媒体和资源，围绕中心工作增强宣传的针对性、系统性和时效性，突出亮点特点，切实加大宣传力度。加强垦区新闻宣传队伍建设，找准结合点、把准切入点，理清宣传重点，全面提升新形势下农垦新闻宣传工作水平。

二 垦区经济与社会发展情况

2012年全国农垦经济和社会发展统计公报

农业部农垦局

2013年4月16日

2012年，面对错综复杂的宏观经济环境和频发多发的自然灾害影响，全国农垦系统沉着应对、砥砺奋进，紧紧围绕加快发展现代农业和加快改善民生的中心任务，大力推进改革开放和发展方式转变，全年经济平稳快速发展，各项社会事业取得新进步。

一、综合

全年农垦经济总量突破5 000亿元大关，实现生产总值5 074.31亿元，比2011年增长13.8%，连续10年保持12%以上增速（图1）。其中，第一产业增加值1 569.29亿元，增长6.4%；第二产业增加值2 164.30亿元，增长17.1%；第三产业增加值1 340.72亿元，增长18.0%。第一、第二、第三产业增加值占农垦生产总值的比重分别为30.9%、42.7%和26.4%。人均生产总值37 811元，同比增长12.8%；人均纯收入首次突破万元大关，达到10 919元，扣除物价上涨因素，比2011年实际增长9.4%（图2）。

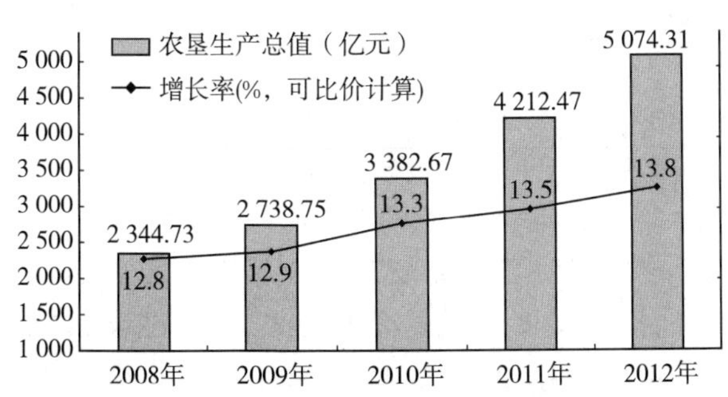

图1　2008—2012年农垦生产总值及增长速度

二、农业

全年实现农业总产值3 100.42亿元，比2011年增长7.3%。其中，种植业产值1 919.63亿元，林业产值148.92亿元，牧业产值871.83亿元，渔业产值160.04亿元。

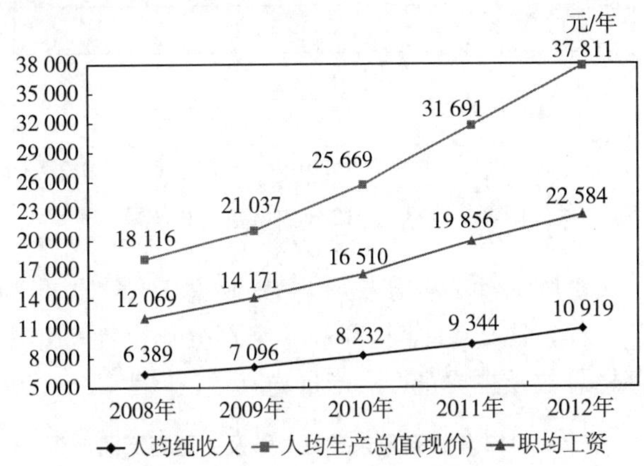

图2　2008—2012年农垦人均指标情况

全年农作物播种面积为6 510.45千公顷，比2011年增加95.81千公顷。其中，粮食播种面积4 725.86千公顷，增加112.33千公顷，增长2.4%，占农作物播种面积的72.6%；棉花面积732.49千公顷，增加13.17千公顷，增长1.8%；油料面积379.16千公顷，增加1.69千公顷，增长0.4%；糖料面积112.04千公顷，与2011年持平。

粮食产量再攀新高，实现“九连增”，主要农产品全面增产。粮食总产量达到3 371.36万吨，比2011年增产172.71万吨，增长5.4%（图3）；可供商品粮3 025.20万吨，比2011年增加204.27万吨，增长7.2%，商品率为89.7%。除油料、茶叶外，其他农产品产量均有不同程度增加（表1）。

表1　2012年主要农产品产量

产品名称	产量（万吨）	比2011年增减（%）
粮食	3 371.36	5.4
棉花	172.27	5.2

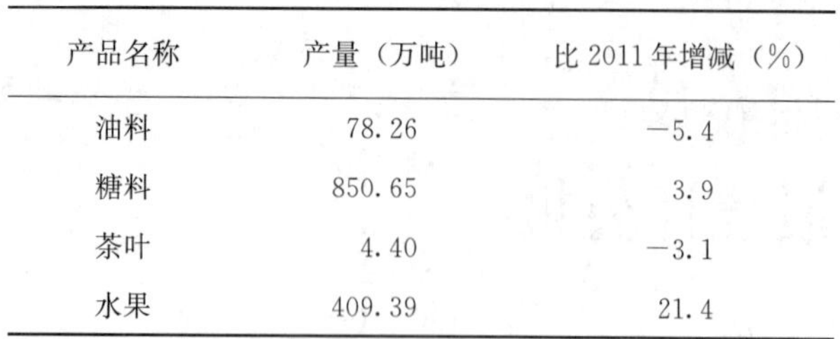

（续）

产品名称	产量（万吨）	比 2011 年增减（%）
油料	78.26	−5.4
糖料	850.65	3.9
茶叶	4.40	−3.1
水果	409.39	21.4

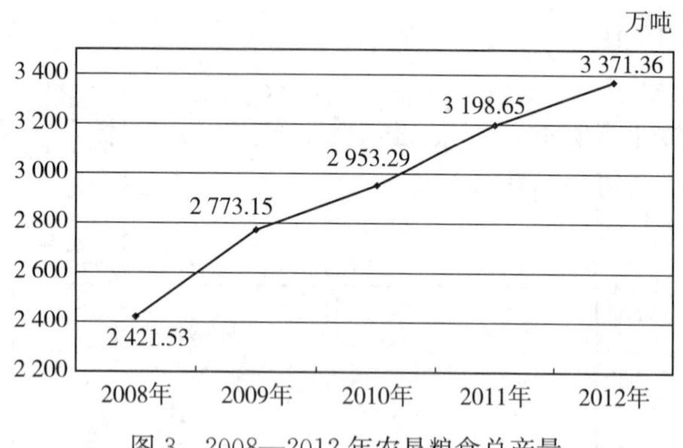

图 3　2008—2012 年农垦粮食总产量

畜牧业稳步增长，占农业总产值比重为 28.1%，比 2011 年提高 0.6 个百分点；牲畜年末存栏总数及主要畜产品产量均有增长（表 2）。

表 2　2012 年牲畜年末存栏总数及主要畜产品产量

产品名称	计量单位	产量与年末数	比 2011 年增长（%）
大牲畜总头数	万头	344.64	1.1
其中：奶牛	万头	151.50	0.2
猪存栏	万头	1 328.42	9.2
羊存栏	万只	1 320.40	0.1
肉类总产量	万吨	296.55	6.3
牛奶	万吨	435.04	7.2
禽蛋	万吨	47.65	8.2

全年水产品产量 137.77 万吨，比 2011 年增长 8.7%。其中：淡水产品产量 109.33 万吨，增长 5.9%；海水产品产量 28.44 万吨，增长 21.4%。对虾产量 5.12 万吨，增长 12.3%。

全年植树造林面积 60.18 千公顷，退耕还林 0.54 千公顷，退耕还草 1.96 千公顷。

农业机械化水平稳步提高，年末农业机械总动力 2 457.21 万千瓦，比 2011 年增长 7.6%；大中型农用拖拉机 17.42 万台，增长 7.7%；农用小型及手扶拖拉机 32.81 万台，下降 5.4%；联合收获机 4.61 万台，比 2011 年增长 15.8%。

三、工业和建筑业

全年完成工业增加值 1 674.42 亿元，比 2011 年增长 18.3%，实现利润 359.94 亿元，与 2011 年持平。实现工业总产值 6 485.44 亿元，增长 16.0%。其中，国有工业总产值 1 486.97 亿元，占工业总产值的 22.9%；非国有工业总产值 4 998.47亿元，占工业总产值的 77.1%。其中，轻工业产值 3 932.63 亿元，占工业总产值的 60.6%。产值 100 亿元以上的农垦工业主要产业创产值 4 097.46 亿元，占工业总产值的 63.2%。其中，农副食品加工业 1 439.35 亿元，食品制造业 548.78 亿元，化学原料及化学制品制造业 360.53 亿元，石油加工、炼焦及核燃料加工业 307.76 亿元，非金属矿物制品业 366.42 亿元，交通运输设备制造业 184.72 亿元，纺织业 259.57 亿元，金属制品业 234.82 亿元，酒、饮料和精制茶制造业 216.92 亿元，电力、热力生产和供应业 178.59 亿元。

主要工业产品产量见表 3。

表 3　2012 年主要工业产品产量

产品名称	计量单位	产量	比 2011 年增减（%）
混配合饲料	万吨	660.15	12.9
食用植物油	万吨	275.72	21.1
成品糖	万吨	232.40	12.3
乳制品	万吨	326.17	21.8
#液体乳	万吨	297.12	26.3
饮料酒	亿升	16.12	2.8
水泥	万吨	2 728.96	−0.7
砖	亿块	172.23	36.1
发电量	亿千瓦时	357.70	58.3

年末建筑企业 3 997 个，从业人员 30.66 万人，全年实现增加值 489.88 亿元；年末固定资产原值达 232.58 亿元；全年施工房屋建筑面积达 15 060万米^2。

四、运输业、批发零售贸易业、服务业及出口商品

全年共完成货运量 33.25 亿吨，客运量 3.87 亿人，实现营业收入 287.88 亿元。

年末批发零售贸易业、住宿餐饮业、服务业营

业单位总数 10.99 万个，拥有固定资产原值 551.91 亿元，营业用房总面积 2 435.94 万米²，从业人员 80.03 万人，全年完成商品销售额和营业收入 4 171.08 亿元。

全年出口供货商品总金额 756.04 亿元（图4），比 2011 年增加 99.13 亿元，增长 15.1%。其中，工业品出口额 684.29 亿元，增加 91.27 亿元，增长 15.4%。出口商品供货总额超过 10 亿元的垦区分别是新疆兵团 519.74 亿元、广东 53.43 亿元、黑龙江 36.90 亿元、湖北 28.15 亿元、江西 26.39 亿元、辽宁 25.67 亿元和广西 13.11 亿元，上述 7 个垦区出口金额合计达 703.40 亿元，占全国农垦出口商品总金额的 93.0%。

图 4　2008—2012 年农垦出口情况

五、科技、教育、卫生

年末全系统拥有科研单位 374 个，职工 1.96 万人，其中，科技人员 11 323 人。全年科研经费 28.63 亿元，增长 35.7%；其中，国家拨款 7.76 亿元，占科研经费 27.1%；企业自筹 10.46 亿元，占科研经费 36.5%。

各类学校 1 357 所，教职工 10.53 万人，在校学生 121.55 万人，当年毕业生 30.18 万人。其中，普通中学 566 所，在校学生 42.47 万人，当年毕业生 13.14 万人；小学 710 所，在校学生 51.61 万人，当年毕业生 9.72 万人。

医疗单位 5 333 个，其中，医院 1 021 所，疗养院 10 所；医务人员 6.18 万人，其中，医生 2.94 万人，病床 6.26 万张。

六、固定资产投资

全年固定资产投资总额 3 321.91 亿元（图5），比 2011 年增加 880.65 亿元，增幅为 36.1%；当年新增固定资产 2 467.83 亿元。其中，第一产业投资额 359.45 亿元，占投资总额的 10.8%；第二产业投资额 1 633.04 亿元，占投资总额的 49.2%；第三产业投资额 1 329.42 亿元，占投资总额的 40.0%。全年国有固定资产投资总额 1 194.73 亿元，占投资总额的 36.0%。

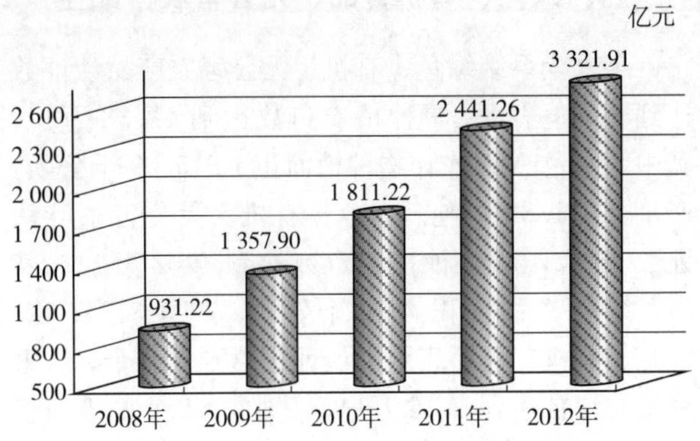

图 5　2008—2012 年农垦固定资产投资情况

新增固定资产主要是：大中型拖拉机 11 101 台，小型及手扶拖拉机 6 424 台，联合收割机 3 764 台，农用运输车 1 182 辆，水库 19 座，橡胶定植 12.55 千公顷，输电线路 3 828 千米，学校用房 35.72 万米²，住房 2 821.85 万米²。

七、人口、就业和劳动工资

年末农垦系统总人口 1 361.21 万人，比 2011 年增加 8.73 万人，增长 0.6%；全年人口出生率为 7.7‰，人口死亡率为 5.1‰，人口自然增长率为 2.6‰。

年末社会从业人员 659.43 万人。其中，第一产业 346.03 万人，第二产业 151.38 万人，第三产业 162.02 万人，分别占社会劳动者总数的 52.5%、23.0%和 24.5%。

年末职工 317.54 万人，其中，在岗职工 287.86 万人。全年工资总额 717.12 亿元，职工年平均工资 22 584 元，增长 12.9%。

八、非国有经济

非国有经济单位完成生产总值为 2 331.62 亿元，占全系统生产总值的 45.9%，与 2011 年持平。其中，第一产业增加值 409.60 亿元，第二产业增加值 1 272.21 亿元，第三产业增加值 649.81 亿元，分别占非国有经济总量的比重为 17.6%、54.6%和 27.8%。年末非国有经济从业人员达到

256.14 万人，其中，第一产业 83.85 万人，第二产业 89.28 万人，第三产业 83.01 万人。从业人员收入总额为 579.81 亿元，年人均收入 22 636 元。全年共实现利税 507.84 亿元，其中，利润 360.74 亿元。

九、绿色、有机食品、无公害农产品生产

年末全系统绿色、有机、无公害农产品认证数达到 1 049 个，从事种植农户数达到 47.33 万户。其中，绿色 A 级农作物种植面积 1 845.09 千公顷，产量 1 301.82 万吨。绿色、有机、无公害茶叶认证数 66 个，从事种植农户数达到 6.02 万户。其中，绿色 A 级面积 4.16 千公顷，产量 3 661 吨。绿色、有机、无公害水果认证数达到 150 个，从事种植农户数达到 6.16 万户。其中，绿色 A 级面积 83.34 千公顷，产量 48.65 万吨。

十、资源消费

主要资源消费量中，钢材 369.60 万吨，比 2011 年增长 23.3%；木材 377.32 万米^3，增长 30.5%；水泥 1 858.28 万吨，增长 24.5%；煤炭 3 886.75 万吨，增长 26.0%；成品油 322.14 万吨，增长 19.0%；电 579.56 亿千瓦时，增长 35.9%。万元生产总值消费钢材 0.07 吨，与 2011 年持平；万元生产总值消费木材 0.07 米^3，与 2011 年持平；万元生产总值消费水泥 0.36 吨，比 2011 年增长 2.9%；万元生产总值消费煤炭 0.76 吨，比 2011 年增长 4.1%；万元生产总值消费电力 1 142 千瓦时，增长 12.8%；万元生产总值消费成品油 0.06 吨，与 2011 年持平。

注：1. 农垦生产总值、各产业增加值、工农业总产值等价值指标均按现价计算，增长速度按可比价计算。

2. 公报数据如有出入，以《中国农垦统计年鉴》为准。

新疆生产建设兵团2012年经济和社会发展统计公报

新疆生产建设兵团统计局　国家统计局兵团调查总队

2012年，在兵团党委、兵团的正确领导下，围绕迎接党的十八大召开和学习贯彻十八大精神，兵团各级认真落实中央要求和自治区党委部署，深入推进跨越式发展和长治久安，按照“稳中求进、进中求快、又好又快”的工作要求，积极主动变化变革、扩大对外开放，全力推进“三化”进程，重点加强基础设施、重点产业和民生工程建设。兵团经济持续快速发展，职工生活不断改善，综合实力进一步提升。

一、综合

初步核算，全年实现兵团生产总值1 197.21亿元，比2011年增长18.4%。其中，第一产业增加值388.37亿元，增长9.0%；第二产业增加值475.16亿元，增长29.5%；第三产业增加值333.68亿元，增长14.5%。三种产业占生产总值比重为32∶40∶28。三种产业对经济的贡献率分别为16.3%、61.4%和22.3%，分别拉动经济增长3.0、11.3和4.1个百分点。人均生产总值45 501元，比2011年增长17.1%。

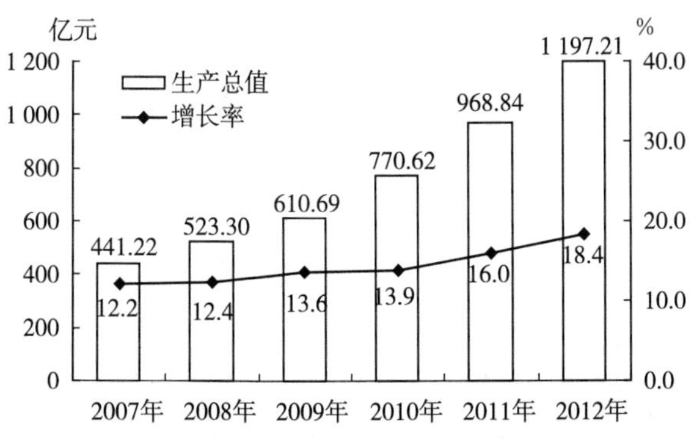

图1　2007—2012年兵团生产总值及其增长速度

全年兵团国有控股农工建交商企业实现利润56.02亿元，比2011年减少1.09亿元。

初步统计，全年上缴各类税费121.66亿元。

年末兵、师国资委监管企业119户，已改制企业96户，改制面80.7%。

全疆全年居民消费价格比2011年上涨3.8%（表1），其中，食品价格上涨7.6%，居住价格上涨2.8%，服务项目价格上涨2.9%，农业生产资料价格上涨6.2%，工业生产者出厂价格下降3.1%，工业生产者购进价格下降2.1%，固定资产投资价格上涨0.6%。

全年兵团农产品生产者价格上涨10.2%，工业生产者出厂价格下降4.77%，工业生产者购进价格下降0.99%。

表1　2012年居民消费价格增减变动情况

指标	比2011年增减（%）
居民消费价格总水平	3.8
＃城市	3.4
农村	4.7
食品	7.6
＃粮食	7.3
肉禽及其制品	5.9
油脂类	5.3
蛋类	2.1
水产品	5.2
菜类	17.6
烟酒及用品	5.6
衣着	1.9
家庭设备用品及服务	1.9
医疗保健和个人用品	2.9
交通和通信	−0.5
娱乐教育文化用品及服务	0.1
居住	2.8
水、电、燃料	2.2
自有住房	4.2
建房及装修材料	−2.5

年末从业人员117.22万人，比2011年增长

4.4%。年末在岗职工 68.79 万人，比 2011 年增长 0.9%。全年新增劳动力就业 8.56 万人。年末城镇登记失业率 2.54%。

全年 4 个季度企业家信心指数和企业景气指数均处于较景气区间。一至四季度企业家信心指数分别为 133.1、134.5、139.0 和 126.8，分别比 2011 年同期下降 25.0 点、8.7 点、5.5 点和 8.7 点；企业景气指数分别为 131.1、139.3、133.8 和 119.8，分别比 2011 年同期下降 14.0 点、3.3 点、9.7 点和 19.7 点。

2012 年，二师铁门关市、六师五家渠市梧桐镇和蔡家湖镇分别挂牌成立。

二、农业

全年实现农业增加值 388.37 亿元，比 2011 年增长 9.0%（图 2）。

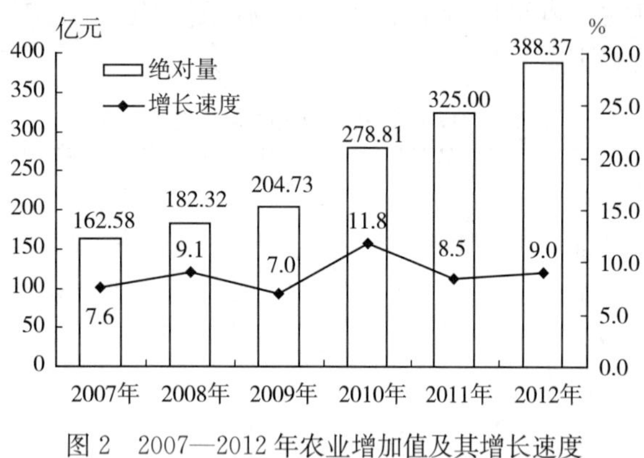

图 2　2007—2012 年农业增加值及其增长速度

全年农作物播种面积 1 130.15 千公顷（1 695.23万亩），增长 1.4%。其中，粮食种植面积 274.60 千公顷（411.91 万亩*），增长 8.8%；棉花种植面积 557.97 千公顷（836.96 万亩），增长 4.4%；油料种植面积 53.57 千公顷（80.35 万亩），下降 15.4%；甜菜种植面积 29.91 千公顷（44.87 万亩），增长 9.7%；蔬菜种植面积（含菜用瓜）68.25 千公顷（102.38 万亩），下降 19.2%。

农作物精量半精量播种面积 819.13 千公顷（1 228.69万亩），比 2011 年增长 5.4%，其中棉花精量播种面积 449.53 千公顷（674.30 万亩），增长 0.7%。测土配方施肥面积 842.67 千公顷（1 264.00 万亩），增长 5.1%。

有效灌溉面积 1 085.38 千公顷（1 628.07 万亩），其中高新节水灌溉面积 770.04 千公顷（1 155.06万亩）。

全年粮食产量 187.13 万吨，比 2011 年增长 11.9%；棉花产量 141.77 万吨，增长 9.6%（图 3）；油料产量 13.57 万吨，下降 24.1%；甜菜产量 216.25 万吨，增长 5.0%。

主要农、畜产品产量保持增长见表 2。

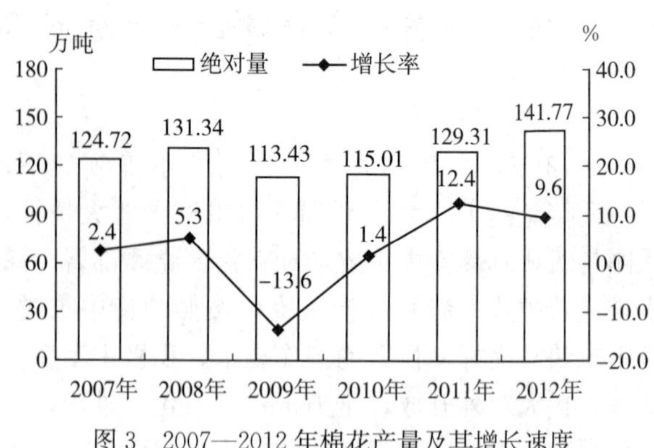

图 3　2007—2012 年棉花产量及其增长速度

表 2　2012 年主要农、畜产品生产情况及其增长速度

指标	计量单位	绝对数	比 2011 年增减（%）
粮食	万吨	187.13	11.9
棉花	万吨	141.77	9.6
油料	万吨	13.57	−24.1
甜菜	万吨	216.25	5.0
蔬菜	万吨	460.20	−26.4
#工业用番茄	万吨	272.30	−41.6
水果	万吨	172.35	36.3
年末牲畜存栏头数	万头（只）	603.06	−1.3
#牛	万头	39.28	−3.2
猪	万头	130.53	3.4
羊	万只	429.23	−2.5
年内牲畜出栏头数	万头（只）	682.78	−1.2
肉类总产量	万吨	32.46	2.6
羊毛产量	万吨	1.18	3.7
禽蛋产量	万吨	6.00	10.9
牛奶产量	万吨	53.56	7.9
水产品产量	万吨	3.54	14.5

农业机械总动力 424.36 万千瓦，比 2011 年增长 7.1%。

标准化果园面积30万亩，国家级园艺作物标准园6个。规模化标准化养殖场（区）3 994个，其中，大型规模养殖场516个，全国标准化示范场43个。

兵团各级农业产业化龙头企业393个，其中，国家级15家，兵团级65家；销售收入过10亿元的有13家。龙头企业带动农户1.95万户。

“三品一标”（即有机农产品、无公害农产品、绿色食品和农产品地理标志）认证产品累计数量237个，其中无公害农产品认定140个，产地面积450万亩。58个团场和企业被农业部批准为农产品质量追溯创建单位，4个团场被批准命名为“全国食品原料标准化生产示范基地”。91个农产品被评为中国和新疆名牌或驰名商标。

三、工业与建筑业

全年全部工业增加值327.70亿元，比2011年增长30.3%（图4）。规模以上工业增加值增长28.3%。其中，国有控股企业增长8.7%。轻工业增长11.5%，重工业增长35.8%。

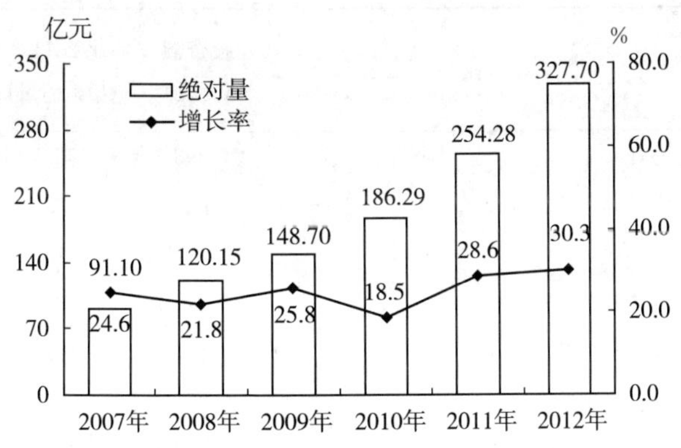

图4 2007—2012年全部工业增加值及其增长速度

全年规模以上工业中，煤炭开采和洗选业增加值比2011年增长3.1%，农副食品加工业增长23.0%，食品制造业下降11.8 %，酒饮料和精制茶制造业增长10.3%，纺织业增长43.1%，化学原料及化学制品制造业增长6.4%，非金属矿物制品业增长28.6%，有色金属冶炼及压延加工业增长1.8倍，电力、热力的生产和供应业增长33.9%。

主要工业产品产量大部分保持增长见表3。

表3 2012年主要工业产品产量及其增长速度

产品名称	计量单位	产量	比2011年增减（%）
原煤	万吨	1 048.91	−8.1
发电量	亿千瓦时	331.95	68.0
食用植物油	万吨	49.55	24.2
成品糖	万吨	19.44	15.9
乳制品	万吨	12.68	3.6
番茄酱	万吨	42.39	−49.3
饮料酒	亿升	2.25	19.9
软饮料	万吨	34.70	−29.5
纱	万吨	25.72	33.3
布	亿米	0.49	−9.3
机制纸及纸板	万吨	13.78	1.9
焦炭	万吨	319.80	93.3
初级形态的塑料	万吨	115.13	10.9
塑料制品	万吨	37.85	−6.7
水泥	万吨	1 534.47	27.1

全年规模以上工业企业实现利润74.68亿元，比2011年增长8.0%（表4）。

表4 2012年规模以上工业企业实现利润及其增长速度

指标	绝对数（亿元）	比2011年增减（%）
规模以上工业	74.68	8.0
＃国有控股企业	31.64	−32.1
＃ 有限责任公司	41.62	6.8
股份有限公司	10.28	−27.6
外商及港澳台商投资企业	2.77	−5.9
＃私营企业	17.10	116.1

年末兵团共有各类园区28个，其中国家级经济开发区5个，自治区级园区3个，兵团级园区20个。

全年全社会建筑业增加值147.46亿元，比2011年增长27.6%（图5）。兵团具有资质等级的总承包和专业承包建筑企业实现利润9.74亿元，增长76.1%，其中国有控股企业7.68亿元，增长74.1%。

各类建筑施工单位签订合同额1 030.74亿元，比2011年增长32.1%，其中本年新签合同额713.62亿元，增长26.9%。全年房屋建筑施工面积4 307.73万米^2，增长32.5%，其中本年新开工

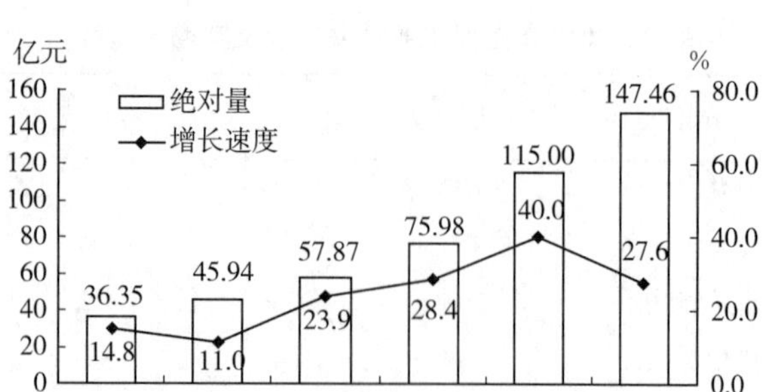

图 5　2007—2012 年建筑业增加值及其增长速度

面积 2 913.02 万米^2，增长 16.4%。房屋建筑竣工面积 1 982.57 万米^2，增长 38.14%。全部职工自有技术装备率 4 391 元/人，自有动力装备率 2.06 千瓦/人。全员劳动生产率 212 134 元/人，增长 15.9%。

四、固定资产投资

全年全社会固定资产投资 1 039.34 亿元，比 2011 年增长 52.1 %（图 6）。其中，第一产业 62.17 亿元，增长 23.9%；第二产业 500.42 亿元，增长 36.9%；第三产业 476.75 亿元，增长 78.0%（表 5）。固定资产投资三次产业构成为 6∶48∶46。按地区分，南疆垦区投资 215.68 亿元，增长 61.7%；北疆垦区投资 823.66 亿元，增长 49.7%。

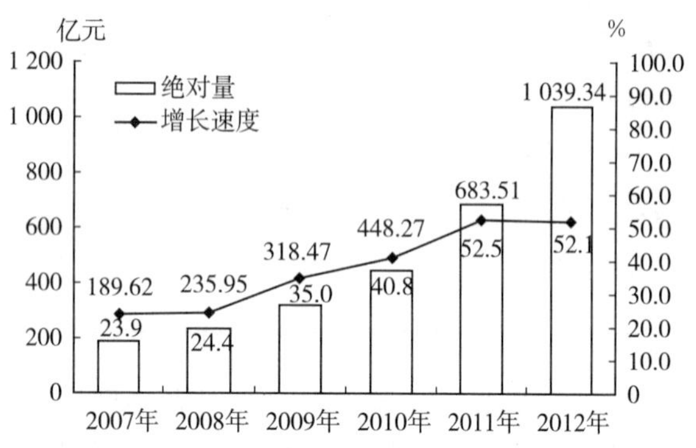

图 6　2007—2012 年全社会固定资产投资及其增长速度

表 5　2012 年全社会固定资产投资及其增长速度

指标	投资额（亿元）	比 2011 年增长（%）
全社会固定资产投资	1 039.34	52.1
＃房地产开发投资	110.57	120.8
按经济类型分		
国有经济	460.86	55.9
集体经济	3.31	1391.7
私营个体	149.86	39.5
其他	425.31	51.8
按用途分		
第一产业	62.17	23.9
第二产业	500.42	36.9
第三产业	476.75	78.0

全年房地产开发投资 110.57 亿元，比 2011 年增长 1.21 倍。商品房销售面积 240.22 万米^2，下降 0.2%。其中，住宅 209.59 万米^2，下降 1.5%。商品房待售面积 39.41 万米^2，增长 88.1%。商品房销售额 89.17 亿元，增长 16.3%。

工业完成投资 498.74 亿元，比 2011 年增长 37.1%。其中，制造业完成投资 331.98 亿元，增长 37.6%；电力、燃气及水的生产和供应业完成投资 158.99 亿元，增长 41.4%（表 6）。

表 6　2012 年分行业全社会固定资产投资及其增长速度

行业	投资额（万元）	比 2011 年增减（%）
总计	10 393 354	52.1
农、林、牧、渔业	621 691	23.9
采矿业	77 752	−21.9
制造业	3 319 758	37.6
＃农副食品加工业	174 992	117.5
食品制造业	351 494	59.9
酒、饮料和精制茶制造业	77 181	61.8
纺织业	94 094	−58.9
石油加工、炼焦及核燃料加工业	123 158	230.4
化学原料及化学制品制造业	708 369	29.9
非金属矿物制品业	597 516	58.2
黑色金属冶炼及压延加工业	334 128	3 125.2
有色金属冶炼及压延加工业	579 025	−5.0
电力、燃气及水的生产和供应业	1 589 916	41.4
建筑业	16 766	−7.8
批发和零售业	177 681	390.4
交通运输、仓储和邮政业	677 903	88.1
住宿和餐饮业	43 259	56.2
信息传输、软件和信息技术服务业	2 597	−68.3

（续）

行业	投资额（万元）	比2011年增长（%）
房地产业	3 120 509	80.9
租赁和商务服务业	7 000	410.9
科学研究和技术服务	10 053	106.3
水利、环境和公共设施管理业	468 454	34.2
居民服务、修理和其他服务业	20 403	233.5
教育	92 766	20.4
卫生、社会保障和社会福利业	37 063	21.6
文化、体育和娱乐业	33 153	33.1
公共管理、社会保障和社会组织	76 630	195.1

交通运输业完成投资55.24亿元，比2011年增长82.6%。新建改扩建公路1 978千米。建成园区出口路、过境路236.5千米。新建客货运输场站点22个。

农田水利及水利工程完成投资29.74亿元，比2011年增长53.4%。

以民生为主的“十件实事”完成投资206.7亿元，其中，城镇保障性安居工程开工16.4万户，基本建成12.1万户，竣工9.5万户，完成投资173亿元；游牧职工定居房开工0.19万户，竣工0.16万户，完成投资2.69亿元；农村安居住房开工5.51万户，竣工5.35万户，完成投资14.8亿元。

固定资产投资建设资金来源总额1 083.39亿元，其中本年资金1 013.72亿元。本年资金来源中，国家预算内资金132.92亿元，国内贷款90.94亿元，利用外资3.75亿元，自筹资金626.24亿元，其他资金159.87亿元。在自筹资金中，企事业单位自有资金474.06亿元，增长33.0%。

全年新增固定资产662.34亿元，比2011年增长63.2%。主要新增生产能力或效益：原煤开采129万吨，水泥411万吨，棉纺锭25.57万锭，焦炭237万吨，电解铝100万吨，石墨及碳素制品30万吨，发电装机容量241.35万千瓦，输电线路2 718千米，医院每8.22万米^{2}1 483个床位，各类学校每5.47万米^{2}12 876个学生席位。

五、国内贸易

全年批发零售业商品销售总额1 039.31亿元，增长24.3%，其中限额以上批发和零售业商品销售总额748.81亿元，增长21.1%。限额以上批发和零售业商品销售类值中，棉麻类销售额比上年增长23.8%，石油及制品类增长11.1%，化工材料及制品类增长16.9%。

全年社会消费品零售总额296.23亿元，比2011年增长22.1%（图7），扣除价格因素，实际增长18.2%。按行业分，批发和零售业零售额242.21亿元，增长19.9%；住宿和餐饮业零售额54.02亿元，增长32.6%。

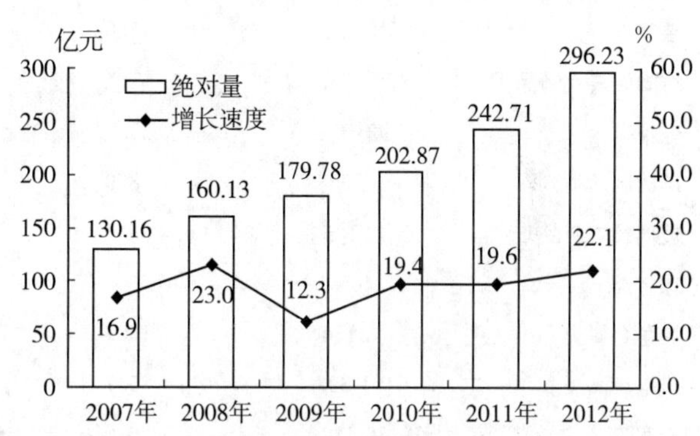

图7　2007—2012年社会消费品零售总额及其增长速度

六、对外经济

全年货物进出口总额96.49亿美元，比2011年增长26.4%（图8）。其中，货物出口83.43亿美元，增长28.4%；货物进口13.06亿美元，增长14.5%（表7）。自产品出口14.6亿美元，增长22.0%。

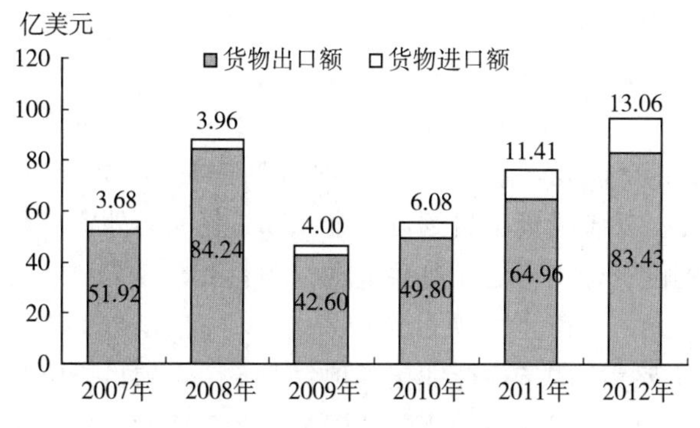

图8　2007—2012年货物进出口总额

表 7　2012 年货物进出口总额及其增长速度

指标	绝对数（万美元）	比 2011 年增减（%）
货物进出口总额	964 981	26.4
货物出口总额	834 324	28.4
货物进口总额	130 657	14.5
出口商品按类值分		
植物产品类	3 684	267.3
食品饮料烟酒类	19 671	−24.7
矿产品类	1 562	−53.3
化工类	14 496	53.6
塑料制品类	30 977	68.9
箱包类	32 227	37.4
木制品类	42 035	208.5
纸浆类	2 921	95.0
纺织原料及制品类	294 593	1.1
鞋帽类	92 360	25.9
矿物制品类	3 588	38.9
玻璃及陶制品	42 196	209.3
珠宝类	405	
黑色金属类	8 154	16.9
机电产品类	191 397	75.7
汽车类	36 438	66.0
医疗器械类	296	251.8
杂项制品类	17 326	−48.4

全年新批外商投资企业 5 家，合同外资金额 4 806万美元，比 2011 年下降 88.4%；实际使用外资 12 864 万美元，增长 85.0%。

全年对外承包工程、劳务合作完成营业额 4.57 亿美元，比 2011 年增长 34.3%。

全年招商引资项目 1 129 个，当年引进兵团以外项目到位资金 631.9 亿元，比 2011 年增长 58.9%。其中，第一产业 11.4 亿元，增长 1.4 倍；第二产业 504.4 亿元，增长 46.6%；第三产业 116.1 亿元，增长 1.4 倍。国有投资项目到位资金 35.40 亿元，非国有投资项目到位资金 596.5 亿元。外省投资项目到位资金 423.2 亿元，外资项目到位资金 1.5 亿元，兵地融合项目到位资金 199.9 亿元，上市公司项目到位资金 7.3 亿元。10 个对口支援兵团省市产业援疆项目 266 个，项目投资规模 947.2 亿元，当年到位资金 193.5 亿元，累计到位资金 262.1 亿元。

全年对口援疆项目计划 222 个，总投资 55.1 亿元，其中援助资金 17.58 亿元。当年援疆项目全部开工，已完工项目 212 个，实际完成投资 60.29 亿元，到位援助资金 17.54 亿元。其中，改善民生项目 111 个，完成投资 54.04 亿元；支持产业发展项目 34 个，完成投资 4.58 亿元；组织及人才建设项目 71 个，完成投资 1.29 亿元；其他项目 6 个，完成投资 0.38 亿元。

七、交通运输和旅游

年末民用汽车保有量 16.96 万辆，比 2011 年末增长 22.9%。其中，私人汽车 14.69 万辆，增长 21.9%；民用轿车 7.31 万辆，增长 35.5%，其中，私人轿车 6.63 万辆，增长 29.6%。

民用汽车中，载客汽车 9.20 万辆，增长 33.3%；载货汽车 4.39 万辆，增长 12.2%；其他汽车 3.37 万辆，增长 2.1%。

全年道路运输旅客周转量 71.35 亿人千米、货物周转量 204.43 亿吨千米，分别比 2011 年增长 13.7%和 47.1%（表 8）。

表 8　2012 年道路运输业营运情况

指标	计量单位	绝对数	比 2011 年增长（%）
货物周转量	亿吨千米	204.43	47.1
#个体	亿吨千米	189.84	50.9
货运量	亿吨	2.29	49.9
#个体	亿吨	2.06	8.2
旅客周转量	亿人千米	71.35	13.7
#个体	亿人千米	51.19	18.4
客运量	亿人	1.34	13.7
#个体	亿人	1.06	19.1
营运收入	亿元	95.24	39.2
#个体纯收入	亿元	39.4	49.4

年末兵团公路通达里程 32 726 千米。其中，一级 15 千米、二级 1 930 千米、三级 5 123 千米、四级 9 996 千米。

年末拥有飞机 31 架，全年总飞行时间 3 871 小时，起落 3 351 架次。其中，用于农林牧业飞行 2 949 小时，工业飞行 805 小时，训练飞行 88 小时，其他飞行 29 小时。

年末兵团拥有旅游企业（示范点）251 家，其中，国家等级景区 41 家，全国红色旅游经典景区

3个，全国工农业旅游示范点12家，全国休闲农业与乡村旅游示范点4个，星级农家乐14个，旅游星级饭店55家，旅行社110家，旅游规划资质单位9家，旅游集团公司3家；全国优秀旅游城市1座，全国特色旅游名镇3个；导游员2 633人。

全年接待旅游者683.58万人次，比2011年增长10.8%。旅游总收入30.6亿元，增长28.6%。

八、金融

全年驻疆银行金融机构对兵团贷款余额1 440亿元，比2011年增长23.0%。

兵团农业银行年末各项本外币存款余额921.63亿元，比年初增长12.4%。其中，个人存款471.51亿元，增长16.5%；单位存款438.78亿元，增长8.4 %。各项贷款年末余额321.03亿元，增长19.5%。

全年兵团企业实现直接融资171.3亿元，比2011年增长1.4倍。其中，短期融资券68亿元，企业债26亿元，公司债31.8亿元，私募债券10亿元，信托7亿元，上市定向增发28.5亿元。

九、教育、科学技术和文化

年末有各类学校539所，在校学生51.38万人，教职工4.31万人。普通高等学校在校生4.83万人，比2011年增长2.48%；招生1.30万人，增长1.23%；毕业生1.15万人，减少1.44%（表9）。小学适龄儿童入学率99.8%，初中适龄人口入学率95.23%。

表9　2012年各类学校基本情况

单位：所、人

指　标	学校数	在校生数	新招生	教职工人数	专任教师	毕业生数
合计	539	513 805	143 901	43 075	34 155	150 954
普通高等学校	5	48 341	13 040	4 276	2 844	11 513
成人高等学校	2	15 223	6 498	930	607	3 494
中等职业学校	23	36 490	14 087	1 805	1 171	10 859
普通中学	241	169 141	56 273	31 990	14 379	59 610
小学	60	189 662	30 148		12 810	38 082
幼儿园	208	54 948	23 855	4 074	2 344	27 396

年末有科学研究与技术开发机构18个，各类专业技术人员11.80万人。

全年各类科技经费总额3.23亿元，比2011年增长25.6%。争取科技部等各类国家科技计划项目批准立项203项，到位资金1.88亿元；兵团本级科技项目立项421项，项目年投入强度每项17.1万元。

批准建设产业技术创新联盟3家、高新技术产业化中试平台3个、工程技术研究中心10家、创新型企业试点21家、各类科技服务机构9家。

全年74项成果获兵团科技进步奖，其中一等奖6项，二等奖24项，三等奖44项。全年兵团专利申请量709件，增长28.7%，其中申请发明专利263件，增长32.2%。

年末有广播电视播出机构197座，其中，兵、师电视台2座，广播电台1座，广播电视台13座；农牧团场广播电视站176座，分场及工矿企业广播电视站5座。广播覆盖率97.0%，电视覆盖率98.8 %。兵团卫视综合频道进入24省市有线电视网络。实施数字电影放映工程，全年放映24 387场次。

年末有兵团文化中心1座，兵团军垦博物馆1座，国家三级图书馆1座。8个师建有文化中心（文化宫），142个团场建有文化活动中心。师团有文化广场102个。建有文化信息资源共享工程兵团级分中心1个、团级分中心81个、连队服务点2 297个。有不可移动历史文物点513处，兵团级爱国主义教育基地23个。兵团4个专业文艺团体下基层演出401场次。

年末有公开发行各级各类报纸17家，期刊16家，内部资料（刊型、报型）25家。出版社1家，全年出版图书147种、103万余册。网站66家，新华网、中新网、经济日报网、中广网均设有兵团频道。兵团手机报用户30万户。实施“东风工程”和“农家书屋”工程，向援疆省市、新疆维吾尔自治区各级党政机关和兵团基层干部职工免费赠送兵团日报等5种报刊25 944份，为17.36万手机用户免费赠阅兵团手机报，为1 893个农家书屋配送图书、期刊和电子影像制品。

开展第三届兵团道德模范评选活动，命名表彰107个兵团文明单位和11个兵团级文明生态小康连队。实施“西部开发助学工程”，累计资助兵团贫困大学生1 210名，贫困中学生1 050名。

2012年，参加第九届全国大学生运动会，获得金牌1名、银牌2枚、铜牌1枚，奖牌数在全国34个代表团中位列第23位。代表团获得“体育道德风尚奖”。

十、卫生和社会服务

年末有各类卫生机构1 356个（含营利性卫生机构），卫生技术人员23 054人。其中，执业和执业助理医师8 295人，注册护士9 499人。每千人执业（助理）医师3.21人，每千人注册护士3.67人，每千人有医院床位7.77张。传染病报告发病率（甲乙类传染病）347.18/10万，婴儿死亡率6.25‰，孕产妇死亡率8.82/10万。

年末有各类收养性单位110个。平均每月有10.2万人得到居民最低生活保障，人均补助248元。全年医疗救助22万人次。国家抚恤、补助各类优抚对象0.39万人。

十一、人口、人民生活与社会保障

年末兵团总人口264.86万人，比2011年增长1.3%，其中，男性139.05万人，女性125.81万人。性别比为110.5（女＝100）。全年出生人口1.49万人，出生率为5.67‰；死亡人口1.48万人，死亡率为5.62‰；人口自然增长率为0.05‰。

全年兵团城镇居民人均可支配收入19 641元，比2011年增长18.1%，扣除价格因素，实际增长14.2%；团场农牧工家庭人均纯收入12 106元，增长18.3%，扣除价格因素，实际增长13.0%（图9）。

全年在岗职工工资总额286.70亿元，比2011年增长24.6%。在岗职工平均工资37 525元，比2011年增加6 182元，增长19.7%，扣除价格因

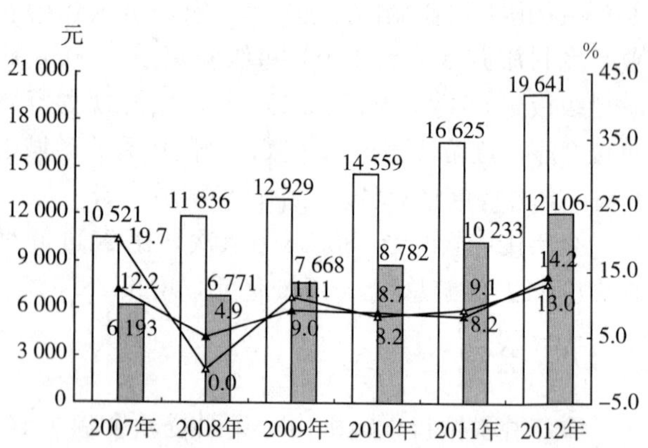

图9　2007—2012年城镇居民、团场农牧工收入及其增长速度

素，实际增长19.0%。

年末参加职工基本养老保险人数146.61万人、居民社会养老保险参保人数11.91万人。参加基本医疗保险222.78万人，其中职工基本医疗保险126.51万人，居民基本医疗保险96.27万人。参加失业保险64.79万人、工伤保险68.16万人、生育保险63.66万人。

全年受理劳动保障监察投诉案件1 896件，结案1 884件，结案率99.37%；接到行政复议案件51件，结案51件，结案率100%；处理劳动争议案件1 885件，其中，调解处理1 083件，立案处理802件，结案率97.3%。

十二、资源、环境与安全生产

年末拥有水库125座，总库容32.72亿米^3。其中大型水库11座，库容18.27亿米^3；中型水库30座，库容11.97亿米^3；小型水库84座，库容2.50亿米^3。已建成机电井18 005眼。按有效灌溉面积划分，建设万亩以上灌区83处，其中50万亩以上灌区7处，30万～50万亩灌区8处，5万～30万亩灌区39处，1万～5万亩灌区29处。堤防建设长度2 658.12千米，保护人口161.60万人，保护耕地454.8千公顷。河道上建有水闸113座。

全年水利工程供水量131.36亿米^3。按供水用途分，农业供水122.86亿米^3，工业供水2.48亿米^3，城镇生活供水0.96亿米^3，乡村生活供水0.58亿米^3，生态环境供水3.99亿米^3，其他用途供水0.49亿米^3。按供水方式分，地表水供水量109.47亿米^3，机电井提水量21.89亿米^3。

全年总灌溉面积 1 395.3 千公顷，有效灌溉面积 1 025.5 千公顷，节水灌溉面积 963.9 千公顷。

全年人工造林作业面积 26.61 千公顷（39.91 万亩），比 2011 年增长 99.7%。无林地和疏林地新封面积 3.33 千公顷（5 万亩），下降 37.5%。

全年批准建设用地 6.83 万亩，供应土地 8.16 万亩，土地出让合同价款 67.42 亿元。

全年规模以上工业企业综合能源消费量 1 484.03万吨标准煤，比 2011 年增长 34.5%。其中，煤炭消费量 2 109.97 万吨，增长 27.2%；汽油 0.4 万吨，增长 10.6%；柴油 3.51 万吨，增长 5.0%；天然气 6 176 万米^3，增长 0.3%；电 314.44 亿千瓦时，增长 74.7%；热力 1 222.28 万百万千焦，下降 5.3%。

全年化学需氧量、氨氮、二氧化硫、氮氧化物 4 项主要污染物排放量分别为 9.97 万吨、0.53 万吨、13.31 万吨、11.47 万吨，分别比 2011 年增长 0.65%、1.62%、26.93%和 15.63%。

全年农作物受灾面积 53.8 万公顷（807 万亩），其中，成灾面积 38.4 万公顷（576 万亩），绝收面积 4.4 万公顷（66 万亩）。因灾倒塌房屋 2 278间，其中，民房 976 户 1 707 间，损坏房屋 4.5 万间，倒塌牲畜棚圈 6 598 座。因灾死亡大牲畜（含羊）1.7 万头（只）。全年发生 3.0 级以上地震 140 余次，5.0 级以上地震 9 次。全年自然灾害造成直接经济损失 31.4 亿元，其中农业直接经济损失 21.6 亿元。因风雹造成直接经济损失 16.99 亿元，干旱造成直接经济损失 4.03 亿元，地震造成直接经济损失 2.44 亿元。

全年兵团工矿商贸企业共发生职工死亡事故 17 起，事故死亡 26 人，死亡人数比 2011 年增长 73.3%。亿元生产总值生产安全事故死亡人数 0.022 人。工矿商贸企业就业人员 10 万人生产安全事故死亡人数 3.88 人。煤矿百万吨死亡人数为 0.953 人。道路交通万车死亡人数 0.35 人，百万车千米事故死亡人数 0.019 人。

注：1. 生产总值、各产业增加值绝对数按现价计算，增长速度按可比价格计算。

2. 本公报数据为初步统计数，最终数据以《2013 年兵团统计年鉴》为准；水利最终数据，以与兵团第一次全国水利普查数据衔接后的数据为准。

3. 南疆垦区为一、二、三、十四师，北疆垦区为四、五、六、七、八、九、十、建工师、十二、十三师及兵团直属单位。

资料来源：

本公报中国有控股农工建交商企业实现利润、全年上缴各类税费数据来自财务局；国资委监管企业、改制企业数据来自国资委；全疆居民消费价格、农业生产资料价格、工业生产者出厂价格、工业生产者购进价格和固定资产投资价格指数来自国家统计局新疆调查总队；新增劳动力就业、登记失业率、养老保险、医疗保险、失业保险、工伤保险、生育保险、劳动保障监察数据来自人力资源社会保障局；农作物精量播种面积、测土配方施肥面积、标准化果园面积、标准园、养殖场、龙头企业、“三品一标”、人工造林数据来自农业局；工业园区数据来自工信委；新建改扩建公路、运输场站点、公路通达里程、百万车千米事故死亡人数数据来自交通局；“十件实事”、驻疆银行机构对兵团贷款、兵团企业融资数据来自发改委；兵团农行存贷款数据来自农行兵团分行；货物进出口、外商直接投资、对外承包工程、劳务合作、招商引资数据来自商务局；对口援疆项目数据来自援疆办；飞机、飞行时间数据来自航企局；旅游方面数据来自旅游局；学校、在校生、教职工、毕业生、入学率、大学生运动会获奖情况数据来自教育（体育）局；科学研究机构、科技经费、科技项目、科技奖项、专利数据来自科技局；广播、电视、出版、文化、文明方面数据来自宣传部；卫生机构、卫生技术人员、医院床位、传染发病率、婴儿死亡率、孕产妇死亡率数据来自卫生局；收养单位、低保补助、医疗救助、优抚、自然灾害数据来自民政局；水库、机电井、灌区、堤防、水闸、供水量、灌溉面积数据来自水利局；建设用地、供应地、土地出让数据来自国土局；主要污染物排放量数据来自建设（环保）局；工矿商贸企业安全生产数据来自安监局。

黑龙江农垦 2012 年经济和社会发展统计公报

黑龙江省农垦总局统计局

2012 年，垦区各级在总局党委的正确领导下，坚持以科学发展观为统领，以转变发展方式为主线，高举现代化大农业伟大旗帜，攻坚克难，锐意进取，坚定不移地推进“三化”统筹发展，加快建设“三个垦区”，使垦区经济保持平稳较快发展，社会建设、文化建设和生态文明建设全面推进，取得了众多突破性、历史性成绩，为垦区率先全面建成小康社会奠定了坚实基础。

一、综 合

经济总量首次突破千亿元大关。全年实现垦区生产总值（GDP）1 143.4 亿元，比 2011 年增加 227 亿元，增长 20.6%，连续十年保持两位数增长，近四年增速均在 18%以上（图 1）。人均生产总值达到 66 363 元，增长 18.6%，以当年平均汇率折算人均地区生产总值为 10 513 美元，比 2011 年增加 1 921 美元。全年实现非公有经济增加值 514.5 亿元，比 2011 年增长 26.9%。

三次产业连续 8 年保持两位数增长。第一产业增加值 553.2 亿元，增长 13.4%，第二产业增加值 300.4 亿元，增长 34.4%，第三产业增加值 289.8 亿元，增长 22.6%。一、二、三产业对垦区当年经济增长的贡献率分别为 33.5%、39.7% 和 26.8%。

经济结构调整呈现实质性变化。三次产业结构为 48.4∶26.3∶25.3，第二产业比重比 2011 年提高 2.5 个百分点，第一产业比重 10 年来首次降到 50%以下；农、林、牧、渔业及服务业结构为 70.2∶0.9∶25.3∶0.6∶3.0，牧业比重比 2011 年提高 0.8 个百分点；公有和非公有经济结构为 55.0∶45.0，非公有经济比重比 2011 年提高 1.8 个百分点。

二、农、林、牧、渔业

粮食生产连续九年实现播种面积、综合单产和总产量历史性突破。2012 年垦区种植各种农作物

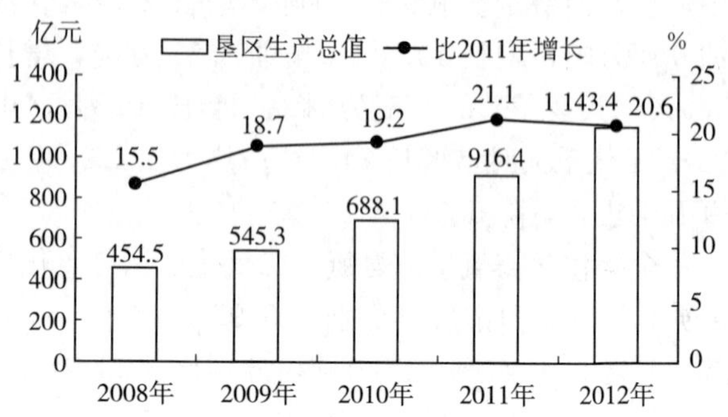

图 1　2008—2012 年垦区生产总值及其增长速度

287.1 万公顷，比 2011 年增长 0.9%，实现农业增加值 389.3 亿元，增长 9.5%。其中，粮食种植面积 279.8 万公顷，比 2011 年增长 2%，占全部农作物的比重达 97.5%。高产作物水稻和玉米分别达到 154.8 万公顷和 85.4 万公顷，两者占粮食面积的比重为 85.9%，比 2011 年提高 8.1 个百分点，为垦区粮食总产量跃上新台阶奠定了坚实的基础。粮食综合单产实现 7 731 千克/公顷，比 2011 年增长 4.1%。粮食综合生产能力再创历史新高，总产量达到 216.3 亿千克，比 2011 年增长 6.2%（图 2、表 1）。在我省粮食生产中的地位和对国家粮食安全的贡献进一步增强，粮食产量占全省和全国的比重分别为 37.5%和 3.7%。为国家提供商品粮 203.5 亿千克，粮食商品率达 94.1%，比 2011 年提高 0.1 个百分点。

历经 65 年的开发建设，垦区已累计生产粮食 2 854 亿千克，累计向国家交售商品粮 2 231.5 亿千克。2012 年商品粮总量首次迈上 200 亿千克台阶，可以保障全国 1.2 亿城镇人口一年的口粮供应，成为国家抓得住、调得动、能有效应对突发事件的“中华大粮仓”。

绿色、有机食品和无公害农产品认定规模逐年扩大、质量安全体系建设日臻完善。年末垦区有效使用绿色食品标志产品数达到 287 个，比 2011 年

增加2个，占全省的27%；全年种植绿色有机食品农作物199.3万公顷，占垦区农作物总种植面积的69.4%，占全省绿色有机食品认证面积的44.5%；无公害农产品产地认定总数达542个，占全省的15.5%，产地认定面积263.4万公顷，占全省的28%，无公害农产品489个。到2012年末，垦区获得国家地理标志产品2个，累计获得全国农业标准化示范农场项目24个，全国绿色食品标准化原料生产基地63个。农垦农产品质量追溯系统建设项目稳步增加，2012年建设项目45个，创建项目55个。垦区农产品检验检测体系建设全面展开，建成了部级质检中心3个，6个重点县级和3个县级农产品质检站项目全面启动。

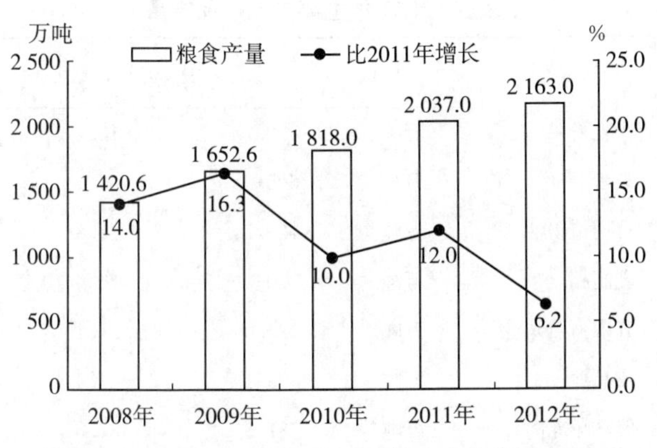

图2　2008—2012年粮食生产量及其增长速度

表1　2012年主要农产品产量

产品名称	产量（万吨）	比2011年增减（%）
粮食	2 163.0	6.2
其中：水稻	1 370.4	7.2
小麦	21.2	−60.3
玉米	664.3	19.1
大豆	87.1	−29.8
杂豆	6.7	−37.4
马铃薯（折粮）	13.2	10.5
油料	1.7	−40.6
亚麻	0.3	−35.2
甜菜	75.9	−9.0
蔬菜	20.4	−35.9
瓜类	22.2	−23.9
饲料作物	167.3	−26.2

森林垦区创建活动效果良好，生态经济型林业得到快速发展。2012年垦区林业以创建“森林垦区”为重点，全面实施林业生态护农工程、林业产业富民工程和农垦城镇森林靓化工程，使垦区园林化档次大幅度提高，林业产业得到快速发展。全年实现林业增加值5.2亿元，比2011年增长37.2%。当年完成造林绿化24万亩，建设百亩以上森林公园52个，完善和新建绿色城堡597个，绿色通道862千米，完成绿色屏障2 567条，见缝插绿2 630块，使城镇暨管理区绿化覆盖率提高1个百分点，达到38%，区域森林覆盖率达18.4%。全年未发生大的森林、草原火灾，森林过火面积控制在0.5‰以下，林业有害生物成灾率控制在3‰以下，森林病虫害防治率达90%以上。严厉查处毁林、毁湿案件，林政案件结案率达98%以上，森林、湿地资源得到有效保护。

畜牧业继续保持较快增长势头。年初以来，垦区继续加大畜牧业标准化、规模化、产业化养殖力度，加快了垦区绿色健康养殖基地的建设步伐，使垦区以“两牛一猪”为发展重点的畜牧业生产继续保持良好的发展势头。全年实现畜牧业增加值139.9亿元，比2011年增长19.6%。主要畜禽存栏和产品产量如表2。

表2　2012年主要畜产品产量和年末存栏

指标名称	计量单位	绝对数	比2011年增减（%）
肉类总产量	万吨	78.2	13.7
其中：猪肉	万吨	49.6	11.6
牛肉	万吨	13.6	17.5
羊肉	万吨	3.8	19.8
禽肉	万吨	10.9	16.5
禽蛋产量	万吨	8.9	8.4
牛奶产量	万吨	148.0	12.4
大牲畜存栏	万头	100.9	5.5
其中：奶牛	万头	44.9	5.7
黄牛	万头	55.6	5.6
猪存栏	万头	301.9	24.1
其中：能繁母猪	万头	29.2	0.6
羊存栏	万只	170.7	0.1
其中：绒山羊	万只	75.3	−6.8
家禽存栏	万只	1671.2	8.5
其中：鹅	万只	189.3	39.8
鹿存栏	万只	2.3	−6.6
兔存栏	万只	13.1	10.5

渔业生产稳步增长。全年实现渔业增加值 3.3 亿元，比 2011 年增长 44.6%。全年养殖面积为 2.46 万公顷，水产品产量 3.45 万吨，比 2011 年增长 20.9%。

农业基础设施继续强化，现代化水平显著提高。年末垦区有效灌溉面积达 162.1 万公顷，增长 5.5%，其中节水灌溉面积 24.3 万公顷；机电井 8.6 万眼，增长 5.9%。现有粮食处理中心 270 座，种子加工厂 87 个，金属粮仓 2 383 座，水泥晒场 2 734万米²，农用飞机场 69 处。粮食仓储能力达到 958 万吨，比 2011 年增长 13.1%。农机装备能力显著提升，截至 2012 年末，垦区建设完善了 380 个现代农机装备作业区，农业生产田间作业综合机械化率提高到 97.5%。年末拥有农用机械总动力 818.6 万千瓦，比 2011 年增长 9.8%；农用大中型拖拉机 6.23 万台，增长 6.6%，其中 100 马力* 以上拖拉机 6 470 台，增加 365 台；机动水稻插秧机 6.97 万台，增长 5.3%；联合收获机 2.63 万台，增长 20.4%。现有农用飞机 44 架，垦区航化作业面积 171.2 万公顷，比 2011 年增长 8.1%。

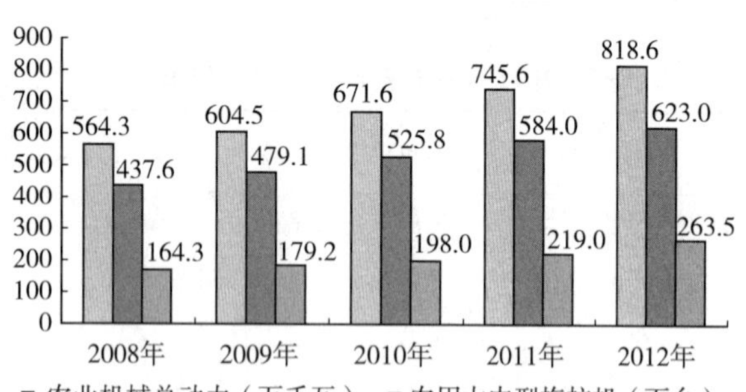

图 3　2008—2012 年农业机械情况

三、工业和建筑业

工业生产快速增长，整体实力不断增强。2012 年，垦区全面启动"强工"攻坚战，突出抓好工业重点项目建设，大力推进农业产业化经营，进一步提高企业的竞争实力和运行质量。全年实现工业增加值 219.9 亿元，比 2011 年增长 36.6%，其中，规模以上企业完成增加值 139.4 亿元，增长 31.5%；省级以上龙头企业完成增加值 54.7 亿元，增长 18.2%。在全部工业增加值中，轻工业增加值 175.1 亿元，增长 43.8%；重工业增加值 44.8 亿元，增长 14.1%。

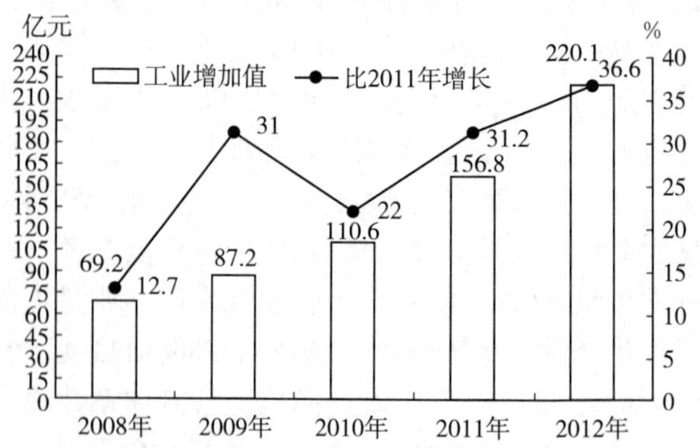

图 4　2008—2012 年工业增加值及其增长速度

表 3　2012 年主要工业产品产量

指标名称	计量单位	产量	比 2011 年增减（%）
小麦粉	万吨	32.7	16.4
大米	万吨	606.9	30.1
食用植物油	万吨	123.7	9.8
乳制品	万吨	30.0	6.4
其中：液体乳	万吨	23.0	11.1
成品糖	万吨	3.1	−17.4
鲜冷藏冻肉	万吨	87.5	437.8
白酒	千升	101 740	67.7
大麦芽	万吨	18.7	−15.5
配混合饲料	万吨	60.3	43.5
豆粕	万吨	533.6	9.1
中成药	万吨	0.4	55.3
化肥（实物量）	万吨	38.6	11.7
水泥	万吨	199.7	−9.5
焦炭	万吨	2.7	−78.6
发电量	亿度	7.7	33.8
机制纸及纸板	万吨	2.9	−20.7
豆制品	万吨	9.2	38.9
精甲醇	万吨	1.1	268.9
淀粉	万吨	5.6	−14.1

工业企业增效显著。全部工业企业全年实现主营业务收入 945.1 亿元，比 2011 年增长 28.7%；

* 马力为非法定计量单位。1 马力=735.50 瓦。

实现利税总额 47.9 亿元，比 2011 年增长 36.4%，其中利润 20.8 亿元，增长 23.0%。

建筑业生产增速和效益明显提高。全年实现建筑业增加值 80.5 亿元，比 2011 年增长 28.6%。当年新开工的单位工程施工个数 4 500 个，比 2011 年增加 1 055 个。当年单位工程竣工个数 4 258 个，比 2011 年增加 823 个。年内房屋建筑施工面积和竣工面积分别达到 868.7 万米^2 和 653.1 万米^2，分别比 2011 年增长 16.4% 和 −1.0%。实现利税 27.0 亿元，增长 16.7%，其中利润 17.9 亿元，增长 9.8%。

四、固定资产投资

固定资产投资持续快速增长。2012 年垦区继续抓住国家加大农业投入和推进城乡一体化发展的机遇，以加速实现垦区“三化”进程为目标，积极推进大项目战略的实施，突出农产品龙头加工项目、千亿斤粮食工程、现代农机装备项目、保障性安居工程、高速公路等重点建设项目的投资，固定资产投资呈现大幅度增长。全年完成固定资产投资总额 367.9 亿元，比 2011 年增长 28.9%，其中，生产性建设投资 182.3 亿元，增长 66.0%，非生产性建设投资 185.6 亿元，增长 5.6%。从产业投向上看，第一产业 81.1 亿元，增长 61.2%，占 22.0%；第二产业 77.1 亿元，增长 1.93 倍，占 21.0%，比 2011 年提高了 11.8 个百分点，当年投资对经济增长的贡献率达到 61.7%。其中，工业 76.7 亿元，增长 1.95 倍，工业投资连续两年保持高速增长，为垦区工业经济健康持续发展提供后劲；第三产业 209.7 亿元，增长 0.4%，占 57.0%。

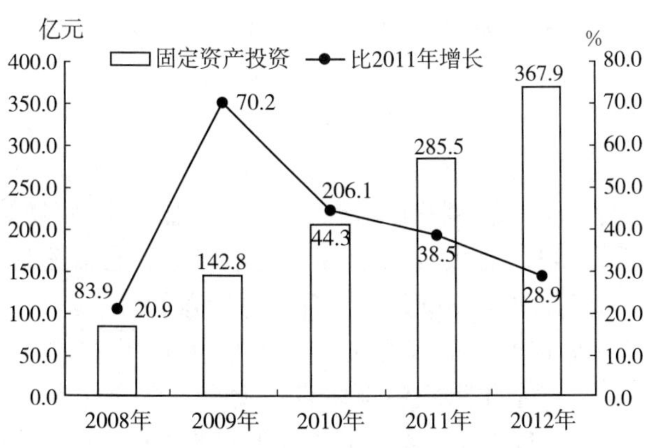

图 5　2008—2012 年固定资产投资及其增长速度

五、交通运输、通讯和旅游业

交通运输业发展良好。全年垦区完成运输场站、公路养护和区域物流园区建设等投资 5.4 亿元。新建农场客运站 16 个；新建九三物流园区铁路专用线 8.42 千米；完成农村公路养护、养护设备购置、急弯改造及景观路建设项目 114 个。运输基础设施进一步完善，运输生产能力显著增强。全年共完成道路客运量 0.1 亿人次，客运周转量 6.6 亿人千米，货运量 0.2 亿吨，货运周转量 13.4 亿吨千米，分别比 2011 年增长 1.6%、2.0%、2.4%和 2.7%。

公路三年决战成果显著。2012 年末，垦区公路硬化里程突破 1 万千米大关，达 10 063 千米，为垦区新农村建设做出了突出贡献。全年完成公路建设投资 15.9 亿元，其中，高速公路建设完成投资 12.3 亿元，重点公路建设完成投资 0.7 亿元，农村公路建设完成投资 2.5 亿元。

通信事业健康发展。年末农垦通信拥有通信线路 27 038 千米，比 2011 年增长 0.8%。其中，光缆线路总长度 16 387 皮长千米，增加 731 皮长千米。垦区固定电话达到 48.4 万部，比 2011 年增长 1.5%，户均固定电话普及率达到 73.4%，比 2011 年提高 0.2 个百分点。宽带用户达到 15.8 万户，比 2011 年增加 2.3 万户，增长 17%。

旅游业发展迅速。全年累计接待国内外旅游者 468.2 万人次，实现旅游收入 22.8 亿元，比 2011 年分别增长 23.4%和 25.9%。年末，垦区拥有 A 级以上景区 21 个，比 2011 年增加 3 个，其中，AAAA 级景区 2 个，AAA 级景区 19 个。海林、七星、兴凯湖农场被确定为黑龙江省旅游名镇。

六、国内贸易和对外经济

消费品市场繁荣稳定。全年垦区实现社会消费品零售总额 158.5 亿元，比 2011 年增长 15.1%。其中，农场及农场以下消费品零售额 135.5 亿元，增长 15.7%；批发零售贸易业消费品零售额 135 亿元，增长 15.2%；餐饮业零售额 21.5 亿元，增长 22.9%；食品类商品零售额 60.3 亿元，增长 12.5%，占全部零售额的比重为 38%。

对外贸易持续发展。全年实现外贸进出口总额 24.1 亿美元，比 2011 年增长 9.0%，其中，出口总额实现 8.3 亿美元，比 2011 年增长 16.9%。北大荒绿色特色产业基地被商务部认定为黑龙江省唯一一家国家级出口示范基地。

招商引资和对外经济贸易合作取得新进展。全年签订国内外经济技术合作项目 483 项，其中利用外资项目 53 项。实际利用国内外资金 98.4 亿元，比 2011 年增长 39.7%，其中合同利用外资到位额 9 356 万美元，比 2011 年增长 10.8%。

实施"走出去"战略向纵深推进。垦区在俄罗斯、菲律宾、朝鲜、美国、巴西、哈萨克斯坦及中国香港等国家和地区注册公司 29 个，其中，独资企业 18 个，合资企业 3 个，合作企业 8 个；境外产业多元发展，在优势农业境外开发的基础上，产业链条延伸到加工业、畜牧业、木材采伐、矿藏开采、贸易流通、现代物流网络建设等行业。在境外租种土地 200 万亩；对外劳务输出累计达到 1.4 万人次，输出生产机械 0.37 万台套；境外投资超过 7.0 亿元人民币，累计生产粮豆 25 亿千克。

七、科技、教育、卫生、文化和体育

科技事业成果丰硕。2012 年末垦区有专业科研机构 19 个，技术推广中心（站）113 个，省级科技成果推广示范基地 11 个，国家级农业科技园区 1 个，省级农业科技园区 2 个，国家级工程技术中心 1 个，省部级工程技术中心、生产力促进中心、企业研发中心等 27 个。年内开展的科技项目 181 个，其中省部级以上科技项目 127 个，获得总局以上项目经费 2.6 亿元。全年垦区各级科技投入 9.2 亿元，比 2011 年增长 48.4?%。有 5 项科技成果获得黑龙江省科技奖励。新增专利 189 个，比 2011 年增长 92%，累计拥有专利数 685 个；新增专利优势企业 1 个，累计达 6 个。总局生产力促进中心被认定为国家级技术转移示范机构和中国创新驿站黑龙江基层站点。

教育事业稳步发展。垦区在全省率先建成学前教育服务体系，各级各类教育办学质量普遍提高。年末垦区有独立普通小学 28 所，招生 1.5 万人，在校生 8.5 万人，毕业生 2.4 万人；普通中学 126 所，招生 3.5 万人，在校生 10.9 万人，毕业生 3.2 万人。普通高等院校 3 所，招生 0.8 万人，在校生 2.9 万人，毕业生 0.8 万人；中等职业教育学校 9 所，招生 1 万人，在校生 3.2 万人，毕业生 0.9 万人。当年高考进入普本分数线以上的有 6 173人，比 2011 年增加 807 人。

医疗卫生服务体系不断完善。2012 年末垦区共有各级各类医疗卫生机构 1 536 个，其中综合医院 124 所，专科医院 1 所，疗养院 1 所；卫生监督所（含疾病预防控制中心）118 个，妇幼保健院 97 所。卫生技术人员 14 889 人，其中，执业医师和执业助理医师 8 427 人，注册护士 4 685 人。拥有住院床位和观察床位 11 015 张。全垦区现有社区卫生服务中心 106 个，社区卫生服务站 422 个，基层卫生覆盖率达 100%，"六位一体"社区卫生服务体系不断完善。当年垦区共发生法定传染病 18 种，其中乙类传染病 12 种，丙类传染病 6 种，报告发病率为 119.74/10 万，比全省发病率低 177.83/10 万。

文化艺术事业更加繁荣。年末垦区共有博物馆 12 个，图书馆 224 个，文化馆 53 个，场史馆 44 个，社区、管理区综合文化活动室 388 个，文化广场、主题公园 213 个。现有一报四刊，《北大荒日报》全年总印数 2 120 万份，杂志 4 种，全年总印数 36.12 万册。出版了《北大荒文化地理标志》大型图书，编辑了《北大荒群众歌曲集》图书。在全省第十三届"群星奖"比赛活动中，有 12 件作品分获金、银奖项；在省第七届"黑龙江省文艺奖"评选中，大型电视文艺晚会《中华大粮仓》和摄影作品《春江水暖》荣获二等奖。2012 年垦区继续实施文化信息资源共享工程，在 9 个管理局充实完善了文化信息管理系统，在 36 个农场建立文化信息资源展示系统，建立健全四级公共文化服务体系，文化信息资源共享工程覆盖率 100%。

广播电视事业稳步发展。各级广播电视台站共开办专栏 220 余个，累计播出 1 200 余期，省级以上媒体播发新闻 700 余条。农垦广播电视台开辟电视栏目 30 个，播出 1 000 余期，新闻 7 900 余条。"龙广·北大荒之声"实现了 19 个频点覆盖，引进转播中央台和省台广播节目 7 个。继续推进数字电视平移，目前用户已达到 36 万户，比 2011 年增加 6 万多户。北大荒农业频道已在 13 个地市落地，收视人口近 3 000 万，实现全省覆盖的目标。

体育事业深入开展。年末垦区拥有体育场馆 144 个，全年组织各类体育运动会及体育比赛 672 次，有 15.7 万人参加了各种类型的体育运动项目。继续加大全民健身工程投入力度，当年在垦区建设奥林匹克中心1个，综合性体育馆4个，国家、省级健身路径130个。

八、社会保障和环境保护

社会保障能力明显提高。2012年，垦区基本养老、医疗、失业、工伤、生育等“五险合一”的社会保险制度不断完善，各项社会保险覆盖范围继续扩大，基金规模持续增长，保障能力明显提高。2012年末，参加企业基本养老保险人数达到49.1万人，比2011年增长4.1%，离退休人员达到36.7万人，比2011年增长8.6%，全年累计发放养老金57.3亿元，比2011年增长17.9%；参加基本医疗保险人员为145.8万人，其中，参加职工医疗保险73.6万人，参加居民医疗保险72.3万人，全年支付医疗保险基金达到13.1亿元，比2011年增长35.4%；参加失业保险人员达到43.4万人，全年发放失业保险基金377.5万元，比2011年下降26.7%；参加工伤保险人员39.4万人，全年支付工伤保险基金5076万元，比2011年增长17.9%；参加生育保险人员39.3万人，全年支付生育保险基金2 041.5万元，比2011年增长59%。

保险事业发展加快。全年保费收入22.6亿元，比2011年增长33.5%，其中，农险保费收入19.4亿元，比2011年增长27.9%，农业保险承保面积7 078万亩。全年赔付额10.3亿元，其中，农险赔金额9.3亿元。

资源环境保护力度加大。年末垦区已建各级各类自然保护区21个，总面积51.5万公顷，占垦区土地总面积的9.1%。继续加强农村环境保护和自然生态保护工作，加大环境监管力度，8个项目列入“十二五”松花江流域规划项目，60%以上的农场开展饮用水源地划分工作，狠抓污染防治工作，严格控制污染物排放量，如期完成年度减排项目。积极争取农村饮用水水源地保护项目。广泛开展国家级、省级生态乡镇创建工作，2012年垦区获得国家级生态乡镇称号农场5个，省级生态乡镇13个，省级生态村31个，生态系列创建工作走在全省前列。

九、人口与人民生活

人口保持低速增长。全年垦区人口出生率为4.33‰，比2011年提高0.3个千分点，人口自然增长率为－1.21‰，比2011年提高0.09个千分点。年末垦区总人口173.4万人，比年初增加2.2万人。其中，农场人口148.2万人，占总人口的85.5%。

从业人员薪酬保持较高增长。年末垦区从业人员98.3万人，全年从业人员劳动报酬201.9亿元，比2011年增长14.1%；年末全部在岗职工36.8万人，比2011年减少0.9万人，在岗职工年平均工资为24 174元/人，比2011年增长18.0%。

农场职工家庭人均纯收入首次突破2万元大关。全年农场职工家庭人均纯收入达到20 227元，比2011年增加3 761元，增长16.7%。其中，工资性收入增长21.1%，家庭经营性收入增长7.6%，财产性收入增长16.1%。农场职工家庭人均生活消费支出9 479元，比2011年增长9.3%，其中食品消费支出所占比重即恩格尔系数为32.8%。耐用消费品数量稳中有增。年末，平均每百户农场职工家庭拥有彩色电视机108台、洗衣机96台、电冰箱82台、空调3台、摩托车61辆、热水器51台、微波炉18台、照相机28台、影碟机28台、家用计算机62台、移动电话205部、生活用汽车9辆。

图6　2008—2012年农场职工家庭人均纯收入及其增长速度

小城镇建设发展迅速。垦区继续加快小城镇基础设施和城区环境绿化美化建设，增强城镇的综合载体功能。全年新建小城镇住房558万米^2，小城镇人均拥有住房面积31.5米^2，比2011年增加1.5米^2；集中供热面积3 809.1万米^2，比2011年增长18.7%；城镇高等级混凝土路面已达1 941千米，增长18.4%；人均绿地面积41米^2，增长13.9%；城镇化率达到85%，比2011年提高5

个百分点。

居民居住条件得到持续改善。垦区继续加快居民住宅基础设施、公共设施建设步伐，全年用于住宅的投资达 98.6 亿元，比 2011 年下降 20.4%。到年末，垦区居民住房面积达到 5 240.2 万米^2，比 2011 年增长 8.5%，人均住房面积 30.2 米^2，比 2011 年增加 2.0 米^2。

居民储蓄存款继续增加。年末垦区居民储蓄总额 298.9 亿元，比 2011 年增长 17.5%，人均储蓄额 17 238 元。

注：1. 垦区生产总值、各产业增加值、人均生产总值和农场职工家庭人均纯收入及其构成项目绝对数按现价计算，增长速度按可比价格计算。

2. 公报数据为初步统计数据，最终数据以《2013 年黑龙江垦区统计年鉴》为准。

广东农垦2012年经济和社会发展情况

广东省农垦总局

2012年，是广东农垦实施“十二五”发展规划、推动科学发展取得新成绩的一年。在农业部和省委省政府的正确领导下，总局党组团结和带领垦区广大干部职工，紧紧围绕“推进农业现代化，打造跨国大集团，建设美好新垦区”的总目标，积极应对复杂严峻的经济形势，克服种种困难和挑战，全面实施“十二五”发展规划，垦区经济总量保持较快增长，产业规模持续扩大，民生工程全面推进，社会保持和谐稳定，较好地完成了“十二五”规划确定的阶段性发展目标。

一、综合

2012年，广东农垦实现生产总值112.04亿元，比2011年增长14.8%（图1），其中，第一产业增加值33.12亿元，增长18.4%，对GDP增长的贡献率为35.7%；第二产业增加值53.68亿元，增长16.2%，对GDP增长的贡献率为52.0%；第三产业增加值25.25亿元，增长7.5%，对GDP增长的贡献率为12.3%；三次产业结构由2011年的28.65∶47.30∶24.05变为29.56∶47.91∶22.53。人均农垦生产总值达29 936元，增长17%。国有在岗职工年平均收入32 581元，增长22.1%，垦区人口人均纯收入15 744元，增长18.7%。全年国有企业营业总收入达147亿元，增长24.5%，实现利润3.51亿元，负增长23.8%。

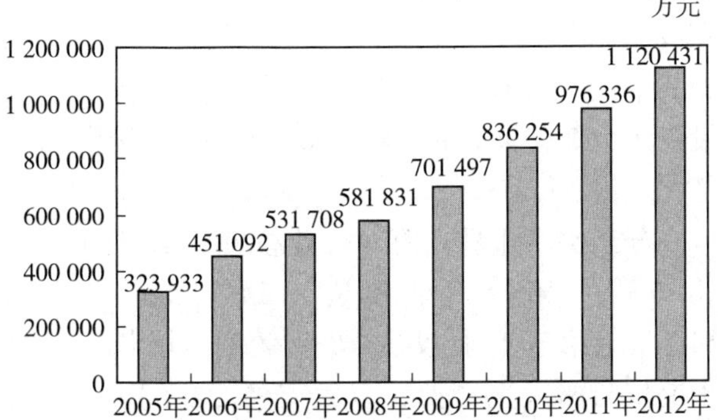

图1　2005—2012年农垦生产总值

垦区经济和社会发展存在的主要困难和问题是：垦区产业发展水平还不高，规模不够大，结构不尽合理，抗风险能力较弱；产权结构单一，内生活力不足，缺乏核心竞争力；随着垦区经济的较快发展，中高端人才明显不足，队伍整体素质亟待提升；职工收入总体不高，社会保障问题未根本解决，贫困农场的面貌有待改善，促进垦区全面协调发展的任务仍十分繁重；今年世界经济总体上仍将延续低迷态势，我国经济发展的内外部环境仍然偏紧，经济增长动力不足，生产要素价格上涨趋势明显。

二、农业

2012年，广东农垦实现第一产业增加值33.12亿元，增长18.4%，占生产总值的29.56%。农业总产值按现行价计算达60.64亿元，增长16.5%，农业商品产值为57.23亿元，农业商品率为94.4%。

2012年，实现农作物总播种面积4.82万公顷，比2011年增长1.8%，其中粮食播种面积0.86万公顷，负增长1.7%；糖蔗种植面积2.94万公顷，增长2.0%；油料播种面积0.29万公顷，负增长0.6%；蔬菜播种面积0.54万公顷，增长12.4%。

垦区国内基地橡胶年末实有面积4.47万公顷，增长2.7%；水果年末实有面积2.47万公顷，负增长1.5%；剑麻0.39万公顷，负增长10.1%；茶叶698公顷，负增长7.3%。

全年生猪饲养量134.93万头，增长16.9%，其中，年末存栏55.72万头，增长14.9%；牛年末存栏2.73万头，其中奶牛0.93万头；家禽饲养量1 565.1万只，增长9.3%；全年水产养殖面积0.41万公顷。

全年粮食产量5.82万吨，负增长5.7%（核算口径变化）；糖蔗产量226.13万吨，增长

11.4%；油料产量0.82万吨，跟2011年持平；蔬菜产量12.97万吨，增长26.8%；干胶产量11.29万吨（包含海外、海南和云南），增长7.3%；水果产量50.82万吨，增长14.9%；剑麻直纤维产量0.91万吨，负增长30.6%；茶叶产量985吨，负增长14.7%。

全年肉类总产量8.56万吨，增长16.5%，其中猪肉产量6.64万吨，增长21.2%；禽肉产量1.82万吨，增长3.4%，禽蛋产量4 378吨，增长42.6%。全年水产品产量3.45万吨，增长10.2%，其中海水养殖1.08万吨，淡水养殖2.35万吨。鲜牛奶产量4.10万吨，增长43.1%。

全年农业固定资产投入5.23亿元，增长6.7%。年末农业机械总动力为32.85万千瓦，增长8.5%。全年农用化肥施用量（折纯）5.79万吨；农用塑料薄膜用量894吨；农药施用量5 854吨；农场用电量39 009万千瓦时；有效灌溉面积达17 219公顷。

三、工业和建筑业

2012年，实现第二产业增加值53.68亿元，增长16.2%，占生产总值的47.91%。

2012年，全年实现工业增加值48.58亿元，增长35.0%，实现工业总产值按现行价计算（下同）为155.76亿元（图2），增长12.6%。其中，轻工业产值145.77亿元，占工业总产值的93.6%；重工业产值9.99亿元，占工业总产值的6.4%。工业产品销售率为99.1%。

2012年垦区二十二大类工业产品中，产值排前十位的行业是：食品制造业产值44.94亿元（现价，下同），占28.9%；其他制造业41.94亿元，占26.9%；食品加工业产值34.22亿元，占22.0%；金属制品业6.95亿元，占4.5%；塑料制品业6.30亿元，占4.0%；建筑材料业产值3.85亿元，占2.5%；家具制造业2.82亿元，占1.8%；饮料制造业产值2.27亿元，占1.5%；服装及其他纤维制品制造业2.01亿元，占1.3%；木材加工及竹藤、棕草制造业1.57亿元，占1.0%。这十大产业创产值144.86亿元，占工业总产值的93%。全年实现工业利润是5.96亿元，应交税金5.99亿元。

表1　2012年垦区工业主要产品产量及其增长速度

产品名称	计量单位	产量	比2011年增减（%）
机制糖	吨	542 663	24.1
罐头	吨	5 145	−6.5
乳制品	吨	98 630	12.1
有机复混肥	吨	87 905	78.2
水泥	吨	516 692	−16.3
砖	万块	41 524	0.2
家具	万件	302.13	15.3
地毯	万米^2	35.95	35.6

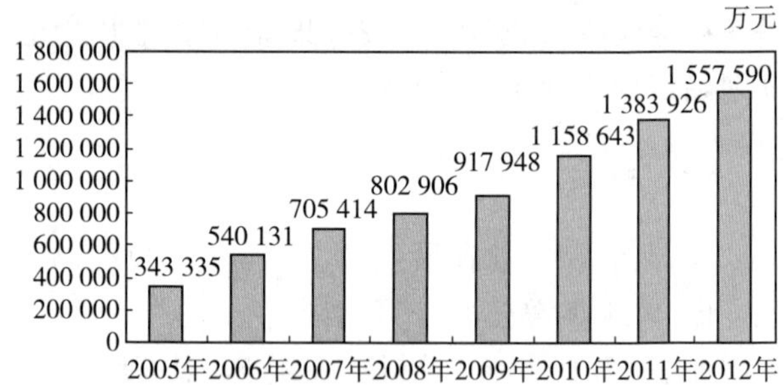

图2　2005—2012年工业总产值

2012年，全年完成建筑业产值14.45亿元，增长16.4%，房屋施工面积118.25万米^2，房屋竣工面积99.87万米^2。建筑业增加值达5.10亿元，增长18.3%，实现利润总额10 909万元，应交税金5 825万元。

四、固定资产投资

2012年，全年全社会固定资产投资总额22.06亿元（图3），增长2.3%，其中国有固定资产投资完成13.48亿元，增长0.5%，非国有投资完成8.58亿元。在国有固定资产投资额中，基本建设投资11.39亿元，占84.5%，更改措施投资2.09亿元，占15.5%。

分三次产业看，第一产业投资5.23亿元，增长6.7%。第二产业投资4.14亿元，负增长14.5%。第三产业投资12.7亿元，增长7.4%。主要投向两大主产业、六大支柱产业和公益民生工程。

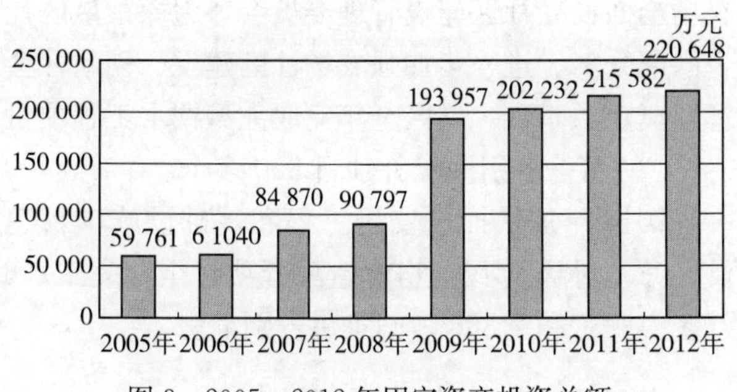

图 3　2005—2012 年固定资产投资总额

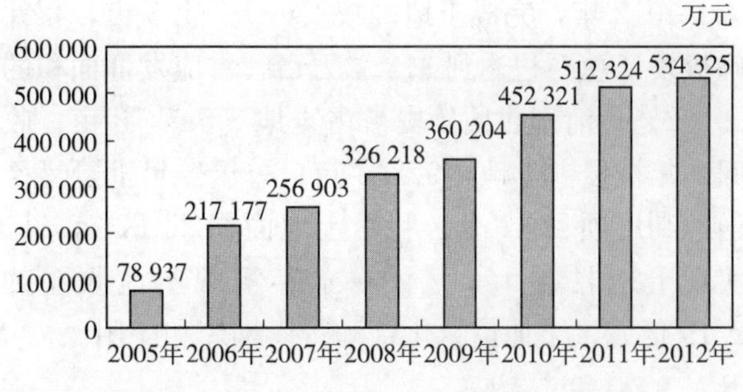

图 4　2005—2012 年出口商品总金额

五、交通运输业、批零贸易业、餐饮业、服务业、房地产业及出口商品

2012 年，全年完成交通运输业总产值 5.26 亿元，比 2011 年增长 13.6%，全年盈利 6 082 万元，应邀税金 2 328 万元。全年完成交通运输业增加值 2.87 亿元，比 2011 年增长 14.8%。现有载货汽车 1 352 辆，载客汽车 890 辆；全年货运量 303.39 万吨，货运周转量 21 865 万吨千米；客运量 759.39 万人，旅客周转量 90 904 万人千米。

2012 年，全年实现社会消费品零售额 12.39 亿元，增长 13.6%。年末批零贸易业、餐饮业、居民服务业营业单位总数达 3 533 个，从业人员 15 070人，年末固定资产原值 19.08 亿元，营业用房 52.76 万米^2，销售和营业总额 114.36 亿元，增长 31.7%；利润总额 26253 万元，应交税金16 972 万元。

2012 年，垦区房地产开发企业 3 个，从业人员 75 人，年内销售商品房 22 956 万米^2，增长 9.3%，利润总额 3 889 万元，缴纳税金 6 541 万元。

2012 年，年末共有物业管理公司 12 个，物业管理人员达 650 人，年末实有可出租房屋面积 76.26 万米^2，已出租房屋面积 74.85 万米^2，出租率达 98.2%，物业管理公司营业或服务收入达 12 806万元，其中物业管理费收入 2 880 万元，占总收入的 22.5%；出租写字楼及宿舍收入达 3 722 万元，占总收入的 29.1%；出租厂房收入 3 173 万元，占总收入的 24.8%。

2012 年，虽受内外经济环境不利因素影响，出口额仍然保持增长。出口商品总金额达到 53.43 亿元，增长 4.3%（图 4）。出口创汇金额 86 109 万美元，增长 15.8%。其中，工业品出口达 48.97 亿元，占出口总额的 91.7%。

六、科技生产、土地

2012 年，垦区共有科研单位 49 家，其中省地级 4 家，共有科研从业人员 363 人。2012 年确定垦区农技推广区域站建设项目 44 个，总投资 1 800 万元，其中中央投资 900 万元，自筹 900 万元。全年农业科技贡献率达到 63%。

科技推广与成果。一是专用肥的推广，在机制上以科研所、热作所、科技中心为技术支撑单位，以农场共同出资组建的 3 家专用配方生物有机肥厂为载体，实行农企合作，推广应用配方肥。做到“统一测试、统一配肥、统一供肥、统一施肥”的“四个统一”，形成了农企合作技术服务体系，全年专用肥产量超过 6 万吨，推广面积超过 100 万亩。二是胶园生态化建设，推进覆盖种植，在葛藤种子缺乏的情况下，试用插条种植在大坪、大安农场取得成功，解决了种植葛藤的瓶颈问题。三是土壤改良技术应用，垦区全年完成施石灰、蔗叶回田和结合农业部提升土壤有机质项目增施有机肥等 9.58 万亩（其中施石灰 2.2 万亩、蔗叶回田 1.02 万亩，增施有机肥 6.36 万亩），施石灰和蔗叶回田比 2011 年增加 1 万多亩。四是甘蔗灌节水灌溉技术：全年共完成 6.8 万亩（其中膜上滴灌 3.5 万亩、膜下滴灌 0.3 万亩、膜上喷灌 3.0 万亩）。

标准化方面。2012 年垦区无公害农产品、有机食品、荣获部省名牌产品称号等均通过有效期复审。

安全生产方面。2012 年，健全了安全生产规章制度，印发了《广东农垦 2012 年安全生产工作意见》《广东农垦事故隐患排查治理管理办法》等制度。继续开展安全生产标准化和农场安全社区建设工作，全年垦区各级签订的安全生产责任书达 4 000多份，生产安全事故比 2011 年下降 10%，直接经济损失比 2011 年下降 11%，全年无重大安全生产事故的发生。

2012 年，完成土地确权发证 1 731.3 亩，累计确权发证总面积达到 312.4 万亩，占应发证面积的 99.02%；清理收回历史被占土地 8 595.73 亩，收回当年被侵占土地 1 972.6 亩；总局今年批复垦区土地利用项目 12 个，利用土地面积 2 122 亩，已实现土地收益 1.6 亿元，全年实现土地收益约 2.19 亿元。土地信息化管理得以推广和应用。

七、教育和卫生

垦区教育事业。继续有序推进示范性学校建设，按广东农垦义务教育示范性学校标准，抓好农垦示范性中小学校工作，进一步改善教学硬软件设施和环境，整合教育资源，加强师资力量培训，全面提高了垦区办学水平和教学质量。

2012 年，广东农工商学院和湛江农工商学校通过省示范性职业技术学院（学校）评审。2012 年垦区教师培训达到了 3 760 人次，按要求评选推荐了全国“两基”工作先进个人 1 人、南粤优秀教师 2 人。

2012 年，垦区有各类学校 150 所，教职工 5 275人，在校学生 93 955 人，当年毕业生 23 398 人。其中：普通高等学校 1 所，在校学生 20 034 人，当年新招生人数 7 476 人，当年毕业生 5 773 人；中专 1 所，在校学生 6 028 人，当年毕业生 2 012人。技工学校 2 所，在校学生 4 577 人，当年毕业生 1 069 人。普通中学 46 所，在校学生24 041 人，当年毕业生 7 339 人，小学 100 所，在校学生 39 275 人，当年毕业生 7 205 人；幼儿园 41 所，入园儿童 7 034 人。

2012 年，垦区医疗卫生软硬件设施不断完善。农场医院基本被列入地方医保定点医院。

目前垦区现有医疗单位 61 个，其中，省地级医院 4 个，场级医院 55 个，病床 5 171 张，增加了 215 张。卫生技术人员 3 600 人，其中，医生 1 475人。平均每个医生承担服务人口量为 253 人。

八、公路、小城镇和安居工程建设

2012 年，建设四级道路 213.1 千米，其中出口公路 11 千米，桥梁 1 座，完成投资 8 729.7 万元，其中财政专项资金 3 494.2 万元。

2012 年，垦区 15 个示范场和 300 个示范队创建工程有序展开，南华、胜利、华海 3 个农场和 7 个生产队被纳入广东省第一批名镇名村创建规划。农场全面设立社区建设管理委员会，为探索垦区社企内部分离、进一步加强农场社区建设、创新社会管理奠定了基础。垦区全年完成大型饮水工程项目 9 个，一事一议财政奖补项目 800 多个。

2012 年加快推进安居工程和基础设施项目建设，58 个水库移民危房改造配套项目全部完工，6 万多户职工和 1 386 户归难侨告别危房。

九、人口、职工与人民生活

2012 年全垦区年末总人口 37.18 万人，全年出生人口 3 124 人，年内死亡人口 1 986 人。

2012 年末垦区国有职工总数 5.24 万人，其中，国有在岗职工为 5.08 万人，长期职工为 4.96 万人。全年国有在岗职工纯收入合计 166 126 万元，国有在岗职工年平均收入 32 581 元，增长 22.1%（图 5）。

2012 年末从业人员 114 265 人，其中，从事第一产业 53 864 人，占从业人员总数的 47.1%；从事第二产业 29 254 人，占从业人员总数的 25.6%；从事第三产业 31 147 人，占从业人员总数的 27.3%。从业人员年平均收入 27 850 元，增长 26.2%。

2012 年垦区居民人均纯收入 15 744 元，增长 18.7%。

十、农业产业化重点龙头企业和境外企业基本情况

2012 年，完成 2012 年龙头企业的年审和申报工作，新增广前糖业发展有限公司为省级龙头企业。至 2012 年末，垦区共有 10 家省级以上龙头企业，其中 4 家为国家级龙头企业。

2012 年末，垦区境外企业达 17 家，15 家并表单位境外企业从业人员 1 094 人，境外企业全年总收入 25.59 亿元。

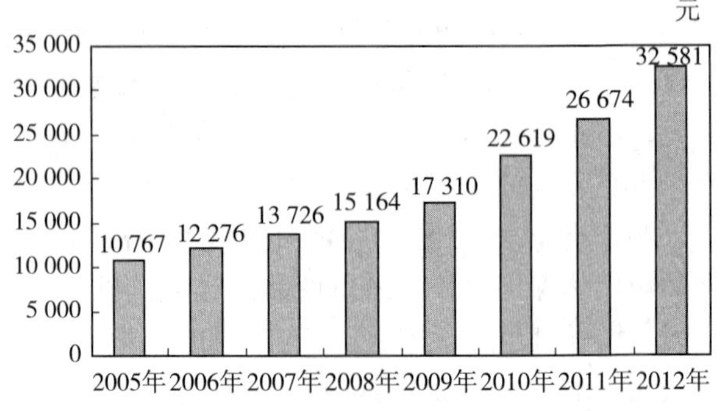

图 5 2005—2012 年国有在岗职工人均年收入

十一、国有企业营业总收入、利税

2012年实现营业收入147亿元，比2011年增长24.3%。增长的主要原因：一是不断壮大支柱产业，整合优势资源，完善产业集团运营机制，推动支柱产业化向更高层次发展；二是依靠科技创新提高生产技术和经营管理水平，加快主产业的规模扩张，支柱产业产能得到有效释放，市场规模和市场占有率稳步上升，产销量大幅增加。例如广垦橡胶集团全年实现营业收入67.5亿元，比2011年同期增加20.5亿元；蔗糖产业实现营业收入30.2亿元，同口径对比增收4.7亿元；乳业继续保持较高的产销量，乳制品价格也节节攀高，2012年实现销售收入77 399万元，同比增收12 497万元。

广东垦区2012年全年盈利35 055.2万元（图6），与2011年同期（同口径）相比，减盈1.02亿元。受全球农产品价格波动的影响，垦区部分主产品价格回落幅度较大，2012年垦区主产品毛利减少14 166万元，其中，白糖销售数量虽然大幅增加，但价格下跌及物价局限定了甘蔗收购价导致白糖成本不能与糖价同幅度减少导致白糖毛利减少14 060万元；干胶在单价大幅下跌的影响下毛利减少7 766万元；猪肉由于价格持续下跌毛利减少1 705万元。毛利的变化使垦区支柱产业集团利润产生波动，其中，橡胶集团在橡胶价格大幅下滑的情况下，仍实现盈利6 010万元；制糖产业全年实现利润9 523万元；燕塘乳业公司实现利润8 147万元。

2012年全年实现各项税费40 932.7万元，比2011年增长29.4%。

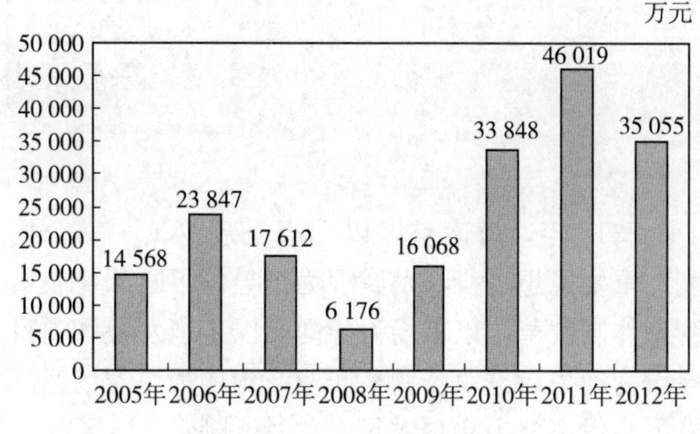

图6　2005—2012年利润总额

十二、非国有经济

2012年，垦区实现非国有经济生产总值56.03亿元，增长17.2%，占垦区经济总量的50%。其中，第一产业增加值6.79亿元，第二产业增加值38.35亿元，第三产业增加值10.89亿元，各产业占非国有经济总量的比重分别为12.1%、68.4%、19.5%。非国有经营单位个数4 872个，从业人员达4.87万人，其中第一产业1.44万人，第二产业1.90万人，第三产业1.53万人。从业人员总收入15.72亿元，人均收入32 285元。全年共实现利税15.67亿元，其中利润10.86亿元。

海南农垦2012年经济和社会发展统计公报

海南省农垦总局

2012年，海南垦区以邓小平理论、“三个代表”重要思想、科学发展观为指导，不断深化农垦管理体制改革，以市场为导向，以生产发展和项目建设为动力，进一步调整产业结构，加快农场经济发展步伐，努力实现农垦“二次创业”，垦区经济和社会稳定发展。

据统计，2012年海南垦区完成主要经济指标如下（农垦GDP指标待省统计局进一步确认）：

完成农垦生产总值148.51亿元（现价），比2011年增长20.8%。其中，第一产业83.60亿元，增长7.8%；第二产业20.20亿元，增长36.0%；第三产业44.71亿元，增长51.4%；

完成固定资产投资70.29亿元，比2011年增长36.6%；

实现劳动者人均报酬37 891元，比2011年增长12.4%；

人均纯收入达到10 610元，比2011年增长24.5%；

完成干胶总产18.37万吨，比2011年增长6.9%。

垦区主要经济指标完成达到预期目标。

一、农业

全年完成农林牧渔服务业总产值139.04亿元，按可比价计算，比2011年增长8.9%。其中农业产值45.97亿元；林业产值54.45亿元；牧业产值25.84亿元；渔业产值4.84亿元；农林牧渔服务业产值7.94亿元。完成农业增加值83.60亿元，比2011年增长7.8%，农业生产继续保持平稳较快的发展态势。

（一）天然橡胶生产

年末天然橡胶保有量达到376.68万亩。2012年垦区在调整产业结构中，进一步巩固天然橡胶主产业的地位，在巩固和完善开割胶园长期承包责任制同时，不断加大胶园管理和投入，橡胶生产秩序稳定，呈现稳步发展的态势。全年完成干胶总产18.37万吨，比2011年增产6.9%。同时，天然橡胶胶园更新速度平稳，全年完成橡胶定植面积7.26万亩。

（二）非胶农业生产

在海南垦区农业生产中，非胶农业占据“半壁江山”。2012年完成农业总产值中，非胶农业产值达90.62亿元，占农业总产值的65.2%，非胶农业所占比例越来越大。在非胶农业生产中，以农作物、水果、热带经济作物和畜牧养殖业为主要构成。2012年完成主要农经作物产品产量：粮食总产量16.68万吨，增长19.8%；瓜菜总产30.16万吨，增长4.8%；水果总产量55.98万吨，增长18.0%；生猪出栏90.93万头，猪肉总产8.34万吨，分别增长22.4%和27.9%；水产品产量3.83万吨，增长6.7%。垦区畜牧业借助海南省无疫病区的有利条件，大力发展畜牧养殖业，建成海垦畜牧集团公司年生猪饲养量达30万头的大型企业，由过去靠从外省购买肉猪供应垦区市场转变到肉猪外销广西、广东等省市。

2012年海南农垦加快产业结构调整步伐，积极促进农业转型升级，为可持续发展和职工增收夯实基础。一是积极推动热带农业产业化项目的建设。2012年批准1 000亩以上的热带农业产业化升级项目有12个，涉及有机蔬菜、荔枝、香蕉、菠萝蜜、油茶、茶叶等。二是大力推进乌石绿橙等十大农业标准化基地建设，对基地核心示范区的基础设施（水、电、路）进行了规划，按标准化的建设内容，完善制度建设，加强职工技能培训，转变经营方式等。三是积极发展农业合作社。依托农场现有职工承包的土地（耕地）或作物，引导职工把家庭承包的土地（耕地）经营权或地上作物作价入股，以合作方式加入或者设立农民（职工）专业合作社，实行“统一规划、统一管理、统一技术、统一品牌、统一包装、统一销售和按股分红”的管理模式。据统计，垦区已注册成立农业合作社 55 个，参加人数 9 384 人。通过成立农业合作社，提高了农业组织化程度，加快了科技推广，降低了生产成本，开拓了市场，增强了抗风险能力，同时增加了职工群众收入。四是加快农垦产业结构调整步伐，努力实现“二次创业”，开展项目建设与开发，逐步改变农垦农业产业为主的产业格局，推动农场经济发展。2010 年以来，农垦总局、农垦集团已审批各类项目 230 个，总投资约 1 666 亿元。至 2012 年底，已开工项目 92 个，累计完成投资 77 亿元。2012 年列入省重点项目 26 个（含保障房建设项目），项目总投资 131.2 亿元，年度计划投资 35.8 亿元，实际完成 43.13 亿元，占年度计划的 120.5%。

二、工业

2012 年垦区工业 2011 年快速增长的前提下，2012 年工业经济速度保持平稳增长，生产经营策略有新的转变，工业结构进一步改善，新兴工业带来新的增长点。

全年完成工业总产值 16.64 亿元，按可比价计算，比 2011 年增长 14.2%；工业增加值 4.66 亿元，比 2011 年增长 29.6%。完成工业销售产值 14.87 亿元，工业产销率 89.3%。工业增长的主要因素：一是新增工业企业拉动。2011 年农垦集团组建的三家橡胶制品制造业已经正常生产，2012 年橡胶制品制造业完成产值 19 940 万元，比 2011 年增长 363.5%；二是转变茶叶产业经营策略，生产高端茶叶，干毛茶产量减少的情况下产值还较大幅度增长，2012 年制茶业产值完成 6 187 万元，比 2011 年增长 33.6%；三是受固定资产投资增长的拉动，环保砖和石料加工业增长较大。2012 年完成产值 10 997 万元，比 2011 年增长 63.7%。

三、第三产业

2012 年垦区第三产业以海南省委提出的“项目建设年”为契机，积极采取措施，加快项目建设，促进了垦区第三产业较快的发展。2012 年垦区全年完成第三产业增加值 44.71 亿元，比 2011 年增长 51.4%。完成社会消费品零售总额 20.83 亿元，增长 25.8%。

四、固定资产投资

2012 年垦区固定资产投资总额不断加大，投资增长速度稳步增长。项目建设和民生工程建设是拉动固定资产投资增长的两个重要因素。

全年全社会完成固定资产投资 70.29 亿元，比 2011 年增长 36.6%，其中第一产业投资 8.96 亿元，比 2011 年增长 42.7%；第二产业投资 1.09 亿元，比 2011 年减少 85.5%；第三产业投资 60.24 亿元，比 2011 年增长 28.1%。投入于项目和职工住房等民生工程建设速度明显加快。截至 2012 年 12 月底，海南农垦已审批各类项目 223 个，计划总投资约 1 666 亿元，涉及土地面积 11.7 万亩，已经开工 90 个，其中省重点项目 26 个，投资总额 138 亿元，完成投资 43.1 亿元，占年度计划投资的 120.47%。全年新建改建职工住宅 244.15 万米^2，投资 21.54 亿元。

五、人口与职工收入

2012 年末，海南垦区农垦总人口（常住）92.50 万人。其中，职工人数 17.24 万人，离退休及病退人员 20.52 万人，非职工人员 22.64 万人，家属小孩 32.11 万人。全年人口出生率 11‰，自然增长率 6‰。

2012 年垦区职工收入水平有很大的提高。全年劳动者人均报酬 37 891 元，比 2011 年增长 12.4%，其中工资收入 22 799 元，增长 6.1%；自营经济收入 15 092 元，增长 23.4%。全垦区年人均纯收入 10 610 元，增长 24.5%。

云南农垦 2012 年经济和社会发展统计公报

云南农垦集团有限责任公司

2012 年是云南农垦转型发展的关键一年，也是各种困难问题突出的一年。在云南省委、省政府的正确领导和农业部农垦局的正确指导下，垦区上下共同努力，克服干旱、寒害、胶价大幅度下跌的影响，继续深化改革，加快转变经济发展方式，积极调整产业结构，努力保障和改善民生，巩固了改革发展，经济平稳，社会和谐的稳定局面。

一、虽经济总量有所下降，但第一产业稳步增长，依然保持整体经济形势基本良好

2012 年云南农垦实现生产总值（现价，下同）35.7 亿元，同比下降 4.7%。其中，第一产业增加值 25.9 亿元，第二产业增加值 3.9 亿元，第三产业增加值 5.9 亿元，分别比 2011 年增长 2.9%、−9.3%、−26.2%。职工人均生产总值27 161元。

一、二、三产业结构从 2011 年的 67.0∶11.6∶21.4 调整为 72.4∶11.0∶16.6。

完成工农业总产值 70.4 亿元，其中工业总产值 11.9 亿元，农业总产值 58.5 亿元，同比分别增长 9.3%、6.0%、9.9%。

二、农业生产在遭受严重自然灾害的情况下，主要农作物基本保持了适度的种植规模。但橡胶、茶叶、粮食、糖料（甘蔗）因自然灾害不同程度减产

1. 橡胶种植面积，橡胶产量不同程度下降 作为云南农垦支柱产业的作物——天然橡胶，其种植面积连续多年保持增长，但由于热区土地资源限制增长速度逐步趋缓。截至 2012 年末，垦区共种植橡胶 143 007.9 公顷，其中公有橡胶 119 003.6公顷，同比减少 1.7%。橡胶投产面积有所增长，2012 年橡胶开割面积 95 481.9 公顷，同比增长 3.7%。

2012 年垦区生产橡胶 13.15 万吨，同比减少 2.1%；其中国有橡胶产量 11.66 万吨，同比增长 2.85%。

2. 茶叶种植面积、产量均不同程度下降 茶叶产品价格一直在低价位徘徊，到 2012 年末垦区茶叶种植面积 4 747 公顷，比 2011 年减少 171.5 公顷，减幅为 3.5%；全年生产干毛茶 8 359 吨，同比减少 200 吨，减幅为 2.3%。

3. 水果种植面积和产量不同程度增长 2012 年垦区水果种植面积达到 8 239.2 公顷，同比增加 375 公顷，增幅为 4.8%。水果、产量 13.9 万吨，同比增加 1.78 万吨，增长 14.6%

4. 粮食种植面积和产量不同程度下降 2012 年垦区粮食种植面积 11 163 公顷，同比减少 3.1%，生产粮食 53 950 吨，同比减少 4.2%。

5. 糖料（甘蔗）的种植面积和产量不同程度下降 由于耕地资源限制，2011/2012 榨季垦区种植甘蔗 4 295 公顷，同比减少 4.2%，整个榨季产甘蔗 39.94 万吨，同比减少 8.96%。

6. 畜牧业、渔业生产与 2011 年相比不同程度增长 2012 年垦区肉类总产量为 7 064 吨，同比增加 1 466 吨，增幅为 26.2%。全年生产水产品 5 179 吨，同比增加 133 吨，增幅为 2.6%。

三、工业保持了适度增长水平，但盈利水平比 2011 年下降

2012 年农垦共实现工业总产值 11.87 亿元，同比增长 6%。其中国有企业完成工业总产值 10.13 亿元，同比减少 3.5%。

虽然食糖、酒精、发电、胶鞋、钢模板、土豆片产量下降，但锯材及人造板材产量大幅度增长抵消了上述产品产量下降对产值的影响，因此 2012 年度工业产值保持了增长水平（表 1）。

表 1 云南农垦 2012 年主要工业品产量情况表

产品名称	计量单位	2012 年产量	2011 年产量	同比增减量	同比增减（%）
食糖	吨	53 575.0	61 500.9	−7 925.9	−12.9
酒精	吨	3 786.0	4 115.6	−329.6	−8.0
发电量	万千瓦时	32 922.8	38 044.8	−5 121.9	−13.5
各种胶鞋	万双	568.9	775.5	−206.6	−26.6
锯材及人造板材	米^3	29 139.1	8 691.0	20 448.1	235.3
精制茶	吨	5 598.8	4 790.0	808.8	16.9
钢模板	吨	3 986.0	5 411.0	−1 425.0	−26.34
马铃薯片	吨	949.0	1 086.1	−137.1	−12.6
咖啡粉	吨	274.8	266.2	8.6	3.2
水泥	吨	185 347	183 014	2 333	1.3

垦区实现工业增加值 3.94 亿元，同比下降 9.3%。

各类工业企业全年实现利润 1 417 万元，同比下降 82.9%，其中国有工业企业整体亏损 632 万元，由盈利转为亏损。

就全垦区综合情况来看，2012 年工业企业产销衔接良好，产销率高于 2011 年水平。各工业企业全年完成工业销售产值 11.5 亿元，同比增长 7.4%。工业品产销率为 97.1%，比 2011 年提高 1.2 个百分点。

四、交通运输业收入同比减少

2012 年交通运输业实现营业收入 13 508.9 万元，比 2011 年下降 2 292 万元，同比减少 14.5%。

五、贸易、住宿、餐饮及服务业大幅增长

2012 年垦区贸易、住宿、餐饮及服务业大幅增长实现营业收入 79 589.8 万元，同比增加 12 279.1 万元，增幅为 18.2%，贸易、住宿、餐饮及服务业上交税金 2 445.2 万元，同比增加 417.2 万元，增幅为 20.6%，贸易、住宿、餐饮及服务业实现利润 9 242 万元，同比增加 3 865 万元，增幅为 71.9%。

六、固定资产投资大幅度增加

2012 年，国有固定资产投资总额为 85 989.1 万元，比 2011 年增加 30 063.8 万元，同比增长 53.8%。一、二、三产业投资额分别为 27 441.4 万元、9 223.1 万元、49 324.6 万元，同比增减率分别为 152.8%、−9.0%、41.2%。

七、垦区人均年收入及在岗职工年均工资保持适度增长

2012 年垦区人均年收入为 11 196 元，比 2011 年增加 1 399 元，增幅为 14.3%，垦区在岗职工年均工资为 14 636 元，比 2011 年增加 920 元，增幅为 6.7%。

北京农垦 2012 年经济和社会发展统计公报

北京首都农业集团有限公司

北京农垦成立于 1949 年，经过 60 多年发展壮大，历经政企分开、改革、改制、重组、兼并，资源整合，产业调整，现已形成从田间到餐桌的完整产业链条，拥有 5 家国家级重点农业产业化龙头企业和“三元”“华都”“双大”三个“中国名牌”及一批著名商标，并与多家国际知名企业建立良好合作关系，业已成为在畜禽良种繁育、养殖、食品加工、生物制药、物产物流等方面具有领先或明显行业优势的大型企业。

2012 年，北京农垦紧紧围绕首都经济发展内涵，大力发展现代农牧业、食品加工业和现代物产物流业。在提高综合生产能力和经济效益的同时，强化服务“三农”的意识和社会责任，成为提供绿色健康食品、在国内同行业具有龙头地位、首都标志性的都市型现代农业产业集团。

一、综合情况

北京农垦 2012 年度经济持续稳定增长，综合实力和竞争力进一步增强，经济运行质量和效益、职工的收入和生活水平显著提高。

2012 年北京农垦实现生产总值 53.68 亿元，比 2011 年的 40 亿元增加 13.68 亿元，增长 34.2%。营业盈余 2.98 亿元，比 2011 年的 2.18 亿元增加 0.8 亿元，增长 36.7%。

第一产业增加值 16.98 亿元，2011 年 13.8 亿元，增长 23%。

第二产业增加值 15.19 亿元，2011 年 9.2 亿元，增长 65.1%。

第三产业增加值 21.51 亿元，2011 年 17 亿元，增长 26.5%。

一、二、三产业增加值的比重分别为 31.6%、28.3%、40.1% 。

北京农垦 2012 年末国有及国有控股企业从业人员 37 843 人，其中在岗职工 36 882 人；从业人员人均劳动报酬 4.627 万元，同比增长 17.2%，其中在岗职工人均劳动报酬 4.626 万元。

北京农垦土地总面积 7 404.3 公顷，其中耕地面积 1 453.6 公顷。

二、第一产业

（一）农牧渔业总产值

北京农垦目前 10 个农场，2012 年实现农牧渔业总产值 74.46 亿元，比 2011 年的 85.65 亿元减少 13.1%，主要原因是受灾的影响。

农业产值 19 442.6 万元，2011 年为 3 903 万元，增加的 15 539.6 万元主要原因是统计口径的变动，即 2011 年在农林牧渔服务业统计的数据 2012 年度归入本项目计算。

林业产值 254.3 万元，2011 年 11 万元，同比增加 243.3 万元，差异为统计范围新增了南郊农场的和义农场。

牧业产值 72.49 亿元，比 2011 年的 84.46 亿元下降 14.2%。

（二）农牧业生产情况

本年末奶牛牛群存栏 4.44 万头，比 2011 年的 4.34 万头增加 1 000 头，略增 2.3%；牛奶总产量 248 738 吨，比 2011 年的 217 815 吨增加 30 923 吨，增长 14.2%，奶牛（单产）产奶量大幅提升。

本年末生猪存栏 6.08 万头，比 2011 年的 5.31 万头增加 7 700 头，增长 14.5%；猪肉产量 5 893吨，比 2011 年的 4 989 吨增加 904 吨，增长 18.1%，生猪存栏好猪肉产量稳步提升。

本年末家禽存栏 534 万只，比 2011 年的 576.39 万只减少 42.39 万只；禽蛋产量 39 284 吨，禽肉产量 228 806 吨。

本年度粮食作物播种面积 765 公顷，比 2011 年的 1 175 公顷减少 410 公顷；粮食总产量 3 606 吨，比 2011 年的 4 145 吨减少 539 吨，下降 13%。上述两项指标下降的原因主要是种植结构的调整。

本年蔬菜播种面积 62 公顷，与 2011 年持平；

产量1 788吨，比2011年的2 045吨，减少了257吨；主要原因是自然灾害所致。

本年末果园实有面积340公顷，与2011年持平；果品产量1 057吨，比2011年的1 284吨减少了227吨，原因依然是受灾所致。

三、第二产业

根据北京农垦的经济发展战略和“十二五”发展规划，北京农垦以做大、做强食品加工为目标，通过主辅分离、辅业改制和压缩管理层级等措施，逐步实施企业结构调整，并取得显著成效，且发展态势良好。

工业企业35个，比2011年的26个增加了9个，其中，劣势企业退出3个，三元食品新增的外埠企业12个。工业总产值全年完成59.39亿元，比2011年的31.8亿元增加27.59亿元，增幅高达86.8%，其中，食品加工业总产值55.25亿元，占工业总产值的93%。

工业企业全年实现主营收入60.79亿元，比2011年的40.2亿元增加20.59亿元，增长51.2%；利润总额14 541万元，比2011年的33 749万元锐降56.9%。原因是新增加的三元食品的外埠企业部分亏损，致使工业企业的规模和收入大幅增长，但经济效益反而下降。

建筑企业4个，年末从业人员81人，劳动报酬331.8万元，房屋建筑竣工面积3万米^2。

四、第三产业

运输业2012年业绩下滑，全年实现营业收入2.3亿元，比2011年的3.37亿元，减少1.07亿元，下降31.7%；主要原因是按照2012年度统计报表指标解释的要求，将东郊农场的物流数据并入服务业。

批发零售业全年实现营业收入24.13亿元，比2011年的21.92亿元增加2.21亿元，增长10.1%。

住宿餐饮业全年实现营业收入28.03亿元，比2011年的25.15亿元增加2.88亿元，增长11.4%。

服务业全年实现营业收入22.1亿元，比2011年的8.02亿元增加14.08亿元，增长175.6%，主要原因是增加了东郊农场的物流数据。

全年外贸出口供货商品金额8.41亿元，比2011年的6.99亿元增加1.42亿元，增长20.3%，依然是以华都出口为主。

五、固定资产投资

全年固定资产投资总额16.88亿元，比2011年的14.62亿元增长15.45%。其中，国有固定资产投资总额13.02亿元，占投资总额的77.1%。

投资总额中用于第一产业的投资为3.33亿元，比2011年的4.17亿元减少20.1%，占投资总额的19.7%；用于第二产业的投资为3.52亿元，比2011年的7.06亿元减少50.1%，占投资总额的20.9%；用于第三产业的投资为10.03亿元，比2011年的3.39亿元增长195%，占投资总额的59.4%。

2012年当年新增固定资产17亿元。

六、非国有经济

2012年北京农垦非国有经济健康、快速发展，为北京农垦的经济建设和发展做出了巨大贡献。北京农垦生产总值中非国有经济完成28.79亿元，比2011年的13.7亿元增长110.1%，实现翻番；非国有经济全年共实现利润总额2.54亿元。非国有经济从业人员18 484人，较2011年的9 374人增长97.2%，吸纳从业人员接近翻番。

七、2012年统计培训工作

为加强北京农垦统计人员队伍的建设，提高统计人员的业务素质和综合素质，及时、准确、完整填报各项统计指标，更好地完成各项统计报表的填报和上报工作，集团公司多次组织对各二级单位统计人员进行培训，并请来北京市统计局的专家和专员到北京农垦现场进行报表填报指标讲解和系统操作指导，加深和强化了统计人员对各项统计报表指标的理解，使2012年度的各项统计报表的填报顺利完成。

天津农垦 2012 年经济和社会发展情况

天津农垦集团总公司

天津农垦有 35 个直属单位，共有 125 个生产经营单位，其中农林牧渔业 38 个，工业 21 个，建筑业 3 个，商业 7 个，社会服务业及其他行业 56 个，分布在天津市郊区县和市内各区。2011 年农垦总人口 1.6 万人，其中职工 0.5 万人。土地 7 382公顷，其中耕地 2 760 公顷，以现代农牧业及产品深加工、酒业与奶业、物产物流业三大板块为主业，以金属制品业、纸制品业为非主业。近年来，天津农垦以发展都市农业和农产品加工业为特征，多个强势产业并举，发展多元所有制经济，实施股权投资，整合资源，专业化经营，发挥优势，在“农”字上做文章，形成了农垦特有的发展模式，为做强做大农垦奠定了基础。“十一五”期间，天津农垦总资产规模从 48.8 亿元增长为 147 亿元，发展触角不断扩张，进入天津企业 100 强。2012 年天津农垦在认真按照集团总公司的工作思路和具体部署，贯彻落实天津农垦“二次创业”指导思想下，认真履行岗位职责，经过农垦广大干部职工的齐心努力下完成了各项经济指标。

一、2012 年度全系统主要经济指标完成情况

1. 经济总量情况 2012 年天津农垦资产总额 193 亿元。实现生产总值 14.3 亿元，其中第一产业 1.7 亿元，第二产业 3.9 亿元，第三产业 8.7 亿元。比 2011 年生产总值的 13.2 亿元，增长了 8.3%，其中第一产业增长了 10.3%、第二产业减少了 12.7%、第三产业增长了 21.3%。营业收入 130 亿元，比 2011 年的 120 亿元增加了 10 亿元，同比增长 8.3%；实现利润总额全年完成 4.9 亿元，比 2011 年的 5 亿元减少了 0.1 亿元，同比减少了 2%；固定资产投资完成额 3.2 亿元，比 2011 年的 3.5 亿元减少了 0.3 亿元，同比减少了 8.6%；在岗职工人均纯收入 6.99 万元，比 2011 年的 6.56 万元增加了 4 300 元，比 2011 年增长 6.6%。

2. 农牧业生产情况 进一步推进农牧业结构优化调整。农垦年末耕地面积 2 760 公顷，由于调整种植结构，改善农田水利设施，采用优良品种和先进科学技术，加大农业设施建设投入，使种植业生产得以稳步发展。农作物总播种面积 2 891 公顷，比 2011 年的 3 207 公顷减少了 316 公顷，其中粮食播种面积 2 537 公顷，比 2011 年的 2 416 公顷增加了 121 公顷，棉花播种面积 183 公顷，比 2011 年减少了 502 公顷，粮食总产 16 771 吨，比 2011 年 16 859 吨减少了 88 吨，棉花产量 364 吨，比 2011 年 2 410 吨减少了 84.9%。草坪种植面积 27 公顷，提供商品草皮 10 万米^2。果园面积 259 公顷，比 2011 年的 257 公顷增加了 2 公顷，增长了 1%，水果总产量 682 吨。

天津农垦奶牛饲养业自组建了嘉立荷牧业有限公司五年来，各国有农场下属的奶牛场归嘉立荷牧业有限公司统一管理，由各农场分散管理到搞专业化奶牛场统一集中管理，由奶牛平均单产只有 6 000千克，通过科学管理之后，现在平均单产 10 000千克。从此，天津农垦的奶牛业在调整改革中壮大发展，奶牛年末存栏达到 2.1 万头，成母牛 1.2 万头，全年牛奶总产量 11.5 万吨。

水面养殖面积 615 公顷，比 2011 年减少了 53 公顷，水产品总产量 7365 吨，比 2011 年减少了 25 吨，减少了 0.3%。

3. 农垦工业企业情况 天津农垦工业生产总值 3.86 亿元，比 2011 年的 4.42 亿元，减少了 12.7%，实现工业总产值 19 亿元，比 2011 年的 21.8 亿元，减少了 2.8 亿元，其中骨干企业中法合营王朝葡萄酿酒有限公司资产总额 17.2 亿元，实现生产总值 2.15 亿元、利润总额－5 553 万元、完成工业总产值 5.8 亿元。全年生产葡萄酒比 2011 年同期的 3.86 万吨，减少了 1.35 万吨，同比减少幅度为 34.8%。全年工业外贸出口额 5 174

万元，比 2011 年的 4 966 万元增加了 208 万元，增长了 4.2%，其中出口葡萄酒 32 吨，葡萄酒产业仍为亚洲地区规模最大的全汁高档葡萄酒生产企业之一。为保持葡萄酒生产优势，他们将继续增加投入，为更高、更大的跨越奠定坚实基础。农垦乳品加工业在保障产品质量和开发新产品上下工夫，在市场上深受消费者的欢迎，扩大了市场占有率。全年生产乳制品 7.89 万吨，比 2011 年的 6.37 万吨增加了 1.52 万吨，增长了 23.9%，农垦包装业全年完成纸箱 5 010 吨、塑料包装 5 979 吨，全年生产塑料电线 4.5×10^4 千米。

4. 第三产业情况 天津农垦第三产业实现生产总值 8.74 亿元，比 2011 年的 7.21 亿元，增长了 1.53 亿元，同比增长 21.2%。壳牌机动石油服务有限公司在继续扩大规模的基础上，全年营业额和实现利润比 2011 年同期有较大的增长。农垦出租汽车公司现有出租汽车 318 辆，从而使天津农垦的特色经营在不断壮大。

5. 三资企业情况 三资企业完成生产总值占全系统的 30%。其中中法合营王朝葡萄酿酒有限公司完成生产总值 2.15 亿元，天津壳牌石油储运有限公司完成生产总值 1.68 亿元。

6. 固定资产投资完成情况 2012 年天津农垦完成固定资产投资 3.2 亿元。第一产业天津嘉立荷牧业有限公司第十奶牛场改扩建项目投资 1 700 万元，其中中央和地方财政拨款 300 万元，其余自筹，做到当年投资当年完工见效。里自沽农场设施水果标准化生产示范基地扩建投资 1 200 万元进行农业设施建设，其中中央和地方财政拨款 450 万元其余自筹，做到当年投资当年完工见效。第二产业天津市宝德包装有限公司企业搬迁项目完成投资 2 142万元，天津市国营兴华制线厂改扩建项目完成投资 1 540 万元。第三产业武清农场华北工业原材料交易城计划总投资 40 亿元，2012 年完成投资 3 399 万元，自建设至本年累计完成投资 14.86 亿元。工农联盟农场华鼎高科技创业中心计划总投资 5 亿元，2012 年本年完成投资 1.34 亿元，自建设至本年累计完成投资 5.86 亿元。天津壳牌石油储运有限公司南港油库一期工程总投资 1.68 亿元，2012 年完成投资 8 197 万元。

7. 职工收入情况 2012 年末天津农垦从业人员 7 330 人，比 2011 年 9 718 的人减少了 2 388 人，减少 24.6%，其中职工人数 5 214 人，在岗职工 4 418 人。全年从业人员人均年收入 6.2 万元，比 2011 年的 5.9 万元，增长了 5.1%。职工人员人均年收入 6.2 万元，比 2011 年的 5.9 万元，增长了 5.1%。在岗职工人均年收入 7 万元，比 2011 年的 6.6 万元，增长了 6.1%。国有及国有控股企业全年从业人员劳动报酬 4.52 万元，比 2011 年同期的 3.49 万元增长了 29.5%。全年共有不在岗员工 796 人，发放不在岗员工生活费 1 476 万元，全系统离、退休、退职人员 0.99 万人，发放离、退休、退职人员生活费总额 2.1 亿元。目前，在确保下岗职工基本生活费的基础上，继续做好企业富余职工的分流安置和再就业工作。

8. 文教、卫生情况 2012 年天津农垦已将企业办中小学全部移交当地。目前还有 1 所成人中等学校，学校已被天津农学院买去，仅有 10 人在原校址临时办公。场办医疗卫生单位 3 个，病床 56 张，医务人员 25 人，其中医生 10 人。

二．2012 年统计工作思路

1. 认真贯彻执行《统计法》 《统计法》规定“统计的基本任务是对国民经济和社会发展情况进行统计调查、统计分析、提供统计资料和统计咨询意见，实行统计监督。”因此有必要组织全系统统计人员认真学习《统计法》，要让每个统计人员树立良好的统计职业道德，坚持实事求是的精神，与弄虚作假的现象做坚决斗争，使统计工作规范化、科学化、制度化。

2. 抓好业务培训，提高统计人员业务素质 2012 年天津农垦共组织系统内 35 个单位综合统计人员进行了统计培训。总公司今后还要不断对基层统计人员进行业务培训，主要学习统计基础知识和讲解新统计专业知识，搞好国有和非国有经济的统计工作，提高和完善各种统计工作和任务，从而提高全系统统计人员整体业务水平。

河北农垦 2012 年经济和社会发展情况

河北省农业厅农垦局

2012 年，河北垦区在省委、省政府和农业部的正确领导下，以邓小平理论和“三个代表”重要思想为指导，深入贯彻落实科学发展观，紧紧围绕全年发展目标，不断增强农垦经济发展的活力和动力，发挥农垦在现代农业建设中的示范带动作用，垦区社会事业全面和谐稳定发展，职工生活水平稳步提高，实现了年初确定的预期目标，为全面建成小康社会奠定了良好基础。

一、综合

农垦经济平稳快速增长，经济总量又跨新台阶（图 1）。全年实现农垦生产总值 333.42 亿元，比 2011 年增长 16.68%；其中，第一产业增加值 36.95 亿元，增长 0.13%；第二产业增加值 192.62 亿元，增长 10.26%；第三产业增加值 103.85 亿元，增长 40.02%。2012 年，人均 GDP 净增加 9 454 元，达到 75 472 元，比 2011 年增长 14.32%。人均纯收入 10 917 元，比 2011 年增长 16.83%。

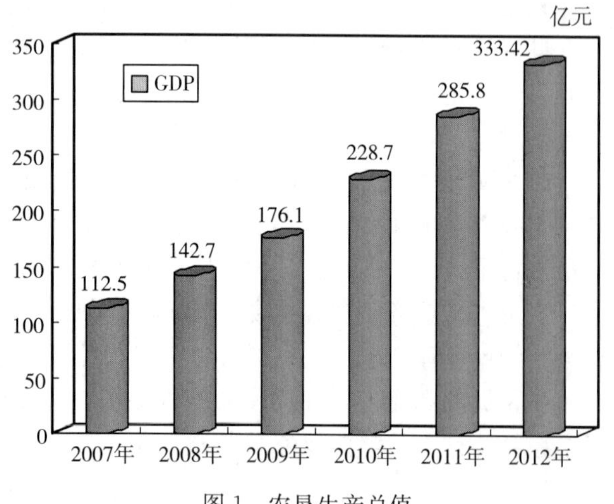

图 1　农垦生产总值

面对国内、外严峻经济形式和各种自然灾害，各农场发挥自身优势，积极调整产业结构，特色主导产业对经济发展起到了龙头拉动作用。产业结构进一步改善，三产所占比重继续增加。一、二、三产业增加值在农垦生产总值中的比重分别为 11.08%、57.77%、31.15%，第一产业比重比 2011 年下降了 1.83 个百分点，第二产业比重比 2011 年下降了 3.36 个百分点，第三产业比重比 2011 年上升了 5.19 个百分点。

二、农业

2012 年，垦区切实贯彻落实惠农强农政策，加快农业科技推广，加强现代农业建设，农业综合生产能力增强。全年实现农林牧渔业总产值 81.10 亿元，比 2011 年增长 13.86%。其中，种植业产值 29.0 亿元，增长 26.64%；林业产值 0.64 亿元，增长 42.22%；牧业产值 29.36 亿元，增长 5.18%；渔业产值 22.09 亿元，增长 58.49%；服务业产值 7.23 亿元，增长 12.26%（图 2）。

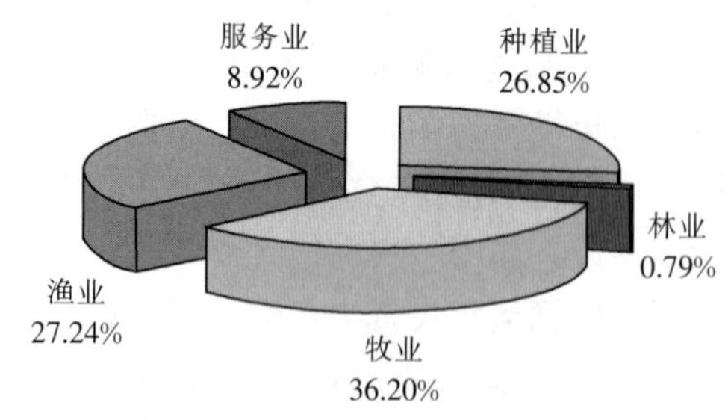

图 2　农林牧渔业产值比例结构图

全年农作物总播种面积为 97.12 千公顷，比 2011 年减少 3.3 千公顷，下降 3.31%。其中，粮食作物播种面积 63.80 千公顷，比 2011 年减少 0.67 千公顷，下降 1.04%，占农作物总播种面积的 65.69%；棉花面积 17.76 千公顷，减少 4.38 千公顷，下降 19.78%；油料面积 1.67 千公顷，减少 0.45 千公顷，下降 21.22%；蔬菜、瓜类面积 4.36 千公顷，增加 0.02 千公顷，增长 0.55%。其他作物 9.39 千公顷，增加 2.13 千公顷，增长 29.39%。

垦区全年农作物总用种量 8 576.6 吨，其中，杂交水稻 123.45 吨，杂交玉米 689.5 吨，棉花 575.95 吨。种子基地种子播种面积 4 123 公顷，生产量合计 9 084 吨；加工厂 7 个，加工生产能力 25 375吨；种子公司 8 个；年末从业人员 413 人，其中技术人员 69 人；种子质量检验室 7 个，种子检验人员 25 人。

全年粮食总产为 40.29 万吨，比 2011 年减少 1.76 万吨，下降 4.19%（表 1、图 3）。为国家提供商品粮 35.83 万吨，比 2011 年减少 1.06 万吨，下降 2.87%，商品率为 88.93%，商品率比 2011 年增长 1.2 个百分点。

表 1　主要农产品产量

农作物名称	2012 年产量（吨）	比 2011 年增长（%）
一、粮食	402 931	4.17
其中：稻谷	199 981	3.88
小麦	73 818	0.59
玉米	96 956	10.10
二、油料	2 039	16.09
其中：花生	973	7.51
油菜籽	572	41.94
三、棉花	20 487	24.20
四、糖料	600	77.61
五、蔬菜、瓜类	191 465	13.09
六、其他作物	256 019	36.71
其中：青饲料	256 019	36.71

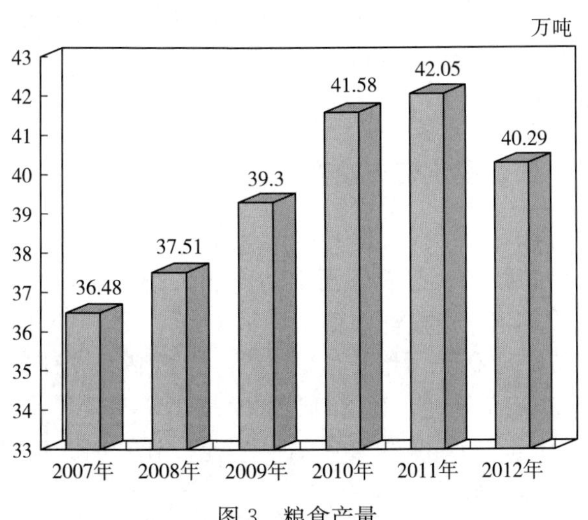

图 3　粮食产量

畜牧业继续保持增长趋势。2012 年末大牲畜存栏 14.96 万头（表 2）。奶牛数量达到 13.98 万头，增加 0.07 万头，牛奶总产量 46.80 万吨，减少 1.42 万吨，比 2011 年下降 2.94%。察北、沽源、大曹庄 3 个农场牛奶产量分别达到 19.72 万吨、11.75 万吨和 6.35 万吨，占全垦区牛奶总产量的 80.81%（图 4）。

表 2　牲畜年末存栏及畜产品产量

牲畜种类	计量单位	2012 年产量	比 2011 年增长（%）
大牲畜总头数	万头	14.96	0.13
其中：奶牛	万头	13.98	0.50
猪存栏	万头	28.8	0.83
羊存栏	万只	7.03	6.35
其中：绵羊	万只	6.77	11.90
家禽	万只	277.23	4.43
肉类总产量	万吨	6.24	4.87
其中：猪肉	万吨	3.55	4.11
禽肉	万吨	2.2	12.82
牛奶	万吨	46.80	2.94
禽蛋	万吨	1.05	9.38

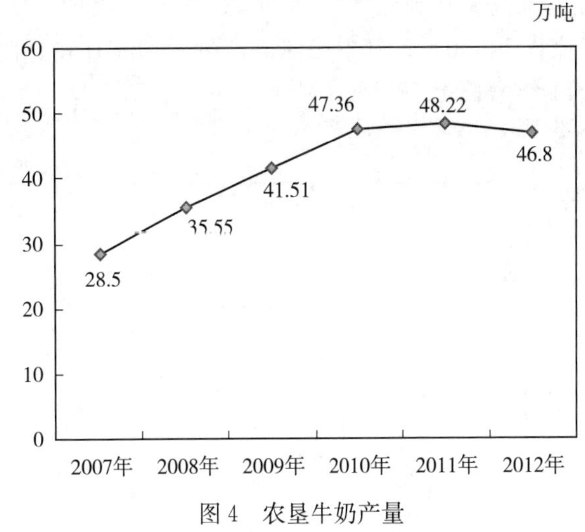

图 4　农垦牛奶产量

水产养殖业健康发展。年末水产品养殖面积 15 617 公顷，比 2011 年增长 12.62%。养殖面积中淡水 8 198 公顷，海水 7 419 公顷。全年水产品产量 104 735 吨，比 2011 年增加 27 552 吨，增长 35.7%。其中，淡水产品产量 74 519 吨，增长 9.06 %；海水产品产量 30 216 吨，增长 241.19%。对虾产量 25 578 吨，比 2011 年增长 79.95%。

全年植树造林面积 2.81 千公顷，其中防护林 2.56 千公顷。林地面积 84.83 千公顷。

农业基础设施建设得到加强，农业生产机械化水平进一步提高。年末农业机械总动力 1 016 005 千瓦，比 2011 年增长 6.81%。农用排灌动力机械 12 524 台，大中型农用拖拉机 3 647 台，小型拖拉机 22 843 台，联合收割机 405 台，机动割晒机 1 064台，机动脱粒机 5 924 台。实际机耕面积 83.07 千公顷，占年末耕地面积的比重达 89.50%，当年机播面积 86.09 千公顷，占农作物总播种面积的比重达 88.64%，机械收获面积 59.26 千公顷，占农作物总播种面积的 61.02%。

三、工业和建筑业

2012 年第二产业实现增加值 192.62 亿元，比 2011 年增长 10.26%，增加值占农垦生产总值的 57.77%，其中，制造业增加值 148.27 亿元；建筑业增加值 42.16 亿元，比 2011 年增长 97.93%。

工业保持较快发展速度。2012 年工业企业总数为 1 035 个，其中国有工业企业及规模以上的非国有工业企业 177 个，销售产值 560.93 亿元，增长 25.2%。乳制品产量达到 53.71 万吨，比 2011 年增长 14.50%。其中液体乳产量 49.83 万吨，比 2011 年增长 11.93%。

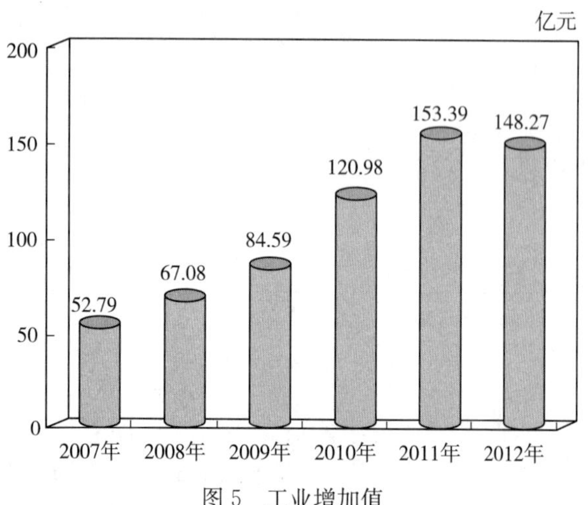

图 5　工业增加值

2012 年实现工业总产值 625.52 亿元，比 2011 年增长 17.51%。国有工业总产值 188.82 亿元，增长 22.78%；轻工业总产值 377.88 亿元，增长 113.03%；规模以上工业企业总产值 556.35 亿元，下降 0.84%。主要工业产品总产值为：农副食品加工业 17.99 亿元，增长 6.01%；食品制造业 56.62 亿元（主要为乳制品制造业），增长 25.54%；纺织业 3.44 亿元，下降 39.22%；纺织服装、鞋、帽制造业 4.78 亿元，下降 67.51%；家具制造业 15.18 亿元，增长 23.62%；化学原料及化学制品制造业 15.26 亿元，下降 40.15%；造纸及纸制品业 7.15 亿元，下降 19.84%；黑色金属冶炼及压延加工业 32.29 元，增长 82.12%；交通运输设备制造业 27.46 亿元，增长 8.54%；石油化工及炼焦业 151.89 亿元，下降 40.15%。

表 3　2012 年主要工业产品产量

产品名称	产量（吨）	比 2011 年增减（%）
原盐	100 000	−15.25
大米	912	−98.35
小麦粉	5 868	−15.96
混、配合饲料	189 371	−13.07
乳制品	537 117	14.51
＃液体乳	49 8301	11.92
饮料酒（千升）	5 086	9.56
＃白酒	5 054	9.70
汽油、柴油	232 166	28.95
焦炭	159 224	−21.61
硫酸	10 504	−59.17
水泥	429 403.4	−12.19
机制纸及纸板	50 120	−46.94
成品钢材	460 994	9.73

建筑业稳步发展。建筑企业 136 个，从业人员 9 121 人。全年实现增加值 42.16 亿元，增长 97.93%，年末固定资产原值 2.90 亿元，全年施工房屋建筑面积 174.72 万米^2，房屋竣工面积 139.82 万米^2。

四、固定资产投资

固定资产投资稳中有升。固定资产投资对垦区经济持续增长起着较强推动作用。2012 年全垦区完成固定资产投资总额 318.57 亿元，比 2011 年增加 59.96 亿元，增长 23.19%。国有固定资产投资 56.26 亿元，比 2011 年增长 19.42%；非国有固定资产投资 262.31 亿元，比 2011 年增长 24.02%。

一、二、三产业投资额增加显著。第一产业投资 27.51 亿元，比 2011 年增长 66.02%；第二产业投资 185.06 亿元，比 2011 年增长 21.10%；第

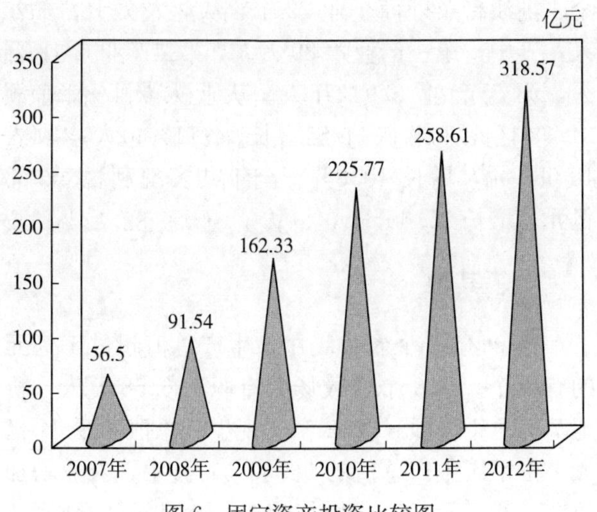

图 6 固定资产投资比较图

三产业投资 106.01 亿元，比 2011 年增长 18.83%。一、二、三产业在固定资产投资中比重为 8.64∶58.09∶33.27。

固定资产投资中，自筹资金 212 287.21 亿元，国家预算内资金 0.29 亿元，国内贷款 5.40 亿元，利用外资 0.01 亿元，其他资金 25.65 亿元。当年新增固定资产 150.27 亿元。

当年新增生产能力主要有：大中型拖拉机 106 台，联合收割机 4 台，输电线路 23.5 千米；住房 14.95 万米^2；公路 39 千米。

五、运输业、批发零售贸易业、服务业及出口商品

交通运输业全年完成货运量 54 520.4 万吨，客运量 667.9 万人次；单位个数 4 789 个，从业人员 10 154 人，营业收入 15.72 亿元，比 2011 年增长 3.49%。

批发零售业、餐饮业、服务业固定资产原值 26.03 亿元，比 2011 年增长 3.62%，营业用房面积 44.40 万米^2，增长 4.94%；营业收入 220.96 亿元，比 2011 年增长 9.84%，其中：批发零售业 173.72 亿元、餐饮业 18.2 亿元、服务业 29.05 亿元，分别比 2011 年增长 11.76%、5.81%、1.86%；批发零售业、餐饮业、服务业营业网点数 14 020 个，从业人员 4.74 万人。

全年出口商品总金额 95 587 万元，比 2011 年增长 0.93%。其中：农产品 6 444 万元，增长 12.05%；水产品 8 361 万元，下降了 11.52%；工业品 80 782 万元，增长 1.61%。

六、科研、教育、卫生

2012 年末全垦区拥有科研单位 10 个，其中省、地属科研单位 1 个，场属 9 个；职工 188 人，其中科技人员 133 人。科研经费 13 259 万元；其中，国家拨款 9 402 万元，省地局自筹 3 695 万元，企业自筹 162 万元。

教育事业健康发展。2012 年末全垦区拥有学校 109 所，教职工 4 445 人，其中教师 3 803 人；在校学生 46 205 人，当年毕业生 11 262 人。其中，成人高等学校 1 所，普通中等专业学校 2 所，成人中等专业学校 1 所，中学 16 所，职业中学 1 所，小学 88 所。

卫生服务体系建设得到加强。2012 年末全垦区共有分场以上医疗单位 130 个，其中，医院 37 个，从业人员 1 865 人，其中，医生 764 人，病床 1 831 张。

七、人口、职工、收入与社会保障

年末垦区总人口 44.32 万人，全年出生人口 4 460人，出生率为 10.06‰；死亡人口 2 690 人，死亡率为 6.07‰；自然增长率为 3.99‰。

年末全垦区从业人员 26.38 万人，比 2011 年增长 2.29%。其中，第一产业 11.09 万人，增长 0.18%；第二产业 8.30 万人，增长 0.73%；第三产业 6.99 万人，增长 8.04%。

职工生活水平稳步提高。2012 年全垦区实现人均纯收入 10 917 元，比 2011 年增长 16.83%。垦区危房改造工作自 2011 年开展以来，职工居住条件得到进一步改善，年末职工实有住房面积 1 384.83万米^2，增长 5.18%，人均住房面积 31.25 米^2。

八、绿色、有机食品、无公害农产品

截至 2012 年末，我垦区认证了 31 个绿色、无公害农产品，带动 34 063 个农户。其中，种植业 7 个，含水稻 5 个、蔬菜 2 个；已认证的绿色食品 A 级面积 15 308 公顷，产量 14 4937 吨；已认证的有机食品面积 5 公顷，产量 48 吨；已认证的无公害农产品面积 6 005 公顷，产量 70 048 吨。渔业 3 个，含淡水鱼 1 个、海水鱼 1 个、蟹 1 个；已认证的绿色食品 A 级面积 2 500 公顷，产量 2 625 吨；已认证的无公害农产品面积 2 115 公顷，产量

1 356吨。畜牧业 18 个，其中生猪 6 个、肉牛养殖 1 个、奶牛养殖 10 个、羊养殖 1 个；已认证的无公害农产品中，牛奶产量 178 880 吨。加工业 2 个，均为乳制品，已认证有机食品产量251 611吨。

九、非国有经济

非国有经济在农垦生产总值中比重继续增加。2012 年，非国有经济全年实现农垦生产总值 208.55 亿元，比 2011 年增长 14.71%，占全社会经济总量的 62.54%，比 2011 年下降 1.08 个百分点。其中第一产业增加值 13.10 亿元，增长 27.43%；第二产业增加值 133.95 亿元，增长 17.58%；第三产业增加值 61.49 亿元，增长 6.77%。各产业在非国有经济农垦生产总值中所占比重分别为 6.28 %、64.23%、29.49%。

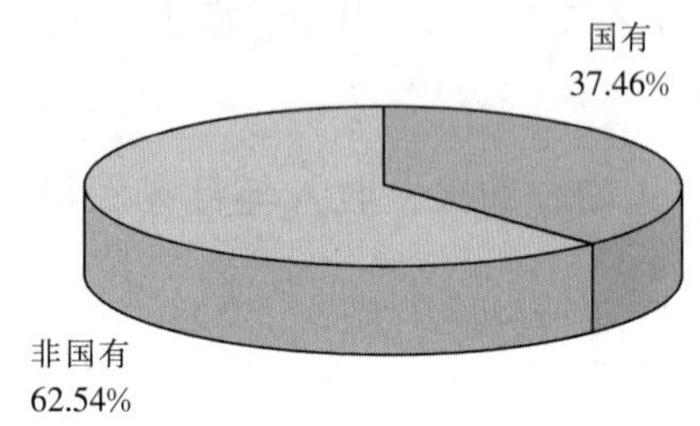

图 7　GDP—国有与非国有经济比例

年末非国有经营单位 23 800 个。其中，集体经济 80 个，个体企业 21 638 个，私营企业 2 050 个、港澳台及外商企业 22 个。从业人员 18.24 万人，其中，第一产业 4.89 万人，第二产业 6.42 万人，第三产业 6.94 万人。从业人员收入总额 34.08 亿元，比 2011 年增长 14.71%；人均收入 18 683 元，增长 10.8%；全年共实现利税 52.83 亿元，增长 15.65%。

十、其他

全垦区 33 个农牧场中，生产总值超过 1 亿元的有 9 个。这 9 个农牧场共有职工 6.68 万人，耕地 75.17 千公顷。2012 年实现生产总值 328.84 亿元，占垦区生产总值的 98.63%。其中，农业增加值 35.76 亿元，工业增加值 146.98 亿元，利润总额 16.14 亿元，销售税金 9.54 亿元。生产总值列前三位的是中捷农场、柏各庄农场、南大港农场，生产总值分别为 90.01 亿元、87.40 亿元、54 亿元。

2012 年末全垦区拥有大中型工业企业、龙头企业 22 家，全年完成总产值 264.31 亿元，销售产值 200.34 亿元。增加值 71.35 亿元。年末资产总额 102.02 亿元，固定资产原值 73.10 亿元，从业人数 2.48 万人，实现利税总额 13.86 亿元。

截至 2012 年底，全垦区共有“三资”企业 24 家。这 25 家企业投资总额约 22.74 亿元人民币，其中外方投资总额 21.61 亿元，我方投资总额 1.13 亿元。

山西农垦2012年经济和社会发展情况

山西省农业厅农垦局

2012年山西垦区在农业部农垦局和省农业厅的正确领导下，认真学习贯彻党的十七届六中全会精神、全国农垦专业会议精神及全省农业工作会议精神，深入落实科学发展观，以深化农垦企业改革为契机，以提高垦区经济效益为目的，进一步深化改革，加快产业和产品结构调整，强化企业经营管理，大力实施“一场一品”战略，实现了垦区经济较快的发展。

一、综合情况

2012年，垦区充分发挥自身的资源优势，加快培育壮大新兴产业，利用农垦土地等资源优势，大力推进农垦现代农业示范区和养殖示范场建设的同时，吸引投资者为垦区经济发展注入活力，使职工收入得到快速增长。

2012年垦区总人口25 673人，其中，农场人口21 439人，社会从业人员14 056人，国有单位从业人员4 566人，从业人员劳动报酬6 675元。土地面积22 150公顷，年末实有耕地6 683公顷，全垦实现生产总值46 144万元，比2011年增长29.17%。其中，第一产业增加值12 824万元，同比增长23.01%；第二产业增加值17 225万元，同比增长29.14%；第三产业增加值16 095万元，同比增长34.56%，一、二、三产业增加值比例为27∶37∶36。垦区人均收入6 067元，比2011年增长3.67%，职工人均纯收入13 196元，比2011年增长16.62%。

二、农业生产情况

2012年垦区粮食总产、单产双双实现新突破。国家出台一系列惠农政策，不断加大对农业生产及种粮的补贴力度，加上受2011年玉米价格持续强劲因素的影响，职工种粮积极性极高。在垦区领导和农业部农垦局的支持下，利用扶贫资金和当地政府的合作，大力推进农垦现代农业示范区和养殖示范场建设，建成3个标准化千头奶牛牧场，全力打造全省发展规模最大、管理水平最好、标准化程度最高的现代畜牧示范区；还利用土地优势建成万亩设施蔬菜、万亩玉米丰产方为重点的现代农业示范园区，列入全国100个农垦现代农业示范区；同时引进资金和技术，建成千亩标准日光温室，建设千亩果苗基地，实现了农业经济稳步发展的好势头。

2012年职工在农作物种植结构上更加趋于理性。全垦区农作物种植面积6 107公顷，比2011年减少2.66%。其中，粮食种植面积4 864公顷，比2011年增长2.34%，油料种植面积106公顷，与2011年持平；棉花种植面积147公顷，比2011年增长10.53%。在粮食种植面积中，玉米种植面积4 349公顷，比2011年增长10.18%；小麦种植面积170公顷，比2011年减少37.5%；蔬菜种植面积468公顷，比2011年减少16.58%；其他作物种植面积430公顷，比2011年20.96%。

垦区全年粮食总产量30 763吨，比2011年增长0.14%。其中，玉米28 110吨，比2011年增长17.32%；小麦623吨，比2011年减少44.23%；豆类产量315吨，比2011年减少7.08%；棉花190吨，比2011年增长18.01%；甜菜4 123吨，比2011年减少53.65%；蔬菜、瓜果14 655吨，比2011年增长35.42%。

2012年垦区利用当地优势资源，培育雁门关生态畜牧经济区，积极发展奶牛养殖，奶牛发展势头良好。奶牛规模化养殖量达到3 530头。

表1　2012年畜牧业生产情况

产品或存栏	计量单位	2012年	比2011年增减（%）
大牲畜总头数	头	14 089	9.33
年末牛存栏头数	头	13 827	1.38
其中：奶牛	头	13 267	9.85
猪存栏	头	8 313	−20.75
羊存栏	只	8 111	−7.9

（续）

产品或存栏	计量单位	2012 年	比 2011 年增减（%）
家禽	只	41 675	−14.69
肉类总产量	吨	1 294.3	44.98
牛奶产量	吨	39 916	5.03
禽蛋产量	吨	647	89

农机装备水平快速提升，切实改善了农业生产和职工生活条件。2012 年，垦区农业机械机总动力达到 23 391 千瓦，增长 1.27%，机械耕地面积 5 361 公顷，下降 4.86%；机械播种面积 4 673 公顷，机械收获面积 787 公顷。

农机服务领域有效拓展，有力推动了农业结构调整。截至 2012 年底，设施农业温室发展到 630 204米^2，大棚 82 500 米^2。

三、工业生产情况

2012 年，我省垦区国有及国有控股工业企业加工规模普遍较小，再加上资金的严重短缺，对产品的研发和创新投入不足，经济效益不明显，出现萎缩状态，逐步退出了市场，第二产业的发展主要以私营和个体生产经营为主，农场通过招商引资项目的投产，产值规模迅速扩大，企业效益明显提高。太原果树场引进一家生产煤焦油的企业，投资 1 920 万元，年产煤焦油 12 500 吨，创造产值 10 000万元。红旗牧场引进同煤麻家梁煤矿建设项目，将于 2013 年投产。全垦区实现工业总产值 53 958万元，国有及规模以上非国有工业企业销售产值 47 290 万元，主营业务收入 47 290 万元，利润 4 975 万元，比 2011 年增长 73.83%。

表 2　主要产品产量

名称	计量单位	2012 年产量	比 2011 年增减（%）
配合饲料	吨	14 800	27.7
家具	件	700	持平
煤焦油	吨	12 500	
精矿粉	吨	4 412	13.39
蛭石	吨	4 000	−37.5
化学农药原药	吨	2 129	15
花岗石板材	米^2	64 000	持平

四、第三产业

山西垦区第三产业经营领域不断拓宽，2012 年批发零售、餐饮、服务业年末单位 1 089 个，销售总额 3.43 亿元，比 2011 年增长 27.03%，批发零售业年末单位 867 个，营业收入 2.74 亿元；餐饮服务业年末单位 173 个，营业收入 0.55 亿元；服务业年末单位 49 家，营业 0.14 亿元。全年从业人员 3 889 人，从业人员报酬 6 731 万元。

交通运输业全年营业总收入 604 万元，比 2011 年增长 15%。其中，货运 560 万元，比 2011 年增长 15.9%。

教育和卫生，截至 2012 年底，垦区仍保留 5 所中小学校，在校学生 1 138 人，比 2011 年增长 25.6%。年末垦区有医疗卫生单位 8 个，从业人员 102 人。

五、固定资产投资

2012 年企业深化服务理念，加强基础设施和社会公益事业建设，创优招商引资环境，努力促进重点项目的落地和开工，垦区固定资产投资较 2011 年有所增长，年末完成固定资产投资 4 307 万元，比 2011 年增长 0.42%。其中，第一产业投资 1 505 万元，第二产业投资 2 278 万元，第三产业投资 524 万元。资金主要集中在第二产业民营经济，资金来源大部分通过自筹完成。

六、非国有经济

非国有经济的快速发展，成为山西垦区经济建设和发展的动力，生产总值比重继续增加。2012 年实现农垦生产总值 35 779 万元，比 2011 年增长 44%，占全垦区生产总值的 70%。其中，第一产业 1 822 万元，比 2011 年增长 88.2%；第二产业 17 302 万元，比 2011 年增长 32.6%；第三产业 16 655 万元，比 2011 年增长 55.9%。非国有经营单位 1 465 家，从业人员 7 262 人，从业人员劳动报酬 12 745 万元，人均收入达到 17 550 元。全年实现利润 9 755 万元，比 2011 年增长 51.48%；上交税金 2 672 万元，比 2011 年增长 10.5%。

内蒙古农垦2012年经济和社会发展概况

内蒙古自治区农业厅农场管理局

2012年，内蒙古农垦系统积极贯彻中央、自治区农村牧区和农业工作会议精神，继续深化改革，重点突出产业结构调整，使得经济生产和社会稳步发展，取得经济效益好成果。全年实现农垦生产总值1 218 614万元（当年价，下同），其中，第一产业增加值494 810万元，第二产业增加值450 042万元，第三产业增加值273 762万元。

2012年海拉尔局由于集团的成立在新增生产能力及主要物资消费等方面均有较大增长。

一、综合情况

2012年全区农垦拥有农牧场个数104个，总人口51.05万人，其中，农牧场人口40.69万人。全年出生人口2 830人，死亡人口1 627人；人口自然增长率为4.11‰。人均纯收入9 370元。

年末农垦社会从业人员238 552人，其中，第一产业181 247人，第二产业28 185人，第三产业29 120人。

土地总面积5 313 453公顷，其中，耕地面积654 136公顷，草原面积2 446 474公顷，林地面积252 031公顷，水面面积80 231公顷，果园面积1 127公顷。

年末实有住房面积795万米^2，其中当年新建10万米^2。

二、农业

2012年，全垦区生产基础建设进一步加强，农业投入继续加大。通过产业结构的优化和调整，经济效益显著提高，全年实现农林牧渔总产值1 008 471万元（现行价，下同）。其中，种植业产值613 729万元，林业产值6 045万元，牧业产值378 426万元，渔业产值10 271万元。

农作物播种面积645 887公顷，其中，粮食作物452 209公顷，油料作物283 937公顷。

主要农产品产量如表1。

表1　主要农产品产量（吨）

产品名称	2012年实际数量
粮食	1 816 036
其中：小麦	313 349
大豆	201 192
其他谷物	152 626
薯类	37 241
油料作物	283 937
其中：油菜籽	215 728
葵花籽	68 209
棉花	22
糖料	25 546
水果	14 904

2012年由于种植结构调整，小麦播种面积比2011年减少54 771公顷，大麦播种面积比2011年增加45 140公顷。

畜牧业生产在2011年的基础上又有较快发展牲畜年末存栏及主要产品产量如表2。

表2　牲畜年末存栏及主要产品产量

产品名称	2012年实际数量
牲畜总头数（万头、只）	411.65
1. 大牲畜	41.5
2. 羊	232
3. 猪	19.73
4. 家禽	116.82
肉类总产量（吨）	80 288
其中：牛肉	24 510
羊肉	28 588
猪肉	19 094
其他	5 258
牛奶（吨）	440 869
羊毛、绒（吨）	5 535
禽蛋（吨）	6 158
蜂蜜（吨）	3 071

全年水产品产量 5 214 吨，其中，养殖产量 1 790吨。

全年植树造林 7 129 公顷，零星植树 82 万株，木材采伐量 5 902 米^3。

农业生产条件进一步得到改善，年末机械总动力 1 676 259 千瓦。其中，柴油发动机动力1 444 620 千瓦，汽油发动机动力 138 584 千瓦，电动机动力 89 525 千瓦，其他机械动力 3 530 千瓦。大中型拖拉机 11 946 台，小型拖拉机 37 688 台。农用排灌机械 9 540（台、套），农用水泵15 103台。

农业基础设施建设进一步加强，年末拥有机电井 21 188 眼，其中已配套 18 094 眼。

农用化肥施用总量（折纯量）129 164 吨，其中施用于农作物的数量为 104 641 吨。生物肥施用量 13 139 吨，有机肥施用量 940 833 吨；测土配方施肥面积 67 367 公顷。

有效灌溉面积 140 501 公顷，其中，机溉面积 45 039 公顷，电灌面积 33 715 公顷，节水灌溉面积 31 707 公顷。

农用塑料薄膜使用量 1 928 吨，其中，地膜使用量 1 679 吨，地膜覆盖面积 32 561 公顷。

农田基本建设机械 548 台。其中，推土机 344 台，挖掘机 185 台，开沟机 19 台。

三、工业和建筑业

工业生产总体好于 2011 年，2012 年实现工业总产值（现行价）767 795 万元。煤炭已成为工业产值最高的产业，2012 年煤炭开采和洗选业实现产值 340 009 万元，食品制造业 183 912 万元。

主要工业产品产量见表 3。

表 3　主要工业产品产量

产品名称	计量单位	2012 年实际数量
原煤	吨	21 131 595
小 麦 粉	吨	36 895
混合饲料	吨	15 932
配合饲料	吨	7 550
食用植物油	吨	78 422
白酒	吨	1 517
人造板	米^3	45 000
砖	万块	95 384
铁合金	吨	113 276

建筑业发展平稳，年末农垦全社会拥有固定资产 15 886 万元。全年施工房屋建筑面积 59 万米^2。

年末拥有机械设备总台数为 919 台。

四、交通运输业

2012 年实现交通运输业增加值 53 025 万元（当年价），实现营业总收入 37 580 万元。现有主要运输工具 2 540 台，其中，载货汽车 1 254 台，载客汽车 195 台。全年完成客货运输量分别为 420 万人和 2 628 万吨。

五、批发和零售贸易、餐饮业

2012 年实现批发零售业和餐饮业增加值 108 853万元（当年价），实现销售总额或营业收入 251 655 万元。年末拥有固定资产原值 43 141 万元。

批发和零售业、餐饮业、服务业年末营业单位 3 045 个，从业人员 7 158 人。

六、科研教育和卫生

年末垦区拥有各类学校 30 所。其中，普通中学 4 所，小学校 25 所。教职员工 871 人，其中教师 762 人。在校学生 3 717 人，其中当年新招生 837 人，当年毕业生 880 人。

年末垦区拥有各类医疗机构 284 个，其中医院 66 个，病床 1 386 张。医务人员 1 837 人，其中医生 821 人。

年末拥有科研机构 21 个，科技人员 62 人。

七、固定资产投资

年末农垦全社会完成固定资产投资 663 323 万元，总投资额中，用于第一产业 133 716 万元，第二产业 380 937 万元，第三产业 148 670 万元。

当年新增固定资产 589 960 万元。

八、新增生产能力及主要物资消费量

当年新增生产能力：造林 5 448 公顷，果树定植 33 公顷，草原建设 20 557 公顷，大中型拖拉机 1 183 台，小型拖拉机 2 064 台，机引农具 3 300 台，公路建设 190 千米，输电线路 84 千米，畜禽生产用房 5.55 万米^2。

全年主要物资消费：钢材 24 137 吨，木材 39 626米^3，水泥 198 361 吨，煤炭 473 664 吨，成品油 163 191 吨。

辽宁农垦2012年经济与社会发展情况

辽宁省农垦局

2012年辽宁农垦在农业部、省委、省政府的正确领导下，全面贯彻落实党的十八大会议精神，落实全国农业工作和农垦工作会议精神。

一、综合

2012年，辽宁垦区拥有国有农场109个，比2011年增加1个盘锦二界沟农场（在原有农场中划出）。109个农场中，政企合一农场52个，纯农场57个。年内平均总人口91.22万人，其中从业人员46.33万人，比2011年增加1.76万人，其中第一产业26.72万人，第二产业10.01万人，第三产业9.6万人，各业人员所占比重分别为58：22：20。年末国有单位从业人员30.53万人，其中在岗职工24.67万人，其他从业人员5.86万人，从业人员年劳动报酬为16 378元/人。

土地总面积512 650公顷，其中，耕地154 932公顷，占30%，其中水田94 840公顷，占耕地的61%，旱田60 092公顷，占耕地的39%；林地73 531公顷，占土地总面积的14%；牧草地20 079公顷，占4%；水面83 239公顷，占16%；果园13 044公顷，占2.5%；居民点及工矿用地51 752公顷，占10%。

小城镇37个，比2011年增加1个，小城镇人口157 286人，占总人口数的17%，小城镇占地面积11 934公顷，占土地总面积的2.3%。

全年实现生产总值2 383 493万元，比2011年增长19%，其中，第一产业794 738万元，比2011年增长14%，第二产业1 120 675万元，比2011年增长22%，第三产业468 080万元，比2011年增长20%。一、二、三产业比重为33：47：20。人均生产总值26 129元，比2011年增加4 011元。全年以增加值计算的全社会劳动生产率为51 445元，比2011年增加6 506元。人均纯收入10 980元，比2011年增加1 404元，高于全省农村人均纯收入1 200元以上。年末实有住房面积2 727万米^2，人均住房29.89米^2。

非国有经济迅猛发展。年末经济单位55 765个，比2011年增加1 837个，其中集体经济85个，个体经济50 340个，私营经济5 325个，港澳台及外商经济15个。按三次产业划分，第一产业27 735个，第二产业6 309个，第三产业21 721个。年末从业人员24.63万人，占全部从业人员的53.2%，从业人员劳动报酬为486 085万元，平均每人每年为19 750元。全年实现生产总值1 702 867万元，占全部生产总值的71%，比2011年增长17%，其中第一产业243 935万元，第二产业1 087 755万元，第三产业371 177万元，一、二、三产业所占比重为14：64：22。当年固定资产投资额为2 216 452万元，比2011年增长20%，占总投资额的86%。资产总额为3 828 390万元，固定资产原值4 308 393万元，比2011年增长19%。实现税金为215 935万元，比2011年增长10%，实现利润331 293万元，比2011年增长30%。

固定资产投入力度加大。全年固定资产投资额为2 563 204万元，增长20%，其中非国有2 216 452万元，占总投资额的86%。国有346 752万元，占14%，按工程用途分，第一产业443 975万元，比2011年增长10%，第二产业1 250 236万元，增长19%，第三产业868 993万元，增长128%。一、二、三产业投资比为17：49：34，2011年为19：49：32。按资金来源划分，国家预算内资金15 196万元，增长3%，占1%，国内货款760 402万元，增长9%，占30%，利用外资117 500万元，比2011年略有下降，占5%，自筹资金1 324 258万元，增长32%，占51%，其他资金345 848万元，增长18%，占13%。

年末外贸出口供货商品金额256 710万元，比2010年增长6%。其中直接出口73 120万元。出口额中，农产品29 727万元，增长138%，占12%，水产品4 530万元，增长13%，占2%；工业品 218 903 万元，下降 3%，占 85%。出口的主要品种有服装、花卉、禽肉、水产品、家具、水果等。

农林牧渔业商品的产值为 1 160 195 万元，比 2011 年增长 6%，占农业总产值的 76%。粮豆商品量为 1 144 054 吨，粮食商品率为 86%；油料商品量为 12 462 吨，商品率为 89%；肉类商品量为 244 696 吨，商品率为 90%。

实现生产总值超 1 亿元的农场 43 个，比 2011 年增加 2 个，分别增加营口二台农场和朝阳贾家店农场。盘锦垦区有 23 个，占 53%。超 1 亿元农场实现生产总值 2 209 482 万元，占全省农垦生产总值的 93%。排在前 10 位的农场依次是铁岭市种畜场 328 140 万元，营口西海农场 187 430 万元，锦州大有农场 179 725 万元，阜新市农场 117 179 万元，抚顺高湾种畜场 97 331 万元，盘锦前进农场 91 784 万元，盘锦唐家农场 71 010 万元，锦州市果树农场 64 000 万元，盘锦东风农场 54 787 万元，盘锦清水农场 54 322 万元。

二、农业

抓好粮食生产，发展特色产业。选择扶持了 10 个基础好、潜力大的农场创建优质、高产、安全的粮食示范基地。加强了土地整治和农田水利基本建设，加快中低产田改造，建设高标准农田，提高抗御自然灾害的能力。全力推进农垦示范农场建设，增强示范带动能力，确定基础好、优势明显、代表性强、发展前景好的农场作为现代农垦示范场创建活动参加单位，在制度建设、先进技术、现代农业、城乡一体化 4 个方面进行综合性现代农垦示范，成为其他农场和周边农村现代农业建设的样板。

全年实现农业产值 1 593 525 万元，比 2011 年增长 11%。其中，种植业产值 739 849 万元，比 2011 年增长 12%；林业产值 22 097 万元，比 2011 年增长 17%；牧业产值 417 740 万元，比 2011 年增长 16%；渔业产值 413 839 万元，比 2011 年增长 16%。各业在农业总产值中的比重为 46∶1∶27∶26。农林牧渔服务业产值 37 648 万元，比 2011 年增长 5%。农业总产值按经济类型分国有 973 547 万元，比 2011 年增长 10%，集体 18 920 万元，比 2011 年增长 16%，个体 551 912 万元，比 2010 年增长 13%，其他 48 146 万元，比 2011 年增长 19%，所占比重为 61∶1∶35∶3。

粮食产量达到 1 338 087 吨，比 2011 年增加 25 400 吨，增长 2%。农作物播种面积 168 583 公顷，比 2011 年减少 5 488 公顷，其中粮食作物播种面积 149 137 公顷，比 2011 年减少 5 951 公顷。占总播种面积的 88%，油料作物 4 268 公顷，占 3%，蔬菜、瓜类 13 919 公顷，占 8%，在粮食作物中，水稻播种面积 94 535 公顷，占粮食作物播种面积的 63%，玉米 45 755 公顷，占 31%，高粱 1 227 公顷，占 1%，谷子 1 390 公顷，占 1%。在粮食总产量中，水稻总产 929 466 吨，占 69%，玉米 375 055 吨，占总产量的 28%，豆类 16 760 吨，占 1%。

年末大牲畜存栏 12.26 万头，比 2011 年减少 1.07 万头。其中，牛 9.23 万头，比 2011 年减少 0.54 万头，马 0.44 万头，比 2011 年减少 0.16 万头。年末生猪存栏 79.2781.41 万头，比 2011 年增加 2.14 万头，家禽存栏 4 162.27 万只，比 2011 年增加 564.49 万只。肉类总产量 271 045 吨，增加 21 691 吨，增长 9%，其中猪肉 137 982 吨，增加 20 381 吨，增长 17%，牛肉 15 968 吨，比 2011 年增长 13%，羊肉 2 579 吨，增加 281 吨，禽肉 139 276 吨，增加 28 921 吨，增长 26%。牛奶产量 139 276 吨，增加 9 122 吨，禽蛋 82 778 吨，增加 5 079 吨，增长 7%。

水产品总产量 443 654 吨，比 2011 年增加 41 856吨，增长 10%，其中，淡水 215 286 吨，增加 6 605 吨，增长 3%，海水 228 368 吨，增加 35 251吨，增长 18%。在水产品总产量中鱼类 208 014吨，减少 5 133 吨，虾蟹类 97 070 吨，增加 6 205 吨，增长 7%，贝类 122 542 吨，增加 29 150吨，增长 31%。

水果生产在面积增加和大多果树进入盛果期的情况下喜获丰收。年末水果种植面积 13 044 公顷，比 2011 年增加 649 公顷。其中，苹果种植面积 7 282公顷，占水果种植面积的 56%；梨 1 894 公顷，占 15%；桃 1 251 公顷，占 10%；葡萄 754 公顷，占 6%。水果总产量达到 160 016 吨，创历史新高，比 2011 年增长 19%。水果总产量中，苹果 95 390 吨，占水果总产量的 60%，梨 25 906 吨，占 16%；桃 16 114 吨，占 10%；葡萄 13 551 吨，占 8%。

全年植树造林 3 404 公顷，其中，用材林 755 公顷，经济林 679 公顷，防护林 1 902 公顷，薪炭林 6 公顷。当年零星植树 186.71 万株，年末实有育苗面积447公顷，幼株抚育8 180公顷，成林抚育5 472公顷，木材采伐量19 946米^3。

农业生产机械化水平逐年提高。年末农业机械总动力1 136 447千瓦，比2011年增加68 899千瓦，增长6%，其中柴油机发动机动力818 232千瓦，汽油发动机动力92 823千瓦，电动机动力180 110千瓦，其他机械动力45 282千瓦。拥有大中型拖拉机4 097台，比2011年增加74台，小型及手扶拖拉机11 815台，比2011年增加541台，农用排灌动力机械19 514台，联合收获机738台，比2011年增加476台，农用运输车15 099辆。当年实际机耕面积128 985公顷，占年末耕地面积的83%，当年实际机播面积84 124公顷，占农作物播种面积50%，当年机械收割面积77 557公顷，占收获面积46%。农场用电量123 583万千瓦时，比2011年增加72 000万千瓦时，增长139%。农药施用量2 628吨，减少10 455吨。农用化肥施用量81 233吨，比2011年减少7 931吨。生物肥施用量316 612 606吨，比2011年增加9 440吨，有机肥施用量168 800吨，比2011年增加17 128吨。有效灌溉面积129 449公顷，比2011年增加5 943公顷。沼气池2 688个，机电井3 831眼，排灌站267个。

三、第二产业

1. 工业 以国有农场为核心的一大批经济产业园区的建立，通过招商引资形成产业聚集，引进先进技术和人才，吸引大量资金，推动工业生产迅猛发展。年末国有及非国有规模以上工业企业443个，比2011年减少348个（减少的原因是口径的变化，2011年规模以上工业企业的统计口径是年销售收入500万元以上，2012年为2 000万元以上），实现工业销售产值5 628 808万元，比2011年下降24%，实现销售收入5 396 161万元，比2011年下降29%。实现产值6 862 456万元，比2011年增长9%。产值超10亿元的产业为橡胶制品业977 656万元，专用设备制造业804 257万元，石油加工、炼焦及核燃料加工业715 417万元，农副食品加工业569 724万元，金属制品业548 397万元，化学原料及化学制品制造业504 285万元，黑色金属冶炼及压延加工业466 211万元，有色金属冶炼及压延加工业312 653万元，食品制造业270 935万元，通用设备制造业236 432万元，医药制造业167 569万元，非金属矿物制品业163 713万元，其他制造业136 567万元，石油和天然气开采业128 025万元。大中型及龙头企业25个，实现产值810 521万元。

主要工业产品中，饮料酒361 092千升，比2011年下降4%，乳制品146 717吨，比2011年增加22 212吨，增长18%；服装538万件，增长2%；水泥20万吨，下降44%；红砖22 156万块，比2011年略有下降。

2. 建筑业 年末建筑企业323个，比2011年增加19个，从业人员2 141 025 340人，比2011年增加3 930人，年末固定资产原值78 990万元，年末拥有机械设备3 517台，全年施工房屋建筑面积591.7万米^2，比2011年增加28.7万米^2，竣工房屋面积347.4万米^2。

四、交通运输、批发零售业、餐饮业、服务业

年末运输单位6 412个，比2011年减少136个，年末从业人员17 115人，固定资产总值100 553万元，比2011年增加12 632万元，主要运输工具13 277台，比2011年增加1 371台，实现营业总收入121 855万元，全年货运量28 037.3万吨，客运量4 600.2万人。

批发零售业年末单位8 075个，比2011年增加1 162个，从业人员32 136人，从业人员劳动报酬58 208万元，固定资产总值99 327万元，销售额461 656万元。

住宿餐饮业1 549个，增加102个，从业人员15 949人，从业人员劳动报酬22 210万元，年末固定资产总值81 454万元，营业收入184 116万元，增长50%。

服务业年末单位3 423个，增加269个，从业人员14 071人，从业人员劳动报酬27 914万元，年末固定资产原值64 299万元，营业收入126 206万元，增长19%。

五、其他

年末医疗单位678个，其中，医院90个，病床3 228张，职工2 619人，其中医生1 198人。

年末科研单位27个，比2011年减少1个，其中省属1个，场属26个，职工543人，科技经费604.5万元，实验地面积267公顷。

吉林农垦 2012 年经济和社会发展统计公报

吉林省农垦局

2012 年吉林农垦按照"强产业、增收入、惠民生、保稳定"的总体思路，在部农垦局和省农委党组的正确指导和具体领导下，农业稳步提升，工商业平稳发展，民生事业逐步推进，圆满完成了 2012 年的各项目标任务。

一、综合情况

吉林农垦系统现有独立核算企业 90 个，全垦区总人口 27.15 万人，其中，从业人员年末人数 11.33 万人，第一产业 9.93 万人，第二产业 0.38 万人，第三产业 1.02 万人，各业人员所占比重分别为 87∶4∶9。年末国有单位从业人员 6.90 万人，其中在岗职工 4.38 万人，其他从业人员 3.31 万人。从业人员劳动报酬 6.84 亿元，人均年劳动报酬 9 920 元。

土地总面积 32.2 万公顷，耕地面积 11.75 万公顷，牧草地面积 6.52 万公顷，林地面积 4.72 万公顷，水面面积 0.28 万公顷，果园面积 0.30 万公顷，居民点及工矿用地 2.75 万公顷（图 1)。

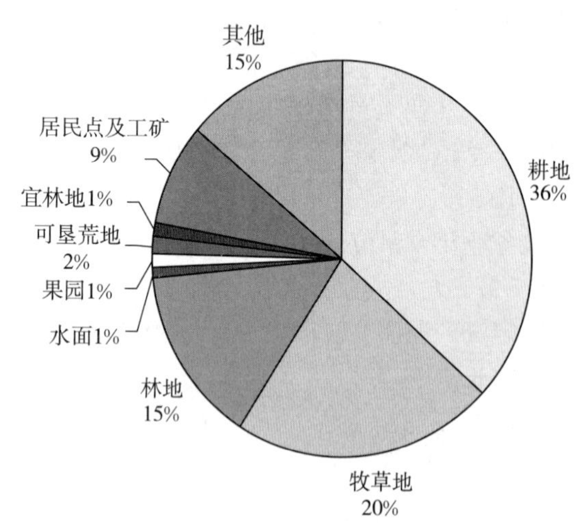

图 1　土地面积构成

2012 年全垦区实现生产总值 18.74 亿元，比 2011 年增长 8.58%。一、二、三产业增加值占国民生产总值的比重分别为 80%、13%、7%。其中，一产增加值 15.04 亿元，比 2011 年增长 9.87%，二产增加值 2.37 亿元，比 2011 年增长 2%，三产增加值 1.33 亿元，比 2011 年增长 8.13%。人均生产总值 6 923 元，比 2011 年增加 666 元。人均纯收入 6 279 元，比 2011 年增长 5.76%。年末实有住房面积 571 万米^2，人均住房面积 21.09 米^2。

全年固定资产投资额 1.81 亿元，比 2011 年增长 11%，其中非国有投入 7 600 万元，占总投资额的 42%；国有投入 10 466 万元，占 58%。第一产业 13 968 万元，第二产业 3 415 万元，第三产业 683 万元，一、二、三产业投资比例 77∶19∶4。在资金投入来源中，国家预算内资金 779 万元，占比 4%，自筹资金 13 969 万元，占比 78%，其他资金 3 318 万元，占比 18%。当年新增固定资产 1.79 亿元，其中国有 6 839 万元，占比 38%；非国有 11 090 万元，占比 62%。

农林牧渔业商品产值为 26.40 亿元，同比增长 11%，占农业总产值的 90.8%，粮豆商品量为 61.46 万吨，商品率为 79%，油料商品量为 1.61 万吨，商品率为 97%，肉类商品量为 5.42 万吨，商品率为 93%。外贸出口商品总金额达到 1 938 万元，出口蜂蜜 807 吨。

实现生产总值超亿元的农场 3 个，全部是谷物农场，共实现生产总值 7.1 亿元，占全省农垦生产总值的 38%。四平梨树农场 4.2 亿元，前郭灌区国营红旗农场 1.65 亿元，前郭灌区国营红光农场 1.25 亿元。

二、农业

1. 夯实发展基础，一产业质量提升　全年实现农林牧渔业总产值 29.06 亿元，比 2011 年增长 10%。其中，种植业产值 16.56 亿元，增长 14%，牧业产值 12.16 亿元，增长 6%，渔业产值 1 886

万元，减少13%，林业产值1 478万元，与2011年持平。

全年农作物总播种面积为117.78千公顷，比2011年减少204公顷。其中，粮豆播种面积106.45千公顷，比2011年增加275公顷，占农作物总播种面积的90.4%。油料作物播种面积8.68千公顷，比2011年减少320公顷。蔬菜、瓜果类播种面积392公顷，比2011年减少101公顷。其他作物播种面积1 875公顷，比2011年减少50公顷。

2. 粮食总产量持续增长 全年粮豆产量78.17万吨，比2011年增产4.1万吨，增长5.5%，创历史新高（表1）。

表1 主要农产品产量

农作物名称	产量（吨）	比2011年增减（%）
粮食	781 763	5.54
其中：稻谷	333 450	2.04
玉米	417 692	11.50
高粱	16 887	−21.20
大豆	6 268	−34.22
杂豆	6 041	−9.13
油料	16 600	15.82
其中：花生	6 969	49.74
向日葵	9 631	1.06
药材类	695	−4.40

3. 畜牧业加快发展 2012年大牲畜存栏5.17万头，同比增加0.65万头，其中黄牛4.02万头，良种及改良种乳牛0.62万头（表2）。

表2 牲畜年末存栏及畜产品产量

种类	计量单位	产量	比2011年增减（%）
大牲畜总头数	万头	5.17	14.38
其中：黄牛	万头	4.02	40.56
猪存栏	万头	16.01	8.62
羊存栏	万只	17.71	4.30
家禽	万只	403.07	−16.28
肉类总产量	吨	58 555	2.99
其中：猪肉	吨	26 077	9.33
禽肉	吨	27 913	9.28
牛奶	千克	29 082	−5.28
禽蛋	吨	59 253	−1.95
鹿茸	千克	13 219	−4.58

4. 农业生产机械化程度大幅提高，农业基础设施得到改善 2012年末农业机械总动力94.97万千瓦，比2011年增长21%。大中型农用拖拉机3 663台，比2011年增长20%，小型及手扶拖拉机23 690台。当年实际机耕面积88.06千公顷，占年末耕地面积74.96%，同比提高5个百分点；实际机播面积70.91千公顷，占农作物播种面积60.21%，同比提高3个百分点；机械收获面积45.62千公顷，占农作物播种面积的38.74%，同比提高11个百分点。

三、工业

2012年吉林垦区工业受宏观经济下行和整合中小稻米加工企业的影响，主要产品销售量减少。实现工业总产值5.83亿元，比2011年减少21%。主要产品产量如表3。

表3 主要工业产品产量

	2012年（吨）	比2011年增减（%）
碾米	37 553	−36.44
中成药	320	6.67
水泥	620 000	−25.88
机制纸及纸板	6 800	

四、交通运输、批发零售业、餐饮业、服务业

第三产业迅速发展，交通运输业单位年末514个，从业人员1 956人，固定资产原值6 479万元，拥有载货汽车1 423辆，载客汽车398辆，全年货运量37.18万吨，客运量216万人，营业总收入5 456万元，同比增长10%。

批发零售业年末单位1 013个，年末从业人员5 221人，从业人员报酬2 728万元，固定资产原值3 608万元，销售总额6 624万元。

住宿餐饮业年末单位322个，比2011年增加5个，年末从业人员1 194人，从业人员报酬1 082万元，固定资产原值1 786万元，全年营业收入1 968万元，同比增长13%。

服务业年末单位243个，比2011年增加11个，年末从业人员608人，从业人员报酬406万元，固定资产原值2 028万元，全年营业收入960万元，同比增长107%。

上海农垦 2012 年经济和社会发展统计公报

光明食品集团有限公司

2012 年，光明食品集团以科学发展观为指导，按照“发展、转型、管控、协同”的工作主基调，聚焦核心主业，大力发展支撑业务与培育业务。2012 年是光明食品集团 2010—2012 年规划的收获年，经过三年的努力，集团经济建设取得了阶段性的成果。

一、综合

2012 年，光明食品集团全年实现增加值 130.1 亿元，比 2011 年增长 5.2%。其中：

第一产业增加值 9.6 亿元，比 2011 年增长 11.7%，占总增加值的 7.3%。

第二产业增加值 49.7 亿元，比 2011 年增加 7.7%，占总增加值的 38.2%。第二产业的增加值中，工业增加值 47.3 亿元，建筑业增加值 2.3 亿元。

第三产业增加值 70.9 亿元，比 2011 年增长 2.9%，占总增加值的 54.5%。

2012 年，光明食品集团工农业总产值（按现行价）260.3 亿元，比 2011 年增长 6.0%。

2012 年，光明食品集团全年完成工农业出口商品额 9.1 亿元，比 2011 年增长 0.5%。其中，工业出口 8.8 亿元，与 2011 年持平；农业出口 0.3 亿元，比 2011 年增长 10.8%。

2012 年，光明食品集团固定资产投资完成额 33.8 亿元，比 2011 年增长 21.7%。

2012 年，光明食品集团年末从业人员 12.7 万人，比 2011 年增长 4.7%。

二、第一产业

2012 年，光明食品集团围绕实现现代农业“五三计划”，按照高效、生态发展要求，积极做好农业发展规划，加强农业科技工作，增强农业基础建设和设施保障能力，积极推进农业产业化、市场化工作，加快农业产业转型，不断优化发展模式，产品的市场竞争力、影响力持续提高。

2012 年完成农业总产值 405 914 万元，比 2011 年增长 16.8%。其中：种植业 151 338 万元，比 2011 年增长 17.1%；林业 13 747 万元，比 2011 年增长 84.6%；畜牧业 191 620 万元，比 2011 年增长 11.8%；渔业 49 209 万元，比 2011 年增长 26%。

2012 年，种植业生产情况：粮食播种面积 41 595公顷，比 2011 年增长 2%，粮食总产量 31.5 万吨，比 2011 年增长 1.9%；蔬菜产量 18.8 万吨，比 2011 年增长 7.5%；西瓜产量 15 151 吨，比 2011 年下降 30.3%；鲜切花 948 万枝；盆栽花卉 276 万盆；草坪销售量 188 万米^2。全年新增造林面积 835 公顷。

2012 年，养殖业生产情况：生奶产量、生猪上市量、家禽上市量、禽蛋产量、水产品产量全面增长。全年牛奶产量 24.1 万吨，比 2011 年增长 6.7%；生猪上市量 48.3 万头，比 2011 年增长 11.9%；家禽上市量 116.6 万只，比 2011 年增长 13.6%；禽蛋产量 3 507 吨，比 2011 年增长 53.5%；鸽子上市量 46.5 万羽，比 2011 年增长 9.3%。全年水产品产量 35 823 吨，比 2011 年增长 7.4%，其中鱼类产量 33 514 吨、虾蟹类产量 2 309吨。

三、第二产业

2012 年光明食品集团的工业企业生产稳步发展。

2012 年，全年完成工业总产值 219.7 亿元，比 2011 年增长 4.2%，工业销售产值为 214.1 亿元，比 2011 年增长 3.2%，产销率 97.5%。大中型企业总产值 177.6 亿元，占 80.9%；农副食品加工业、食品制造业和饮料制造业企业总产值为 196.9 亿元，占总产值的 89.6%。

全年工业企业主要产品产量见表 1。

表1　全年工业企业主要产品产量

产品名称	计量单位	产量	比2011年增减（%）
大米	吨	100 326	22.1
成品糖	吨	759 303	15.7
糖果	吨	19 054	−13.4
乳制品	吨	920 528	19.8
其中：液体乳	吨	838 271	14.2
罐头	吨	53 160	0.5
味精（谷氨酸钠）	吨	17 539	8.4
蜂蜜营养制品	吨	12 223	9.5
饮料酒	千升	93 873	−4.5
软饮料	吨	464 755	−9.4

建筑业生产情况：全年完成建筑业施工产值13.4亿元，比2011年增长60.4%。施工面积85.3万米^2，竣工面积39.6万米^2。

四、第三产业

2012年，光明食品集团的商业模式持续转型。

年末，批发零售贸易业的营业网点有3 994个，比2011年减少13.1%，营业面积108.7万米^2。

营运的出租车辆9 930辆，比2011年增长3.2%。

全年房地产销售面积38.8万米^2，比2011年减少18.7%；销售额29.4亿元，比2011年减少18.1%。其中，农工商房地产集团销售面积38.1万米^2，比2011年下降18.4%；销售额28.2亿元，比2011年下降18.3%。

五、固定资产投资

2012年，光明食品集团完成固定资产投资33.8亿元，比2011年增长21.7%。固定资产投资总额中，第一产业6.7亿元，比2011年增长30.9%；第二产业14.3亿元，比2011年增长78.6%；第三产业12.7亿元，比2011年减少12.8%。一、二、三产业的投资比重分别为20%、42.3%和37.7%。当年新增固定资产22.7亿元。

六、职工和工资

2012年，光明食品集团年末从业人员126 549人，比2011年增长4.7%。其中，第一产业8 620人，第二产业35 293人，第三产业82 636人。一、二、三产业的从业人员比重分别为6.8%、27.9%和65.3%。第三产业中批发和零售业的从业人员51 335人，占全部从业人员的40.6%。

2012年，全部职工人数93 386人，其中在岗职工人数85 042人。

2012年，从业人员年平均报酬39 112元，比2011年增长7.6%；全部职工年平均工资40 202元，比2011年增长4.9%；在岗职工年平均工资44 004元，比2011年增长3.4%。

注：1. 公报中提到的增加值按现行价格计算。

2. 公报中的统计数据口径是集团控股企业财务合并、事业单位和控股财务不合并的单位。

3. 公报中第三产业行业分类是按国民经济行业分类与代码（GB/T 4754—2012）标准。

江苏农垦 2012 年经济和社会发展统计公报

江苏省农垦集团有限公司

2012 年，集团上下按照省委省政府决策部署和省国资委工作要求，攻坚克难促发展，统筹协调促转型，改善民生促和谐，全面完成了董事会确定的年度目标任务，实现集团经济“稳中有进”。

一、综合

2012 年，垦区生产总值 101.31 亿元，比 2011 年增长 18.81%。其中，第一产业增加值 22.32 亿元，比 2011 年增长 1.27%（口径调整）；第二产业增加值 52.05 亿元，比 2011 年增长 23.9%；第三产业增加值 26.94 亿元，比 2011 年增长 26.96%（口径调整）。三次产业比重为 22∶51∶27，非农产业比重较 2011 年提高 4 个百分点。人均生产总值净增加 7 449 元，达到 47 843 元，比 2011 年增长 18.44%。全垦区营业收入 327.94 亿元，比 2011 年增长 11.26%。实现利润总额 31.77 亿元，比 2011 年增长 27.8%。上交国家税金 16.46 亿元，比 2011 年增长 38.2%。

集团经济发展实现了“稳中有进”，各项工作取得新成效。2012 年，集团上下按照省委省政府决策部署和省国资委工作要求，攻坚克难促发展，统筹协调促转型，改善民生促和谐，全面完成了董事会确定的年度目标任务，实现集团经济“稳中有进”。全年集团实现营业收入 156.26 亿元，增长 22.32%；实现利润总额 15.67 亿元，增长 24.71%；归属集团母公司净利润 5.89 亿元，增长 0.98%。净资产收益率 14.60%，经济增加值 9.44 亿元。垦区职工人均年收入 35 370 元，增长 13.58%。

完善资源整合，现代农业建设取得进展。围绕推进农发公司上市目标，按照“五独立”运行要求，规范公司运作行为，完善公司治理及内控制度，完成战略投资者引进和公司股份制改造，各项工作取得积极进展。

谋划农场转型，内生发展动力得到增强。种植业剥离后的农场经营如何发展，各农场都积极理清思路，找准目标定位。

推动企业创新，产业转型升级取得成效。现代农业园区建设实现突破，云台农场被认定为省级现代农业产业园区、国家级出口食品农产品质量安全示范区，高效农业、外向农业发展走在垦区前列。自主创新提档加速。农发公司“超级粳稻育种能力提升与产业化”项目列入国家生物育种能力建设三年滚动计划，富硒米荣获年度全省粮食工作十佳创新创优奖。7 家企业被认定为高新技术企业，6 家企业被认定为省级企业技术中心或省级工程技术研究中心，其中江苏正大天晴被认定为国家级企业技术中心，获得省政府颁发的“2012 年度江苏省企业技术创新奖”，肿瘤治疗药物和生物药物研发取得重要进展。正大丰海突出调优结构和提速转型，成效显著，销售收入、利润总额同比分别增长 70%以上。金象传动 4 个产品荣获全国行业创新技术成果奖，技术中心申报的专利已有 9 项获授权、11 项被受理。投资项目抓紧实施。苏垦银河新厂区建设及生产线技改项目竣工投产，江苏正大天晴研究院连云港研究所、润众二期工程相继投入使用，勤奋药业食品钾车间建成投产，通宇公司林景雅园、林景御园项目有序推进，集团河西总部大楼项目规划方案通过政府审批。商业模式逐步优化。苏舜集团汽车后市场各业务增幅 30%以上；苏垦棉业完善资源整合控股黄海棉业公司，经营业务向加工和储备领域延伸；苏垦猪业完成省畜牧业转型升级“六项创建”；商物公司顾全大局调整业务结构，抓紧新业务拓展。品牌建设取得进展。大华种业“大华”商标获得“中国驰名商标”，云台农场吉本多公司“藕然一片”产品获第十届中国国际农产品交易会金奖，垦区新增省名牌农产品 3 个、省著名商标 3 个。

统筹社区建设，农场社会事业得到发展。社会保障水平提高。从2012年起，农场职工新增“三险一金”，实现社会保障项目全覆盖。

加强职能管理，集团管控措施得到落实。集团公司各职能部门深入调查研究，协调解决农场、企业遇到的突出问题。争取各类财政资金5.4亿元，其中农业综合开发财政资金增幅34%。垦区水利纳入全国灌区发展总体规划，农业保险扩大至农机领域。出台科技创新、人才工作、资金管理、品牌文化等相关工作意见或办法。

二、农业

垦区粮食生产实现“九连丰”，总产9.43亿千克，比2011年增加1 300万千克。水稻平均亩产619.5千克，增加35千克。15个万亩示范区参加省部级万亩高产创建活动全部达标。农发公司黄海、滨淮分公司麦稻产量增幅较大，弶港、宝应湖、新洋分公司水稻平均亩产超650千克。物质装备继续强化，改善农田水利40.48万亩，购置大中型农机具2 329台（套），新增日烘干能力400吨、仓储能力1.15万米^2、水泥晒场4.77万米^2。黄海储备库建成省示范粮库。科技推广应用步伐加快，稻麦耕种收综合机械化率、水稻机插率分别提高2.5个和13个百分点。宽窄行距结合的高速机插技术广泛应用，实施农业部和集团公司农业科技专项12个，测土配方施肥技术经验得到推广。农业龙头企业作用显著增强，大宗作物实现龙头企业订单种植率超过95%。土地经营制度进一步完善，农产品质量追溯系统范围扩大。高效作物种植面积12.2万亩，其中设施种植面积3.1万亩。

主要农产品产量见表1。

表1　主要农产品产量

指标	计量单位	产量	比2011年增减（同口径）（%）
稻谷	万吨	55.27	8.88
小麦	万吨	27.38	−5.88
大豆	万吨	0.11	−15.38
棉花	万吨	0.22	−51.11
油料	万吨	0.14	−33.33

牲畜年末存栏总数及主要畜产品产量见表2。

表2　牲畜年末存栏总数及主要畜产品产量

指标	计量单位	产量	比2011年增减（同口径）（%）
肉类总产量	万吨	7.70	−2.16
猪牛羊肉	万吨	2.22	−2.31
禽肉	万吨	5.47	−2.15
生猪年末存栏	万头	8.42	2.81
牛年末存栏	万头	0.57	23.91
羊年末存栏	万只	1.22	0.83
家禽年末存栏	万只	456.38	8.87
肉猪出栏数	万头	25.96	−0.61
禽蛋产量	吨	14 756	21.22
牛奶产量	吨	8 829	7.83

三、工业和建筑业

2012年，垦区实有工业企业367个，其中规模以上64个。全年实现工业总产值（现行价）163.76亿元，比2011年增长20.19%。产品销售收入155.96亿元，比2011年增长26.03%。

骨干企业创新发展取得成效。

江苏正大天晴被认定为国家级企业技术中心，获得省政府颁发的“2012年度江苏省企业技术创新奖”，肿瘤治疗药物和生物药物研发取得重要进展。正大丰海突出调优结构和提速转型，成效显著，销售收入、利润总额同比分别增长70%以上。金象传动4个产品荣获全国行业创新技术成果奖，技术中心申报的专利已有9项获授权、11项被受理。投资项目抓紧实施。苏垦银河新厂区建设及生产线技改项目竣工投产，江苏正大天晴研究院连云港研究所、润众二期工程相继投入使用，勤奋药业食品钾车间建成投产。

主要工业产品产量见表3。

表3　主要工业产品产量

指标	计量单位	产量	比2011年增减（同口径）（%）
大米	吨	298 676	1.33
食用植物油	吨	13 287	2.29
原盐	吨	17 133	8.68
棉纱	万吨	2.64	−0.75
针织服装	万件	3 817	2.39
电子元件	万只	46 758	3.94

2012 年，建筑业稳步发展。全垦区建筑业实现产值 156 474 万元，同口径比 2011 年增长 7.88%；实现建筑业增加值 52 275 万元，比 2011 年增长 13.59%；实现利润总额 11 669 万元，比 2011 年增长 34.65%；上交税金 3 256 万元，比 2011 年增长 26.29%。

四、第三产业

2012 年，垦区第三产业完成营业收入 110.75 亿元，比 2011 年增长 11.08%。其中批发零售贸易业 93.02 亿元，比 2011 年增长 21.21%，餐饮业 3.22 亿元，比 2011 年增长 29.84%。服务业 14.51 亿元，比 2011 年增长 21.12%。

第三产业市场与业务继续向纵深拓展。

通宇公司林景雅园、林景御园项目有序推进，集团河西总部大楼项目规划方案通过政府审批。商业模式逐步优化。苏舜集团汽车后市场各业务增幅 30%以上；苏垦棉业完善资源整合控股黄海棉业公司，经营业务向加工和储备领域延伸；苏垦猪业完成省畜牧业转型升级“六项创建”；商物公司顾全大局调整业务结构，抓紧新业务拓展。品牌建设取得进展。大华种业“大华”商标获得“中国驰名商标”，云台农场吉本多公司“藕然一片”产品获第十届中国国际农产品交易会金奖，垦区新增省名牌农产品 3 个、省著名商标 3 个。

五、固定资产投资

2012 年，全垦区完成固定资产总投资 25.32 亿元，比 2011 年下降 0.63%，基本建设投资完成 19.21 亿元，占固定资产总投资的 75.87%。在整个固定资产投资中，生产性固定资产完成 20.87 亿元，占整个固定资产总投资的 82.42%。

在全部固定投资中，第一产业完成 3.79 亿元，第二产业投资完成 7.57 亿元，第三产业投资完成 13.96 亿元，分别占总投资的 14.97%、29.9%、55.13%，主要是房地产投资增长较多。

在全部固定资产投资中，国有固定资产投资完成 20.09 亿元，比 2011 年增长 4.47%，占整个投资的 79.34%。

六、科技、卫生

2012 年，全垦区共有各级各类科技专业技术人员 565 人。全年投入科研经费 44 340 万元，比 2011 年增长 27.42%。

2012 年，卫生事业继续改善，全垦区共有医疗单位 18 个，其中，医院 18 个，病床 1 136 张，各类卫生技术人员 1 109 人，其中医生 497 人。全年医疗卫生经费支出 12 433 万元，比 2011 年增长 15.89%。

七、人口和职工收入

2012 年，全垦区总人口 212 188 人。其中，农场人口 188 787 人，总人口比 2011 年减少 8 636 人（资源整合）。全垦区人口出生率 7.17‰，人口死亡率 6.58‰，人口自然增长率为 0.59‰。2012 年，全系统平均社会从业人员 101 500 人，其中第一产业 33 256 人，第二产业 37 963 人，第三产业 30 281 人，分别占全部从业人数的 33%、37%、30%。职工收入继续提高，垦区职工全年平均收入 35 370 元，比 2011 年增长 13.58%。2012 年垦区农场居民人均纯收入 17 322 元，较 2011 年增长 12.46%。

八、非国有经济

2012 年，全垦区非国有增加值 513 602 万元，比 2011 年增长 17.91%，其中，第一产业增加值 115 332 万元，第二产业增加值 220 516 万元，第三产业增加值 177 754 万元，分别比 2011 年增长 1.32%、11.76%、42.81%。三次产业比重为22∶43∶35。年末非国有经营单位 17 962 个。其中，私营企业 1 469 个，个体经济 16 471 个。从业人员 67 426 人，其中，第一产业 17 368 人，第二产业 27 578 人，第三产业 22 480 人。从业人员收入总额 230 368 万元。营业收入为 164.21 亿元，占全部收入的 50.07%。全年共实现利税 162 666 万元，其中，利润 139 153 万元。当年非国有经济完成固定资产投资额 52 303 万元。

九、其他

全系统 18 个农场中，生产总值超过 1 亿元的有 16 个。这 16 个农场总人口为 44 520 人，耕地面积 5 452 公顷。2012 年实现生产总值 588 977 万元，占垦区生产总值的 58.13%。其中，农业增加值 135 446 万元，占垦区生产总值的 13.37%，工业增加值 178 143 万元，占垦区生产总值的 17.58%。销售税金 30 246 万元，利润总额136 316

万元。东辛农场、南通农场、岗埠农场列生产总值前三位。

全系统有大中型工业企业 8 家，共完成现价总产值 671 541 万元，销售产值 628 895 万元。增加值 285 096 万元，增加值占垦区全部工业企业增加值的 60.8%。年末固定资产原值 191 860 万元，职工人数 8 221 人，实现利税总额 244 673 万元。

浙江农垦 2012 年经济和社会发展情况

浙江省农业厅农场管理局

2012 年，浙江垦区深入贯彻落实科学发展观，紧紧围绕建设“物质富裕、精神富有”的现代化浙江的总要求和打造高效生态农业强省、特色精品农业大省的总目标，积极投身省级现代农业园区和粮食生产功能区建设。以加快推进现代农场建设为主线，继续分类推进农场改革，着力破解体制机制创新难题；推进以危旧房改造为重点的住房解困，着力破解改善农场民生难题；推进现代农业建设，着力破解农场产业提升难题，努力提升垦区在现代农业建设中的示范带动能力，促进农场转型发展、创新发展、和谐发展。

1. 农垦经济稳定运行 2012 年全系统实现生产总值 22.01 亿元，其中，第一产业增加值 2.13 亿元，第二产业增加值 19.43 亿元，第三产业增加值 0.45 亿元，三次产业增加值比重为 9.7 ∶ 88.3 ∶ 2。垦区人均生产总值 40 773 元，实现利润 3 亿元，上交税金 3 亿元。

2. 农业生产稳定发展 全年农业总产值 8.75 亿元，其中牧业产值 4.3 亿元，全年农作物播种面积 5 118 公顷，比 2011 年有所减少，其中粮食作物播种面积 2 201 公顷，粮食总产量 10 624 吨，比 2011 年减少明显，主要是垦区稻谷播种面积减少，加上寒冷天气，影响了粮食总产量。水果总产量 18 331 吨，与 2011 年基本持平，其中桃、葡萄有所增长。茶叶总产量 4 445 吨，与 2011 年基本持平。全年肉类总产量 28 528 吨，其中出栏生猪 36.6 万头，比 2011 年减少 13%，主要是原来宁波农垦一大型养殖场不再列入统计范围。水产品总产量 4 679 吨，比 2011 年增长 4%。

3. 工业生产下降明显 全年完成工业总产值 160.3 亿元，比 2011 年下降明显，主要是占垦区工业产值绝大份额的萧山农垦，有两个工业企业已经划入开发区管理，不列入垦区统计范畴，故总额减少了一半。其他工业企业由于材料、人工费用的增加，利润上升幅度小。

4. 固定资产投资下降 全年完成固定资产投资 7.2 亿元，比 2011 年有所减少。其中，第一产业完成投资 0.18 亿元；第二产业完成投资 7 亿元，比 2011 年减少 18%；第三产业完成投资 0.02 亿元。非国有经济单位仍是农场投资的主体，占农场固定资产投资的 98%。

5. 外贸出口有所减少 全年外贸出口商品总金额 9.8 亿元，比 2011 年减少较多，主要是萧山农垦一批大型外向型企业列入开发区管理，出口额不再计算在内。出口商品主要是速冻蔬菜、茶叶、汽车配件、涤纶丝、布等，数量与 2011 年基本持平。

一年来，全省农场系统围绕改革和发展的中心任务，扎实推进，狠抓落实，各项工作取得了较好的成效。

（一）总结提炼余杭经验，研究制定促进农场转型发展的指导意见

2012 年以来，紧紧把握省委省政府提出的“稳中求进、转中求好”的工作基调和稳增长、调结构、促转型的工作要求，深入农场调查研究，认真总结提炼杭州市余杭区农场破解体制机制、产业发展、民生改善三大难题的成功做法和经验，完成《国有农场改革发展余杭样本—对余杭农林集团成功经验的解读》调研报告，得到了省、厅领导的充分肯定。在总结提炼和借鉴余杭经验的基础上，结合垦区农场实际，及时研究制定出台了《浙江省农业厅关于加快推进现代农场建设促进转型发展的指导意见》。《意见》进一步明确了加快现代农场建设促进转型发展的指导思想、基本原则、主要目标和主要任务，分类推进农场改革的做法得到部农垦局领导的充分肯定，并在全国农垦政策体制改革工作会议上作典型交流。

（二）加强现代农业建设，提升农场示范带动作用

一是推进农场“两区”建设。2012 年是垦区现代农业园区和粮食生产功能区“两区”建设的深化年，围绕深化农场“两区”建设专题研究和部署，组织两个调研组，分赴各地农场开展“两区”建设情况调研，重点了解和掌握农场“两区”建设基本情况，督促指导农场积极参与“两区”建设。组织召开全省国有农场“两区”建设现场推进会，贯彻落实全省农业“两区”建设现场会精神，实地考察宁海县青珠农垦场等省级现代农业园区建设现场，交流国有农场“两区”建设进展情况，研究部署国有农场“两区”建设重点工作，深入推进国有农场“两区”建设，进一步提升国有农场的示范带动作用。全省已有25家国有农场列入省级现代农业园区和粮食生产功能区建设，其中14个现代农业综合区、4个主导产业示范区、6个精品园区和1个粮食生产功能区，其中已有8家通过省级验收。农场“两区”建设总面积57 431亩，占园区规划面积的10.43%；计划总投资3.46亿元，已经完成投资2.64亿元，其中引入工商资本1.81亿元，各类政府投资0.36亿元，农场投入0.46亿元。多家农场已在全省“两区”创建中处于核心区域。

二是推进农垦农产品质量追溯项目建设。切实抓好农垦农产品质量追溯项目建设，进一步提升农场示范带动能力。组织开展全省农垦农产品质量追溯系统建设项目培训，指导开展农垦农产品质量追溯建设，加强量化考核和网上监管。目前全省已有5家农场（公司）列入部局农产品质量追溯系统建设，2家农场（公司）列入2013年推荐立项单位，16家项目创建单位，其中4家已实现产品质量可追溯，1家已通过项目总结验收。

三是加强宣传报道。加强农场改革发展先进典型宣传报道活动，调研报告《国有农场改革发展的余杭样本——对余杭农林集团成功经验的解读》先后在农村信息报头版和《中国农垦》杂志全文刊发，同时通过《农村信息报》、浙江农业信息网等予以宣传，充分展示垦区现代农场建设成就，取得了良好的宣传效果。认真组织绍兴县茶场等农场参加第十届中国国际农产品交易会，绍兴县茶场平水日铸茶荣获了交易会产品金奖，提升了垦区农场农产品品牌形象。

（三）加快推进危旧房改造，促进农场民生改善

2012年是推进农场危旧房改造工作的关键之年，已组织实施国有农场危旧房改造及配套基础设施建设中央预算内投资计划项目41个，改造总户数4 865户，垦区全面贯彻落实《浙江省人民政府办公厅关于做好国有农场危旧房改造工作的通知》（浙政办发［2010］145号）和保障性住房建设的要求，认真组织实施中央预算内危旧房改造投资计划，全面加快推进危旧房改造工作。

一是精心组织部署，落实工作责任。垦区把农场危旧房改造作为改善民生的重要措施来抓，列入厅年度工作目标责任制考核。召开全省国有农场危旧房改造现场推进会，两次召集项目农场主要负责人和主管部门负责人座谈会，总结交流各地改善农场职工住房条件的做法及经验，布置危旧房改造任务，落实工作责任，分析存在的困难和问题，研究商讨解决办法，扎实推进项目实施，确保中央预算内危房改造投资计划的顺利完成。

二是加强督促检查，加快工作推进。组织开展农场危旧房改造工作专项督查，详细了解各地危旧房改造工作进展情况，包括改造总体方案、改造形式、组织保障、政策落实、资金筹措、计划安排等，以及工作中存在的问题，对开工困难的农场，帮助协调有关部门，落实项目建设条件，指导、督促各地加大政策宣传和工作协调力度，加快农场危旧房改造进程。

三是加强项目管理，规范资金使用。会同省级有关部门，及时制定出台了《关于做好国有农场危旧房改造工作的实施意见》，进一步明确危旧房改造的目标任务、基本原则、基本内容、实施程序和工作职责、配套政策等，指导各地规范开展危旧房改造工作。要求各项目农场按照有关政策规定、文件精神要求，按照群众参与、公开操作、科学决策、民主管理的方式，充分发挥职工的监督作用，落实各项监管制度，严格项目、资金、质量等各项管理，规范操作程序。

四是强化部门合作，合力推进危房改造。积极主动争取省发改委、省建设厅等相关主管部门的支持，加强各部门协调沟通，选择地方积极性高、项目前期工作扎实到位、自筹资金落实、能马上开工建设的农场列入中央投资计划。项目计划下达后，各部门密切配合，及时将建设任务落实到具体项目，落实给相关部门，并进一步科学安排，细化措施，加强监管，及早落实保障资金等。同时，建立健全危房改造工程进展情况快报制度，及时掌握各地、各农场项目建设情况，合力推进农场危旧房改造项目建设。

（四）维护农场职工合法权益，推动农场社区和谐稳定

高度重视，继续完善农场职工社会保障，职工养老、医疗、最低生活保障等覆盖面进一步扩大，养老、医疗保险率分别达到100%和99%，部分农场已基本解决了家属工、遗属、精简人员等的社会保障，困难家庭基本纳入城镇居民最低生活保障。继续加强国有农场土地保护管理工作，加强对国有农场土地确权认证工作，对权属来源合法、界址清楚、面积准确、无争议的土地，督促尽快登记办证；对存在土地权属争议的，要求各地严格按照国办发［2001］8号文件及相关法律规定确定权属并登记发证，土地确权登记工作走在全国中小垦区前列，并在全国农垦土地管理工作座谈会上作典型交流。

安徽农垦2012年经济和社会发展情况

安徽省农垦集团公司

2012年是实施“十二五”规划承上启下的重要一年，在集团公司党委的坚强领导下，在全系统广大干部职工的努力下，我们深入学习贯彻“十八大”精神，落实科学发展观，坚持加快发展，改革创新，努力化解经济发展的诸多不利因素，降低了自然灾害给农业生产带来的影响，实施了廉租房建设等民生工程，垦区经济社会发展取得了良好成绩。

一、主要经济指标完成情况

垦区全年完成生产总值20.21亿元，比2011年增长16%。其中第一产业增加值9.12亿元，第二产业5.42亿元，第三产业5.67亿元，分别增长10.5%、16.7%、25.1%。三次产业结构所占比例分别为45.14%、26.8%、28.06%，二、三产业比重比2011年上升2.2个百分点。垦区人均生产总值15 452元/年，全社会劳动生产率33 428元/年，分别比2011年增长17.2%和18.9%。在全部生产总值中，国有经济完成13.06亿元，占64.6%；非国有完成7.15亿元，占35.4%。

垦区全年完成工农业总产值38.55亿元，按现价计算，比2011年增长4.6%。其中农业增长1.4%，工业增长7.3%。全系统在岗职工年均收入21 391元，垦区人均纯收入13 979元，分别比2011年增长9.7%和11.5%。

二、农业

2012年病虫灾害为农业生产带来了不稳定因素。2011年垦区大面积农田受赤霉病影响造成产量下降，但由于全系统上下一心，克服困难，通过积极发展高效农业、扩大种植面积等举措，全年农业总产值按现价计算增长1.4%。

全年农作物播种面积5.8万公顷，全年复种指数为198%。全年粮豆播种面积5.33万公顷，粮豆总产量30.58万吨，同比下降8.78%。其中小麦15.03万吨，同比下降11.3%，2011年受赤霉病影响，垦区大面积受灾，同比下降11.3%；水稻总产10.78万吨，种子生产量73 279吨，同比下降24.9%，大豆3.19万吨，同比增长17.5%。

油料播种面积减少，全年播种面积为728公顷，比2011年减少461公顷，总产量1 562吨，同比下降33.4%；棉花播种面积2 158公顷，比2011年减少1 480公顷，总产量3 515吨，同比下降39.6%。全年干毛茶产量9 938万吨，比2011年略减。园林水果2.23万吨，同比增长22.5%。

种植业结构继续调整，全年蔬菜瓜类种植面积1 328公顷，实现产值2.52亿元，同比增长67.3%；现有大棚面积285.64万米^2，同比增长17.9%，为高效农业的进一步发展奠定了基础。

养殖业方面，当年出栏猪6.19万头，同比增长7.1%；出栏家禽406万只，同比增长23.8%；肉牛2 404头，同比下降12.9%。肉类总产量12 913吨，同比上升10.92%；水产品产量3 922.9吨，同比下降5.7%。

全年农业固定资产投资1.75亿元，其中国有投资1.45亿元，主要项目为农业综合开发、现代农业、农田水利基本建设、土地复垦、农机购置等项目。

全系统家庭农场纯收入62 432万元，比2011年增长2.7%，劳动力年平均收入19 443元，同比增长6%。

三、第二产业

垦区年末工业企业149个，实现工业总产值21.11亿元，同比增长7%，增加值1.4亿元；工业产销率93%，比2011年减少0.2个百分点，主要原因是部分产品价格变化大，厂家库存产品等待提价。工业增加值率16.4%，比2011年减少0.4个百分点。在全部工业企业中，雁湖面粉和益益乳业2个大中型工业企业实现产值3.88亿元，占工业总产值的18.4%，比2011年上升2.1个百分点。

建筑业方面，全年完成建筑业产值6.73亿元，增加值 18 642 万元，同比分别增长 38.33%和 35.45%；其中农垦建筑公司完成产值 2.64 亿元，同比增长 1.42%，增加值 371 万元，主要得益于农垦近年来廉租房项目等民生工程的实施，带动农垦建筑业整体效益有所提高。

四、第三产业

垦区第三产业持续稳定发展，全年完成商品销售总额 9.8 亿元，住宿餐饮业营业额 4.3 亿元，服务业收入 1 亿元，分别比 2011 年增长 8.7%、8.2%和 18.5%。第三产业增加值 5.67 亿元，同比增长 25.1%。

五、固定资产投资

全社会固定资产投资总额 9.57 亿元，比 2011 年增长 27.6%；其中国有投资完成 7.3 亿元，增长 62%，非国有投资 2.27 亿元，下降 24%，二者比重为 76.4%、23.6%。

在全部投资中，农林牧渔建设用 1.75 亿元，工业建筑业用 1.04 亿元，第三产业用 0.65 亿元，住宅建设用 6.13 亿元；第一产业同比上升 23.4%，第二产业下降 1.4%，第三产业同比下降 36.3%，住宅建设同比增长 52.8%。

六、人口、生活及就业情况

农场基础设施条件进一步提高，辖区内长途通信线路 1 368 千米，比 2011 年增加 48 千米；沙石及以上等级公路 1 243 千米，同比增加 103 千米；水泥晒场 107.6 万米^2，同比增加了 5.6 万米^2。生活条件进一步改善，农场人均住房面积 31.7 米^2，比 2011 年增加 6.6 米^2；自来水管线长度、使用管道水、电视、电话、互联网用户均比 2011 年增加。

垦区年末总人口 12.74 万人，人口出生率 7.2‰，人口自然增长率 0.9‰，均呈上升态势。

全社会年末从业人数 60 446 人，其中第一产业 35 754 人，第二产业 10 563 人，第三产业 14 129 人，其比重分别为 59.15%、17.48%和 23.37%；第一产业比重比 2011 年降低 1.6 个百分点，第二产业基本持平，第三产业增加 1.7 个百分点。

国有单位年末从业人数 39 915 人，其中第一产业 33 443 人，第二产业 2 690 人，第三产业 3 782人，其比重分别为 83.8%、6.7%和 9.5%。

劳动者年总收入 128 573 万元，比 2011 年增长 8%。国有从业人员总收入 86 232 万元，同比增长 5.1%；从业人员平均收入 21 302 元，同比增长 8.2%；承包家庭农场人员平均收入 19 443 元，实发工资人均收入 28 435 元，同比增长 14%。全系统在岗职工平均工资 21 391 元，比 2011 年增长 9.7%；人均纯收入 13 979 元，同比增长 11.5%。

福建农垦2012年经济和社会发展情况

福建省农业厅农垦局

2012年全省农垦系统认真贯彻党的十七届六中全会及十八大精神，坚持以邓小平理论和“三个代表”重要思想为指导，牢固树立科学发展观，坚持以人为本。根据中央和省委省政府以及部局和农业厅的工作部署，以民生建设，农垦与南亚现代农业示范基地建设为重点，各项工作都取得一定成效。

一、概况

全省农垦系统现有独立核算企业124个，其中农场113个，工业企业5个，商业6个。比2011年减少2个农场。土地总面积116千公顷，比2011年基本持平（按可比口径、下同），耕地面积11.00千公顷，比2011年减少0.21%，减少的主要原因是国家建设用地。全省农垦系统总人口23.29万人，比2011年减少0.83%，从业人员11.35万人，比2011年增长4.21%。全垦区完成国民生产总值45.15亿元，扣除价格因素（下同），比2011年增长15.9%，人均国民生产总值20 018元，比2011年增长19.92%。一、二、三产的比例为22：67：11，比2011年22：69：9，第一产业所占的比例保持不变，第二产业所占的比例下降了2个百分点，第三产业所占的比例上升了2个百分点。工农业总产值114.98亿元，比2011年增长12.36%。主要原因，工业方面是漳州市非公的工业企业恢复正常生产，或新引进一批大中型工业企业；全省农垦大力发展第三产业。出口商品总金额3.27亿元，与2011年基本持平。人均纯收入9 373元，比2011年增长10.96%。我省农垦经济是多种经济成分并存，国有、集体、个体、私营、三资经济成分在国民生产总值中所占比例分别为23：3：11：46：17，非国有经济所占比例达74%，比2011年减少1个百分点。非公经济占绝对比例，继续得到迅速发展。

二、第一产业

农业生产今年受旱灾、冻害、台风、暴雨等自然灾害影响较少，各种惠农政策得到较好的落实，农业平稳增长。第一产业增加值9.79亿元，比2011年增长2.64%；农业总产值22.44亿元，比2011年增长3.59%。农业总产值中国有、集体、个体、私营、三资经济所占比例分别为54：13：18：12：3。国有经济仍保持优势，占了54%，非国有经济所占比例达46%，比2011年增加2个百分点，农业的非国有经济虽有所发展，但所占比例还偏小，发展速度很慢，还需要继续积极鼓励发展。农林牧渔结构为47：3：37：13。农业服务业划出，不计入总产值统计范围。农业产业结构有所调整，但还不尽合理，需进一步加大力度进行调整。发展畜牧业、渔业。

种植业生产受市场经济、自然灾害、各种惠农政策等影响，种植业结构继续进一步调整，农产品产量有增有减。农作物总播种面积22 825公顷，比2011年减少2.25%，复种指数达213%，比2011年增加2个百分点，其中粮食种植面积12 129公顷，比2011年减少3.71%。水果种植面积12 593公顷，比2011年减少1.98%。茶叶种植面积4 197公顷，比2011年减少8.9%。种植业结构有所调整，但还够完善，需进一步加强调整。主要农产品产量如表1。

表1　主要农产品产量

指称名称	产量（吨）	比2011年增减（%）
粮食	67 078	−3.72
油料	4 644	4.41
甘蔗	27 997	−4.27
水果	110 527	1.60
茶叶	5 405	−5.10

造林绿化面积保持稳步发展。全垦区现有林地总面积 54 341 公顷，比 2011 年减少 3.17%。森林覆盖率达 47% ，比 2011 年减少 1 个百分点。2012 年全垦区共完成造林面积 1 532 公顷，比 2011 年增长 3.16%。木材采伐 24 140 米^3，比 2011 年增长 15.40%，多采伐 3 222 米^3；毛竹采伐 211 243 万根，比 2011 年减少 13.17%，少砍 32 万根。森林面积有所减少，采伐量也比 2011 年虽有所增加。不利于促进保护森林资源，保持生态平衡。

畜牧业生产继续高速发展，加大调整产业结构，大力发展养猪业。主要畜产品产量和牲畜存栏量如表 2。

表 2　主要畜产品产量和牲畜存栏量

指称名称	计量单位	产量	比 2011 年增减（%）
肉类总产量	吨	57 571	27.86
其中：猪肉	吨	51 443	31.35
禽蛋	吨	5 635	12.81
牛奶	吨	8 563	−8.50
牛年末存栏	头	12 513	−5.99
猪年末存栏	头	581 190	42.45
猪全年出栏	头	717 461	30.74

渔业生产保持稳定发展。全年水产品产量 34 360吨，比 2011 年增长 2.91%，养殖面积 2 128 公顷，比 2011 年减少 0.88% 。主要原因气候与市场价格因素的影响，渔业生产今年仍保持较好的增长速度。

橡胶生产。我省诏安县建设农场种植橡胶，种植橡胶达 74 公顷，总计 5 万株。还未开割。

农业现代化水平有所提升、生产条件有所改善。年末全垦区拥有农业机械总动力 80 006 千瓦，比 2011 年增长 0.76%。全年化肥施用量（折纯量）365 604 吨，比 2011 年减少 12.80%，比 2011 年少施 5 367 吨，全年农药施用量达 1 050 吨，比 2011 年减少 3.40%，少用了 27 吨。农业生产大力提倡施用有机肥，少用化肥、农药，提高农业现代化水平、生产条件有所改善，农产品生产的无公害问题还应引起各级有关部门和企业高度重视。

三、第二产业

工业生产高速发展。漳州等垦区农场的工业区（开发区）一些工业企业恢复正常生产，或新引进一批大中型工业企业，工业生产出现高速增长。工业增加值达 29.65 亿元，比 2011 年增长 19.60%，工业产值 92.54 亿元，比 2011 年增长 15.14%，其中非国有经济所占比例达 97%，与 2011 年增加 1 个百分点，占绝对主导地位，私营企业经济所占比例大大提高，主要原因也就是大力发展、完善工业园区、开发区的建设，积极鼓励发展非公经济，新引进一批非公的工业企业，更新改造提高产品的档次、以提高企业经济效益。主要产品产量如表 3。

表 3　主要产品产量

指称名称	计量单位	产量	比 2011 年增减（%）
原煤	吨	103 500	−2.54
原盐	吨	8 540	−28.86
液体奶	吨	1 395	7.72
罐头	千升	1 601	1.59
饮料酒	千升	6 248	22.56
软饮料	吨	32 178	722.97
精制茶	吨	3 587	−22.43
机制纸	吨	3 250	−94.74
水泥	吨	480 000	−26.15
砖	万块	14 445	−33.26
发电量	万千瓦时	11 988	5.50

建筑业继续保持稳定增长。建筑业增加值达 0.57 亿元，比 2011 年增长 43.15.%。年末固定资产原值 1 042 万元，比 2011 年增长 19.22%。2012 年施工房屋建筑面积 54.25 万米^2，比 2011 年增长 18.14%。年末拥有机械设备总台数 342 台，比 2011 年增加 13 台。

四、第三产业

第三产业保持持续高速增长。第三产业增加值达 4.83 亿元，比 2011 年增长 35.83%，占国民生产总值比重达 11%，比 2011 年增长 2 个百分点，所占比例还很小，应继续大力鼓励发展。

运输业保持发展。营业总收入 14 566 万元，比 2011 年增长 5% 。其中：货运收入 12 394 万元，也比 2011 年增长 6.18%。年末拥有主要运输工具 1 161 台，比 2011 年增加 11 台。

商业、餐饮业、服务业保持稳定发展。年末营业单位数 3 344 个，比 2011 年增加 16 个。商品销售总额或营业收入达12.28亿元，也比2011年增长17.96%。年末固定资产原值3.57亿元，比2011年增长2.88%。

五、市场经济

农业商品产值、商品量及出口供货商品量有增有减。农业商品产值达18.04亿元，比2011年增长16.16%，商品率达80%，比2011年上升了7个百分点。出口供货商品金额3.27亿元，比2011年基本持平，主要原因是受金融危机影响，出口供货商品量还没回升。

六、农垦从业人员生活

农垦从业人员生活水平有所提高。据全省农垦系统抽样调查结果，全省农垦系统人均纯收入9 397元，比2011年增长10.96%，从业人员年纯收入达15 153元，比2011年增长11.15%。职工收入有所改善提高。人均住房面积达到27.57米^2，比2011年减少了21.58%，人均少了7.59米^2。

江西农垦2012年经济和社会发展情况

江西省农垦事业管理办公室

2012年，是江西垦区发展史上很不寻常、极不平凡的一年。在省委、省政府的正确领导下，全省农垦系统积极融入鄱阳湖生态经济区建设和支持赣南等原中央苏区振兴发展两大国家战略，以勇往直前、敢于担当的魄力，全力以赴抓改革，千方百计谋发展，扎扎实实促和谐，垦区经济蓬勃发展，社会事业稳步推进，富裕和谐秀美垦区建设结出累累硕果。现将2012年江西垦区经济建设和社会发展情况报告如下。

一、基本情况

1. 全垦区独立核算企业个数统计（表1） 2012年，江西垦区现有独立核算农垦农工商公司6个（即乐平市农垦农工商公司、景德镇市农垦农工商公司、鹰潭市独立核算农垦农工商公司、贵溪市农垦农工商联合公司、上饶市铅山农垦农工商公司、九江市农垦农工商公司）。

2. 主要经济指标快速增长（表2） 2012年，一、二、三产业结构比例由2011年的15∶64∶21调整为13∶64∶23。

3. 经济效益方面 垦区盈利能力持续强势增长，增盈的局面得到巩固，盈亏相抵后盈利58 495万元，较2011年增长18.27%。在全省农垦162个独立核算企业中，盈利企业113个，盈利面为69.75%；盈利企业盈利额为61 700万元，亏损企业亏损额为3 205万元。

表1 全垦区独立核算企业个数

指标名称	计量单位	2012年实际	2011年同期
独立核算企业合计	个	162	162
1. 垦殖场、企业集团	个	154	154
其中：企业集团	个	9	9
其中：场办工业	个	928	912
场办商业	个	2 293	2 286
场办建筑业	个	68	70
场办运输业	个	241	247
2. 独立核算的工业企业	个	2	2
3. 独立核算的农垦农工商公司	个	5	6

4. 农场按工农业总产值大小排序 2012年，全省农垦工农业总产值达到上亿元的企业集团（场、厂）有41家，比2011年增加了2家。其中①本年新增加了4家，即九江垦区的茅山头垦殖场、上饶垦区的高家岭垦殖场、宜春垦区的华林垦殖场、石花尖垦殖场；②本年减少了2家，即宜春垦区的雷公尖垦殖场、九江垦区的九江五棉有限责任公司。具体是见表3。

表2 主要经济指标快速增长

指标名称	计量单位	2012年实际	2011年同期	增减率（%）
生产总值	万元	1 456 187	1 151 082	26.51
其中：第一产业增加值	万元	195 889	167 227	17.14
第二产业增加值	万元	925 578	737 293	25.54
第三产业增加值	万元	334 720	246 562	35.75
工农业总产值	万元	4 131 253	3 196 812	29.23
其中：工业产值	万元	3 689 562	2 791 857	32.15
农业产值	万元	441 691	404 955	9.07
全垦区固定资产总投入	亿元	169.43	122.72	38.06
人均纯收入	元	8 337	7 064	18.02

表 3　各农场工农业总产值及人均纯收入

（按工农业总产值大小顺序排列）

排　序	农场名称	工农业总产值（万元）	年人均纯收入（元）
1	共青场	2 013 813	9 956
2	云山集团	176 680	6 580
3	桑海场	145 870	18 000
4	大茅山场	121 572	8 036
5	新岗山场	108 699	6 798
6	恒丰场	107 321	7 877
7	梅岩	106 765	8 516
8	墨山场	101 374	7 880
9	黄岗山场	87 275	7 880
10	罗家场	72 817	8 760
11	红星场	68 612	7 330
12	芙蓉场	51 184	8 013
13	花亭场	48 102	6 710
14	九龙山场	46 700	8 900
15	旭光场	35 225	6 776
16	五府山场	34 206	6 765
17	武夷山场	33 661	6 743
18	五星场	32 801	8 000
19	长红场	32 421	7 005
20	上十岭场	32 330	8 860
21	刘家站场	31 960	7 900
22	阁山场	30 550	7 883
23	西郊场	30 099	11 278
24	东风场	28 848	7 800
25	赛湖场	26 270	8 370
26	饶丰场	20 535	6 838
27	万埠场	16 789	7 700
28	干州场	16 640	7 820
29	恒湖场	16 412	10 000
30	乐丰场	15 184	6 820
31	洋峰场	15 016	6 500
32	怀玉山场	14 640	6 820
33	南英场	13 358	9 090
34	永平场	13 134	6 732
35	七里岗场	12 383	7 115
36	翠雷山场	11 885	8 404
37	鸦鹊湖场	11 806	6 886
38	华林场	11 200	7 950
39	茅山头场	11 032	24 829
40	石花尖场	10 455	7 800
41	高家岭场	10 128	6 804

二、工业方面

2012 年，通过信息化建设、深化内部改革、创新经营机制、实施大开放战略等工作的开展，整个垦区工业保持了迅猛发展的势头，展示出精彩纷呈的良好态势。共青鸭鸭投入 1 009 万元加强信息化建设，企业决策水平和经营效益大幅度提升，实现销售收入 28 亿元，较 2011 年增长 63.6%。南昌济生制药厂深化用工与分配制度改革，不仅保证了企业产值、收入等主要指标以两位数的速度快速增长，而且实现了员工人均收入同步增长。江西恩达家纺坚持管理创新、技术创新，连续 7 年位居全国同行业夏布生产、销售和出口首位，带动 11 万人增产增收。全垦区全年完成各类招商引资项目 302 个，到位资金 93 亿元，增长 22.4%，力促省政府与中国中化集团公司签订 80 亿元的战略合作框架协议，阁山垦殖场引进宏宇能源投资 75 亿元的超白玻璃项目成功点火、景德镇罗家垦殖场引进的爱和陶瓷投资 10 亿元的墙地砖项目等一大批项目为农垦事业的科学发展积蓄了强大后劲。

2012 年，全垦区实现工业产值 368.96 亿元，比 2011 年增长 32.15%；工业企业实现增加值 92.56 亿元、利润 28.55 亿元，分别比 2011 年增长 42.12%、153.33%。

其中规模较大的上 5 亿元的行业有 17 个，较 2011 年增加 4 个，累计完成工业产值 349.22 亿元，占工业总产值 94.65%，比 2011 年同期增加 41.79%。其中，纺织服装、服饰业产值 125.11 亿元，较 2011 年增长 36.89%，通信设备、计算机及电子制造业产值 54.29 亿元，较 2011 年增长 54.19%，非金属矿物制品业产值 24.61 亿元，较 2011 年增长 52.48%。

这些上亿元的行业见表 4（按产值大小顺序排列）。

表 4 各企业工业产值

排 序	指标名称	企业个数（个）	工业产值（万元）	占工业总产值（%）
	5 亿元以上行业合计	808	3 492 207	94.65
1	纺织服装、服饰业	321	1 251 066	33.91
2	计算机、通信和其他电子设备制造业	9	542 851	14.71
3	非金属矿物制品业	95	246 073	6.67
4	医药制造业	22	209 288	5.67
5	化学原料和化学制品制造业	25	199 962	5.42
6	造纸及纸制品业	24	130 873	3.55
7	纺织业	21	120 542	3.27
8	有色金属矿采选业	2	116 470	3.16
9	农副食品加工业	68	109 163	2.96
10	木材加工和木、竹、藤、棕、草制品业	69	107 113	2.90
11	通用设备制造业	7	90 098	2.44
12	食品制造业	40	81 885	2.22
13	其他制造业	29	65 905	1.79
14	电力、热力生产和供应业	31	58 720	1.59
15	石油加工、炼焦和核燃料加工业	10	54 678	1.48
16	金属制造业	19	54 068	1.47
17	酒、饮料和精制茶制造业	16	53 452	1.45

从轻重工业方面看，江西农垦工业发展还是以轻工业为主，轻工业产值 284.58 亿元，占工业总产值的 77.13%。

从工业产品产量看，几个主要工业产品产量分别为原煤 257 132 吨、大米 1 329 862 吨、饮料酒 83 776 千升、纱 27 937 吨、人造板 39 278 米^3、机制纸 67 761 吨、中成药 18 651 吨、手机 2 240 万台、黄金 3 280 千克、发电量 17 572 万千瓦时。

三、农业方面

2012 年，粮食总产量 53.89 万吨，连续九年实现增产。农产品质量追溯体系建设取得新成效，正式建成运行的农产品质量追溯建设项目 13 个（其中 2012 年新增 7 个），新批创建单位 20 个。

2012 年实现农业增加值 195 889 万元，比 2011 年增长 17.14%，完成农业产值 441 691 万元，占工农业总产值的 10.7%，其中，种植业产值 224 788.9 万元，占农业总产值的 50.89%；林业产值 36 994 万元，占农业总产值的 8.38%；牧业产值 119 836.7 万元，占农业总产值的 27.13%；渔业产值 39 705.4 万元，占农业总产值的 8.99%；服务业产值 20 366 万元，占农业产值的 4.61%。

农作物的播种面积及产量见表 5。

表 5 各农作物的播种面积及产量

指 标	播种面积（公顷）		比 2011 年增减（%）	产量（吨）		比 2011 年增长（%）
	2012 年	2011 年		2012 年	2011 年	
农作物合计	108495	108 086	0.38	—	—	—
其中：粮豆	78 643	78 378	0.34	538 893	511 359	5.38
油料	12 554	12 446	0.87	26 530	26 069	1.77
棉花	3 270	3 244	0.80	9 832	9 740	0.94
茶叶	5 922	5 918	0.07	4 322	4 300	0.51
水果	8 843	9 595	−7.84	64 034	64 763	−1.13

注：水果播种面积减少主要原因是，赣州安远高云山林场将原场乡合一时，属于乡镇的 685 公顷果园面积被剔除。

畜牧业方面见表 6。

表 6 畜牧业情况

指 标	计量单位	2012 年	2011 年	比 2011 年增长（%）
大牲畜存栏	万头	3.05	3.19	−4.39
其中：奶牛	万头	0.44	0.63	−30.16
牛奶产量	吨	13 405	20 080	−33.24
生猪出栏	万头	94.4	91.28	3.42
肉类总产量	吨	87 748	84 687	3.61
其中：肉类交售量	吨	81 470	79 717	2.20
商品率	%	92.85	94.13	−1.36

水产业方面：2012 年，全垦区水产品养殖面积 18 893 公顷，其中精养鱼池 1 228 公顷。全年水产品产量 39 282 吨，其中养殖产量 27 856 吨，占水产品的总产量的 70.91%。

土地总面积情况见表 7。

表 7 土地总面积情况

指 标	2012 年面积（公顷）	占土地总面积（%）	2011 年面积（公顷）	占土地总面积（%）
土地总面积	590 888.41	—	593 184.91	—
其中：耕地	52 580.31	8.90	52 475.1	8.85
林地	415 138.96	70.26	415 015.7	69.96
水面	28 155.63	4.76	27 596.48	4.65
宜林荒山	6 023.51	1.02	6 769.34	1.14
茶桑、果园	15 015.62	2.54	15 760.7	2.66

林地面积情况见表 8。

表 8　林地面积情况

指　标	2012 年（公顷）	占林地总面积（%）	2011 年（公顷）	占林地总面积（%）
林地总面积	415 139	—	415 016	—
其中：用材林	271 221	65.33	270 895	65.27
经济林	28 862	6.95	29 287	7.06
防护林	80 084	19.29	80 151	19.31
薪炭林	16 017	3.86	15 765	3.80
特种用材林	18 956	4.57	18 918	4.56
当年造林面积	4 870	—	5 246	—
当年幼林抚育面积	17 533	—	17 548	—

四、农业商品产值及出口商品总金额方面

农产品商品量情况见表 9。

表 9　农产品商品量情况

指　标	计量单位	2012 年	2011 年	比 2011 年增减（%）
农业商品产值	万元	426 443	318 333	33.96
粮豆	吨	379 677	366 964	3.46
棉花	吨	9 390	9 551	−1.69
肉类	吨	81 470	79 717	2.20
其中：猪肉	吨	75 854	73 835	2.73

出口商品情况见表 10。

表 10　出口商品情况

指　标	计量单位	2012 年	2011 年	比 2011 年增减（%）
出口商品总金额	万元	263 883	187 795	40.52
其中：畜产品	万元	15 491	13 952	11.03
工业产品	万元	241 439	166 653	44.88
其中：纺织品	万元	15 930	32 850	−51.51
出口的主要产品	—			
其中：生猪	头	96 750	88 104	9.81
活性炭	吨	5 100	5 100	0.00
羽绒制品及服装	万件	157	173	−9.25
瓷砖	万米^2	94.71		
手机	万台	1 000		
异抗坏血酸钠	吨	15 100	15 000	0.67

五、固定资产投资方面

2012 年，江西垦区共完成固定资产投资总额 1 694 279 万元，较 2011 年增长 38.07%，其中，第一产业 25 649 万元，占投资总额的 1.51%；第二产业 1 224 151 万元，占投资总额的 72.25%；第三产业 444 479 万元，占投资在投资总额的 26.23%。共青垦殖场建设项目、固定资产投资继续保持高速增长，社会固定资产投资 90.1 亿元，增长 43.2%，其中工业固投 75.94 亿元，增长 31.8%。

六、科技、教育、卫生事业方面

2012 年，全垦区科研单位 7 个，职工 705 人，其中科研人员 417 人，占职工人数的 58.87%，科研经费 2 613 万元。

有医疗卫生单位 43 个，其中医院 32 个，病床 368 张，职工 476 人，其中医务人员 389 人，占职工人数的 81.72%。

有各类学校 52 所，教职工人数 1 008 人，其中教师 881 人，在校学生 12 150 人，其中新招收的学生 3 452 人，当年毕业生 2 543 人。学校总数中，普通中等学校 1 所（即江西省通用技术工程学校），有教职员工 107 人，其中教师 87 人，在校学生 4 100 人，当年新招收学生 1 208 人，当年毕业生 1 227 人，普通中学 5 所，小学 42 所。

七、劳动工资与人口方面

2012 年，全省农垦年末从业人员数 285 231 人，离开本单位仍保留劳动关系的职工有 53 019 人，其中内部退养职工 2 345 人，全年从业人员劳动报酬和生活费 406 345 万元，年平均收入 14 571 元，较 2011 年增加 2 925 元。

全年农垦年末总人口 902 172 人，人口自然增长率为 3.99‰；年内出生人口 6 367 人，年内死亡人口 2 804 人，死亡率 3.14‰。

八、非国有经济方面

2012 年，全垦区 9 955 户非国有经营单位拉动了区域经济跨越发展，从分类情况看，其中，集体经济 25 个，私有经济单位 2 113 个，港澳台经济单位 27 个，个体经济 7 790 个。现有从业人员 97 213人，从业人员收入 176 486 万元，年平均收入 18 155 元，比 2011 年增加 3 610 元，比全系统的年平均收入高 3 909 元。实现生产总值 756 071 万元，资产总额 434 790 万元，年末固定资产原值 499 565 万元，全年实现利润 35 244 万元，税金 28 739万元。

2012 年，江西农垦在农垦改革、危房改造、农产品质量追溯体系建设、超级稻推广示范、旅游产业发展和扶贫开发等方面经受住了考验，取得了不凡的成绩，这是党中央、国务院英明决策，省委、省政府坚强领导，各地各部门大力支持，全体农垦干部职工上下齐心协力、共同努力的结果。我们一定要倍加珍惜这些经艰辛探索取得的宝贵经验，倍加珍惜今天的大好局面，继往开来，锐意进取，努力在新的起点实现新的跨越。

山东农垦2012年经济和社会发展统计公报

山东省农业厅农垦局

2012年，在省委、省政府的正确领导和农业部的关心指导下，在全省农垦系统的共同努力下，紧紧围绕推进农垦改革发展这一主线，解放思想，大胆创新，加快转变经济发展方式，积极调整产业结构，着力保障和改善民生，努力克服了国际金融危机带来的多种不利因素影响，农垦经济和各项社会事业均呈现出平稳较快发展的良好局面。

一、综合

截至2012年底，全省共有国有农场14个，土地总面积39 416公顷，耕地面积12 290公顷，总人口23 170人。垦区实现国民生产总值114 451万元（现价，下同），同比增长41%。其中第一产业增加值43 230万元，同比增长42%；第二产业增加值63 547万元，同比增长37%；第三产业增加值7 674万元，同比增长71%。一、二、三产业增加值分别占生产总值的38%、55%、7%。人均国民生产总值达到49 396元，同比增长42%；人均纯收入11 824元，同比增长6%；职工年均收入31 394元，同比增长25%。

二、第一产业

粮食产量稳步提升。垦区粮食播种面积7 722公顷，比2011年增长177公顷，粮食总产51 800吨，同比增长15%，其中小麦总产24 517吨，比2011年增长7%。棉花总产7 640吨，蔬菜3 504吨，瓜果7 364吨，油料467吨。

畜牧养殖业发展迅速。大牲畜年末存栏8 000头，猪年末存栏1.5万头，羊年末存栏8 000只，家禽145万只，兔3 000只。肉类总产量12 100吨，比2011年减少6%；牛奶产量24 702吨，比2011年翻了一番；禽蛋产量921吨，比2011年增长6%。水产养殖面积5 526公顷，比2011年增加22%；水产品总产量6 076吨，比2011年增长8.4%，其中鱼类产量2 583吨，虾蟹类产量2 423吨，贝类产量935吨。

植树造林工作扎实开展。当年造林面积2 114公顷，其中防护林2 089公顷，零星植树12万株，当年育苗面积70公顷，采伐木材1 800米^3。

农业机械化水平不断提升。全年拥有农业机械总动力5.7万千瓦，比2011年增长2%。其中，拖拉机及配套机械方面，拥有大中型拖拉机527台，小型及手扶拖拉机1 411台，大中型拖拉机配套农具536部，小型农具782部，播种机567台，排灌机械799台，农用水泵1 167台，滴喷灌溉机械123套，植保机动喷雾机965台，联合收获机75台，机动割晒机36台，脱粒机54台，种子清选机24台；农副产品加工机械方面，拥有粮食加工机械31台，棉花加工机8台，油料加工机6台；畜牧业机械方面，拥有牧草播种机2台，牧草收割机2台，牧草打捆机2台；农田基本建设机械方面：拥有推土机20台，挖掘机16台，开沟机16台。当年机播面积达到13 344公顷，占农作物总播种面积的79%。全年农用化肥施用总量7 788吨，有机肥施用量4 620吨，农药施用量311吨，使用农用塑料膜282吨。农田水利建设方面，累计建设机电井935眼，排灌站13座，有效灌溉面积9 564公顷，其中机灌面积4 943公顷，电灌面积3 773公顷。

全年完成农林牧渔业总产值87 571万元，比2011年增长19%。其中，农业总产值39 409万元，比2011年增长31%；林业总产值2 462万元，比2011年增长13%；牧业总产值29 943万元，比2011年增长9.1%；渔业总产值15 757万元，比2011年增长110%。实现农林牧渔业商品总产值82 889万元，比2011年增长33%，为社会提供商品粮豆47 706吨，比2011年增长6%，商品率达92%；提供棉花商品4 636吨，比2011年减少6%，商品率达61%；提供肉类商品12 018吨，比2011年减少7%，商品率达99%。

三、第二产业

2012年，全省农垦累计发展工业企业28个，其中，非金属矿采选业6个，农副食品加工业3个，石油加工及炼焦业2个，化学原料制造业9个，非金属矿制品业4个，通用设备制造业2个，其他制造业1个，电力、燃气及水的生产和供应业1个。实现工业总产值549 265万元，比2011年增长15%，完成工业销售产值532 074万元，比2011年增长11%，实现利润总额38 334万元，比2011年增长53%，从业人员1 890人，从业人员年劳动报酬总额4 748万元，人均年收入25 121元，比2011年增加0.7%。

从企业分类看，有国有工业企业6个，轻工业企业5个，规模以上企业8个。

主要工业产品完成原盐332 800吨，混合饲料726吨，小麦粉316吨，砖5 911万块，泵1.5万台。

年末建筑业单位6个，从业人员351人，从业人员年报酬总额1 101万元。建筑业单位固定资产原值4 625万元，拥有机械设备135台，全年建筑房屋面积13万米^2，竣工25万米^2。

四、第三产业

2012年第三产业实现增加值7 674万元，比2011年增长71%。

年末交通运输业单位45个，从业人员98人，从业人员年报酬384万元，拥有固定资产原值2 052万元，载货汽车53辆，载客汽车30辆。全年货运量78万吨，客运量1.5万人，实现营业总收入2 842万元。

年末批发零售业单位191个，实现营业收入14 009万元；餐饮业单位53个，实现营业收入1 271万元；服务业单位113个，实现营业收入1 974万元。

五、固定资产投资和新增生产能力

2012年，固定资产投资总额189 447万元，其中第一产业投资13 728万元，占投资总额的7%；第二产业投资93 921万元，占投资总额的49%；第三产业投资81 798万元，占投资总额的44%。

新增生产能力方面，当年新增大中型拖拉机2台，联合收割机4台，农用运输车2台，植保机械5台，林业机械14台，畜牧机械5台。

六、从业人员及劳动报酬

2012年山东农垦社会年末从业人数11 929人，其中：第一产业社会从业人数7 923人，第二产业2 458人，第三产业1 548人。在岗职工6 187人，在岗职工劳动报酬19 424万元，职工年均工资31 394元，同比增长25%。

七、非国有经济基本情况

2012年全省非国有经营单位470个，其中集体经济6个，个体经济155个，私营经济309个。非国有经营单位资产总额355 309万元，固定资产96 463万元；拥有从业人员4 137人，从业人员劳动报酬12 727万元，人均收入30 763元。非国有经济实现国内生产总值77 019万元，实现利润42 406万元；上缴税金7 554万元。

河南农垦 2012 年经济和社会发展情况

河南省农业厅农场管理局

2012 年河南农垦广大干部职工在河南省委、省政府的正确领导下，在上级部门的大力支持下，以科学发展观为主题，高举中国特色社会主义伟大旗帜，认真贯彻落实中央 1 号文件以及中央和省关于农业农村工作的精神，紧紧围绕现代农业建设和加快转变经济发展方式这一主线，以企业增效、职工增收和示范带动作用增强为目标，积极探索中国特色农业现代化之路和增强示范带动作用的具体途径和方法，进一步解放思想，深化改革，扎实工作，河南农垦经济社会实现又好又快发展。

2012 年河南农垦经济保持健康发展，全年实现生产总值 144 706 万元（现价，下同），比 2011 年的 117 687 万元增长 23%。其中：第一产业增加值 66 161 万元，比 2011 年的 53 320 万元增长 24%；第二产业增加值 52 376 万元，比 2011 年的 39 608 万元增长 32%；第三产业增加值 26 169 万元，比 2011 年的 24 759 万元增长 5.7%。一、二、三产业增加值在生产总值中的比重分别为：46∶36∶18。实现人均生产总值 10 778 元；农垦一、二、三产业及各项社会事业得到长足发展，职工群众生活条件进一步提高，人均年纯收入 7 100 元，人均住房面积达 29 米^2。收入的增加得益于主要农作物产量增加，农产品市场价格的稳步上涨以及各种支农惠农政策的落实、农垦办工业的快速发展、非国有经济的飞速发展。

一、农业

农业生产抓住机遇保持平稳发展，主要农产品连续增产，产量和效益同步增长，为河南农垦经济较快发展打下了坚实基础。2012 年实现农、林、牧、渔业总产值 168 716 万元，比 2011 年的 128 918万元增长 31%。其中：种植业产值 89 462 万元，比 2011 年的 76 556 万元增长 17%；林业产值 1 045 万元，比 2011 年的 853 万元增长 23%；牧业产值 72 135 万元，比 2011 年的 45 827 万元增长 57%；渔业产值 6 075 万元，比 2011 年的 4 814 万元增长 26%。农、林、牧、渔比重为 53∶1∶43∶4。

种植业生产围绕两个基地建设，以提高优质、安全、生态农产品产量为中心，加快种植业结构调整步伐，为保证粮食安全，粮食作物播种面积少量增加，总产略有减少。棉花产量减少较大；油料生产增长较大，大豆生产增加较快。各农场加大了对农业的投入，农药、化肥、农膜等使用量增加，农业机械总动力、机电井数量、有效灌溉面积、设施农业等农业基础设施建设投入加大，生产条件改善。人努力天帮忙，农业生产保持平稳发展，农产品产量有增有减，质量和效益大幅增长，农业效益显著增加。主要农产品产量如表 1。

表 1　主要农产品产量

指标名称	2012 年产量（吨）	比 2011 年增减（%）
粮食	263 001	−3.8
#大豆	16 429	29
棉花	1 737	−47
油料	12 460	32
水果	48 244	6.9

畜牧业生产在连续几年快速增长的情况下，继续保持较快增长势头，生猪养殖量增长较快，奶牛养殖量有所减少。全年实现牧业总产值 72 135 万元，占全系统农林牧渔业总产值的比重提升到 43%。畜牧业生产效益增长明显。畜牧业占农业的比重和对农垦职工增收的作用和贡献率进一步提高。牲畜年末存栏总数及主要畜产品产量如表 2。

表 2 牲畜年末存栏总数及主要畜产品产量

指标名称	计量单位	2012 年产量	比 2011 年增减（%）
大牲畜存栏	头	7 643	－10
奶牛	头	2 074	－13
猪年末存栏	万头	32	28
猪年末出栏	万头	45	22
肉类总产量	吨	36 113	20
牛奶	吨	4 149	－17
水产品	吨	6 894	28

二、工业和建筑业

河南农垦工业企业坚持以市场为导向，加大了结构调整的力度，骨干企业规模不断扩大，经营水平不断提高，市场竞争力不断增强，效益同步提高，结构调整成效显著。在稳定提高的基础上，重点对骨干企业和产业化龙头企业进行技术改造，运用先进的科学技术，开发研制了新产品，提高了科技含量，提升了优势产业，增强了市场竞争力，取得了良好的经济效益。一些农垦工业初步形成了具有区域特色和一定规模的主导产业，成为农业产业化的龙头企业。河南农垦现有较大规模工业企业 54 个，全年实现工业总产值 28.8 亿元，比 2011 年的 22.9 万元增长 25.8%；完成工业增加值 52 376 万元，比 2011 年的 39 608 万元增长 32.2%，工业成为拉动经济增长的主要力量。优势工业企业得到加强，劣势企业逐步退出。主要工业企业的主要产品稳定增长，产品产量如表 3。

表 3 工业企业的主要产品产量

	2012 年（吨）	比 2011 年增减（%）
方便面	47 271	22
中西药	2 512	0
酒精	115 898	0
饮料酒	3 607	19
酸奶	12 807	－0.9
面粉	5 980	－10
饲料加工	111 914	25
硫酸	89 765	－22
农用磷肥	10 298	－1.2

建筑企业 8 个，在岗职工 1 470 人，承包施工工程 85 个，全年施工房屋面积 8.1 万米^2，实现增加值 3 790 万元。

三、人口和劳动工资

2012 年年末总人口 134 252 人，其中，农场人口 104 968 人；场带农村人口 29 284 人。年末农垦社会从业人员 58 405 人，其中，第一产业 43 256 人，第二产业 9 095 人，第三产业 6 054 人。国有经济从业人员 44 157 人，在岗职工 33 937 人。劳动力继续呈现从第一产业向第二产业流动和从国有经济向非国有经济流动的特点。

湖北农垦2012年经济和社会发展统计公报

湖北省农垦事业管理局

2012年，是“十二五”承前启后之年，湖北农垦在湖北省委、省政府的正确领导下，在农业部及相关部门的大力支持下，以科学发展观统领工作全局，面对经济环境疲软的影响，进一步解放思想，抢抓机遇，开拓创新，围绕发展现代农业、开发海外农业、建设新农村、工业兴垦等五大战略，调整优化产业结构，转变经济发展方式，做强优势主导产业，全面超额完成年初的目标任务，实现了经济跨越式发展。通过全系统干部职工共同努力，出现了农垦工业快速发展，企业效益大幅度增长，职工收入稳健提高，农场经济规模迅速扩大，社会事业全面进步的良好局面。

一、农垦综合情况

2012年，湖北农垦经济较快发展，经济规模迅速扩大，职工收入快速增长，产业结构调整加快，第一产业比重逐步缩小，第二产业比重逐步增大。全年实现农垦生产总值588亿元（现价），比2011年增加131亿元，按可比价计算增长23.7%（下同）；其中，第一产业增加值76亿元，增长7.2%；第二产业增加值376亿元，增长30.1%；第三产业增加值135亿元，增长19.4%；人均创增加值4万元；一、二、三产业增加值占的比例为13：64：23，产业结构进一步优化。全系统人均纯收入10 500元，比2011年增加1 670元，增长18.9%；实现工农业总产值1 285亿元（现价），比2011年增长27%；垦区国有经济实现利润1.6亿元，上缴税金（全社会）98亿元。

全省农垦国有农场中，增加值超过1亿元的农场有41个，总值达581亿元，占全省农垦增加值的98%，排在前五名的农场是：①东西湖农管局335亿元；②汉南农管局88.6亿元；③武湖农场22.5亿元；④五三农场17亿元；⑤龙感湖农场16亿元。

2012年末，湖北农垦拥有国土面积34.63万公顷，比2011年增加1 902公顷，其中耕地面积13.76万公顷，比2011年增加739公顷；年末国有及国有控股工业108家；国有商业企业18家；分场201个；农业渔业生产队2 233个。

2012年年末，湖北农垦拥有45.5万户家庭，143.9万人，比2011年增加1.54万人，人口出生率为12‰，人口死亡率为4.8‰，人口自然增长率为7.2‰，低于全省同期水平。

二、农业发展情况

2012年，湖北农垦积极调整农业种植结构，主要农产品产量粮、棉、油渔、肉、果等均有小幅度的增长，由于农产品价格原因，农垦农业职工收入稳步增长。全系统全面实施了农业税费改革，实施了粮食补贴、农机补贴和农资综合补贴等政策，各项惠农政策提高了农工的种粮积极性。全年实现农业总产值165亿元，比2011年增加22亿元，增长15.7%，其中种植业产值81亿元，畜牧业产值40亿元；渔业产值38.7亿元，林业产值2.1亿元。

全年农作物播种总面积30.4万公顷，比2011年减少0.3万公顷，其中粮食播种面积16.2万公顷，与2011年增加1.3万公顷；棉花播种面积5万公顷，比2011年减少4 600公顷；油料面积3.29万公顷，减少681公顷。主要农产品产量如见表1。

表1　主要农产品产量表

农产品名称	计量单位	2012年	2011年	增减（%）
粮食	万吨	82.8	87.7	2.1
棉花	万吨	7.82	8.29	−5.7
油料	万吨	9.41	9.4	0.4
蔬菜瓜类	万吨	171	163	5.1
肉类	万吨	18.6	17.5	6.1
水产品	万吨	37.93	36.6	3.5
水果	万吨	9.05	8.57	5.6

农垦畜牧、水产业生产平稳增长、势头良好。大牲畜年末存栏4万头，肉猪出栏198万头，增长3.6%；肉类总产量18.6万吨，增长6.1%；禽蛋总产量4.6万吨；水产品37.9万吨，增长3.5%，牛奶3.04万吨。

2012年，垦区农业生产条件进一步改善，年末农垦系统拥有农业机械总动力163万千瓦，其中，大中型拖拉机7 264台，小型拖拉机4.54万台；排灌机械2.28万台，总动力30.8万千瓦，农业用电量3.8亿千瓦时，农业化肥施用折纯量15.5万吨，当年机械播种面积4万公顷，机械收割面积13.9万公顷，2012年新造林面积3 730公顷，新增水泥晒场22万米^2，新增输电线路70千米。

三、工业和建筑业发展情况

2012年，湖北农垦工业实现了跨越式发展，近年来招商引资项目、工业园区项目已陆续投产，并产生效益，产值规模迅速扩大，企业效益明显提高，全系统规模以上的工业企业达571家。

2012年，全垦区实现工业增加值311亿元，按可比价比2011年增长32.3%；实现工业总产值1 120亿元（现价），国有及规模以上的非国有工业企业实现产品销售收入935亿元，实现利润79亿元。主要工业产品产量如见表2。

表2　主要工业产品产量表

名称	计量单位	产量	增减（%）	名称	计量单位	产量	增减（%）
水泥	万吨	238	−6	乳制品	万吨	9.1	0
红砖	亿块	27.5	8	白酒	万吨	1.2	3
石灰	万吨	9.8	10	啤酒	万吨	34.2	−4
棉纱	万吨	26.7	36	发电	亿千瓦时	1.32	—
布	万米^2	28 749	40	植物油	万吨	138	140
机制纸	万吨	5.4	69	饲料	万吨	124	63
服装	万件	2 645	−33	软饮料	万吨	148	−6

2012年末，垦区拥有大中型工业企业50家，其中大型企业3家，中型企业各47家，实现工业总产值392亿元；实现工业增加值166亿元；共创利税24亿元（以上工业指标均为全社会口径）。

2012年农垦建筑业平稳增长，经济效益进一步好转，全年共实现增加值65亿元（现价），比2011年增长20%。年末拥有各类建筑单位544个（含个体），从业人员10.1万人，固定资产原值36.9亿元，各种机械总台数3万台，全年完成施工建筑总面积6 619万米^2，建筑工程造价407亿元。

四、第三产业及对外贸易

2012年，湖北农垦系统第三产业得到进一步发展，经营领域不断拓宽，结构更趋合理，服务水平进一步提高。全系统共拥有批发零售贸易单位3万个（含个体，下同），从业人员6.4万人，实现销售收入319亿元；服务业单位4 035个，从业人员0.98万人，营业收入3.9亿元；旅馆及餐饮业年末营业单位5 650个，从业人数1.8万人，营业收入21亿元。有个体运输户1.1万个，各类运输车辆1.9万台，全年运输业总收入12.3亿元。

2012年，由于实施积极的出口政策，我省农垦商品出口呈快速增长态势，全年外贸出口供货商品金额为28亿元，比2011年增加5亿元，增长20%，出口生猪5万头，再制蛋1 380万枚，罐头1万吨，服装122万件。出口金额最高的4个农场分别是：①东西湖农场13.9亿元；②后湖农场7.6亿元；③龙王嘴农场1.3亿元；④人民大垸1.0亿元。

五、固定资产投资

随着国家拉动内需政策的出台，2012年湖北省国有农场工业园区、新村镇及基础建设建设力度明显加大，全年投资超过1亿元的农场有35个，全年完成固定资产投资452亿元，比2011年增加135亿元，增长42%。其中，第一产业21亿元，第二产业320亿元，第三产业111亿元，（按全社会口径统计）。全年改造危旧房3.68万套。

六、科研、教育、卫生

湖北农垦继续坚持“科教兴垦”的战略，加大教育和科研资金投入，促进农垦经济发展，农垦系统教育、卫生基础设施得到较大改善。2012 年垦区拥有科研单位 31 个，职工 1 266 人，其中科技人员 369 人，投入科研经费 2 813 万元。全系统教育事业继续平稳发展，年末垦区共有各类学校 270 所；教职工 1.2 万人，在校学生 13.2 万人，当年毕业生 3.5 万人。通过多年的努力农垦系统卫生医疗条件有了较大的改善，2012 年末拥有医疗单位 597 个，其中医院 85 所，病床 5 929 张，医生 2 689人。

七、职工就业、劳动报酬、职工生活

2012 年湖北农垦拥有国有经济职工 38.4 万人，比 2011 年有少量减少。垦区国有单位从业人员劳动报酬及生活费 70.7 亿元，比 2011 年增长 14.7%。

2012 年湖北垦区社会平均从业人数为 74.6 万人，与 2011 年增加 2.6 万人，其中，第一产业为 35.4 万人，第二产业为 24 万人，第三产业为 15.2 万人；农垦从业人员平均收入 17 451 元，人均纯收入 10 500 元，增长 18.9%。

2012 年湖北农垦有 23.3 万退休职工和 34.5 万在职职工进入社保，退休农工月平均工资 846 元，月增资 175 元，退休非农工月平均工资 1 409 元，月增资 216 元，解决了农垦职工老有所养的问题，全系统社保净收入 20.3 亿元。全系统年末住房面积 4 780 万米^2，户均面积为 104 米^2。

湖南农垦2012年经济和社会发展统计公报

湖南省农垦局

2012年是湖南农垦的机遇年，也是这几年来任务最重的一年。一年来，全省农垦系统，在部农垦局和省农业厅的正确领导下，在各级有关部门的高度关怀和大力支持下，坚持科学发展，转变发展方式，团结一致，克服困难，积极奋斗拼搏，赢得了经济社会的全面发展，特别是在现代农业建设、工业园建设、特色产业发展、危旧房改造等方面取得了新的成绩。2011年湖南农垦垦区综合经济实力得到了显著提高，民生得到了进一步改善，农垦的凝聚力得到了增强，实现了全省农垦经济社会又好又快发展。

一、综合

经济平稳保持高速发展。2012年，全垦区总人口数为68.71万人，农场人口57.85万人。人均生产总值为19 070元，比2011年增加5 286元，增幅27.7%。实现国民生产总值为110.32亿元，其中第一产业增加值34.09亿元，比2011年增加0.46亿元；第二产业增加值54.97亿元，比2011年增加21.26亿元；第三产业增加值21.26亿元，比2011年增加2.46亿元。人均纯收入8 600元，比2011年增加900元，增幅达12%。

危房改造年度任务全面完成。2012年，中央下达湖南农垦危房改造任务44 178套。面对这项起步迟、时间紧、配套少、底子薄、任务重、要求高的工作，我们在厅党组的领导和省直相关部门以及垦区当地党委政府的大力支持下，从省局到各项项目实施单位，上下一盘棋，强化领导，统筹安排、精心组织，扎实工作，战胜困难全面完成了危房改造目标任务。全年规模危房改造实际开工63 603套，开工率达143.97%，竣工66 079套，竣工率达150.26%，实现了按时、保质、超量、零事故的工作目标。

二、农业

农业生产稳定增长。2012年，全省农作物播种面积150 144公顷，与2011年基本持平，其中粮食播种面积94 916公顷，与2011年持平。油料种植面积23 497公顷，增加0.55%。棉花种植面积7 008公顷，减少0.2%。蔬菜种植面积20 217公顷，增加了0.02%。粮食总产量61.4万吨，增长2.3%，其中稻谷产量56.7万吨，增长2.3%。

现代农业示范迈出重大步伐。示范区建设成效显著，大通湖水稻高产示范区，君山、西洞庭棉花高产示范区，西湖油菜高产示范区，屈原生猪高产示范区等示范区建设，都取得较好成效；西湖、西洞庭和大通湖管理区继屈原管理区之后，又被国家农业部认定为第二批国家现代农业示范区，自此，我省垦区国家级现代农业示范区实际已有4家。

农业综合生产能力继续提高。全垦区新增农田有效灌溉面积165公顷，新增造林面积770公顷，新增果树定植33公顷，新增茶树定植102公顷，受国家农机补贴政策影响，新增大中型拖拉机334台，小型及手扶拖拉机365台。

2012年，受局部自然灾害的影响，造成受灾面积13 935公顷，其中绝收1 883公顷。受灾面积中，旱灾面积5 939公顷，其中绝收1 304公顷；洪涝面积3 547公顷，其中绝收120公顷；病虫灾面积787公顷，其中绝收97公顷；霜冻灾2 824公顷，其中绝收247公顷。成灾人口6 823人，减产粮食6 823吨、棉花1 760吨、油料9 443吨，直接经济损失8 277万元。

三、工业和建筑业

工业生产进入稳定期。2012年，垦区工业经济出现一定增长，第二产业完成总产值146.42亿元，比2011年增长31.35%，完成增加值54.97亿元。同时，工业园区建设态势良好，新增规模工业园8个，其中常德农垦办和西洞庭管理区通过积极争取，落户的大型食品加工企业达50多家，

2011 年园区投入建设的资金逾 2 亿多元，园区加工业产值达 12.6 亿元，增长 30%。通过结构调整，淘汰落后工艺和产能，龙型经济产业链基本形成，并引导带动了周边地区的快速发展。

建筑业稳步发展。全垦区建筑企业 238 个，比 2011 年增加 49 个。年末从业人数 11 776 人，比 2011 年增加 1 076 人，增加 10%。年末固定资产原值 27 495 万元，比 2011 年增加 3 995 万元。

四、固定资产投资

固定资产投资总量有所增加。受国家宏观经济影响，在国家经济刺激政策的影响下，2012 年全省全社会固定资产投资 88.65 亿元，比 2011 年增加 17%。第一产业固定资产投资 28.68 亿元，其中国有 27.53 亿元，分别比 2011 年增长了 2% 和 1.8%。

五、科学技术和教育

年末垦区拥有各类科研单位 22 家，与 2011 年持平，科研人员和技术工人人数保持稳定，总人数为 759 人，比 2011 年增加了 16.5%。因贯彻省里相关文件精神，农场办教育、医疗卫生等职能进行了剥离，以往因教育遗留下来的债务也在进一步化解当中。

六、资源与环境保护

2012 年垦区继续把粮食生产放在重要位置，确保粮食生产不动摇。全年未出现建设违规占用耕地的现象，耕地面积减少的势头进一步趋缓。农工环保意识得到加强，全年未发生重大面源污染事件，全年新增造林面积 770 公顷，新增果树定植 33 公顷，少砍伐树木 5 800 方，荒山变了青山，生态环境得到明显改善。

七、人口与社会保障

人口 2012 年末，全省农垦总人口为 68.71 万人，比 2011 年增加 0.29 万人。其中农场人口 57.85 万人，城镇人口 9.51 万人，小城镇化进程得到发展，人口进一步集中。

社会保障工作全面发展。全省农垦职工参加基本养老保险人数 26.06 万人，企业参加基本养老保险的离退休人员 12.75 万人，参加失业保险人数 2.58 万人，参加医疗保险人数 30 万人，全年发放企业离退休人员基本养老金 11.32 亿元，社会化发放基本养老金 7.99 亿元，社会化发放人数 12.5 万人，占离退休人员数的 98%，企事业参保离退休人员人均养老金 740 元/月，离退休职工的生活待遇进一步提高。

广西农垦2012年经济和社会发展统计公报

广西壮族自治区农垦局

2012年，在自治区党委、政府的正确领导和大力支持下，面对复杂严峻的经济形势和改革发展稳定的繁重任务，广西农垦认真贯彻落实中央和自治区的决策部署，坚持以科学发展为主题，以加快转变经济发展方式为主线，坚持稳中求进的工作总基调，切实保障和改善民生，统筹推进工业化、城镇化、农业现代化建设步伐，管区经济保持平稳较快发展的良好势头，各项社会事业取得新进展。

一、综合

全年管区实现全社会经营总收入915.7亿元（其中国有经济176.4亿元，比2011年增长21.6%），比2011年增长21.2%。实现地区生产总值[1]（GDP）341.9亿元（图1），按可比价计算，比2011年增长15.6%。其中，第一产业增加值41.8亿元，增长6.8%；第二产业增加值213.0亿元，增长20.5%；第三产业增加值87.1亿元，增长9.1%。一、二、三产业增加值占地区生产总值的比重分别为12.2%、62.3%和25.5%（图2），与2011年的13.4%、60.8%和25.8%相比，第一产业下降1.2个百分点，第二产业提高1.5个百分点，第三产业下降了0.3个百分点。

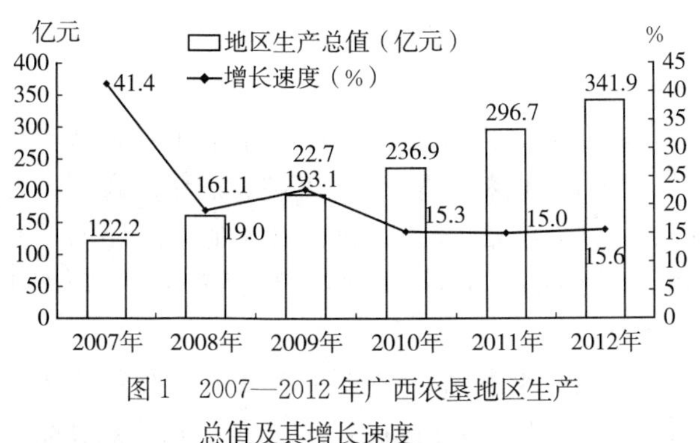

图1 2007—2012年广西农垦地区生产总值及其增长速度

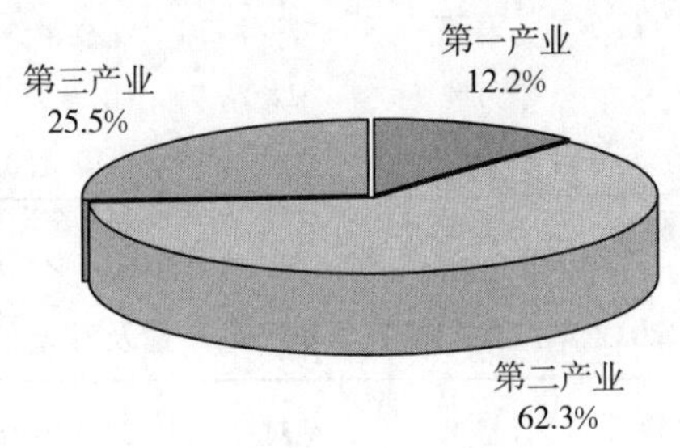

图2 2012年广西农垦地区生产总值构成

二、农业

全年实现农、林、牧、渔业总产值70.4亿元，比2011年增长11.8%（图3）。农、林、牧、渔业

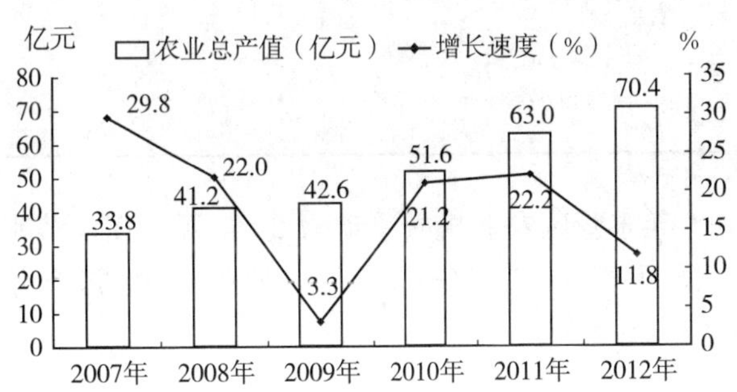

图3 2007—2012年广西农垦农业总产值及其增长速度

产值结构比为39.8∶2.4∶54.3∶3.5。甘蔗、剑麻、茶叶、水果、蔬菜等产品的产值分别占管区种植业产值的44.3%、5.2%、3.7%、23.6%、11.6%。甘蔗、剑麻、茶叶、水果种植面积分别为21.2千公顷、4.4千公顷、0.75千公顷、9.7千公顷。甘蔗、剑麻纤维、干毛茶、水果的产品产量分别为224.4万吨、2.1万吨、1 137吨、23.5万吨，比2011年分别增长0.3%、2.6%、31.1%、12.3%（表1）。生猪饲养量405.8万头，比2011年增长26.1%。肉猪出栏量154.5万头，比2011年增长18.0%。肉类总产量11.9万吨，比2011年增长17.9%。奶牛年末存栏1 801头，牛奶产量为4 017吨。水产品产量1.7万吨，比2011年增

长 5.4%（表 2）。

表 1　2012 年广西农垦主要农产品产量及其增长速度

指标名称	计量单位	产量	比 2011 年增减（%）
甘蔗	万吨	224.4	0.3
剑麻纤维	万吨	2.1	2.6
干毛茶	吨	1 137	31.1
水果	万吨	23.5	12.3
其中：柑橙	万吨	13.1	8.4
蔬菜	万吨	12.2	−3.3
橡胶	吨	194	1.0

表 2　2012 年广西农垦主要畜产品产量及其增长速度

指标名称	计量单位	绝对数	比 2011 年增减（%）
出栏肉猪	万头	154.5	18.0
出售仔猪	万头	116.1	37.9
出售种猪	万头	7.8	23.5
肉类总产量	万吨	11.9	17.9
牛奶产量	吨	4 017	−10.2
奶牛年末存栏	头	1 801	11.2
猪年末存栏	万头	127.4	27.0
家禽存栏	万只	266.2	6.6

年末管区农业机械总动力 25.4 万千瓦，节水灌溉面积 6.3 千公顷，大中型拖拉机拥有量 1 184台。

三、工业和建筑业

全年管区实现工业总产值 430.7 亿元，比 2011 年增长 21.6%（图 4）。实现工业增加值 160.3亿元，比 2011 年增长 20.4%（图 5）。其中，规模以上工业增加值 144.3 亿元，比 2011 年增长 25.6%。

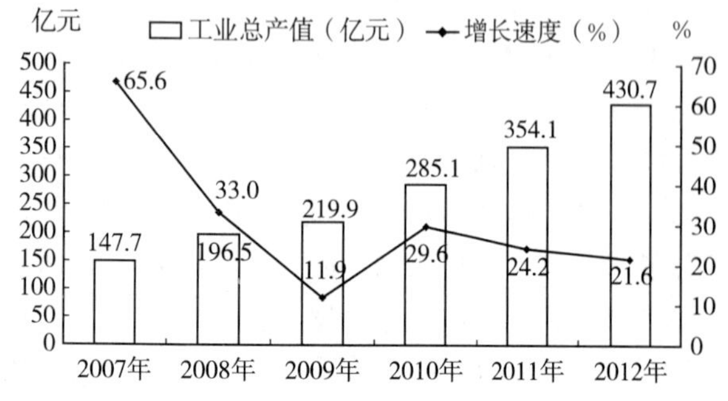

图 4　2007—2012 年广西农垦全部工业总产值及其增长速度

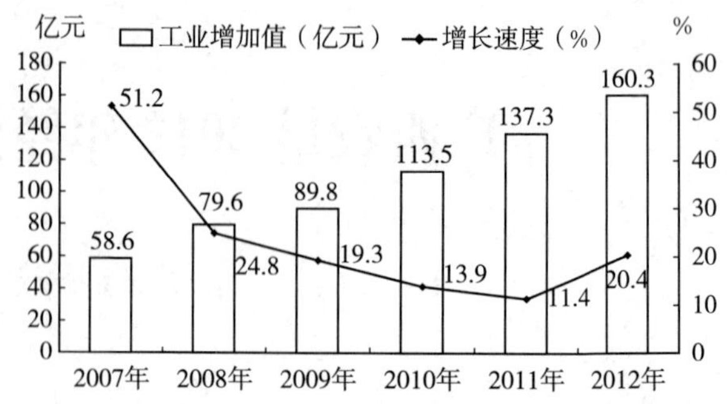

图 5　2007—2012 年广西农垦全部工业增加值及其增长速度

按经济成分划分，2012 年管区年末实有工业企业 570 家，其中，国有工业企业 67 家，非国有工业企业 503 家。国有工业产值 79.0 亿元，占管区工业总产值的 18.3%。非公经济工业产值 351.7 亿元，占管区工业总产值的 81.7%。

分行业构成看，工业产值排第一位的是农副食品加工业，产值 92.9 亿元（其中制糖业 46.5 亿元），占管区工业总产值的 21.6%。排第二位的是汽车制造业，产值 66.3 亿元，占管区工业总产值的 15.4%。排第三位的是木材加工和木、竹、藤、棕、草制品业，产值 32.3 亿元，占管区工业总产值的 7.5%。

表 3　2012 年广西农垦主要工业产品产量及其增长速度

指标名称	计量单位	产量	比 2011 年增减（%）
机制糖	万吨	69.8	3.3
酒精	万吨	25.2	26.0
成品茶	吨	2 761	26.2
剑麻制品	万吨	5.7	16.9
淀粉	万吨	29.7	12.7
软饮料	万吨	37.1	23.4
人造板	万米^3	141.2	32.5
水泥	万吨	44.5	−17.2
饲料	万吨	46.4	12.7

2012 年，广西农垦国有工业企业机制糖产量 69.8 万吨、淀粉产量 22.1 万吨、酒精产量 3.1 万吨、软饮料产量 18.5 万吨、剑麻制品产量 1.3 万吨、乳制品产量 1 801 吨、成品茶产量 713 吨（表 3）。

农垦糖业集团、农垦剑麻集团、农垦茶业集团、农垦明阳生化集团、农垦十万大山天然食品公司实现国有工业产值分别为 48.3 亿元、1.5 亿元、

1 894 万元、11.9 亿元、3 749 万元，占管区全部国有工业总产值的比例分别为 61.2%、1.9%、0.2%、15.0%、0.5%。

年末全管区工业设备生产能力：剑麻制品 16.0 万吨/年、淀粉 45.1 万吨/年、酒精 43.0 万吨/年、软饮料 40.0 万吨/年、水泥 54.5 万吨/年、饲料 75.5 万吨/年。甘蔗日榨能力 6.1 万吨、发电装机容量 11.0 万千瓦时。

全年管区实现建筑业总收入 166.1 亿元，增加值 52.7 亿元，比 2011 年增长 21.0%。年末建筑企业个数 250 个、从业人员 3.0 万人。全年施工房屋建筑面积达到 876.7 万米^2。在建筑业增加值中，国有经济占 7.3%，非公经济占 92.7%。

四、第三产业

全年管区实现第三产业增加值 87.1 亿元，比 2011 年增长 9.1%。其中，国有经济占 8.2%、非公经济占 91.8%。

年末管区运输业从业人员 9 106 人，拥有各种运输车辆约 9 000 辆。全年完成货运量 5 043 万吨，客运量 895 万人。实现增加值 11.3 亿元，比 2011 年增长 8.8%。其中，国有经济占 0.2%，非公经济占 99.8%。

年末批发零售业网点数为 6 902 个，其中国有网点 26 个。从业人员 19 888 人，其中国有企业从业人员 372 人。全年实现增加值 47.2 亿元，比 2011 年增长 18.3%。其中，国有经济占 2.6%，非公经济占 97.4%。

年末住宿餐饮业网点数为 1 449 个，其中国有网点 9 个。从业人员 6 902 人。全年实现增加值 9.2 亿元，比 2011 年增长 13.9%。其中，国有经济占 2.5%，非公经济占 97.5%。

年末居民服务业网点数为 1 271 个，其中国有网点 9 个。从业人员 5 960 人。全年实现增加值 5.9 亿元，比 2011 年增长 4.9%。其中，国有经济占 1.9%，非公经济占 98.1%。

五、固定资产投资

全年管区完成全社会固定资产投资 235.4 亿元，比 2011 年增长 30.6%（图 6）。在固定资产投资中，分管理渠道看，基本建设投资 150.8 亿元，比 2011 年增长 40.4%；更新改造投资 7.9 亿元，下降 49.7%；房地产开发投资 32.9 亿元，下降 1.4%；私人建房投资 33.1 亿元，增长 126.6%；其他投资 10.7 亿元，增长 18.2%。分投资主体看，国有投资 46.4 亿元，占投资总量的 19.7%；非国有投资 189.0 亿元，占投资总量的 80.3%。分产业看，一、二、三投资结构比为 4.3∶46.6∶49.1。

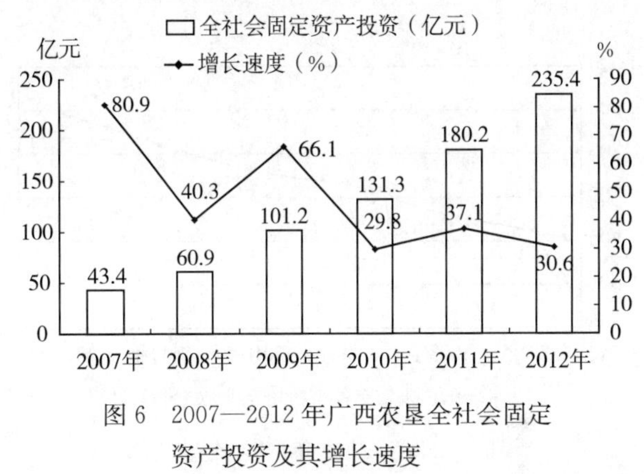

图 6　2007—2012 年广西农垦全社会固定资产投资及其增长速度

全年管区在建投资项目 690 个，其中，总投资 1 000 万元以上项目 426 个（其中，总投资 2 000 万元以上项目 402 个，完成投资额占管区总投资额的 92.6%；总投资 5 000 万元以上项目 235 个，完成投资额占管区总投资额的 81.3%；总投资亿元以上项目 140 个，完成投资额占管区总投资额的 65.6%）。

全年实现职工危房改造工程建设新开工 25 200 户（套），落实中央、自治区财政补助资金 46 876 万元，竣工 29 152 户（套），累计竣工 38 914 户（套），占总改造任务数 51 600 户（套）的 75.4%。

六、产业园区

全年管区 14 个产业园区（工业集中区）实现全社会经营总收入 636.6 亿元，比 2011 年增长 19.7%，占全管区 915.7 亿元总量的 69.5%。完成地区生产总值 244.7 亿元，比 2011 年增长 18.7%，占全管区 341.9 亿元总量的 71.6%。完成全社会固定资产投资 191.8 亿元，比 2011 年增长 28.1%，占全管区 235.4 亿元总量的 81.5%。招商引资实际到位资金 149.9 亿元，比 2011 年增长 45.4%，占全管区 160.5 亿元总量的 93.4%。产业园区是支撑管区经济快速增长的主导力量和最有活力的经济增长点。

七、对外开放

年末管区实有外来投资企业 892 个，新增 72 个（图 7）。全年签订各类投资项目合同（协议）148 个，涉及投资总金额 173.5 亿元，招商引资实际到位资金 160.5 亿元，比 2011 年增长 46.1%（图 8）。全年管区实现进出口总额 19.3 亿元，比 2011 年增长 12.7%。

图 7　2007—2012 年广西农垦实有外来投资企业数

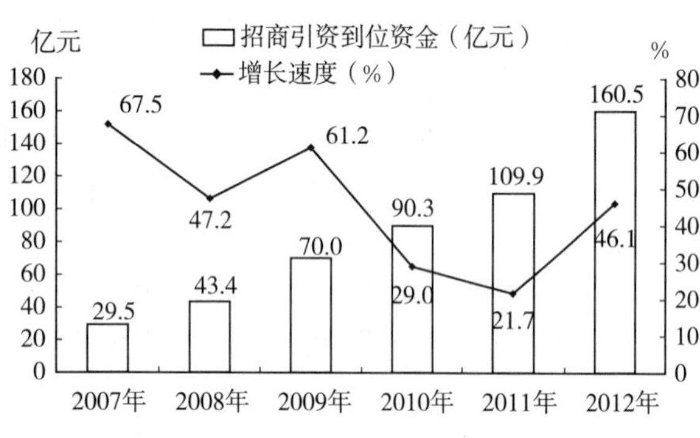

图 8　2007—2012 年广西农垦招商引资到位资金及其增长速度

八、教育、卫生、科研

年末管区教育（统计范围不含剥离给地方的场办中小学）机构数 32 个，从业人员 1 130 人（其中教师 734 人），在校学生 2.4 万人。广西职业技术学院在校学生 1.2 万人，比 2011 年增长 3.8%。

年末管区卫生（统计范围含个体诊所、不含剥离给地方的场办医院）医疗单位数 149 个，从业人员 642 人。

年末管区科研单位数 3 家，从业人员 645 人，其中科技人员 245 人。全年投入科研经费 7 509 万元。大力开展“农业科技创新年”活动，2012 年获国家科技进步二等奖 1 项，广西自然科学奖二等奖 1 项，广西科学技术进步奖二等奖 1 项、三等奖 3 项，广西重要标准奖 1 项，广西技术发明奖三等奖 1 项。

九、人口、就业、社会保障

年末管区总人口 35.3 万人，比 2011 年增长 10.9%。其中，社会从业人员 20.1 万人，在册职工 3.4 万人，离退休（含退职）人员 3.8 万人。

全年管区居民人均纯收入 17 550 元，比 2011 年增长 18.8%。比全区农村居民人均纯收入 6 008 元高 11 542 元，比全区城镇居民人均可支配收入 21 243 元低 3 693 元。

全年管区参加社会统筹养老保险的在册职工人数 3.26 万人，占应参保在册职工人数的比率达 100%。在册职工参加城镇居民医疗保险的比率达 57.0%，参保率比 2011 年提高 5.7 个百分点。纳入城镇居民最低生活保障的家庭 8 441 户共 20 442 人，全年共发放最低生活保障金 2 674 万元。

注：本公报中，地区生产总值、各部业增加值绝对数按现价计算，增长速度不变价格计算。

重庆农垦2012年经济和社会发展情况

重庆市农业投资集团有限公司

2012年重庆农垦以“管理创新”为主线，抢抓发展现代农业机遇，全面实施业务计划提升管理，大力推进农业科技创新增强实力，加大整合力度促进发展，经受住多种经济变量和环境条件不利因素变动的深刻影响和压力考验，实现了垦区经济的快速发展。

一、综合

垦区经济继续保持较快增长。垦区全年实现生产总值（GDP）127 711万元，较2011年增长17.5%。其中，第一产业实现增加值11 874万元，增长8.7%；第二产业实现增加值78 055万元，增长16.3%；第三产业实现增加值37 782万元，增长23%。按垦区人口计算，人均生产总值60 241元，较2011年增长5%（图1）。

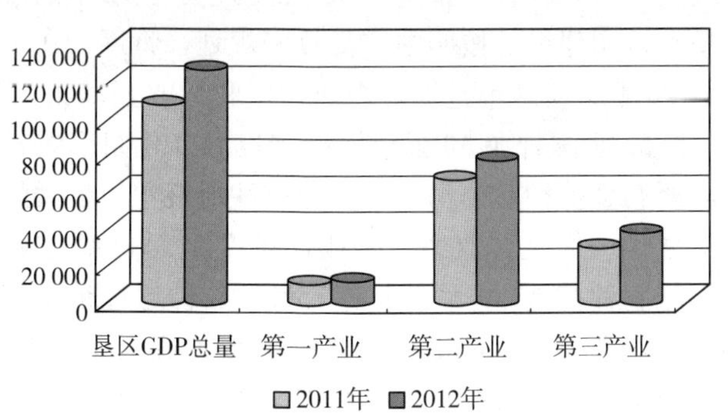

图1 垦区GDP及构成对比

产业结构进一步优化调整。国民经济中三次产业比例由2011年的10∶62∶28调整为9∶61∶30，三产业比重增加了2个百分点（图2）。

职工生活水平进一步提高。垦区年末总人口21 200人，年人均纯收入9 632元，比2011年增长5%；年末实有住房面积65.25万米^2，较2011年增长10.4%；年末从业人员13 539人，比2011年增长10%，人均年劳动报酬39 822元，较2011年增长14.1%。

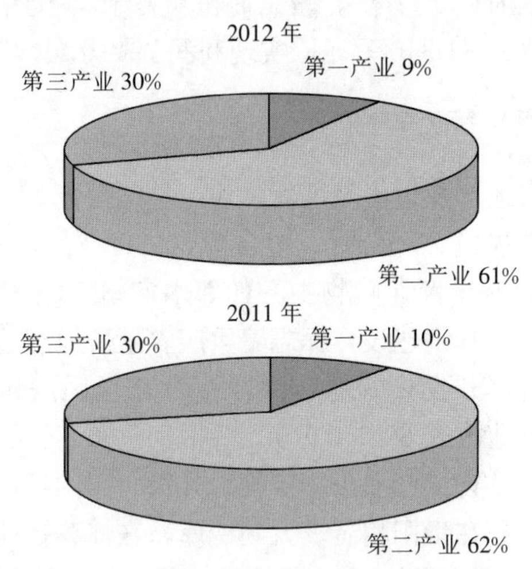

图2 三次产业比重的构成

二、第一产业

农业经济稳中有升。2012年垦区实现农林牧渔业总产值60 574万元，较2011年增长3.3%，其中畜牧业产值占农业总产值的90%。因生猪种群结构的有效调整，年末生猪存栏5.79万头较2011年减少8%；因垦区减少对非规模化养殖户的扶持，奶牛养殖总量也较2011年有所下降，期末奶牛存栏1.84万头，较2011年减少36%；家禽受年末淘汰鸡只影响存栏47.82万只，较2011年减少28.4%；全年肉类总产量9 645吨，增长8%，猪肉产量6 145吨，增长21.9%；牛奶产量68 542吨，增长36%；禽蛋产量4 803吨，增长22.4%；水产品产量963吨，增长215%；水果859吨，减少1.5%。

三、第二产业

工业经济保持快速发展。2012年末垦区工业企业11户，较2011年增加1户；实现工业总产值688 236万元，较2011年增长24.7%；销售产值690 773万元，产销率达到100%；产品销售收入

699 565 万元，较 2011 年增长 27%；工业增加值 75 211 万元，较 2011 年增长 16.7%；受原辅材料、能源价格、人力成本大幅上涨等诸多因素影响，垦区 2012 年工业企业实现利润 14 329 万元，较 2011 年下降 14.6%。主要产品乳制品产销实现 215 468 吨，增长 10%；饲料 459 380 吨，下降 1.4%；套装门 147 万套，比 2011 年增长 54%。

建筑业保持平稳增长。垦区唯一的建筑企业全年施工面积 7 万米^2，竣工面积 4 万米^2，全年实现营业收入 34 340 万元，实现利润 790 万元。

四、第三产业

房地产业迈出发展新步伐。垦区投资 30 亿元、总建筑规模 75 万米^2、包含 5 800 套高品质住房、12 余万平米商业购物中心的邻水宏帆广场于 2012 年末正式开工建设，标志着重庆农垦房地产业向城市综合体开发模式的转型。2012 年垦区房地产业实现营业收入 80 000 万元，利润 17 000 万元。

冷链物流产业进一步提档升级。年内垦区冷链物流产业在贵阳租赁 2 万吨冷库，在江苏扬州达成 5 万吨冻库资源整合合作协议，使垦区冻库规模达到 17 万吨，进一步巩固了重庆农垦在西南地区冷链产业地位，并为进军华东、华北市场奠定了基础。2012 年全垦区实现农产品交易值 195 亿元，较 2011 年增长 17%；垦区冷链物流产业实现经营收入 15 432 万元，实现利润 5 421 万元。

五、固定资产投资

2012 年固定资产投资 47 974 万元，比 2011 年增长 78.5%。主要投资于第一产业畜牧业发展、工业技改扩能以及房地产和冷链物流建设。从具体项目看，主要用于宁夏中以合作万头奶牛示范牧场建设、提高垦区畜牧养殖水平建设、渔业天然水域牧场建设、乳业加工基地技改扩能和物流市场冻库扩容项目等。

六、2012 年主要工作及成效

1. 奶牛养殖达到国内先进水平 由以色列牧场首席设计师进行工艺设计、按照以色列阿菲金全球领先牧场管理技术实施管理的中以合作万头示范牧场于 2012 年 11 月底全面竣工，首批 4 100 头来自乌拉圭、澳大利亚优质荷斯坦奶牛进场，该场成为国内单体规模最大、中外合作最深、现代化程度最高的牧场之一，集团奶牛养殖技术达到国内先进水平。

2. 生猪产业链终端体系建设迈上新台阶 重组了重庆德佳食品科技公司，抢占优质猪肉食品深加工资源和港澳销售渠道，成为中粮集团在国内唯一猪肉食品罐头生产合作商；华牧公司构建生猪交易中心、肉品批发市场两个卖场平台，占有重庆主城 40%以上生猪交易、屠宰和鲜肉食品批发市场份额，全年实现销售收入 4 亿元，较 2011 年度增长 111%，集团正在成为重庆主城安全、放心猪肉食品供应的第一平台。

3. 三峡生态渔业成为保护三峡库区水质带动农民增收的库区主导农业产业 建成库区首个 30 000亩面积的“放牧式”水域牧场，探索形成“不投饲料、不投肥料、不投渔药”的有机养殖规程，创新形成“生态养殖——净化水质”的库区水体净化机制，申报获得国家有机水产品种认证，进入主城多家超市及多个重庆、四川区县市场，先行先试三峡生态渔业建设取得阶段性成果。

4. 生态循环农业开拓农业生产方式的转型 按照国家级有机农业标准，在合川钱塘镇建成 4 000亩循环农业示范园，20 亩农业技术孵化科学试验场。与宁夏中宁县签订合作共建中宁复合循环经济区协议，扎实推进 6 000 亩枸杞、西瓜有机种植示范园建设，按照中宁县政府规划，将逐步在全县 70 万亩耕地推进循环农业技术和标准。

5. 全国种业 50 强建设起步良好 重组市农科院所属金穗种业公司，增资形成注册资本 1 亿元的育繁推一体化种业经营企业，建成 3 200 米^2 水稻设施制种基地，“渝优 600”水稻品种通过越南国家农业部门审定，正在按照国家级种业企业标准，全力推进人才资源整合、水稻南繁基地建设，经营收入实现翻一番增长，一举扭亏为盈。

6. 冷链物流产业逐步走向全国化经营 集团成功租赁了贵阳云关公司 2 万吨冻库，与江苏扬州国有企业亲亲集团达成合作协议，按照市政府要求，牵头建设白市驿 35 万吨规模冷链物流产业园，各项前期工作稳步推进，已进入征地和手续办理阶段。

7. 产业助推农业现代化工作取得新成就 建成合川钱塘大柱村农民新居 144 套，实现全部交房。渝垦生猪专业合作社社员总数超过 400 户，生猪总规模超过 60 万头，全年向社员分红超过 100 万元，成为带动农民养殖致富的重要力量。建成1个山地鸡股份合作社，发展社员600户，全年累计销售“城口山地鸡”17万羽，产业助推城口农户增收致富扎实推进。三峡渔业优化“公司+农户”的产业经营模式，实施标准化苗种订单采购和商品鱼合作加盟销售，目前已带动1 000余库区农户就业增收。

8. 安全工作保持平稳态势 健全集团总部、专业公司、项目公司三级安全责任网络，建立安全工作季度专题会议制度和重点提醒制度，落实安全生产责任制度。推进5户企业安全标准化建设工作，实现5户企业达标目标。开展6次安全专项整治、20次安全隐患排查，安全生产力度始终不放松。总投资近300万元，推广使用先进安全技术和装备大力提升安全保障能力建设。探索实施首席质量官制度，推进农业生产标准化建设，实施农产品质量追溯体系建设，建立健全食品安全检验检测体系，规范和完善合作带动产业标准化规程建设，全年垦区食品安全实现零事故。

四川农垦2012年经济和社会发展统计公报

四川省农业厅农垦局

2012年，全省农场系统在各级党委、政府和省农业厅党组的领导下，在农业部农垦局的指导下，坚持以邓小平理论、“三个代表”重要思想和科学发展观为指导，认真贯彻落实全国农垦专业会议、全省农场工作会议精神，积极发展现代农业，以科学发展观统领农场社会经济发展，推进农场经济又好又快发展，扎实推进社会主义新农村示范场建设，坚持以人为本，坚持改革开放，转变经济发展方式，突出科技创新，创新发展模式，加快结构调整，全面提高经济增长总量。全省农场系统实现了农场增效、职工增收，示范带动作用增强，全面促进了农场经济社会全面协调可持续和谐发展。

一、农场经济持续健康快速发展

（一）综合

四川农垦统计报表汇总企业数46个，较2011年减少1个（系四川盐源县国营慢坡子园艺场无法经营已解体）。2012年四川农垦经济总量继续保持稳定增长，实现了农场经济效益和职工收入、生活水平双增加的良好态势，全年农垦国民生产总值18 223.68万元，比2011年增加1 634.68万元，较2011年增长9.85%。其中，第一产业增加值5 591.68万元，增加530.68万元，增长10.5%；第二产业增加值9 829.12万元，增加666.12万元，增长7.26%；第三产业增加值2 803万元，增加438万元，增长18.52%。第一、二、三产业增加值占农垦生产总值的比重分别为30.7%、53.9%、15.4%，第一产业比重较2011年持平，第二产业比重下降1.3%，第二产业比重上升1.3个百分点。人均农垦生产总值12 726元，同比增长9%；人均纯收入5 469元，比2011年增加349元，同比增长4.2%。

土地总面积500 043公顷，较2011年增加2 192公顷。其中，耕地899公顷，较2011年增加40公顷；牧草地348 431公顷，林地面积42 102公顷，水面89公顷，茶果桑园1 045公顷，宜林地面积1 139公顷，居民点及工矿用地面积和其他面积105 982公顷。

（二）农业

要农牧业产品产量增加。全年实现农业总产值9 088万元（不含农林牧渔服务业），比2011年同比增加229万元，增长2.58%。其中，农业产值3 431万元，林业产值216万元，牧业产值5 426万元，渔业产值15万元。全年农作物总播种面积为1 070公顷，比2011年增加162公顷。其中，粮食播种面积513公顷，增加74公顷，占农作物总播种面积47.9%；油料面积19公顷，与2011年持平；蔬菜、瓜类面积145公顷，增加1公顷；烟叶面积4公顷，增加1公顷；青饲料面积389公顷，增加86公顷。粮食产量4 451吨，较2011年增加854吨，主要是薯类产量有大幅增加；油料、蔬菜、瓜类等产量与2011年基本持平。

畜牧业继续保持稳定增长，占农业总产值的比重为59.7%，比2011年增长5.3个百分点；牲畜年末存栏总数113 681头（只），较2011年增加2 213头（只），规模化养殖场2个；主要畜产品产量中肉类2 437吨，较2011年减少71吨，减少2.8%；牛奶产量11 864吨，较2011年增加1 593吨，增长15.5%；山羊毛产量、蜂蜜产量与2011年持平；蚕茧产量40吨，较2011年减少23吨，2012年主要是凉山州西昌农场蚕房搬迁后，攀枝花钒钛钢厂生产，环境影响了蚕茧生产，受干旱影响，全年淡水产品产量继续下降，比2011年减少17吨。

全年植树造林11公顷，与2011年持平；木材采伐100米^3。

农业机械总动力850千瓦，比2011年增长1.6%。

（三）工业和建筑业

加大制造业的转型投入，全年实现工业增加值9 532万元，比2011年增加477万元，增长

5.3%，实现利润2 620万元，增长2.8%。实现工业总产值29 428万元，减少6.2%。其中，国有工业总产值389万元，占工业总产值1.3%；非国有工业总产值29 039万元，占工业总产值98.7%。其中，轻工业产值1 184万元，占工业总产值4.0%。其他采矿业104万元，食品制造业22 794万元，饮料制造业1 184万元，纺织业337万元，黑色金属冶炼及压延加工业5 009万元。

因企业改制2012年全省农垦已无建筑企业，比2011年减少1个。

（四）餐饮业、服务业

调整产业结构，加强第三产业的发展，2012年末餐饮业、服务业营业单位总个数6个，比2011年增加1个，从业人员265人，拥有固定资产原值8 041万元，营业用房总面积10 846米^2，实现销售或营业收入1 447万元，比2011年增加957万元。

（五）固定资产投资

全年已完成固定资产投资1 048万元，比2011年减少617万元，同比减少37.1%，主要是我省农场棚户区改造投入进入收尾阶段。当年新增固定资产1 048万元。其中，第一产业投资额656万元，占投资额的62.6%；第二产业投资额392万元，占投资额的37.4%。全年国家预算内资金投资总额357万元，占投资额的34.1%；比2011年多争取国家投资254万元。

（六）人口、职工和劳动报酬

年末全垦区总人口14 320人，较2011年增加0.73%，全年出生人口51人，年内死亡人口35人。

年末社会从业人员7 738人，较2011年增加366人。其中第一产业6 274人，第二产业1 033人，第三产业431人，分别占社会劳动者总数的81.1%、13.3%、5.6%。

职工收入和人均收入双提高。年末职工642人，其中，在岗职工3 286人，其他人员4 356人。全年从业人员劳动报酬7 843万元，其中在岗职工劳动报酬5 727万元，职工年平均工资17 428元，比2011年增加880元，增长5.3%。人均纯收入5 469元，人均增收349元，较2011年增长6.8%。

（七）非国有经济

非国有经济继续保持良好的增长态势，继续实现盈利。2012年非国有经济完成生产总值12 071万元，比2011年增长6.1%，无第三产业。其中，第一产业增加值1 330万元，第二产业增加值10 741万元，分别占非国有经济总量的11.0%和89.0%，与2011年占比相同。年末非国有经济从业人员1 422人，较2011年减少21人，其中，第一产业355人，第二产业1 067人。从业人员劳动报酬3 211万元，较2011年增加111万元，年人均收入22 580元，较2011年增加1 097元。全年实现利税4 975万元，其中利润1 949万元。

二、2012年全省农场工作得到全面发展

1. 加快发展农场现代农业 发展农场现代农业，是农场立足之本和发展之基。根据农场优势和市场需求，进一步调整优化结构，建设了一定规模的粮食、生猪、茶果、热作、蚕桑、奶牛、肉羊、肉禽、水产、蔬菜和花卉等种养业生产基地，实行专业化、规模化、标准化生产。向社会提供一定数量的优质安全的粮、肉、蚕、奶等名特优新稀农产品、绿色食品、有机食品、名牌产品和特色产品。在农场现代农业建设中，大力推广农业优质安全高效的适用技术。加大种养业优质安全高效适用新技术、新品种推广力度，特别是在加大防冻抗低温、抗干旱、疫病防治和生态环保技术推广力度。围绕省上的优势农产品区域布局，加大优化农业产业结构。重点抓了种子种苗，优质种牛、种猪、种羊、种禽、种鱼等的引进和繁育。结合省上产业示范基地建设，扎实抓好现代示范场建设，提高农场农业科技创新、新技术应用能力和社会地位，使之成为我省现代农业的样板，在社会主义新农村建设中，发挥更大作用。

2. 加大发展二、三产业力度 对农场二、三产业发展，我局始终坚持了以农业为基础，以农业产业化经营为主要模式。以市场为导向，以营销为抓手，以农产品加工为重点。第二产业发展，主要以农产品精深加工为主，进一步巩固提高乳业、酒业、蚕业、麦业、油业等优势产业。积极抓好米业、薯类加工业的发展。进一步提高机械制造、冶金、冶炼、乳业、轻纺行业科技水平，打造名牌产品，提高产品市场竞争能力。形成了布局合理，结构优化，效益明显的农场工业体系。充分利用全国糖酒会、农博会、西博会、东博会这个平台，加强对各类产品的营销促销，提高工业产品的效益。第三产业发展，以现代物流服务为主，围绕城乡一体

化发展和省上在建的 10 多个百万人口城市规划，突出农场区位优势，面向城乡市场，加快建设以综合批发市场、农产品批发市场、废旧物质交易市场为特色的现代物流业。积极争创国家级、部省级的定点市场。积极拓展农业功能，发展经营以生态、观光、旅游、休闲娱乐和产前产中产后服务为一体的现代服务业，提高农场的综合经济效益。

3. 发展培育壮大产业化龙头企业 重点培育壮大一批拥有知名品牌和自主知识产权，主业突出，有一定规模、核心竞争力较强农场企业，争取一批企业进入国家、省、市级农业产业化龙头企业，争创国家级、省级名牌产品称号。2012 年，组织我省的宜宾叙府酒业有限公司参加了全国农业博览会，宣传了企业，提高了知名度，为进一步拓展市场起到了极大促进作用。此外，为宜宾叙府酒业有限公司、邛崃嘉乐集团有限公司、南充川北农产品批发市场等 3 家省级龙头企业，积极争取政策扶持，壮大经济实力。这三家龙头企业在当地起到了较大带动作用。对龙头企业，进一步完善法人治理结构，建立起现代企业制度，创新经营机制，提高经营管理水平和效益。龙头企业加大了可控原料基地、营销体系，延长产业链条的建设力度，增强市场竞争力和带动力。

4. 加强领导，巩固全省农场地震灾后恢复重建成果 历时三年的全省农场系统地震灾后恢复重建，在中央、省委、省政府、农业部农垦局的关心支持下，在省农业厅党组的领导下，我局采取各种方式，深入受灾农场指导灾后恢复重建，协调当地政府和有关部门支持农场地震灾后恢复重建工作，进行了大量艰苦卓有成效的工作。在各级党委、政府的领导下，农场经过艰苦努力，已圆满完成建设任务。我省农垦重点抓了这几项工作：一是加大监督重建资金的管理，确保资金安全。二是督促资金尽快到位。三是帮助农场解决农场重建工作后期遇到的困难。四是帮助农场调整优化结构，充分发挥灾后重建成果。通过抓以上工作，极大促进了受灾农场的经济发展，受灾农场经济已取得显著增长

5. 高度重视，狠抓全省农场系统棚户区改造 全省农场系统棚户区改造工程是一项重大的民生工程，惠及我省 20 个市州的 91 个农场。我局高度重视，狠抓落实。2012 年，共组织实施 6 250 套改造任务。一是先后两次召开了全省农场系统棚户区改造工作和经验交流会，传达贯彻落实全国、全省保障性安居工程会议精神，安排部署农场棚户区改造工作，学习先进经验。二是制订今年全省农场棚户区改造计划和实施方案。三是积极协调国家有关部委、省级有关部门，争取对四川农场棚户区改造的支持，全额落实了国家补助资金和省级财政配套资金及各项优惠政策。四是 2011 年 3 600 户改造任务已 100%开工，2012 年 2 650 套改造任务年底开工率可达 95%左右。五是加强了督查，两次组织工作组到市州开展督查，确保了棚户区改造工程的建设质量和廉政建设。棚户区改造工作的实施，大大改善了我省农场职工的居住和生活条件。对促进农场经济社会发展，建设和谐农场打下坚实基础。

贵州农垦2012年经济和社会发展统计公报

贵州省农业厅农垦局

2012年，贵州农垦系统在各级党委政府的领导和支持下，积极推进垦区危房改造工作进度，调整和优化种植业、养殖业结构。经过全系统广大干部职工的共同努力，艰苦奋斗，克服了种种困难，经济增长回升态势明显，人均收入水平得到大幅提高，市场适应能力得到加强，经济和社会发展取得了较好的成绩，全垦区实现盈利604万元。

一、基本情况

贵州省垦区2012年有农垦企业38个，农垦年末总人口为25 972人，比2011年减少229人，年末在职职工总数为5 023人，比2011年减少406人，原因为农场改制买断。人均纯收入4 921元，比2011年增加1 000元整，增长25.5%。

二、农业情况

农牧渔业总产值23 561万元（现价），比2011年增加4 965万元，增加26.7%，原因是我省垦区最大奶牛场大规模增加奶牛存栏数，牛奶产量大幅增加，2013年还将有较大幅度增长；垦区总面积17 213公顷，比2011年减少4 140公顷，原因为贵阳三联乳业土地整体置换；农作物播种面积2 388公顷；粮食产量6 033吨，比2011年略有增加；茶叶产量4 337吨，比2011年增加217吨；水果产量8 578吨，比2011年增加86吨；牛奶产量43 655吨，比2011年增加3 814吨，增长9.6%，奶牛存栏数2.37万头，比2011年增长0.32万头。

三、工业情况

工业总产值53 484万元（现价），比2011年增加8 395万元，增幅18.6%，主要原因为2012年新引进3 050头优质奶牛开始投产，预计2013年还将有较大增长。原煤产量2011年23 400吨，原因为我省垦区目前唯一一个煤矿已经改制完毕，2012年开始试生产，预计2013年产能提高到年产8万吨；混合饲料产量2 270吨，比2011年有大幅度减少，原因为主要饲料企业2012年土地被征用，正在搬迁新厂址；名优茶产量超过1 277吨；水电发电量120万千瓦时，与2011年持平。

四、评价

1. 主要问题　2012年，贵州农垦总体形势保持良好势头，亏损企业亏损额度大幅减少，自然灾害的影响相对也较小，盈利总额达到历史最高水平，但是，农垦系统进入社会养老统筹后，虽然保障了退休职工的养老金，但企业缴费负担仍然十分沉重，部分企业不能按时缴纳社保基金现象仍然存在；各地区企业办社会职能因为各方面原因暂时不能剥离，企业负担仍然严重；医疗保险门槛过高，医疗费用农场负担过大，垦区危房改造全面推进后，职工出现大面积借债建房，负债较高，这些已成为制约我省农垦企业的进一步发展的主要因素。

2. 发展形势　2012年，我省垦区在加大企业改革力度的情况下，通过经济转向，着重加大了效益明显的产业投入，特别是乳业、茶业和水果业有较大的发展，茶叶生产由以往的生产普通茶重点转向生产名优茶为主，质量得到提高，因而增加了产品的附加值，提高了经济效益；乳业在得到地方政府支持后，2012年净增奶牛0.32万头，2013年计划增加0.3万头，发展形势喜人。

陕西农垦2012年经济和社会发展统计公报

陕西省农垦农工商总公司

2012年是实施“十二五”规划承上启下的重要一年，我们按照既定的发展战略和奋斗目标，继续坚持跨越式发展战略不动摇，紧紧围绕稳中求进保增长主基调，深化改革，扩大开放，加快发展，改善民生，农垦各项工作取得了新成绩，出现了新局面。

在我国经济增长放缓、农作物病虫害偏重发生和煤炭市场需求疲软等复杂形势下，2012年全省农垦实现国民生产总值46 824万元（现价，下同），同比减少16.86%。其中，第一产业增加值27 452万元，同比增加2.1%；第二产业增加值14 089万元，同比减少50.78%；第三产业增加值7 983万元，同比增加131.39%。全省实现农业总产值34 487万元，农林牧渔服务业总产值6 521万元，工业总产值13 403万元。

一、农业

发展特色产业，创建示范园区，现代农业建设取得新突破。

第一，陕西农垦种业公司在完成了注册资本增资扩股工作之后，于2011年5月正式挂牌。在保持原有小麦良种生产的同时，正式启动商业化育种，开展了玉米和西瓜的育种工作。同时，独家买断1个小麦新品种和3个大豆新品种的经营权。

第二，大樱桃产业健康发展，产销形势喜人。在农垦内部组建了大樱桃协会，统一品牌、统一包装、统一销售，统一协调大樱桃产业发展。改变往年大樱桃节促销模式，召开了陕西农垦首届大樱桃订货会。2011年，大樱桃结果面积5 685亩，总产78万千克，总收入1 472万元，平均每千克售价18.8元。与2010年相比，结果面积增加上千亩，产量增加数十万千克，收入增加近千万元，平均每千克售价增加近2元钱。

第三，华阴农场生态园被确定为陕西省休闲农业示范点，并申报了国家级休闲农业示范点。

第四，集团公司加快现代农业示范区建设工作，提出了3年内创建4～6个省级现代农业示范园区的战略设想，所属4个农场的现代农业示范区规划均已基本编制完成，华阴农场已被确定为省级现代农业示范园，并启动了国家级现代农业示范区创建工作。

第五，2012年我垦区要继续实施项目带动战略，努力争取和实施一批对促进经济发展起关键作用的重点建设项目。已经基本落实的项目有：总投资2 400万元的2万亩高标准农田建设项目，大荔、华阴农场各实施1万亩；总投资881万元的1万亩农业综合开发中低产田改造项目，沙苑、朝邑农场各5 000亩；投资500万元的华阴农场省级现代农业示范园项目；投资500万元的沙苑农场棉花基地建设项目；投资1 000万元的农垦技校中等职业学校基础能力建设项目等。计划争取的项目有：总投资2 400万～3 000万元的2万亩高标准农田建设项目，沙苑、朝邑农场各1万亩；总投资1 000万元的2个省级现代农业示范园项目，大荔、沙苑农场各1个；投资1 000万元以上的华阴农场万吨冷藏库项目；投资300万元的华阴农场设施大樱桃项目；投资300万元的沙苑农场脱毒马铃薯良种繁育项目；粮农集团计划在沙苑农场建设的万吨储备粮库项目等。同时，集团公司将倾斜支持6～8个重点项目和营业收入过2 000万元的经营项目，为每个项目资金贷款贴息100万元。

2012年陕西农垦共产粮食52 797吨。主要农作物产量如下：稻谷46 674吨，小麦14 150吨，玉米31 095吨，大豆673吨。油料合计1 256吨，其中花生1 127吨；向日葵129吨，棉花1 734吨，水果总产量11 769吨，蔬菜、瓜类25 864吨。

2012年农垦在克服畜禽类疫病影响，共生产牛奶3 550吨，肉类2 612吨，禽蛋96吨，水产品42吨。存栏奶牛0.11万头，猪2.05万头，羊2.02万只。

二、工业

体制改革进一步深化。荔北油脂厂政策性破产是集团公司和大荔农场经过艰苦努力争取到的国家优惠政策。政策实施，农场减债减负、增收增效总额达1.2亿，其中核销金融债务5 700多万元。目前，破产申请已递交渭南市中级人民法院，2012年已全面启动。第一，协调争取省人社厅对职工安置方案的批复；第二，协调争取渭南市中级人民法院正式立案；第三，协调争取省财政部门落实破产资金；第四，严格按照国家规定和相关政策，组织平稳实施，妥善安置好职工；第五，统筹谋划破产后的资产重组工作，充分利用现有厂房、场地，采取新机制开展粮食收储贸易等新的经营业务。

榆林农垦榆卜界煤矿因透水事故，石马坬农场由于矿村矛盾全年仅生产1个月煤矿，所以煤矿产量及工业总产值、工业增加值都较2011年大幅下降。

2012年全省共实现工业总产值13 403万元。

2012年主要工业产品产量有原煤310 000吨、液体乳3 360吨。

三、商贸服务业

2012年商业年末经营单位27个，商品销售总额468万元。住宿餐饮业年末经营单位23个，营业收入1 106万元。服务业经营单位18个，营业收入4 403万元。

四、固定资产投资

全省农垦固定资产投资20 647万元，其中，第一产业4 016万元，占投资总额的19.45%；第二产业4 246万元，占投资总额的20.56%；第三产业12 385万元，占投资总额的59.99%。

按投资来源划分，国家预算资金478万元，自筹资金19 845万元，其他资金324万元。当年新增固定资产4 964万元。

五、劳动工资、人口

2012年末农垦社会从业人员9 917人，其中第一产业7 301人，第二产业951人，第三产业1 665人，分别占总数的73.62%、9.59%、16.79%。农垦从业人员中，属于国有经济从业人员的共有5 021人，劳动报酬8 374万元。其中，在岗职工4 948人，劳动报酬8 170万元；其他从业人员73人，劳动报酬204万元。农场的国有经济从业人员有4 363人，劳动报酬6 590万元。全年人均纯收入6 960元。

六、科研、文教、卫生

农垦现有医疗单位12个，医院12所，病床167张，医务人员167人，其中医生48人。

近两年来，农垦办中小学校部分移交地方政府，农垦现有学校1所，教职工29人，其中教师29人。在校生1 336人，当年新招生357人，当年毕业生370人。

甘肃农垦 2012 年经济和社会发展统计公报

甘肃省农垦集团有限责任公司

2012 年是甘肃农垦实施“十二五”规划的关键之年。一年来，在省委省政府的正确领导下，在农业部农垦局和省国资委的监管支持下，在垦区广大干部职工的共同努力下，为庆祝 2013 年甘肃农垦建垦 60 周年，进一步明确垦区改革思路和工作重点，紧紧围绕“十二五”规划和“2552”工程任务目标，凝心聚力、迎难而上，以打造百亿元企业集团为战略任务，以加快转变经济发展方式为主线，把握“稳中求进、好中求快”的总基调，大力实施“三化”战略，按照年初确定的“九个聚焦”，优化资源配置，谋划重大项目，壮大主导产业，提升经济实力，各项工作在国际国内形势都不乐观的情况下，取得了逆势上扬的好局面，也是甘肃垦区历史上经济增长速度最高的年份之一，获得了在省国资委考核的 27 家单位中，营业收入排名第七位，利润增长排名第二位的好名次，使甘肃农垦综合实力又迈上了一个新的台阶。

一、经济运行基本情况

2012 年甘肃垦区保持了经济平稳较快发展的良好势头，现有总土地面积 550.02 千公顷，年末实有耕地面积 59.27 千公顷，年末拥有总人口 103 764人，其中农场人口 71 479 人；年末社会从业人员 34 031 人，其中，第一产业从业人员 22 454人，第二产业从业人员 9 011 人，第三产业从业人员 2 566 人，一、二、三产业从业人员分别占年末社会从业人员的比重为 65.98 ∶ 26.48 ∶ 7.54；全垦区完成生产总值 16.6 亿元，比 2011 年增长 28.92%，其中，第一产业增加值 74 594 万元，比 2011 年增长 40.74%；第二产业增加值 86 821万元，比 2011 年增长 27.8%；第三产业增加值4 573万元，比 2011 年下降 28.85%；主营业务收入 49.3 亿元，比 2011 年增长 26%；利税总额 8.48 亿元，比 2011 年增长 41%；职均收入 32 096元，比 2011 年增长 28%，国有资产保值增值率达 100%。人均生产总值 15 997 元，比 2011 年增加3 140元，增长 24.42%；人均收入 8 824 元，比 2011 年增加 521 元，增长 6.27%。

二、农、林、牧、渔业生产情况

2012 年甘肃垦区农业生产在受到风沙、洪涝、霜冻等自然灾害和国际国内经济下行形势影响，致使垦区传统主导产业啤酒花、啤酒大麦、棉花、番茄等种植面积锐减，其相关加工企业大部分停产的情况下，一是进一步调整产业结构，改革土地由家庭农场分散经营的模式，积极推进土地流转，对土地进行集中统一经营，统一作业和技术推广，大力推进农业产业化发展，努力提高亩产量，努力降低生产成本。二是积极向垦区外扩展，共承包垦区外耕地 4.6 万亩，产值达 1.1 亿元，平均亩产值 2 391元。

2012 年，甘肃垦区完成农作物种植面积 59.26 千公顷，比 2011 年增长 9.66%，其中，粮食种植面积 34.19 千公顷，比 2011 年下降 3.99%，粮食总产 25.75 万吨，比 2011 年增长 2.59%，在粮食作物中，小麦播种面积 14.42 千公顷，比 2011 年下降 15.79%，小麦总产 8.71 万吨，比 2011 年下降 16.33%；啤酒大麦播种面积 7.98 千公顷，比 2011 年增长 40.74%，大麦总产 4.84 万吨，比 2011 年增长 37.5%；玉米播种面积 9.94 千公顷，比 2011 年下降 14.16%，玉米总产 8.42 万吨，比 2011 年下降 16.63%；棉花播种面积 4.19 千公顷，比 2011 年下降 13.79%，皮棉总产 0.71 万吨，比 2011 年下降 20.22%；油料播种面积 6.59 千公顷，比 2011 年增长 68.97%，油料总产 2.16 万吨，比 2011 年增长 45.95%；啤酒花播种面积 1.02 千公顷，比 2011 年下降 9.73%，啤酒花总产 0.27 万吨，比 2011 年下降 34.15%；药材种植面积 3.06 千公顷，比 2011 年增长 50.74%；果园面积 3.12 千公顷，比 2011 年增长 3.65%，水果总产 4.98

万吨，比2011年下降17.82%。

2012年，全垦区大牲畜年末存栏1.32万头，比2011年增长25.71%；猪年末存栏1.59万头，比2011年增长15.22%；羊年末存栏15.64万只，与2011年基本持平；家禽年末存栏8.2万只，比2011年下降64.19%。肉类总产量0.43万吨，比2011年增长43.33%；牛奶总产量0.14万吨，与2011年基本持平；禽蛋总产量0.12，比2011年下降29.41%。

三、工业生产情况

2012年，全垦区工业企业克服各种不利因素，不断推进由资源优势向经济优势转变，由生产优势向市场优势转变的步伐，继续狠抓内部管理，提高产品质量，保持垦区工业经济总体平稳增长态势。

一是西部水泥、金泥集团、兰维公司、药碱厂、酒泉电力局等纯工业企业继续发挥骨干作用，完成工业总产值10.29亿元，占工业总产值总额的50.6%；完成工业增加值2.88亿元，占总增加值的50.5%；实现工业销售收入10.73亿元，占工业销售收入总额的45.68%；实现利润1.62亿元，占工业利润总额的57.9%。

二是农产品加工企业整体实力不断增强，完成工业总产值10亿元，占工业总产值总额的49.4%；工业增加值2.83亿元，占总增加值的49.5%；实现工业销售收入12.76亿元，占工业销售收入总额的54%；实现利润1.18亿元，占工业利润总额的42%。

三是重点工业企业保持了产销两旺的增长态势，经济效益明显好于2011年。莫高公司加大葡萄酒网络市场建设，利润大幅度增加，葡萄酒销售量比2011年增长20%以上。金泥集团水泥生产突破200万吨，再创历史新高，40万吨的电石项目也即将竣工。药物碱厂所属普安公司宣肺止嗽合剂销售量稳中有升，销售量突破300万瓶。亚盛股份公司全年签订并实施销售合同39份，合同金额1.27亿元。农垦药材公司抢抓中药材收购机遇，全年实现销售收入1.8亿元，比2011年增长44%。

2012年，全垦区实现工业增加值8.29亿元，比2011年增长26.28%，完成工业销售产值30.49亿元，比2011年增长18.87%；主营业务收入30.81亿元；主要产品产量如下：水泥236.37万吨，比2011年增长2.37%；葡萄酒0.66万吨，与2011年基本持平；麦芽2.87万吨，比2011年下降42.61%；啤酒1.59亿升，比2011年下降7%；硅铁1.4万吨，比2011年下降20%；烧碱1.34万吨，比2011年下降8.8%；合成盐酸2.11万吨，比2011年增长99.06%；液氯0.64万吨，比2011年下降34.02%；番茄酱0.13万吨，比2011年下降72.92%；宣肺止咳露306吨；玉米油245吨；糯玉米糁子899吨；中药饮片1 544吨。

四、固定资产投资完成情况

抓项目是农垦实现转型跨越发展的重要支撑和保证。一年来，集团公司党委和领导始终把项目争取工作作为头等大事来抓，认真优化资源配置，谋划重大项目，抢抓机遇，奋力进取，狠抓落实。形成垦区上下积极主动跑项目、跑资金的良好氛围。经过上下共同努力，甘肃垦区全年共争取落实中央及省级项目拨款43 566万元。其中，中央资金35 919万元，省级资金7 647元。全年共建设固定资产投资项目61个，其中新建项目53个，续建项目8个；投资超过5亿元的项目3个，1亿元以上5亿元以下项目8个，5 000万元以上1亿元以下项目11个，1 000万元以上5 000万元以下项目8个，1 000万元以下项目31个。

在2012年完成固定资产投资总额中：危房改造项目总投资65 029万元（包括基础设施配套）；农业综合开发项目总投资2 010万元；人饮工程项目总投资393万元；黄羊河集团公司脱水蔬菜和特色玉米加工技改项目总投资10 085万元；宏远公司一青羊沟水电站项目截至2012年末该项目累计投资54 740万元。

综上所述，2012年，是甘肃垦区有史以来固定资产完成投资最多的一年，也是项目建设取得成效最大的一年。全垦区共完成固定资产投资总额280 798万元，比2011年增长168.78%，其中国有278 016万元，比2011年增长171.65%。投资按用途分，第一产业83 825万元，比2011年增长113.66%，其中国有82 408万元，比2011年增长116.52%；第二产业131 961万元，比2011年增长183.29%，其中国有130 955万元，比2011年增长186.33%；第三产业65 012万元，比2011年增长248.46%，其中国有64 653万元，比2011年增长248.59%。一、二、三产业完成投资分别占全年固定资产投资总额的比重为 30%、47%、23%。投资按资金来源分，国家预算内资金 17 448 万元，比 2011 年增长 27.11%，其中国有 15 616 万元，比 2011 年增长 15.85%；国内贷款 89 460 万元，比 2011 年增长 411.03%，其中国有 89 460 万元，比 2011 年增长 15.85%；自筹资金 122 650 万元，比 2011 年增长 81.08%，其中国有 122 026 万元，比 2011 年增长 83.84%；其他资金 51 240 万元，是 2011 年的近 10 倍，其中国有 50 914 万元，是 2011 年的 10 倍多。当年新增固定资产 30 441万元，其中国有 26 525 万元。

五、第三产业情况

2012 年，全垦区拥有科研单位 11 个，从业人员 228 人，其中科技人员 158 人，科技经费投入 1 993万元，其中国家拨款 1 292 万元，自筹 701 万元。

由于甘肃农垦已将企业所办的中小学和甘肃电大农垦分校全部移交给当地，2012 年，只有成人高等学校和成人中等专业学校各 1 所，共有教职工 87 人，其中教师 69 人。在校学生 10 535 人，当年新招生 3 635 人，当年毕业生 1 341 人。

拥有医疗单位 37 个，从业人员 320 人，其中医生 108 人，拥有病床 562 张。

拥有批发零售业、住宿餐饮业和服务业经营单位 239 个，其中国有及国有控股 30 个；年末从业人员 766 人，其中国有及国有控股 465 人；从业人员报酬 2 079 万元，其中国有及国有控股 1 288 万元；年末固定资产原值 11 985 万元，其中国有及国有控股 11 060 万元；销售总额或营业收入 46 340万元，其中国有及国有控股 44 225 万元。

青海农垦2012年经济和社会发展情况

青海省农垦局

2012年，青海农垦进一步加快企业改制步伐，狠抓农牧业结构调整，突出科技兴农兴场，积极发展现代农业，大力提高农业综合生产能力，虽然遭受较为严重的自然灾害，但总体上农牧业生产形势比较稳定。

截至2012年末，青海农垦共有各类企业农场17个，农垦系统土地总面积为36.3万公顷，其中，耕地面积为22 638公顷，播种面积1.93万公顷。2012年粮食作物播种面积7 629公顷，油料面积8 217公顷；全年粮食总产达到0.92万吨，油料产量1.7万吨。年末总人口为36 974人，其中农场人口为32 769人，社会从业人员17 926人，企业职工7 761人，其中国有单位职工6 050人，非国有经济单位1 169人。年末实有住房面积54万米^2。畜牧业稳中有增，大牲畜存栏4.03万头，猪存栏0.36万头，羊存栏3.84万只，牛羊繁活率、出栏率均略高于2011年，肉类产量2 867吨，牛奶产量525吨，羊毛产量465吨，由于汇总单位增加，均较2011年有大幅增长，退耕还林成绩得到较好巩固，截至2010年底共退耕还林还草保有面积45.5万亩。由于2012年油料、蔬菜等农产品价格攀升，农业减产不减收，收入较2011年有一定上涨，畜牧业生产稳步增长。2012年实现国民生产总值2.98亿元，较2011年增加14.8%。农垦企业人均收入5 800元，比2011年增长15.4%。

宁夏农垦2012年经济和社会发展情况

宁夏回族自治区农垦事业管理局

2012年，是实施“十二五”规划承上启下的关键之年，也是巩固和扩大农垦改革发展成果的重要一年。一年来，宁夏农垦在自治区党委、政府的正确领导下，认真贯彻落实中央和自治区各项决策部署，抢抓机遇，深化改革，加快发展。坚持以“以四化同步”为统筹，以“科技创新”为支撑，以“一优三高”为抓手，以融入“一带一廊”建设为机遇，着力推进农业现代化、农垦工业化，农场城镇化、旅游特色化进程，着力扩大经济总量，提升经济质量，着力保障、改善民生，调动一切积极因素，攻坚克难、扎实推进，取得了一些好成绩、增添了一些新亮点，在广大干部职工的共同努力下，垦区经济社会整体呈现出良好的发展局面。

一、综合

2012年实现垦区生产总值（现价，下同）18.16亿元，同比增长11.5%。其中，第一产业增加值9.41亿元，增长4%；第二产业增加值5.51亿元，增长24.5%；第三产业增加值3.23亿元，增长15.1%。一、二、三产业增加值构成比例为51.8∶30.3∶17.8。

2012年垦区人均纯收入为13 119元，比2011年增加1 570元，增长13.6%，是全区农民人均纯收入5 410元的2.13倍，是全区城镇居民人均可支配收入17 578.9元的65.7%。垦区职均收入23 183元，比2011年增加3 003元，增长14.9%。

2012年垦区总户数40 165户，总人口128 720人，其中，达到小城镇规模农场个数13个。年末单位从业人员人数18 629人，其中职工人数14 244人，离退休职工19 106人。年末单位从业人员工资总额46 345.2万元，职工人均工资收入25 513.5元，同比增长6.1%。

二、农业

2012年，垦区农业总体上呈现出持续、稳定、向上发展势头。全年实现农业总产值223 920.7万元（现价，下同），同比增长5.7%；实现农业增加值94 131.9万元，同比增长4%。

2012年垦区农作物总播种面积40 647公顷，全年粮食播种面积33 359公顷，其中，夏粮播种面积2 135公顷，同比下降39.6%；秋粮播种面积31 224公顷，同比增长6.6%。春小麦播种面积1 147公顷，同比减少19.4%；冬麦播种面积988公顷，同比减少53.3%；水稻播种面积11 246公顷，同比持平；玉米播种面积19 891公顷，同比增长10.3%。

全年粮食总产量34.05万吨，同比增长4.9%，占自治区粮食总产量的9%（表1）。其中，夏粮产量1.59万吨，同比下降37.8%；秋粮产量32.46万吨，同比增长8.5%。

表1　2012年垦区种植业基本情况表

产品	产量（吨）	比2011年增长（%）
粮食产量	340 566	4.9
其中：小麦	15 058	−41.3
水稻	93 693	1.4
玉米	230 788	11.7
油料	4 139	−49.7
水果	46 819	−7.7
其中：葡萄	15 050	−22.7

年末大牲畜存栏3.83万头，同比增长11.5%，其中，年末牛存栏3.83万头，增长11.6%；良种奶牛存栏3.38万头，增长11.9%；年末生猪存栏4.21万头，同比增长23.3%；年末羊只存栏7.05万只，同比增长2.7%（表2）。

表 2　2012 年垦区畜牧业基本情况

产品或存栏	数量	比 2011 年增减（%）
年末牲畜存栏（头）	38 361	11.6
年末牛存栏（头）	38 305	11.6
其中：奶牛（头）	33 844	11.9
年末羊存栏（只）	70 514	2.7
其中：山羊	21 466	0.3
绵羊	49 048	3.8
猪年末存栏（头）	42 109	23.3
其中：能繁母猪（头）	4 890	8.7
当年牲畜出栏		
其中：牛出栏（头）	10 293	20
羊只出栏（只）	38 075	2.0
生猪出栏（头）	49 531	−1.6
家禽出栏（百只）	3 570	4.2
肉类总产量（吨）	6 017	−1.6
其中：猪肉产量（吨）	3 328	−11.1
牛肉产量（吨）	1 499	25.6
羊肉产量（吨）	622	1.3
禽肉产量（吨）	558	1.6
牛奶产量（吨）	122 573	5.3
禽蛋产量（吨）	1 015	−19.3

渔业养殖面积 10.53 万亩，同比持平；全年鱼产品产量 9 783 吨，同比下降 3.4%。

2012 年垦区农机装备水平和机械作业性能继续提升，农业产业结构的进一步优化。年末拥有大中型拖拉机 2 213 台，同比增长 10.8%；拥有联合收割机 636 台，同比增长 17.3%；农业机械总动力 255 536 千瓦，同比增长 5.3%。

三、工业和建筑业

2012 年垦区工业企业个数 55 个，其中，国有及年销售收入 2 000 万元以上的非国有工业企业 18 个 。全年实现工业总产值（现价）100 011.2 万元，增长 7.8%；实现工业增加值 36 641.25 万元，其中西夏嘉酿啤酒有限公司实现工业增加值 15 289.1 万元，增长 15.6%，占工业增加值 41.7%。

表 3　2012 年垦区工业产品产量

产品	数量	比 2011 年增减%
原煤（含精洗煤产量）（吨）	79 157	21.1
乳制品（吨）	21 100	6.4
其中：酸奶（吨）	740	−9.3
饮料酒（千升）	159 951	−3.3
其中：啤酒（千升）	153 745	−5.2
白酒（千升）	516	24.6
葡萄酒（千升）	4 045	13.4
其中：西夏王（千升）	1 505	11.4
混配合饲料（吨）	27 433	5.5
大米（吨）	22 870	175.7

垦区年末实现建筑业生产总值 18 449.49 万元，同比增长 30%。房屋建筑施工面积 33.24 万米^2，竣工面积 33.24 万米^2。

四、固定资产投资

2012 年垦区固定资产投资总量较快增长，年末完成固定资产投资 130 648 万元，同比增长 28%。其中利用外资贷款 11 763 万元，占总投资额的 9%，主要用于垦区葡萄园区建设及种植、奶牛繁育养殖、肉牛养殖育肥、沙湖湿地恢复项目建设。

基本建设完成投资 122 154.73 万元，增长 34%，占总投资额的 93.4%；更新改造完成投资 8 464.92万元，占总投资的 6.9%。

完成巩固退耕还林成果项目 289 万元，农场保护性耕作工程建设项目 567 万元，灌区节水配套改造项目 1 724 万元，土地开发整理重大工程续建项目 1.32 亿元，葡萄种植基地建设工程 5 883 万元，太阳梁生态移民安置区建设工程 1.4 亿元，高产优质苜蓿示范建设项目 720 万元，大中型水库移民结余项目 529 万元，垦区危房改造 2.37 亿元，村村通续建项目 1 559 万元，湿地博物馆布展改造 106 万元。推进奶牛场建设工程项目，平吉堡奶牛场、灵农畜牧公司奶牛场、连湖奶牛场、茂盛草业奶牛场、暖泉奶牛场 7 个项目投资 3.12 亿元。利用政策性贷款实施农业综合开发土地治理项目 3.25 亿元，推进垦区农田水利基本建设，实施规模和投入资金均创农垦历史新高。

五、垦区贸易及旅游

2012 年垦区第三产业实现增加值（现价，下同）32 353.95 万元，同比增长 15.1%。实现社会消费品零售额 37 762.39 万元，同比下降 1.3%，其中，批发零售贸易业实现零售额 27 689.5 万元，下降 4%；住宿餐饮业实现零售额 10 072.89 万元，与 2011 年同期增长 7%。

一年来，垦区大力发展旅游业，倾力打造西部独具特色旅游景点。全年接待游客 125 万人次，实现旅游收入 2.55 亿元，增长 19.7%；实现利润 3 625万元，从而带动了垦区第三产业的稳步发展。

六、商品出口

外贸出口商品总金额 6 029.45 万元，同比下降 8.4%，出口供港露地蔬菜 13 473 吨，比 2011 年下降 11.3%。

七、农业产业化

垦区紧紧围绕“充分发挥宁夏农垦对现代农业的引领和示范作用”目标，按照“高产、优质、高效、生态、安全”的要求，发展优质粮食、葡萄、生猪、奶牛、设施农业、水产、酿造、清真牛羊肉、旅游、马铃薯脱毒种薯等优势特色产业，以促进垦区经济发展壮大。2012 年农垦农业产业化工程完成产值 22.39 亿元，占垦区工农业总产值的 63.7%。其中，优质粮食产业完成总产值 7.89 亿元，占垦区工农业总产值的 22.4%；奶牛产业完成总产值 0.62 亿元，占垦区工农业总产值的 1.7%；生猪产业完成总产值 0.85 亿元，占垦区工农业总产值的 2.4%；葡萄产业完成总产值 3.76 亿元，占垦区工农业总产值的 10.6%；湿地适水产业完成总产值 1.04 亿元，占工农业总产值的 2.9%；良种繁育完成总产值 5.69 亿元，占工农业总产值的 16.1%；西夏嘉酿完成总产值 3.76 亿元，占工农业总产值的 10.7%；西夏王酒业完成总产值 0.94 亿元，占工农业总产值的 2.6%；绿色蔬菜完成总产值 1.3 亿元，占工农业总产值的 3.7%；奶产业完成总产值 3.59 亿元，占垦区工农业总产值的 10.2%；精品旅游完成总产值 2.55 亿元。

八、科研、文教

年末农垦科研单位有 2 个；科研职工 46 人，其中科研人员 30 人；科研经费 72 万元。

年末中等职业中专学校 1 所，教职工 53 人，其中教师 40 人。在校学生 1 111 人，其中中等专业教学点学生 1 111 人；当年毕业学生 180 人。

新疆地方国有牧场
2012年经济和社会发展统计公报

新疆维吾尔自治区畜牧厅产业发展与牧场管理局

2012年是党的十八大召开之年，也是实施“十二五”规划的关键之年，新疆地方国有牧场在农业部和自治区党委、人民政府的大力支持下，在自治区畜牧厅党组的正确领导下，深入贯彻科学发展观，紧紧把握一系列援疆、惠疆的优惠政策，以“促发展、抓稳定、助民富、保生态”为出发点和落脚点，加大对农牧产业结构的引导和调整，积极推进国有牧场危旧房改造建设等民生工程。全区地方国有牧场经济保持较好增长势头，牧场职工收入稳定增长，生活条件不断改善，牧场各项事业呈现良好的发展局面。

一、综合

新疆地方国有牧场有123个，有国家级种畜场3个。牧场占地总面积1 125.48万公顷，其中耕地17.79万公顷。年末总人口42.07万人，社会从业人员19.19万人。2012年完成社会总值66.06亿元，较2011年增长20.07%，实现国民生产总值35.77亿元，较2011年增长23.47%，人均收入6 025元，较2011年增长6.7%。国有牧场经济中仍然以畜牧业和农业为主，农畜产品深加工能力有一定提升，第二产业和第三产业投资和收入增长较快。

二、农牧业生产

2012年实现农业产值26.73亿元，较2011年增长18.48%；牧业产值22.26亿元，增长19.29%；林业实现产值2.82亿元。

2012年实际播种面积17.55万公顷，其中，粮食播种面积8.22万公顷，粮食总产56.77万吨，比2011年增长3.3%；油料播种面积2.08万公顷，产量4.33万吨，比2011年减少17.3 %；其他经济作物播种面积5.83万公顷。

2012年末牲畜存栏头数394.61万头（只），比2011年增加1.65%，其中牛存栏39.46万头，羊存栏335.56万只。肉类总产量7.15万吨，较2011年增长2.1% ；牛奶总产量15.69万吨，较2011年增长3.91%；羊毛总产量0.45万吨，较2011年减少25%。

农牧业基础设施和机械化得到进一步改善和提高。2012年新疆地方国有牧场农业机械总动力达69.76万千瓦，拥有大中型拖拉机6 026台；小型及手扶拖拉机1.52万台；配套农机具2.17万台；联合收割机713台。当年农作物机耕面积15.94万公顷，机播面积15.12万公顷，机收面积9.98万公顷。

三、工业和建筑业

2012年工业和建筑业完成工业总产值10.95亿元，较2011年增长15%。其中煤炭开采和选矿业完成产值1.7亿元，农副食品加工业完成产值1.34亿元，食品制造业完成3.35亿元。

主要工业产品产量：乳制品6.47万吨，生产原煤产量1.3万吨，配合饲料4.31万吨。

建筑业全年完成总产值2.37亿元。

四、运输业及商、饮、服务业

2012年我区地方国有牧场第三产业实现总产值2.53亿元，拥有从业人员3 757人。

五、固定资产投资

2012年国有固定资产投资总额14.81亿元，比2011年增加4.33亿元，增加23.7%，其中第一产业投资8.72亿元，第二产业投资3.8亿元，第三产业投资1.56亿元。

资金主要来源：国家预算内资金4.82亿元，

国内贷款 0.93 亿元，自筹资金 8.47 亿元，自筹资金占总投资的 57.19%。

六、文教、卫生

2012 年，牧场所属学校共有 15 所，其中小学 11 所，普通中学 4 所，拥有教职工 711 人，在校学生 3 411 人。当年毕业生 759 人。

国有牧场卫生事业建设继续加强，积极推进医疗保障制度改革，完善合作医疗制度。2012 年有医疗单位 11 个，病床 152 张，医务人员 213 个。

七、就业与劳动工资

2012 年国有牧场社会从业人员 19.19 万人，年末职工人数 13.56 万人，其中在岗职工 10.5 万人。全年工资总额 26.3 亿元，职工年均收入 1.37 万元，比 2011 年增长 23.4%。

新疆地方国有农场 2012年经济和社会发展情况

新疆维吾尔自治区农业厅农场管理局

2012年，新疆地方国有农场在自治区党委、人民政府及农业部的正确领导下，认真贯彻党的十七届五中、六中全会精神，紧紧围绕自治区农村工作会议确定的各项工作任务，以实现农场增效、职工增收为目标，不断深化体制改革和机制创新，提高农场经济运行质量和效益，实现了新疆地方国有农场经济和社会又好又快发展。

一、综合

2012年全区地方国有农场完成国民生产总值204 875万元，比2011年增长12%，其中，第一产业增加值122 235万元，增长11.2%；第二产业增加值39 416万元，增长12.5%；第三产业增加值43 224万元，增长13.8%。国民经济中三次产业比例为59∶19∶22，人均纯收入7 236元，比2011年增加1 101元。

二、农业

2012年，新疆地方国有农场战胜低温、旱灾、风雹、病虫害等自然灾害的不利影响，充分发挥农业企业特有优势，继续保持了社会经济全面发展的好势头。完成农林牧渔业总产值273 574万元。其中，农业产值达217 441万元，林业产值6 420万元，牧业产值达46 278万元，渔业产值3 435万元，农林牧渔服务业产值1 731万元。按经济类型划分，国有为167 030万元，增长8.9%；集体为32 535万元，增长14.1%，个体为47 299万元，增长13.4%；其他经济类型为2 080万元，增长22.8%。

1. 种植业 全年农作物播种面积80 745公顷，其中，粮食播种面积31 800公顷，比2011年略有提高，棉花播种面积37 000公顷，较2011年增加350公顷；糖料播种面积1 300公顷，较2011年基本持平；油料播种面积4 510公顷，较2011年增加89公顷；瓜菜种植面积4 350公顷，较2011年减少50公顷；其他作物播种面积为730公顷，较2011年持平。其主要产品产量见表1。

表1 主要农产品产量

指标名称	2012年产量（吨）	比2011年增减（%）
粮食	225 735	1.6
棉花	78 000	5.9
油料	11 000	—
甜菜	71 000	3.4
瓜菜	162 050	1.8
麻类	1 970	−8.6

2012年，新疆地方国有农场不同程度地遭受了洪涝、旱灾、病虫害、霜冻及风雹灾等自然灾害，受灾面积达13 691公顷，绝收面积达2 009公顷。其中，粮食受灾面积1 875公顷，减产粮食2 011吨，棉花受灾面积7 331公顷，减产棉花7 055吨，糖料受灾面积129公顷，减产糖料913吨；直接经济损失9 857万元。

2. 畜牧业及水产业 2012年新疆地方国有农场畜牧业发展总体呈下降趋势，主要牲畜和畜禽产品产量见表2。

表2 主要牲畜和畜禽产品产量

指标名称	计量单位	2012年产量	比2011年增减（%）
大牲畜	万头	6.8	−1
猪	万头	5.25	1
羊	万只	32	2.9
家禽饲养量	万只	130	0.5
肉类总产量	吨	10 753	0.7
牛奶产量	吨	16 900	0.4
禽蛋产量	吨	13 900	132.8

2012 年新疆地方国有农场水产品养殖面积为 3 400公顷，水产量为 1 870 吨，比 2011 年增长 1.6%。

3. 水果及林业 2012 年新疆地方国有农场水果生产保持平稳发展，总面积 36 200 公顷，较 2011 年增加 249 公顷，总产 155 895 吨，较 2011 年增产 14.4%，其主要产品见表 3。

表 3 主要经济林产量

	2012 年产量（吨）	比 2011 年增减（%）
苹果	44 750	30.3
梨	42 045	18
葡萄	60 460	3.7
桃	1 720	20.2
红枣	1 910	0.8
其他水果	5 010	6.5

2012 年我区地方国有农场林地总面积 48 222 公顷。当年新造林 2 571 公顷，其中用材林 205 公顷，经济林 1 521 公顷，防护林 837 公顷，薪炭林 8 公顷。当年零星植树 350 万株，育苗面积 300 公顷，其中当年新育面积 83 公顷。

2012 年新疆地方国有农场生产条件进一步改善，农业机械总动力为 374 068 千瓦，比 2011 年增长 7.5%，拥有大中型农用拖拉机 3 717 台，机械总动力 130 095 千瓦，小型拖拉机 8 455 台，机械总动力 101 460 千瓦，大中型拖拉机配套农机具 4 850 台，小型拖拉机配套农机具 27 950 台，联合收获机 165 台，推土机 255 台，挖掘机 91 台，开沟机 230 台，农用运输汽车 1 170 辆。农场用电量 11 630 万千瓦时，农用化肥施用总量（按折纯量计算）24 223 吨，农药施用量 370 吨，农用塑料薄膜使用量 2 930 吨。

三、工业和建筑业

2012 年新疆地方国有农场完成工业产值 71 015万元，比 2011 年增长 9.1%。按行业划分煤矿开采和洗选业 2 259 万元，占 3.2%，农副食品加工业 12 325 万元，占 17.4%，食品制造业 7 678 万元，占 10.8%，纺织业 27 215 万元，占 38.3%，非金属矿制品业 5 267 万元，占 7.4%，其主要工业产品见表 4。

表 4 主要工业产品产量

	计量单位	2012 年产量	比 2011 年增减（%）
原煤	吨	107 590	−16.7
小麦粉	吨	17 370	11.3
食用植物油	吨	11 308	7.8
胶合板	米^3	33 430	12.1
砖	万块	38 608	8.3
发电量	万千瓦时	2 200	—
棉纱	万吨	2.3	4.5
奶粉	吨 220	−19.4	

年末建筑业单位 65 个，其中国有 14 个，年末从业人员 2 250 人，拥有固定资产原值 6 370 万元，机械设备总数为 715 台，全年施工房屋建筑面积 45 万米^2。

四、固定资产完成情况及新增生产能力

2012 年，完成固定资产投资 22 238 万元（含国有 17 831 元）。其中，第一产业 15 441 万元，占 69.4%；第二产业 3 419 万元，占 15.4%；第三产业 3 378 万元，占 15.2 %。按资金来源分国家预算内资金 4 114 万元，占 18.5%；自筹资金 3 580 万元，占 16.1%；当年新增固定资产 15 342 万元，其中国有 12 347 万元。

全年造林面积 2 387 公顷，新增大中型拖拉机 512 台、12 120 千瓦，小型拖拉机 165 台、3 055 千瓦，农用运输车 39 辆，机引农具 15 台，植保机械 70 台，新建公路 23 千米，电话线路 15 千米，住房 134 万米^2。

五、科研、教育和卫生

2012 年，新疆地方国有农场有科研单位 8 所，科技人员 110 人，科技经费 200 万元，企业自筹 200 万元。

六、人口、土地

2012 年，我区地方国有农场年末总人口 224 950 人，年末土地总面积 547 338 公顷，其中耕地面积 89 500 公顷，牧草地面积 299 170 公顷，已利用牧草地面积 138 926 公顷，林地面积 48 222 公顷，水面面积 4 348 公顷，果园面积为 36 200 公顷，可垦荒地面积 17 821 公顷，宜林地面积

11 768公顷，居民点及工矿用地面积 10 685 公顷，其他面积 29 624 公顷。

七、非公有经济发展情况

2012 年，我区地方国有农场年末非国有经营单位 2 221 个，其中，第一产业 327 个，第二产业 281 个，第三产业 1 613 个。年末从业人员有 7 531 人，从业人员劳动报酬 8 817 万元，生产总值 38 873万元，当年固定资产投资为 4 407 万元，年末资产总额 19 843 万元，固定资产原值为 14 675 万元，应交税金 1 070 万元，利润总额 6 509 万元。

中国热带农业科学院 2012 年基本概况

中国热带农业科学院

一、基本概况

中国热带农业科学院（简称热科院）创建于1954年，前身是设立在广州的华南特种林业研究所，1994年经国家有关部门批准更为现名。现拥有儋州、海口、湛江、三亚（筹建）4个院区，设有14个科研机构，分布在海南、广东“二省六市”。拥有国家工程技术研究中心、国家重点实验室培育基地、农业部重点开放实验室等30多个科研条件平台和2个博士后科研工作站，是一个学科门类齐全、研究重点突出、领域特色鲜明的国家级综合性农业科研机构。中国热带农业科学院在农业部领导下，在新的发展时期，坚持开放办院、特色办院、高标准办院的办院方针，加快热带农业科技创新、人才培养、成果转化、国际合作、科技服务等五大基地建设，创建世界一流的热带农业科技中心。

二、综合

2012年年末总人口12 681人，年内平均人口11 922人，人均纯收入20 066元/人，年末实有住房面积133.43万米^2。年末从业人员4 342人，其中在岗职工3 605人。全年职工劳动报酬25 445.37万元。

土地总面积4 590.69公顷，其中，耕地面积664.96公顷，林地面积1 965.47公顷，水面面积41.26公顷，茶果桑园28.63公顷，可垦荒地面积56.53公顷，宜林地面积108.16公顷，居民点及工矿用地面积327.65公顷，其他面积1 397.53公顷。

据核算，全年生产总值26 501.35万元，比2011年增长13.50%，其中，科学研究和综合技术服务业生产总值22 738.61万元，增长24.40%；批发和零售业1 963.00万元，减少39.60%；住宿和餐饮业94.74万元；文化体育和娱乐业生产总值1 705.00万元，增长4.8%。

三、农业

全年农林牧渔业总产值4 745.09万元，比2011年增长3%，其中，农业产值1 034.18万元，林业产值2 649.01万元，牧业产值977.38万元，渔业产值84.52万元。农作物播种面积244.40公顷，总产量1 451.77吨，单产5 940.00千克；其中，粮食产量1 245.12吨，比2011年减少10.70%；全年水果产量216.40吨，比2011年减少17.30%，水果主要有香蕉、菠萝、荔枝、龙眼、芒果、杨桃和其他热带水果；当年造林面积78.07公顷，采伐木材2 328米^3。肉类总产量400吨，水产品总产量121吨，养殖面积24公顷。

橡胶年末实有面积1 674.23公顷，全年干胶总产量1 000.11吨，比2011年增长18.90%，年内实际到达开割面积1 166.14公顷，增长1.30%，当年新开割面积96.46公顷，增长58.70%，开割到达株数33.09万株。橡胶生产总产值2 413.62万元，比2011年减少95.32万元，减少3.90%。

热带、亚热带作物生产情况，2012年总面积58公顷，收获面积20公顷。其中，椰子种植面积100公顷，产量8万个；油棕种植面积33公顷；南药种植面积17公顷，产量14吨。

四、其他产业

热科院属科学研究和综合技术服务业，生产总值均列入第三产业增加值中。从事第三产业的单位5个，主要发布在批发零售业、住宿餐饮业、服务业，从业人员203人，营业收入2 788.00万元。

五、固定资产

截至2012年12月31日，热科院资产总额18.12亿元，其中固定资产8.29亿元。2012年固定资产投资总额为3.10亿元，包括基本支出（办公设备、专业设备、交通工具）和项目支出两部分。2012年新增固定资产1.12亿元。主要原因是新建房屋、购置大型仪器设备、在建项目通过验收等。

六、科学技术

拥有科研单位15个，在职职工3 009人，全部从业人员4 594人，其中，科技人员1 894人，其他从业人员2 548人。科研经费3.65亿元，其中国家拨款3.47亿元，占科研经费95%。

2012年在农业部的正确领导下，院领导班子团结带领全院干部职工，不断提升科技内涵，增强院所综合实力，全院各项工作取得了可喜的成绩。科技内涵快速提升——全年获批立项461项，实现经费1.585亿元，比2011年增长50%。首次获得国家重大科技成果转化项目的立项，批复经费4 800万元，是我院迄今批复额度最大的科研项目。全年获省部级以上科技奖励35项，其中国家科技进步二等奖1项、省级科技奖励一等奖5项。获批授权专利167项，审定新品种7个。在橡胶、油棕、甘蔗、热带香辛饮料、热带农产品加工等研究领域取得重要进展。国家重点实验室申报工作扎实推进。成立了甘蔗、热带海洋生物资源利用、热带油料、热带旱作4个院级研究中心。新增3个省级重点实验室和3个部级种质资源圃。新增3个院级重点学科。成功举办了第九届学术委员会年会，凝聚了一大批顶尖专家。队伍建设不断加强——全年引进科技人员172人，其中博士62名，人才队伍结构不断优化。增补了一批特聘专家，组建了院离退休高级专家组。遴选热带农业科研杰出人才、青年拔尖人才及其创新团队并加强扶持培养。2人入选农业部农业科研杰出人才及其创新团队，1人入围第四批“青年千人计划”人选，2人获“全国优秀科技工作者”称号，1人获第二批“海南省高层次创新创业人才”称号。综合实力得到增强——热带作物品种资源研究所、橡胶研究所、热带生物技术研究所、环境与植物保护研究所进入全国农业科研机构百强所。香饮所排101名，各所排名均有较大幅度提升。院附属单位的重点工作得到落实。全院总收入9.1亿元。加速成果转化和产品开发，全院开发总收入近2亿元，比2011年增长近20%。新增开发香草兰、可可、艾纳香等8种系列科技产品。注重品牌宣传，实现了良好的经济社会效益。加快资源优势转化，启动了海口院区“科技服务中心”和“热带农产品展示及后勤服务中心”立项。

七、教育和卫生

全年院属普通中学2所，小学5所。教职工数共计197人。在校生2 174人，其中新招生632人，比2011年减少72人，当年毕业生552人，比2011年增加7人。

现有医疗单位6个，医务人员16人，其中医生6人。

八、其他

全年各类自然灾害造成农业直接经济损失为1 517.60万元，农作物受灾面积450公顷。灾害主要有：连续大暴雨造成水灾，严重影响农作物产量，热科院儋州院区湛江院区受灾，房屋、水坝、桥梁等基础设施受损严重，尤其是科研基础设施和种质资源圃遭受不同程度的破坏。

广州农垦 2012 年经济和社会发展情况

广州风行发展集团

2012 年，我集团按照市委、市政府部署，在市国资委的正确领导下，坚持以邓小平理论、“三个代表”重要思想和科学发展观为指导，紧紧围绕集团“十二五”规划的发展目标，以做大做强主导产业为突破口，全力以赴开展各项工作，实现了集团预期的经营目标。

一、综合情况

近几年，按照集团的战略发展规划，通过产业整合、结构调整，集团已形成以乳业、药业、现代服务业三大板块为主的经济结构。其中乳业作为集团的主导产业，被列入广州市国资委重点扶持发展产业，两大奶源基地及巴氏奶车间升级改造工程项目建设全面铺开，可望于 2013 年完成主体建设，“风行牛奶”已成为本地市场优质品牌，产销量持续保持快速增长势头；药业在引入战略投资者后，加大技术改造力度，进行新版药品 GMP 证书认证，提升产品质量，产销量呈现上升势头；现代服务业一方面盘活现有物业资产，提高租赁收益，另一方面利用优惠政策，购入优质物业，增强企业发展潜力，同时利用自留发展用地，引入外来投资者，筹建具有国际先进水平的酒店项目，为集团经济发展注入新的活力。

集团现有子公司 3 家，各级独立核算企业 27 家，职工人数 1 868 人，土地总面积 43 公顷。

2012 年集团实现国内生产总值 25 757 万元，同比增长 38.5%，其中：第一产业 4 361 万元，同比增长 9.57%；第二产业 13 884 万元，同比增长 33.36%；第三产业 7 512 万元，同比增长 78.6%。实现利润总额 7 958 万元，同比增长 123.23%。人均年收入 48 616 元，同比增长 8.68%。

二、农业生产情况

由于集团原有的农用地已全部被政府征收，目前集团已没有农业用地及农作物生产。

三、畜牧业生产情况

集团畜牧业以奶牛饲养为主，现有规模化奶牛养殖场 3 个，在建牧场 1 个，分布在广州市郊。年末奶牛总存栏 5 700 头，比 2011 年增加 300 头，增长 5.56%；能繁殖母畜 4 200 头，当年生仔畜 2 700头，与 2011 年持平。由于新建牧场尚未完工，集团牧业在现有存栏规模基础上，主要通过加强管理、生产挖潜、提高单产等手段，保持鲜奶产量稳步增长，满足乳制品加工需要。全年实现生鲜奶产量 21 735 吨，比 2011 年增加 1 007 吨，增长 4.86%，出口鲜奶收入 3 263 万元，比 2011 年增加 679 万元，增长 26.28%。当年通过绿色食品认证的奶牛 0.17 万头，年产生鲜乳 1 535 吨，乳制品 2 个，产量 1 666 吨。预计集团新建牧场投产后，新增奶牛存栏 7 200 头，鲜奶产量 3 万吨，集团牧业将步上一个新的台阶，实现跨越性的发展。

四、工业生产情况

集团工业以制药、乳制品加工为主，2012 年纳入统计范围的工业企业 3 个，与 2011 年保持不变。全年实现工业销售产值 50 156 万元，同比增加 9 649 万元，增长 23.82%，持续保持快速增长势头；实现产品销售收入 50 553 万元，同比增加8 968万元，增长 21.56%；实现利润总额 2 988 万元，同比增加 2 536 万元，增长 561%，主要原因是乳制品加工业量价齐升，产品结构合理，实现利润有较大的升幅，同时药业止住下滑势头，产销量逐步回升，实现利润同比增加。

主要产品产量完成情况：2012 年集团生产乳制品 35 267 吨，同比增加 4 905 吨，增长 16.16%，其中液体乳 32 178 吨。生产中成药2 921吨，同比增加 501 吨，增长 20.87%。

五、批发零售、服务业情况

集团2012年末纳入统计范围批发零售、服务业企业13个，比2011年增加1个，主要是集团本部单列纳入服务业统计范围，其中，正常经营企业10个，关停企业3个；年末从业人员174人，其中，批发零售业28人，服务业146人；全年实现营业收入20 607万元，同比增长19.36%，其中，批发零售业营业收入14 645万元，同比增长8.88%；服务业营业收入5 962万元，同比增长56.28%；年末拥有固定资产原值46 461万元，其中，批发零售业164万元，服务业46 297万元；营业用房162 506米^2，其中，批发零售业160米^2，服务业162 346米^2。

六、固定资产投资情况

2012年集团继续推进重点项目建设，同时利用城市三旧改造、退二进一的优惠政策，以优惠价格回购拆迁安置房等优质物业，增强集团服务业发展潜力。全年完成固定资产投资总额12 268万元，同比增加5 405万元，增长78.75%。其中，第一产业完成投资2 647万元，第二产业完成投资1 680万元，第三产业完成投资7 941万元。投资资金全部通过自筹解决。当年新增固定资产14 345万元。

七、其他生产及社会负担情况

2012年末集团没有渔业、林业、建筑业生产企业，也没有受托管理的非国有经济实体；集团原办理的教育、医疗卫生机构已全部移交地方管理。

八、经济发展中存在的主要问题与对策

2012年，在受外部环境等诸多因素的影响下，集团积极主动采取措施有效化解压力，整体经济发展呈现良好的态势。但集团目前仍然面临较多的困难和问题。一是部分重点项目受客观或主观因素影响，未能按计划推进；二是主导产品研发投入低、附加值不高；三是人才结构和人力资源仍难以满足集团发展需要；四是乳业因受到用地政策制约而限制了发展。

针对存在的问题，集团2013年工作指导思想是：坚持以邓小平理论、“三个代表”重要思想、科学发展观为指导，以从化青龙基地现代化牧场项目列入广州十大产业项目为新动力，全面落实科学发展观，继续发挥自身优势，为丰富广州市民“菜篮子”作出新贡献。主要做好以下工作：

1. 狠抓重点促突破，加快企业转型升级　乳业，要全力以赴，排除阻力，以点带面，推进重点项目建设，争取2013年初实施风行牛奶生产研发基地项目第一期工程建设，2013年底完成从化青龙基地A生产区项目、华美牛奶公司扩建奶牛养殖场项目第二期扩建工程、巴氏奶车间升级改造项目和智能信息平台建设项目的建设；药业，继续推进“银杏内酯B注射液”新药项目建设，做好新药证书审批申请和投产前的准备工作；现代服务业，加强与合作伙伴的沟通协调，共同落实推进酒店项目的各项工作。

2. 依托平台促创新，驱动企业再发展　主要是着力构建以企业为主体、市场为导向、产学研相结合的技术创新体系，加大科技研发投入、引进和培养研发人才力度，努力提高企业核心竞争力。乳业争取开发高端功能奶，提高新产品的附加值，抢占乳业高端产品制高点；药业继续与中山大学眼科医院共同推进国家一类新药“复方加替沙星”研发工作；认真做好“苄达赖氨酸滴眼液”和“复方门冬维甘滴眼液”等开发工作。

3. 优势互补促发展，构建“大牧业”发展新平台　牧业是风行的品牌优势，是我集团乳业发展赢在起点的关键。2013年，要通过加强奶牛场间技术交流、共享经营管理资源等方式探索构建风行“大牧业”发展新平台，将3个奶牛场的优势进行深层次互补，巩固华南地区奶牛饲养管理水平领跑优势。

4. 继续强化资本运营，做大做强企业　主要是要充分利用主导产业经营优势，实施有效的资本运营战略，通过对外兼并收购等形式，实现产业规模的快速扩张。同时，集中力量加快风行牛奶公司股改步伐，力争2013年上半年成立股份公司，为企业探索多种融资渠道打好坚实基础。

5. 继续强化企业管理，提高管理水平　主要是按照国资委监管要求，做好规范董事会、监事会建设各项工作；加强重点项目建设资金管理，积极拓宽融资渠道，为重点项目建设提供资金保障；完善集团财务管理制度建设，探索建立集团统一的财务管理信息系统，提高财务管理能力；根据三大产

业特点，各子公司有针对性地进一步完善各项管理，提升企业综合管理能力。

6. 继续强化人才队伍建设，保障企业持续发展 主要是继续加大人才引进力度，制订计划，招聘集团发展需要的专业人才，特别是精通主导产业方面的人才；继续完善内部竞争机制，在集团系统内公开竞聘，大胆选拔一批中青年人才，必要时破格提拔，做到人尽其才；继续加强大专以上学历应届生的引进和培养工作，从中选拔优秀人才，为集团后续发展储备人才。

南京农垦2012年经济和社会发展情况

南京农垦产业（集团）有限公司

一、基本概况

2012年，是政治和经济发展的关键年，是全面贯彻落实党的十八大精神的第一年，也是“十二五”规划实施承上启下的重要年。南京农垦按照南京市委、市政府的统一部署，整体划入新组建的市级农业发展平台——南京新农发展集团有限责任公司，面对复杂多变的经济运行新形式，南京农垦顺利完成了整体转型过渡工作。通过整合调整，南京农垦发展的方向更加明确，主业更加突出，企业化、集团化、市场化更加明显，形成了以现代农业、职业教育、物业管理、参股金融为主导的多元化产业，为南京农垦更快的转型发展打下了坚实基础。

二、综合情况

2012年南京农垦年末总人口3 275人，其中农场人口2 775人。全系统年人均纯收入达24 841元，年末实有住房面积达11.32万米^2。年末国有单位从业人员达443人，农场年末从业人员154人。

南京农垦经济总体继续保持平稳，全系统生产总值达3 277.33万元，比2011年同期下降较大。其下降的原因是南京农垦房地产企业因国家政策的调整完全推出了市场，造成生产总值大幅下降。生产总值中第一产业增加值589万元，比2011年同期增加31.2%；第二产业增加值1 210万元，比2011年同期下降2.3%；第三产业增加值1 313万元，比2011年同期下降55.3%。

南京农垦下属林场目前只有南京市青龙山林场一家，由于种植面积的减少直接导致农产品产量的下降，现在畜牧业主要为禽业，肉类总产155吨，同比增长24%，主要表现为出栏量的增加；禽蛋产量1 296吨，同比增长9%。全年水产品产量11吨，基本与2011年持平。林业生产情况，成林抚育面积是434公顷，森林覆盖率达到52.1%。林业产量因我林场种植的全是生态林，多年来一直没有计算产值，故本次也没有列入填报范围。

三、工业生产情况

由于受经济大环境的影响，国有工业经济运行情况不是很好，工业生产总值上升，利润总额却亏损。工业销售产值10 790万元，同比增加591万元，利润总额亏损48万元，较2011年下降148万元，其主要因素是人工费用增长过快，没有研发出符合市场需求的产品，且原有的产品科技含量低失去了市场竞争力。

四、第三产业发展情况

2012年第三产业国民生产总值比2011年同期还是减少1 313万元，其主要原因是国有房地产业企业退出市场造成的。但是其他三产企业从自身实际情况出发，挖掘潜力，积极开拓市场，经济效益得到显著提高。零售业、餐饮业及服务业的经营单位为126个，全年零售、餐饮及服务业总收入为2 392.30万元，比2011年增加806.30万元。

五、科研、文教基本情况

南京农垦现有高级技工学校一所，教职员工85人，其中教师75人，在校生3 233人（其中包含新招生855人）。在生源下降，竞争激烈和地方保护等多重不利因素下，学校巩固原有的教学点，敢于开拓新的办学点，大力做好积极宣传工作，通过拓宽专业面，扩大就业率，很好地完成了2012年度各项管理目标任务。招生就业办公室还积极联系知名的大中型企业南京高精传动设备制造集团有限公司、上海大众、奥特佳等，组织学生实习，组织工人参加培训。2013届学校毕业生783人，已于2012年5月全部推荐就业，到目前为止企业和学生反馈的信息都是很满意。在出色完成教学任务和毕业分配任务的基础上，今年技校又通过了“南京市农业机械公共实训基地”项目审批，获得近300万元的设备器材支持，为学校扩大招生和进一步的发展增添了实力。

六、固定资产投资情况

2012年南京农垦产业（集团）有限公司全年固定资产投资总额为150万元，其中国有投资额为150万元，占投资总额的100%，全部用于高级技工学校增加教学设备，提升学校的综合竞争能力。

七、其他

南京农垦作为老国企，历史遗留问题多。自2012年年初起，由于体制调整、企业改制、拆迁开发等因素，引发了原下属多个“关停并转”企业职工大规模群访，多达100余起，总计5 000余人次，并多次赴省市政府及相关职能部门上访，维稳形势严峻。南京垦区由主要领导负责，成立了维稳工作小组，向市人社局、国资委、发改委、编办等职能部门反映职工诉求，咨询相关政策依据，同时耐心做好解答疏导工作，建立正常接访制度，保证了矛盾不激化，问题不上交。

综上所述，2012年在农业部农垦局的领导和各级政府的支持下，南京垦区坚决贯彻落实市里统一部署决策，继续坚持完善管理体制和经营机制，坚持推进现代农业建设，紧扣主题主线，完善业务体系，加强资本运作，积极应对挑战，创新发展思路，切实增强经济发展活力，扎实做好各项工作，确保南京垦区实现经济社会总体平稳较快的发展。

三

主要经济与社会指标

综合情况

1－1　主要年份全国农垦经济主要指标

指　标　名　称	计量单位	2000 年	2005 年	2010 年	2011 年	2012 年	2012 年比 2011 年增长	
							绝对数	(%)
一、基本情况								
农垦独立核算企业	个	5 469	6 197	5 261	5 072	5 226	154	3.0
#农牧企业	个	2 026	1 923	1 807	1 785	1 786	1	0.1
工业企业	个	1 677	1 809	1 290	1 218	1 249	31	2.5
建筑企业	个	237	443	537	523	534	11	2.1
运输企业	个	67	270	290	234	212	－22	－9.4
批零贸易餐饮企业	个	1 462	1 752	1 337	1312	1 445	133	10.1
农垦年末总人口	万人	1 198.49	1 259.53	1 332.31	1 352.48	1 361.21	8.73	0.6
职工总数	万人	391.88	335.93	330.75	329.32	317.54	－11.78	－3.6
耕地面积	千公顷	4 803.54	5 038.13	5 989.27	6 116.33	6 123.72	7.39	0.1
当年造林面积	千公顷	75.76	126.18	88.25	66.42	60.18	－6.24	－9.4
橡胶面积	千公顷	382.34	424.16	469.40	462.44	443.03	－19.41	－4.2
农垦生产总值（现价）	亿元	720.62	1 358.65	3 382.67	4 212.47	5 073.24	860.77	13.8
第一产业增加值	亿元	311.33	560.43	1 171.30	1 394.97	1 545.52	150.55	6.4
第二产业增加值	亿元	219.16	417.18	1 341.69	1 748.63	2 163.92	415.29	17.1
第三产业增加值	亿元	190.13	381.04	869.68	1 068.87	1 363.80	294.93	18.0
各产业占生产总值比重								
第一产业	%	43.2	41.2	34.6	33.1	30.4		－2.7
第二产业	%	30.4	30.7	39.7	41.5	42.7		1.2
第三产业	%	26.4	28.1	25.7	25.4	26.9		1.5
人均生产总值	元/年	5 991	10 851	25 669	31 691	37 803	6112	12.8
工农业总产值（现价）	亿元	1 379.48	2 472.34	6 535.24	8 291.60	9 585.86	1 294.26	13.1
农林牧渔业总产值	亿元	644.04	1 118.51	2 342.34	2 803.86	3 100.42	296.56	7.3
占工农业总产值	%	46.7	45.2	35.8	33.8	32.3		－1.5
工业总产值	亿元	735.44	1 353.83	4 192.90	5 487.74	6 485.44	997.70	16.0
占工农业总产值	%	53.3	54.8	64.2	66.2	67.7		1.5
工资总额	亿元	210.97	277.30	546.06	653.89	717.12	63.23	9.7
职工平均工资	元/年	5 384	8 255	16 510	19 856	22 584	2 728	12.9
人均纯收入	元/年	3 036	4 195	8 232	9 344	10 919	1 575	9.4
固定资产投资	亿元	153.21	449.54	1 811.22	2 441.26	3 321.91	880.65	36.1
固定资产投资按来源合计	亿元	153.80	448.29	1 808.79	2 480.65	3 306.09	825.44	33.3
#国家预算内资金	亿元	22.51	47.50	169.01	191.53	268.88	77.35	40.4
利用外资	亿元	4.53	20.18	56.89	35.93	55.5	19.57	54.5
自筹资金	亿元	79.96	282.84	1 074.21	1 564.96	2 120.71	555.75	35.5

注：表中生产总值、总产值等价值量均按当年价格计算，增长速度按扣除统计口径变动因素的可比价格计算。

1-1续表1

指 标 名 称	计量单位	2000年	2005年	2010年	2011年	2012年	2012年比2011年增长	
							绝对数	(%)
二、主要农作物播种面积								
农作物播种面积	千公顷	4 755.82	5 145.25	6 310.42	6 414.64	6 510.45	95.81	1.5
粮食作物播种面积	千公顷	3 163.87	3 375.83	4 557.64	4 613.53	4 725.86	112.33	2.4
总产量	万吨	1 465.21	1 858.99	2 953.29	3 198.65	3 371.36	172.71	5.4
公顷产量	千克	4 631	5 507	6 480	6 933	7 134	201	2.9
棉花播种面积	千公顷	527.28	649.37	665.37	719.32	732.49	13.17	1.8
总产量	万吨	83.16	124.69	143.93	163.8	172.27	8.47	5.2
公顷产量	千克	1 577	1 920	2 163	2 277	2 352	75	3.3
油料播种面积	千公顷	461.19	371.20	375.36	377.47	379.16	1.69	0.4
总产量	万吨	71.25	66.94	80.34	82.74	78.26	−4.48	−5.4
公顷产量	千克	1 545	1 803	2 140	2 192	2 064	−128	−5.8
糖料播种面积	千公顷	103.55	100.51	103.89	112.55	112.04	−0.51	−0.5
总产量	万吨	589.48	667.52	766.86	818.54	850.65	32.11	3.9
公顷产量	千克	56 927	66 416	73 815	72 730	75 922	3 192	4.4
干胶总产量	万吨	34.68	31.99	32.78	32.09	33.17	1.08	3.4
剑麻总产量	万吨	2.79	2.60	3.21	3.36	3.04	−0.32	−9.5
水果总产量	万吨	118.63	178.79	323.40	337.19	409.39	72.20	21.4
#主要热带水果产量	万吨	30.79	55.32	100.00	109.02	124.88	15.86	14.5
茶叶总产量	万吨	3.90	4.64	4.63	4.54	4.4	−0.14	−3.1
人参总产量	吨	2 365.00	187.22	646.16	322.24	372.23	49.99	15.5
三、畜牧、水产情况								
年末牲畜存栏头数	万头	1 797.45	2 622.04	2 752.10	2 876.55	2 993.47	116.92	4.1
大牲畜年末头数	万头	214.62	305.03	319.22	340.82	344.64	3.82	1.1
牛	万头	173.12	270.69	292.01	307.17	312.92	5.75	1.9
#良种及改良种乳牛	万头	51.32	101.63	143.15	151.18	151.50	0.32	0.2
猪	万头	478.14	722.82	1 134.18	1 216.57	1 328.42	111.85	9.2
羊	万只	1 104.69	1 591.57	1 298.74	1 319.16	1 320.4	1.24	0.1
肉类总产量	万吨	84.96	145.76	256.43	278.91	296.55	17.64	6.3
牛奶产量	万吨	116.50	245.49	366.09	405.94	435.04	29.10	7.2
羊毛产量	万吨	2.09	2.92	2.72	2.77	2.78	0.01	0.4
禽蛋产量	万吨	20.44	22.38	39.71	44.04	47.65	3.61	8.2
鹿茸产量	吨	41.47	78.56	77.45	84.29	79.13	−5.16	−6.1
蜂蜜产量	吨	2 565	6 504	8 481	7 264	10 892	3 628.00	49.9
水产品总产量	万吨	49.10	79.48	115.17	126.74	137.77	11.03	8.7

1-1续表 2

指 标 名 称	计量单位	2000 年	2005 年	2010 年	2011 年	2012 年	2012 年比 2011 年增长	
							绝对数	(%)
四、主要农业机械、电、化肥用量								
农业机械总动力	万千瓦	1 159.44	1 463.07	2 126.49	2 283.85	2 457.21	173.36	7.6
大中型拖拉机	万台	6.66	8.00	14.60	16.17	17.42	1.25	7.7
小型及手扶拖拉机	万台	21.35	26.98	32.97	34.70	32.81	−1.89	−5.4
农用运输车	万辆	1.25	5.73	8.33	8.32	7.84	−0.48	−5.8
排灌动力机械	万台	13.89	19.19	24.84	26.18	27.74	1.56	6.0
联合收获机	万台	1.49	2.03	3.92	3.98	4.61	0.63	15.8
农场用电量	亿千瓦时	57.02	72.38	174.12	119.03	130.71	11.68	9.8
农用化肥施用总量（按折纯量计算）	万吨	131.69	159.60	227.81	241.16	248.33	7.17	3.0
五、主要工业产品产量								
原煤	万吨	607.42	576.48	2 901.05	3 382.88	3 300.09	−82.79	−2.4
混配合饲料	万吨	149.54	213.63	483.13	584.63	660.15	75.52	12.9
食用植物油	万吨	38.99	82.06	193.08	227.61	275.72	48.11	21.1
机制糖	万吨	76.10	115.02	205.79	206.99	232.40	25.41	12.3
乳制品	万吨	10.42	15.37	283.99	267.81	326.17	58.36	21.8
液体乳	万吨	74.53	93.59	247.60	235.30	297.12	61.82	26.3
饮料酒（混合量）	万千升	117.65	141.16	144.42	156.83	161.20	4.37	2.8
纱	万吨	19.56	26.43	51.16	52.82	63.16	10.34	19.6
布	亿米	2.98	4.88	6.48	6.95	5.82	−1.13	−16.3
机制纸及纸板	万吨	74.35	100.44	61.72	55.48	46.71	−8.77	−15.8
合成氨	万吨	7.89	11.63	19.38	21.31	22.55	1.24	5.8
农用氮．磷．钾化学肥料总计（折纯量）	万吨	15.78	23.60	35.67	49.70	83.71	34.01	68.4
水泥	万吨	618.37	1 046.00	2 245.07	2 747.09	2 728.96	−18.13	−0.7
砖	亿块	67.92	60.79	94.02	126.56	172.23	45.67	36.1
发电量	亿千瓦时	34.23	59.04	156.63	225.95	357.70	131.75	58.3
拖拉机配件	万元	2 751	8 852	4 345	5 974			
六、粮豆商品量	万吨	1 115.43	1 404.40	2 605.24	2 820.93	3 025.20	204.27	7.2
粮豆商品率	%	76.13	84.29	88.21	88.19	89.73	1.54	1.7
七、外贸出口供货商品金额	（人民币）亿元	98.26	254.22	541.50	656.91	756.04	99.13	15.1
工业品	（人民币）亿元	71.26	215.96	468.25	593.02	684.29	91.27	15.4
八、批发零售贸易业、餐饮业销售总额	亿元	472.13	764.25	2 490.73	3 261.26	3 912.04	650.78	20.0
九、服务业营业收入	亿元	44.19	68.38	127.18	152.53	259.04	106.51	69.8

注：乳制品从 2009 年始含液体乳。

1－2 主要年份全国农垦主要经济指标占全国比重

计量单位：%

指标名称	2006年	2007年	2008年	2009年	2010年	2011年	2012年
农垦年末总人口	0.97	0.97	0.98	0.99	0.99	1.00	1.01
生产总值	0.79	0.80	0.78	0.82	0.85	0.89	0.98
固定资产投资	0.49	0.50	0.54	0.60	0.65	0.78	0.89
农作物播种面积总计	3.51	3.68	3.73	3.83	3.93	3.95	3.98
粮食作物播种面积	3.49	3.52	3.70	4.02	4.15	4.17	4.25
粮食作物总产量	4.13	4.27	4.58	5.22	5.40	5.60	5.72
棉花播种面积	12.46	13.56	13.14	13.25	13.72	14.27	15.58
棉花总产量	21.00	20.67	21.84	22.15	24.11	24.82	25.19
油料播种面积	2.63	2.99	3.20	2.72	2.70	2.74	2.71
油料总产量	2.11	2.35	2.66	2.57	2.49	2.52	2.25
糖料播种面积	6.54	6.73	5.91	5.41	5.41	5.77	5.52
糖料总产量	7.44	7.09	6.30	6.18	6.37	6.54	6.30
大牲畜年末头数	2.68	2.44	2.51	2.57	2.61	2.85	2.90
肉类总产量	2.22	2.58	2.64	2.92	3.24	3.51	3.54
牛奶产量	8.51	8.26	9.02	9.80	10.25	11.10	11.62
羊毛产量	7.50	7.27	6.09	6.10	6.33	6.34	6.25
禽蛋产量	0.77	0.95	0.95	1.14	1.44	1.57	1.66
蜂蜜产量	2.04	1.72	1.48	1.62	2.11	1.69	2.43
农业机械总动力	2.12	2.19	2.20	2.25	2.29	2.34	2.40
大中型拖拉机	7.81	5.06	3.91	3.76	3.72	3.67	3.59
小型及手扶拖拉机	2.05	1.85	1.80	1.85	1.85	1.91	1.85
原煤	2.43	0.21	0.39	0.54	0.90	0.85	0.90
纱	1.69	2.13	2.12	1.76	1.88	1.82	2.12
布	0.90	0.63	0.69	0.88	0.81	0.83	0.69
发电量	0.26	0.26	0.30	0.38	0.37	0.48	0.72

1－3 农垦基本情况

计量单位：个

地区	农垦国有企业个数					
	合计	农场	工业企业	建筑企业	运输企业	商业企业
全国农垦	**5 226**	**1 786**	**1 249**	**534**	**212**	**1 445**
北京	56	10	28	3	1	14
天津	48	15	20	3	1	9
河北	80	33	19	9	3	16
山西	31	26	2			3
内蒙古	170	105	26	2	1	36
辽宁	186	109	13	10		54
吉林	96	88	8			
黑龙江	730	113	171	41	89	316
上海	440	19	94	8	49	270
江苏	51	18	23	5		5
浙江	67	57	4			6
安徽	50	20	9	4		17
福建	156	113	37			6
江西	276	154	76	16	5	25
山东	28	14	6	1		7
河南	136	97	27	1		11
湖北	204	53	108	14	4	25
湖南	301	69	125	85	9	13
广东	264	46	105	15	10	88
广西	179	43	67	33	2	34
海南	225	46	44	65	8	62
重庆	26	15	5	1		5
四川	44	38	4			2
贵州	44	38	6			
云南	122	41	36	4	13	28
陕西	67	12	5			50
甘肃	103	17	63	3	1	19
青海	22	17	4			1
宁夏	44	14	18	3		9
新疆（兵团）	690	175	47	194	7	267
新疆（农业）	154	46	41	14	9	44
新疆（畜牧）	128	124	4			
热科院						
广州	6		3			3
南京	2	1	1			

1－3 续表 1

地　区	出口商品总金额（万元）	耕地面积（公顷）	大中型农用拖拉机（台）	联合收割机（台）
全国农垦	**7 560 415**	**6 123 717**	**174 199**	**46 087**
北　京	84 134	1 454	47	18
天　津	5 174	2 760	57	2
河　北	95 587	92 820	3 647	405
山　西		6 683	52	7
内蒙古	233	654 136	11 946	1 838
辽　宁	256 710	154 932	4 097	738
吉　林	1 938	117 478	3 663	2 866
黑龙江	369 042	2 879 660	62 309	26 352
上　海	91 330	29 447	1 474	181
江　苏	52 466	71 428	3 475	1 933
浙　江	98 199	4 070	130	60
安　徽		29 356	2 606	1 259
福　建	32 678	10 957	86	41
江　西	263 883	52 580	1 276	1 786
山　东		12 290	527	75
河　南	2 200	27 605	990	660
湖　北	281 510	137 617	7 264	2 942
湖　南	26 895	67 216	3 805	1 697
广　东	534 325	37 836	503	34
广　西	131 120	32 805	1 184	19
海　南	7 061	37 568	511	
重　庆		316	2	
四　川	426	899		
贵　州		1 722	56	
云　南	8 192	12 194	606	27
陕　西		8 948	166	54
甘　肃		59 270	8 714	115
青　海		26 492	264	143
宁　夏	6 029	39 613	2 213	636
新疆（兵团）	5 197 422	1 245 465	42 772	1 321
新疆（农业）	10 598	89 500	3 717	165
新疆（畜牧）		177 935	6 026	713
热科院		665	10	
广　州	3 263		4	
南　京				

1-3续表2

地区	农垦生产总值（万元）	第一产业		第二产业		第三产业	
		增加值（万元）	占农垦生产总值（%）	增加值（万元）	占农垦生产总值（%）	增加值（万元）	占农垦生产总值（%）
全国农垦	**50 732 441**	**15 455 239**	**30.5**	**21 639 219**	**42.7**	**13 637 983**	**26.8**
北京	536 810	169 783	31.6	151 957	28.3	215 070	40.1
天津	143 021	16 993	11.9	38 611	27.0	87 417	61.1
河北	3 334 649	369 684	11.1	1 926 257	57.8	1 038 709	31.1
山西	46 144	12 824	27.8	17 225	37.3	16 095	34.9
内蒙古	1 218 614	494 810	40.6	450 042	36.9	273 762	22.5
辽宁	2 383 493	794 738	33.3	1 120 675	47.0	468 080	19.7
吉林	187 359	150 393	80.3	23 647	12.6	13 319	7.1
黑龙江	11 433 628	5 365 612	46.9	2 986 784	26.1	3 081 232	27.0
上海	1 301 125	95 530	7.3	496 581	38.2	709 014	54.5
江苏	1 013 141	223 235	22.0	520 546	51.4	269 360	26.6
浙江	220 156	21 327	9.7	194 316	88.3	4 513	2.0
安徽	202 116	91 230	45.1	54 166	26.8	56 721	28.1
福建	451 522	97 866	21.7	305 309	67.6	48 347	10.7
江西	1 456 187	195 889	13.5	925 578	63.6	334 720	22.9
山东	114 451	43 230	37.8	63 547	55.5	7 674	6.7
河南	144 706	66 161	45.7	52 376	36.2	26 169	18.1
湖北	5 880 000	765 343	13.0	3 761 292	64.0	1 353 365	23.0
湖南	1 103 200	340 900	30.9	549 700	49.8	212 600	19.3
广东	1 120 431	331 163	29.6	536 768	47.9	252 500	22.5
广西	3 419 227	418 052	12.2	2 130 339	62.3	870 836	25.5
海南	1 485 119	807 524	54.4	202 017	13.6	475 578	32.0
重庆	127 711	11 874	9.3	78 055	61.1	37 782	29.6
四川	18 224	5 592	30.7	9 829	53.9	2 803	15.4
贵州	29 066	8 942	30.8	20 124	69.2		
云南	357 487	258 818	72.4	39 399	11.0	59 269	16.6
陕西	46 824	24 752	52.9	14 089	30.1	7 983	17.0
甘肃	165 988	74 594	44.9	86 821	52.3	4 573	2.8
青海	20 985	19 697	93.9	74	0.4	1 214	5.7
宁夏	180 887	93 444	51.7	55 090	30.5	32 353	17.8
新疆(兵团)	11 972 109	3 646 049	30.5	4 751 585	39.7	3 574 475	29.8
新疆(农业)	204 875	122 235	59.7	39 416	19.2	43 224	21.1
新疆(畜牧)	357 651	312 005	87.2	21 910	6.1	23 736	6.7
热科院	26 501					26 501	100.0
广州	25 757	4 361	16.9	13 884	53.9	7 512	29.2
南京	3 277	589	18.0	1 210	36.9	1 478	45.1

1－3 续表 3

地　区	农垦生产总值（万元）	排序	第一产业		第二产业		第三产业	
			增加值（万元）	排序	增加值（万元）	排序	增加值（万元）	排序
全国农垦	**50 732 441**		**15 455 239**		**21 639 219**		**13 637 983**	
北　京	536 810	14	169 783	15	151 957	16	215 070	13
天　津	143 021	25	16 993	28	38 611	25	87 417	15
河　北	3 334 649	5	369 684	8	1 926 257	5	1 038 709	4
山　西	46 144	29	12 824	29	17 225	29	16 095	25
内蒙古	1 218 614	10	494 810	6	450 042	12	273 762	10
辽　宁	2 383 493	6	794 738	4	1 120 675	6	468 080	8
吉　林	187 359	21	150 393	16	23 647	26	13 319	26
黑龙江	11 433 628	2	5 365 612	1	2 986 784	3	3 081 232	2
上　海	1 301 125	9	95 530	19	496 581	11	709 014	6
江　苏	1 013 141	13	223 235	13	520 546	10	269 360	11
浙　江	220 156	18	21 327	26	194 316	15	4 513	31
安　徽	202 116	20	91 230	21	54 166	21	56 721	17
福　建	451 522	15	97 866	18	305 309	13	48 347	18
江　西	1 456 187	8	195 889	14	925 578	7	334 720	9
山　东	114 451	27	43 230	24	63 547	19	7 674	28
河　南	144 706	24	66 161	23	52 376	22	26 169	23
湖　北	5 880 000	3	765 343	5	3 761 292	2	1 353 365	3
湖　南	1 103 200	12	340 900	9	549 700	8	212 600	14
广　东	1 120 431	11	331 163	10	536 768	9	252 500	12
广　西	3 419 227	4	418 052	7	2 130 339	4	870 836	5
海　南	1 485 119	7	807 524	3	202 017	14	475 578	7
重　庆	127 711	26	11 874	30	78 055	18	37 782	20
四　川	18 224	34	5 592	32	9 829	32	2 803	32
贵　州	29 066	30	8 942	31	20 124	28		
云　南	357 487	17	258 818	12	39 399	24	59 269	16
陕　西	46 824	28	24 752	25	14 089	30	7 983	27
甘　肃	165 988	23	74 594	22	86 821	17	4 573	30
青　海	20 985	33	19 697	27	74	34	1 214	34
宁　夏	180 887	22	93 444	20	55 090	20	32 353	21
新疆（兵团）	11 972 109	1	3 646 049	2	4 751 585	1	3 574 475	1
新疆（农业）	204 875	19	122 235	17	39 416	23	43 224	19
新疆（畜牧）	357 651	16	312 005	11	21 910	27	23 736	24
热科院	26 501	31					26 501	22
广　州	25 757	32	4 361	33	13 884	31	7 512	29
南　京	3 277	35	589	34	1 210	33	1 478	33

1-3续表4

地　区	工农业总产值（万元）	农业总产值（万元）	占工农业总产值比重（%）	工业总产值（万元）	占工农业总产值比重（%）
全国农垦	**95 858 634**	**31 004 186**	**32.3**	**64 854 448**	**67.7**
北　京	1 338 485	744 624	55.6	593 861	44.4
天　津	257 998	68 010	26.4	189 988	73.6
河　北	7 066 136	810 969	11.5	6 255 167	88.5
山　西	79 098	25 140	31.8	53 958	68.2
内蒙古	1 776 266	1 008 471	56.8	767 795	43.2
辽　宁	8 455 981	1 593 525	18.8	6 862 456	81.2
吉　林	410 485	352 147	85.8	58 338	14.2
黑龙江	18 826 293	10 110 213	53.7	8 716 080	46.3
上　海	2 602 795	405 914	15.6	2 196 880	84.4
江　苏	2 171 586	534 011	24.6	1 637 575	75.4
浙　江	1 689 960	87 462	5.2	1 602 498	94.8
安　徽	385 457	174 326	45.2	211 131	54.8
福　建	1 149 764	224 406	19.5	925 358	80.5
江　西	4 110 887	421 325	10.2	3 689 562	89.8
山　东	636 836	87 571	13.8	549 265	86.2
河　南	457 705	168 716	36.9	288 989	63.1
湖　北	12 821 446	1 621 446	12.6	11 200 000	87.4
湖　南	1 612 196	541 186	33.6	1 071 010	66.4
广　东	2 163 955	606 365	28.0	1 557 590	72.0
广　西	5 011 316	704 439	14.1	4 306 877	85.9
海　南	1 477 425	1 311 015	88.7	166 410	11.3
重　庆	748 810	60 574	8.1	688 236	91.9
四　川	38 516	9 088	23.6	29 428	76.4
贵　州	77 045	23 561	30.6	53 484	69.4
云　南	703 759	585 094	83.1	118 666	16.9
陕　西	47 890	34 487	72.0	13 403	28.0
甘　肃	432 984	160 878	37.2	272 106	62.8
青　海	30 836	28 403	92.1	2 432	7.9
宁　夏	314 476	214 759	68.3	99 717	31.7
新疆（兵团）	17 943 045	7 480 238	41.7	10 462 807	58.3
新疆（农业）	346 320	275 305	79.5	71 015	20.5
新疆（畜牧）	599 010	513 245	85.7	85 765	14.3
热科院	4 745	4 745	100.0		
广　州	56 657	10 845	19.1	45 812	80.9
南　京	12 473	1 683	13.5	10 790	86.5

1-4 各垦区主要农产品产量

计量单位：吨

地　区	粮食	棉花	油料	糖料	水果
全国农垦	**33 713 572**	**1 722 665**	**782 621**	**8 506 475**	**4 093 865**
北　京	3 606				1 057
天　津	16 771	364	6		682
河　北	402 931	20 487	2 039	600	20 949
山　西	30 763	190	214	4 123	730
内蒙古	1 816 036	22	283 937	25 546	14 904
辽　宁	1 338 087		13 995	1 554	160 016
吉　林	781 763		16 600	300	6 503
黑龙江	21 630 399		17 202	759 113	16 970
上　海	314 850	135	540		2 961
江　苏	943 364	2 181	1 424		2 826
浙　江	10 624	75	136		18 331
安　徽	305 784	3 515	1 562		22 325
福　建	67 078		4 644	27 997	110 527
江　西	538 893	9 832	26 530	5 960	64 034
山　东	51 800	7 640	467		839
河　南	263 001	1 737	12 460		48 244
湖　北	923 294	78 205	94 172	11 184	90 509
湖　南	613 769	13 908	57 819	61 010	32 238
广　东	58 228		8 159	2 261 281	508 151
广　西	19 607		3 674	2 244 342	235 021
海　南	166 799		5 687	338 670	559 777
重　庆	1 600				859
四　川	4 451		33		1 904
贵　州	6 033		780		8 578
云　南	53 950		119	399 478	139 098
陕　西	52 797	1 734	1 256		11 769
甘　肃	257 548	7 132	21 595	2 944	49 805
青　海	33 381		13 344		
宁　夏	340 566		4 139	88	43 452
新疆(兵团)	1 871 300	1 417 738	135 722	2 162 529	1 723 494
新疆(农业)	225 735	78 000	11 000	71 000	155 895
新疆(畜牧)	567 519	79 770	43 359	128 736	41 201
热科院	1 245		6	20	216
广　州					
南　京					

1-5 各垦区主要工业产品产量

地　　区	发电量（万千瓦时）	原煤（吨）	农用化肥（吨）	水泥（万吨）	砖（万块）	机制纸及纸板（吨）
全国农垦	**3 577 042**	**33 000 923**	**837 116**	**2 728.96**	**1 722 269**	**467 090**
北　　京						
天　　津						
河　　北	35 782		7 374	42.94	16 485	50 120
山　　西						
内 蒙 古	7 500	21 131 595		0.01	95 384	1 902
辽　　宁			10 138	19.72	22 156	3 410
吉　　林				61.79	1 200	6 800
黑 龙 江	77 153	515 868	160 845	199.73	209 212	28 651
上　　海						
江　　苏			969		24 798	
浙　　江				107.00	3 700	
安　　徽				8.00	10 397	
福　　建	11 988	103 500		48.00	14 445	
江　　西	17 572	257 132	7 517	18.66	33 035	67 761
山　　东			12 000		5 911	
河　　南			10 298	8.89	6 007	
湖　　北	13 150		9 636	237.58	275 370	6 262
湖　　南	6 350				35 455	39 123
广　　东	15 749			51.67	41 524	12 750
广　　西	22 034		98 065	44.52	141 657	105 263
海　　南	7 695			91.00	15 688	180
重　　庆						
四　　川	537					
贵　　州	120	23 400			79	
云　　南	32 923		11 950	18.53	7 879	
陕　　西		310 000				
甘　　肃	6 066		30 161	236.37	263	
青　　海					440	
宁　　夏		30 550			29 267	
新疆（兵团）	3 319 617	10 521 288	478 163	1 534.54	693 309	144 868
新疆（农业）	2 200	107 590			38 608	
新疆（畜牧）	606					
热 科 院						
广　　州						
南　　京						

1－5 续表

地区	纱 （万吨）	布 （万米）	成品糖 （吨）	饮料酒 （千升）	乳制品 （吨）	食用植物油 （吨）
全国农垦	**63.16**	**58 153**	**2 323 951**	**1 612 043**	**3 261 727**	**2 757 158**
北京				28	496 865	
天津				26 033	78 851	
河北		8 993		5 086	537 117	756
山西				85	310	
内蒙古				1 517		78 422
辽宁			11 734	361 092	146 717	20 186
吉林				60		
黑龙江			31 144	79 702	311 648	1 236 928
上海			759 303	93 873	920 528	
江苏	…					13 287
浙江		12 490			6 900	
安徽	0.78			4 798	29 117	
福建		2 050		6 248	1 395	1 500
江西	2.79	206		83 776	700	14 061
山东						
河南	2.99	23		3 607	12 807	2 526
湖北	24.77	28 749		354 233	90 794	800 000
湖南	3.77	342	4 423	4 890	5 933	3 827
广东			542 663	2 753	98 630	2 249
广西			698 178	14 802	5 740	518
海南			28 569	142		85
重庆					215 468	
四川				7 381	2 492	
贵州					47 302	
云南			53 575	305		
陕西					3 360	
甘肃				166 395		
青海						
宁夏				158 307	21 100	9
新疆（兵团）	25.72	5 300	194 362	232 635	127 444	571 496
新疆（农业）	2.33			4 295	570	11 308
新疆（畜牧）					64 672	
热科院						
广州					35 267	
南京						

1－6　主要农产品商品量

计量单位：吨

地　区	1. 粮豆合计	#大豆	2. 棉花	3. 油料	4. 肉类	#猪肉
全国农垦	**30 251 989**	**1 119 255**	**1 573 936**	**731 195**	**2 761 433**	**1 635 305**
北　京	2 007	1			224 784	5 893
天　津	16 405	5	364	6	1 185	261
河　北	358 306	1 546	20 399	1 831	60 936	34 878
山　西	25 015	31	142	168	1 193	905
内蒙古	1 575 868	185 343	22	283 190	63 459	8 106
辽　宁	1 144 054	12 462		10 902	244 696	116 837
吉　林	614 624	5 272		10 249	46 238	23 130
黑龙江	20 354 205	808 684		15 979	731 907	470 809
上　海	302 401	73	135	537	38 653	36 237
江　苏	606 800	613	2 056	882	76 742	20 970
浙　江	7 808	1 353	75	105	27 024	21 651
安　徽	295 118	30 742	3 483	1 160	12 444	5 105
福　建	42 439	1 773		3 870	57 325	50 947
江　西	379 677	2 496	9 390	16 874	81 470	75 854
山　东	47 706	1 041	4 636	329	12 018	2 156
河　南	219 821	13 329	1 611	9 313	33 495	31 548
湖　北	751 661	9 637	76 491	90 081	177 089	153 399
湖　南	470 196	2 223	12 718	47 877	143 888	140 385
广　东	42 865	427		4 852	84 157	61 322
广　西	3 546	253		2 312	112 819	107 254
海　南	114 925	265		4 095	91 258	79 693
重　庆					9 645	6 145
四　川	2 156	7		23	2 432	589
贵　州	4 152	21		330	252	221
云　南	53 950			119	7 064	5 382
陕　西	44 335	603	1 734	1 239	2 176	2 118
甘　肃	219 769	599	6 980	21 108	2 831	1 162
青　海	30 514			9 760	1 306	313
宁　夏	324 311	126		3 923	5 574	3 396
新疆(兵团)	1 404 100	16 085	1 275 930	135 722	324 583	160 923
新疆(农业)	225 735	3 100	78 000	11 000	10 753	4 340
新疆(畜牧)	567 519	21 146	79 770	43 359	71 490	3 018
热科院					392	358
广　州						
南　京					155	

1-7 固定资产投资完成情况

计量单位：万元

地区	投资总额	投资中：			新增固定资产
		第一产业	第二产业	第三产业	
全国农垦	**33 219 135**	**3 594 538**	**16 330 442**	**13 294 155**	**24 678 255**
北京	168 832	33 340	35 187	100 306	170 232
天津	31 712	3 042	3 682	24 988	69 375
河北	3 185 689	275 078	1 850 556	1 060 055	1 502 689
山西	4 307	1 505	2 278	524	3 730
内蒙古	663 323	133 716	380 937	148 670	589 960
辽宁	2 563 204	443 975	1 250 236	868 993	3 072 961
吉林	18 066	13 968	3 415	683	17 929
黑龙江	3 679 483	810 802	771 127	2 097 554	3 025 226
上海	337 608	67 422	142 968	127 218	227 115
江苏	253 228	37 888	75 762	139 578	159 000
浙江	72 128	1 811	70 021	296	1 495
安徽	95 636	17 502	10 394	67 740	66 532
福建	379 403	10 524	339 194	29 685	333 357
江西	1 694 279	25 649	1 224 151	444 479	1 297 234
山东	189 447	13 728	93 921	81 798	152 776
河南	18 230	4 192	12 051	1 986	16 281
湖北	4 520 000	213 963	3 194 671	1 111 366	4 069 247
湖南	886 468	286 788	492 144	107 536	756 082
广东	220 648	52 273	41 361	127 014	141 903
广西	2 354 060	100 485	1 096 375	1 157 200	1 451 631
海南	702 913	89 551	10 922	602 440	650 050
重庆	47 974	36 909	5 344	5 721	18 997
四川	1 048	656	392		1 048
贵州	12 355	3 752	8 603		12 355
云南	85 989	27 442	9 223	49 324	41 965
陕西	20 647	4 016	4 246	12 385	4 964
甘肃	280 798	83 825	131 961	65 012	30 441
青海	1 097	1 097			1 504
宁夏	130 620	62 641	21 991	45 987	36 162
新疆（兵团）	10 393 354	621 691	5 004 192	4 767 471	6 623 381
新疆（农业）	22 238	15 441	3 419	3 378	15 342
新疆（畜牧）	140 860	97 221	38 037	5 602	91 559
热科院	31 074			31 074	11 237
广州	12 268	2 647	1 680	7 941	14 345
南京	150			150	150

1－8　各垦区粮、油产量的位次及比重

地　　区	粮食总产量（吨）	排序	占全国农垦比重（%）	油料总产量（吨）	排序	占全国农垦比重（%）
全国农垦	**33 713 572**			**782 621**		
北　　京	3 606	31	0.01			
天　　津	16 771	27	0.05	6	31	…
河　　北	402 931	11	1.20	2 039	19	0.26
山　　西	30 763	25	0.09	214	26	0.03
内 蒙 古	1 816 036	3	5.39	283 937	1	36.28
辽　　宁	1 338 087	4	3.97	13 995	10	1.79
吉　　林	781 763	7	2.32	16 600	9	2.12
黑 龙 江	21 630 399	1	64.16	17 202	8	2.20
上　　海	314 850	13	0.93	540	24	0.07
江　　苏	943 364	5	2.80	1 424	21	0.18
浙　　江	10 624	28	0.03	136	27	0.02
安　　徽	305 784	14	0.91	1 562	20	0.20
福　　建	67 078	19	0.20	4 644	16	0.59
江　　西	538 893	10	1.60	26 530	6	3.39
山　　东	51 800	23	0.15	467	25	0.06
河　　南	263 001	15	0.78	12 460	12	1.59
湖　　北	923 294	6	2.74	94 172	3	12.03
湖　　南	613 769	8	1.82	57 819	4	7.39
广　　东	58 228	20	0.17	8 159	14	1.04
广　　西	19 607	26	0.06	3 674	18	0.47
海　　南	166 799	18	0.49	5 687	15	0.73
重　　庆	1 600	32	…			
四　　川	4 451	30	0.01	33	29	…
贵　　州	6 033	29	0.02	780	23	0.10
云　　南	53 950	21	0.16	119	28	0.02
陕　　西	52 797	22	0.16	1 256	22	0.16
甘　　肃	257 548	16	0.76	21 595	7	2.76
青　　海	33 381	24	0.10	13 344	11	1.71
宁　　夏	340 566	12	1.01	4 139	17	0.53
新疆（兵团）	1 871 300	2	5.55	135 722	2	17.34
新疆（农业）	225 735	17	0.67	11 000	13	1.41
新疆（畜牧）	567 519	9	1.68	43 359	5	5.54
热 科 院	1 245	33	…	6	30	…
广　　州						
南　　京						

1-9 各垦区糖料、水果产量的位次及比重

地区	糖料总产量(吨)	排序	占全国农垦比重(%)	水果总产量(吨)	排序	占全国农垦比重(%)
全国农垦	**8 506 475**			**4 093 865**		
北京				1 057	27	0.03
天津				682	31	0.02
河北	600	17	0.01	20 949	17	0.51
山西	4 123	14	0.05	730	30	0.02
内蒙古	25 546	11	0.30	14 904	20	0.36
辽宁	1 554	16	0.02	160 016	5	3.91
吉林	300	18	…	6 503	23	0.16
黑龙江	759 113	4	8.92	16 970	19	0.41
上海				2 961	24	0.07
江苏				2 826	25	0.07
浙江				18 331	18	0.45
安徽				22 325	16	0.55
福建	27 997	10	0.33	110 527	8	2.70
江西	5 960	13	0.07	64 034	10	1.56
山东				839	29	0.02
河南				48 244	12	1.18
湖北	11 184	12	0.13	90 509	9	2.21
湖南	61 010	9	0.72	32 238	15	0.79
广东	2 261 281	1	26.58	508 151	3	12.41
广西	2 244 342	2	26.38	235 021	4	5.74
海南	338 670	6	3.98	559 777	2	13.67
重庆				859	28	0.02
四川				1 904	26	0.05
贵州				8 578	22	0.21
云南	399 478	5	4.70	139 098	7	3.40
陕西				11 769	21	0.29
甘肃	2 944	15	0.03	49 805	11	1.22
青海						
宁夏	88	19	…	43 452	13	1.06
新疆(兵团)	2 162 529	3	25.42	1 723 494	1	42.10
新疆(农业)	71 000	8	0.83	155 895	6	3.81
新疆(畜牧)	128 736	7	1.51	41 201	14	1.01
热科院	20			216	32	0.01
广州						
南京						

1－10 各垦区肉类、牛奶产量的位次及比重

地　区	肉类总产量（吨）	排序	占全国农垦比重（%）	牛奶总产量（吨）	排序	占全国农垦比重（%）
全国农垦	**2 965 547**			**4 350 359**		
北　京	234 699	4	7.91	248 738	5	5.72
天　津	1 185	31	0.04	115 125	10	2.65
河　北	62 364	14	2.10	467 969	3	10.76
山　西	1 294	30	0.04	39 916	14	0.92
内蒙古	80 288	11	2.71	440 869	4	10.13
辽　宁	271 045	3	9.14	139 276	8	3.20
吉　林	58 555	15	1.97	29 082	16	0.67
黑龙江	781 952	1	26.37	1 479 740	1	34.01
上　海	38 653	17	1.30	240 706	6	5.53
江　苏	76 962	12	2.60	8 829	23	0.20
浙　江	28 528	19	0.96	7 931	25	0.18
安　徽	12 913	20	0.44	21 755	18	0.50
福　建	57 571	16	1.94	8 563	24	0.20
江　西	87 748	9	2.96	13 405	21	0.31
山　东	12 100	21	0.41	24 702	17	0.57
河　南	36 113	18	1.22	4 149	26	0.10
湖　北	186 160	5	6.28	30 411	15	0.70
湖　南	181 888	6	6.13	743	30	0.02
广　东	85 594	10	2.89	40 986	13	0.94
广　西	119 096	7	4.02	4 017	27	0.09
海　南	110 215	8	3.72			
重　庆	9 645	23	0.33	68 542	11	1.58
四　川	2 437	29	0.08	11 864	22	0.27
贵　州	379	33	0.01	43 655	12	1.00
云　南	7 064	24	0.24	230	32	0.01
陕　西	2 612	28	0.09	3 550	28	0.08
甘　肃	4 338	26	0.15	1 426	29	0.03
青　海	2 867	27	0.10	525	31	0.01
宁　夏	6 017	25	0.20	122 573	9	2.82
新疆（兵团）	324 583	2	10.95	535 570	2	12.31
新疆（农业）	10 753	22	0.36	16 900	20	0.39
新疆（畜牧）	69 373	13	2.34	156 877	7	3.61
热科院	400	32	0.01			
广　州				21 735	19	0.50
南　京	155	34	0.01			

1-11 生产总值

（2012 年）　　　　计量单位：万元

指标名称	合计（按当年价格计算）	劳动者报酬	固定资产折旧	生产税净额	#补贴	营业盈余
一、农垦总收入	**50 732 457**	**22 902 742**	**5 814 479**	**4 660 523**	**452 901**	**17 354 714**
二、生产总值	**50 732 441**	**22 902 726**	**5 814 479**	**4 660 523**	**452 901**	**17 354 714**
第一产业（不含农林牧渔服务业）	15 455 239	9 365 753	1 267 909	−186 561	347 220	5 008 138
第二产业	21 639 219	7 226 015	2 718 723	3 585 175	78 026	8 109 305
采矿业（不含开采辅助活动）	679 291	218 186	71 945	90 340	216	298 821
制造业（不含金属制品机械和设备修理业）	15 332 669	4 468 198	2 137 332	2 762 821	26 774	5 964 318
电力热力燃气及水生产和供应业	726 862	187 938	152 984	96 128	153	289 812
建筑业	4 900 397	2 351 694	356 461	635 887	50 883	1 556 355
第三产业	13 637 984	6 310 957	1 827 847	1 261 909	27 655	4 237 270
批发和零售业	3 693 116	1 520 559	297 242	499 700	12 991	1 375 615
交通运输仓储和邮政业	1 776 129	784 383	240 765	162 873	9 477	588 108
住宿和餐饮业	1 085 687	481 826	138 058	102 185	18	363 618
信息传输软件和信息技术服务业	208 494	64 604	36 815	17 617	2	89 458
金融业	673 700	148 002	32 299	58 749		434 650
房地产业	1 402 112	215 728	483 828	226 201	3	476 355
租赁和商务服务业	346 174	150 854	49 262	42 326		103 732
科学研究和技术服务业	198 921	131 492	20 006	15 746	92	31 678
水利环境和公共设施管理业	197 059	111 164	36 358	8 250	775	41 287
居民服务修理和其他服务业	936 589	512 678	101 198	56 104	969	266 609
教育	758 765	591 189	98 681	21 074		47 821
卫生和社会工作	616 227	432 460	85 654	22 614	249	75 499
文化体育和娱乐业	100 928	53 753	19 563	7 970	302	19 643
公共管理社会保障和社会组织	1 093 992	826 654	116 170	9 708	1 887	141 460
国际组织	10	8	1	1		
农林牧渔业中的服务业，采矿业中的开采辅助活动，制造业中的金属制品机械和设备修理业	550 081	285 605	71 948	10 791	891	181 737
三、国（地区）外净要素收入	**16**	**16**				
国（地区）外汇回要素收入	16	16				
国（地区）内汇出要素收入						

1－12　各垦区按产业分的农垦总收入

（2012年）　　计量单位：万元

地　区	农垦总收入	生产总值	第一产业（农业）	第二产业	采矿业（不含辅助业）	制造业（不含修理业）	电力热力燃气及水生产供应业	建筑业
全国农垦	**50 732 457**	**50 732 441**	**15 455 239**	**21 639 219**	**679 291**	**15 332 669**	**726 862**	**4 900 397**
北　京	536 810	536 810	169 783	151 957		150 923		1 034
天　津	143 021	143 021	16 993	38 611		37 638		973
河　北	3 334 649	3 334 649	369 684	1 926 257	821	1 482 736	21 083	421 617
山　西	46 144	46 144	12 824	17 225	300	16 925		
内蒙古	1 218 614	1 218 614	494 810	450 042	6 203	382 525	4 532	56 782
辽　宁	2 383 493	2 383 493	794 738	1 120 675	12 952	934 677	14 858	158 188
吉　林	187 375	187 359	150 393	23 647		21 456		2 191
黑龙江	11 433 628	11 433 628	5 365 612	2 986 784	129 842	1 926 158	125 903	804 881
上　海	1 301 125	1 301 125	95 530	496 581		471 400	1 928	23 253
江　苏	1 013 141	1 013 141	223 235	520 546		468 871		51 675
浙　江	220 156	220 156	21 327	194 316		186 422	7 894	
安　徽	202 116	202 116	91 230	54 166		34 684	633	18 849
福　建	451 522	451 522	97 866	305 309	7 782	284 606	4 154	8 767
江　西	1 456 187	1 456 187	195 889	925 578	96 777	699 208	20 134	109 459
山　东	114 451	114 451	43 230	63 547		61 353		2 194
河　南	144 706	144 706	66 161	52 376		48 586		3 790
湖　北	5 880 000	5 880 000	765 343	3 761 292	19 531	3 057 585	32 902	651 274
湖　南	1 103 200	1 103 200	340 900	549 700		219 790		329 910
广　东	1 120 431	1 120 431	331 163	536 768		485 800		50 968
广　西	3 419 227	3 419 227	418 052	2 130 339	141 403	1 457 315	4 489	527 132
海　南	1 485 119	1 485 119	807 524	202 017	1 397	42 941	2 265	155 414
重　庆	127 711	127 711	11 874	78 055		75 211		2 844
四　川	18 224	18 224	5 592	9 829		9 532	297	
贵　州	29 066	29 066	8 942	20 124		20 124		
云　南	357 487	357 487	258 818	39 399		18 786	19 501	1 112
陕　西	46 824	46 824	24 752	14 089	14 089			
甘　肃	165 988	165 988	74 594	86 821	1 407	80 001	1 529	3 884
青　海	20 985	20 985	19 697	74				74
宁　夏	180 887	180 887	93 444	55 090		36 641		18 449
新疆（兵团）	11 972 109	11 972 109	3 646 049	4 751 585	246 787	2 565 473	464 760	1 474 565
新疆（农业）	204 875	204 875	122 235	39 416		21 985		17 431
新疆（畜牧）	357 651	357 651	312 005	21 910		18 223		3 687
热科院	26 501	26 501						
广　州	25 757	25 757	4 361	13 884		13 884		
南　京	3 277	3 277	589	1 210		1 210		

1－12续表1

地　区	第三产业	批发和零售业	交通运输及仓储业	住宿和餐饮业	信息传输、计算机服务和软件业	金融业	房地产业	租赁和商务服务业
全国农垦	**13 637 983**	**3 693 116**	**1 776 129**	**1 085 687**	**208 494**	**673 700**	**1 402 112**	**346 174**
北　京	215 070	8 513	17 176	100 893			45 980	7 775
天　津	87 417	18 888	363	−8			10 876	44 597
河　北	1 038 709	254 672	176 059	121 942	26 537	45 806	125 748	34 434
山　西	16 095	12 337	344	967				502
内蒙古	273 762	108 853	53 025	28 681	2 030	1 790	15 241	675
辽　宁	468 080	126 983	101 793	47 323	5 060	5 546	49 989	19 070
吉　林	13 319	3 834	3 257	1 700	1 042			12
黑龙江	3 081 232	876 013	395 884	201 090	56 851	192 274	265 124	97 923
上　海	709 014	319 437	141 524	10 496	488		183 497	26 226
江　苏	269 360	100 246	24 497	19 755	92	807	26 142	385
浙　江	4 513	1 863	100	466			4	17
安　徽	56 721	12 076	4 887	12 686			9 731	1 288
福　建	48 347	14 657	9 554	4 993	1 101	238	81	1 473
江　西	334 720	90 785	34 479	62 690	10 771	4 528	15 317	2 320
山　东	7 674	2 414	487	1 350				
河　南	26 169	11 969	3 524	1 947	58	1 828	479	117
湖　北	1 353 365	461 901	160 632	65 596	26 225	58 851	158 690	42 396
湖　南	212 600	42 400	50 269	14 228	4 035	7 197	23 221	1 310
广　东	252 500	48 325	28 709	25 801			13 548	
广　西	870 836	411 529	115 369	96 620		11 729	98 671	810
海　南	475 578	122 009	24 372	27 839	975		38 150	5 475
重　庆	37 782	155	8 563	3 095		−160	24 885	1 141
四　川	2 803			311				
贵　州								
云　南	59 269	15 358	10 201	8 093				
陕　西	7 983	527		1 102				77
甘　肃	4 573	3 643	582	1 321			9	145
青　海	1 214							1 214
宁　夏	32 353	6 195	5 704	5 010	19		253	
新疆（兵团）	3 574 475	587 945	392 728	212 608	73 211	343 266	295 301	48 939
新疆（农业）	43 224	23 617	7 668	6 818			1 176	1 463
新疆（畜牧）	23 736	2 361	4 332					
热科院	26 501	1 963		95				
广　州	7 512	1 286						6 226
南　京	1 478	362	47	180				165

1－12 续表 2

地　　区	第三产业					
	科学研究和综合技术服务业	水利、环境和公共设施管理业	居民服务和其他服务业	教育	卫生、社会保障和社会福利业	文化、体育和娱乐业
全国农垦	**198 921**	**197 059**	**936 589**	**758 765**	**616 227**	**100 928**
北　　京			31 157	300	41	734
天　　津	1 434		11 073	60	134	
河　　北	4 022	17 624	67 462	35 457	20 952	4 686
山　　西			268	476	509	
内 蒙 古	882	2 769	12 088	9 208	11 549	8 829
辽　　宁	5 424	16 520	35 571	7 032	10 014	5 339
吉　　林	9		593	1 053	531	723
黑 龙 江	26 125	67 908	167 281	176 665	124 511	10 451
上　　海	2 205	2 569	8 818	5 206	5 695	
江　　苏	175	614	67 050	2 177	21 001	587
浙　　江	160	6	485	568	216	149
安　　徽	445		4 635	244	2 223	
福　　建	1 238	75	5 858	1 426	711	192
江　　西	1 053	1 705	92 792	6 424	3 305	5 865
山　　东	24		2 382		72	
河　　南	96	551	394	1 062	541	71
湖　　北	35 132	27 585	32 894	90 158	44 017	9 632
湖　　南	330	983	32 083	14 235	4 152	11 972
广　　东	1 135		39 909	29 536	27 433	
广　　西	5 784		80 336	12 907	5 870	469
海　　南	7 011	137	75 924	7 051	46 703	1 520
重　　庆	103					
四　　川			2 363			
贵　　州						
云　　南	3 125	24	10 328	1 271	2 359	
陕　　西			1 685	265	176	
甘　　肃	615	497	1 324	903	354	
青　　海						
宁　　夏	251	85	13 025	372	59	
新疆（兵团）	78 958	57 255	130 470	354 231	281 893	37 843
新疆（农业）	447	153	329		748	161
新疆（畜牧）			7 765		459	
热 科 院	22 739					1 705
广　　州						
南　　京			246	478		

1－12续表3

地区	第三产业			国（地区）外净要素收入	国（地区）外汇回要素收入	国（地区）内汇出要素收入
	公共管理和社会组织	国际组织	农林牧渔服务业采矿辅助业制造业中修理业			
全国农垦	**1 093 992**	**10**	**550 081**	**16**	**16**	
北京	835		1 665			
天津						
河北	60 821		42 488			
山西			692			
内蒙古	17 871		271			
辽宁	22 748		9 668			
吉林	317		248	16	16	
黑龙江	240 031		183 102			
上海			2 853			
江苏	5 832					
浙江	411		68			
安徽			8 506			
福建	2 621		4 129			
江西	2 611		75			
山东			945			
河南	2 262		1 272			
湖北	118 925	10	20 721			
湖南	6 185					
广东	38 104					
广西	30 742					
海南	89 939		28 473			
重庆						
四川			129			
贵州						
云南	8 511					
陕西	−191		4 342			
甘肃	−4 940		120			
青海						
宁夏	1 381					
新疆（兵团）	442 135		237 692			
新疆（农业）	65		579			
新疆（畜牧）	6 775		2 044			
热科院						
广州						
南京						

1－13 各垦区生产总值构成

（2012 年）　　　　生产总值＝100

地　区	第一产业（不含农林牧渔服务业）	第二产业						第三产业
			工业				建筑业	
				采矿业（不含辅助业）	制造业（不含修理业）	电力热力燃气及水生产供应业		
全国农垦	**30.5**	**42.6**	**32.9**	**1.3**	**30.2**	**1.4**	**9.7**	**26.9**
北　京	31.6	28.3	28.1		28.1		0.2	40.1
天　津	11.9	27.0	26.3		26.3		0.7	61.1
河　北	11.1	57.8	45.1		44.5	0.6	12.6	31.1
山　西	27.8	37.3	37.3	0.7	36.7			34.9
内蒙古	40.6	36.9	32.3	0.5	31.4	0.4	4.7	22.5
辽　宁	33.3	47.0	40.4	0.5	39.2	0.6	6.6	19.6
吉　林	80.3	12.6	11.5		11.5		1.2	7.1
黑龙江	46.9	26.1	19.1	1.1	16.8	1.1	7.0	26.9
上　海	7.3	38.2	36.4		36.2	0.1	1.8	54.5
江　苏	22.0	51.4	46.3		46.3		5.1	26.6
浙　江	9.7	88.3	88.3		84.7	3.6		2.0
安　徽	45.1	26.8	17.5		17.2	0.3	9.3	28.1
福　建	21.7	67.6	65.7	1.7	63.0	0.9	1.9	10.7
江　西	13.5	63.6	56.0	6.6	48.0	1.4	7.5	23.0
山　东	37.8	55.5	53.6		53.6		1.9	6.7
河　南	45.7	36.2	33.6		33.6		2.6	18.1
湖　北	13.0	64.0	52.9	0.3	52.0	0.6	11.1	23.0
湖　南	30.9	49.8	19.9		19.9		29.9	19.3
广　东	29.6	47.9	43.4		43.4		4.5	22.5
广　西	12.2	62.3	46.9	4.1	42.6	0.1	15.4	25.5
海　南	54.4	13.6	3.1	0.1	2.9	0.2	10.5	32.0
重　庆	9.3	61.1	58.9		58.9		2.2	29.6
四　川	30.7	53.9	53.9		52.3	1.6		15.4
贵　州	30.8	69.2	69.2		69.2			
云　南	72.4	11.0	10.7		5.3	5.5	0.3	16.6
陕　西	52.9	30.1	30.1	30.1				17.0
甘　肃	44.9	52.3	50.0	0.8	48.2	0.9	2.3	2.8
青　海	93.9	0.4					0.4	5.8
宁　夏	51.7	30.5	20.3		20.3		10.2	17.9
新疆（兵团）	30.5	39.7	27.4	2.1	21.4	3.9	12.3	29.9
新疆（农业）	59.7	19.2	10.7		10.7		8.5	21.1
新疆（畜牧）	87.2	6.1	5.1		5.1		1.0	6.6
热科院								100.0
广　州	16.9	53.9	53.9		53.9			29.2
南　京	18.0	36.9	36.9		36.9			45.1

1-14 各垦区按要素分的生产总值

（2012 年） 计量单位：万元

地区	合计（按当年价格计算）	劳动者报酬	固定资产折旧	生产税净额	# 补贴	营业盈余
全国农垦	**50 732 441**	**22 902 726**	**5 814 479**	**4 660 523**	**452 901**	**17 354 713**
北京	536 809.57	307 837.81	70 688.75	72 149.6	1 838.2	86 133.41
天津	143 021	53 368	18 221	27 470		43 962
河北	3 334 649	1 229 049	426 611	390 523	2 509	1 288 467
山西	46 144	20 363	4 781	8 138	750	12 862
内蒙古	1 218 614	570 547	185 953	67 948	913	394 166
辽宁	2 383 493	1 013 693	399 342	238 705	3 162	731 753
吉林	187 359	163 621	5 865	2 234	1	15 639
黑龙江	11 433 628	4 535 316	1 301 334	268 931	309 973	5 328 047
上海	1 301 125	666 438.5	131 067	304 505.3	19 436	199 113
江苏	1 013 141	404 871	127 964	122 212	451	358 094
浙江	220 156	54 308	34 020	49 838	72	81 990
安徽	202 115.93	112 916	19 802	20 391		49 006
福建	451 522	178 969	84 645	36 203	13	151 705
江西	1 456 187	833 842	175 186	170 381	1 142	276 778
山东	114 451	35 367	11 515	8 041		59 528
河南	144 706	75 256	12 097	8 226.98	449	49 126.43
湖北	5 880 000	2 356 431	614 627	1 190 069		1 718 873
湖南	1 103 200	443 457	139 653	138 455	54 626	381 635
广东	1 120 431	416 274	90 127	91 651		522 379
广西	3 419 227	898 208	199 502	268 200		2 053 317
海南	1 485 119	1 093 624	119 001	53 244		219 250
重庆	127 711	53 916	15 253	20 875		37 667
四川	18 224	8 795.51	2 521	4 035	826	2 872
贵州	29 066	26 558	1 136	768		604
云南	357 487	286 844	38 939	10 749		20 955
陕西	46 824	18 681	4 717	6 812	516	16 614
甘肃	165 988	82 782	35 551	23 955	2 883	23 700
青海	20 9845	16 8901	1 391	2 113	1 008	590
宁夏	180 887	100 744	16 172	19 703		44 268
新疆（兵团）	11 972 109	6 408 039	1 465 856	1 015 542	48 388	3 082 672
新疆（农业）	204 875	131 152	22 515	13 014	3 200	38 194
新疆（畜牧）	357 651	263 054	36 036	344		58 217
热科院	26 501	25 445		131	745	925
广州	25 757	12 412	1 735	4 463		7 147
南京	3 277	3 656	655	504		−1 536

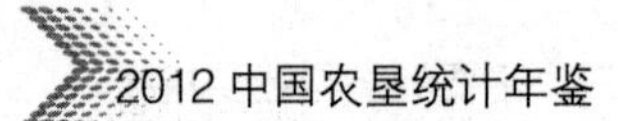

1-15 各垦区生产总值要素构成

（2012 年） 生产总值=100

地　区	劳动者报酬	固定资产折旧	生产税净额	营业盈余
全国农垦	**45.1**	**11.5**	**9.2**	**34.2**
北　京	57.3	13.2	13.4	16.0
天　津	37.3	12.7	19.2	30.7
河　北	36.9	12.8	11.7	38.6
山　西	44.1	10.4	17.6	27.9
内蒙古	46.8	15.3	5.6	32.3
辽　宁	42.5	16.8	10.0	30.7
吉　林	87.3	3.1	1.2	8.3
黑龙江	39.7	11.4	2.4	46.6
上　海	51.2	10.1	23.4	15.3
江　苏	40.0	12.6	12.1	35.3
浙　江	24.7	15.5	22.6	37.2
安　徽	55.9	9.8	10.1	24.2
福　建	39.6	18.7	8.0	33.6
江　西	57.3	12.0	11.7	19.0
山　东	30.9	10.1	7.0	52.0
河　南	52.0	8.4	5.7	33.9
湖　北	40.1	10.5	20.2	29.2
湖　南	40.2	12.7	12.6	34.6
广　东	37.2	8.0	8.2	46.6
广　西	26.3	5.8	7.8	60.1
海　南	73.6	8.0	3.6	14.8
重　庆	42.2	11.9	16.3	29.5
四　川	48.3	13.8	22.1	15.8
贵　州	91.4	3.9	2.6	2.1
云　南	80.2	10.9	3.0	5.9
陕　西	39.9	10.1	14.5	35.5
甘　肃	49.9	21.4	14.4	14.3
青　海	80.5	6.6	10.1	2.8
宁　夏	55.7	8.9	10.9	24.5
新疆(兵团)	53.5	12.2	8.5	25.7
新疆(农业)	64.0	11.0	6.4	18.6
新疆(畜牧)	73.6	10.1	0.1	16.3
热科院	96.0		0.5	3.5
广　州	48.2	6.7	17.3	27.7
南　京	111.5	20.0	15.4	-46.9

1-16 各垦区第一产业增加值

(2012年) 计量单位：万元

地区	合计（按当年价格计算）	劳动者报酬	固定资产折旧	生产税净额	#补贴	营业盈余
全国农垦	**15 455 239**	**9 365 753**	**1 267 909**	**−186 561**	**347 220**	**5 008 138**
北京	169 783	121 792	23 985	−271	1 335	24 277
天津	16 993	9 963	4 795	158		2 077
河北	369 684	230 102	32 380	8 492	19	98 710
山西	12 824	8 151	684	3 090	750	899
内蒙古	494 810	294 284	76 431	7 433	803	116 662
辽宁	794 738	461 120	95 550	23 370	2 137	214 698
吉林	150 393	141 943	2 812	991		4 647
黑龙江	5 365 612	2 370 206	445 668	−303 331	303 482	2 853 068
上海	95 530	52 153	13 483	594	16 890	29 301
江苏	223 235	104 927	19 241	322		98 745
浙江	21 327	13 390	1 794	207	72	5 936
安徽	91 230	60 503	8 625	113		21 989
福建	97 866	64 043	6 972	1 917	13	24 934
江西	195 889	156 985	10 293	5 246	974	23 365
山东	43 230	22 327	1 789	487		18 627
河南	66 161	45 382	3 803	764	449	16 213
湖北	765 343	561 949	26 872	14 809		161 713
湖南	340 900	134 267	64 500	35 305	7 356	106 828
广东	331 163	165 388	32 867			132 908
广西	418 052	263 803	35 126	2 201		116 922
海南	807 524	675 108	44 527	4 421		83 468
重庆	11 874	6 878	2 649	212		2 135
四川	5 592	5 111	213	208	2	59
贵州	8 942	8 583	235			124
云南	258 818	230 123	26 488	300		1 907
陕西	24 752	11 304	923	585	491	11 940
甘肃	74 594	50 228	9 535	2 570	451	12 261
青海	19 697	15 715	1 249	1 934	1 008	799
宁夏	93 444	64 888	6 810	675		21 071
新疆（兵团）	3 646 049	2 684 629	231 288	−6 989	7 788	737 121
新疆（农业）	122 235	88 364	5 720	7 589	3 200	20 562
新疆（畜牧）	312 005	239 493	30 201			42 311
热科院						
广州	4 361	2 072	383	34		1 872
南京	589	580	17	2		−10

1-17 各垦区第二产业增加值

(2012年) 计量单位：万元

地区	合计（按当年价格计算）	劳动者报酬	固定资产折旧	生产税净额	#补贴	营业盈余
全国农垦	**21 639 219**	**7 226 015**	**2 718 723**	**3 585 175**	**78 026**	**8 109 306**
北京	151 957	90 009	24 113	31 257	198	6 577
天津	38 611	20 913	8 077	17 360		−7 739
河北	1 926 257	527 028	250 961	319 938		828 330
山西	17 225	4 705	2 989	3 520		6 011
内蒙古	450 042	128 981	58 164	47 245	21	215 652
辽宁	1 120 675	333 948	241 303	158 270	520	387 154
吉林	23 647	11 556	2 045	836	1	9 210
黑龙江	2 986 784	971 980	322 846	401 540	6 279	1 290 417
上海	496 581	205 289	50 458	122 511	1 030	118 323
江苏	520 546	165 336	63 505	106 144	451	185 561
浙江	194 316	37 911	32 051	49 143		75 211
安徽	54 166	24 106	6 678	11 753		11 629
福建	305 309	85 889	73 557	30 004		115 859
江西	925 578	440 457	134 861	145 210	122	205 050
山东	63 547	8 468	8 932	7 291		38 856
河南	52 376	16 638	4 396	6 833		24 509
湖北	3 761 292	1 186 578	439 622	977 102		1 157 990
湖南	549 700	195 734	46 773	89 802	47 270	217 391
广东	536 768	118 937	40 355	65 810		311 666
广西	2 130 339	403 214	110 149	191 271		1 425 705
海南	202 017	107 715	19 625	30 587		44 090
重庆	78 055	39 625	11 061	11 459		15 910
四川	9 829	3 335	870	2 973	16	2 651
贵州	20 124	17 975	901	768		480
云南	39 399	22 554	7 391	7 027		2 427
陕西	14 089	686	2 989	6 191		4 223
甘肃	86 821	25 511	24 212	20 576	2 327	16 522
青海	74	160				−86
宁夏	55 090	16 926	6 406	15 550		16 209
新疆(兵团)	4 751 585	1 982 348	706 041	700 397	19 791	1 362 799
新疆(农业)	39 416	15 897	12 952	4 045		6 522
新疆(畜牧)	21 910	7 349	3 286	106		11 169
热科院						
广州	13 884	7 269	1 047	2 454		3 114
南京	1 210	988	106	202		−86

1－18　各垦区工业增加值

（2012年）　　计量单位：万元

地　区	采矿业（按当年价格计算）	劳动者报酬	固定资产折旧	生产税净额	＃补贴	营业盈余
全国农垦	**679 291**	**218 186**	**71 945**	**90 340**	**216**	**298 821**
北　京						
天　津						
河　北	821	385	44	135		257
山　西	300	150	26	51		73
内蒙古	6 203	2 282	930	51		2 940
辽　宁	12 952	4 882	822	2 144		5 104
吉　林						
黑龙江	129 842	34 798	15 711	5 064		74 270
上　海						
江　苏						
浙　江						
安　徽						
福　建	7 782	5 135	564	810		1 273
江　西	96 777	51 230	9 708	14 259	216	21 580
山　东						
河　南						
湖　北	19 531	6 366	2 278	3 148		7 739
湖　南						
广　东						
广　西	141 403	20 693	6 694	12 870		101 146
海　南	1 397	498	176	120		603
重　庆						
四　川						
贵　州						
云　南						
陕　西	14 089	686	2 989	6 191		4 223
甘　肃	1 407	464	1 012	－103		34
青　海						
宁　夏						
新疆（兵团）	246 787	90 617	30 991	45 600		79 579
新疆（农业）						
新疆（畜牧）						
热科院						
广　州						
南　京						

1－18续表1

地　　区	制造业（不含修理业）（按当年价计算）	劳动者报酬	固定资产折旧	生产税净额	#补贴	营业盈余
全国农垦	**15 332 669**	**4 468 198**	**2 137 332**	**2 762 821**	**26 774**	**5 964 318**
北　　京	150 923	89 510	24 071	30 846	198	6 497
天　　津	37 638	20 079	8 037	17 269		－7 747
河　　北	1 482 736	388 694	203 419	291 593		599 030
山　　西	16 925	4 555	2 963	3 469		5 938
内 蒙 古	382 525	104 988	47 457	40 991		189 089
辽　　宁	934 677	250 991	226 541	128 295	520	328 850
吉　　林	21 456	10 260	1 783	657		8 756
黑 龙 江	1 926 158	516 228	232 168	305 456	6 279	872 305
上　　海	471 400	195 191	49 895	117 473	1 030	108 841
江　　苏	468 871	144 094	49 027	101 858	451	173 892
浙　　江	186 422	36 456	30 519	46 578		72 869
安　　徽	34 684	12 874	6 354	9 014		6 442
福　　建	284 606	72 405	72 101	28 166		111 934
江　　西	699 208	336 526	85 326	114 632		162 724
山　　东	61 353	7 190	8 752	6 949		38 462
河　　南	48 586	14 462	4 274	6 291		23 559
湖　　北	3 057 585	883 578	381 525	816 206		976 276
湖　　南	219 790	109 836	27 447	38 177		44 330
广　　东	485 800	98 251	36 871	59 985		290 693
广　　西	1 457 315	213 264	68 986	132 642		1 042 423
海　　南	42 941	25 447	8 571	10 393		－1 470
重　　庆	75 211	39 167	10 977	9 969		15 098
四　　川	9 532	3 117	826	2 944	16	2 646
贵　　州	20 124	17 975	901	768		480
云　　南	18 786	11 591	3 002	4 026		167
陕　　西						
甘　　肃	80 001	21 219	22 779	19 913	2 327	16 090
青　　海						
宁　　夏	36 641	8 526	5 322	14 321		8 472
新疆（兵团）	2 565 473	809 821	506 618	399 166	15 953	849 868
新疆（农业）	21 985	8 463	6 736	2 040		4 746
新疆（畜牧）	18 223	5 183	2 931	78		10 031
热 科 院						
广　　州	13 884	7 269	1 047	2 454		3 114
南　　京	1 210	988	106	202		－86

1-18 续表 2

地　　区	电力热力燃气及水生产供应业（按当年价计算）	劳动者报酬	固定资产折旧	生产税净额	＃补贴	营业盈余
全国农垦	**726 862**	**187 938**	**152 984**	**96 128**	**153**	**289 812**
北　　京						
天　　津						
河　　北	21 083	8 313	7 672	3 471		1 627
山　　西						
内 蒙 古	4 532	1 297	1 062	224		1 949
辽　　宁	14 858	2 191	1 610	1 144		9 913
吉　　林						
黑 龙 江	125 903	33 742	15 234	4 910		72 017
上　　海	1 928	994	382	264		288
江　　苏						
浙　　江	7 894	1 455	1 532	2 565		2 342
安　　徽	633	365	126	1		141
福　　建	4 154	1 760	552	661		1 181
江　　西	20 134	14 212	4 181	847	−94	894
山　　东						
河　　南						
湖　　北	32 902	13 984	5 274	3 917		9 727
湖　　南						
广　　东						
广　　西	4 489	657	212	409		3 211
海　　南	2 265	1 112	272	316		565
重　　庆						
四　　川	297	219	44	30		5
贵　　州						
云　　南	19 501	10 376	4 358	2 770		1 997
陕　　西						
甘　　肃	1 529	915	363	245		6
青　　海						
宁　　夏						
新疆（兵团）	464 760	96 347	110 110	74 353	247	183 950
新疆（农业）						
新疆（畜牧）						
热 科 院						
广　　州						
南　　京						

1－19 各垦区建筑业增加值

(2012 年)　　计量单位：万元

地　区	合计（按当年价格计算）	劳动者报酬	固定资产折旧	生产税净额	#补贴	营业盈余
全国农垦	**4 900 397**	**2 351 694**	**356 461**	**635 887**	**50 883**	**1 556 355**
北　京	1 034	500	42	411		81
天　津	973	834	40	91		8
河　北	421 617	129 636	39 826	24 739		227 416
山　西						
内蒙古	56 782	20 414	8 715	5 979	21	21 674
辽　宁	158 188	75 884	12 330	26 687		43 287
吉　林	2 191	1 296	262	179	1	454
黑龙江	804 881	387 212	59 733	86 110		271 826
上　海	23 253	9 104	182	4 773		9 194
江　苏	51 675	21 242	14 478	4 286		11 669
浙　江						
安　徽	18 849	10 867	197	2 738		5 047
福　建	8 767	6 589	340	367		1 471
江　西	109 459	38 489	35 646	15 472		19 852
山　东	2 194	1 278	180	342		394
河　南	3 790	2 176	122	542		950
湖　北	651 274	282 650	50 545	153 831		164 248
湖　南	329 910	85 898	19 326	51 625	47 270	173 061
广　东	50 968	20 686	3 484	5 825		20 973
广　西	527 132	168 600	34 257	45 350		278 925
海　南	155 414	80 658	10 606	19 758		44 392
重　庆	2 844	458	84	1 490		812
四　川						
贵　州						
云　南	1 112	587	31	231		264
陕　西						
甘　肃	3 884	2 913	58	521		392
青　海	74	160				−86
宁　夏	18 449	8 400	1 084	1 229		7 737
新疆（兵团）	1 474 565	985 563	58 322	181 278	3 591	249 402
新疆（农业）	17 431	7 434	6 216	2 005		1 776
新疆（畜牧）	3 687	2 166	355	28		1 138
热科院						
广　州						
南　京						

1－20 各垦区第三产业增加值

（2012 年）　　　　计量单位：万元

地区	合计（按当年价格计算）	劳动者报酬	固定资产折旧	生产税净额	#补贴	营业盈余
全国农垦	**13 637 984**	**6 310 957**	**1 827 847**	**1 261 909**	**27 655**	**4 237 271**
北京	215 070	96 036	22 590	41 164	306	55 279
天津	87 417	22 492	5 349	9 952		49 624
河北	1 038 709	471 919	143 270	62 093	2 490	361 427
山西	16 095	7 507	1 108	1 528		5 952
内蒙古	273 762	147 282	51 358	13 270	89	61 852
辽宁	468 080	218 625	62 489	57 065	505	129 901
吉林	13 319	10 122	1 008	407		1 782
黑龙江	3 081 232	1 193 129	532 820	170 721	211	1 184 562
上海	709 014	408 997	67 127	181 401	1 516	51 490
江苏	269 360	134 608	45 218	15 746		73 788
浙江	4 513	3 007	175	488		843
安徽	56 721	28 308	4 499	8 525		15 389
福建	48 347	29 037	4 116	4 282		10 912
江西	334 720	236 400	30 032	19 925	46	48 363
山东	7 674	4 572	794	263		2 045
河南	26 169	13 237	3 898	630		8 405
湖北	1 353 365	607 904	148 133	198 158		399 170
湖南	212 600	113 456	28 380	13 348		57 416
广东	252 500	131 949	16 905	25 841		77 805
广西	870 836	231 191	54 227	74 728		510 690
海南	475 578	310 801	54 849	18 236		91 692
重庆	37 782	7 413	1 543	9 204		19 622
四川	2 803	349	1 438	854	808	162
贵州						
云南	59 269	34 167	5 060	3 421		16 621
陕西	7 983	6 691	805	36	25	451
甘肃	4 573	7 043	1 804	809	105	－5 083
青海	1 214	1 016	142	179		－123
宁夏	32 353	18 931	2 956	3 478		6 989
新疆（兵团）	3 574 475	1 741 062	528 527	322 134	20 809	982 752
新疆（农业）	43 224	26 891	3 843	1 380		11 110
新疆（畜牧）	23 736	16 212	2 549	238		4 737
热科院	26 501	25 445		131	745	925
广州	7 512	3 071	305	1 975		2 161
南京	1 478	2 088	532	300		－1 440

1－21　各垦区交通运输、仓储和邮政业增加值

（2012 年）

计量单位：万元

地　　区	合计（按当年价格计算）	劳动者报酬	固定资产折旧	生产税净额	# 补贴	营业盈余
全国农垦	**1 776 129**	**784 383**	**240 765**	**162 873**	**9 477**	**588 108**
北　　京	17 176	8 253	4 263	2 110		2 551
天　　津	363	362	20	20		−39
河　　北	176 059	92 348	18 517	18 615		46 579
山　　西	344	185	33	9		117
内 蒙 古	53 025	24 742	9 275	1 282	89	17 726
辽　　宁	101 793	45 874	15 065	13 205	255	27 649
吉　　林	3 257	2 343	248	131		535
黑 龙 江	395 884	145 260	48 732	27 027	176	174 866
上　　海	141 524	97 480	30 530	4 010	1 516	9 505
江　　苏	24 497	12 374	7 660	583		3 880
浙　　江	100	54	10	13		23
安　　徽	4 887	2 773	713	414		987
福　　建	9 554	5 784	1 303	712		1 755
江　　西	34 479	27 150	3 030	801		3 498
山　　东	487	384	13	15		75
河　　南	3 524	2 246	884	100		293
湖　　北	160 632	62 756	27 472	20 069		50 335
湖　　南	50 269	20 690	2 137	2 851		24 591
广　　东	28 709	16 355	3 203	2 328		6 823
广　　西	115 369	36 699	6 794	7 674		64 202
海　　南	24 372	17 104	2 370	1 853		3 045
重　　庆	8 563	1 653	786	1 798		4 326
四　　川						
贵　　州						
云　　南	10 201	5 838	1 292	401		2 670
陕　　西						
甘　　肃	582	442	29	61		50
青　　海						
宁　　夏	5 704	3 096	879	336		1 393
新疆(兵团)	392 728	144 707	54 304	55 980	7 441	137 737
新疆(农业)	7 668	3 930	755	377		2 606
新疆(畜牧)	4 332	3 466	433	92		341
热 科 院						
广　　州						
南　　京	47	34	16	8		−11

1-22 各垦区信息传输、计算机服务和软件业增加值

(2012年) 计量单位：万元

地区	合计（按当年价格计算）	劳动者报酬	固定资产折旧	生产税净额	#补贴	营业盈余
全国农垦	**208 494**	**64 604**	**36 815**	**17 617**	**2**	**89 458**
北京						
天津						
河北	26 537	2 990	3 439	884		19 224
山西						
内蒙古	2 030	263	777	267		723
辽宁	5 060	2 361	1 289	263		1 147
吉林	1 042	1 042				
黑龙江	56 851	23 525	8 431	2 742	2	22 152
上海	488	450	161	78		−201
江苏	92	79	8	2		3
浙江						
安徽						
福建	1 101	400	65	265		371
江西	10 771	4 080	746	985		4 960
山东						
河南	58	40	3	3		12
湖北	26 225	9 011	6 130	5 635		5 449
湖南	4 035	3 445	64	10		516
广东						
广西						
海南	975	1 006	197	50		−278
重庆						
四川						
贵州						
云南						
陕西						
甘肃						
青海						
宁夏	19	9	2	1		7
新疆（兵团）	73 211	15 903	15 503	6 432		35 373
新疆（农业）						
新疆（畜牧）						
热科院						
广州						
南京						

1－23　各垦区批发和零售业增加值

（2012 年）　　计量单位：万元

地　　区	合计（按当年价格计算）	劳动者报酬	固定资产折旧	生产税净额	#补贴	营业盈余
全国农垦	**3 693 116**	**1 520 559**	**297 242**	**499 700**	**12 991**	**1 375 615**
北　　京	8 513	4 577	943	2 691		302
天　　津	18 888	5 506	2 761	4 450		6 171
河　　北	254 672	119 489	21 605	19 977		93 601
山　　西	12 337	4 638	790	1 304		5 605
内 蒙 古	108 853	52 481	19 362	7 186		29 824
辽　　宁	126 983	64 219	13 901	19 622	6	29 241
吉　　林	3 834	2 700	252	223		659
黑 龙 江	876 013	272 634	74 585	62 618	33	466 175
上　　海	319 437	228 968	18 366	102 865		(30 762)
江　　苏	100 246	46 300	11 727	6 074		36 145
浙　　江	1 863	830	29	387		617
安　　徽	12 076	7 471	809	1 060		2 735
福　　建	14 657	6 099	734	2 121		5 703
江　　西	90 785	55 219	9 649	7 894	1	18 023
山　　东	2 414	1 245	122	133		914
河　　南	11 969	4 174	1 231	437		6 127
湖　　北	461 901	147 988	25 070	111 747		177 096
湖　　南	42 400	33 372	3 064	2 356		3 608
广　　东	48 325	20 404	4 427	9 558		13 936
广　　西	411 529	122 319	14 104	41 726		233 380
海　　南	122 009	81 678	3 596	7 623		29 112
重　　庆	155	81	10	50		14
四　　川						
贵　　州						
云　　南	15 358	8 121	1 826	1 134		4 277
陕　　西	527	172	84			271
甘　　肃	3 643	1 435	486	233	59	1 489
青　　海						
宁　　夏	6 195	4 120	384	864		826
新疆(兵团)	587 945	207 097	64 577	84 136	12 382	232 135
新疆(农业)	23 617	16 178	1 918	708		4 813
新疆(畜牧)	2 361	400	736	146		1 079
热 科 院	1 963	321			510	1 642
广　　州	1 286	213	12	257		804
南　　京	362	109	81	120		52

1－24 各垦区住宿和餐饮业增加值

(2012 年) 计量单位：万元

地区	合计（按当年价格计算）	劳动者报酬	固定资产折旧	生产税净额	#补贴	营业盈余
全国农垦	**1 085 687**	**481 826**	**138 058**	**102 185**	**18**	**363 618**
北京	100 893	52 430	8 481	16 450		23 532
天津	－8	233	108	66		－415
河北	121 942	57 009	10 933	4 671		49 328
山西	967	621	30	49		267
内蒙古	28 681	15 616	5 474	1 345		6 246
辽宁	47 323	16 885	6 790	4 889	16	18 759
吉林	1 700	1 091	69	37		503
黑龙江	201 090	72 805	25 285	16 091	1	86 910
上海	10 496	7 098	1 479	1 679		241
江苏	19 755	10 284	4 602	1 087		3 782
浙江	466	361	15	8		82
安徽	12 686	8 035	1 062	1 711		1 879
福建	4 993	2 990	583	422		998
江西	62 690	36 003	7 570	5 062	1	14 055
山东	1 350	766	61	61		462
河南	1 947	1 223	172	73		479
湖北	65 596	35 486	8 950	6 334		14 826
湖南	14 228	2 600	6 844	3 365		1 419
广东	25 801	12 138	2 216	3 167		8 280
广西	96 620	25 347	5 951	5 806		59 516
海南	27 839	17 131	4 888	2 497		3 323
重庆	3 095	1 447	421	343		884
四川	311	39	226	46		
贵州						
云南	8 093	4 133	983	677		2 300
陕西	1 102	395	466			241
甘肃	1 321	985	191	119		26
青海						
宁夏	5 010	3 300	685	590		435
新疆(兵团)	212 608	92 247	32 989	25 284		62 088
新疆(农业)	6 818	2 985	506	204		3 123
新疆(畜牧)						
热科院	95	83		22		－11
广州						
南京	180	61	29	30		60

1－25 各垦区金融业增加值

（2012 年） 计量单位：万元

地　　区	合计（按当年价格计算）	劳动者报酬	固定资产折旧	生产税净额	# 补贴	营业盈余
全国农垦	**673 700**	**148 002**	**32 299**	**58 749**		**434 650**
北　　京						
天　　津						
河　　北	45 806	12 833	1 063	3 892		28 018
山　　西						
内 蒙 古	1 790	1 042	173	7		568
辽　　宁	5 546	2 814	577	500		1 655
吉　　林						
黑 龙 江	192 274	38 532	7 248	20 250		126 244
上　　海						
江　　苏	807	241	38	173		355
浙　　江						
安　　徽						
福　　建	238	154	12	6		66
江　　西	4 528	3 412	102	126		888
山　　东						
河　　南	1 828	416	41	1		1 370
湖　　北	58 851	22 093	3 698	6 433		26 627
湖　　南	7 197	2 597	3 112	364		1 124
广　　东						
广　　西	11 729	1 354	266	469		9 640
海　　南						
重　　庆	−160	17	1	6		−184
四　　川						
贵　　州						
云　　南						
陕　　西						
甘　　肃						
青　　海						
宁　　夏						
新疆（兵团）	343 266	62 497	15 968	26 522		238 279
新疆（农业）						
新疆（畜牧）						
热 科 院						
广　　州						
南　　京						

1－26 各垦区房地产业增加值

(2012 年)

计量单位：万元

地区	合计（按当年价格计算）	劳动者报酬	固定资产折旧	生产税净额	# 补贴	营业盈余
全国农垦	**1 402 112**	**215 728**	**483 828**	**226 201**	**3**	**476 355**
北京	45 980	9 274	2 741	15 956		18 010
天津	10 876	2 493	96	2 916		5 371
河北	125 748	20 279	44 390	1 073		60 006
山西						
内蒙古	15 241	8 987	4 522	1 022		710
辽宁	49 989	16 121	7 806	9 604		16 458
吉林						
黑龙江	265 124	9 793	214 393	20 565		20 374
上海	183 497	29 721	4 975	54 704		94 098
江苏	26 142	2 919	1 706	5 958		15 559
浙江	4		4			
安徽	9 731	1 224	295	4 622		3 590
福建	81	42	1	1		37
江西	15 317	9 739	2 195	2 401		982
山东						
河南	479	39	437	1		2
湖北	158 690	39 439	28 066	27 624		63 561
湖南	23 221	8 828	2 918	389		11 086
广东	13 548	1 087	30	6 541		5 890
广西	98 671	2 993	17 334	12 780		65 564
海南	38 150	3 325	30 526	1 981		2 318
重庆	24 885	2 864	120	6 908		14 993
四川						
贵州						
云南						
陕西						
甘肃	9	9				
青海						
宁夏	253	121	18	114		
新疆（兵团）	295 301	45 637	121 173	51 009	3	77 482
新疆（农业）	1 176	795	83	33		265
新疆（畜牧）						
热科院						
广州						
南京						

1－27 各垦区租赁和商务服务业增加值

(2012 年)　　计量单位：万元

地　区	合计（按当年价格计算）	劳动者报酬	固定资产折旧	生产税净额	#补贴	营业盈余
全国农垦	**346 174**	**150 854**	**49 262**	**42 326**		**103 732**
北　京	7 775	5 333	632	1 403		406
天　津	44 597	10 367	1 538	1 128		31 564
河　北	34 434	22 183	6 687	779		4 785
山　西	502	268	99	87		48
内蒙古	675	479	115	96		－15
辽　宁	19 070	5 145	2 097	1 682		10 146
吉　林	12	7				5
黑龙江	97 923	21 071	10 749	2 373		63 731
上　海	26 226	30 096	9 313	16 179		－29 363
江　苏	385	275	93	12		5
浙　江	17	8	9			
安　徽	1 288	1 154	130	1		3
福　建	1 473	499	156	243		575
江　西	2 320	1 337	274	101		608
山　东						
河　南	117	110	3	2		2
湖　北	42 396	18 677	8 258	7 954		7 507
湖　南	1 310	1 068	43	62		137
广　东						
广　西	810	13	3	4		790
海　南	5 475	1 596	826	410		2 643
重　庆	1 141	1 248	205	99		－411
四　川						
贵　州						
云　南						
陕　西	77	75	132	11		－141
甘　肃	145	34	3	106		2
青　海	1 214	1 016	142	179		－123
宁　夏						
新疆(兵团)	48 939	23 393	7 141	7 541		10 864
新疆(农业)	1 463	1 044	140	41		238
新疆(畜牧)						
热科院						
广　州	6 226	2 858	293	1 718		1 357
南　京	165	1 500	182	116		－1 631

1-28 各垦区科学研究、技术服务业和地质勘察业增加值

(2012 年)　　　　计量单位：万元

地区	合计（按当年价格计算）	劳动者报酬	固定资产折旧	生产税净额	#补贴	营业盈余
全国农垦	**198 921**	**131 492**	**20 006**	**15 746**	**92**	**31 678**
北京						
天津	1 434	1 186	118	121		9
河北	4 022	2 787	197	101		937
山西						
内蒙古	882	588	184	87		23
辽宁	5 424	2 376	1 968	189		891
吉林	9	9				
黑龙江	26 125	17 317	3 447	1 296		4 065
上海	2 205	1 550	205	215		234
江苏	175	129	24	20		2
浙江	160	124	18	16		2
安徽	445	277	102	44		23
福建	1 238	1 202	14	4		18
江西	1 053	975	75	3		
山东	24	24				
河南	96	91	5			
湖北	35 132	17 548	4 074	4 123		9 387
湖南	330	265	23	1		41
广东	1 135	1 104	3			28
广西	5 784	4 087	574	124		999
海南	7 011	860	28	1 373		4 750
重庆	103	103				
四川						
贵州						
云南	3 125	3 272	193	128		−469
陕西						
甘肃	615	616	1	2		−4
青海						
宁夏	251	251				
新疆(兵团)	78 958	52 277	8 701	7 774	92	10 206
新疆(农业)	447	314	51	17		65
新疆(畜牧)						
热科院	22 739	22 160		109		469
广州						
南京						

1－29　各垦区水利、环境和公共设施管理业增加值

（2012 年）　　计量单位：万元

地　　区	合计（按当年价格计算）	劳动者报酬	固定资产折旧	生产税净额	# 补贴	营业盈余
全国农垦	**197 059**	**111 164**	**36 358**	**8 250**	**775**	**41 287**
北　　京						
天　　津						
河　　北	17 624	6 122	9 161	828	775	1 513
山　　西						
内 蒙 古	2 769	2 490	177	87		15
辽　　宁	16 520	4 604	2 034	876		9 006
吉　　林						
黑 龙 江	67 908	45 619	6 697	1 083		14 508
上　　海	2 569	1 628	128	710		104
江　　苏	614	244	156	182		32
浙　　江	6	6				
安　　徽						
福　　建	75	65	6	2		2
江　　西	1 705	1 208	497			
山　　东						
河　　南	551	309	242			
湖　　北	27 585	13 026	6 328	617		7 614
湖　　南	983	855	38	13		77
广　　东						
广　　西						
海　　南	137	54				83
重　　庆						
四　　川						
贵　　州						
云　　南	24	20				4
陕　　西						
甘　　肃	497	466	400			－369
青　　海						
宁　　夏	85	85				
新疆（兵团）	57 255	34 267	10 437	3 853		8 698
新疆（农业）	153	96	57			
新疆（畜牧）						
热 科 院						
广　　州						
南　　京						

1－30 各垦区居民服务和其他服务业增加值

（2012年） 计量单位：万元

地 区	合计（按当年价格计算）	劳动者报酬	固定资产折旧	生产税净额	#补贴	营业盈余
全国农垦	**936 589**	**512 678**	**101 198**	**56 104**	**969**	**266 609**
北 京	31 157	14 078	5 331	1 908	117	9 841
天 津	11 073	2 151	708	1 251		6 963
河 北	67 462	18 652	9 076	1 554		38 180
山 西	268	179	21	19		49
内 蒙 古	12 088	7 845	2 343	612		1 288
辽 宁	35 571	19 424	3 558	3 868		8 721
吉 林	593	414	41	13		125
黑 龙 江	167 281	68 988	25 549	13 524		59 220
上 海	8 818	4 923	361	399		3 136
江 苏	67 050	37 730	15 455	1 398		12 467
浙 江	485	443	42	15		−15
安 徽	4 635	2 501	217	244		1 673
福 建	5 858	4 458	333	246		821
江 西	92 792	83 798	3 466	1 622	44	3 906
山 东	2 382	1 549	237	44		552
河 南	394	309	34	13		38
湖 北	32 894	21 590	2 231	1 391		7 682
湖 南	32 083	19 076	3 795	2 387		6 825
广 东	39 909	22 331	3 644	4 247		9 687
广 西	80 336	25 645	2 813	3 466		48 412
海 南	75 924	73 184	884	931		925
重 庆						
四 川	2 363	220	1 180	808	808	155
贵 州						
云 南	10 328	3 917	470	997		4 944
陕 西	1 685	1 640	17			28
甘 肃	1 324	867	264	84		109
青 海						
宁 夏	13 025	6 141	984	1 573		4 327
新疆（兵团）	130 470	65 836	17 481	13 463		33 690
新疆（农业）	329	271	58			
新疆（畜牧）	7 765	4 411	564			2 790
热 科 院						
广 州						
南 京	246	108	42	26		70

1－31 各垦区教育增加值

（2012 年） 计量单位：万元

地　区	合计（按当年价格计算）	劳动者报酬	固定资产折旧	生产税净额	#补贴	营业盈余
全国农垦	**758 765**	**591 189**	**98 681**	**21 074**		**47 821**
北　京	300	290	7			3
天　津	60	60				
河　北	35 457	31 946	3 102	148		261
山　西	476	466	10			
内蒙古	9 208	6 922	1 965	1		320
辽　宁	7 032	6 421	278	30		303
吉　林	1 053	988	18	2		45
黑龙江	176 665	145 694	25 617	135		5 219
上　海	5 206	1 855	558	309		2 485
江　苏	2 177	1 860	238	61		18
浙　江	568	563	3			2
安　徽	244	229	15			
福　建	1 426	1 311	67	18		30
江　西	6 424	5 992	487	10		－65
山　东						
河　南	1 062	974	83			5
湖　北	90 158	74 595	10 540	944		4 079
湖　南	14 235	9 838	2 927	327		1 143
广　东	29 536	27 265	1 577			694
广　西	12 907	5 271	5 081	279		2 276
海　南	7 051	6 670	175	19		187
重　庆						
四　川						
贵　州						
云　南	1 271	1 268		3		
陕　西	265	265				
甘　肃	903	789	114			
青　海						
宁　夏	372	372				
新疆（兵团）	354 231	259 011	45 637	18 788		30 795
新疆（农业）						
新疆（畜牧）						
热科院						
广　州						
南　京	478	276	182			20

1－32 各垦区卫生、社会保障和社会福利业增加值

（2012 年）　　　　计量单位：万元

地　区	合计（按当年价格计算）	劳动者报酬	固定资产折旧	生产税净额	#补贴	营业盈余
全国农垦	**616 227**	**432 460**	**85 654**	**22 614**	**249**	**75 499**
北　京	41	37				4
天　津	134	134				
河　北	20 952	13 987	3 213	183	42	3 569
山　西	509	499	10			
内蒙古	11 549	8 055	2 646	243		605
辽　宁	10 014	6 736	1 247	547	161	1 484
吉　林	531	511	16			4
黑龙江	124 511	87 306	16 681	1 277		19 247
上　海	5 695	4 277	743			676
江　苏	21 001	19 064	1 035	50		852
浙　江	216	213	1			2
安　徽	2 223	1 528	155	61		480
福　建	711	530	49	13		119
江　西	3 305	2 453	511	107		234
山　东	72	71	1			
河　南	541	402	69			71
湖　北	44 017	36 384	3 318	495		3 820
湖　南	4 152	3 695	239	64		154
广　东	27 433	21 635	1 500			4 298
广　西	5 870	2 240	482	152		2 996
海　南	46 703	39 312	5 765	41		1 585
重　庆						
四　川						
贵　州						
云　南	2 359	2 346	7			6
陕　西	176	144	1			31
甘　肃	354	313	32		46	9
青　海						
宁　夏	59	54	5			
新疆（兵团）	281 893	179 734	47 628	19 381		35 150
新疆（农业）	748	578	170			
新疆（畜牧）	459	224	131			104
热科院						
广　州						
南　京						

1－33　各垦区文化、体育和娱乐业增加值

（2012 年）　　　　计量单位：万元

地　　区	合计（按当年价格计算）	劳动者报酬	固定资产折旧	生产税净额	＃补贴	营业盈余
全国农垦	**100 928**	**53 753**	**19 563**	**7 970**	**302**	**19 643**
北　　京	734	445	17	131		141
天　　津						
河　　北	4 686	2 635	1 868	38		145
山　　西						
内 蒙 古	8 829	3 912	1 749	1 022		2 146
辽　　宁	5 339	2 638	601	739	67	1 361
吉　　林	723	521	338	1		－137
黑 龙 江	10 451	7 037	2 167	169		1 079
上　　海						
江　　苏	587	501	44	38		4
浙　　江	149	137	10			2
安　　徽						
福　　建	192	121	33	13		25
江　　西	5 865	2 851	1 107	700		1 207
山　　东						
河　　南	71	58	13			
湖　　北	9 632	4 896	1 135	1 433		2 168
湖　　南	11 972	2 412	2 389	1 066		6 105
广　　东						
广　　西	469	187	23	18		241
海　　南	1 520	1 091	118	62		249
重　　庆						
四　　川						
贵　　州						
云　　南						
陕　　西						
甘　　肃						
青　　海						
宁　　夏						
新疆（兵团）	37 843	21 303	7 917	2 540		6 083
新疆（农业）	161	127	34			
新疆（畜牧）						
热 科 院	1 705	2 881			235	－1 176
广　　州						
南　　京						

1－34 各垦区公共管理和社会组织增加值

（2012 年） 计量单位：万元

地　区	合计（按当年价格计算）	劳动者报酬	固定资产折旧	生产税净额	#补贴	营业盈余
全国农垦	**1 093 992**	**826 654**	**116 170**	**9 708**	**1 887**	**141 460**
北　京	835	555	120	17	189	143
天　津						
河　北	60 821	50 653	6 482	1 875	1 673	1 812
山　西						
内蒙古	17 871	13 589	2 581	13		1 688
辽　宁	22 748	17 301	3 808	874		765
吉　林	317	317				
黑龙江	240 031	167 697	41 829	890		29 615
上　海						
江　苏	5 832	2 608	2 432	108		684
浙　江	411	241	20	15		135
安　徽						
福　建	2 621	1 669	665	133		154
江　西	2 611	2 109	322	113		67
山　东						
河　南	2 262	1 581	681			
湖　北	118 925	96 000	11 539	2 121		9 265
湖　南	6 185	4 715	787	93		590
广　东	38 104	9 630	305			28 169
广　西	30 742	5 036	802	2 230		22 674
海　南	89 939	42 994	4 416	750		41 779
重　庆						
四　川						
贵　州						
云　南	8 511	5 253	289	81		2 889
陕　西	－191	－181		25	25	－35
甘　肃	－4 940	967	284	204		－6 395
青　海						
宁　夏	1 381	1 381				
新疆（兵团）	442 135	396 413	38 220	167		7 335
新疆（农业）	65	49	16			
新疆（畜牧）	6 775	6 076	573			126
热科院						
广　州						
南　京						

1－35 各垦区国际组织增加值

（2012 年） 计量单位：万元

地区	合计（按当年价格计算）	劳动者报酬	固定资产折旧	生产税净额	#补贴	营业盈余
全国农垦	**10**	**8**	**1**	**1**		
北京						
天津						
河北						
山西						
内蒙古						
辽宁						
吉林						
黑龙江						
上海						
江苏						
浙江						
安徽						
福建						
江西						
山东						
河南						
湖北	10	8	1	1		
湖南						
广东						
广西						
海南						
重庆						
四川						
贵州						
云南						
陕西						
甘肃						
青海						
宁夏						
新疆（兵团）						
新疆（农业）						
新疆（畜牧）						
热科院						
广州						
南京						

1－36　各垦区农林牧渔服务业采矿辅助业制造业中修理业增加值

（2012 年）　　计量单位：万元

地　区	合计（按当年价格计算）	劳动者报酬	固定资产折旧	生产税净额	#补贴	营业盈余
全国农垦	**550 081**	**285 605**	**71 948**	**10 791**	**891**	**181 737**
北　京	1 665	766	54	498		346
天　津						
河　北	42 488	18 005	3 538	7 475		13 470
山　西	692	651	115	60		－134
内蒙古	271	271	15			－15
辽　宁	9 668	5 706	1 470	177		2 315
吉　林	248	179	26			43
黑龙江	183 102	69 853	21 410	682		91 156
上　海	2 853	952	309	256		1 336
江　苏						
浙　江	68	27	14	34		－7
安　徽	8 506	3 116	1 002	369		4 019
福　建	4 129	3 713	95	83		238
江　西	75	74	1			
山　东	945	533	360	10		42
河　南	1 272	1 265	1			6
湖　北	20 721	8 407	1 323	1 237		9 754
湖　南						
广　东						
广　西						
海　南	28 473	24 796	1 060	646		1 971
重　庆						
四　川	129	90	32			7
贵　州						
云　南						
陕　西	4 342	4 181	105			56
甘　肃	120	120				
青　海						
宁　夏						
新疆（兵团）	237 692	140 740	40 851	－736	891	56 837
新疆（农业）	579	524	55			
新疆（畜牧）	2 044	1 635	112			297
热科院						
广　州						
南　京						

1－37 各垦区非国有经济基本情况

(2012 年)

项 目	计量单位	合 计	第一产业	第二产业	#工业	第三产业
一、经营单位个数	个	697 979	294 042	42 012	32 069	361 925
1. 集体经济	个	3 016	2 094	353	232	569
#股份合作制经济	个	310	32	164	125	114
2. 个体经济	个	631 323	271 940	26 843	18 965	332 540
3. 私营经济	个	62 151	19 967	14 449	12 577	27 735
4. 港澳台及外商经济	个	585	40	314	240	231
二、从业人员	人	2 561 417	838 455	892 802	667 894	830 161
1. 集体经济	人	122 995	101 186	15 659	10 813	6 150
#股份合作制经济	人	11 424	1 654	8 016	5 483	1 754
2. 个体经济	人	1 565 472	654 421	240 296	134 809	670 756
3. 私营经济	人	795 195	76 182	575 557	463 219	143 456
4. 港澳台及外商经济	人	76 285	6 646	60 842	58 839	8 797
三、从业人员劳动报酬	万元	5 798 128	1 589 954	2 325 644	1 763 630	1 882 529
1. 集体经济	万元	193 873	146 150	30 040	24 117	17 683
#股份合作制经济	万元	28 220	4 189	19 440	15 776	4 591
2. 个体经济	万元	3 310 784	1 236 007	587 252	383 009	1 487 524
3. 私营经济	万元	1 979 990	181 309	1 455 695	1 098 727	342 986
4. 港澳台及外商经济	万元	312 891	26 468	252 283	249 801	34 141
四、生产总值	万元	23 316 181	4 096 033	12 722 102	10 352 673	6 498 046
1. 集体经济	万元	540 896	262 338	147 848	122 280	130 710
#股份合作制经济	万元	210 328	18 209	121 600	117 040	70 519
2. 个体经济	万元	9 682 618	3 169 667	2 031 360	1 372 296	4 481 591
3. 私营经济	万元	11 060 984	533 769	8 819 648	7 193 960	1 707 568
4. 港澳台及外商经济	万元	1 977 703	130 258	1 671 048	1 644 312	176 397

1－35 续表

项　目	计量单位	合　计	第一产业	第二产业	#工业	第三产业
五、当年固定资产投资额	万元	21 271 795	1 287 913	13 526 237	11 400 556	6 457 646
1. 集体经济	万元	184 856	43 826	99 451	82 455	41 579
#股份合作制经济	万元	27 789	4 067	22 392	22 392	1 330
2. 个体经济	万元	4 137 840	757 447	1 017 360	706 442	2 363 033
3. 私营经济	万元	11 664 149	452 900	8 307 060	6 551 400	2 904 189
4. 港澳台及外商经济	万元	970 506	4 082	757 107	747 676	209 317
六、资产总额	万元	33 975 861	3 020 815	22 785 036	19 949 540	8 170 009
1. 集体经济	万元	598 589	241 679	248 256	145 118	108 654
#股份合作制经济	万元	461 663	9 259	373 151	285 206	79 253
2. 个体经济	万元	8 039 217	1 847 272	2 094 722	1 559 513	4 097 223
3. 私营经济	万元	21 204 429	785 848	16 919 754	14 712 908	3 498 827
4. 港澳台及外商经济	万元	3 979 523	128 204	3 402 104	3 399 656	449 215
七、固定资产原值	万元	22 124 295	2 339 747	14 710 847	12 794 065	5 073 701
1. 集体经济	万元	462 812	181 784	207 735	174 109	73 293
#股份合作制经济	万元	140 792	3 878	119 771	113 681	17 143
2. 个体经济	万元	6 500 516	1 420 635	1 819 076	1 380 952	3 260 805
3. 私营经济	万元	12 298 743	619 924	10 179 837	8 743 509	1 498 983
4. 港澳台及外商经济	万元	2 663 748	79 363	2 375 347	2 369 856	209 038
八、税金	万元	1 470 990	16 404	1 054 059	820 270	400 527
1. 集体经济	万元	14 548	1 976	8 869	8 213	3 703
2. 港澳台及外商经济	万元	197 527	153	167 117	156 592	30 257
九、利润总额	万元	3 607 449	744 555	1 829 969	1 500 950	1 032 924
1. 集体经济	万元	41 068	10 952	14 694	14 049	15 422
2. 港澳台及外商经济	万元	728 674	—9 745	683 378	346 430	55 041

1－38 各垦区非国有经济经营单位个数

（2012 年） 计量单位：个

地区	合计	第一产业	第二产业	#工业	第三产业
全国农垦	**697 979**	**294 042**	**42 012**	**32 069**	**361 925**
北京	21	4	9	9	8
天津	1		1	1	
河北	23 800	2 634	3 481	2 945	17 685
山西	1 465	139	58	58	1 268
内蒙古	31 549	20 649	1 909	1 454	8 991
辽宁	55 765	27 735	6 309	4 894	21 721
吉林	2 314	140	207	174	1 967
黑龙江	143 443	86 386	4 818	3 896	52 239
上海					
江苏	17 962	8 800	929	343	8 233
浙江	257	150	56	56	51
安徽	3 957	119	298	139	3 540
福建	6 039	771	1 215	776	4 053
江西	9 955	2 546	1 454	1 233	5 955
山东	470	66	32	27	372
河南	2 179	585	64	36	1 530
湖北	58 353	1 678	6 897	5 950	49 778
湖南	14 949	7 979	859	626	6 111
广东	4 872	43	608	412	4 221
广西	17 997	886	1 098	661	16 013
海南	99 447	63 742	2 201	510	33 504
重庆	7	1	6	6	
四川	8	5	3	2	
贵州					
云南	41 646	35 305	58	39	6 283
陕西	141	18	23	23	100
甘肃	1 602	440	28	16	1 134
青海	3	3			
宁夏	9 008	6 170	67	50	2 771
新疆（兵团）	136 217	19 061	8 815	7 506	108 341
新疆（农业）	2 221	327	281	186	1 613
新疆（畜牧）	12 208	7 659	223	36	4 326
热科院					
广州	1		1	1	
南京	122	1	4	4	117

1－39　各垦区非国有经济从业人员

（2012 年）　　计量单位：人

地　　区	合　计	第一产业	第二产业		第三产业
				#工业	
全国农垦	**2 561 417**	**838 455**	**892 802**	**667 894**	**830 161**
北　　京	18 484	8 092	2 397	2 397	7 995
天　　津	61		61	61	
河　　北	182 400	48 872	64 154	52 042	69 374
山　　西	7 262	1 093	2 044	2 044	4 125
内 蒙 古	73 414	31 477	21 810	15 201	20 127
辽　　宁	246 319	56 855	105 121	79 152	84 343
吉　　林	9 809	200	3 826	3 475	5 783
黑 龙 江	340 662	137 713	96 531	72 480	106 418
上　　海					
江　　苏	67 426	17 368	27 578	24 772	22 480
浙　　江	15 898	1 815	13 736	13 736	347
安　　徽	20 278	2 348	7 678	6 127	10 252
福　　建	61 602	16 328	32 833	25 743	12 441
江　　西	97 213	15 280	59 148	54 202	22 785
山　　东	4 137	705	2 330	1 980	1 102
河　　南	8 269	1 075	3 948	3 611	3 246
湖　　北	319 539	25 060	190 835	135 964	103 644
湖　　南	117 964	56 803	35 816	20 040	25 345
广　　东	48 704	14 384	19 021	15 046	15 299
广　　西	143 296	21 539	77 021	49 631	44 736
海　　南	300 759	201 271	22 505	4 342	76 983
重　　庆	6 975	295	6 680	6 680	
四　　川	1 422	355	1 067	1 055	
贵　　州					
云　　南	61 774	50 967	1 402	1 219	9 405
陕　　西	655	41	326	326	288
甘　　肃	3 210	591	1 190	744	1 429
青　　海	634	634			
宁　　夏	25 579	15 726	3 164	1 535	6 689
新疆（兵团）	329 295	80 655	84 609	71 686	164 032
新疆（农业）	7 531	2 580	1 411	1 075	3 540
新疆（畜牧）	40 403	28 313	4 345	1 313	7 745
热 科 院					
广　　州	84		84	84	
南　　京	359	20	131	131	208

1－40 各垦区非国有经济从业人员劳动报酬

（2012 年）

计量单位：万元

地　区	合　计	第一产业	第二产业	#工业	第三产业
全国农垦	**5 798 128**	**1 589 954**	**2 325 644**	**1 763 630**	**1 882 529**
北　京	80 870	34 981	15 361	15 361	30 528
天　津	258		258	258	
河　北	340 792	53 424	149 710	116 802	137 658
山　西	12 745	942	4 679	4 679	7 124
内蒙古	241 551	89 963	79 692	61 773	71 896
辽　宁	486 085	55 679	270 840	214 325	159 566
吉　林	11 501	713	5 254	4 780	5 534
黑龙江	798 682	355 835	231 458	156 744	211 389
上　海					
江　苏	230 367	47 227	102 003	82 719	81 137
浙　江	50 022	4 991	42 998	42 998	2 033
安　徽	35 519	2 744	15 902	12 070	16 873
福　建	114 225	16 796	77 086	58 679	20 343
江　西	176 486	14 114	112 692	104 262	49 680
山　东	12 727	2 790	7 493	6 513	2 444
河　南	13 239	1 401	6 576	6 076	5 262
湖　北	715 610	45 986	508 358	385 786	161 266
湖　南	127 954	42 884	43 523	37 811	41 547
广　东	157 239	30 415	79 810	64 211	47 014
广　西	393 094	51 726	214 686	123 693	126 682
海　南	643 823	445 545	60 820	12 956	137 458
重　庆	23 817	2 155	21 662	21 662	
四　川	3 211	579	2 632	2 576	
贵　州					
云　南	43 705	30 317	2 648	2 301	10 740
陕　西	986	129	511	511	346
甘　肃	6 917	1 507	3 009	1 673	2 401
青　海	519	519			
宁　夏	34 109	17 955	5 331	3 385	10 823
新疆（兵团）	997 082	218 205	247 648	213 530	531 228
新疆（农业）	8 817	3 081	1 603	1 051	4 133
新疆（畜牧）	34 408	17 328	9 979	3 024	7 101
热科院					
广　州	500		500	500	
南　京	1 268	23	922	922	323

1-41 各垦区非国有经济生产总值

（2012年） 计量单位：万元

地区	合计	第一产业	第二产业		第三产业
				#工业	
全国农垦	**23 316 181**	**4 096 033**	**12 722 102**	**10 352 673**	**6 498 046**
北京	287 896	133 232	55 226	55 226	99 438
天津	240		240	240	
河北	2 085 452	131 015	1 339 500	1 141 462	614 937
山西	35 779	1 822	17 302	17 302	16 655
内蒙古	595 502	149 793	326 017	229 600	119 692
辽宁	1 702 867	243 935	1 087 755	943 293	371 177
吉林	19 906	833	10 083	9 120	8 990
黑龙江	5 144 564	1 480 286	2 154 732	1 607 702	1 509 546
上海					
江苏	513 602	115 332	220 516	172 607	177 754
浙江	208 385	13 022	191 913	191 913	3 451
安徽	71 457	6 322	36 756	30 322	28 379
福建	348 079	29 154	288 759	227 180	30 166
江西	756 071	29 779	660 432	635 649	65 860
山东	77 019	8 227	62 417	60 389	6 375
河南	33 077	965	23 788	22 634	8 324
湖北	3 711 097	185 245	2 562 821	2 185 220	963 031
湖南	349 825	86 328	193 012	138 600	70 485
广东	560 330	67 897	383 525	345 820	108 908
广西	2 893 776	250 955	1 795 676	1 297 183	847 145
海南	921 583	531 242	133 254	22 306	257 087
重庆	41 015	1 212	39 803	39 803	
四川	12 071	1 330	10 741	9 241	
贵州					
云南	84 285	44 955	6 471	5 725	32 858
陕西	2 842	644	1 250	1 250	948
甘肃	24 901	2 628	19 503	18 343	2 770
青海	929	929			
宁夏	58 572	30 770	10 504	7 572	17 298
新疆（兵团）	2 644 453	488 035	1 055 113	918 808	1 101 305
新疆（农业）	38 873	10 731	10 498	8 225	17 644
新疆（畜牧）	88 141	48 852	22 780	8 223	16 509
热科院					
广州	526		526	526	
南京	3 066	564	1 189	1 189	1 313

1－42　各垦区非国有经济资产总额

（2012 年）　　　　计量单位：万元

地　　区	合　计	第一产业	第二产业	#工业	第三产业
全国农垦	**33 975 861**	**3 020 815**	**22 785 036**	**19 949 540**	**8 170 009**
北　　京	588 245	198 584	161 811	161 811	227 850
天　　津	1 367		1 367	1 367	
河　　北	3 040 446	188 483	2 163 722	1 987 345	688 241
山　　西	72 783	2 835	51 504	51 504	18 444
内 蒙 古	567 686	185 678	269 782	200 087	112 226
辽　　宁	3 828 390	385 177	2 865 899	2 396 085	577 314
吉　　林	41 306	33	33 902	32 442	7 371
黑 龙 江	4 803 724	814 110	2 411 342	2 059 933	1 578 272
上　　海					
江　　苏	719 191	92 700	459 802	411 678	166 689
浙　　江	1 320 261	28 504	1 284 541	1 284 541	7 216
安　　徽	170 164	7 862	114 483	111 215	47 819
福　　建	900 414	44 675	777 232	773 510	78 507
江　　西	434 790	43 007	317 323	302 829	74 460
山　　东	355 309	10 204	333 548	318 979	11 557
河　　南	74 826	577	73 668	72 533	581
湖　　北	6 744 606	184 630	5 868 890	5 277 185	691 086
湖　　南	581 694	72 268	368 487	267 235	140 939
广　　东	250 248	13 395	133 135	120 161	103 718
广　　西	5 138 368	247 329	3 010 237	2 133 561	1 880 802
海　　南	355 044	72 189	45 746	27 553	237 109
重　　庆	129 083	13 466	115 617	115 617	
四　　川	55 221	7 580	47 641	45 754	
贵　　州					
云　　南	176 694	91 354	18 874	18 813	66 466
陕　　西	5 178	748	2 546	2 546	1 884
甘　　肃	50 305	9 895	37 147	34 442	3 263
青　　海	2 170	2 170			
宁　　夏	76 454	26 202	22 935	21 311	27 317
新疆（兵团）	3 360 047	208 825	1 758 471	1 696 381	1 392 752
新疆（农业）	19 843	2 038	8 815	6 892	8 990
新疆（畜牧）	100 921	65 596	17 064	6 725	18 261
热 科 院					
广　　州	3 397		3 397	3 397	
南　　京	7 685	702	6 108	6 108	875

1-43 各垦区非国有经济利润总额

（2012年） 计量单位：万元

地区	合计	第一产业	第二产业	#工业	第三产业
全国农垦	**3 607 449**	**744 555**	**1 829 969**	**1 500 950**	**1 032 924**
北京	25 419	－5 896	11 588	11 588	19 727
天津	－232		－232	－232	
河北	366 076	22 366	221 694	201 200	122 016
山西	9 755	580	5 130	5 130	4 045
内蒙古	116 086	35 651	64 163	52 314	16 272
辽宁	331 293	35 100	200 285	151 465	95 908
吉林	6 436	214	4 643	4 383	1 579
黑龙江	1 381 831	521 439	382 832	238 044	477 560
上海					
江苏	139 153	46 357	54 334	43 331	38 462
浙江	28 579	－287	28 340	28 340	526
安徽	10 433	677	5 906	5 257	3 849
福建	49 797	2 668	41 123	39 856	6 006
江西	35 244	7 788	17 094	13 520	10 362
山东	42 406	1 885	38 833	38 459	1 688
河南	3 326	80	3 065	3 045	181
湖北	319 784	11 944	256 944	219 915	50 896
湖南	68 796	2 130	35 944	27 582	30 722
广东	108 638	12 519	67 693	57 598	28 426
广西	329 866	7 493	253 589	238 428	68 784
海南	58 012	24 279	16 386	2 656	17 347
重庆	12 411	－970	13 381	13 381	
四川	1 949	52	1 897	1 854	
贵州					
云南	21 725	7 746	2 298	2 050	11 681
陕西	247	64	－109	－109	292
甘肃	537	－88	498	495	127
青海	－400	－400			
宁夏	12 012	5 908	2 186	1 678	3 918
新疆（兵团）	115 517	735	98 435	98 435	16 347
新疆（农业）	6 509	478	1 768	1 025	4 263
新疆（畜牧）	6 251	4 063	438	438	1 750
热科院					
广州	－162		－162	－162	
南京	155	－20	－15	－15	190

农场组织

2-1 农场、小城镇和农垦所属乡（镇）情况

（2012 年） 计量单位：个

地区	农场个数	小城镇情况			乡（镇）情况		
		小城镇个数	小城镇人口（人）	小城镇占地面积（公顷）	乡（镇）政权个数	村民委员会个数	乡（镇）办工业个数
全国农垦	**1 786**	**883**	**3 487 872**	**243 277**	**151**	**1 495**	**565**
北京	10					1	1
天津	15						
河北	33	43	156 628	22 856	9	89	
山西	26	1	2 930	5	1	1	
内蒙古	105	34	80 158	9 771	8	43	12
辽宁	109	37	157 286	11 934	52	347	
吉林	88	7	39 775	10 764	4	35	
黑龙江	113	140	1 365 867	34 300			
上海	19						
江苏	18	32	131 150	2 988			
浙江	57						
安徽	20	10	68 089	3 017		2	
福建	113	38	90 314	43 699	9	54	28
江西	154	97	291 338	75 208			
山东	14	1	1 643	75		10	
河南	97	10	47 853	2 710		40	
湖北	53	50	342 721	8 440	2	177	84
湖南	69	61	123 828	385	40	418	179
广东	46	45	133 664	6 830			
广西	43	23	133 149	2 593			
海南	46						
重庆	15						
四川	38						
贵州	38	16	10 122	133		4	
云南	41	32	141 158	3 997			
陕西	12	6	19 176	1 251			
甘肃	17	5	5 177	88			
青海	17						
宁夏	14	14	49 603	853			7
新疆（兵团）	175	175	70 033	176	3	29	71
新疆（农业）	46	6	26 210	1 205	2	98	183
新疆（畜牧）	124				21	146	
热科院							
广州							
南京	1					1	

2－2 农场按生产总值排序

农场名称	生产总值（万元）	排序	工业增加值（万元）	排序	农业增加值（万元）	排序	耕地面积（公顷）	排序	年平均职工人数（人）	排序
湖北省东西湖农管局	3 350 000	1	1 940 612	1	115 183	10	12 522	124	190 705	1
河北省中捷友谊农场	900 128	2	424 000	3	19 508	190	5 551	234	8 465	103
湖北省汉南农管局	886 000	3	478 054	2	90 691	15	10 465	140	65 412	2
河北省柏各庄农场	873 959	4	161 234	9	154 819	4	26 701	57	37 951	8
江西省九江市一共青	602 571	5	412 740	4	19 373	192	2 330	341	52 344	4
河北省国营南大港农场	540 000	6	305 926	5	12 560	273	6 345	213	7 058	128
黑龙江省八五二农场（上市）	437 533	7	74 546	22	137 301	6	79 186	5	9 431	82
黑龙江省友谊农场（上市）	382 647	8	76 967	21	163 994	2	106 676	2	49 850	5
辽宁省铁岭市种畜场	328 140	9	171 484	8	29 381	124	1 734	369	14 900	36
广西柳州市柳江县新兴农场	311 127	10	213 538	6	10 940	312	2 555	335	14 029	41
黑龙江省八五三农场（上市）	297 486	11	67 784	23	114 460	11	68 000	8	25 657	12
黑龙江省查哈阳农场	288 652	12	29 286	61	78 735	26	67 333	10	29 293	11
河北省芦台农场	285 118	13	194 244	7	28 044	138	7 682	192	3 974	234
新疆兵团第八师石河子总场	280 103	14	66 500	25	80 084	24	20 801	71	8 536	101
黑龙江省八五六农场（上市）	261 097	15	31 048	56	159 544	3	78 867	6	11 309	62
黑龙江省七星农场（上市）	259 457	16	20 632	90	164 600	1	81 360	4	21 140	16
河北省汉沽农场	244 816	17	107 562	15	41 046	74	6 047	221	2 850	305
湖北省武湖农场	225 637	18	126 817	13	29 334	125	1 144	396	21 208	15
黑龙江省八五四农场（上市）	223 739	19	45 186	35	129 261	8	67 927	9	7 783	113
湖南省屈原管理区	223 000	20	158 300	10	36 700	89	9 179	161	41 552	6
湖南省岳阳市君山农场	208 150	21	49 705	31	137 000	7	14 451	107	38 000	7
黑龙江省八五九农场（上市）	206 311	22	18 302	103	145 212	5	87 200	3	14 529	40
新疆兵团第六师芳草湖农场	203 792	23	45 299	34	88 909	19	39 924	20	11 389	61
黑龙江省五九七农场	195 399	24	40 134	40	69 597	37	42 800	15	19 222	20
辽宁省营口市西海农场	187 430	25	120 650	14	13 500	263	696	432	9 610	79
黑龙江省前进农场	186 301	26	30 788	59	106 834	12	53 067	12	13 256	45
黑龙江省宝泉岭农场（上市）	184 110	27	10 000	193	45 754	67	29 650	48	16 123	29
辽宁省凌海市大有农场	179 725	28	144 641	12	3 330	485	3 412	306	2 405	344
广西贵港市港北区西江农场	178 360	29	22 488	82	30 497	116	1 959	354	12 320	50
黑龙江省绥滨农场	177 474	30	24 506	73	77 800	28	35 800	34	13 856	42
黑龙江省八五七农场	173 157	31	34 260	46	77 962	27	36 063	32	7 091	126
黑龙江省八五八农场	171 718	32	30 974	57	90 372	16	40 267	19	7 996	111
湖北省五三农场	170 199	33	49 990	30	32 637	105	9 500	153	34 073	10
黑龙江省二九〇农场（上市）	169 998	34	33 806	48	84 530	21	41 111	18	11 885	54
河北省察北牧场	168 000	35	93 304	18	50144	58	6 926	204	1 020	495
吉林省前郭灌区国营红旗农场	164 279	36	4 893	297	8 852	361	2 755	331	3 443	258
湖北省龙感湖农场	160 956	37	105 951	16	26 345	146	3 963	279	17 810	23

2－2 续表 1

农场名称	生产总值（万元）	排序	工业增加值（万元）	排序	农业增加值（万元）	排序	耕地面积（公顷）	排序	年平均职工人数（人）	排序
浙江杭州市萧山区红山农场	159 700	38	157 462	11	1 300	511	3 530	299	8 755	97
黑龙江省前锋农场	158 021	39	6 971	241	119 734	9	71 334	7	7 739	116
黑龙江省二九一农场（上市）	157 237	40	9 705	197	74 543	34	37 877	26	12 406	49
黑龙江省八五〇农场	157 221	41	39 930	42	63 563	43	33 601	40	8 598	99
黑龙江省军川农场	156 337	42	16 500	117	69 296	38	39 301	21	11 685	57
新疆兵团第六师新湖农场	152 779	43	21 327	88	89 111	18	37 349	27	8 114	109
黑龙江省创业农场	142 416	44	34 001	47	72 064	35	37 333	28	6 430	151
黑龙江省普阳农场	141 958	45	23 432	78	65 877	41	33 800	38	9 988	74
江苏省国营东辛农场	139 022	46	39 959	41	20 604	179	1 122	397	5 719	176
河北省沽源牧场	138 877	47	97 911	17	28 103	137	8 300	175	2 809	309
黑龙江省云山农场	136 998	48	11 534	172	75 162	33	31 480	43	5 345	182
黑龙江省庆丰农场（上市）	135 259	49	32 026	53	77 158	29	44 431	14	6 513	147
黑龙江省勤得利农场（上市）	135 016	50	8 422	214	96 435	14	54 980	11	11 727	56
黑龙江省饶河农场	133 204	51	13 675	140	58 421	47	34 000	37	9 173	89
黑龙江省兴凯湖农场（上市）	133 185	52	13 102	151	68 704	39	39 090	22	6 299	153
黑龙江省大兴农场	130 536	53	3 368	346	97 582	13	528 737	1	5 900	169
黑龙江省胜利农场	130 356	54	13497	145	75 774	31	46 200	13	10 886	67
黑龙江省红卫农场	129 005	55	5 546	276	90 091	17	38 667	23	6 198	157
新疆兵团第六师奇台农场	127 050	56	49 233	32	40 265	77	26 487	58	5 186	189
河北省大曹庄农场	125 240	57	83 254	20	20 507	181	5 502	238	1 594	438
黑龙江省共青农场	124 081	58	26 051	67	53 428	51	31 467	44	9 278	86
黑龙江省新华农场（上市）	122 474	59	22 001	85	45 987	66	29 307	50	13 120	46
新疆兵团第八师一二一团	121 846	60	9 643	198	79 929	25	30 263	45	10 223	72
辽宁省阜新市农场	117 179	61	67 230	24	7 106	407	188	485	1 563	442
黑龙江省名山农场	115 411	62	21 815	86	34 880	98	17 672	85	7 163	124
黑龙江省浓江农场	113 002	63	3 000	364	85 375	20	35 533	36	3 912	237
新疆兵团第一师十团	109 876	64	17 232	112	75 473	32	7 789	187	2 484	334
黑龙江省北兴农场	109 119	65	13 646	142	42 088	72	33 334	42	12 619	48
黑龙江省红旗岭农场	108 649	66	27 568	63	32 233	107	19 867	78	6 155	163
新疆兵团第二师二十九团	108 519	67	34 293	45	60 226	46	12 454	125	6 108	165
黑龙江省鹤山农场	108 269	68	10139	188	39 674	78	35 578	35	12 252	52
福建省长泰古农农场	104 482	69	90 982	19	7 680	386	1 918	357	11 542	59
黑龙江省八五一一农场	103 001	70	23563	77	27 506	141	22 993	65	6 138	164
黑龙江省洪河农场	102 446	71	4 928	294	82 745	22	42 666	16	4 343	223
黑龙江省江滨农场（上市）	102 091	72	20 523	92	41 454	73	23 016	64	10 361	71
黑龙江省尖山农场	101 299	73	16 176	118	44 436	68	27 130	54	10 026	73

2-2续表2

农场名称	生产总值（万元）	排序	工业增加值（万元）	排序	农业增加值（万元）	排序	耕地面积（公顷）	排序	年平均职工人数（人）	排序
黑龙江省克山农场	101 126	74	8 181	219	21972	170	29 607	49	16 503	26
浙江台州市椒江农场	99 020	75	16 731	116	82 289	23	264	478	964	501
黑龙江省铁力农场	98 836	76	23 702	76	22 949	164	15 872	95	7 144	125
新疆兵团第八师一四三团	98 424	77	8 035	225	48 076	62	16 975	86	7 848	112
黑龙江省八五一零农场	98 060	78	18 199	104	28 196	134	21 629	70	5 356	180
辽宁省抚顺高湾种畜农场	97 331	79	779	470	312	529	721	429	16 300	28
黑龙江省江川农场	96 284	80	14 627	129	34 163	101	18 947	79	8 120	108
新疆兵团第一师三团	94 073	81	6 669	250	76 248	30	11 077	133	2 873	301
新疆兵团第一师一团	92 072	82	9 446	201	68 034	40	14 487	106	2 570	325
辽宁省盘锦市前进农场	91 784	83	31 376	54	16 878	217	3 410	307	15 858	30
新疆兵团第八师一四二团	91 099	84	6 360	255	70 346	36	21 783	68	4 864	208
湖北省总口农场	88 726	85	51 272	29	28 911	132	5 758	228	14 643	39
黑龙江省海伦农场	88 668	86	18 511	100	24 127	154	16 577	89	6 441	150
黑龙江省七星泡农场	87 767	87	6 672	249	40 644	76	33 529	41	7 455	119
黑龙江省二道河农场	87 483	88	4 300	313	65 651	42	36 216	31	3 276	273
黑龙江省青龙山农场（上市）	86 909	89	3 503	340	62 321	44	36 666	30	7 065	127
新疆兵团第一师十六团	86 351	90	17 005	114	48 189	61	8 969	163	2 561	327
广西南宁市西乡塘区金光农场	85 860	91	5 496	280	31 977	109	4 784	253	6 492	148
新疆兵团第七师一二五团	85 562	92	18 416	102	56 159	49	16 413	91	5 202	188
黑龙江省前哨农场	85 383	93	5 305	285	51 094	55	38 333	25	5 738	174
新疆兵团第六师一零一团	85 237	94	6 819	245	22 621	167	4 655	257	2 255	356
黑龙江省鸭绿河农场	84 947	95	2 472	387	60 393	45	29 067	51	4 810	212
黑龙江省曙光农场	84 933	96	24 998	69	16 033	225	13 659	114	5 962	168
黑龙江省逊克农场	84 484	97	4 987	292	29 536	122	42 221	17	9 287	85
山东省广北农场	83 993	98	58 496	26	21 597	172	3 383	310	2 500	333
黑龙江省绥棱农场	83 843	99	11 590	170	35 744	95	15 321	98	4 518	217
湖南省常德市西洞庭农场	81 260	100	23 426	79	15 618	233	6 879	207	37 260	9
新疆兵团第三师四十五团	81 128	101	5 331	284	51 384	53	12 967	121	5 594	178
广东省燕塘投资有限公司	78 582	102	42 834	37	9 180	352			943	504
湖北省后湖农场	78 152	103	44 440	36	27 605	140	3 008	323	17 196	24
新疆兵团第七师一三一团	78 062	104	17 636	110	39 518	80	12 556	123	3 411	261
新疆兵团第八师一五零团	77 928	105	8 027	226	56 543	48	17 999	83	4 418	219
黑龙江省八五五农场	76 908	106	10 782	181	30 557	114	30 014	47	6 959	130
新疆兵团第八师一四八团	76 856	107	4 646	304	47 962	63	16 197	94	9 816	77
黑龙江省延军农场	76 679	108	45 436	33	17 546	205	14 675	102	8 299	107
新疆兵团第七师一二九团	76 577	109	12 655	161	37 920	85	10 833	135	4 103	230

2-2 续表 3

农场名称	生产总值（万元）	排序	工业增加值（万元）	排序	农业增加值（万元）	排序	耕地面积（公顷）	排序	年平均职工人数（人）	排序
新疆兵团第七师一三零团	76 515	110	10 026	189	47 395	64	14 852	100	2 876	299
黑龙江省双鸭山农场	76 418	111	13 176	147	21 402	174	14 800	101	9 877	75
黑龙江省赵光农场	76 013	112	8 100	221	28 140	136	33 721	39	11 256	64
新疆农业厅巴州阿瓦提农场	75 701	113	9 800	195	39 102	81	6 967	203	6 860	133
黑龙江省嘉荫农场	75 442	114	13 105	150	17 819	203	17 790	84	6 190	158
黑龙江省二龙山农场	74 464	115	10 448	185	25 786	149	27 286	53	9 018	92
新疆农业厅哈图布呼农场	73 600	116	13 071	152	16 462	223	5 533	235	1 003	496
新疆兵团第二师二十二团	71 706	117	37 972	43	24 233	153	9 463	155	4 980	200
辽宁省盘锦市唐家农场	71 010	118	41 378	39	17 683	204	7 870	185	19 510	18
新疆兵团第十二师一零四团	70 383	119	13 963	139	8 833	362	1 821	362	2 837	307
新疆兵团第一师二团	69 458	120	8 722	208	43 465	71	10 130	145	2 025	382
黑龙江省海林农场	69 335	121	11 010	179	12 488	275	9 330	157	4 126	229
黑龙江省嫩江农场	69 082	122	6 910	242	37 173	86	30 038	46	6 172	161
新疆兵团第六师一零二团	68 275	123	11 348	174	18 113	199	9 251	159	3 013	290
新疆兵团第一师八团	68 028	124	9 244	204	49 261	59	8 575	170	1 623	434
新疆兵团第一师十二团	67 795	125	10 024	190	34 223	100	10 952	134	1 283	468
黑龙江省大西江农场	67 597	126	6 078	260	23 492	160	20 030	77	6 788	136
黑龙江省红光农场	67 137	127	19261	95	11 329	302	9 928	147	6 472	149
新疆兵团第一师七团	67 092	128	8 618	211	46 261	65	7 703	191	1 761	418
黑龙江省建边农场	67 061	129	5 705	273	20 181	183	20 225	75	6 320	152
新疆兵团第八师一三四团	66 978	130	3 244	352	48 228	60	18 252	82	9 353	84
新疆兵团第八师一三三团	66 580	131	2 298	394	50 368	56	20 491	74	6 253	156
新疆兵团第一师十一团	66 045	132	4 915	296	52 883	52	9 334	156	1 869	406
黑龙江省山河农场	66 026	133	5 596	275	33 210	104	26 767	56	8 427	104
新疆农业厅库尔勒市普惠农场	65 962	134		523	33 887	102	11 333	130	1 785	414
黑龙江省梧桐河农场	65 216	135	19 040	96	30 523	115	18 534	81	7 744	115
新疆兵团第十三师火箭农场	65 086	136	26 764	65	19 488	191	3 468	302	3 493	253
湖北省张集农场	65 047	137	12 510	164	44 212	69	8 716	168	24 410	13
江苏省国营南通农场	64 568	138	27 584	62	5 115	453			2 420	342
新疆兵团第五师八十三团	64 526	139	7 771	230	35 896	94	3 468	302	7 323	122
新疆兵团第一师十三团	64 194	140	4 165	317	51 285	54	5 742	231	2 023	383
辽宁省锦州市果树农场	64 000	141	18 600	99	2 700	496	225	482	1 708	425
新疆兵团第八师一四四团	63 695	142	6 444	254	43 925	70	15 813	96	3 387	265
广西崇左市扶绥县山圩农场	63 661	143	57 283	27	4 069	473	1 146	395	2 367	347
黑龙江省长水河农场	62665	144	13 171	148	13 444	264	24 067	60	9 102	90
新疆兵团第一师十四团	62 208	145	3 242	353	50 176	57	7 282	200	2 220	358

2－2续表4

农场名称	生产总值（万元）	排序	工业增加值（万元）	排序	农业增加值（万元）	排序	耕地面积（公顷）	排序	年平均职工人数（人）	排序
新疆兵团第七师一二三团	61 826	146	10 002	192	31 019	113	12 413	126	4 225	226
新疆兵团第一五 团	61 394	147	3 541	339	31 548	112	5 964	222	2 517	332
黑龙江省红星农场	61 056	148	8 300	217	24 125	155	27 333	52	6 703	140
广西农垦博白县茂青农场	60 801	149	26 441	66	29 160	128	20	518	2 647	318
新疆兵团第七师一二八团	60 702	150	11 226	177	39 600	79	12 967	121	3 835	239
新疆兵团第四师六十六团（中心团场）	60 247	151	15 494	124	25 361	151	8 333	174	6 588	144
海南省国营八一总场	60 203	152	8 894	207	29 715	121	1 395	384	2 196	362
新疆兵团第四师六十二团	60 003	153	17 536	111	20 883	176	4 977	247	3 710	243
黑龙江省嫩北农场	59 806	154	6 520	253	29 388	123	27 012	55	8 558	100
黑龙江省富裕牧场	59 675	155	6 207	258	13 417	265	13 409	116	6 599	143
黑龙江省和平牧场	58 871	156	14469	132	8 228	376	13 342	117	5 742	173
广西玉林市陆川县红山农场	58 411	157	54 929	28	841	519	4	525	2 017	385
新疆兵团第六师一零三团	58 149	158	8 960	206	27 015	144	11 257	132	3 627	249
广东国营丰收糖业有限公司	58 010	159	33 118	49	20 157	185	3 448	304	2 875	300
江西省九江市云山农场	57 545	160	42 048	38	7 645	388	1 764	367	7 297	123
海南省国营西培农场	57 358	161	2 123	399	35 897	93	4 812	252	3 417	260
广西南宁市横县良圻农场	56 833	162	25 780	68	12 034	285	2 100	349	5 009	196
新疆兵团第六师共青团农场	55 787	163	1 470	428	35 969	92	11 303	131	1 697	426
新疆兵团第八师一四七团	55 648	164	5 501	279	38 523	83	12 289	128	4 910	204
江苏省国营岗埠农场	55 618	165	14 275	136	14 512	251	659	434	2 396	345
海南省国营南田农场	55 351	166	216	507	29 101	129	983	406	3 257	274
黑龙江省龙镇农场	55 020	167	6 000	261	18102	200	22 341	66	6 549	145
辽宁省盘锦市东风农场	54 784	168	31 192	55	12 117	284	4 904	250	15 653	32
新疆兵团第十师一八四团	54 580	169	13 501	143	28 954	131	12 379	127	1 638	431
广西柳州市绿达公司	54 522	170	24 600	72	4 521	463	137	493	4 989	199
新疆兵团第三师四十四团	54 414	171	4 536	307	38 923	82	7 782	189	2 735	312
辽宁省盘锦市清水农场	54 322	172	27 220	64	17 382	211	4 240	268	16 345	27
新疆兵团第八师一四九团	53 980	173	1 366	434	40 770	75	13 147	118	5 309	184
黑龙江省荣军农场	53 611	174	5 540	277	18 019	201	16 408	92	4 364	222
黑龙江省引龙河农场	52 678	175	4 800	300	19 263	194	23 532	61	6 076	166
辽宁省盘锦市新立农场	52 385	176	21 308	89	16 502	222	4 760	254	10 452	70
新疆兵团第七师一二四团	52 340	177	4 178	316	36 836	88	9 511	152	3 396	262
新疆兵团第五师八十九团	51 406	178	3 999	324	31 956	110	8 367	173	6 189	160
新疆兵团第三师红旗农场	51 095	179	12 661	160	16 871	218	13 053	119	1 167	480
黑龙江省建设农场	50 400	180	2 819	372	20 570	180	20 080	76	7 670	118
黑龙江省汤原农场	50273	181	9 570	199	15 848	229	9 690	150	4 445	218

2-2续表5

农场名称	生产总值（万元）	排序	工业增加值（万元）	排序	农业增加值（万元）	排序	耕地面积（公顷）	排序	年平均职工人数（人）	排序
江苏省国营新曹农场	50 168	182	5 060	290	35 646	96			6 162	162
黑龙江省尾山农场	50 154	183	4 353	311	16 672	221	15 238	99	5 298	185
黑龙江省格球山农场	50 144	184	11 075	178	11 762	294	14 400	108	5 007	197
湖北省草埠湖农场	49 580	185	24 634	71	17 932	202	4 600	259	14 827	37
新疆兵团第五师八十六团	49 505	186	5 539	278	29 217	126	7 606	194	5 027	195
新疆兵团第三师四十九团	49 394	187	2 777	374	34 951	97	6 322	214	3 395	263
新疆兵团第二师三十三团	49 382	188	3 542	338	37 008	87	7 965	179	3 039	288
辽宁省盘锦市新兴农场	48 721	189	22 189	83	9 532	342	3 557	297	16 859	25
黑龙江省红五月农场	48 690	190	5 891	265	18 238	197	16 487	90	6 699	141
黑龙江省宁安农场	48 517	191	14 007	138	14 453	253	4 589	260	3 352	266
新疆兵团第十三师红星一场	48 515	192	12 789	157	20 174	184	3 404	308	1 776	416
光明食品集团上海长江总公司	48 454	193	12 859	154	3 500	484	11 546	129	2 098	373
河南省黄泛区农场	48 395	194	7 711	231	19 547	189	6 700	208	9 783	78
新疆兵团第十师一八八团	48 134	195	24 116	74	9 512	344	7 595	195	2 480	335
辽宁省辽阳首山农场	47 804	196	32 174	51	9 700	336	791	422	5 210	186
辽宁省盘锦市西安农场	47 591	197	22 008	84	9 424	347	4 720	255	10 878	68
湖北省沙市农场	47 245	198	32 066	52	10 857	314	1 089	398	13 718	43
新疆兵团第四师七十三团	46 777	199	24 744	70	11 437	300	3 312	313	1 246	470
广西南宁市兴宁区九曲湾农场	46 577	200	9 515	200	5 360	449	233	481	4 294	224
海南省国营金江农场	46 481	201	1 098	453	23 425	161	448	455	2 299	352
新疆兵团第四师七十一团	45 941	202	18 177	105	16 968	215	6 908	205	4 821	210
湖北省太湖农场	45 793	203	18 816	97	17 107	213	4 359	263	21 561	14
黑龙江省肇源农场	45 675	204	7808	229	9 414	348	4 012	277	2 816	308
辽宁省盘锦市太平农场	45 073	205	10 564	183	14 003	259	3 601	294	8 480	102
江苏省国营黄海农场	44 860	206	12 700	159	11 967	288	1 919	356	6 263	155
广西南宁市邕宁区明阳农场	44 668	207	1 476	426	2 654	497	501	450	2 200	361
新疆兵团第六师一零五团	44 597	208	5 304	286	25 060	152	10 219	144	2 863	302
新疆农业厅博州精河县八家户农场	44 472	209	843	466	19 320	193	7 359	199	2 850	305
新疆兵团第十三师黄田农场	44 185	210	15 726	123	15 305	240	2 437	336	2 191	363
新疆兵团第八师一四一团	44 036	211	3 343	347	28 306	133	10 252	143	2 798	310
新疆兵团第四师六十四团	44 002	212	4 956	293	28 001	139	8 840	166	6 020	167
辽宁省盘锦市榆树农场	43 597	213	15 840	121	15 978	226	5 004	246	8 985	93
辽宁省抚顺兰山种畜农场	43 530	214	1 629	417	185	534	515	449	4 860	209
新疆兵团第二师三十六团	43 445	215	10 559	184	26 832	145	2 941	325	2 020	384
新疆兵团第一师六团	43 337	216	4 925	295	28 981	130	4 627	258	2 064	376
新疆兵团第八师一五二团	42 665	217	18 165	106	9 516	343	972	408	3 499	252

2-2续表6

农场名称	生产总值（万元）	排序	工业增加值（万元）	排序	农业增加值（万元）	排序	耕地面积（公顷）	排序	年平均职工人数（人）	排序
新疆兵团第十三师红星二场	42 626	218	14 539	130	16 846	219	3 014	322	1 781	415
新疆兵团第三师五十一团	42 523	219	4 138	319	26 177	148	9 301	158	1 859	409
海南省国营红明农场	42 258	220	320	502	30 101	117	1 317	388	4 370	221
黑龙江省襄河农场	42 056	221	4 150	318	15 363	238	18 606	80	5 003	198
吉林四平梨树农场	42 048	222	2 017	404	35 986	91	16 313	93	11 055	66
海南省国营西联农场	41 910	223	2 701	376	24 124	156	1 386	385	4 014	232
辽宁省本溪张其寨畜牧场	41 756	224	32 568	50	5 126	452	739	427	3 108	285
新疆兵团第五师九十团	41 650	225	3 931	327	28 149	135	6 886	206	3 705	244
辽宁省盘锦市荣兴农场	41 609	226	12 544	163	14 492	252	2 971	324	8 971	94
江西省南昌市一桑海垦殖场	41 560	227	21 748	87	2 589	499	1 402	382	6 860	133
云南省橄榄坝农场	41 407	228	2 585	381	34 363	99	8 968	164	6 796	135
新疆兵团第一师幸福城农场	41 347	229	1 313	440	38 072	84			1 465	447
新疆兵团第二师三十团	40 942	230	3 572	335	32 055	108	6 401	211	3 136	282
新疆兵团第十二师五一农场	40 396	231	4 555	306	17 018	214	2 837	330	1 953	390
新疆兵团第四师七十七团	40 338	232	10 006	191	17 418	210	13 831	112	2 558	328
新疆兵团第三师五十三团	39 887	233	2 028	403	29 194	127	5 772	227	1 355	459
新疆兵团第一师阿拉尔农场	39 886	234	2 469	388	36 164	90	7 556	196	1 760	419
北京市南郊农场	39 767	235	20 140	93	4 252	465	389	464	2 149	367
广东国营广前糖业有限公司	39 424	236	12 463	165	23 279	162	6 691	209	3 291	272
辽宁省盘锦市石山种畜场	39 237	237	14 177	137	16 446	224	5 727	232	9 818	76
海南省国营乌石农场	39 120	238	1 474	427	16 804	220	467	454	1 450	449
新疆兵团第四师六十三团	38 771	239	10 853	180	20 738	178	5 875	224	3 340	268
湖北省中洲垸农场	38 759	240	7 992	227	16 944	216	3 599	296	11 282	63
新疆兵团第三师五十团	38 413	241	2 848	370	27 116	142	8 442	171	1 839	410
新疆兵团第五师八十一团	38 374	242	4 056	321	27 052	143	5 527	236	3 817	241
黑龙江省香坊实验农场	38 252	243	17 725	109	3 863	477	706	431	3 304	271
新疆兵团第十四师二二四团	37 971	244	160	510	33 861	103	4 956	248	5 156	190
新疆兵团第二师三十一团	37 869	245	3 370	345	29 999	118	6 143	219	2 102	371
广东国营华海糖业有限公司	37 520	246	14 510	131	20 072	186	5 520	237	2 660	317
新疆兵团第六师军户农场	36 759	247	1 337	437	23 509	159	5 018	244	2 564	326
新疆兵团第二师三十四团	36 700	248	579	480	31 614	111	7 880	184	2 294	353
新疆兵团第七师一二六团	36 635	249	580	479	23 987	157	7 389	198	2 293	354
辽宁省盘锦市平安农场	36 570	250	20 576	91	6 080	435	3 763	283	11 395	60
新疆兵团第八师一三六团	36 555	251	940	461	25 592	150	9 782	148	3 219	279
内蒙上库力农场	36 306	252	1 451	430	32 592	106	37 076	29	1 341	461
海南省国营南滨农场	36 000	253	81	520	15 222	243	334	470	2 185	364

2-2 续表 7

农场名称	生产总值（万元）	排序	工业增加值（万元）	排序	农业增加值（万元）	排序	耕地面积（公顷）	排序	年平均职工人数（人）	排序
辽宁省锦州市小东种畜场	35 840	254	2 040	401	29 940	119	8 299	176	18 880	21
黑龙江省宝山农场	35 787	255	2 311	393	15 237	241	7 430	197	3 106	287
新疆兵团第十师一八三团	35 505	256	11 327	175	15 225	242	9 479	154	2 581	323
新疆兵团第四师七十团（中心团场）	35 492	257	12 646	162	15 597	234	4 334	264	3 107	286
江西省宜春市一黄岗山场	34 990	258	30 845	58	3 227	486	1 400	383	1 137	482
黑龙江省红色边疆农场	34 571	259	2 070	400	11 702	296	16 633	88	4 524	216
江西省上饶市一五府山场	34 316	260	15 096	127	836	520	665	433	11 638	58
新疆兵团第四师六十七团	34 072	261	1 536	422	21 558	173	4 695	256	2 467	338
辽宁省朝阳市八家农场	34 020	262	23 133	80	9 889	332	3 106	319	5 510	179
新疆兵团第四师六十一团	33 909	263	8 043	223	18 966	195	5 912	223	4 821	210
云南省东风农场	33 894	264	268	505	29 812	120	16 750	87	12 275	51
新疆兵团直属二二二团	33 689	265	6 316	257	14 318	255	5 829	225	2 861	304
广西南宁市武鸣县东风农场	33 609	266	10 712	182	11 899	289	617	437	3 483	254
湖南省茶盘洲镇	33 440	267	20 016	94	9 001	358	3 543	298	14 750	38
新疆兵团第七师一二七团	33 392	268	2 662	378	22 947	165	7 935	180	2 536	330
辽宁省盘锦市王家农场	33 211	269	18 042	107	8 877	360	2 873	329	8 842	96
海南省国营南新农场	33 151	270	1 662	414	2 923	492	24	517	1 711	424
湖北省人民大垸农场	33 108	271	9 201	205	17 461	208	7 231	201	18 543	22
湖北省朱湖农场	32 561	272	8 190	218	18 528	196	2 241	346	11 091	65
新疆兵团第三师四十八团	32 421	273	1 344	436	26 336	147	903	413	1 672	427
光明食品集团上海五四有限公司	32 386	274	5 723	270	6 615	421	2 666	334	3 012	291
黑龙江省庆阳农场	32 379	275	14 912	128	8 945	359	3 475	301	3 703	245
江西省上饶市一新岗山场	32 355	276	29 820	60	340	528	34	513	1 883	403
新疆兵团第十二师头屯河农场	31 978	277	1 178	449	10 621	318	1 380	386	2 289	355
江西省上饶市一大茅山场	31 585	278	23 869	75	4 342	464	280	475	5 102	192
辽宁省盘锦市赵圈河苇场	31 499	279	8 485	213	9 163	353	1 818	363	6 190	158
新疆兵团第四师七十六团	31 353	280	8 162	220	14 200	257	14 491	105	3 339	269
黑龙江省绿色草原牧场	31 302	281	1 683	413	6 690	417	5 667	233	3 245	276
新疆兵团第十三师红星四场	31 249	282	5 832	266	15 206	244	4 033	276	1 966	388
黑龙江省哈拉海农场	31 097	283	4 733	301	15 524	236	13 512	115	2 309	350
新疆兵团第三师伽师总场	31 088	284	1 450	431	21 723	171	6 153	218	2 883	297
广西来宾市兴宾区红河农场	31 011	285	2 551	384	6 660	419	1 285	392	3 473	256
新疆兵团第四师七十二团	31 008	286	5 799	268	11 510	299	6 134	220	3 110	284
广西北海市合浦县三合口农场	30 786	287	12 253	166	6 166	432	1 290	390	5 028	194
黑龙江省依安农场	30 742	288	5 908	264	9 100	356	5 744	229	2 610	320
新疆兵团第十三师红山农场	30 523	289	12 727	158	10 690	316	5 743	230	3 630	248

2-2续表8

农场名称	生产总值（万元）	排序	工业增加值（万元）	排序	农业增加值（万元）	排序	耕地面积（公顷）	排序	年平均职工人数（人）	排序
北京市西郊农场	30 466	290			642	523	82	502	961	502
黑龙江省锦河农场	30 153	291	3484	343	6 593	422	10 791	136	3 831	240
新疆兵团第十二师三坪农场	30 141	292	5 130	287	12 720	271	4 246	267	2 604	321
辽宁省葫芦岛大台山果树农场	30 000	293	3 960	326	4 172	466	348	469	1 646	430
内蒙古甘河农场	29 957	294	1 662	414	21 995	169	21 723	69	2 248	357
黑龙江省齐齐哈尔种畜场	29 837	295	3 905	328	6 643	420	4 556	261	2 938	293
江苏省国营三河农场	29 766	296	9 725	196	6 860	413	425	457	2 480	335
新疆兵团第二师二十四团	29 721	297	4 711	302	20 054	187	6 589	210	3 249	275
光明食品集团上海东海总公司	29 498	298	7 538	233	7 500	397	548	447	1 910	398
黑龙江省红旗农场	29440	299	14 389	134	5 449	448	831	418	4 979	201
湖北省华严农场	29 374	300	18 610	98	7 434	398	1 287	391	9 417	83
湖北省蒋湖农场	29 263	301	8 335	216	9 630	338	3 328	312	9 589	80
黑龙江省龙门农场	29 201	302	2 930	368	7 057	409	15 765	97	4 261	225
湖北省南湖农场	29 153	303	23 082	81	3 910	475	416	459	3 693	246
湖北省王集农场	29 057	304	5 708	272	17 151	212	4 180	270	20 077	17
湖北省大同湖农场	28 999	305	2 825	371	17 422	209	1 865	361	15 469	33
新疆农业厅红旗坡农场	28 800	306			19 630	188	14 000	109	5 650	177
江苏省国营白马湖农场	28 315	307	5 715	271	5 829	439			3 931	236
新疆兵团第九师一六八团	28 083	308	1 185	448	10 701	315	8 874	165	3 445	257
广西桂林市平乐县源头农场	27 946	309	4 395	309	10 004	330	12	523	1 903	401
江西省上饶市一武夷山场	27 887	310	11 924	168	1 603	507	916	411	1 863	408
北京市双桥农工商公司	27 880	311	8 711	209	3	537	149	490	1 328	462
广西来宾市武宣县黔江农场	27 775	312	11 976	167	7 650	387	1 874	360	1 986	386
辽宁省盘锦市大荒农场	27 665	313	6 812	246	15 879	228	4 550	262	8 370	105
新疆兵团第十师一八一团	27 651	314	6 769	247	12 010	287	7 867	186	3 526	250
广西防城港市上思县昌菱农场	27 552	315	932	462	12 574	272	2 411	337	5 083	193
内蒙古谢尔塔拉种牛场	27 208	316	13 169	149	12 920	269	20 560	73	834	509
新疆农业厅巴州清水河农场	27 062	317	948	458	11 379	301	4128	273	1 310	465
广西桂林市雁山区良丰农场	26 886	318	2 185	397	7 163	406	126	496	1 653	429
辽宁省阜新市阿尔乡畜牧场农场	26 840	319	7 000	238	13 306	266	3 889	282	425	529
广西玉林市博白县旺茂总场	26 501	320	13 442	146	4 928	454	53	507	1 866	407
江西省上饶市一饶丰场	26 434	321	3 552	336	11 771	293	3 719	287	15 326	34
内蒙古拉布大林农牧场	26 310	322	1 352	435	23 178	163	35 951	33	1 375	457
广西陆川县五星农场	26 101	323	12 815	156	7 576	392	169	488	2 473	337
内蒙古三河马场	25 922	324	550	483	22 275	168	38 367	24	1 290	467
内蒙古特泥河牧场	25 843	325	1 592	419	22 783	166	25 521	59	974	500

2-2 续表 9

农场名称	生产总值（万元）	排序	工业增加值（万元）	排序	农业增加值（万元）	排序	耕地面积（公顷）	排序	年平均职工人数（人）	排序
内蒙古那吉屯农场	25 738	326	3 496	341	20 372	182	20 663	72	200	536
辽宁省盘锦市新开农场	25 637	327	5 759	269	17 499	206	3 079	320	9 073	91
新疆兵团第六师一零六团	25 479	328	2 634	380	14 973	247	5 798	226	1 602	437
海南省国营阳江农场	25 299	329	592	477	12 140	283	1 478	379	1 910	398
湖北省熊口农场	25 277	330	11 361	173	11 880	291	2 405	338	7 756	114
湖北省大沙湖农场	25 200	331	7 402	234	10 498	320	2 889	326	15 678	31
黑龙江省闫家岗农场	25 192	332	5 104	289	2 985	491	539	448	2 182	365
辽宁省盘锦市城郊农场	25 135	333	7 581	232	5 749	443	828	419	9 181	88
新疆兵团第十三师柳树泉农场	25 043	334	6 319	256	13 220	267	913	412	498	526
湖北省万福店农场	25 003	335	5 959	262	7 893	381	1 998	351	12 718	47
湖北省阳新综合农场	24 938	336	3 293	349	6 079	436	1 009	401	11 792	55
云南省勐捧农场	24 921	337			23 949	158	23 526	62	10 704	69
湖北省江北农场	24 830	338	16 785	115	4 140	469	37	511	2 728	313
江苏省国营弶港农场	24 748	339	4 875	298	9 549	341	1	526	2 060	377
广西贺州市富川县立新农场	24 716	340	11 621	169	7 584	391	106	498	2 441	341
新疆兵团第五师八十四团	24 672	341	7 130	236	10 152	326	7 784	188	2 529	331
新疆兵团第一师四团	24 469	342	3 006	363	15 156	246	5 217	240	1 222	471
广西北海市银海区星星农场	24 402	343			11 148	307	1 907	359	2 931	294
黑龙江省泰来农场	24 383	344	3 237	354	7 094	408	4 854	251	1 870	405
新疆兵团第九师一六三团	24 286	345	1 519	424	14 172	258	9 228	160	3 129	283
新疆兵团第四师六十八团	24 249	346	5 930	263	12 501	274	6 169	217	2 131	369
湖北省运粮湖农场	24 172	347	6 860	244	15 324	239	3 209	316	7 731	117
广东国营湖光农场	24 024	348	6 610	251	11 582	298	2 680	333	1 879	404
湖北省西大垸农场	24 010	349	10 423	186	11 884	290	2 887	327	6 892	131
江苏省国营江心沙农场	23 782	350	15 366	126	2 552	501	562	445	1 404	455
广西合浦县滨海农场	23 714	351	8 040	224	10 660	317	1 617	374	3 190	280
新疆兵团第七师一三七团	23 710	352	5 463	282	10 048	328	5 073	243	1 905	400
江苏省国营滨淮农场	23 620	353	1 200	445	949	516			1 632	432
广西桂林市全州县桂北农场	23 473	354	12 878	153	2 234	504	46	510	1 799	411
新疆兵团第四师六十九团	23 414	355	8 082	222	9 589	340	4 294	265	1 671	428
新疆兵团第十师一八七团	23 209	356	8 489	212	9 373	349	8 799	167	1 919	396
海南省国营龙江农场	23 009	357	581	478	15 976	227	993	405	2 220	358
安徽省皖河农场	22 863	358	3 124	357	15 671	232	3 611	292	5 208	187
云南省黎明农场	22 796	359	6 993	239	8 670	366	6 290	215	7 014	129
新疆兵团第二师二十七团	22 722	360	8 381	215	10 248	322	4 095	274	2 417	343
海南省国营乐光农场	22 706	361			13 863	261	261	479	1 465	447

2-2续表10

农场名称	生产总值（万元）	排序	工业增加值（万元）	排序	农业增加值（万元）	排序	耕地面积（公顷）	排序	年平均职工人数（人）	排序
黑龙江省松花江农场	22 598	362	14 446	133	3 810	478	4 204	269	2 925	296
湖北省周矶农场	22 487	363	14 352	135	4 751	459	786	423	6 720	139
广东国营平岗农场	22 475	364			20 867	177	53	508	394	531
海南省国营新中农场	22 309	365	200	508	12 017	286	386	465	2 029	380
新疆兵团第二师二十一团	22 107	366	2 787	373	14 794	249	6 204	216	3 036	289
江苏省国营临海农场	22 078	367	5 027	291	7 566	393			2 209	360
新疆兵团第四师七十五团	22 012	368	9 374	202	7 540	395	7 090	202	1 270	469
广西龙州县龙北农场	22 001	369	516	488	14 275	256	648	436	3 891	238
江西省九江市一恒丰	22 000	370	16 135	119	4 805	458	962	409	7 434	121
光明米业有限责任公司	21 861	371	1 857	409	21 110	175			2 673	315
海南省国营东兴农场	21 781	372	153	513	15 748	231	476	452	1 961	389
新疆兵团第十三师淖毛湖农场	21 737	373	15 799	122	3 221	487	1 543	377	626	521
新疆兵团第六师土墩子农场	21 719	374	6 097	259	10 151	327	5 182	241	1 203	473
辽宁省盘锦市羊圈子苇场	21 504	375	2 576	382	12 320	278	3 120	318	19 399	19
内蒙古哈达图牧场	21 059	376	1 550	420	18 229	198	21 893	67	789	512
安徽省华阳河农场	21 035	377	1 445	432	14 828	248	6395	212	2 787	311
新疆兵团第十四师皮山农场	20 958	378	864	465	15 389	237	1 993	352	5 754	172
江苏省国营宝应湖农场	20 878	379	6 974	240	6 280	429	397	463	2 307	351
湖北省荒湖农场	20 837	380	4 300	313	12 352	277	3 666	289	8 947	95
广东国营胜利农场	20 595	381	2 963	366	9 507	345	31	514	879	507
海南省国营东红农场	20 536	382	1 537	421	14 430	254	276	476	1 978	387
新疆兵团第二师二二三团	20 419	383	7 830	228	8 746	365	2 731	332	1 933	394
辽宁省大连市三寰集团	20 254	384	4 325	312	2 413	502	256	480	1 093	486
黑龙江省柳河农场	20 171	385	3 451	344	5 805	440	4 252	266	1 530	443
海南省国营中建农场	20 041	386	497	489	11 097	308	583	442	1 619	435
湖北省三湖农场	20 008	387	3 701	332	12 721	270	3 161	317	8 340	106
江苏省国营新洋农场	19 986	388	10 155	187	1 561	508			2 615	319
海南省国营西达农场	19 948	389			11 733	295	1 726	370	2 579	324
广西灵山县新光农场	19 913	390	4 535	308	10 462	321	590	441	2 134	368
新疆兵团第三师四十一团	19 912	391	399	497	10 504	319	3 025	321	1 591	440
广东省铜锣湖农场	19 846	392	3 693	333	8 424	371	774	425	688	517
辽宁省盘锦市坝墙子农场	19 834	393	5 379	283	4 165	467	3 605	293	6 290	154
云南省勐腊农场	19 773	394	119	517	17 478	207	10 105	146	6 540	146
黑龙江省依兰农场	19 761	395	4 039	322	5 765	441	3 632	291	2 595	322
河南省扶沟县农场	19 651	396	18 431	101	993	513	487	451	1 056	490
辽宁省盘锦市胡家农场	19 490	397	1 650	416	2 588	500	8 106	178	5 900	169
广西防城港市防城区垌美农场	19 107	398	13 670	141	2 814	494	443	456	3 483	254
安徽省寿西湖农场	18 987	399	5 806	267	9 997	331	3 749	284	3 507	251

2-2续表11

农场名称	生产总值（万元）	排序	工业增加值（万元）	排序	农业增加值（万元）	排序	耕地面积（公顷）	排序	年平均职工人数（人）	排序
海南省国营红华农场	18 806	400	2 399	390	10 048	328	4046	275	2 881	298
安徽省十字铺茶场	18 724	401	12 827	155	3 800	479	810	420	2 052	378
黑龙江省四方山农场	18 722	402	443	492	10 983	311	7934	181	2 029	380
海南省国营东太农场	18 696	403	523	486	12 315	279	145	491	2 030	379
江西省上饶市一旭光场	18 480	404	3 787	329	536	526	299	473	2 338	349
辽宁省锦州北山农工商总公司	18 449	405	17 757	108	453	527	654	435	1 312	464
广西龙州县北耀农场	18 301	406	1 314	438	7 320	402	1 205	393	3 781	242
广东国营曙光农场	18 252	407	796	469	12 204	280	78	504	803	511
海南省国营东昌农场	18 113	408	266	506	13 804	262	777	424	1 151	481
海南省国营立才农场	18 105	409	158	511	9 086	357	834	417	3 141	281
广西合浦县珠光农场	18 001	410	2 189	396	3 503	483	412	460	2 084	375
新疆兵团第九师一六六团	17 897	411	3 047	362	12 201	281	13 662	113	2 930	295
江西省景德镇市一罗家场	17 813	412	17 088	113	602	525	100	500	442	528
湖北省龙王咀农场	17 655	413	11 582	171	3 045	490	408	461	4 661	214
江西省九江市一芙蓉	17 421	414	8 655	210	4 651	460	854	416	5 351	181
江西省宜春市一墨山场	17 413	415	15 395	125	885	517	130	495	3 680	247
云南省景洪农场	17 395	416	912	464	13 945	260	10 694	137	9 236	87
湖北省菱角湖农场	17 359	417	1 945	406	11 205	305	2 279	343	6 879	132
新疆农业厅博孜达克农场	17 285	418	428	493	10 190	325	7 780	190	1 220	472
广西防城港市防城区火光农场	17 122	419	9 357	203	1 402	510	7	524	1 348	460
黑龙江省巨浪牧场	17113	420	1 905	407	2651	498	2 272	344	1 931	395
海南省国营红林农场	17 056	421	112	518	7 824	384	280	474	1 125	483
黑龙江省安达牧场	16 993	422	3 268	351	809	521	997	404	1 478	444
新疆兵团第六师六运湖农场	16 932	423	1 079	454	8 500	369	3 747	285	927	505
新疆兵团第十师一八二团	16 901	424	4 860	299	7 176	405	7 654	193	1 603	436
广东国营红峰农场	16 883	425	3 642	334	6 382	427	27	516	648	520
辽宁省盘锦市甜水农场	16 847	426	3 194	356	4 834	457	3 600	295	6 766	137
江苏省国营海安农场	16 833	427	16 009	120	32	536			25	538
江西省上饶市一康山场	16 767	428	1 458	429	4 136	470	2 359	339	2 719	314
海南省国营加钗农场	16 738	429			6 757	416	82	502	622	523
上海市上海农场	16 733	430	738	474	15 162	245	5 009	245	1 421	452
云南省江城橡胶	16 601	431			15 827	230	8 373	172	4 384	220
内蒙古苏沁牧场	16 589	432	1 297	443	14 703	250	23 393	63	662	518
黑龙江省繁荣种畜场	16 516	433	2 177	398	6774	414	9 710	149	3 965	235
新疆兵团第十二师西山农场	16 477	434	1 593	418	4 115	472	2 345	340	1 313	463
湖北省清河农场	16 414	435	2 650	379	11 869	292	1 455	380	5 734	175
广东国营团结农场	16 281	436	1 383	433	7 211	404	48	509	1 023	493

2-2续表12

农场名称	生产总值（万元）	排序	工业增加值（万元）	排序	农业增加值（万元）	排序	耕地面积（公顷）	排序	年平均职工人数（人）	排序
江西省上饶市一信丰场	16 273	437	1 960	405	761	522	976	407	2 367	347
江西省新余市一九龙山场	16 243	438	9 860	194	3 081	488	599	439	4 889	205
云南省勐满农场	16 212	439			15 537	235	9 157	162	6 667	142
黑龙江省五大连池原种场	16 189	440	520	487	7 016	410	10 352	142	4 953	203
内蒙古大河湾农场	16 028	441	1 023	456	12 184	282	10 613	139	224	535
广东国营火星农场	15 878	442	717	475	7 509	396	15	520	867	508
安徽省龙亢农场	15 813	443	3 335	348	6 663	418	2 264	345	1 742	421
黑龙江省岔林河农场	15 782	444	2 700	377	7 923	380	4 139	272	2 457	340
辽宁省鞍山市新华农场	15 750	445	3 486	342	7 995	379	3 511	300	3 422	259
黑龙江省青年农场	15 743	446	7 152	235	290	530	331	471	1 361	458
湖北省长港农场	15 717	447	4 073	320	9 671	337	1 345	387	12 090	53
新疆兵团第四师七十八团	15 708	448	2 338	392	10 216	324	400	462	1 022	494
新疆兵团第四师七十九团	15 625	449	4 379	310	8 416	372	1 785	364	1 170	479
江西省抚州市一红星垦殖场	15 435	450	11 316	176	3 864	476	882	415	3 341	267
内蒙古巴彦农场	15 329	451	418	495	13 182	268	13 904	111	1 941	392
广西宾阳县王灵农场	15 225	452	1 816	411	6 417	426	385	466	2 098	373
广西柳州市沙塘农场	15 049	453	3 107	358	8 314	374	204	483	1 589	441
新疆兵团第九师一六四团	15 021	454	1 186	447	11 017	310	10 355	141	2 160	366
广西灵山县华山农场	14 609	455	763	471	3 049	489	13	522	2 100	372
新疆兵团第二师二十五团	14 560	456	3 204	355	7 381	399	1 918	357	1 592	439
江西省上饶市一怀玉山场	14 530	457	5 472	281	237	533	162	489	1 431	450
新疆兵团第四师七十四团	14 431	458	1 485	425	7 327	401	4 933	249	1 194	476
广东国营新时代农场	14 395	459	988	457	5 602	447	15	520	705	514
新疆兵团第九师一六一团	14 296	460	154	512	9 143	354	7 928	182	1 736	423
新疆兵团第三师四十六团	14 254	461	540	485	11 050	309	1 006	403	998	497
辽宁省营口市熊岳农场	14 044	462	13 500	144	240	532	100	500	950	503
湖北省万丈湖农场	14 024	463	6 875	243	6 502	424	1 749	368	7 449	120
海南省国营三江农场	13 973	464	61	521	11 200	306	1 922	355	1 416	454
辽宁省朝阳市热水农场	13 918	465	1 831	410	10 890	313	4 175	271	5 132	191
湖南省回龙圩管理区	13 703	466	4 012	323	6 521	423	1 979	353	14 982	35
江西省上饶市一禾斛岭场	13 695	467	810	468	985	514	5 242	239	3 233	277
新疆农业厅包头湖农场	13 650	468			6 265	430	2 880	328	268	534
湖北省军垦农场	13 633	469	2 473	386	7 823	385	1 699	371	4 012	233
宁夏农垦平吉堡农业发展有限公司	13 606	470	546	484	11 278	303	3 442	305	1 059	489
广东国营南华农场	13 583	471	1 876	408	8 057	378	1 572	375	1 466	446
广东国营东方红农场	13 392	472	83	519	12 465	276	613	438	1 177	478

2-2续表13

农场名称	生产总值（万元）	排序	工业增加值（万元）	排序	农业增加值（万元）	排序	耕地面积（公顷）	排序	年平均职工人数（人）	排序
新疆兵团第三师四十二团	13 118	473	494	490	9 619	339	3 891	281	1 388	456
江西省九江市一上十岭	13 012	474	3 072	360	9 113	355	172	486	1 901	402
广西浦北县东方农场	12 988	475	2 852	369	3 797	480	133	494	3 316	270
江苏省国营云台农场	12 938	476	3 103	359	2 705	495	367	467	1 110	484
辽宁省盘锦市辽滨苇场	12 928	477	6 583	252	146	535	556	446	8 687	98
内蒙古欧肯河农场	12 882	478	324	501	11 610	297	9 536	151	1 181	477
海南省国营中坤农场	12 765	479	137	514	7 856	383	917	410	1 799	411
广东国营新华农场	12 761	480	1 250	444	4 909	455	36	512	690	516
辽宁省盘锦市高家农场	12 696	481	2 974	365	6 171	431	2 058	350	8 101	110
湖北省涨渡湖农场	12 540	482	3 980	325	5 699	445	1 626	373	4 089	231
吉林省前郭灌区国营红光农场	12 539	483	2 238	395	9 302	351	3 387	309	4 956	202
山东省黄河农场	12 508	484			10 223	323	2 210	347	1 030	491
海南省国营南海农场	12 435	485	310	503	7 334	400	1 300	389	2 391	346
内蒙古格尼河农场	12 409	486	342	499	11 230	304	13 032	120	172	537
江西省九江市一赛湖	12 315	487	5 601	274	4 128	471	748	426	13 692	44
河北省御道口牧场	12 278	488	2 388	391	2 854	493	2 120	348	1 100	485
江西省上饶市一花亭场	12 141	489	4 294	315	639	524	468	453	2 862	303
新疆兵团第九师一六七团	12 094	490	716	476	8 490	370	10 668	138	2 547	329
湖北省六合垸农场	12 074	491	3 778	330	6 165	433	1 776	365	4 188	227
广东国营建设农场	12 072	492	1 522	423	6 882	412	123	497	586	524
宁夏农垦灵武农业发展有限公司	12 052	493	946	459	8 746	364	3 694	288	1 913	397
海南省国营三道农场	12 010	494	135	515	9 329	350	60	506	1 421	452
新疆兵团第十二师二二一团	11 973	495	2 952	367	4 607	461	724	428	1 742	421
宁夏农垦农牧场农业发展有限公司	11 970	496	1 310	441	7 588	390	3 641	290	450	527
海南省国营保国农场	11 918	497			5 902	438	190	484	693	515
江苏省国营淮海农场	11 797	498	416	496	3 719	481			1 787	413
海南省国营广坝农场	11 637	499			7 605	389	270	477	2 671	316
新疆兵团第九师一六五团	11 545	500	1 101	452	8 587	367	3 943	280	1 476	445
广东国营火炬农场	11 540	501	1 777	412	6 460	425	1 501	378	1 091	487
内蒙古宜里农场	11 535	502	193	509	9 719	334	8 214	177	985	498
广西陆川县马坡农场	11 501	503	4 640	305	1 132	512	103	499	978	499
江西省上饶市一鸦鹊湖场	11 423	504	814	467	6 316	428	1 692	372	4 883	206
广东国营五一农场	11 308	505	1 196	446	8 361	373	1 570	376	1 070	488
江西省景德镇市一西郊场	11 215	506	2 554	383	861	518	29	515	2 458	339

2-2续表14

农场名称	生产总值（万元）	排序	工业增加值（万元）	排序	农业增加值（万元）	排序	耕地面积（公顷）	排序	年平均职工人数（人）	排序
湖北省东风农场	11 203	507	1 314	438	7 889	382	595	440	5 893	171
黑龙江省大山种羊场	11 203	508	1 147	450	5 351	450	3 230	315	1 935	393
湖南省大通湖管理区	11 200	509	36 505	44	55 660	50	14 600	103	64 878	3
内蒙古东方红农场	11 176	510	552	482	9 446	346	8 694	169	1 300	466
海南省国营金安农场	10 975	511			8 547	368	1 008	402	880	506
海南省国营山荣农场	10 959	512	380	498	6 940	411	140	492	755	513
江西省上饶市一银山场	10 945	513	3 547	337	964	515	582	443	1 771	417
广东国营幸福农场	10 869	514	758	472	7 546	394	2 303	342	1 428	451
湖北省车河农场	10 864	515	3 050	361	5 909	437	1 168	394	5 345	182
江西省上饶市一永平场	10 755	516	4 668	303	247	531	20	519	322	532
湖北省八里湖农场	10 723	517	2 474	385	3 530	482	1 010	400	6 723	138
云南省孟定农场	10 708	518	420	494	9 713	335	7 892	183	3 228	278
新疆兵团第五师八十七团	10 625	519	1 303	442	5 765	442	3 379	311	1 628	433
广东省梅陇农场	10 569	520	912	463	6 127	434	575	444	1 030	491
海南省国营蓝洋农场	10 480	521	328	500	4 161	468	358	468	1 197	475
新疆兵团第五师九十一团	10 433	522	574	481	8 271	375	3 300	314	1 753	420
内蒙古莫拐农场	10 331	523	945	460	8 219	377	14 528	104	507	525
云南省陇川农场	10 326	524	5 122	288	2 089	505	3 739	286	4 179	228
广东国营红江农场	10 281	525	745	473	5 635	446	1 043	399	651	519
辽宁省营口市二台农场	10 205	526	3 281	350	5 166	451	419	458	4 871	207
江西省上饶市一乐丰场	10 201	527	3 753	331	4 606	462	1 776	365	3 391	264
新疆兵团第五师八十八团	10 193	528	2 029	402	4 845	456	3 978	278	1 198	474
湖北省小港农场	10 184	529	2 749	375	4 055	474	714	430	9 520	81
江西省宜春市一阁山场	10 181	530	7 121	237	1 735	506	73	505	2 126	370
河南省国营博爱农场	10 159	531	6 707	248	2 380	503	885	414	1 946	391
辽宁省朝阳市贾家店农场	10 138	532	456	491	6 767	415	1 431	381	4 720	213
内蒙古牙克石农场	10 106	533	1 130	451	8 753	363	13 909	110	425	529
海南省国营东和农场	10 048	534	128	516	7 233	403	326	472	821	510
广东国营和平农场	10 021	535	289	504	5 726	444	169	487	625	522
云南省勐醒农场	10 011	536	32	522	9 750	333	5 076	242	4 616	215
广州新厚德农工商联合公司	8 556	537	1 053	455					281	533
湖南省东山峰管理区	5 225	538	2 427	389	1530	509	800	421	2 950	292

人口、从业人员和劳动报酬

3－1 农垦人口和收入情况

（2012 年）　　　　计量单位：人

地　区	年末总人口				年内平均人口	年内出生人口	年内死亡人口	人均纯收入（元/年）
		农场人口	乡镇总人口	少数民族人口				
全国农垦	**13 612 082**	**10 911 605**	**1 732 759**	**1 376 645**	**13 420 080**	**103 252**	**68 424**	**10 919**
北　京	64 153	27 244	302	152	63 109	24	158	36 803
天　津	16 364	11 068		260	16 364	56	202	45 203
河　北	443 222	283 298	159 500	8 435	441 774	4 460	2 690	10 917
山　西	25 673	21 439	15	8	25 488	114	87	6 067
内蒙古	510 536	406 886	103 650	123 879	499 517	2 830	1 627	9 370
辽　宁	928 657	817 181	61 950	47 648	912 232	6 736	5 221	10 980
吉　林	271 481	199 108	71 244	13 894	270 646	1 382	1 101	6 279
黑龙江	1 733 822	1 481 857		39 115	1 722 893	7 550	11 509	20 227
上　海	132 718	18 475			134 610			32 384
江　苏	212 188	188 787			211 763	1 518	1 394	18 238
浙　江	55 303	36 577		115	54 000	188	202	19 016
安　徽	127 411	118 204	4 104	2 189	126 588	912	801	13 979
福　建	232 948	137 557	59 984	1 914	225 554	2 336	1 197	9 373
江　西	902 172	898 572		2 376	893 570	6 367	2 804	8 337
山　东	23 170	18 722	4 239	14	23 183	114	174	11 824
河　南	134 252	104 968	29 284	396	128 153	737	482	7 100
湖　北	1 439 815	1 316 434	93 858	7 050	1 433 825	18 300	7 281	10 500
湖　南	687 075	578 505	99 828	9 538	644 284	6 425	3 573	8 450
广　东	371 718	336 062		8 080	374 273	3 124	1 986	15 744
广　西	352 842	244 785		92 377	335 523	1 650	1 133	17 550
海　南	925 013	801 551		141 703	924 104	10 928	4 539	10 610
重　庆	21 200	4 952		197	20 198	4	13	9 632
四　川	14 320	11 946		2 670	13 373	51	35	5 469
贵　州	25 972	25 972		4 698	25 837	62	174	4 921
云　南	340 309	310 465		91 253	338 890	3 024	1 865	11 196
陕　西	28 143	26 967		48	28 116	212	89	6 960
甘　肃	103 764	71 479		2 672	103 254	252	332	8 824
青　海	46 974	32 769		1 595	20 344	236	141	4 522
宁　夏	128 781	128 781		27 466	126 460	766	401	13 119
新疆（兵团）	2 648 636	1 761 050	887 586	367 924	2 630 234	14 916	14 794	12 106
新疆（农业）	224 950	174 045	49 364	91 018	220 550	2 019	811	7 236
新疆（畜牧）	420 674	312 823	107 851	285 747	414 258	5 728	1 522	6 025
热科院	12 681			2 214	11 922	216	54	20 066
广　州	1 870	301			1 778			48 616
南　京	3 275	2 775			3 413	15	32	24 841

3－2　农垦社会从业人员

（2012 年）　　计量单位：人

地区	总计		第一产业		种植业		林业	
	年末人数	平均人数	年末人数	平均人数	年末人数	平均人数	年末人数	平均人数
全国农垦	**6 594 289**	**6 597 936**	**3 460 302**	**3 412 283**	**2 590 703**	**2 563 865**	**293 018**	**281 837**
北京	47 580	47 365	20 397	20 848	3 989	3 857	46	53
天津	7 330	7 321	1 266	1 266	166	155		
河北	263 771	263 160	110 879	110 288	83 562	83 258	877	876
山西	14 056	13 124	7 029	6 501	5 574	5 159	103	98
内蒙古	238 552	221 977	181 247	174 192	139 482	133 660	669	611
辽宁	504 354	463 250	260 550	267 200	209 636	215 800	4 007	4 100
吉林	113 331	112 840	99 336	99 017	92 811	92 650	969	854
黑龙江	982 719	992 309	587 537	591 363	471 894	478 025	5 374	5 637
上海	126 549	127 920	8 515	8 803	3 716	4 211	210	194
江苏	101 660	101 500	30 892	33 256	24 692	26 814	781	783
浙江	20 176	20 240	5 140	5 157	4 006	4 025	31	31
安徽	60 446	60 463	35 754	36 065	34 697	35 049	148	158
福建	113 476	90 666	60 601	50 290	42 790	37 207	4 951	3 814
江西	336 558	326 490	184 724	180 241	141 371	138 976	27 593	25 716
山东	11 929	11 888	7 923	7 789	4 884	4 947	2 164	1 965
河南	58 405	56 718	43 256	43 502	41 326	41 072	80	80
湖北	749 645	746 229	354 988	354 151	283 296	283 672	3 322	3 313
湖南	362 061	319 600	201 585	174 888	187 500	161 345	5 509	5 374
广东	114 265	128 338	53 864	61 537	32 005	36 991	10 671	11 695
广西	201 284	193 210	61 714	61 313	46 638	46 496	2 578	2 419
海南	431 011	418 566	273 607	265 962	115 623	112 466	118 644	112 975
重庆	13 539	12 890	1 576	1 572	250	216	20	23
四川	7 738	7 537	6 274	6 087	1 440	1 267	24	24
贵州	6 096	6 096	5 671	5 671	4 123	4 123	32	32
云南	132 442	129 080	122 803	119 750	31 057	30 853	90 945	88 152
陕西	9 917	9 927	7 301	7 328	7 164	7 174	14	14
甘肃	34 031	34 178	22 454	22 413	21 467	21 335	314	404
青海	17 926	17 576	15 981	15 646	15 240	14 008	168	238
宁夏	55 493	53 065	39 802	37 813	34 234	32 269	1 078	1 058
新疆(兵团)	1 171 912	1 320 253	424 458	422 555	378 678	380 365	8 375	7 796
新疆(农业)	87 138	87 631	72 796	73 080	59 913	60 130	3 321	3 350
新疆(畜牧)	191 851	189 536	149 942	146 295	67 347	66 153		
热科院	4 342	4 368						
广州	1 870	1 778	288	287				
南京	836	847	152	157	132	137		

3－2 续表 1

地区	牧业		渔业		第二产业		采矿业	
	年末人数	平均人数	年末人数	平均人数	年末人数	平均人数	年末人数	平均人数
全国农垦	**458 853**	**448 053**	**117 728**	**118 528**	**1 513 806**	**1 619 746**	**43 318**	**43 487**
北京	16 362	16 938			12 185	12 389		
天津	996	1 005	104	106	3 171	3 178		
河北	21 882	21 592	4 558	4 562	82 981	84 272	205	193
山西	1 352	1 244			2 177	2 146	82	82
内蒙古	39 977	38 259	1 119	1 662	28 185	22 603	165	165
辽宁	27 230	27 250	19 677	20 050	137 942	100 100	2 341	2 780
吉林	4 154	4 131	1 402	1 382	3 826	3 778		
黑龙江	106 888	104 389	3 381	3 312	165 194	175 598	6 328	6 179
上海	4 469	4 279	120	119	35 293	34 293		
江苏	3 617	3 687	1 802	1 972	38 295	37 963		
浙江	692	690	411	411	13 741	13 782		
安徽	682	627	227	231	10 563	10 359		
福建	9 043	5 880	3 817	3 389	33 711	26 079	2 270	2 237
江西	10 596	10 478	5 164	5 071	108 050	105 338	12 673	11 343
山东	372	372	503	505	2 458	2 559		
河南	1 500	2 000	350	350	9 095	7 495		
湖北	15 607	15 782	52 763	51 384	240 294	239 152	2 389	2 389
湖南	2 236	2 083	6 340	6 086	92 093	80 261		
广东	8 290	9 281	2 898	3 570	29 254	33 759		
广西	10 912	10 897	1 586	1 501	93 101	87 805	1 970	1 799
海南	32 961	32 754	6 379	7 767	37 112	37 665	302	305
重庆	1 186	1 219	120	114	10 001	9 616		
四川	4 806	4 792	4	4	1 033	1 021		
贵州	1 494	1 494	22	22	425	425	42	42
云南	156	142	645	603	4 071	4 195		
陕西	123	140			951	993	951	993
甘肃	668	669	5	5	9 011	9 160	199	199
青海	573	1 400			744	730	100	98
宁夏	4 166	4 172	324	314	6 082	6 019		
新疆(兵团)	36 450	33 458	955	936	289 697	452 323	13 301	14 683
新疆(农业)	6 510	6 500	3 052	3 100	6 337	6 505		
新疆(畜牧)	82 595	80 142			5 146	6 682		
热科院								
广州	288	287			1 408	1 313		
南京	20	20			179	190		

3-2续表2

地区	制造业		电力热力燃气及水生产和供应业		建筑业		第三产业	
	年末人数	平均人数	年末人数	平均人数	年末人数	平均人数	年末人数	平均人数
全国农垦	**995 049**	**952 077**	**42 228**	**41 628**	**433 211**	**582 554**	**1 620 181**	**1 565 907**
北京	12 098	12 297	6	8	81	84	14 998	14 128
天津	3 100	3 107			71	71	2 893	2 877
河北	68 538	68 383	1 304	1 292	12 934	14 404	69 911	68 600
山西	2 095	2 064					4 850	4 477
内蒙古	21 342	16 684	125	123	6 553	5 631	29 120	25 182
辽宁	109 565	78 600	696	720	25 340	18 000	105 862	95 950
吉林	3 057	2 993			769	785	10 169	10 045
黑龙江	90 068	91 926	9 726	9 555	59 072	67 938	229 988	225 348
上海	33 666	32 571	111	109	1 516	1 613	82 741	84 824
江苏	35 264	34 836			3 031	3 127	32 473	30 281
浙江	13 525	13 557	216	225			1 295	1 301
安徽	6 575	6 417	160	156	3 828	3 786	14 129	14 039
福建	26 251	19 357	1 100	1 066	4 090	3 419	19 164	14 297
江西	81 280	80 521	3 097	3 095	11 000	10 379	43 784	40 911
山东	2 080	2 081			378	478	1 548	1 540
河南	7 485	6 002			1 610	1 493	6 054	5 721
湖北	129 494	129 461	7 209	6 856	101 202	100 446	154 363	152 926
湖南	60 820	59 205			31 273	21 056	68 383	64 451
广东	24 029	27 489			5 225	6 270	31 147	33 042
广西	60 851	58 601	181	160	30 099	27 245	46 469	44 092
海南	7 564	9 281	574	645	28 672	27 434	120 292	114 939
重庆	9 915	9 552			86	64	1 962	1 702
四川	1 015	1 003			18	18	431	429
贵州	367	367	16	16				
云南	2 405	2 507	1 526	1 546	140	142	5 568	5 135
陕西							1 665	1 606
甘肃	7 906	7 906	293	293	613	762	2 566	2 605
青海			44	42	600	590	1 201	1 200
宁夏	3 097	3 270			2 985	2 749	9 609	9 233
新疆（兵团）	163 976	164 418	14 257	14 145	98 163	259 077	457 757	445 375
新疆（农业）	4 107	4 205			2 230	2 300	8 005	8 046
新疆（畜牧）	1 927	1 913	1 587	1 576	1 632	3 193	36 763	36 559
热科院							4 342	4 368
广州	1 408	1 313					174	178
南京	179	190					505	500

3－2 续表 3

地区	批发和零售业		交通运输及仓储业		住宿和餐饮业		信息传输、计算机服务和软件业	
	年末人数	平均人数	年末人数	平均人数	年末人数	平均人数	年末人数	平均人数
全国农垦	**452 039**	**435 160**	**215 604**	**206 070**	**175 456**	**168 235**	**14 485**	**13 620**
北京	673	668	2 709	2 774	8 308	7 436		
天津	1 497	1 485	45	45	19	16		
河北	20 037	19 503	13 681	13 093	9 412	9 168	473	469
山西	3 200	2 949	125	119	411	386		
内蒙古	10 223	8 958	3 811	3 384	4 682	4 431	593	69
辽宁	32 136	27 100	22 238	17 300	15 949	16 000	1 502	1 500
吉林	5 227	5 206	1 955	1 968	1 194	1 186		
黑龙江	52 292	50 119	24 065	22 751	24 977	23 785	4 041	3 883
上海	51 335	53 605	23 243	22 983	1 346	1 362	78	68
江苏	12 256	12 230	2 368	2 289	2 748	2 773	18	14
浙江	354	349	2	2	212	223		
安徽	5 329	5 286	974	984	4 215	4 184		
福建	5 891	5 145	2 094	1 481	2 083	1 776	224	154
江西	9 687	9 227	3 719	3 598	6 569	5 071	1 032	1 004
山东	649	641	106	105	242	244		
河南	2 514	2 233	524	538	576	550	35	35
湖北	56 060	55 567	20 478	20 324	12 489	12 031	3 014	2 972
湖南	19 298	17 132	6 652	6 535	8 956	8 856	556	489
广东	6 598	7 742	3 954	4 130	3 305	3 420		
广西	19 888	18 896	8 366	9 118	6 902	6 192		
海南	20 345	19 598	7 609	7 647	8 050	7 775	232	191
重庆	20	20	593	517	408	405		
四川					22	20		
贵州								
云南	610	475	431	308	614	599		
陕西	103	102			197	201		
甘肃	441	449	229	188	364	356		
青海	483	483	271	271	25	25		
宁夏	2 256	2 212	1 324	1 219	1 934	1 860	7	3
新疆(兵团)	107 093	102 263	60 564	58 928	45 607	44 306	2 637	2 724
新疆(农业)	1 623	1 630	1 080	1 100	1 380	1 390	43	45
新疆(畜牧)	3 752	3 730	2 376	2 355	2 195	2 145		
热科院	65	61			23	21		
广州	28	28						
南京	76	68	18	16	42	42		

3－2续表4

地区	金融业		房地产业		租赁和商务服务业		科学研究和综合技术服务业	
	年末人数	平均人数	年末人数	平均人数	年末人数	平均人数	年末人数	平均人数
全国农垦	**15 200**	**14 822**	**29 680**	**28 785**	**40 265**	**42 465**	**22 753**	**21 701**
北　京			1 134	1 113	481	496		
天　津			142	137	801	807	118	116
河　北	909	910	588	577	2 732	2 728	348	348
山　西					206	185		
内蒙古	93	78	172	157	209	209	1 267	155
辽　宁	611	610	1 182	1 200	1 895	1 900	948	950
吉　林							7	7
黑龙江	4 593	4 429	1 344	1 146	3 685	4 800	2 626	2 536
上　海			3 409	3 343	1 535	1 656	82	108
江　苏	17	12	309	306	43	43	126	140
浙　江					8	8		
安　徽			336	317	88	86	96	96
福　建	73	70	79	52	393	361	690	367
江　西	1 264	1 229	2 630	2 547	919	917	367	366
山　东							4	4
河　南	101	100	24	24	106	103	76	76
湖　北	867	854	4 266	4 146	4 010	3 820	935	941
湖　南	1 035	1 011	3 797	3 697	1 513	1 513	333	332
广　东			75	75			299	287
广　西	185	183	353	341	5	5	744	694
海　南			817	791	845	748	223	180
重　庆	8	4	668	531	240	200	25	25
四　川								
贵　州								
云　南							598	565
陕　西					91	90		
甘　肃			2	1	27	27	164	165
青　海					44	44	25	25
宁　夏			50	38			46	52
新疆（兵团）	5 444	5 332	8 143	8 093	10 843	12 473	8 849	9 382
新疆（农业）			160	153	1 680	1 680	180	178
新疆（畜牧）					7 720	7 416		
热科院							3 577	3 606
广　州					146	150		
南　京								

3－2续表5

地　区	水利、环境和公共设施管理业		居民服务和其他服务业		教　育		卫生、社会保障和社会福利业	
	年末人数	平均人数	年末人数	平均人数	年末人数	平均人数	年末人数	平均人数
全国农垦	**31 637**	**33 012**	**192 828**	**177 096**	**115 541**	**114 899**	**83 084**	**81 223**
北　京			1 458	1 402	64	65	6	6
天　津			236	235	10	11	25	25
河　北	563	546	5 341	5 342	4 959	4 977	2 524	2 512
山　西			189	152	123	125	143	124
内蒙古	27	28	2 362	2 262	1 088	1 074	2 115	1 970
辽　宁	1 697	1 700	11 950	11 930	6 223	6 220	2 472	2 460
吉　林	2	2	706	655	297	308	659	630
黑龙江	11 630	13 713	22 664	22 023	25 560	25 613	15 154	14 064
上　海	211	209	658	677	251	248	488	461
江　苏	160	160	12 237	10 124	289	294	1 160	1 157
浙　江	3	3	270	267	123	127	253	256
安　徽			1 802	1 818			710	700
福　建	7	7	4 650	2 449	309	290	287	218
江　西	954	550	5 623	5 587	4 486	4 411	1 354	1 340
山　东			475	474	11	11	1	1
河　南	262	261	274	255	532	543	581	558
湖　北	2 906	2 899	11 638	11 632	12 246	12 451	7 961	7 981
湖　南	928	890	5 330	4 220	4 651	4 551	2 424	2 424
广　东			5 167	5 751	5 101	5 166	4 602	4 422
广　西			7 775	6 547	1 110	1 140	642	647
海　南	291	177	47 401	41 020	1 959	1 536	8 698	8 868
重　庆								
四　川			409	409				
贵　州								
云　南	95	86	658	624	258	256	29	261
陕　西			553	544	116	98	124	130
甘　肃	129	96	601	632	178	171	277	280
青　海			18	18	182	181	74	74
宁　夏	64	61	2 811	2 681	135	129	30	30
新疆(兵团)	8 554	8 482	39 032	36 829	44 406	44 027	29 842	29 173
新疆(农业)	691	690	256	255			167	170
新疆(畜牧)	2 463	2 452			711	711	266	264
热科院					78	73	16	17
广　州								
南　京			284	282	85	92		

3－2 续表 6

地 区	文化、体育和娱乐业		公共管理和社会组织		国际组织		农林牧渔中的服务业采矿中的辅助活动和制造业中修理业	
	年末人数	平均人数	年末人数	平均人数	年末人数	平均人数	年末人数	平均人数
全国农垦	**17 716**	**16 924**	**138 116**	**139 650**	**3**	**3**	**75 774**	**72 242**
北 京	53	54	28	30			84	84
天 津								
河 北	517	516	6 781	6 836			1 046	1 075
山 西							453	437
内 蒙 古	205	181	2 043	2 006			230	220
辽 宁	1 150	1 150	5 173	5 180			736	750
吉 林							122	83
黑 龙 江	990	786	25 133	24 922			11 234	10 778
上 海							105	104
江 苏	199	205	543	534				
浙 江	19	17	42	42			9	7
安 徽							579	568
福 建	119	49	842	775			1 423	1 103
江 西	2 011	1 994	2 759	2 590	3	3	407	477
山 东							60	60
河 南	21	22	358	359			70	64
湖 北	3 185	3 178	10 621	10 562			3 687	3 568
湖 南	811	801	12 099	12 000				
广 东			2 046	2 049				
广 西	64	67	435	262				
海 南	761	552	17 469	20 778			5 592	5 078
重 庆								
四 川								
贵 州								
云 南	14	12	2 261	1 949				
陕 西			159	172			322	269
甘 肃	3	3	124	210			27	27
青 海	16	16	63	63				
宁 夏			251	241			701	707
新疆（兵团）	6 842	6 576	43 000	42 317			36 901	34 470
新疆（农业）	153	155	155	160			437	440
新疆（畜牧）			5 731	5 613			11 549	11 873
热 科 院	583	590						
广 州								
南 京								

3－3 国有经济从业人员

(2012年)　　　　计量单位：人

地区	从业人员			年平均从业人员	离开本单位仍保留劳动关系的职工	
		在岗职工	其他从业人员			内部退养职工
全国农垦	**4 180 429**	**2 878 596**	**1 296 508**	**4 084 269**	**296 787**	**47 734**
北京	37 843	36 882	961	38 282	328	212
天津	7 269	7 059	210	7 264	796	374
河北	71 001	64 680	6 321	69 967	4 069	782
山西	4 566	3 932	634	4 738	987	98
内蒙古	225 863	94 640	131 223	230 931	11 964	1 720
辽宁	305 354	246 756	58 598	252 080	12 553	6 465
吉林	69 007	43 801	25 206	65 943	7 873	271
黑龙江	678 627	316 280	362 347	684 895	78 329	7 725
上海	126 549	85 042	41 507	127 920	8 344	360
江苏	62 863	62 431	432	63 446	2 936	2 874
浙江	4 469	1 780	2 689	4 469	436	27
安徽	39 915	26 232	13 683	40 480	902	561
福建	48 380	28 723	19 657	25 300	3 553	351
江西	285 231	283 927	1 304	278 877	53 019	2 345
山东	6 896	6 187	709	7 033	346	320
河南	44 157	33 937	10 220	45 896	3 478	767
湖北	403 657	345 907	57 750	381 565	38 281	4 635
湖南	224 078	141 600	82 478	205 268	4 572	1 236
广东	67 409	50 806	16 603	71 923	1 557	715
广西	59 005	29 316	29 689	58 211	3 852	605
海南	377 972	126 730	251 242	359 336	45 680	5 464
重庆	6 564	6 564		6 125	159	32
四川	7 642	3 286	4 356	2 648	686	6
贵州	5 023	5 023		5 023		
云南	132 442	79 854	52 588	131 620	5 720	5 720
陕西	5 021	4 948	73	5 055		
甘肃	31 211	21 260	9 951	32 075	634	620
青海	4 929	3 530	1 399	4 700	2 338	60
宁夏	18 730	18 537	193	18 179	596	580
新疆(兵团)	560 015	549 365	5 325	597 510		
新疆(农业)	60 235	45 724	14 511	61 350	1 486	458
新疆(畜牧)	191 851	98 055	93 796	189 536	823	1 861
热科院	4 342	3 605	737	4 378		
广州	1 870	1 838	32	1 778		
南京	443	359	84	468	490	490

3-4 国有经济从业人员劳动报酬

（2012年）　　计量单位：万元

地区	从业人员劳动报酬	在岗职工劳动报酬总额	其他从业人员劳动报酬	离开本单位仍保留劳动关系的职工生活费
全国农垦	**9 125 184**	**7 043 082**	**1 992 594**	**128 119**
北京	175 110	170 630	4 479	667
天津	45 175	44 338	837	1 476
河北	142 061	126 010	16 051	1 191
山西	6 675	5 787	888	974
内蒙古	472 903	241 814	231 089	9 229
辽宁	500 118	429 960	70 158	5 222
吉林	68 399	44 840	22 685	6 413
黑龙江	1 294 101	736 852	557 249	22 764
上海	500 318	371 109	129 209	4 176
江苏	226 178	225 074	1 104	2 408
浙江	8 542	4 050	4 492	774
安徽	86 232	57 754	28 478	172
福建	66 734	52 119	14 615	5 240
江西	406 345	400 754	5 591	3 693
山东	20 465	19 424	1 041	398
河南	49 095	39 084	10 011	459
湖北	707 710	614 944	92 766	6 387
湖南	360 308	189 957	170 351	29 201
广东	251 623	212 291	39 332	13 098
广西	139 575	85 154	54 421	884
海南	750 855	388 845	362 010	6 473
重庆	30 099	30 099		103
四川	7 843	5 727	2 117	1
贵州	9 638	9 638		
云南	159 742	117 417	42 325	4 398
陕西	8 374	8 170	204	
甘肃	82 365	63 777	18 588	133
青海	7 659	7 493	166	148
宁夏	47 350	46 978	373	637
新疆（兵团）	2 137 612	2 037 789	11 190	
新疆（农业）	63 374	41 608	21 766	24
新疆（畜牧）	252 980	176 522	76 458	827
热科院	25 445	23 175	2 270	
广州	12 412	12 292	120	
南京	1 768	1 607	161	550

3-5 农场国有经济从业人员

(2012 年)　　计量单位：人

地区	从业人员	在岗职工	其他从业人员	年平均从业人员	离开本单位仍保留劳动关系的职工	内部退养职工
全国农垦	**3 453 784**	**2 281 395**	**1 172 366**	**3 346 653**	**275 844**	**41 057**
北京	8 967	8 671	296	8 749	197	139
天津	1 623	1 559	64	1 619	498	231
河北	64 742	58 689	6 053	63 719	1 700	198
山西	4 364	3 815	549	4 536	906	96
内蒙古	200 984	84 419	116 565	216 468	10 214	1 542
辽宁	285 044	235 142	49 902	243 110	11 998	6 402
吉林	68 999	43 793	25 206	65 935	7 873	271
黑龙江	614 437	269 143	345 294	622 104	75 948	6 370
上海	12 306	8 244	4 062	12 792	6 169	105
江苏	44 271	44 271		44 992	2 843	2 688
浙江	4 469	1 780	2 689	4 469	436	27
安徽	34 423	24 478	9 945	34 981	889	548
福建	41 830	25 252	16 578	20 486	3 368	294
江西	284 914	283 617	1 297	278 609	52 993	2 339
山东	6 896	6 187	709	7 033	346	320
河南	44 157	33 937	10 220	45 896	3 478	767
湖北	395 022	339 024	55 998	373 527	38 080	4 502
湖南	151 952	84 725	67 227	134 158	1 794	663
广东	50 639	37 777	12 862	54 821	1 069	550
广西	47 350	19 581	27 769	48 330	2 585	386
海南	277 284	35 504	241 780	258 464	43 775	4 716
重庆	1 481	1 481		1 468		
四川	6 916	2 560	4 356	1 423	91	
贵州	5 023	5 023		5 023		
云南	119 474	67 832	51 642	118 356	5 278	5 278
陕西	4 363	4 340	23	4 566		
甘肃	23 720	13 890	9 830	24 983	51	45
青海	4 152	2 885	1 267	4 000	754	60
宁夏	422	422		422	7	6
新疆(兵团)	391 019	389 120	1 876	390 287		
新疆(农业)	60 235	45 724	14 511	61 350	1 486	458
新疆(畜牧)	191 851	98 055	93 796	189 536	823	1 861
热科院						
广州	301	301		282		
南京	154	154		159	195	195

3－6 农场国有经济从业人员劳动报酬

（2012 年）　　　　计量单位：万元

地区	从业人员劳动报酬			离开本单位仍保留劳动关系的职工生活费
		在岗职工劳动报酬总额	其他从业人员劳动报酬	
全国农垦	**6 246 512**	**4 553 798**	**1 688 309**	**80 210**
北京	56 229	55 277	953	311
天津	10 175	9 948	227	1 024
河北	124 906	109 900	15 006	436
山西	6 510	5 649	861	974
内蒙古	427 180	220 049	207 131	6 158
辽宁	382 798	329 933	52 865	4 631
吉林	66 102	42 565	22 685	6 413
黑龙江	1 098 737	566 488	532 249	19 090
上海	60 943	44 474	16 470	2 148
江苏	131 856	131 856		2 286
浙江	8 542	4 050	4 492	774
安徽	70 229	51 374	18 855	157
福建	37 674	27 751	9 923	5 221
江西	405 961	400 379	5 582	3 688
山东	20 381	19 340	1 041	398
河南	49 095	39 084	10 011	459
湖北	677 144	588 573	88 571	6 121
湖南	207 704	77 903	129 801	1 317
广东	150 081	124 502	25 579	7 708
广西	82 786	41 089	41 697	736
海南	444 371	103 454	340 917	4 780
重庆	4 707	4 707		
四川	6 260	4 347	1 913	1
贵州	9 638	9 638		
云南	128 234	87 286	40 948	4 092
陕西	6 590	6 544	46	
甘肃	56 160	38 180	17 980	105
青海	6 307	6 141	166	148
宁夏	1 047	1 047		
新疆（兵团）	1 188 827	1 181 156	4 118	
新疆（农业）	63 374	41 608	21 766	24
新疆（畜牧）	252 980	176 522	76 458	827
热科院				
广州	2 611	2 611		
南京	375	375		183

固定资产投资

4-1 固定资产投资完成情况

（2012 年） 计量单位：万元

地区	本年完成投资总额				资金来源合计	
		第一产业	第二产业	第三产业		国家预算内资金
全国农垦	**33 219 135**	**3 594 538**	**16 330 442**	**13 294 155**	**33 060 883**	**2 688 802**
北京	168 832	33 340	35 187	100 306	168 832	563
天津	31 712	3 042	3 682	24 988	31 712	903
河北	3 185 689	275 078	1 850 556	1 060 055	3 185 689	2 945
山西	4 307	1 505	2 278	524	4 207	463
内蒙古	663 323	133 716	380 937	148 670	881 432	66 034
辽宁	2 563 204	443 975	1 250 236	868 993	2 563 204	15 196
吉林	18 066	13 968	3 415	683	18 066	779
黑龙江	3 679 483	810 802	771 127	2 097 554	3 647 347	534 632
上海	337 608	67 422	142 968	127 218	395 193	28 260
江苏	253 228	37 888	75 762	139 578	253 228	23 513
浙江	72 128	1 811	70 021	296	72 128	462
安徽	95 636	17 502	10 394	67 740	95 733	33 595
福建	379 403	10 524	339 194	29 685	379 403	5 258
江西	1 694 279	25 649	1 224 151	444 479	1 694 279	83 439
山东	189 447	13 728	93 921	81 798	188 123	13 235
河南	18 230	4 192	12 051	1 986	18 230	628
湖北	4 520 000	213 963	3 194 671	1 111 366	4 520 000	183 692
湖南	886 468	286 788	492 144	107 536	742 084	81 869
广东	220 648	52 273	41 361	127 014	220 648	47 358
广西	2 354 060	100 485	1 096 375	1 157 200	2 354 060	87 696
海南	702 913	89 551	10 922	602 440	702 913	27 440
重庆	47 974	36 909	5 344	5 721	47 974	392
四川	1 048	656	392		1 048	357
贵州	12 355	3 752	8 603		12 355	1 652
云南	85 989	27 442	9 223	49 324	85 989	16 830
陕西	20 647	4 016	4 246	12 385	20 647	478
甘肃	280 798	83 825	131 961	65 012	280 798	17 448
青海	1 097	1 097			1 137	637
宁夏	130 620	62 641	21 991	45 987	130 620	4 597
新疆（兵团）	10 393 354	621 691	5 004 192	4 767 471	10 137 214	1 329 200
新疆（农业）	22 238	15 441	3 419	3 378	22 238	4 114
新疆（畜牧）	140 860	97 221	38 037	5 602	140 860	48 242
热科院	31 074			31 074	31 074	26 895
广州	12 268	2 647	1 680	7 941	12 268	
南京	150			150	150	

4－1续表

地　　区	资金来源合计					当年新增固定资产	附记
	国内贷款	债券	利用外资	自筹资金	其他资金		年末实有住房面积（万米^2）
全国农垦	**3 760 962**	**292**	**555 010**	**21 207 098**	**4 848 720**	**24 678 255**	**41 955**
北　　京	17 861			138 928	11 480	170 232	140
天　　津	3 697			27 112		69 375	71
河　　北	53 950		82	2 872 173	256 539	1 502 689	1 385
山　　西				1 138	2 606	3 730	39
内 蒙 古	7 497		4 275	755 606	48 020	589 960	795
辽　　宁	760 402		117 500	1 324 258	345 848	3 072 961	2 727
吉　　林				13 969	3 318	17 929	571
黑 龙 江	13 300		15 522	2 186 184	897 709	3 025 226	5 240
上　　海	99 760			261 689	5 484	227 115	36
江　　苏	16 549			196 209	16 957	159 000	928
浙　　江	150			71 487	29	1 495	127
安　　徽	5 000			45 896	11 242	66 532	390
福　　建	240		194 155	145 238	34 512	333 357	622
江　　西	21 736	75	660	1 498 511	89 858	1 297 234	2 795
山　　东				163 888	11 000	152 776	72
河　　南				16 389	1 213	16 281	390
湖　　北	1 155 109		70 164	2 667 446	443 589	4 069 247	4 780
湖　　南	245 593	217	25 000	387 874	1 531	756 082	3 405
广　　东	954			97 234	75 102	141 903	952
广　　西	331 022		43 391	1 436 681	455 270	1 451 631	996
海　　南	5 593		35 000	219 779	415 101	650 050	2 014
重　　庆	2 500			26 162	18 920	18 997	65
四　　川				691		1 048	23
贵　　州					10 703	12 355	58
云　　南	5 807			54 812	8 540	41 965	838
陕　　西				19 845	324	4 964	67
甘　　肃	89 460			122 650	51 240	30 441	1 205
青　　海				457	43	1 504	55
宁　　夏	3 046		11 763	108 173	3 042	36 162	355
新疆（兵团）	909 459		37 498	6 262 387	1 598 670	6 623 381	9 150
新疆（农业）	11 340			3 580	3 204	15 342	485
新疆（畜牧）	937			64 665	27 016	91 559	1 033
热 科 院				3 643	536	11 237	133
广　　州				12 193	75	14 345	2
南　　京				150		150	11

4-2 国有单位固定资产投资完成情况

(2012 年)　　　　计量单位：万元

地　　区	本年完成投资总额				资金来源合计	
		第一产业	第二产业	第三产业		国家预算内资金
全国农垦	**11 947 340**	**2 306 626**	**2 804 205**	**6 836 509**	**11 648 400**	**2 444 403**
北　　京	130 231	24 694	26 161	79 376	130 231	563
天　　津	31 712	3 042	3 682	24 988	31 712	903
河　　北	562 634	159 781	243 517	159 336	562 634	358
山　　西	1 457	1 227		230	1 457	463
内 蒙 古	180 576	75 323	66 372	38 881	179 199	35 010
辽　　宁	346 752	177 125	52 337	117 290	346 752	9 196
吉　　林	10 466	8 806	1 361	299	10 466	710
黑 龙 江	2 131 909	477 247	407 786	1 246 876	2 119 456	528 367
上　　海	337 608	67 422	142 968	127 218	395 192	28 260
江　　苏	200 925	35 576	46 168	119 181	200 925	21 201
浙　　江	1 199	920	2	277	1 199	462
安　　徽	73 024	14 455	2 126	56 443	73 513	33 595
福　　建	22 547	782	9 172	12 593	22 547	5 184
江　　西	163 712	7 870	48 070	107 772	215 884	73 334
山　　东	75 324	12 908	618	61 798	74 413	13 235
河　　南	8 714	3 115	3 778	1 820	8 714	353
湖　　北	899 988	53 586	250 257	596 145	899 988	153 060
湖　　南	557 317	275 251	230 473	51 593	487 087	77 581
广　　东	134 796	41 521	30 084	63 191	134 796	45 639
广　　西	464 287	38 859	163 599	261 829	464 287	49 189
海　　南	301 032	69 620	9 291	222 121	301 032	27 440
重　　庆	45 605	35 082	4 802	5 721	45 605	392
四　　川	662	656	6		662	357
贵　　州	12 355	3 752	8 603		12 355	1 652
云　　南	62 479	26 572	8 263	27 644	62 479	12 384
陕　　西	20 032	3 916	3 900	12 216	20 032	478
甘　　肃	278 016	82 408	130 955	64 653	278 016	15 616
青　　海	1 016	1 016			705	286
宁　　夏	129 861	62 335	21 969	45 556	130 071	4 242
新疆(兵团)	4 608 623	466 748	852 947	3 288 928	4 284 509	1 244 979
新疆(农业)	17 831	12 370	2 750	2 711	17 831	3 745
新疆(畜牧)	91 213	59 994	30 562	657	91 213	29 274
热 科 院	31 074			31 074	31 074	26 895
广　　州	12 213	2 647	1 625	7 941	12 213	
南　　京	150			150	150	

4-2 续表

地区	资金来源合计					当年新增固定资产
	国内贷款	债券	利用外资	自筹资金	其他资金	
全国农垦	**926 900**	**292**	**33 958**	**6 614 820**	**1 628 028**	**9 150 797**
北京	17 861			103 430	8 377	120 424
天津	3 697			27 112		69 375
河北	700			390 801	170 775	431 486
山西				801	193	1 094
内蒙古	1 317			142 502	370	144 630
辽宁	45 300			291 656	600	470 497
吉林				9 750	6	4 270
黑龙江	5 000			1 482 956	103 133	1 794 281
上海	99 760			261 689	5 484	227 115
江苏	14 855			151 161	13 708	142 722
浙江				708	29	585
安徽				29 465	10 453	43 779
福建	100			3 726	13 537	21 690
江西	11 036	75		128 096	3 343	110 003
山东				50 178	11 000	39 066
河南				8 108	253	8 115
湖北	31 168			550 917	164 843	824 432
湖南	141 430	217	21 950	244 744	1 165	469 931
广东	856			80 068	8 233	88 129
广西	99 655		245	290 980	24 218	331 005
海南	5 593			219 779	48 220	256 635
重庆	2 500			23 793	18 920	18 760
四川				305		662
贵州					10 703	12 355
云南	5 577			36 803	7 715	33 492
陕西				19 230	324	4 964
甘肃	89 460			122 026	50 914	26 525
青海				376	43	1 423
宁夏	3 046		11 763	107 980	3 042	32 471
新疆(兵团)	336 834			1 779 440	923 256	3 323 639
新疆(农业)	10 780			1 120	2 186	12 347
新疆(畜牧)	375			39 189	22 375	59 216
热科院				3 643	536	11 237
广州				12 138	75	14 292
南京				150		150

4-3 新增生产能力

(2012 年)

地　区	有效灌溉面积（公顷）	#喷灌面积（公顷）	造林（公顷）	果树定植（公顷）	茶树定植（公顷）	草原建设（公顷）	农用运输车（辆）	大中型拖拉机	
								台	千瓦
全国农垦	**202 253**	**12 386**	**34 493**	**13 719**	**470**	**46 130**	**1 182**	**11 101**	**603 176**
北　京			6						
天　津									
河　北	4 151	4 130	182				16	106	2 936
山　西	273	167					7	1	60
内蒙古	6 373	1 004	5 448	33		20 557	103	1 183	64 942
辽　宁	9 006	600	2 737	514		93	242	80	3 602
吉　林	542	508	291	5		100	9	171	2 834
黑龙江	1 329		1 393				45	2 626	140 579
上　海								142	9 333
江　苏	3 769		429	17				350	13 247
浙　江	140	67			33		2		
安　徽	3		190	36			2	108	6 969
福　建	117	93	734	13	36		10		
江　西	841		1 793	10	53			29	1 319
山　东	3 346	13	2 114				2	2	37
河　南	3 695	23	51	33			58	4	160
湖　北	19 218	26	2 506	66	13		314	378	19 162
湖　南	165		770	33	102		14	334	12 884
广　东	192	192	1 099	2 736	24			228	16 397
广　西	851	818	183	1 182	169		44	81	2 591
海　南	140	140	556	1 455	40			11	1 044
重　庆								2	176
四　川									
贵　州			12						
云　南	1 154		296	375				162	4 927
陕　西	1						13	1	
甘　肃	2 943	2 117	205	427				166	5 353
青　海						1 387		3	223
宁　夏			1 214					217	5 387
新疆（兵团）	25 412	2 267	9 898	6 772		13 333	262	3 972	266 656
新疆（农业）			2 387				39	512	12 120
新疆（畜牧）	118 592	221				10 660		231	10 224
热科院				12				1	15
广　州									
南　京									

4－3续表1

地　区	小型及手扶拖拉机		联合收割机		机引农具（部）	植保机械（部）	林业机械（台）	畜牧机械（台）	烘干机（台）
	台	千瓦	台	千瓦					
全国农垦	**6 424**	**87 041**	**3 764**	**359 786**	**21 284**	**4 231**	**263**	**3 232**	**77**
北　京	4	45						2	
天　津									
河　北	5	65	4	270	1				
山　西	12	101	1	50	2			4	
内蒙古	2 064	40 391	484	26 879	3 300	5	21	699	5
辽　宁	221	2 849	108	4 198	98			93	
吉　林	105	1 155	51	396	219				
黑龙江	173	2 380	2 014	170 819	7 397		10		9
上　海	7	70	5	745	245	266	7		18
江　苏	16	1 078	46	3 427	260	11			9
浙　江			1	10			4		
安　徽	91	800	153	10 221	226	337	6	24	14
福　建	19	150	1	15					
江　西	183	1 366	32	1 362	58				
山　东			4	460		5	14	5	
河　南	26	411	23	2 260	18				
湖　北	1 747	14 671	187	9 967	2 946	1 579	12	37	10
湖　南	365	3 024	29	481		951			
广　东	199	1 823	2	260	62	571	60	573	
广　西	3	26			216	12	116	1 500	
海　南	59	712			21	49	8	18	
重　庆	1	15						12	
四　川									
贵　州									
云　南			11	400					
陕　西	5		2						
甘　肃	47	1 073	6	590	194			16	2
青　海									
宁　夏	13	213	94	3 069	310	158	5	25	
新疆（兵团）	534	7 495	473	121 042	5 696	217		120	10
新疆（农业）	165	3 055			15	70		1	
新疆（畜牧）	359	4 056	33	2 864				103	
热科院	1	18							
广　州									
南　京									

4-3续表2

地区	水泥晒场（万米²）	水库		发电（千瓦）	输电线路（千米）	变电设备		公路（千米）	电话线路（千米）	畜禽生产用房（万米²）
		座	万米³			台	千伏安			
全国农垦	**838.13**	**19**	**1 236.31**	**2 439 324**	**3 828**	**839**	**335 718**	**2 643**	**831**	**143.85**
北京						2	1 880			5.94
天津										1.46
河北					24	31	108	39	4	1.00
山西								44		0.85
内蒙古	14.58	2	0.06	112	84	25	1 430	191		5.55
辽宁	0.03			5	34	8	1 795	118	87	3.90
吉林								55		1.45
黑龙江	90.70			1 347	318	17	1 145	41	4	3.10
上海	1.42				7					7.55
江苏	52.00			156	28	42	9 476		14	3.60
浙江										
安徽	4.19				14	4	1 275	102	15	
福建				263	4			42		2.80
江西	0.19	13	0.25		4	2	230	578	2	1.15
山东					30			38		0.04
河南	0.79				12	8	615	34	3	7.43
湖北	22.00			220	70	66	3 059	491	171	14.00
湖南	588.00			1 711	228	18		246	51	
广东	0.25				151			213	42	10.15
广西				22 000		52	2 420	74	400	9.27
海南	0.37			10	3	3	300	18		2.96
重庆										13.80
四川								27		
贵州								21		1.30
云南	2.71									
陕西	20.00				20					1.00
甘肃	1.00				6	32	4 855	112		1.00
青海	0.84									
宁夏										0.14
新疆（兵团）	39.06	3	1 086.00	2 413 500	2 718	528	307 130	131		44.41
新疆（农业）					7	1		23	15	
新疆（畜牧）		1	150.00		68				23	
热科院								7		
广州										
南京										

4-3 续表 3

地区	仓库		学校（万米^2）	医院（万米^2）	住房（万米^2）	棉纺锭（锭）	机制糖		机制纸及纸板（吨/年）
	座	万米^2					年产（吨）	日处理原料（吨）	
全国农垦	**211**	**34.00**	**35.72**	**12.09**	**2 821.85**	**291 720**	**55 700**	**5 000**	**62 313**
北京	7	2.32							
天津	1	0.52							
河北	1	2.60			14.95				27 158
山西			0.17		11.02				
内蒙古	18	0.11			25.00				
辽宁	7	0.03		0.17	68.30				155
吉林			0.16	0.05	12.35				
黑龙江	5	1.90	6.00	1.70	190.80				
上海	6	1.36		0.11					
江苏	7	2.36			50.00				
浙江					1.00				
安徽	2	0.75			27.50				
福建	4	0.60		0.03	6.85				
江西	3	0.45			105.21				
山东					3.10				
河南	13	0.75	0.03	0.03	3.63				
湖北	25	2.00	3.00	1.00	346.00	36 000			5 000
湖南	38	8.00			358.00				
广东	27	0.77	1.22	0.74	5.48		31 200	2 500	
广西	10	0.98	19.68	0.04	28.74		24 500	2 500	
海南	1	1.00			172.57				
重庆									
四川					0.56				
贵州	1				49.00				
云南									
陕西	2								
甘肃	6	1.00							
青海	5	0.91			1.17				
宁夏					1.91				
新疆（兵团）	22	5.60	5.47	8.22	1 046.70	255 720			30 000
新疆（农业）					134.00				
新疆（畜牧）					158.00				
热科院									
广州									
南京									

农　业

5-1 按行业分的农业总产值

(2012 年)　　计量单位：万元

地区	农林牧渔业总产值	农业产值	林业产值	牧业产值	渔业产值
全国农垦	**31 004 186**	**19 196 324**	**1 489 183**	**8 718 290**	**1 600 389**
北京	744 624	19 443	254	724 927	
天津	68 010	7 684	56	51 639	8 631
河北	810 969	290 046	6 433	293 558	220 932
山西	25 140	9 674	328	15 138	
内蒙古	1 008 471	613 729	6 045	378 426	10 271
辽宁	1 593 525	739 849	22 097	417 740	413 839
吉林	352 147	207 095	78	143 088	1 886
黑龙江	10 110 213	6 932 410	100 226	3 017 584	59 993
上海	405 914	151 338	13 747	191 620	49 209
江苏	534 011	337 131	8 329	126 645	61 906
浙江	87 462	28 990	3 549	42 739	12 184
安徽	174 326	131 537	2 521	34 946	5 322
福建	224 406	105 072	5 817	83 465	30 052
江西	421 325	224 789	36 994	119 837	39 705
山东	87 571	39 409	2 462	29 943	15 757
河南	168 716	89 462	1 045	72 135	6 075
湖北	1 621 446	811 577	21 526	401 217	387 126
湖南	541 186	292 276	31 379	142 588	74 943
广东	606 365	304 963	55 810	185 545	60 047
广西	704 439	280 644	16 580	382 604	24 611
海南	1 311 015	459 651	544 518	258 445	48 401
重庆	60 574	4 797		54 466	1 311
四川	9 088	3 431	216	5 426	15
贵州	23 561	11 372	129	11 962	98
云南	585 094	83 888	479 084	16 279	5 843
陕西	34 487	27 316	70	7 056	45
甘肃	160 878	146 716	1 183	12 890	89
青海	28 403	21 772	216	6 416	
宁夏	214 759	137 966	3 919	62 391	10 483
新疆(兵团)	7 480 238	6 194 701	92 688	1 145 271	47 578
新疆(农业)	275 305	219 172	6 420	46 278	3 435
新疆(畜牧)	513 245	267 339	22 816	222 585	505
热科院	4 745	1 034	2 649	977	85
广州	10 845			10 845	
南京	1 683	52		1 619	12

5－2　按经济类型分的农业总产值

（2012 年）　　计量单位：万元

地　区	国有	集体	个体	其他
全国农垦	**21 686 749**	**920 564**	**7 404 804**	**992 068**
北　　京	512 171			232 453
天　　津	68 010			
河　　北	532 133	130 300	141 999	6 537
山　　西	15 897	753	4 586	3 904
内 蒙 古	407 318	19 916	578 506	2 731
辽　　宁	973 547	18 920	552 912	48 146
吉　　林	174 752	683	176 712	
黑 龙 江	6 953 106		3 104 403	52 704
上　　海	405 914			
江　　苏	218 167		315 844	
浙　　江	14 647	1 475	46 375	24 965
安　　徽	139 274	800	24 789	9 463
福　　建	120 212	29 312	40 993	33 889
江　　西	298 361	17 257	95 322	10 385
山　　东	69 844	8 236	9 491	
河　　南	111 201	10 569	23 108	23 838
湖　　北	1 394 887	118 563	45 981	62 015
湖　　南	268 107	18 834	195 969	58 276
广　　东	489 481	2 953	113 931	
广　　西	309 936		244 362	150 141
海　　南	412 875	10 192	857 384	30 564
重　　庆	48 679			11 895
四　　川	6 775			2 313
贵　　州	17 734		5 827	
云　　南	477 779		107 314	
陕　　西	34 487			
甘　　肃	158 989		864	1 025
青　　海	24 771	3 632		
宁　　夏	214 759			
新疆（兵团）	6 283 397	448 807	532 106	215 928
新疆（农业）	192 660	33 035	47 530	2 080
新疆（畜牧）	323 615	46 327	136 128	7 175
热 科 院	2 378		2 367	
广　　州	10 845			
南　　京	42			1 641

5－3 土地利用情况

（2012 年）　　　　计量单位：公顷

地　区	土地总面积	耕地面积		牧草地面积		新增种草面积	林地面积		水面面积
			高标准农田面积		已利用面积			橡胶面积	
全国农垦	**36 594 586**	**6 123 717**	**1 894 443**	**14 949 503**	**9 028 905**	**4 038**	**3 959 762**	**422 654**	**854 286**
北　　京	7 404	1 454	149	80			1 218		90
天　　津	7 382	2 760					203		868
河　　北	374 058	92 820	333	91 751	58 591	1 166	84 826		37 967
山　　西	22 150	6 683		5 184	411		6 002		10
内 蒙 古	5 313 453	654 136	17 607	2 446 474	1 720 396	2 000	252 031		80 231
辽　　宁	512 650	154 932	18 426	20 079	12 056		73 531		83 239
吉　　林	322 001	117 478	8 314	65 166	25 077		47 230	68	2 867
黑 龙 江	5 536 483	2 879 660	1 621 158	351 651	137 571		917 792		252 261
上　　海	65 138	29 447					7 126		15 158
江　　苏	124 749	71 428	57 143				21 892		12 798
浙　　江	15 841	4 070	256				1 996		1 652
安　　徽	64 212	29 356	6 769	245	95		12 900		4 986
福　　建	116 444	10 957	1 676	3 043	417		54 341	74	4 010
江　　西	590 888	52 580	5 255	8 156			415 139		28 156
山　　东	39 416	12 290		1 394	667		1 523		6 909
河　　南	44 660	27 605	362	907	120		3 341		807
湖　　北	346 355	137 617	62 565	276			50 784		58 136
湖　　南	197 563	67 216	23 525	5 627	2 100		28 493		40 652
广　　东	227 299	37 836	23 845	208	208		68 505	44 660	6 602
广　　西	168 188	32 805	2 433	2 346	65		42 933	2 491	2 870
海　　南	766 491	37 568					330 982	250 792	4 359
重　　庆	3 137	316	80	87	87		401		1 342
四　　川	500 043	899		348 431	329 409		42 102		89
贵　　州	17 213	1 722	462	2 014	717		3 120		551
云　　南	223 626	12 194					129 168	122 893	3 121
陕　　西	26 262	8 948		1 763	136		1 918		64
甘　　肃	550 022	59 270	36 747	257 652	14 970		30 592		7 436
青　　海	1 397 739	26 492	1 744	350 000	77353		54 054		534
宁　　夏	184 764	39 613	4 395	60 053	29 180	134	7 143		10 542
新疆（兵团）	7 021 316	1 245 465		1 712 071			912 920		169 022
新疆（农业）	547 338	89 500	1 200	299 170	138 926	738	48 222		4 348
新疆（畜牧）	11 254 834	177 935		8 915 674	6 480 353		304 934		12 568
热 科 院	4 591	665					1 965	1 676	41
广　　州	43								
南　　京	833						434		

5-4续表

地区	当年减少的耕地面积		年末实有耕地面积		
	退耕还林	退耕还草		水田	旱地
全国农垦	**539**	**1 960**	**6 123 717**	**2 019 515**	**4 104 202**
北京			1 454		1 454
天津			2 760	791	1 969
河北			92 820	22 301	70 519
山西			6 683		6 683
内蒙古	33		654 136	3 501	650 635
辽宁	66		154 932	94 840	60 092
吉林	15	725	117 478	36 692	80 786
黑龙江			2 879 660	1 546 101	1 333 559
上海			29 447	27 107	2 340
江苏			71 428	67 836	3 592
浙江			4 070	1 977	2 093
安徽			29 356	9 451	19 905
福建			10 957	7 411	3 546
江西	5		52 580	43 969	8 611
山东	200		12 290	555	11 735
河南	1		27 605	1 204	26 401
湖北	50		137 617	45 490	92 127
湖南			67 216	34 096	33 120
广东			37 836	3 124	34 712
广西	4		32 805	929	31 876
海南			37 568	14 584	22 984
重庆			316		316
四川			899	2	897
贵州			1 722	484	1 238
云南	123		12 194	5 094	7 100
陕西			8 948	625	8 323
甘肃			59 270		59 270
青海			26 492		26 492
宁夏	32		39 613	11 317	28 296
新疆(兵团)			1 245 465	22 169	1 223 296
新疆(农业)			89 500	2 298	87 202
新疆(畜牧)		1 235	177 935	14 979	162 956
热科院	10		665	588	77
广州					
南京					

5－5 农作物播种面积和产量

（2012 年）

项　　目	播种面积（公顷）	总产量（吨）	每公顷产量（千克）
农作物播种面积总计	6 510 446		
一、粮食作物	4 725 856	33 713 572	7 134
#夏收作物	460 701	2 516 598	5 463
（一）谷物合计	4 137 927	32 026 401	7 740
1. 稻谷	2 090 734	18 194 452	8 702
#早稻	83 595	524 101	6 270
2. 小麦	549 733	2 664 255	4 846
#春小麦	237 403	1 066 904	4 494
3. 玉米	1 381 486	10 638 263	7 701
4. 谷子	2 538	7 497	2 954
5. 高粱	11 463	65 486	5 713
6. 其他谷物	114 365	456 448	3 991
（二）豆类合计	531 970	1 302 269	2 448
1. 大豆	495 606	1 214 975	2 451
2. 杂豆	36 365	87 294	2 401
（三）薯类	55 958	384 902	6 878
二、油料合计	379 161	782 621	2 064
#花生	32 357	110 758	3 423
油菜籽	244 439	421 634	1 725
芝麻	5 149	8 970	1 742
胡麻子	1 945	2 706	1 391
向日葵	83 811	220 209	2 627
三、棉花	732 487	1 722 665	2 352
# 长绒棉	17 948	28 009	1 561
四、麻类合计	2 553	13 352	5 230
# 黄红麻	3	5	1 667
苎麻	1 089	3 083	2 831
大麻（线麻）			
亚麻	1 449	9 914	6 842
五、糖料合计	112 043	8 506 475	75 921
# 甘蔗	62 124	5 349 942	86 117
甜菜	49 919	3 156 533	63 233
六、烟叶合计	2 397	5 747	2 398
# 烤烟叶	1 887	4 443	2 354
七、药材类合计	21 211	79 377	3 742
八、蔬菜、瓜类	270 278	11 276 073	41 720
# 蔬菜	212 862	9 461 238	44 448
瓜类	57 415	1 813 831	31 591
九、其他作物	264 460		
# 啤酒花	3 383	10 264	3 034
青饲料	103 641	3 829 192	36 947

5－6　各垦区农作物播种面积和产量

(2012 年)

地区	农作物总播种面积（公顷）	一、粮食作物			#夏收作物		
		播种面积（公顷）	总产量（吨）	公顷产量（千克）	播种面积（公顷）	总产量（吨）	公顷产量（千克）
全国农垦	**6 510 446**	**4 725 856**	**33 713 572**	**7 134**	**460 701**	**2 516 598**	**5 463**
北京	962	765	3 606	4 714	343	1 327	3 869
天津	2 891	2 537	16 771	6 611	277	1 577	5 693
河北	97 123	63 796	402 931	6 316	13 434	67 677	5 038
山西	6 107	4 864	30 763	6 325	170	623	3 665
内蒙古	645 887	452 209	1 816 036	4 016			
辽宁	168 583	149 137	1 338 087	8 972	117	792	6 769
吉林	117 783	106 456	781 763	7 344			
黑龙江	2 870 592	2 797 784	21 630 399	7 731			
上海	57 535	41 595	314 850	7 569	19 109	121 467	6 356
江苏	148 356	123 222	943 364	7 656	59 146	388 051	6 561
浙江	5 118	2 201	10 624	4 827	615	2 254	3 665
安徽	58 013	53 328	305 784	5 734	29 135	163 869	5 625
福建	22 825	12 129	67 078	5 530	2 677	13 008	4 859
江西	108 495	78 643	538 893	6 852	551	1 953	3 544
山东	15 138	7 722	51 800	6 708	4 189	27 572	6 582
河南	50 906	41 741	263 001	6 301	22 909	145 064	6 332
湖北	304 469	162 737	923 294	5 674	82 836	334 957	4 044
湖南	150 144	94 916	613 769	6 466	2 011	8 864	4 408
广东	48 188	8 595	58 228	6 775	3 182	19 830	6 232
广西	29 458	2 588	19 607	7 576	1 501	11 764	7 837
海南	60 998	30 394	166 799	5 488	14 645	83 476	5 700
重庆	694	533	1 600	3 002			
四川	1 070	513	4 451	8 676	20	92	4 580
贵州	2 388	1 084	6 033	5 565	203		0
云南	18 002	11 163	53 950	4 833	1 809	5 951	3 290
陕西	13 709	11 111	52 797	4 752	3 609	20 988	5 815
甘肃	59 262	34 186	257 548	7 534	22 226	135 537	6 098
青海	19 567	7 629	33 381	4 376	2	7	
宁夏	39 521	33 359	340 566	10 209	2 135	15 952	7 472
新疆(兵团)	1 130 156	274 608	1 871 300	6 814	135 651	702 909	5 182
新疆(农业)	80 745	31 845	225 735	7 089	10 320	55 700	5 397
新疆(畜牧)	175 513	82 244	567 519	6 900	27 748	184 561	6 651
热科院	244	222	1 245	5 609	131	777	
广州							
南京	4						

5-6 续表 1

地　　区	(一) 谷　物			稻　　谷		
	播种面积 (公顷)	总产量 (吨)	公顷产量 (千克)	播种面积 (公顷)	总产量 (吨)	公顷产量 (千克)
全国农垦	**4 137 927**	**32 026 401**	**7 740**	**2 090 734**	**18 194 452**	**8 702**
北　京	765	3 605	4 712			
天　津	2 459	16 400	6 669	776	6 570	8 466
河　北	58 103	375 700	6 466	21 050	199 981	9 500
山　西	4 660	29 131	6 251			
内蒙古	316 190	1 576 577	4 986	3 501	22 984	6 565
辽　宁	143 249	1 319 093	9 208	94 535	929 466	9 832
吉　林	96 611	769 213	7 962	36 478	333 450	9 141
黑龙江	2 438 180	20 560 976	8 433	1 548 497	13 704 198	8 850
上　海	41 542	314 755	7 577	22 433	193 288	8 616
江　苏	122 848	942 299	7 670	59 467	552 708	9 294
浙　江	1 620	9 116	5 627	922	6 423	6 966
安　徽	41 324	270 996	6 558	12 050	107 813	8 947
福　建	8 987	51 906	5 776	8 420	49 489	5 878
江　西	74 658	519 468	6 958	73 251	513 004	7 003
山　东	7 155	50 696	7 085	686	5 997	8 742
河　南	35 899	245 611	6 842	981	8 017	8 175
湖　北	155 088	894 094	5 765	47 916	420 135	8 768
湖　南	91 375	604 747	6 618	83 323	567 253	6 808
广　东	6 105	42 820	7 014	5 449	38 788	7 118
广　西	1 998	16 679	8 348	658	4 857	7 381
海　南	26 008	144 141	5 542	25 218	138 989	5 511
重　庆	533	1 600	3 002	133	400	3 008
四　川	304	1 284	4 225	67	525	7 833
贵　州	842	4 177	4 961	343	2 488	7 254
云　南	10 706	52 812	4 933	4 014	28 423	7 081
陕　西	9 870	46 674	4 729	175	1 429	8 166
甘　肃	32 327	242 510	7 502			
青　海	7 487	31 987	4 273			
宁　夏	33 272	340 433	10 232	11 246	93 693	8 331
新疆(兵团)	261 323	1 804 512	6 905	22 169	204 327	9 217
新疆(农业)	30 150	218 305	7 241	3 530	32 830	9 300
新疆(畜牧)	76 069	522 842	6 873	3 225	25 687	7 965
热科院	221	1 241	5 624	221	1 241	5 624
广　州						
南　京						

5-6 续表 2

地区	#早稻			小麦		
	播种面积（公顷）	总产量（吨）	公顷产量（千克）	播种面积（公顷）	总产量（吨）	公顷产量（千克）
全国农垦	**83 595**	**524 101**	**6 270**	**549 733**	**2 664 255**	**4 846**
北京				345	1 336	3 872
天津				277	1 577	5 693
河北				16 810	73 818	4 391
山西				170	623	3 665
内蒙古				101 058	313 349	3 101
辽宁				95	470	4 947
吉林						
黑龙江				34 901	212 203	6 080
上海				10 089	65 975	6 539
江苏				43 398	273 816	6 309
浙江	154	831	5 396	561	2 118	3 775
安徽	27	183	6 778	27 212	150 298	5 523
福建	2 697	14 671	5 440	23	142	6 174
江西	26 329	171 670	6 520	551	1 953	3 544
山东				3 764	24 517	6 514
河南				22 895	144 984	6 333
湖北	2 580	16 997	6 588	79 679	324 873	4 077
湖南	35 182	220 388	6 264	2 854	9 956	3 488
广东	2 559	16 146	6 309			
广西	381	2 782	7 302			
海南	12 703	72 990	5 746			
重庆						
四川				64	284	4 431
贵州				52	67	1 288
云南	864	6 669	7 719	296	441	1 490
陕西				4 714	14 150	3 002
甘肃				14 243	87 122	6 117
青海				2 578	13 283	5 153
宁夏				2 001	15 058	7 525
新疆（兵团）				131 164	688 409	5 248
新疆（农业）				11 050	59 670	5 400
新疆（畜牧）				38 890	183 765	4 725
热科院	119	774	6 510			
广州						
南京						

5-6续表3

地　　区	#春小麦			玉　米		
	播种面积（公顷）	总产量（吨）	公顷产量（千克）	播种面积（公顷）	总产量（吨）	公顷产量（千克）
全国农垦	**237 403**	**1 066 904**	**4 494**	**1 381 486**	**10 638 263**	**7 701**
北　　京				420	2 269	5 402
天　　津	113	646	5 717	1 406	8 253	5 870
河　　北	3 485	7 052	2 024	16 403	96 956	5 911
山　　西				4 349	28 110	6 464
内 蒙 古	101 058	313 349	3 101	160 971	1 066 157	6 623
辽　　宁	95	470	4 947	45 755	375 055	8 197
吉　　林				56 371	417 692	7 410
黑 龙 江	34 901	212 203	6 080	854 478	6 642 700	7 774
上　　海						
江　　苏				2 388	17 016	7 126
浙　　江				119	497	4 176
安　　徽				1 543	10 744	6 963
福　　建				522	2 224	4 261
江　　西				845	4 340	5 138
山　　东				2 563	19 136	7 466
河　　南				12 009	92 531	7 705
湖　　北				24 687	138 672	5 617
湖　　南				5 132	27 358	5 331
广　　东				577	3 691	6 397
广　　西				1 333	11 772	8 831
海　　南				715	4 714	6 593
重　　庆				400	1 200	3 000
四　　川	…	1	4 615	66	236	3 576
贵　　州				447	1 622	3 629
云　　南				6 395	23 946	3 744
陕　　西				4 981	31 095	6 243
甘　　肃	13 596	84 856	6 241	9 936	84 197	8 474
青　　海	2 181	11 786	5 403			
宁　　夏	1 147	7 489	6 529	19 891	230 788	11 603
新疆（兵团）	65 164	362 608	5 565	101 519	883 956	8 707
新疆（农业）	3 520	16 200	4 602	14 900	125 150	8 399
新疆（畜牧）	12 142	50 245	4 138	30 365	286 186	9 425
热 科 院						
广　　州						
南　　京						

5-6续表4

地 区	谷子			高粱		
	播种面积（公顷）	总产量（吨）	公顷产量（千克）	播种面积（公顷）	总产量（吨）	公顷产量（千克）
全国农垦	**2 538**	**7 497**	**2 954**	**11 463**	**65 486**	**5 713**
北 京						
天 津						
河 北				47	5	106
山 西	25	71	2 840	51	186	3 647
内 蒙 古	669	1 670	2 498	3 925	19 791	5 043
辽 宁	1 390	4 034	2 902	1 227	9 576	7 804
吉 林	288	726	2 521	3 284	16 887	5 142
黑 龙 江	166	996	6 000	138	879	6 370
上 海						
江 苏						
浙 江						
安 徽				519	2 141	4 125
福 建						
江 西						
山 东				141	1 046	7 418
河 南						
湖 北				119	826	6 941
湖 南				22	60	2 727
广 东						
广 西						
海 南						
重 庆						
四 川						
贵 州						
云 南						
陕 西						
甘 肃				53	780	14 717
青 海						
宁 夏						
新疆（兵团）				1 838	12 849	6 992
新疆（农业）				100	460	4 600
新疆（畜牧）						
热 科 院						
广 州						
南 京						

5-6续表5

地　区	其他谷物			（二）豆　类		
	播种面积（公顷）	总产量（吨）	公顷产量（千克）	播种面积（公顷）	总产量（吨）	公顷产量（千克）
全国农垦	**114 365**	**456 448**	**3 991**	**531 970**	**1 302 269**	**2 448**
北　京						
天　津				58	5	86
河　北	3 793	4 941	1 303	749	1 586	2 117
山　西	65	141	2 169	152	315	2 072
内蒙古	58 979	152 626	2 588	128 624	202 218	1 572
辽　宁	247	492	1 992	5 657	16 760	2 963
吉　林	190	458	2 411	9 793	12 309	1 257
黑龙江				340 409	937 611	2 754
上　海	9 020	55 492	6 152	53	95	1 779
江　苏	17 595	98 759	5 613	374	1 065	2 848
浙　江	18	78	4 333	573	1 425	2 487
安　徽				11 679	32 134	2 752
福　建	22	51	2 318	896	2 137	2 385
江　西	10	172	16 481	2 039	4 301	2 110
山　东				567	1 104	1 947
河　南	15	80	5 474	5 769	16 431	2 848
湖　北	2 687	9 588	3 568	5 722	14 277	2 495
湖　南	44	120	2 727	1 930	3 490	1 808
广　东	79	341	4 316	204	563	2 760
广　西	7	50	7 143	224	797	3 558
海　南	75	438	5 840	395	929	2 352
重　庆						
四　川	107	240	2 243	6	8	1 317
贵　州				59	40	678
云　南	1	2	2 000	154	178	1 156
陕　西				894	729	815
甘　肃	8 095	70 411	8 698	345	767	2 223
青　海	4 909	18 704	3 810	85	300	3 516
宁　夏	134	894	6 672	87	133	1 529
新疆（兵团）	4 633	14 971	3 231	7 745	25 115	3 243
新疆（农业）	50	195	3 900	1 600	4 300	2 688
新疆（畜牧）	3 589	27 204	7 580	5 129	21 146	4 123
热科院						
广　州						
南　京						

5－6 续表 6

地区	大豆			杂豆		
	播种面积（公顷）	总产量（吨）	公顷产量（千克）	播种面积（公顷）	总产量（吨）	公顷产量（千克）
全国农垦	**495 606**	**1 214 975**	**2 451**	**36 365**	**87 294**	**2 401**
北京						
天津	58	5	86			
河北	730	1 555	2 130	19	31	1 632
山西	104	193	1 856	48	122	2 542
内蒙古	127 910	201 192	1 573	714	1 026	1 437
辽宁	4 929	15 602	3 165	728	1 158	1 591
吉林	3 638	6 268	1 723	6 155	6 041	981
黑龙江	316 545	870 815	2 751	23 864	66 796	2 799
上海	40	73	1 807	13	22	1 692
江苏	374	1 065	2 848			
浙江	536	1 353	2 524	37	72	1 946
安徽	11 614	31 948	2 751	65	186	2 884
福建	734	1 757	2 394	162	380	2 346
江西	1 607	3 436	2 138	432	865	2 003
山东	567	1 104	1 947			
河南	5 767	16 429	2 849	2	2	1 000
湖北	4 538	10 842	2 389	1 184	3 435	2 901
湖南	1 378	2 580	1 872	552	910	1 649
广东	159	447	2 811	45	116	2 578
广西	143	509	3 559	81	288	3 556
海南	209	367	1 756	186	562	3 022
重庆						
四川	5	7	1 400	1	1	900
贵州	23	21	913	36	19	528
云南				154	178	1 156
陕西	867	673	776	27	56	2 074
甘肃	271	635	2 343	74	132	1 784
青海				85	300	3 516
宁夏	85	131	1 541	2	2	1 000
新疆（兵团）	6 546	21 721	3 318	1 199	3 394	2 831
新疆（农业）	1 100	3 100	2 818	500	1 200	2 400
新疆（畜牧）	5 129	21 146	4 123			
热科院						
广州						
南京						

5－6 续表 7

地　　区	（三）薯　类			二、油　料		
	播种面积（公顷）	总产量（吨）	公顷产量（千克）	播种面积（公顷）	总产量（吨）	公顷产量（千克）
全国农垦	**55 958**	**384 902**	**6 878**	**379 161**	**782 621**	**2 064**
北　　京						
天　　津	20	366	18 300	3	6	2 000
河　　北	4 944	25 645	5 187	1 670	2 039	1 221
山　　西	52	1 317	25 327	106	214	2 019
内 蒙 古	7 395	37 241	5 036	171 601	283 937	1 655
辽　　宁	231	2 234	9 671	4 268	13 995	3 279
吉　　林	52	241	4 635	8 685	16 600	1 911
黑 龙 江	19 195	131 812	6 867	10 631	17 202	1 618
上　　海				333	540	1 620
江　　苏				468	1 424	3 043
浙　　江	8	83	10 375	80	136	1 700
安　　徽	325	2 654	8 164	728	1 562	2 147
福　　建	2 246	13 035	5 804	1 575	4 644	2 949
江　　西	1 947	15 124	7 770	12 554	26 530	2 113
山　　东				139	467	3 360
河　　南	73	959	13 137	5 023	12 460	2 480
湖　　北	1 927	14 923	7 744	32 944	94 172	2 859
湖　　南	1 611	5 532	3 434	23 497	57 819	2 461
广　　东	2 286	14 845	6 494	2 854	8 159	2 859
广　　西	366	2 131	5 822	1 078	3 674	3 408
海　　南	3 991	21 729	5 445	2 223	5 687	2 558
重　　庆						
四　　川	203	3 159	15 560	19	33	1 742
贵　　州	183	1 816	9 923	529	780	1 474
云　　南	303	960	3 168	100	119	1 190
陕　　西	347	5 394	15 545	437	1 256	2 874
甘　　肃	1 514	14 271	9 426	6 591	21 595	3 276
青　　海	57	1 094	19 184	10 955	13 344	1 218
宁　　夏				1 329	4 139	3 114
新疆（兵团）	5 540	41 673	7 522	53 568	135 722	2 534
新疆（农业）	95	3 130	32 947	4 350	11 000	2 529
新疆（畜牧）	1 046	23 531	22 496	20 822	43 359	2 082
热 科 院	1	4	3 032	1	6	4 500
广　　州						
南　　京						

5-6 续表 8

地 区	花 生			油 菜 籽		
	播种面积（公顷）	总产量（吨）	公顷产量（千克）	播种面积（公顷）	总产量（吨）	公顷产量（千克）
全国农垦	**32 357**	**110 758**	**3 423**	**244 439**	**421 634**	**1 725**
北 京						
天 津	2	4	2 000			
河 北	321	973	3 031	513	572	1 115
山 西	7	12	1 714	8	26	3 250
内 蒙 古				141 920	215 728	1 520
辽 宁	4 149	13 654	3 291			
吉 林	2 474	6 969	2 817			
黑 龙 江	2 000	6 000	3 000			
上 海				333	540	1 620
江 苏	43	117	2 721	425	1 307	3 075
浙 江	5	12	2 400	75	124	1 653
安 徽	310	671	2 167	334	752	2 254
福 建	1 442	4 434	3 075	112	149	1 330
江 西	2 940	8 837	3 006	8 868	16 320	1 840
山 东	139	467	3 360			
河 南	4 653	11 844	2 545	310	539	1 738
湖 北	4 946	28 546	5 772	23 854	58 446	2 450
湖 南	596	1 035	1 737	22 785	56 595	2 484
广 东	2 844	8 144	2 864			
广 西	1 075	3 668	3 412			
海 南	2 222	5 682	2 557			
重 庆						
四 川	1	2	1 500	12	21	1 750
贵 州				529	780	1 474
云 南	37	42	1 135	63	77	1 222
陕 西	382	1 127	2 950			
甘 肃				2 133	4 967	2 329
青 海				10 955	13 344	1 218
宁 夏						
新疆（兵团）	1 738	8 373	4 818	20 770	32 744	1 576
新疆（农业）	30	140	4 667	2 500	5 600	2 240
新疆（畜牧）				7 939	13 004	1 638
热 科 院	1	6	4 500			
广 州						
南 京						

5－6续表9

地区	芝麻			胡麻籽		
	播种面积（公顷）	总产量（吨）	公顷产量（千克）	播种面积（公顷）	总产量（吨）	公顷产量（千克）
全国农垦	**5 149**	**8 970**	**1 742**	**1 945**	**2 706**	**1 391**
北京						
天津						
河北				792	407	514
山西				4	6	1 500
内蒙古						
辽宁	20	36	1 800			
吉林						
黑龙江						
上海						
江苏						
浙江						
安徽	84	139	1 651			
福建	21	61	2 905			
江西	746	1 374	1 841			
山东						
河南	60	78	1 297			
湖北	4 091	7 073	1 729			
湖南	116	189	1 629			
广东	7	10	1 429			
广西	3	6	2 000			
海南	1	5	5 000			
重庆						
四川						
贵州						
云南						
陕西						
甘肃				635	1 310	2 063
青海						
宁夏						
新疆（兵团）				414	803	1 938
新疆（农业）				100	180	1 800
新疆（畜牧）						
热科院						
广州						
南京						

5－6 续表 10

地　区	向日葵			三、棉　花		
	播种面积（公顷）	总产量（吨）	公顷产量（千克）	播种面积（公顷）	总产量（吨）	公顷产量（千克）
全国农垦	**83 811**	**220 209**	**2 627**	**732 487**	**1 722 665**	**2 352**
北　京						
天　津	1	2	2 000	183	364	1 989
河　北	44	87	1 984	17 762	20 487	1 153
山　西	87	170	1 954	147	190	1 293
内蒙古	29 681	68 209	2 298	4	22	5 500
辽　宁	99	305	3 081			
吉　林	6 211	9 631	1 551			
黑龙江	846	1 894	2 239			
上　海				100	135	1 350
江　苏				2 254	2 181	968
浙　江				64	75	1 172
安　徽				2 158	3 515	1 629
福　建						
江　西				3 270	9 832	3 007
山　东				6 668	7 640	1 146
河　南				1 337	1 737	1 299
湖　北				50 254	78 205	1 556
湖　南				7 008	13 908	1 985
广　东						
广　西						
海　南						
重　庆						
四　川						
贵　州						
云　南						
陕　西	55	129	2 345	486	1 734	3 568
甘　肃	3 743	15 199	4 061	4 192	7 132	1 701
青　海						
宁　夏	1 329	4 139	3 114			
新疆（兵团）	27 112	85 543	3 155	557 970	1 417 738	2 541
新疆（农业）	1 720	5 080	2 953	37 000	78 000	2 108
新疆（畜牧）	12 883	29 821	2 315	41 631	79 770	1 916
热科院						
广　州						
南　京						

5－6续表11

地 区	#长绒棉			四、麻 类		
	播种面积（公顷）	总产量（吨）	公顷产量（千克）	播种面积（公顷）	总产量（吨）	公顷产量（千克）
全国农垦	**17 948**	**28 009**	**1 561**	**2 553**	**13 352**	**5 230**
北 京						
天 津						
河 北						
山 西						
内 蒙 古						
辽 宁						
吉 林						
黑 龙 江				551	2 840	5 154
上 海						
江 苏						
浙 江						
安 徽						
福 建						
江 西						
山 东						
河 南						
湖 北				47	45	957
湖 南				1 042	3 038	2 916
广 东						
广 西						
海 南				3	5	1 667
重 庆						
四 川						
贵 州						
云 南				15	1 182	78 800
陕 西						
甘 肃						
青 海						
宁 夏						
新疆（兵团）	9 348	15 509	1 659	490	4 272	8 723
新疆（农业）	8 600	12 500	1 453	400	1 970	4 925
新疆（畜牧）						
热 科 院				5		
广 州						
南 京						

5－6 续表 12

地区	黄红麻			苎麻		
	播种面积（公顷）	总产量（吨）	公顷产量（千克）	播种面积（公顷）	总产量（吨）	公顷产量（千克）
全国农垦	**3**	**5**	**1 667**	**1 089**	**3 083**	**2 831**
北京						
天津						
河北						
山西						
内蒙古						
辽宁						
吉林						
黑龙江						
上海						
江苏						
浙江						
安徽						
福建						
江西						
山东						
河南						
湖北				47	45	957
湖南				1 042	3 038	2 916
广东						
广西						
海南	3	5	1 667			
重庆						
四川						
贵州						
云南						
陕西						
甘肃						
青海						
宁夏						
新疆（兵团）						
新疆（农业）						
新疆（畜牧）						
热科院						
广州						
南京						

5－6续表13

地区	大麻			亚麻		
	播种面积（公顷）	总产量（吨）	公顷产量（千克）	播种面积（公顷）	总产量（吨）	公顷产量（千克）
全国农垦				**1 449**	**9 914**	**6 842**
北京						
天津						
河北						
山西						
内蒙古						
辽宁						
吉林						
黑龙江				551	2 840	5 154
上海						
江苏						
浙江						
安徽						
福建						
江西						
山东						
河南						
湖北						
湖南						
广东						
广西						
海南						
重庆						
四川						
贵州						
云南				15	1 182	78 800
陕西						
甘肃						
青海						
宁夏						
新疆（兵团）				478	3 922	8 204
新疆（农业）				400	1 970	4 925
新疆（畜牧）						
热科院				5	…	…
广州						
南京						

5-6 续表 14

地区	五、糖料			#甘蔗		
	播种面积（公顷）	总产量（吨）	公顷产量（千克）	播种面积（公顷）	总产量（吨）	公顷产量（千克）
全国农垦	**112 043**	**8 506 475**	**75 921**	**62 124**	**5 349 942**	**86 117**
北京						
天津						
河北	100	600	6 000			
山西	92	4 123	44 815			
内蒙古	705	25 546	36 235			
辽宁	35	1 554	44 400			
吉林	10	300	30 000			
黑龙江	15 334	759 113	49 505			
上海						
江苏						
浙江						
安徽						
福建	378	27 997	74 066	378	27 997	74 066
江西	194	5 960	30 677	194	5 960	30 677
山东						
河南						
湖北	136	11 184	82 235	136	11 184	82 235
湖南	865	61 010	70 532	865	61 010	70 532
广东	29 954	2 261 281	75 492	29 954	2 261 281	75 492
广西	21 244	2 244 342	105 646	21 244	2 244 342	105 646
海南	5 055	338 670	66 997	5 055	338 670	66 997
重庆						
四川						
贵州						
云南	4 295	399 478	93 010	4 295	399 478	93 010
陕西						
甘肃	59	2 944	49 898			
青海						
宁夏	2	88	44 000			
新疆（兵团）	29 914	2 162 529	72 291			
新疆（农业）	1 300	71 000	54 615			
新疆（畜牧）	2 368	128 736	54 365			
热科院	3	20	7 491	3	20	7 491
广州						
南京						

5－6 续表 15

地　区	甜　菜			六、烟　叶		
	播种面积（公顷）	总产量（吨）	公顷产量（千克）	播种面积（公顷）	总产量（吨）	公顷产量（千克）
全国农垦	**49 919**	**3 156 533**	**63 233**	**2 397**	**5 747**	**2 398**
北　京						
天　津						
河　北	100	600	6 000			
山　西	92	4 123	44 815			
内蒙古	705	25 546	36 235	20	60	3 000
辽　宁	35	1 554	44 400	171	590	3 450
吉　林	10	300	30 000	20	42	2 100
黑龙江	15 334	759 113	49 505	705	2 085	2 957
上　海						
江　苏						
浙　江						
安　徽						
福　建				397	837	2 108
江　西				256	612	2 393
山　东						
河　南						
湖　北						
湖　南				465	890	1 914
广　东						
广　西						
海　南						
重　庆						
四　川				4	2	550
贵　州				304	372	1 224
云　南				55	257	4 673
陕　西						
甘　肃	59	2 944	49 898			
青　海						
宁　夏	2	88	44 000			
新疆（兵团）	29 914	2 162 529	72 291			
新疆（农业）	1 300	71 000	54 615			
新疆（畜牧）	2 368	128 736	54 365			
热科院						
广　州						
南　京						

5-6 续表16

地　区	# 烤烟叶			七、药材类（公顷）	八、蔬菜、瓜类（公顷）	
	播种面积（公顷）	总产量（吨）	公顷产量（千克）			蔬菜（公顷）
全国农垦	**1 887**	**4 443**	**2 354**	**21 211**	**270 278**	**212 862**
北　京					62	62
天　津					9	8
河　北				44	4 357	3 085
山　西					468	330
内蒙古	20	60	3 000	2 199	3 559	1 530
辽　宁				550	13 919	13 320
吉　林				345	392	354
黑龙江	705	2 085	2 957	4 931	8 341	3 994
上　海				177	4 681	4 420
江　苏					21 471	17 454
浙　江					1 708	1 143
安　徽				19	1 328	1 053
福　建	338	779	2 305	37	5 366	4 846
江　西				523	8 259	6 601
山　东					294	96
河　南					2 629	1 060
湖　北				413	45 535	34 586
湖　南	465	890	1 914	120	20 221	17 260
广　东				50	5 368	5 112
广　西				81	4 308	2 284
海　南				40	16 932	16 086
重　庆					28	28
四　川					145	143
贵　州	304	372	1 224		306	267
云　南	55	257	4 673	73	1 697	1 295
陕　西				87	979	498
甘　肃				3 058	1 792	772
青　海				385	301	300
宁　夏				58	1 647	1 230
新疆（兵团）				7 602	80 786	68 254
新疆（农业）				420	4 700	3 045
新疆（畜牧）					8 671	2 329
热科院					13	13
广　州						
南　京					4	4

5-6 续表 17

地　区	八、蔬菜、瓜类	九、其他作物（公顷）		
	瓜　　类（公顷）		啤酒花（公顷）	青饲料（公顷）
全国农垦	**57 415**	**264 460**	**3 383**	**103 641**
北　　京		135		121
天　　津	1	159		133
河　　北	1 272	9 394		9 394
山　　西	138	430		380
内 蒙 古	2 029	15 590		7 968
辽　　宁	599	503		71
吉　　林	38	1 875		120
黑 龙 江	4 347	32 315		24 643
上　　海	261	10 649		5 567
江　　苏	4 017	941		50
浙　　江	565	1 065		23
安　　徽	275	454		
福　　建	520	2 943		1 048
江　　西	1 659	4 797		1 344
山　　东	198	315		315
河　　南	1 570	175		
湖　　北	10 949	12 403		8 301
湖　　南	2 961	2 010		2 010
广　　东	256	1 367		460
广　　西	2 024	159		159
海　　南	846	6 351		200
重　　庆		133		133
四　　川	2	389		389
贵　　州	39	165		165
云　　南	402	604		140
陕　　西	481	609		609
甘　　肃	1 020	9 384	1 023	5 312
青　　海	1	296		293
宁　　夏	417	3 126		3 126
新疆（兵团）	12 532	125 218	2 084	17 841
新疆（农业）	1 655	730	180	550
新疆（畜牧）	6 342	19 777	96	12 776
热 科 院				
广　　州				
南　　京				

5－7　林业生产情况

（2012 年）

地　区	当年造林面积（公顷）	用材林（公顷）	经济林（公顷）	防护林（公顷）	薪炭林（公顷）	特种用材林（公顷）
全国农垦	**60 182**	**12 243**	**13 096**	**33 037**	**104**	**764**
北　京						
天　津						
河　北	2 808	26	226	2 556		
山　西						
内蒙古	5 498	788	585	4 125		
辽　宁	3 404	755	679	1 902	6	62
吉　林	628	47	69	432		80
黑龙江	5 959	1 830		3 603		526
上　海	835	30	72	733		
江　苏	409	123	50	236		
浙　江						
安　徽	190	57	100	20		13
福　建	1 532	1 007	225	300		
江　西	4 870	3 595	1 071	153	45	5
山　东	2 114		25	2 089		
河　南	76	10	58	7	1	
湖　北	3 730	1 792	1 164	723	41	10
湖　南	2 099	555	891	56	3	
广　东	1 099	149	937	13		
广　西	554	367	118	1		68
海　南	556	8	430	118		
重　庆						
四　川	11	10	1			
贵　州	12		12			
云　南	252	71	182			
陕　西	347			3		
甘　肃	694	133	5	556		
青　海	938		938			
宁　夏	1 214		913	301		
新疆（兵团）	17 705	667	2 768	14 270		
新疆（农业）	2 571	205	1 521	837	8	
新疆（畜牧）						
热科院	78	19	57	2		
广　州						
南　京						

5-7 续表

地区	当年零星植树	年末实有育苗面积	#当年新育面积	幼林抚育面积	成林抚育面积
全国农垦	**3 348**	**12 451**	**4 507**	**444 191**	**527 580**
北京		12	6		5
天津					
河北	67	372	271	4 540	2 666
山西	0	560	101	670	660
内蒙古	78	457	40	3 001	5 058
辽宁	187	447	73	8 180	5 472
吉林	9	7	1	2 066	522
黑龙江	645	2 756	1 657	26 245	34 663
上海	5	375	92	1 069	
江苏	47	172	56	2 483	4 769
浙江	1	20		4	128
安徽	6	8	5	2 473	3 371
福建	718	901	18	2 001	9 102
江西	248	99	39	13 136	8 610
山东	12	75	70	885	900
河南	50	173	80	66	796
湖北	350	1 300	360	7 955	15 000
湖南	238	336	96	1 906	2 273
广东	5			1 712	3 804
广西	3	88	5	3 259	5 953
海南	22			607	1 694
重庆				170	140
四川					
贵州				184	203
云南				713	533
陕西	2	123	3	87	594
甘肃	71	210	17	1 098	5 485
青海				985	1 458
宁夏	42	310	135	5 541	2 267
新疆(兵团)	191	3 351	1 300	350 695	406 346
新疆(农业)	350	300	83	2 387	3 010
新疆(畜牧)					
热科院	2			73	1 663
广州					
南京					434

5－8 林产品产量

（2012年）

地区	生漆（吨）	油茶籽（吨）	乌桕籽（吨）	五倍子（吨）	棕片（吨）	松脂（吨）	竹笋干（吨）	核桃（吨）	板栗（吨）	竹木采伐	
										木材（米^3）	毛竹（万根）
全国农垦	**27**	**2 683**	**44**	**502**	**208**	**746**	**2 434**	**706**	**760**	**835 934**	**2 951**
北京											
天津											
河北										9 256	
山西										30	
内蒙古										4 994	
辽宁										19 946	
吉林										1 800	
黑龙江										146 501	
上海										16 030	
江苏										15 476	
浙江										50	1
安徽									36	17 007	3
福建		210			42	156	1 358		58	24 140	211
江西	27	2 258		2	153	238	611		305	103 063	545
山东										1 800	
河南				500					5	6 883	
湖北		107	44				1		341	70 640	45
湖南		108			13	220	215	2	6	31 594	156
广东						7				86 893	295
广西						125	150		9	167 775	407
海南							82			82 588	1 273
重庆											
四川										100	
贵州										79	14
云南							11			22 184	1
陕西										21	
甘肃								30		246	
青海											
宁夏								3			
新疆（兵团）											
新疆（农业）								670		4 510	
新疆（畜牧）											
热科院							6			2 328	
广州											
南京											

5-9 畜牧业生产情况

（2012 年）

地区	大牲畜总头数（万头）	从事农事劳役（万头）	牛（万头）	能繁殖母畜（万头）	当年生仔畜（万头）
全国农垦	**344.66**	**15.78**	**312.92**	**165.67**	**89.63**
北京	4.44		4.44	2.00	1.00
天津	2.27		2.08	1.77	0.28
河北	14.96	0.04	14.78	10.16	3.12
山西	1.40	0.03	1.38	0.69	0.40
内蒙古	41.50	2.60	38.20	18.60	15.65
辽宁	12.26	2.14	9.23	4.07	2.21
吉林	5.17	0.39	4.64	1.70	0.68
黑龙江	100.85	0.04	100.53	52.81	20.87
上海	5.39		5.39	2.77	1.41
江苏	0.57	0.04	0.57	0.19	0.38
浙江	0.23		0.23	0.14	0.05
安徽	0.74	0.03	0.74	0.49	0.11
福建	1.25	0.28	1.25	0.46	0.12
江西	3.05	1.40	3.05	0.86	0.31
山东	0.79		0.79	0.40	0.30
河南	0.76	0.05	0.76	0.25	0.13
湖北	4.00	2.27	4.00	1.73	1.02
湖南	5.53	1.01	5.53	1.43	0.44
广东	2.73	1.29	2.73	1.37	0.30
广西	0.80	0.48	0.80	0.26	0.13
海南	6.45	2.19	6.45	2.67	1.15
重庆	1.84		1.84	1.12	0.72
四川	7.35	0.16	7.00	3.17	0.92
贵州	2.47	0.10	2.45	2.10	1.62
云南	0.49	0.11	0.48	0.10	0.06
陕西	0.21	0.05	0.21	0.13	0.04
甘肃	1.32		1.19	0.53	0.23
青海	4.03	0.08	3.97	2.54	1.32
宁夏	3.83		3.83	2.66	0.71
新疆（兵团）	43.30	0.39	39.23	23.41	17.47
新疆（农业）	6.80	0.60	5.10	2.68	1.80
新疆（畜牧）	57.28		39.46	21.98	14.40
热科院	0.02		0.02	0.01	
广州	0.57		0.57	0.42	0.27
南京					

5－9续表1

地区	黄牛（万头）	能繁殖母畜（万头）	当年生仔畜（万头）	良种及改良种乳牛（万头）	能繁殖母畜（万头）	当年生仔畜（万头）
全国农垦	**148.40**	**66.73**	**40.03**	**151.51**	**92.88**	**46.34**
北京				4.44	2.00	1.00
天津				2.08	1.77	0.28
河北	0.80	0.54	0.12	13.98	9.62	3.00
山西	0.05	0.02	0.38	1.33	0.67	0.02
内蒙古	19.70	7.60	5.66	18.50	11.00	8.39
辽宁	6.54	2.17	1.60	2.69	1.90	0.61
吉林	4.02	1.59	0.79	0.62	0.12	0.06
黑龙江	55.58	26.81	13.20	44.95	26.00	7.67
上海				5.39	2.77	1.41
江苏	0.10	0.01		0.47	0.18	0.37
浙江				0.23	0.14	0.05
安徽	0.03	…	…	0.58	0.38	0.10
福建	0.66	0.24	0.07	0.35	0.10	0.03
江西	1.26	0.37	0.10	0.44	0.06	0.04
山东				0.79	0.37	0.29
河南	0.53	0.10	0.07	0.21	0.14	0.06
湖北	1.57	0.51	0.60	0.95	0.43	0.12
湖南	3.00	0.63	0.17	0.03	0.02	
广东	1.29	0.32	0.22	0.93	0.90	0.01
广西	0.23	0.05	0.04	0.18	0.11	
海南	2.81	1.10	0.57			
重庆				1.84	1.12	0.72
四川	6.89	3.11	0.88	0.10	0.06	0.04
贵州	0.04	0.02	0.01	2.37	2.09	1.60
云南	0.27	0.06	0.03	0.02	0.01	0.01
陕西	0.10	0.06	0.02	0.11	0.07	0.02
甘肃	0.92	0.38	0.18	0.27	0.15	0.05
青海	0.95	0.26	0.27	0.52	0.30	0.10
宁夏	0.45	0.15	0.08	3.38	2.51	0.63
新疆（兵团）	18.05	9.49	7.79	21.18	13.92	9.68
新疆（农业）	3.50	1.40	1.05	1.60	1.30	1.80
新疆（畜牧）	19.05	9.74	6.13	20.41	12.24	7.91
热科院	0.01	…	…			
广州				0.57	0.42	0.27
南京						

5-9续表2

地　　区	水　　牛（万头）	能繁殖母畜（万头）	当年生仔畜（万头）	马（万匹）	能繁殖母畜（万匹）	当年生仔畜（万匹）
全国农垦	**10.51**	**4.10**	**1.55**	**21.18**	**10.61**	**5.28**
北　　京						
天　　津						
河　　北				0.15	0.10	0.04
山　　西						
内 蒙 古				2.10	1.05	0.80
辽　　宁				0.44	0.18	0.07
吉　　林				0.22	0.08	0.03
黑 龙 江				0.21	0.10	0.04
上　　海						
江　　苏						
浙　　江						
安　　徽	0.13	0.10	0.01			
福　　建	0.24	0.11	0.02			
江　　西	1.35	0.43	0.17			
山　　东						
河　　南	0.02	0.01	…			
湖　　北	1.48	0.79	0.30			
湖　　南	2.50	0.78	0.27			
广　　东	0.51	0.15	0.07			
广　　西	0.39	0.10	0.09			
海　　南	3.64	1.57	0.58			
重　　庆						
四　　川	0.01			0.26	0.09	0.03
贵　　州	0.04	0.02	0.01	0.02	0.01	0.01
云　　南	0.19	0.03	0.02	0.01		
陕　　西						
甘　　肃				0.01		
青　　海				0.06	0.02	0.01
宁　　夏						
新疆（兵团）				2.52	0.79	0.80
新疆（农业）				0.90	0.20	0.30
新疆（畜牧）				14.28	7.99	3.15
热 科 院	0.01	0.01	…			
广　　州						
南　　京						

5－9续表3

地　区	驴（万头）			骡（万头）		骆驼（万头）		
		能繁殖母畜（万头）	当年生仔畜（万头）		当年生仔畜（万头）		能繁殖母畜（万头）	当年生仔畜（万头）
全国农垦	**8.91**	**3.27**	**1.91**	**0.25**	**0.05**	**1.39**	**0.48**	**0.28**
北　京								
天　津	0.19	0.07	0.02					
河　北	0.03	0.02	0.01					
山　西	0.01			0.01				
内蒙古	1.20	0.38	0.22					
辽　宁	2.46	1.35	0.69	0.13	0.05			
吉　林	0.30	0.10	0.06	0.01				
黑龙江	0.11	0.04	0.02					
上　海								
江　苏								
浙　江								
安　徽								
福　建								
江　西								
山　东								
河　南								
湖　北								
湖　南								
广　东								
广　西								
海　南								
重　庆								
四　川				0.09				
贵　州								
云　南								
陕　西								
甘　肃	0.12	0.09	0.02					
青　海								
宁　夏								
新疆（兵团）	1.17	0.59	0.33			0.38	0.16	0.10
新疆（农业）	0.60	0.12	0.20			0.20	0.05	0.02
新疆（畜牧）	2.72	0.51	0.34	0.01		0.81	0.27	0.16
热科院								
广　州								
南　京								

5-9 续表 4

地　　区	猪（万头）		羊（万只）	
		能繁殖母畜（万头）		能繁殖母畜（万只）
全国农垦	**1 328.42**	**173.80**	**1 320.40**	**877.39**
北　　京	6.00	0.54		
天　　津	0.52	0.08		
河　　北	28.80	3.49	7.03	5.17
山　　西	0.83	0.35	0.81	0.43
内 蒙 古	19.73	2.90	232.00	158.40
辽　　宁	81.41	12.36	14.23	6.67
吉　　林	16.01	2.18	17.71	6.36
黑 龙 江	301.85	29.19	170.75	81.32
上　　海	35.62	3.59		
江　　苏	8.42	1.04	1.22	0.10
浙　　江	27.70	2.60		
安　　徽	4.28	0.45	0.59	0.22
福　　建	58.12	6.81	0.94	0.23
江　　西	57.86	6.50	1.26	0.30
山　　东	1.45	0.16	0.82	0.25
河　　南	32.29	4.05	1.21	0.24
湖　　北	128.40	17.10	5.20	2.11
湖　　南	115.00	21.33	2.80	0.57
广　　东	55.72	11.72	0.11	
广　　西	127.40	14.37	0.05	0.01
海　　南	58.60	9.15	10.35	4.81
重　　庆	5.79	0.60		
四　　川	1.39	0.10	2.31	0.92
贵　　州	0.60	0.12	0.42	0.35
云　　南	7.01	0.74	0.29	
陕　　西	2.05	0.58	2.02	0.79
甘　　肃	1.59	0.39	15.64	10.55
青　　海	0.36	0.04	28.71	14.23
宁　　夏	4.21	0.48	7.05	4.53
新疆（兵团）	130.53	18.20	429.23	318.36
新疆（农业）	5.25	1.60	32.00	24.00
新疆（畜牧）	3.24	0.87	335.56	236.41
热 科 院	0.39	0.11	0.09	0.06
广　　州				
南　　京				

5-9续表5

地区	山羊（万只）		绵羊（万只）		绒山羊（万只）		家禽（万只）	兔（万只）
		能繁殖母畜（万只）		能繁殖母畜（万只）		能繁殖母畜（万只）		
全国农垦	**281.41**	**169.55**	**1 038.99**	**707.33**	**86.40**	**42.22**	**12 109.84**	**76.03**
北京							534.00	
天津							5.09	
河北	0.26	0.05	6.77	5.12			277.23	3.19
山西	0.43	0.24	0.38	0.19			4.17	0.27
内蒙古	30.00	25.80	202.00	132.60	3.83	2.74	116.82	1.60
辽宁	6.79	2.88	7.44	3.79	0.85	0.44	4 162.27	4.50
吉林	6.53	2.34	11.18	4.02	5.07	1.83	403.07	0.73
黑龙江	89.26	43.56	81.49	37.76	75.32	36.75	1 671.17	13.06
上海							43.22	
江苏	1.22	0.10					456.38	1.04
浙江							6.10	
安徽	0.59	0.22					109.52	0.05
福建	0.94	0.23					230.21	5.65
江西	1.26	0.30					214.68	0.06
山东	0.25	0.01	0.57	0.04			145.60	0.35
河南	1.12	0.23	0.09	0.01			37.92	0.34
湖北	5.20	2.11					983.00	7.15
湖南	2.80	0.57					350.00	0.14
广东	0.11						448.38	1.49
广西	0.05	0.01					266.18	1.25
海南	10.35	4.81					482.00	3.71
重庆							47.82	
四川	0.18	0.07	2.13	0.85			0.30	0.02
贵州	0.04	0.03	0.38	0.32			4.80	
云南	0.29						97.06	0.03
陕西	1.60	0.75	0.42	0.04			6.33	
甘肃	2.32	1.39	13.32	9.16	0.91		8.20	0.32
青海	0.71	0.23	28.00	14.00			0.05	0.01
宁夏	2.15	1.51	4.90	3.01	0.25		0.31	0.21
新疆（兵团）	45.03	31.68	384.20	286.68			792.40	29.26
新疆（农业）	5.00	3.70	27.00	20.00			130.00	1.60
新疆（畜牧）	66.84	46.67	268.72	189.74	0.17		63.26	
热科院	0.09	0.06					2.00	
广州								
南京							10.30	

5-10 畜产品产量

(2012年)

地区	肉类总产量（吨）	当年出栏肉猪（万头）	猪肉产量（吨）	当年出售和自宰的肉用牛（万头）	牛肉产量（吨）	当年出售和自宰的肉用羊（万只）	羊肉产量（吨）
全国农垦	**2 965 547**	**2 205.87**	**1 735 001**	**168.37**	**267 027**	**1 178.43**	**200 940**
北京	234 699	7.19	5 893				
天津	1 185	0.35	261	0.29	895		
河北	62 364	45.50	35 492	1.80	3 148	10.73	1 643
山西	1 294	0.89	984	0.05	248	0.18	52
内蒙古	80 288	17.26	19 094	12.00	24 510	208.00	28 588
辽宁	271 045	140.69	137 982	9.52	15 968	15.10	2 579
吉林	58 555	33.46	26 077	1.86	3 320	5.29	968
黑龙江	781 952	644.06	495 621	78.26	135 992	226.21	37 701
上海	38 653	48.32	36 237				
江苏	76 962	25.96	20 970	0.29	598	2.41	609
浙江	28 528	36.60	28 360	0.01	14		
安徽	12 913	6.19	5 255	0.24	373	0.81	152
福建	57 571	71.75	51 443	0.53	535	1.30	201
江西	87 748	94.40	81 871	0.71	782	0.91	125
山东	12 100	3.34	2 156	0.12	110	0.60	86
河南	36 113	45.47	34 788	0.19	334	0.80	132
湖北	186 160	197.90	158 326	2.10	1 207	5.87	1 175
湖南	181 888	197.00	148 512	9.53	3 788	3.60	672
广东	85 594	79.21	66 384	0.25	456	0.15	46
广西	119 096	154.46	108 227	0.15	224	0.06	12
海南	110 215	90.93	83 361	2.26	2 333	19.86	2 979
重庆	9 645	7.32	6 145				
四川	2 437	0.71	592	1.30	1 628	0.57	195
贵州	379	0.30	290	0.01	16	0.21	50
云南	7 064	6.29	5 382	0.22	315	0.14	35
陕西	2 612	2.40	2 126	0.05	56	0.98	223
甘肃	4 338	1.56	1 205	0.28	453	6.86	1 151
青海	2 867	0.42	317	1.03	835	19.08	1 706
宁夏	6 017	4.95	3 328	1.03	1 499	3.81	622
新疆(兵团)	324 583	229.87	160 923	28.62	44 214	422.35	77 040
新疆(农业)	10 753	5.65	4 340	1.55	2 200	14.50	2 500
新疆(畜牧)	69 373	5.03	2 718	14.10	20 963	207.98	39 692
热科院	400	0.45	343	0.01	12	0.08	6
广州							
南京	155						

5-10 续表 1

地　区	肉类总产量		牛奶产量（吨）	山羊毛产量（吨）	绵羊毛产量（吨）		
	兔肉产量（吨）	禽肉产量（吨）				细羊毛（吨）	半细羊毛（吨）
全国农垦	**5 270**	**717 069**	**4 350 359**	**1 538**	**26 233**	**10 298**	**11 486**
北　京		228 806	248 738				
天　津		29	115 125				
河　北	49	22 032	467 969	2	223	221	139
山　西		12	39 916	8	31	13	10
内蒙古	157	5 101	440 869	280	5 067	1 353	2 083
辽　宁	13	114 503	139 276	27	164		
吉　林	38	27 913	29 082	54	227	123	87
黑龙江	1 432	108 682	1 479 740	77	2 598	597	2 001
上　海		2 416	240 706				
江　苏	46	54 739	8 829				
浙　江		154	7 931				
安　徽		7 132	21 755				
福　建	85	5 307	8 563				
江　西	14	4 956	13 405				
山　东	19	9 729	24 702		8		8
河　南	197	523	4 149		150		150
湖　北	542	21 909	30 411				
湖　南	11	8 731	743	751			
广　东	101	18 213	40 986				
广　西	25	10 608	4 017				
海　南	121	21 421					
重　庆		3 500	68 542				
四　川	2	20	11 864		14		14
贵　州		23	43 655		4		4
云　南	1	1 332	230				
陕　西	2	205	3 550	8	3	3	
甘　肃	14	103	1 426	40	276	18	187
青　海		1	525	3	465	188	358
宁　夏	7	558	122 573	26	77	63	14
新疆（兵团）	2 381	36 519	535 570	217	11 602	4 981	3 845
新疆（农业）	13	1 700	16 900	45	495	405	90
新疆（畜牧）			156 877		4 828	2 333	2 495
热科院		39					
广　州			21 735				
南　京		155					

5－10续表 2

地　区	羊绒产量（吨）	蜂蜜产量（吨）	禽蛋产量（吨）	蚕茧产量（吨）		鹿茸产量（千克）
					桑蚕茧产量（吨）	
全国农垦	**962**	**10 892**	**476 520**	**1 630**	**1 017**	**79 134**
北　京			39 284			
天　津			425			
河　北			10 478			150
山　西			646			
内蒙古	188	3 071	6 158	110		
辽　宁		12	82 778			6 811
吉　林	9	10	59 253			13 219
黑龙江	333	1 322	89 456			22 917
上　海			3 507			
江　苏		36	14 756	477		
浙　江			108			
安　徽		63	3 073			
福　建		103	5 635			
江　西		419	5 107	85	85	
山　东			921	20		
河　南		39	2 264	156	150	
湖　北		777	46 027	133	133	8 100
湖　南		336	8 254			12
广　东		43	4 378	609	609	
广　西		77	3 101			
海　南		99	3 192			
重　庆			4 803			
四　川		3		40	40	
贵　州			42			
云　南			2 455			
陕　西	1	2	96			
甘　肃	6	56	1 152			7
青　海	2		1			
宁　夏	8		1 015			
新疆（兵团）	6	4 370	60 041			26 955
新疆（农业）	18	55	13 900			650
新疆（畜牧）	391		2 918			313
热科院			1			
广　州						
南　京			1 296			

5－11 渔业生产情况

(2012年)

地区	水产品总产量（吨）			#养殖产量（吨）		
	合 计（吨）	海 水（吨）	淡 水（吨）	合 计（吨）	海 水（吨）	淡 水（吨）
全国农垦	**1 377 736**	**284 438**	**1 093 298**	**1 161 695**	**169 761**	**991 934**
北京						
天津	7 365		7 365	7 365		7 365
河北	104 735	30 216	74 519	80 057	10 209	69 848
山西	5		5	5		5
内蒙古	5 214		5 214	1 790		1 790
辽宁	443 654	228 368	215 286	305 641	136 736	168 905
吉林	1 769		1 769	1 586		1 586
黑龙江	34 500		34 500	26 074		26 074
上海	35 823		35 823	35 823		35 823
江苏	47 784	560	47 224	46 947	421	46 526
浙江	5 484	805	4 679	2 735	805	1 930
安徽	3 923		3 923	3 504		3 504
福建	34 360	4 883	29 477	26 900	4 883	22 017
江西	39 282		39 282	27 856		27 856
山东	6 076	3 965	2 111	2 693	1 480	1 213
河南	6 894		6 894	6 894		6 894
湖北	379 302		379 302	379 302		379 302
湖南	78 281		78 281	64 407		64 407
广东	34 512	10 750	23 762	34 512	10 750	23 762
广西	16 569	2 189	14 380	16 569	2 189	14 380
海南	38 335	2 702	35 633	37 298	2 288	35 010
重庆	963		963	963		963
四川	15		15	15		15
贵州	31		31	31		31
云南	5 179		5 179	5 179		5 179
陕西	42		42	42		42
甘肃	58		58	58		58
青海						
宁夏	9 783		9 783	9 783		9 783
新疆(兵团)	35 369		35 369	35 369		35 369
新疆(农业)	1 870		1 870	1 870		1 870
新疆(畜牧)	429		429	429		429
热科院	121		121			
广州						
南京	11		11			

5-11 续表 1

地　区	在水产品产量中：					
	鱼　类（吨）			虾蟹类（吨）		
		海　水（吨）	淡　水（吨）		海　水（吨）	淡　水（吨）
全国农垦	**1 006 398**	**57 050**	**949 348**	**179 854**	**71 823**	**108 031**
北　京						
天　津	7 058		7 058	175		175
河　北	64 079	8 634	55 445	28 563	10 471	18 092
山　西	5		5			
内蒙古	5 214		5 214			
辽　宁	208 614	44 638	163 976	97 070	46 480	50 590
吉　林	1 669		1 669	100		100
黑龙江	33 700		33 700	800		800
上　海	33 514		33 514	2 309		2 309
江　苏	40 134	109	40 025	5 867	30	5 837
浙　江	2 386	10	2 376	2 467	214	2 253
安　徽	3 454		3 454	467		467
福　建	26 460	65	26 395	936	108	828
江　西	39 282		39 282			
山　东	2 583	997	1 586	2 423	2 143	280
河　南	6 891		6 891			
湖　北	347 198		347 198	19 912		19 912
湖　南	59 934		59 934	1 501		1 501
广　东	21 267	1 643	19 624	13 031	9 107	3 924
广　西	14 491	113	14 378	2 006	2 006	
海　南	35 714	841	34 873	1 264	1 264	
重　庆	963		963			
四　川	15		15			
贵　州	31		31			
云　南	5 178		5 178			
陕　西	42		42			
甘　肃	58		58			
青　海						
宁　夏	9 713		9 713	66		66
新疆(兵团)	34 492		34 492	877		877
新疆(农业)	1 700		1 700	20		20
新疆(畜牧)	429		429			
热科院	121		121			
广　州						
南　京	11		11			

5-11续表2

地区	在水产品产量中：						
	#对虾（吨）		贝类（吨）			藻类（吨）	
		海水（吨）		海水（吨）	淡水（吨）		海水（吨）
全国农垦	**51 236**	**23 620**	**147 021**	**131 339**	**15 682**	**15 498**	**15 498**
北京							
天津							
河北	25 578	9 328	2 936	2 932	4		
山西							
内蒙古							
辽宁	2 866	2 866	122 542	121 822	720	15 428	15 428
吉林							
黑龙江							
上海							
江苏	5 261	30	667	421	246		
浙江	1 500	108	581	581			
安徽			2		2		
福建	756	22	5 720	4 710	1 010		
江西							
山东	1 030	945	935	690	245		
河南							
湖北							
湖南			13 455		13 455		
广东	11 079	7 155					
广西	1 924	1 924				70	70
海南	1 242	1 242	183	183			
重庆							
四川							
贵州							
云南							
陕西							
甘肃							
青海							
宁夏							
新疆（兵团）							
新疆（农业）							
新疆（畜牧）							
热科院							
广州							
南京							

5－11 续表 3

地区	在水产品产量中：其他产量（吨）			养殖面积（公顷）				
		海水（吨）	淡水（吨）		海水（公顷）	淡水（公顷）	#对虾（公顷）	海水（公顷）
全国农垦	**28 965**	**8 728**	**20 237**	**311 315**	**33 429**	**277 886**	**19 319**	**14 356**
北京								
天津	132		132	615		615		
河北	9 157	8 179	978	15 617	7 419	8 198	10 646	7 223
山西				8		8		
内蒙古				3 426		3 426		
辽宁				69 295	17 834	51 461	3 808	3 808
吉林				890		890		
黑龙江				24 653		24 653		
上海				3 475		3 475		
江苏	1 116		1 116	4 355	6	4 349	518	6
浙江	50		50	1 017	179	838	635	96
安徽				858		858		
福建	1 244		1 244	2 128	277	1 851	157	71
江西				18 893		18 893		
山东	135	135		5 526	5 053	473	1 494	1 484
河南	3		3	649		649		
湖北	12 192		12 192	48 028		48 028		
湖南	3 391		3 391	50 416		50 416		
广东	214		214	4 055	1 673	2 382	1 446	1 053
广西	2		2	1 430	295	1 135	272	272
海南	1 174	414	760	5 075	693	4 382	343	343
重庆				2 020		2 020		
四川				6		6		
贵州				48		48		
云南	1		1	1 407		1 407		
陕西				33		33		
甘肃				339		339		
青海								
宁夏	4		4	7 020		7 020		
新疆（兵团）				36 332		36 332		
新疆（农业）	150		150	3 400		3 400		
新疆（畜牧）				268		268		
热科院				24		24		
广州								
南京				8		8		

5-12 茶、果、桑和人参生产情况

(2012年)

地区	茶叶		水果					
	年末实有面积(公顷)	实际产量(吨)	年末实有面积(公顷)	实际产量(吨)	香蕉		苹果	
					年末实有面积(公顷)	实际产量(吨)	年末实有面积(公顷)	实际产量(吨)
全国农垦	**28 911**	**43 950**	**391 532**	**4 093 865**	**19 592**	**668 704**	**38 810**	**499 346**
北京			340	1 057			213	855
天津			259	682			14	95
河北			1 631	20 949			297	12 438
山西			59	730			24	375
内蒙古			1 884	14 904			390	2 986
辽宁			13 044	160 016			7 282	95 390
吉林			3 026	6 503			663	2 342
黑龙江			2 540	16 970				
上海	40	12	424	2 961				
江苏			240	2 826				
浙江	1 694	4 445	870	18 331				
安徽	2 533	9 938	1 100	22 325				
福建	4 197	5 405	12 593	110 527	1 144	28 184	171	561
江西	5 922	4 322	8 843	64 034			28	43
山东			92	839			27	40
河南	30	6	2 051	48 244			922	23 108
湖北	972	531	6 603	90 509			66	168
湖南	2 073	3 016	7 233	32 238				
广东	698	985	24 675	508 151	6 036	252 251		
广西	752	1 137	9 706	235 021	1 601	71 458		
海南	781	555	36 672	559 777	6 711	243 767		
重庆	34	2	239	859				
四川	355	898	267	1 904			55	363
贵州	4 075	4 337	1 046	8 578			24	61
云南	4 717	8 359	8 239	139 098	4 089	73 042		
陕西			1 084	11 769			232	4 704
甘肃			3 118	49 805			740	11 931
青海								
宁夏			8 247	43 452			891	23 110
新疆(兵团)			194 860	1 723 494			15 089	267 220
新疆(农业)			36 200	155 895			10 740	44 750
新疆(畜牧)			4 258	41 201			942	8 806
热科院			89	216	12	2		
广州								
南京	38	3						

5－12续表1

地区	水果							
	柑、橘、橙、柚		梨		桃		葡萄	
	年末实有面积（公顷）	实际产量（吨）	年末实有面积（公顷）	实际产量（公顷）	年末实有面积（公顷）	实际产量（吨）	年末实有面积（公顷）	实际产量（公顷）
全国农垦	**22 632**	**313 388**	**42 167**	**517 019**	**9 564**	**117 070**	**66 326**	**603 436**
北京			7	49	34	107	1	3
天津			37	100	26	16	167	363
河北			150	2 722	73	2 059	67	1 841
山西			11	180	3	75	8	92
内蒙古			232	4 615	1	2	780	5 052
辽宁			1 894	25 906	1 251	16 114	754	13 551
吉林			2 073	3 323	21	15	26	68
黑龙江			47	672			60	584
上海	57	1 322	84	408	145	600	87	573
江苏	1	18	183	1 521	14	112	15	814
浙江	487	12 252	118	2 845	71	1 451	47	737
安徽		200	783	17 789	227	3 545	9	124
福建	1 776	24 995	156	1 450	189	1 600	27	630
江西	6 078	49 714	1 166	5 444	1 162	6 567	198	1 499
山东					11	255	10	151
河南	29	60	501	15 963	369	7 845	112	203
湖北	2 130	34 901	1 212	22 448	2 404	21 520	473	7 175
湖南	5 832	17 021	760	1 695	120	750	97	895
广东	363	4 143						
广西	3 724	131 128	16	193	3	66	53	1 271
海南	893	16 890						
重庆	161	703			2	2	21	28
四川	88	573	25	122	15	220		
贵州	421	4 381	34	86	36	153	531	3 897
云南	592	15 088					1 400	30 488
陕西			100	1 493	25	347	37	710
甘肃			1 024	29 615			585	5 930
青海								
宁夏			74	1 803	36	535	6 688	15 050
新疆（兵团）			17 918	334 500	2 218	45 450	48 083	432 438
新疆（农业）			13 560	42 045	690	1 720	4 650	60 460
新疆（畜牧）			2	32	419	5 945	1 340	18 808
热科院								
广州								
南京								

5-12续表2

地区	水果					
	菠萝		红枣		柿子	
	年末实有面积（公顷）	实际产量（吨）	年末实有面积（公顷）	实际产量（吨）	年末实有面积（公顷）	实际产量（吨）
全国农垦	**7 789**	**229 974**	**112 368**	**622 589**	**503**	**4 105**
北京						
天津						
河北			1 000	1 771		
山西						
内蒙古						
辽宁			24	511		
吉林						
黑龙江						
上海						
江苏					23	329
浙江						
安徽					21	569
福建	243	7 121	10	31	283	903
江西						
山东			44	393		
河南			14	360		
湖北			66	678	171	1 744
湖南						
广东	4 951	185 698				
广西	4	62			5	560
海南	2 088	30 483				
重庆						
四川						
贵州						
云南	496	6 610				
陕西			251	3 616		
甘肃			445	164		
青海						
宁夏			496	2 153		
新疆（兵团）			106 265	603 899		
新疆（农业）			2 400	1 910		
新疆（畜牧）			1 353	7 103		
热科院	7					
广州						
南京						

5-12续表 3

地区	水果					
	荔枝		龙眼		芒果	
	年末实有面积（公顷）	实际产量（吨）	年末实有面积（公顷）	实际产量（吨）	年末实有面积（公顷）	实际产量（吨）
全国农垦	**17 061**	**103 417**	**10 879**	**50 635**	**15 795**	**179 376**
北京						
天津						
河北						
山西						
内蒙古						
辽宁						
吉林						
黑龙江						
上海						
江苏						
浙江						
安徽						
福建	2 328	8 247	2 889	10 998	25	14
江西						
山东						
河南						
湖北						
湖南						
广东	6 644	30 115	3 481	13 385	102	627
广西	1 353	5 159	1 491	6 594	695	2 618
海南	6 549	59 107	2 844	18 988	14 083	166 442
重庆						
四川	20	150	2	15		
贵州						
云南	151	637	169	655	855	9 473
陕西						
甘肃						
青海						
宁夏						
新疆（兵团）						
新疆（农业）						
新疆（畜牧）						
热科院	16	2	3		36	202
广州						
南京						

5-12 续表 4

地区	水果							
	杨桃		火龙果		番石榴		红毛丹	
	年末实有面积（公顷）	实际产量（吨）	年末实有面积（公顷）	实际产量（吨）	年末实有面积（公顷）	实际产量（吨）	年末实有面积（公顷）	实际产量（吨）
全国农垦	**621**	**3 728**	**82**	**3 110**	**354**	**5 319**	**603**	**1 315**
北京								
天津								
河北								
山西								
内蒙古								
辽宁								
吉林								
黑龙江								
上海								
江苏								
浙江								
安徽								
福建	6	26	21	435	8	130		
江西								
山东								
河南								
湖北								
湖南								
广东	485	2 552	61	2 675	207	3 403		
广西	4	92						
海南	126	1 056			139	1 786	603	1 315
重庆								
四川								
贵州								
云南								
陕西								
甘肃								
青海								
宁夏								
新疆（兵团）								
新疆（农业）								
新疆（畜牧）								
热科院	…	2						
广州								
南京								

5－12续表5

地区	其他		桑园年末实有面积（公顷）	人参	
	年末实有面积（公顷）	实际产量（吨）		年末实有面积（米^2）	实际产量（千克）
全国农垦	**26 206**	**168 099**	**1 883**	**1 072 014**	**372 228**
北京	85	43			
天津	15	108			
河北	44	118			
山西	13	8			
内蒙古	481	2 249	727		
辽宁	1 839	8 544		5 000	360
吉林	243	755		1 066 600	371 868
黑龙江	2 433	15 714		414	
上海	51	58	2		
江苏	4	32	231		
浙江	147	1 046	47		
安徽	60	98			
福建	3 138	21 968			
江西	212	767	250		
山东					
河南	104	705	129		
湖北	81	1 875			
湖南	424	11 877			
广东	2 345	13 302	378		
广西	757	15 820			
海南	2 636	19 943			
重庆	55	126			
四川	62	461	98		
贵州			21		
云南	488	3 105			
陕西	439	899			
甘肃	324	2 165			
青海					
宁夏	62	801			
新疆（兵团）	5 287	39 987			
新疆（农业）	4 160	5 010			
新疆（畜牧）	202	507			
热科院	15	8			
广州					
南京					

5-13 全国农垦热带作物生产情况

(2012年)

项　　目	计量单位	全国农垦	福建	广东	广西	海南	云南	热科院
总面积合计	**公顷**	**44 942**	**145**	**4 483**	**7 945**	**29 860**	**2 347**	**162**
#当年新植	公顷	9 941	15	590	1 719	7 416	186	15
#收获面积	公顷	36 046	65	4 190	7 229	22 694	1 846	22
1. 剑麻（按纤维计算）								
年末实有面积	公顷	8 392	130	3 895	4 367			
当年新植面积	公顷	178		96	82			
收获面积	公顷	7 319	50	3 618	3 651			
每公顷产量	千克	4 157	4 000	2 516	5 786			
总产量	吨	30 427	200	9 103	21 124			
2. 香辛料								
年末实有面积	公顷	7 164		94	1 656	5 327	83	4
当年新植面积	公顷	155				140	15	
收获面积	公顷	6 520		78	1 656	4 780	4	2
总产量	吨	11 503		132	491	10 867	11	2
#胡椒（按籽计算）								
年末实有面积	公顷	5 429		94		5 327	4	4
当年新植面积	公顷	140				140		
收获面积	公顷	4 864		78		4 780	4	2
每公顷产量	千克	2 264		1 692		2 273	2 750	800
总产量	吨	11 012		132		10 867	11	2
#肉桂（按干皮计算）								
年末实有面积	公顷	835			756		79	
当年新植面积	公顷	15					15	
收获面积	公顷	756			756			
每公顷产量	千克	331			331			
总产量	吨	250			250			
#八角（按干果计算）								
年末实有面积	公顷	900			900			
当年新植面积	公顷							
收获面积	公顷	900			900			
每公顷产量	千克	268			268			
总产量	公顷	241			241			
3. 咖啡（按干豆计产量）								
年末实有面积	公顷	1 428				15	1 410	3
当年新植面积	公顷	157					157	
收获面积	公顷	1 228				10	1 217	1
每公顷产量	千克	1 214				5 000	1 184	
总产量	吨	1 491				50	1 441	
4. 椰子（按果计产量）								
年末实有面积	公顷	1 636				1 536		100
当年新植面积	公顷	72				72		
收获面积	公顷	1 335				1 324		11
每公顷产量	个	8 503				8 512		7 339
总产量	万个	1 135				1 127		8
5. 油棕（按油计产量）								
年末实有面积	公顷	40				7		33
当年新植面积	公顷	14				7		7

5－13 续表

项　　目	计量单位	全国农垦	福建	广东	广西	海南	云南	热科院
收获面积	公顷							
每公顷产量	千克							
总产量	吨							
6. 可可（按豆计产量）								
年末实有面积	公顷	2						2
当年新植面积	公顷							
收获面积	公顷	1						1
每公顷产量	千克							
总产量	吨							
7. 南药								
年末实有面积	公顷	17 630			81	17 525	4	20
当年新植面积	公顷	1 836			81	1 747		8
收获面积	公顷	11 222			81	11 130	4	7
总产量	吨	33 849			996	32 836	2	15
#槟榔（按果计产量）								
年末实有面积	公顷	17 505				17 485		20
当年新植面积	公顷	1 715				1 707		8
收获面积	公顷	11 097				11 090		7
每公顷产量	千克	2 953				2 954		2 143
总产量	吨	32 772				32 757		15
#砂仁（干果）								
年末实有面积	公顷	4					4	
当年新植面积	公顷							
收获面积	公顷	4					4	
每公顷产量	千克	500					500	
总产量	吨	2					2	
#益智（干果）								
年末实有面积	公顷	40				40		
当年新植面积	公顷	40				40		
收获面积	公顷	40				40		
每公顷产量	千克	1 975				1 975		
总产量	吨	79				79		
8. 澳洲坚果								
（按干果计产量）								
年末实有面积	公顷	1 135			285		850	
当年新植面积	公顷	14					14	
收获面积	公顷	906			285		621	
每公顷产量	千克	1 459					1 826	
总产量	吨	1 322			188		1 134	
9. 木薯（按干薯产量）								
年末实有面积	公顷	7 596	15	494	1 637	5 450		
当年新植面积	公顷	7 596	15	494	1 637	5 450		
收获面积	公顷	7 596	15	494	1 637	5 450		
每公顷产量	千克	23 301	28 000	20 532	10 437	27 402		
总产量	吨	176 991	420	10 143	17 085	149 343		

5－14　主要农业机械年末拥有量

（2012 年）　　计量单位：千瓦

地　区	农业机械总动力	柴油发动机动力	汽油发动机动力	电动机动力	其他机械动力
全国农垦	**24 572 143**	**19 674 338**	**1 298 679**	**3 234 322**	**364 804**
北　京	8 727	7 674	271	782	
天　津	11 495	5 281	60	6 154	
河　北	1 016 005	720 563	13 767	245 391	36 284
山　西	23 391	11 024	4 091	7 405	871
内蒙古	1 676 259	1 444 620	138 584	89 525	3 530
辽　宁	1 136 447	818 232	92 823	180 110	45 282
吉　林	949 755	848 356	55 143	45 684	572
黑龙江	8 186 227	7 273 329	402 791	491 784	18 323
上　海	177 631	126 157	6 525	44 949	
江　苏	452 173	381 913	25 680	41 480	3 100
浙　江	24 948	9 750	1 276	12 294	1 628
安　徽	459 505	323 295	14 709	121 502	
福　建	80 006	49 061	8 078	18 902	3 965
江　西	402 804	267 566	60 969	67 899	6 370
山　东	57 053	45 645	922	7 611	2 875
河　南	244 293	193 004	13 791	37 338	160
湖　北	1 630 628	1 184 923	95 503	330 869	19 333
湖　南	958 051	659 262	75 827	193 162	29 800
广　东	328 503	213 423	35 727	71 050	8 303
广　西	254 287	175 237	31 108	26 918	21 024
海　南	338 612	227 419	57 165	22 668	31 360
重　庆	6 096	5 886	40	170	
四　川	850	264	110	476	
贵　州	19 773	18 789	527	442	15
云　南	245 168	124 824	39 404	74 045	6 894
陕　西	43 898	31 457	2 013	10 142	286
甘　肃	288 088	216 033	32 043	32 661	7 351
青　海	48 281	41 540	5 039	956	746
宁　夏	255 536	212 947	2 183	40 311	95
新疆（兵团）	4 243 602	3 236 947	56 761	949 894	
新疆（农业）	374 068	312 830	15 105	37 700	8 433
新疆（畜牧）	627 397	485 315	10 461	23 427	108 194
热科院	1 647	1 022	184	442	
广　州	680	550		120	10
南　京	260	200		60	

5－14 续表 1

地　　区	拖拉机				拖拉机配套农具	
	大中型（台）	大中型（千瓦）	小型（台）	小型（千瓦）	大中型（部）	小型（部）
全国农垦	**174 199**	**7 339 630**	**328 111**	**3 877 181**	**276 643**	**332 023**
北　　京	47	2 068	45	475	18	5
天　　津	57	2 120	2	23		
河　　北	3 647	137 828	22 843	277 455	3 261	16 510
山　　西	52	2 718	333	4 607	70	119
内 蒙 古	11 946	490 018	37 688	589 926	18 264	48 713
辽　　宁	4 097	147 483	11 815	197 742	5 982	8 200
吉　　林	3 663	126 787	23 690	306 241	3 592	27 844
黑 龙 江	62 309	2 806 258	65 130	903 605	116 201	69 770
上　　海	1 474	83 519	307	3 432	1 490	125
江　　苏	3 475	170 154	1 528	16 348	7 826	2 725
浙　　江	130	3 968	87	744	7	
安　　徽	2 606	106 669	5 839	55 974	5 420	7 323
福　　建	86	2 517	809	6 810	31	1 469
江　　西	1 276	52 052	4 935	51 595	245	3 775
山　　东	527	13 134	1 411	15 126	536	782
河　　南	990	44 839	7 357	79 173	1 618	6 742
湖　　北	7 264	271 605	52 135	336 062	8 885	45 460
湖　　南	3 805	120 282	10 842	53 849	4 236	2 952
广　　东	503	29 879	3 881	41 750	977	
广　　西	1 184	59 200	5 143	55 760	1 868	4 478
海　　南	511	23 126	5 364	62 326	328	612
重　　庆	2	176	1	15	2	1
四　　川			8	172		
贵　　州	56	10 150	141	627		31
云　　南	606	21 495	2 427	30 522	158	637
陕　　西	166	5 489	794	10 840	229	328
甘　　肃	8 714	163 516	3 075	36 485	2 903	5 266
青　　海	264	12 905	928	9 367	482	1 106
宁　　夏	2 213	96 228	1 647	19 600	4 247	1 513
新疆（兵团）	42 772	1 982 430	34 204	438 700	77 779	30 940
新疆（农业）	3 717	130 095	8 455	101 460	4 850	27 950
新疆（畜牧）	6 026	220 572	15 169	169 798	5 135	16 647
热 科 院	10	157	70	438		
广　　州	4	193	4	116	3	
南　　京			4	18		

5-14续表2

地区	耕整地及种植机械					农用排灌机械	
	播种机（台）	精量半精量播种机（台）	机动水稻插秧机（台）	化肥深施机（台）	机引铺膜机（台）	排灌动力机械（台）	排灌动力机械（千瓦）
全国农垦	**111 403**	**59 633**	**83 188**	**21 734**	**16 770**	**277 385**	**3 894 677**
北京	8	3				35	431
天津						143	3 507
河北	1 777	558	750	32	472	12 524	137 888
山西	99	13			39	468	7 531
内蒙古	23 480	11 921	85	1 945	2 815	9 540	89 889
辽宁	2 814	1 864	3 965	154	40	19 514	264 450
吉林	8 477	3 841	4 841	556	39	20 167	189 169
黑龙江	36 623	25 359	69 763	3 200	661	91 413	1 202 474
上海	162	7	97	10		937	18 089
江苏	985	566	1 231	108	96	702	29 678
浙江						2 112	6 361
安徽	1 389	843	475	102		5 009	74 681
福建			2			3 730	16 424
江西	5		956			6 741	82 434
山东	567	123	71	18	23	799	8 243
河南	4 048	2 767		1 493	23	6 353	48 983
湖北	2 599	1 835	425	2 951	3 109	22 840	308 931
湖南	1 220		53		6	15 676	185 769
广东						10 745	83 738
广西	50			306		3 429	42 406
海南						9 240	49 089
重庆						6	140
四川						43	1 093
贵州						294	1 840
云南						1 207	8 004
陕西	686	29	2	30	59	1 069	11 285
甘肃	2 072	267		190	1 476	380	10 122
青海	176					3	82
宁夏	387	170	3	78	67	1 356	35 713
新疆(兵团)	15 379	7 992	446	9 846	4 400	25 457	895 319
新疆(农业)	4 085	1 475	23	715	2 200	2 452	58 699
新疆(畜牧)	4 315				1 245	2 982	22 025
热科院						19	191
广州							
南京							

5－14 续表 3

地　区	农用排灌机械						植保机械	
	柴油机（台）	柴油机（千瓦）	电动机（台）	电动机（千瓦）	农用水泵（台）	滴喷灌溉机械（套）	机动喷雾(粉)机（台）	机动喷雾(粉)机（千瓦）
全国农垦	**148 837**	**1 721 675**	**120 305**	**2 071 559**	**288 365**	**37 391**	**105 173**	**246 574**
北　京	4	48	61	773	50	170	6	24
天　津	1	13	142	3 494	188	5		
河　北	4 889	52 961	7 717	85 901	11 014	775	1 013	4 710
山　西	24	377	433	6 935	61	271	3	18
内蒙古	5 745	66 118	4 313	42 894	15 103	2 544	1 119	7 803
辽　宁	9 807	123 026	8 144	122 903	25 745	1 156	1 724	10 019
吉　林	18 212	161 023	1 033	18 334	27 834	117	781	62
黑龙江	59 347	815 934	32 066	386 540	85 240	9 776	17 089	47 604
上　海	1	7	936	18 082	687	18	1 091	2 315
江　苏	128	540	504	26 308	337	188	1 763	3 171
浙　江	341	1 058	1 771	5 666	712	21	653	838
安　徽	4 219	23 383	790	51 298	3 168	1 889	5 422	10 543
福　建	1 211	7 050	3 045	10 761	1 154	67	612	1 887
江　西	2 596	18 341	4 002	57 465	3 155	102	2 019	2 603
山　东	385	3 380	386	4 887	1 167	123	965	1 337
河　南	1 211	15 613	4 178	30 889	7 178	669	776	2 152
湖　北	12 832	146 102	10 657	161 516	32 256	2 299	27 559	41 425
湖　南	8 210	98 083	5 548	82 910	34 450		7 211	21 856
广　东	5 577	38 260	1 554	10 623	3 639	321	9 517	21 512
广　西	1 780	17 142	1 546	19 227	2 788	875	2 688	10 167
海　南	7 089	38 747	1 496	7 426	5 480	80	4 760	17 835
重　庆	1	12	3	9	3	4		
四　川	4	88	39	1 005	15		43	46
贵　州	86	1 346	208	3 144	267		18	129
云　南	475	2 259	732	5 746	110	35	4 114	12 204
陕　西	136	3 546	901	9 402	1 436	76	1 140	1 690
甘　肃			380	10 122	782	246	207	324
青　海	2	24	3	82	3	1	10	56
宁　夏	81	1 969	1 275	33 744	1 228	43	331	777
新疆（兵团）	3 317	64 486	22 140	830 833	19 936	15 301	9 927	18 473
新疆（农业）	892	17 946	1 531	3 210	1 802	153	2 490	3 465
新疆（畜牧）	231	2 775	2 751	19 250	1 329	66	67	1 340
热科院	3	18	14	171	39		55	189
广　州					3			
南　京			6	10	6			

5-14 续表 4

地　区	收获机械							
	联合收获机（台）	联合收获机（千瓦）	# 自走式（台）	# 自走式（千瓦）	机动割晒机（台）	机动割晒机（千瓦）	其他作物收获机械（台）	其他作物收获机械（千瓦）
全国农垦	**46 087**	**3 273 557**	**37 333**	**2 897 146**	**7 859**	**126 409**	**15 994**	**498 287**
北　京	18	4 123	15	3 642			6	794
天　津	2	411						
河　北	405	28 186	293	22 367	1 064	9 303	145	2 906
山　西	7	697	5	617			2	71
内蒙古	1 838	192 194	1 759	184 488	673	13 084	130	9 761
辽　宁	738	59 683	507	47 342	35	416	876	15 925
吉　林	2 866	131 743	449	23 571			152	6 178
黑龙江	26 352	2 079 119	23 970	1 967 285	5 452	88 713	981	60 766
上　海	181	20 861	178	20 861			1 126	11 983
江　苏	1 933	125 018	1 869	120 694			1 538	2 346
浙　江	60	860						
安　徽	1 259	84 539	1 227	83 001	72	664		
福　建	41	676	22	360			575	895
江　西	1 786	53 040	424	21 810	20	309	378	1 160
山　东	75	5 377	63	4 817	36	775		
河　南	660	42 961	510	37 050	27	503	186	2 991
湖　北	2 942	137 046	1 843	93 442	59	1 500	530	8 673
湖　南	1 697	57 729	1 425	48 663				
广　东	34	2 797	6	120				
广　西	19	1 853	11	1 206			15	24
海　南					286	4 238		
重　庆							2	600
四　川								
贵　州							49	151
云　南	27	983						
陕　西	54	3 617	38	2 645	2	132	16	972
甘　肃	115	10 159	57	1	4	1 204		
青　海	143	11 324	71	5 260				
宁　夏	636	40 898	603	37 966			31	214
新疆（兵团）	1 321	120 423	1 221	117 523	99	4 500	9 134	365 455
新疆（农业）	165	11 820	108	8 695	30	1 068	20	410
新疆（畜牧）	713	45 420	659	43 720			102	6 012
热科院								
广　州								
南　京								

5-14 续表 5

地区	脱粒烘干机械		种子加工设备		设施农业设备			
	机动脱粒机（台）	谷物烘干机（台）	种子包衣机（台）	种子清洗机（台）	水稻工厂化育秧设备（套）	温室（米²）	大棚（米²）	田园管理机（台）
全国农垦	**29 707**	**2 405**	**655**	**1 758**	**523**	**47 733 327**	**242 623 770**	**7 220**
北京						253 005	279 865	4
天津						10 000	384 018	
河北	5 924	1	3	17	31	7 709 904	57 684	
山西	14	2	2	2		630 204	82 500	
内蒙古	1 156	214	45	231		463 471	63 571	120
辽宁	3 912	11	3	22	230	4 025 208	9 681 862	17
吉林	2 644	2		1		139 332	1 107 394	
黑龙江	3 382	485	290	934	106	4 791 400	185 854 900	11
上海	9	97	1	13	48	2 820 469	1 840 943	72
江苏	1 608	76	34	74	30	1 006 660	257 863	13
浙江	53					62 925	150 000	
安徽	60	110	12	93		118 927	2 856 411	973
福建	2 433					9 500	43 800	14
江西	730	2	82	9	13	9 905	121 540	7
山东	54		12	24	1	46 000	153 501	16
河南	156	6	88	197		409 371	71 913	
湖北	1 046	153	52	30	64	828 400	11 372 697	2 237
湖南	2 582	891				3 314	3 900	
广东	469					60 563	571 138	
广西	225					129 802		17
海南	433			2				
重庆			2	2		20 000		
四川							7 000	
贵州						4 783		
云南	874						213 198	
陕西	118		3	4		96 035	396 267	5
甘肃	84	3	11			17 260	2 000	
青海			1	14		868 906	240 120	
宁夏	198	26	9	54		3 002 791	327 581	586
新疆（兵团）	1 300	81				20 147 500	19 738 000	3 068
新疆（农业）	216	2	5	35			6 704 500	60
新疆（畜牧）	27	243				21 532		
热科院						26 160	39 604	
广州								
南京								

5-14 续表 6

地区	农副产品加工机械（台）				畜牧业机械（台）		
	粮食加工机械	棉花加工机械	油料加工机械	橡胶加工机械	牧草播种机	牧草收割机	牧草打捆机
全国农垦	**8 900**	**2 306**	**4 117**	**4 115**	**4 044**	**20 401**	**3 265**
北京					2	2	2
天津							
河北	533	132	74		23	318	19
山西	19		6		2		
内蒙古	772		95		1 756	15 370	1 144
辽宁	798	1	53		37	504	4
吉林	359		12		1	29	36
黑龙江	330		37		38	477	170
上海	22	2					
江苏	249	27	45				
浙江	4	40	1				
安徽	32	8	14				
福建	172		14			16	
江西	436	62	1 885	12			
山东	31	8	6		2	2	2
河南	242	3	35		12	3	1
湖北	1 360	1 011	611	18		182	24
湖南	1 196	168	189				
广东	182		47	954			
广西	169		29	104	1		5
海南	949		71	262			
重庆						2	10
四川	2					23	2
贵州	45		9				
云南				2 765			
陕西	12	1	3		1	4	4
甘肃	17	5	3				
青海					15	179	20
宁夏	96		36		19	85	95
新疆(兵团)	321	280	225		1 899	720	389
新疆(农业)	240	395	223		63	34	82
新疆(畜牧)	311	163	394		173	2 451	1 256
热科院	1						
广州							
南京							

5-14 续表 7

地　区	畜牧业机械		林业机械		渔业机械	运输机械	
	机动剪毛机（把）	机动挤奶器（套）	挖坑机（台）	植树机（台）	渔用机动船（艘）	农用运输车（辆）	农用运输车（千瓦）
全国农垦	**687**	**9 331**	**565**	**85**	**3 147**	**78 424**	**1 817 888**
北　京		166	2			27	334
天　津		24				77	1 374
河　北		452	6		189	7 910	185 016
山　西		110				149	4 086
内蒙古	51	465	33	21	238	4 124	266 003
辽　宁	25	496	1	3	1 378	15 099	201 191
吉　林	4	15	5	6	1	3 627	155 353
黑龙江	64	5 903	48	11	335	4 379	120 694
上　海		194				33	1 315
江　苏		22			3	586	2 468
浙　江						48	1 503
安　徽		11			3	1 215	19 631
福　建		21			54	833	18 776
江　西			4		66	1 006	28 196
山　东		180	2		21	179	3 714
河　南		1				487	22 315
湖　北		1	19		302	6 331	120 801
湖　南			62		263	2 112	38 111
广　东		25	10	5		858	68 911
广　西		6				1 021	27 526
海　南			150		128		
重　庆		6			18	5	375
四　川		20				1	
贵　州						238	5 546
云　南						820	47 175
陕　西						676	6 375
甘　肃			1	2		1 872	22 520
青　海	66					143	8 157
宁　夏	1	190	17		8	1 534	32 305
新疆(兵团)	300	818	205	35	140	20 587	361 648
新疆(农业)	13	17		2		1 170	22 710
新疆(畜牧)	163	180				1 263	22 941
热科院						9	60
广　州		8				5	759
南　京							

5-14 续表 8

地　区	农田基本建设机械					
	推土机（台）	推土机（千瓦）	挖掘机（台）	挖掘机（千瓦）	开沟机（台）	开沟机（千瓦）
全国农垦	**6 044**	**415 351**	**3 204**	**254 821**	**3 227**	**28 231**
北　京	10	714	7	510		
天　津	9	716	7	697		
河　北	281	23 611	268	26 097	2	440
山　西	2	112	6	341		
内 蒙 古	344	27 965	185	15 632	19	767
辽　宁	269	26 337	366	41 387	22	458
吉　林	121	11 102	45	4 021	4	324
黑 龙 江	318	23 714	125	14 345	11	721
上　海	4	512	6	462	1	69
江　苏	237	10 237	494	6 312	741	3 116
浙　江			1	110		
安　徽	88	4 099	24	1 487	83	2 569
福　建	35	1 751	82	4 935	16	1 930
江　西	174	8 426	58	3 201	7	630
山　东	20	1 439	16	1 564	16	192
河　南	33	1 544	6	449	4	218
湖　北	1 286	79 263	573	55 585	190	8 942
湖　南	215	2 335	19	2 865		
广　东	119	6 855				
广　西	50	3 731	46	6 079		
海　南	199	13 742	150	9 586	52	5 012
重　庆						
四　川						
贵　州						
云　南	57	4 512	22	7 839		
陕　西	29	1 722				
甘　肃	26	1 252	12	658	9	131
青　海	4	440	1	48		
宁　夏	102	9 405	51	6 633		
新疆（兵团）	1 285	96 375	478	33 460	1 820	
新疆（农业）	255	13 405	91	6 097	230	2 712
新疆（畜牧）	471	40 035	65	4 421		
热 科 院	1					
广　州						
南　京						

5-15 农业机械化、用电、化肥和水利情况

（2012 年） 计量单位：公顷

地区	农业机械化情况				飞机作业情况			
	当年实际机耕面积	当年实际机播面积	机械插秧面积	当年机械收割面积	飞机播种面积	飞机施肥面积	飞机病虫害防治面积	自有农用飞机（架）
全国农垦	**5 638 588**	**5 523 721**	**1 706 292**	**5 139 283**	**1 490**	**1 267 336**	**1 513 541**	**77**
北京	609	787		346				
天津	2 210	1 978	438	2 195				
河北	83 067	86 094	15 579	59 256				
山西	5 361	4 673		787				
内蒙古	582 983	629 716	3 501	513 169				
辽宁	128 985	84 124	48 395	77 557				
吉林	88 062	70 908	31 245	45 622				
黑龙江	2 865 300	2 831 973	1 520 134	2 799 046		1 258 906	1 379 644	44
上海	28 457	45 000	5 558	46 642				
江苏	71 268	106 384	44 747	121 328			3 967	
浙江	2 197	285	245	1 277				
安徽	28 045	38 270	4 434	47 769		3 930	3 930	
福建	4 171	435		395				
江西	46 140	15 547	2 883	46 242	550			
山东	12 326	13 344		6 233				
河南	16 096	39 254	660	32 698	38			
湖北	110 093	40 462	13 297	139 162				
湖南	36 351	25 419	1 532	49 582				
广东	31 428	891		2 838				
广西	20 421	28		802				
海南	20 482	1 008	280	9 450				
重庆	200	65						
四川	12	11						
贵州	467	633		327				
云南	4 599	272		1 775				
陕西	13 615	13 283		9 872				
甘肃	58 636	53 259		38 571				
青海	17 086	16 171		15 937				
宁夏	38 766	38 766		38 766				
新疆（兵团）	1 084 400	1 130 205	9 964	866 297	900	4 500	126 000	33
新疆（农业）	77 287	83 283	3 400	65 430				
新疆（畜牧）	159 407	151 187		99 850				
热科院	59	5		63	2			
广州								
南京								

5－15续表1

地　区	农用化肥施用总量（按折纯量计算）（吨）	施用于农作物的数量（吨）	氮肥（吨）	磷肥（吨）	钾肥（吨）	复合肥（吨）	生物肥施用量（实物量）（吨）	有机肥施用量（实物量）（吨）	测土配方施肥面积（米^2）
全国农垦	**2 483 314**	**2 100 592**	**1 023 480**	**470 510**	**300 684**	**680 966**	**278 950**	**4 803 879**	**2 790 857**
北　京	1 058	963	92	6	7	953		2 600	
天　津	814	814	246	132	158	278		5 732	
河　北	26 760	25 279	12 066	3 796	2 346	7 627	9	803	285
山　西	3 881	3 710	1 401	865	288	1 327	241	68 527	24
内蒙古	129 164	104 641	52 732	31 392	10 617	34 423	13 139	940 833	67 367
辽　宁	81 233	68 497	40 105	11 674	9 513	19 941	12 606	168 800	
吉　林	91 547	83 475	54 193	11 244	8 807	17 303	2 571	19 288	13 283
黑龙江	579 642	579 642	216 984	145 130	110 750	106 778	14 862	1 351 611	2 189 837
上　海	20 373	20 373	10 205	1 245	575	8 348		68 818	
江　苏	63 472	60 234	42 246	11 790	352	9 084	10 247	76 651	2 479
浙　江	6 711	5 907	2 231	1 465	477	2 833		2 546	
安　徽	31 181	26 833	13 800	3 253	4 784	9 344	77	18 561	13 391
福　建	36 560	29 254	10 451	5 644	6 540	13 925	3 376	35 682	553
江　西	67 555	48 780	21 217	11 324	9 915	25 099	3 854	21 304	6 967
山　东	7 788	7 720	3 834	1 315	390	2 858	2 980	4 620	4 620
河　南	23 867	23 473	10 589	4 160	1 690	5 409	2 133	10 152	7 265
湖　北	155 673	119 627	59 743	29 337	18 035	48 558	126 890	175 536	68 293
湖　南	125 828	50 256	64 170	28 503	12 202	20 953	633	9 712	1 356
广　东	57 895	43 100	18 521	13 025	13 570	12 779	47 899	200 076	96 865
广　西	55 192	38 491	11 373	6 011	8 667	25 995	3 146	194 722	15 509
海　南	104 929	26 192	21 709	8 149	9 606	65 465	18 872	1 101 870	216 493
重　庆	32	32	10	13	4	5		530	
四　川	2 084	1 019	947	448	91	127		68	17
贵　州	3 890	3 890	1 120	890	145	1 542		4 040	2 760
云　南	54 364	54 364	11 429	4 899	5 257	32 781		59 267	9 040
陕　西	8 451	6 841	4 344	1 646	832	1 629	4 677	7 427	
甘　肃	32 263	5 655	12 487	7 389	5 328	7 059	2 203	200 873	7 521
青　海	4 448	4 557	3 092	1 317	327	681	923	13 900	
宁　夏	37 746	26 304	21 316	1 462	1 455	13 513	7 482	12 509	11 217
新疆（兵团）	609 000	571 302	277 100	110 600	53 300	168 100			
新疆（农业）	24 223	24 100	10 050	8 180	1 550	1 600	100	18 640	55 715
新疆（畜牧）	34 812	34 812	13 448	4 058	3 046	14 260			
热科院	872	455	228	147	59	380	32	8 136	2
广　州									
南　京	7		2	2	1	10		45	

5－15 续表 2

地　　区	农药施用量			农用塑料薄膜使用量			沼气池	
	合计（吨）	化学除草剂（吨）	化学除草面积（公顷）	合计（吨）	地膜（吨）	地膜覆盖面积（公顷）	数量（个）	体积（米^3）
全国农垦	**93 196**	**26 842**	**4 843 775**	**106 553**	**80 018**	**1 152 594**	**61 165**	**618 824**
北　　京	10	1	431	3	3	6	1	100
天　　津	16	8	1 978	7	7	194		
河　　北	755	139	24 864	1 474	1 299	22 815	2 086	23 868
山　　西	29	15	1 587	190	182	2 218	3	30
内 蒙 古	4 024	2 770	589 859	1 928	1 680	32 561	1 200	8
辽　　宁	2 628	936	672 829	4 895	2 032	10 855	2 688	60 404
吉　　林	592	383	75 086	308	212	3 073	316	1 396
黑 龙 江	14 793	11 314	2 786 005	17 375	2 504	49 013	2 267	22 855
上　　海	752	234	24 163	397	119	313		
江　　苏	2 212	271	102 053	2 554	589	4 509		
浙　　江	812	53	2 954	388	164	1 303	39	3 300
安　　徽	1 150	238	45 678	346	99	564		
福　　建	1 050	146	6 882	244	259	7 923	4 279	41 613
江　　西	1 902	951	43 688	801	405	2 939	2 353	34 533
山　　东	311	56	10 459	282	278	6 901	21	2 170
河　　南	786	79	33 715	262	207	5 569	1 100	15 380
湖　　北	8 221	1 405	92 995	3 851	2 839	41 994	15 663	89 979
湖　　南	2 573	574	20 031	3 788	3 765	11 700	21 598	245 647
广　　东	5 854	1 485	40 466	894	849	19 532	347	6 313
广　　西	3 065	727	35 406	630	471	10 851	1 195	11 652
海　　南	26 550	3 316	118 785	715	715	3 145	3 799	41 225
重　　庆							5	620
四　　川	11	4	190	12	12	27	7	425
贵　　州	172	38	2 502	107	41	277	217	1 893
云　　南	2 068	833	25 089	171	155	2 714	626	3 251
陕　　西	134	100	5 873	158	132	1 679	496	4 356
甘　　肃	740	230	30 105	2 071	2 050	26 534		
青　　海	39	18	2 863	1	1	20		
宁　　夏	444	290	9 698	113	48	902	638	6 136
新疆（兵团）	9 930			57 400	54 000	777 426		
新疆（农业）	370	25	13 950	2 930	2 615	48 300		
新疆（畜牧）	1 178	169	22 490	2 257	2 257	56 737		
热 科 院	26	34	1 102	1	30		221	1 670
广　　州								
南　　京								

5-15 续表 3

地　区	农田水利情况						
	有效灌溉面积（公顷）	机灌面积（公顷）	电灌面积（公顷）	节水灌溉面积（公顷）	漫灌面积（公顷）	喷灌面积（公顷）	滴灌面积（公顷）
全国农垦	**3 861 351**	**1 908 349**	**1 191 817**	**1 228 013**	**280 090**	**973 062**	**168 683**
北　京	669	389	419	250			250
天　津	2 760		2 760	10		10	
河　北	59 943	30 285	29 537	33 329	31 643	10 183	2 927
山　西	3 307	894	2 193	1 396	267	67	41
内蒙古	140 501	45 039	33 715	31 707		9 910	5 739
辽　宁	129 449	32 640	63 298	5 280	2 877	2 158	1 820
吉　林	56 632	28 544	27 924	1 788	1 829	305	1 483
黑龙江	1 621 158	842 111	649 626	243 305		143 202	100 103
上　海	25 202		25 202				
江　苏	68 436	4 186	57 763	9 486	2 897	3 498	2 105
浙　江	2 636	796	1 840	109	82	27	
安　徽	26 737	12 973	13 419		7860	5023	3 378
福　建	5 454	1 396	1 457	126			41
江　西	67 201	4 871	21 680	1 193	764		74
山　东	9 564	4 943	3 773	5 108	488	3 100	1 520
河　南	25 437	9 924	14 554	5 095	251	4 281	139
湖　北	117 243	34 997	80 324	26 545	89 242	3 212	1 147
湖　南	60 485	12 154	47 321	30	10	10	10
广　东	17 219	4 545	8 560	4 113		1 500	2 613
广　西	12 985	6 133	6 109	6 309	743	4 537	1 772
海　南	17 882	4 241	2 313	11 329	10 309	1 020	
重　庆	133	133		20			20
四　川	120		103	17	17		
贵　州	865	865					
云　南	7 606	2 411		261	3 222	183	78
陕　西	8 264	5 370	2 503	365			
甘　肃	56 341	16 006	13 528	30 760	18 752	3 420	13 828
青　海	3983	1 374	90	2 898	2 990		8
宁　夏	39 521	9 259	9 841	1 200	7 122	1 200	
新疆(兵团)	1 085 380	732 200		770 046		770 046	
新疆(农业)	69 620	33 180	26 010	15 985			15 985
新疆(畜牧)	118 592	26 491	45 952	19 867	98 725	6 169	13 518
热科院	25		3	85			85
广　州							
南　京							

5－15 续表 4

地　　区	农田水利情况				农业电气化情况		
	机电井数量（眼）		排灌站数量（座）		农场用电量（万千瓦时）	水电站（个）	水电站发电能力（千瓦）
		已配套（眼）		排灌能力（米^3/秒）			
全国农垦	**160 680**	**141 931**	**4 691**	**14 240**	**1 307 106**	**295**	**392 880**
北　　京	83	61			4 964		
天　　津	67	67	30	35	3 389		
河　　北	4 571	3 786	183	681	126 675		
山　　西	264	242	3	1	2 002	1	100
内 蒙 古	21 188	18 094	39	46	26 904		
辽　　宁	3 831	3 446	267	538	123 581		
吉　　林	3 967	2 398	5	158	30 129		
黑 龙 江	86 544	79 111	223	2 497	168 354		
上　　海			503	192	12 875		
江　　苏	59	30	888	745	44 226		
浙　　江	11	9	18	62	89 342	4	500
安　　徽	1 294	1 045	264	451	10 958		
福　　建	174	126	22	4	9 919	32	36 017
江　　西	1 307	11	225	8	44 889	109	120 682
山　　东	935	344	13	30	1371		
河　　南	6 632	5 179	8	65	17 788		
湖　　北	1 599	1 288	1 083	3 526	37 976	4	275
湖　　南			265	3 102	31 849	6	28 740
广　　东	2 333	2 047	47	14	39 009	9	2 733
广　　西	953	480	158	41	49 132	6	5 035
海　　南	531	210	210	1 817	33 534	54	72 847
重　　庆					484		
四　　川	3	2	4		47		
贵　　州	64	64			18 744	1	120
云　　南	12	11	11	8	27 070	23	67 430
陕　　西	1 233	912	6	3	1 202		
甘　　肃	1 893	1 862			15 447		
青　　海	3	3			359		
宁　　夏	882	868	205	111	7 767		
新疆（兵团）	17 700	17 700			298 605	33	56 300
新疆（农业）	677	673	6	3	11 630	10	1 600
新疆（畜牧）	1 862	1 862	5	102	16 594	3	501
热 科 院	8				130		
广　　州							
南　　京					160		

工业

6-1 工业企业基本情况

（2012 年）

地区	企业个数（个）		#亏损企业数（个）		工业销售产值（现价）（万元）	
		国有（个）		国有（个）		国有（万元）
全国农垦	**5 939**	**1 249**	**605**	**265**	**60 068 351**	**22 708 752**
北京	35	28	12	11	578 443	440 689
天津	21	20	12	11	189 570	188 620
河北	178	19	33	3	5 609 258	2 357 169
山西	56	2	4	2	47 290	522
内蒙古	82	26	12	4	751 683	115 923
辽宁	443	13	14	6	5 628 808	59 260
吉林	29	8	10	7	54 217	2 452
黑龙江	1 232	171	29	8	8 506 471	3 084 187
上海	94	94	27	27	2 141 353	2 141 353
江苏	367	23	21	5	1 564 736	770 077
浙江	53	4	13	2	1 587 612	1 213
安徽	26	9	3	2	146 203	24 806
福建	179	37	8	3	1 606 778	29 795
江西	439	76	71	36	3 231 809	218 148
山东	20	6			532 074	2 612
河南	54	27	5	4	291 322	78 465
湖北	679	108	80	11	10 069 572	1 200 714
湖南	392	125	26	2	1 545 667	561 126
广东	118	105	24	23	1 427 168	818 155
广西	318	67	11	8	3 824 444	750 639
海南	134	44	16	10	148 686	53 457
重庆	11	5	5	4	690 773	377 256
四川	10	4	4	3	28 346	441
贵州	6	6	2	2	53 442	53 442
云南	61	36	17	16	115 175	99 358
陕西	5	5	2	2	13 399	13 399
甘肃	65	63	32	31	304 912	235 208
青海	4	4			794	794
宁夏	57	18	5	5	72 267	71 347
新疆（兵团）	456	47	96	13	9 126 385	8 813 007
新疆（农业）	270	41	2	2	61 780	42 009
新疆（畜牧）	37	4	5		56 969	53 822
热科院						
广州	3	3	1	1	50 156	49 112
南京	5	1	3	1	10 790	175

6－1续表1

地　　区	产品销售收入（万元）		产品销售成本（万元）		产品销售费用（万元）	
		国有（万元）		国有（万元）		国有（万元）
全国农垦	**61 286 991**	**24 174 478**	**50 124 900**	**20 090 252**	**3 237 404**	**1 527 133**
北　　京	607 901	465 178	459 101	357 743	111 726	91 855
天　　津	349 301	348 351	291 752	291 115	51 672	51 487
河　　北	6 005 962	2 360 241	5 421 290	2 079 736	199 705	122 332
山　　西	46 965	521	35 632		2 254	
内 蒙 古	709 323	115 727	476 012	100 876	40 542	6 452
辽　　宁	5 396 161	52 907	4 218 519	37 402	265 430	8 419
吉　　林	56 060	3 757	44 313	3 243	4 123	220
黑 龙 江	9 450 821	3 561 396	8 581 971	3 465 529	224 490	39 969
上　　海	2 917 247	2 917 247	2 315 047	2 315 047	332 159	332 159
江　　苏	1 559 619	770 227	947 968	300 996	362 119	320 375
浙　　江	1 570 135	1 202	1 447 723	1 060	18 965	61
安　　徽	142 924	24 577	127 557	22 901	7 258	936
福　　建	1 597 282	26 377	1 487 492	21 353	49 737	1 513
江　　西	3 191 185	207 807	2 677 528	165 212	209 585	24 398
山　　东	532 008	2 546	486 874	2 234	4 555	169
河　　南	302 466	75 499	262 992	65 460	9 973	2 060
湖　　北	9 351 335	1 359 512	7 207 913	1 145 259	540 153	71 896
湖　　南	1 428 267	374 856	1 336 176	328 271	64 674	31 896
广　　东	1 580 301	979 072	1 215 834	916 263	93 984	29 009
广　　西	3 952 361	910 746	2 408 527	570 201	211 208	13 077
海　　南	146 862	53 066	121 863	41 578	6 928	4 962
重　　庆	699 565	389 454	606 625	332 874	38 263	30 286
四　　川	28 871	958	20 105	636	4 915	111
贵　　州	50 773	50 773	45 621	45 621	1 942	1 942
云　　南	117 122	99 518	98 447	84 184	14 824	13 765
陕　　西	13 354	13 354	8 646	8 646	848	848
甘　　肃	308 129	251 733	248 729	199 420	31 694	28 922
青　　海	3 409	3 409	2 238	2 238	522	522
宁　　夏	73 921	73 000	49 616	48 815	9 778	9 726
新疆(兵团)	8 920 078	8 541 591	7 327 934	7 022 685	308 012	276 052
新疆(农业)	58 655	35 500	50 089	30 200	3 665	2 090
新疆(畜牧)	57 900	54 706	47 393	45 727	4 487	3 535
热 科 院						
广　　州	50 553	49 509	38 292	37 604	6 168	6 018
南　　京	10 176	161	9 080	121	1 046	71

6－1续表2

地　区	产品销售税金及附加（万元）		产品销售利润（万元）		利润总额（万元）	
		国有（万元）		国有（万元）		国有（万元）
全国农垦	**1 331 494**	**384 883**	**4 915 038**	**1 220 305**	**3 599 436**	**1 219 679**
北　京	2 519	1 766	34 556	13 813	14 541	3 670
天　津	7 996	7 883	－1 795	－2 134	－9 799	－9 567
河　北	137 771	121 441	153 961	1 169	153 542	35 345
山　西	1 797		6 700	－150	4 975	－160
内蒙古	15 539	365	131 380	7 771	115 492	723
辽　宁	352 507	410	559 705	6 676	238 057	6 806
吉　林	301	12	4 322	280	4 549	40
黑龙江	164 904	111 130	479 456	－55 232	208 419	8 487
上　海	20 446	20 446	163 315	163 315	173 412	173 412
江　苏	12 760	9 246	236 772	139 610	168 692	125 425
浙　江	3 032	8	100 415	73	27 874	9
安　徽	457	57	7 652	684	3 168	134
福　建	22 198	757	37 855	2 754	32 875	1 006
江　西	18 599	2 661	285 473	15 536	276 067	13 814
山　东	2 183	143	38 396		38 334	
河　南	4 976	1 916	24 525	6 063	20 068	1 501
湖　北	392 149	13 104	1 211 120	129 253	984 714	62 314
湖　南	11 060	2 803	16 357	11 886	15 288	11 787
广　东	25 815	4 765	244 668	29 035	46 330	1 992
广　西	48 367	7 894	403 834	44 215	278 506	30 078
海　南	2 582	751	15 489	5 775	－1 226	－4 183
重　庆	1 567	978	53 110	25 316	14 329	949
四　川	2 072	44	1 779	167	2 620	－108
贵　州	768	768	1 174	1 174	1 174	1 174
云　南	1 140	706	2 711	863	1 417	－632
陕　西	516	516	3 344	3 344	3 260	3 260
甘　肃	6 672	4 653	21 034	18 738	23 752	23 560
青　海	313	313	336	336	336	336
宁　夏	4 942	4 939	9 585	9 519	7 122	7 078
新疆(兵团)	64 437	63 604	654 824	629 581	739 454	711 838
新疆(农业)	758	510	3 970	2 270	1 997	907
新疆(畜牧)	106	79	5 872	5 381	7 158	5 568
热科院						
广　州	226	215	3 115	3 257	2 988	3 151
南　京	21	2	29	－33	－48	－33

6-1 续表 3

地　区	＃亏损企业亏损额（万元）		固定资产原值（万元）		＃生产经营用（万元）	
		国有（万元）		国有（万元）		国有（万元）
全国农垦	**403 789**	**250 115**	**29 789 395**	**13 930 935**	**16 293 862**	**4 151 236**
北　京	7 822	8 277	364 760	277 285	344 141	264 310
天　津	11 634	11 402	156 900	155 837	153 845	152 821
河　北	25 689	167	988 763	216 065	801 268	213 658
山　西	858	160	27 957	3 549	21 777	2 468
内蒙古	1 085	993	253 012	56 837	183 153	36 512
辽　宁	6 161	911	4 845 616	87 204	3 258 410	86 839
吉　林	256	256	33 666	4 873	11 768	3 468
黑龙江	81 034	18 989	2 515 335	721 529	2 288 955	627 730
上　海	18 009	18 009	903 708	903 708	795 263	795 263
江　苏	4 648	4 292	420 714	248 005	396 197	220 361
浙　江	5 003	3	413 405	651	89 606	649
安　徽	35	35	36 232	10 209	32 904	8 690
福　建	1 524	1	528 334	4 217	423 304	2 431
江　西	2 893	2 378	798 536	74 356	646 108	74 356
山　东			93 309	1 592	77 968	1 592
河　南	347	219	105 538	37 415	67 707	13 548
湖　北	33 825	6 392	4 824 801	375 641	4 370 084	325 537
湖　南	1 109	730	282 280	2 583	106 396	2 400
广　东	16 681	16 681	470 531	425 584	417 381	374 484
广　西	19 677	4 052	1 196 300	446 058	1 112 559	414 834
海　南	9 067	8 823	170 041	102 571	153 960	91 758
重　庆	2 265	2 220	192 877	126 605	131 848	109 250
四　川	181	108	24 037	1 629	5 821	408
贵　州	162	162	40 939	40 939	37 442	37 442
云　南	4 099	3 986	109 871	102 253	52 200	46 704
陕　西	165	165	10 466	10 466		
甘　肃	8 443	6 308	536 467	426 692	203 992	145 790
青　海	216	216	4 704	4 704		
宁　夏	1 037	1 037	62 537	61 873	51 240	50 640
新疆(兵团)	139 084	132 589	9 306 116	8 935 371		
新疆(农业)	358	358	27 946	26 350	22 500	15 430
新疆(畜牧)	39		20 489	18 863	16 992	16 578
热科院						
广　州	325	163	20 765	18 895	16 629	14 759
南　京	57	33	2 445	526	2 445	526

6-1 续表 4

地　区	固定资产净值（万元）		本年折旧（万元）		从业人员年末人数（人）	
		国有（万元）		国有（万元）		国有（人）
全国农垦	**23 316 610**	**12 111 847**	**1 867 572**	**931 001**	**697 846**	**168 492**
北　京	235 923	196 729	28 721	24 427	12 830	10 255
天　津	84 904	84 608	8 037	8 004	3 100	3 039
河　北	775 186	201 576	66 300	2 924	37 776	3 921
山　西	20 327	2 382	3 109	125	2 797	567
内蒙古	138 920	31 629	18 528	3 437	7 869	1 335
辽　宁	3 202 252	71 796	116 264	964	63 642	2 036
吉　林	27 873	4 087	3 176	455	2 271	1 361
黑龙江	1 790 661	495 106	141 499	127 548	106 122	11 856
上　海	499 325	499 325	50 276	50 276	33 777	33 777
江　苏	299 336	181 621	42 369	16 936	35 264	10 493
浙　江	182 570	72	28 204	15	10 151	247
安　徽	22 757	6 247	5 048	555	3 384	455
福　建	452 449	2 568	41 226	483	22 696	1 204
江　西	565 576	47 970	45 937	3 034	81 171	8 032
山　东	83 614	557	8 745	170	1 890	69
河　南	74 715	22 283	3 677	1 369	7 484	2 923
湖　北	3 496 246	273 752	422 661	26 260	116 285	21 706
湖　南	239 851	2 195	41 305	389	32 046	2 858
广　东	306 789	283 867	32 477	29 451	18 738	9 084
广　西	897 225	312 241	69 593	17 586	50 340	13 371
海　南	90 648	52 809	9 019	4 728	8 233	3 631
重　庆	122 770	86 721	10 977	7 550	9 915	3 235
四　川	7 417	888	1 163	47	1 659	384
贵　州	32 668	32 668	1 022	1 022	1 463	1 463
云　南	55 057	51 700	6 284	5 898	5 195	3 976
陕　西	5 146	5 146	3 865	3 865	1 130	1 130
甘　肃	215 238	146 540	53 611	12 358	11 558	9 522
青　海	4 089	4 089	77	77	162	162
宁　夏	40 345	40 076	3 225	3 176	1 764	1 684
新疆(兵团)	9 306 116	8 935 371	595 639	573 234		
新疆(农业)	14 357	11 810	2 745	2 295	4 035	3 165
新疆(畜牧)	15 195	14 235	1 558	1 367	1 473	189
热科院						
广　州	9 802	9 084	1 039	963	1 408	1 314
南　京	1 265	100	106	12	218	48

6-1续表5

地　区	从业人员年平均人数（人）	国有（人）	从业人员年工资总额（万元）	国有（万元）	期末在用计算机数（台）	国有（台）	期末拥有网站数（个）	国有（个）
全国农垦	**677 348**	**156 396**	**3 160 757**	**710 031**	**71 220**	**27 515**	**725**	**339**
北　京	13 042	10 454	57 307	41 969	2 081	1 406	13	9
天　津	3 109	3 050	20 079	19 821	489	477	10	10
河　北	37 222	3 789	131 705	20 700	6 908	67	34	2
山　西	2 894	581	5 195	540	59	6		
内蒙古	7 939	1 222	28 259	4 594	371	251		
辽　宁	63 683	3 217	161 335	1 430				
吉　林	2 273	1 356	2 927	1 615	58	7	4	
黑龙江	107 660	11 694	269 969	44 885	6 878	6 365	22	19
上　海	32 680	32 680	143 372	143 372	4 580	4 580	24	24
江　苏	34 791	10 290	143 976	61 083	2 418	858	126	14
浙　江	10 281	247	37 296	583	665	3	16	
安　徽	3 279	446	6107	912	385	83	15	6
福　建	21 999	1 141	57 751	2 663	1 268	217	176	152
江　西	80 198	7 819	149 963	14 276	2 390	338	15	6
山　东	1 894	73	4 748	225				
河　南	7 564	2 950	10 885	4 675	183	152		
湖　北	114 439	21 229	388 045	80 629	9 178	1 922	106	9
湖　南	29 011	2 366	53 298	5 540	21 532	5 332	16	11
广　东	19 389	9 745	80 272	34 039	1 171	887	4	4
广　西	47 371	11 796	137 158	40 221	4 250	1 433	83	24
海　南	8 765	3 825	27 057	12 469	319	164	2	2
重　庆	9 552	3 028	39 167	17 505	1 390	430	10	5
四　川	1 649	384	3 226	394	60	12	2	
贵　州	1 463	1 463	3 924	3 924	214	214	2	2
云　南	5 040	4 079	12 573	10 272	574	539	17	16
陕　西	933	933	2 574	2 574	32	32	2	2
甘　肃			430 338	18 912	1 118	799	17	15
青　海	161	161	453	453	4	4		
宁　夏	1 785	1 703	6 591	6 431	278	278	3	3
新疆（兵团）			726 166	97 739				
新疆（农业）	4 233	3 217	6 570	4 980	2 101	436		
新疆（畜牧）	1 513	174	4 349	3 488				
热科院								
广　州	1 313	1 229	7 542	7 042	226	217	3	3
南　京	223	55	580	76	40	6	3	1

6－2 各垦区分行业工业企业个数和工业总产值

（2012年）

地区	企业个数（个）	工业总产值（万元）	＃国有		＃轻工业		＃规模以上	
			企业个数（个）	工业总产值（万元）	企业个数（个）	工业总产值（万元）	企业个数（个）	工业总产值（万元）
全国农垦	**12 623**	**64 854 448**	**1 308**	**14 869 701**	**7 603**	**39 326 310**	**3 202**	**54 958 980**
北京	36	593 861	28	453 541	8	108 810	3	121 267
天津	21	189 988	20	189 317	19	146186	18	189 425
河北	1 035	6 255 167	19	1 888 212	711	3 778 839	164	5 563 488
山西	56	53 958	2	522	14	27767	37	25 500
内蒙古	111	767 795	26	144 139	40	250 249	19	85 130
辽宁	817	6 862 456	13	43 197	257	1 952 401	430	6 331 554
吉林	44	58 338	8	1 415	33	20506	9	41 287
黑龙江	1 232	8 716 080	171	3 212 879	848	7 673 520	258	7 072 221
上海	94	2 196 880	94	2 196 880	80	2 094 324	76	2 176 546
江苏	367	1 637 575	23	808 861	138	909 956	89	523 768
浙江	60	1 602 498	4	1 218	20	609 601	47	1 545 270
安徽	149	211 131	9	25 682	127	119 813	26	154 755
福建	1 107	925 358	37	29 709	469	658 657	136	701 828
江西	928	3 689 562	76	167 418	633	2 845 815	202	2 986 096
山东	28	549 265	6	2 712	5	1 096	8	460 000
河南	54	288 989	27	88 101	26	153 189	7	231 790
湖北	2 710	11 200 000	108	1 956 505	2 526	9 910 443	571	10 506 694
湖南	369	1 071 010	125	282 915	218	487 558	163	422 324
广东	521	1 557 590	105	820 202	355	1 457 725	167	1 432 759
广西	728	4 306 877	67	789 549	258	1 261 632	274	3 875 358
海南	134	166 410	44	69 337	43	48 253	5	50 400
重庆	11	688 236	5	376 240	10	668 244	10	687 209
四川	10	29 428	4	389	2	1 184	2	5 009
贵州	6	53 484	6	53 484	4	50 365	4	50 365
云南	63	118 666	36	101 270	19	40 105	9	109 860
陕西	5	13 403	5	13 403	3	2 005	2	11 398
甘肃	65	272 106	63	251 725	18	60 330		
青海	4	2 432	4	2 432				
宁夏	57	99 717	18	72 857	35	79361	4	47259
新疆（兵团）	1 486	10 462 807	106	682 508	605	3 753 268	456	9 463 668
新疆（农业）	270	71 015	41	44 362	49	52 326		
新疆（畜牧）	37	85 765	4	53 822	27	56 970	3	39 527
热科院								
广州	3	45 812	3	44 724	3	45 812	2	44 724
南京	5	10 790	1	175			1	2 500

6-2续表1

地区	一、煤炭开采和洗选业		二、石油和天然气开采业		三、黑色金属矿采选业		四、有色金属矿采选业	
	企业个数（个）	工业总产值（万元）	企业个数（个）	工业总产值（万元）	企业个数（个）	工业总产值（万元）	企业个数（个）	工业总产值（万元）
全国农垦	**48**	**708 269**	**9**	**135 338**	**75**	**310 529**	**23**	**253 784**
北京								
天津								
河北								
山西								
内蒙古	4	340 009			28	60 675	7	9 680
辽宁			4	128 025	5	13 991	1	180
吉林								
黑龙江	10	106 749					2	70 714
上海								
江苏								
浙江								
安徽								
福建	2	3 363						
江西	4	11 405	5	7 313	9	39 600	2	116 470
山东								
河南								
湖北					6	18 200		
湖南								
广东								
广西					8	143 802	6	31 749
海南					5	1 343		
重庆								
四川								
贵州	1	3 077						
云南								
陕西	2	11 398						
甘肃								
青海								
宁夏	4	3 130						
新疆（兵团）	14	209 844			14	32 918	5	24 991
新疆（农业）	5	2 259						
新疆（畜牧）	2	17 035						
热科院								
广州								
南京								

6-2续表2

地区	五、非金属矿采选业		#采盐业		六、其他矿采选业		七、农副食品加工业	
	企业个数（个）	工业总产值（万元）	企业个数（个）	工业总产值（万元）	企业个数（个）	工业总产值（万元）	企业个数（个）	工业总产值（万元）
全国农垦	**388**	**533 017**	**202**	**18 196**	**58**	**49 562**	**2 107**	**14 393 516**
北京							2	26 098
天津							2	1 434
河北	7	2 374	7	2 374			50	179 936
山西					38	15 820	5	4 145
内蒙古	2	803					14	55 906
辽宁	188	51 350	185	6 200	4	2 100	82	569 724
吉林							32	20 850
黑龙江	39	160 207					515	6 313 168
上海							22	767 386
江苏	1	394	1	394			46	310 383
浙江							3	93 609
安徽							36	52 666
福建	11	8 371	1	308	4	5 903	138	41 925
江西	13	5 769			3	3 371	68	109 163
山东	6	6 460	5	6 455			3	1 602
河南							12	111 594
湖北	1	892			4	19 578	513	2 000 443
湖南	8	3 821					112	514 653
广东	38	11 382	1	15			79	342 152
广西	30	204 501					79	928 763
海南							11	19 893
重庆							5	375 471
四川							1	104
贵州							2	4 762
云南							4	27 407
陕西								
甘肃	2	581	1	189	1	94	11	27 434
青海	1	2 261	1	2 261				
宁夏	1	108			3	198	12	18 927
新疆（兵团）	39	73 531			1	2 498	191	1 447 480
新疆（农业）	1	212					41	12 325
新疆（畜牧）							15	13 443
热科院								
广州								
南京							1	670

6－2 续表 3

地　　区	#谷物磨制业		饲料加工业		制糖业		八、食品制造业	
	企业个数（个）	工业总产值（万元）	企业个数（个）	工业总产值（万元）	企业个数（个）	工业总产值（万元）	企业个数（个）	工业总产值（万元）
全国农垦	**906**	**3 380 710**	**298**	**2 170 126**	**55**	**1 658 752**	**655**	**5 487 782**
北　　京							20	526 378
天　　津			1	358			3	45 533
河　　北	30	5 359	6	75 784			23	566 204
山　　西	1	7	2	3 998			3	190
内 蒙 古	2	1 940	1	2 979			11	183 912
辽　　宁	38	113 431	11	97 098	1	1 000	55	270 935
吉　　林	17	10 258						
黑 龙 江	370	2 691 126	40	103 787	3	22 481	45	578 738
上　　海	6	45 787	7	66 850	6	498 247	32	1 054 665
江　　苏			17	43 382			12	31 112
浙　　江			1	87 221				
安　　徽	6	6 623	3	10 520			3	29 292
福　　建	29	1 370	17	2 741	1	110	56	19 972
江　　西	35	62 266	18	14 876			40	81 885
山　　东			2	1 470				
河　　南	6	70 851	4	27 270			4	34 215
湖　　北	174	154 252	64	618 823	12	106 797	157	597 125
湖　　南	78	50 110	28	200 138	2	90 038	31	68 128
广　　东	28	8 893	8	1 402	13	318 724	22	449 400
广　　西	11	41 320	21	209 323	9	464 536	16	42 828
海　　南	7	352			2	17 609	2	1 577
重　　庆			3	166 716			2	166 458
四　　川							5	22 794
贵　　州	1	3 011	1	1 751			2	45 603
云　　南	1	150	1	100	2	27 157	1	2 994
陕　　西							2	1 646
甘　　肃	1	21	3	2 895			3	8 465
青　　海								
宁　　夏	6	12 256	6	6 671			3	5 431
新疆（兵团）	20	87 771	21	411 114	4	112 054	91	570 409
新疆（农业）	30	10 868	5	1 435			5	7 678
新疆（畜牧）	9	2 689	6	10 754			5	44 692
热 科 院								
广　　州							1	29 524
南　　京			1	670				

6－2续表4

地区	#液体乳及乳制品制造业		罐头制造业		九、饮料制造业		十、烟草制品业	
	企业个数（个）	工业总产值（万元）	企业个数（个）	工业总产值（万元）	企业个数（个）	工业总产值（万元）	企业个数（个）	工业总产值（万元）
全国农垦	**118**	**3 201 531**	**87**	**535 183**	**543**	**2 169 188**	**4**	**772 527**
北京	14	399 246	2	20 844	2	1 011		
天津	3	45 533			5	64 650		
河北	11	564 282			7	5 001		
山西	1	155			1	85		
内蒙古					4	9 458		
辽宁	3	54 058			9	76 975		
吉林								
黑龙江	16	475 555			46	206 510		
上海	18	829 406	6	100 696	9	147 398		
江苏	2	7 213			4	1 453		
浙江					1	3 600		
安徽	1	28 336			18	10 352		
福建	3	1 340	7	2 032	71	46 173		
江西	2	19 389	8	2 527	16	53 452	3	790
山东								
河南					4	2 655		
湖北	4	238 801	6	73 461	145	771 106	1	771 737
湖南			3	29 150	5	22 853		
广东	4	90 531	1	3 768	28	22 693		
广西	3	11 446	3	6 882	66	135 346		
海南					10	7 190		
重庆	1	158 309	1	8 149				
四川	3	1 698			2	1 184		
贵州	2	45 603						
云南					14	9 704		
陕西	2	1 646						
甘肃			1	812	6	71 407		
青海								
宁夏	1	1 539			11	47 065		
新疆（兵团）	16	152 509	47	279 905	57	448 539		
新疆（农业）	2	721	2	6 957	2	3 330		
新疆（畜牧）	5	44 692						
热科院								
广州	1	29 524						
南京								

6-2续表5

地　区	十一、纺织业		十二、纺织服装、鞋、帽制造业		#纺织服装制造业		十三、皮革、毛皮、羽毛（绒）及其制品业	
	企业个数（个）	工业总产值（万元）	企业个数（个）	工业总产值（万元）	企业个数（个）	工业总产值（万元）	企业个数（个）	工业总产值（万元）
全国农垦	**500**	**2 595 735**	**718**	**1 940 096**	**349**	**1 411 789**	**166**	**218 292**
北　京								
天　津	1	3 641						
河　北	23	34 352	45	47 679	3	12 959	6	1 203
山　西								
内蒙古								
辽　宁	8	67 471	11	77 365	8	15 176	1	42 740
吉　林							1	5 963
黑龙江	24	57 626	1	295			1	1 830
上　海								
江　苏	9	21 217	34	41 790				
浙　江	15	115 361						
安　徽	3	22 890	10	6 832	10	6 832	1	14
福　建	36	10 023	7	10 312	1	3 614	39	16 982
江　西	21	120 542	321	1 251 066	213	1 169 084	7	9 569
山　东								
河　南	7	76 305	3	3 088				
湖　北	194	970 085	194	440 107	29	158 359	55	88 212
湖　南	12	75 134	4	6 267	4	5 326	3	3 169
广　东	22	14 889	68	20 138	68	20 138	45	11 106
广　西	26	88 700	10	21 876	3	7 020	7	37 504
海　南								
重　庆								
四　川	1	337						
贵　州								
云　南								
陕　西								
甘　肃	3	56						
青　海								
宁　夏								
新疆（兵团）	80	889 891	10	13 281	10	13 281		
新疆（农业）	15	27 215						
新疆（畜牧）								
热科院								
广　州								
南　京								

6-2续表6

地区	十四、木材加工及竹、藤、棕、草制品业		十五、家具制造业		十六、造纸及纸制品业		#造纸业	
	企业个数（个）	工业总产值（万元）	企业个数（个）	工业总产值（万元）	企业个数（个）	工业总产值（万元）	企业个数（个）	工业总产值（万元）
全国农垦	**499**	**793 525**	**442**	**896 209**	**213**	**862 966**	**57**	**271 297**
北京								
天津					2	7 319		
河北	9	1 216	24	151 843	27	71 511	7	48 676
山西			1	70	1			
内蒙古	3	2 970						
辽宁	3	14 278	6	12 157	5	45 908		
吉林					1	282	1	282
黑龙江	49	141 865	9	10 643	7	15 372	7	15 372
上海								
江苏			1	871	5	14 449		
浙江			1	380	1	250		
安徽	8	1 376			1	1 075		
福建	99	43 101	45	79 942	26	3 568	2	1 435
江西	69	107 113	11	36 133	24	130 873	10	58 684
山东								
河南					1	528		
湖北	53	68 415	272	315 628	29	242 132	7	78 818
湖南	6	10 562	23	112 850	14	121 666	9	33 010
广东	35	15 741	10	28 200	5	10 262	1	3 357
广西	105	323 104	18	17 487	20	80 778	2	3 833
海南	28	38 148	8	7 427	1	45		
重庆			1	115 863				
四川								
贵州								
云南	7	12 648						
陕西	1	359						
甘肃								
青海								
宁夏								
新疆（兵团）	21	12 454	9	6 647	41	115 512	10	27 175
新疆（农业）	3	175	3	68	1	780		
新疆（畜牧）					1	656	1	656
热科院								
广州								
南京								

6-2续表7

地区	十七、印刷业、记录媒介的复制业		十八、文教体育用品制造业		十九、石油加工、炼焦及核燃料加工业		二十、化学原料及化学制品制造业	
	企业个数（个）	工业总产值（万元）	企业个数（个）	工业总产值（万元）	企业个数（个）	工业总产值（万元）	企业个数（个）	工业总产值（万元）
全国农垦	**137**	**501 181**	**44**	**89 430**	**169**	**3 077 632**	**476**	**3 605 277**
北京							2	3 314
天津			2	944				
河北	10	4 123	12	6 573	88	1 518 859	40	157 871
山西							2	10 610
内蒙古							1	251
辽宁	6	66 733			47	715 417	46	504 285
吉林	1	5					1	521
黑龙江	6	5 197	1	1 980			38	95 952
上海	4	27 706					3	16 527
江苏	4	283	5	9 338			9	17 266
浙江							4	29 503
安徽	4	496	3	423				
福建	6	2 071	5	785	1	1 042	41	64 560
江西	9	4 057	3	2 358	10	54 678	25	199 962
山东					2	466 481	9	68 814
河南	1	30	1	1 032			2	12 033
湖北	42	344 477	6	33 903			58	334 993
湖南	4	767	2	42			9	44 288
广东	3	1 870					5	9 071
广西	1	26 993	2	17 008	2	23 457	41	190 976
海南	1	816					3	6 617
重庆								
四川								
贵州								
云南							1	4 867
陕西								
甘肃	1	817					10	11 998
青海								
宁夏							3	1 359
新疆（兵团）	34	14 740	2	15 044	19	297 699	123	1 819 638
新疆（农业）								
新疆（畜牧）								
热科院								
广州								
南京								

6－2续表8

地　区	#肥料制造业		日用化学产品制造业		二十一、医药制造业		#中药饮品加工业	
	企业个数（个）	工业总产值（万元）	企业个数（个）	工业总产值（万元）	企业个数（个）	工业总产值（万元）	企业个数（个）	工业总产值（万元）
全国农垦	**148**	**439 089**	**56**	**375 067**	**122**	**1 532 615**	**13**	**98 065**
北　京					3	25 128	1	10 657
天　津								
河　北	6	26 124	5	10 955	5	25 302		
山　西					1	2 173		
内蒙古	1	251						
辽　宁			3	58 401	14	167 569		
吉　林					2	5 164		
黑龙江	26	64 155			9	76 676	3	29 403
上　海	2	3 380			2	17 539		
江　苏	2	4 571			5	595 136		
浙　江								
安　徽					1	2 170		
福　建	1	330	13	34 094	3	4 855		
江　西			10	133 682	22	209 288	3	8 971
山　东	1							
河　南	1	11 889	1	144	1	2 399		
湖　北	10	47 614	6	85 306	30	258 526	2	17 813
湖　南					2	2 681		
广　东	3	8 194	2	877				
广　西	20	87 456	2	2 290	2	1 106		
海　南	2	5 848	1	769	1	9 297	1	9 297
重　庆					1	1 027		
四　川								
贵　州								
云　南	1	4 867						
陕　西								
甘　肃	3	2 681			7	34 538	1	3 300
青　海								
宁　夏	2	738	1	621				
新疆（兵团）	67	170 990	12	47 838	8	75 073	2	18 624
新疆（农业）					1	680		
新疆（畜牧）								
热科院								
广　州					2	16 288		
南　京								

6－2续表9

地　　区	中成药制造业		二十二、化学纤维制造业		二十三、橡胶和塑料制品业	
	企业个数（个）	工业总产值（万元）	企业个数（个）	工业总产值（万元）	企业个数（个）	工业总产值（万元）
全国农垦	**43**	**432 049**	**77**	**616 438**	**535**	**2 308 238**
北　　京						
天　　津					1	12 321
河　　北	3	21 000	6	21 661	64	66 363
山　　西						
内 蒙 古					1	1 113
辽　　宁	4	80 484	3	17 232	69	977 656
吉　　林	2	5 164			1	251
黑 龙 江	5	44 947			1	1 441
上　　海	1	13 762			3	58 103
江　　苏			1	1 975		
浙　　江			4	511 969	5	24 356
安　　徽	1	2 170			3	811
福　　建	3	4 855	48	4 911	61	50 735
江　　西	12	153 957	2	1 862	13	25 504
山　　东						
河　　南					1	1 000
湖　　北	8	73 927	7	22 080	46	366 850
湖　　南	2	2 681			7	1 561
广　　东					22	75 077
广　　西					32	215 557
海　　南					6	20 817
重　　庆					1	9 425
四　　川						
贵　　州						
云　　南					3	11 738
陕　　西						
甘　　肃			1	138		
青　　海						
宁　　夏						
新疆（兵团）	1	14 991	5	34 611	194	387 311
新疆（农业）					1	249
新疆（畜牧）						
热 科 院						
广　　州	1	14 111				
南　　京						

6-2 续表 10

地区	二十四、非金属矿制品业		#水泥制造业		砖瓦、石灰和轻质建筑材料制造业		二十五、黑色金属冶炼及压延加工业	
	企业个数（个）	工业总产值（万元）	企业个数（个）	工业总产值（万元）	企业个数（个）	工业总产值（万元）	企业个数（个）	工业总产值（万元）
全国农垦	**1 226**	**3 663 221**	**149**	**1 185 097**	**670**	**1 251 473**	**104**	**1 289 974**
北京	2	7 152	1	5 021	1	2 131	1	1 314
天津							1	39 757
河北	48	166 630	3	21 967	16	14 703	13	322 864
山西								
内蒙古	8	44 587	1	35 076	4	5 507		
辽宁	32	163 713	11	118 654	15	24 675	14	466 211
吉林	3	23 996	1	23 208			1	1 156
黑龙江	131	262 645	13	80 097	87	121 677		
上海								
江苏	30	32 443	16	13 033	14	12 768		
浙江	6	581 138	1	33 408	5	547 730		
安徽	28	15 143	1	2 080	19	12 388		
福建	142	228 424	11	61 768	69	45 295	12	20 482
江西	95	246 073	17	58 304	36	89 225	2	4 999
山东	4	1 320			3	1 272		
河南	6	3 751	3	2 871	2	880		
湖北	179	387 582	16	84 193	115	118 934	16	79 544
湖南	63	32 913			36	13 213		
广东	35	38 535	4	19 230	31	19 305		
广西	92	229 218	11	43 462	54	106 246	20	192 857
海南	24	44 905	4	33 905	13	8 844		
重庆	1	19 992						
四川							1	5 009
贵州								
云南	14	10 526	2	6 475	12	4 051	1	7 493
陕西								
甘肃	5	85 857	4	85 529				
青海	3	171			3	171		
宁夏	6	12 465			6	12 465		
新疆（兵团）	224	1 009 160	28	455 351	85	76 575	22	148 288
新疆（农业）	32	5 267			32	5 267		
新疆（畜牧）	13	9 615	1	1 464	12	8 151		
热科院								
广州								
南京								

6-2续表11

地区	二十六、有色金属冶炼及压延加工业		二十七、金属制品业		#搪瓷制品制造业		不锈钢及类似日用金属制品制造业	
	企业个数（个）	工业总产值（万元）	企业个数（个）	工业总产值（万元）	企业个数（个）	工业总产值（万元）	企业个数（个）	工业总产值（万元）
全国农垦	**76**	**1 993 354**	**909**	**2 348 235**	**9**	**8 422**	**69**	**205 881**
北京	1	1 527	1	579				
天津			2	2 841				
河北			199	145 924	1	6 003	4	7 822
山西	1	15 567	2	5 048			2	5 048
内蒙古	16	45 976						
辽宁	15	312 653	35	548 397			4	64 500
吉林			1	150				
黑龙江	10	29 930	23	35 081				
上海			10	51 461			5	36 835
江苏								
浙江	3	23 164	8	57 853				
安徽			8	43 132				
福建			99	163 101			6	23 797
江西	2	8 268	19	54 068	6	2 292	2	264
山东								
河南								
湖北	8	27 294	354	904 214			10	37 012
湖南			4	6 399			3	3 849
广东			20	69 548			12	9 472
广西	5	55 143	31	131 477	1	116	5	14 274
海南			6	816			6	816
重庆								
四川								
贵州								
云南			1	2 307				
陕西								
甘肃			2	8 765				
青海								
宁夏			13	7 342			9	2 159
新疆(兵团)	15	1 473 832	71	109 733	1	11	1	34
新疆(农业)								
新疆(畜牧)								
热科院								
广州								
南京								

6－2 续表 12

地　区	二十八、通用设备制造业		二十九、专用设备制造业		#农、林、牧、渔专用机械制造业		三十、汽车制造业		三十一、铁路、船舶、航空航天和其他运输设备制造业	
	企业个数（个）	工业总产值（万元）	企业个数（个）	工业总产值（万元）	企业个数（个）	工业总产值（万元）	企业个数（个）	工业总产值（万元）	企业个数（个）	工业总产值（万元）
全国农垦	**225**	**924 279**	**344**	**1 687 825**	**128**	**303 157**	**112**	**1 415 752**	**209**	**431 464**
北　京										
天　津	1	4 045								
河　北	36	85 858	19	85 179	1	2 006	4	2 519	115	274 566
山　西										
内蒙古										
辽　宁	23	236 432	56	804 257	1	4 441	5	93 949	8	93 500
吉　林										
黑龙江	12	18 441	45	113 233	43	109 933			5	7 374
上　海	2	35 690	5	15 474						
江　苏	35	64 425	9	16 918	2	2 570				
浙　江							3	16 216		
安　徽	3	4 351	5	7 382	1	7	2	1 608		
福　建	21	14 805	40	4 307	2	4 031	5	8 717	7	8 442
江　西	7	90 098	11	10 992	8	8 238			4	7 058
山　东	2	3 021								
河　南	5	8 659								
湖　北	34	268 119	44	259 664	6	2 249	50	624 207	32	30 729
湖　南	5	6 712	6	3 748	2	1 896				
广　东			10	8 237	6	7 807			35	8 109
广　西	7	45 235	25	260 558	3	72 372	38	663 031		
海　南			4	3 210	4	3 210			2	1 576
重　庆										
四　川										
贵　州										
云　南			2	2 125	1	2 117				
陕　西										
甘　肃			1	500	1	500				
青　海										
宁　夏										
新疆（兵团）	29	28 444	62	92 041	47	81 780	4	5 435	1	110
新疆（农业）							1	70		
新疆（畜牧）										
热科院										
广　州										
南　京	3	9 945								

6-2 续表 13

地区	三十二、电气机械及器材制造业		#家用电力器具制造业		三十三、通信设备、计算机及其电子设备制造业	
	企业个数（个）	工业总产值（万元）	企业个数（个）	工业总产值（万元）	企业个数（个）	工业总产值（万元）
全国农垦	**114**	**1 126 191**	**4**	**334 543**	**67**	**758 111**
北京					1	63
天津	1	7 503				
河北	10	63 830			2	5 570
山西						
内蒙古						
辽宁	13	78 744			3	8 550
吉林						
黑龙江						
上海						
江苏					30	74 559
浙江	4	100 460				
安徽	1	151				
福建	5	2 421			5	5 496
江西	5	14 947	2	915	9	542 851
山东						
河南						
湖北	39	760 874	1	333 600	12	86 714
湖南						
广东						
广西	8	86 941			5	34 308
海南						
重庆						
四川						
贵州						
云南						
陕西						
甘肃						
青海						
宁夏						
新疆(兵团)	27	10 145	1	28		
新疆(农业)						
新疆(畜牧)						
热科院						
广州						
南京	1	175				

6－2续表14

地区	#家用视听设备制造业		三十四、仪器仪表及文化、办公机械制造业		三十五、其他未列明制造业		三十六、废弃资源和废旧材料回收加工业	
	企业个数（个）	工业总产值（万元）	企业个数（个）	工业总产值（万元）	企业个数（个）	工业总产值（万元）	企业个数（个）	工业总产值（万元）
全国农垦	**4**	**6 984**	**124**	**70 793**	**545**	**1 199 119**	**26**	**66 882**
北京					1	1 297		
天津								
河北			112	31 304	4	635	11	4 356
山西					1	250		
内蒙古								
辽宁			1	2 319	31	136 567		
吉林								
黑龙江					17	35 022		
上海								
江苏					127	403 563		
浙江								
安徽					4	8 127		
福建			1	2 044	34	19 673	6	835
江西	2	6 564	3	837	29	65 905	3	1 728
山东					1	152		
河南					5	28 367		
湖北	2	420	4	15 163	61	13 534		
湖南					24	19 999	1	670
广东					31	419 357		
广西			2	8 926	7	12 232	3	43 326
海南								
重庆								
四川								
贵州								
云南					4	3 782		
陕西								
甘肃					10	16 400		
青海								
宁夏					1	3 692		
新疆（兵团）			1	10 200	1	44	2	15 967
新疆（农业）					152	10 522		
新疆（畜牧）								
热科院								
广州								
南京								

6-2续表15

地区	三十七、电力、热力生产和供应业		#电力生产业		三十八、燃气生产和供应业		三十九、水的生产和供应业		#自来水生产和供应	
	企业个数（个）	工业总产值（万元）	企业个数（个）	工业总产值（万元）	企业个数（个）	工业总产值（万元）	企业个数（个）	工业总产值（万元）	企业个数（个）	工业总产值（万元）
全国农垦	**367**	**1 785 873**	**148**	**1 142 719**	**25**	**88 243**	**129**	**106 267**	**111**	**92 317**
北京										
天津										
河北	9	107 896	4	65 278	5	45 668	2	13 053	1	13 000
山西										
内蒙古	11	12 422	6	10 397			1	33	1	33
辽宁	11	92 373	4	54 356			3	2 700	2	1 200
吉林										
黑龙江	147	340 894	8	56 782			39	28 498	39	28 498
上海	1	1 051					1	3 881	1	3 881
江苏										
浙江	2	44 639	2	44 639						
安徽	4	2 258	4	2 258			3	583	3	583
福建	25	21 319	20	2 183	1	2 970	5	3 728	5	3 728
江西	31	58 720	21	36 353	1	40	7	755	3	245
山东	1	1 415								
河南	1	3 334	1	462						
湖北	13	43 455	6	17 552	8	3 399	43	31 019	36	26 414
湖南	14	8 771	6	3 137			10	3 356	10	3 356
广东	8	1 823	8	1 823						
广西	3	347	3	347	4	4 171	7	7 572	3	335
海南	22	2 733	21	2 641						
重庆										
四川										
贵州	1	42	1	42						
云南	11	23 074	11	23 074						
陕西										
甘肃	2	5 056	2	5 056						
青海										
宁夏										
新疆(兵团)	43	1 013 787	19	816 015	6	31 995	7	11 044	7	11 044
新疆(农业)	6	140					1	45		
新疆(畜牧)	1	324	1	324						
热科院										
广州										
南京										

6－3 主要工业产品产量

（2012年）

地区	原煤（吨）	无烟煤（吨）	烟煤（吨）	炼焦烟煤（吨）	一般烟煤（吨）	洗煤（吨）	洗精煤（吨）	液化天然气（吨）	铁矿石原矿（吨）
全国农垦	**33 000 923**	**2 740 619**	**7 789 679**	**1 808 399**	**6 497 148**	**1 259 453**	**1 126 430**	**5 400**	**2 058 866**
北京									
天津									
河北									
山西									
内蒙古	21 131 595								
辽宁									
吉林									
黑龙江	515 868				515 868	434 064	434 064		
上海									
江苏									
浙江									
安徽									
福建	103 500	103 500						5 400	
江西	257 132	211 418							
山东									
河南									
湖北									
湖南									
广东									
广西									1 638 589
海南									
重庆									
四川									
贵州	23 400	23 400							
云南									
陕西	310 000								
甘肃									
青海									
宁夏	30 550					18 407	18 407		
新疆（兵团）	10 521 288	2 385 864	7 685 424	1 808 399	5 877 025	806 982	673 959		420 277
新疆（农业）	107 590	3 335	104 255		104 255				
新疆（畜牧）		13 102							
热科院									
广州									
南京									

6-3 续表 1

地　　区	铜金属含量（吨）	锌金属含量（吨）	硫铁矿石（折含硫35%）（吨）	磷矿石（折含五氧化二磷30%）（吨）	原盐（吨）	小麦粉（吨）	大米（吨）	饲料（吨）		
									配合饲料（吨）	混合饲料（吨）
全国农垦	**9 391**	**40 789**	**7 620**	**37 831**	**508 623**	**897 557**	**10 851 005**	**7 113 770**	**3 058 773**	**3 542 745**
北　　京										
天　　津										
河　　北					100 000	5 868	912	189 371	166 261	23 110
山　　西								14 800	14 800	
内 蒙 古						36 895		23 977	7 550	15 932
辽　　宁					50 000	2 650	958 002	175 455	54 042	
吉　　林							37 553			
黑 龙 江						327 451	6 189 377	602 613	394 913	207 700
上　　海							100 326	352 684	146 130	164 330
江　　苏					17 133	2 649	297 676	102 629	58 324	44 305
浙　　江								293 177	293 177	
安　　徽						39 017	31 061	60 682	22 528	
福　　建					8 540	8 000	81 800	14 229	7 186	6 543
江　　西	5 934	8 760				1 900	1 329 862	30 270	18 035	12 125
山　　东					332 800	316		726		726
河　　南						5 980		111 914	2 788	62 376
湖　　北						150 627	1 430 168	1 244 899	558 214	457 201
湖　　南						2 140	78 505	1 094 881	11 105	1 083 776
广　　东					150		20 940	5 319	5 319	
广　　西		30 000		37 831			97 361	671 242	452 257	218 435
海　　南							7 560			
重　　庆								459 380	459 380	
四　　川										
贵　　州							3 720	2 270	2 270	
云　　南							200	906	906	
陕　　西										
甘　　肃						53		3 580	3 580	
青　　海										
宁　　夏							22 870	27 433		27 433
新疆（兵团）	3 457	2 029	7 620			296 641	151 867	1 515 141	322 134	1 160 435
新疆（农业）						17 370	11 245	15 725	3 715	12 010
新疆（畜牧）								97 239	54 159	43 080
热 科 院										
广　　州										
南　　京								3 228		3 228

6-3 续表 2

地　区	食用植物油（吨）	成品糖（吨）	鲜、冷藏肉（吨）	冷冻水产品（吨）	糖果（吨）	速冻米面食品（吨）	方便面（吨）	乳制品（吨）	液体乳（吨）	奶粉（吨）
全国农垦	**2 757 158**	**2 323 951**	**1 097 271**	**11 472**	**60 708**	**8 510**	**166 061**	**3 261 727**	**2 971 183**	**186 777**
北　京			16 291			3 151		496 865	468 347	10 782
天　津								78 851	78 851	
河　北	756					26		537 117	498 301	38 816
山　西			18 150					310	310	
内蒙古	78 422		6 018							
辽　宁	20 186	11 734						146 717	137 487	7 500
吉　林			700							
黑龙江	1 236 928	31 144	875 232			630	7 214	311 648	229 715	78 608
上　海		759 303	89 130	4 081	19 054	189	3 103	920 528	838 271	11 968
江　苏	13 287									
浙　江								6 900	6 900	
安　徽								29 117	26 219	1 737
福　建	1 500			2 480	2 620			1 395	1 395	
江　西	14 061			812		504		700		
山　东										
河　南	2 526						47 271	12 807	12 807	
湖　北	800 000		28 513		36 856		71 939	90 794	90 229	
湖　南	3 827	4 423			2 016			5 933	5 933	
广　东	2 249	542 663						98 630	98 630	
广　西	518	698 178		3 789		310		5 740	5 740	
海　南	85	28 569								
重　庆								215 468	213 880	1 588
四　川								2 492	2 012	480
贵　州								47 302	42 160	
云　南		53 575								
陕　西								3 360	3 360	
甘　肃										
青　海										
宁　夏	9		1 543					21 100	21 100	
新疆（兵团）	571 496	194 362	61 694	310	162	3 700	36 534	127 444	92 611	34 803
新疆（农业）	11 308							570	350	220
新疆（畜牧）								64 672	64 397	275
热科院										
广　州								35 267	32 178	
南　京										

6-3 续表 3

地　　区	罐头（吨）	其中：番茄酱罐头（吨）	味精（吨）	酱油（吨）	冷冻饮品（吨）	食品添加剂（吨）	发酵酒精（折 96 度，商品量）（千升）	饮料酒（混合量）（千升）	白酒（千升）	啤酒（千升）	葡萄酒（千升）
全国农垦	**596 889**	**442 006**	**34 541**	**20 272**	**24 580**	**11 056**	**498 521**	**1 612 043**	**210 573**	**1 223 060**	**74 380**
北　　京	7 205							28			28
天　　津						67		26 033			26 033
河　　北								5 086	5 054		32
山　　西								85	85		
内 蒙 古								1 517	1 517		
辽　　宁								361 092	13 085	348 007	
吉　　林								60	60		
黑 龙 江				10 022			46 000	79 702	79 702		
上　　海	53 160		17 539	1 918	20 660	191	29 423	93 873	2 164		
江　　苏											
浙　　江											
安　　徽								4 798	2 118		
福　　建	1 601			200				6 248	1 396		
江　　西	470		455	470	1 520			83 776	636	81 200	
山　　东											
河　　南							115 898	3 607	20		3 587
湖　　北	60 391			5 000				354 233	11 985	342 248	
湖　　南	9 304							4 890	4 890		
广　　东	5 145							2 753	1 993		
广　　西	2 960					6 909	253 469	14 802	14 790		
海　　南								142	142		
重　　庆											
四　　川								7 381	7 381		
贵　　州											
云　　南								305	305		
陕　　西											
甘　　肃		1 317						166 395	465	159 330	6 600
青　　海											
宁　　夏								158 307	516	153 746	4 045
新疆（兵团）	446 833	430 869	16 547	2 662	2 400	3 889	53 731	232 635	58 764	138 529	33 265
新疆（农业）	9 820	9 820						4 295	3 505		790
新疆（畜牧）											
热 科 院											
广　　州											
南　　京											

6-3续表4

地　　区	软饮料（吨）	其中：碳酸饮料类（汽水）（吨）	包装饮用水类（吨）	果汁和蔬菜汁饮料类（吨）	精制茶（吨）	纱（吨）	棉纱（吨）	棉混纺纱（吨）	化学纤维纱（吨）	其中：精梳纱（吨）
全国农垦	**3 452 975**	**276 965**	**1 433 345**	**455 225**	**25 243**	**631 622**	**597 591**	**26 947**	**7 084**	**50 930**
北　　京	2 420		2 420							
天　　津	9 326		9 326							
河　　北										
山　　西										
内 蒙 古	11 716									
辽　　宁	8 708									
吉　　林										
黑 龙 江	655 940	990	620 309	5 235						
上　　海	464 755	9 858	269 797	2 748						
江　　苏						3	3			
浙　　江					1 800					
安　　徽	728				3 190	7 800	7 800			
福　　建	32 178	1 200		28 188	3 587					
江　　西	10 560		10 500	60	1 251	27 937	27 697		240	240
山　　东										
河　　南						29 932	29 932			
湖　　北	1 484 409	233 726	27 305	291 477	171	247 708	237 355	5 756	4 597	
湖　　南					4 626	37 740	14 302	21 191	2 247	2 247
广　　东	243			243	62					
广　　西	370 295		314 744		2 626					
海　　南	2 583	1 949	316	318	382					
重　　庆										
四　　川					485					
贵　　州					1 277					
云　　南					5 599					
陕　　西										
甘　　肃										
青　　海										
宁　　夏										
新疆（兵团）	399 114	29 242	178 628	126 956	187	257 200	257 200			48 443
新疆（农业）						23 303	23 303			
新疆（畜牧）										
热 科 院										
广　　州										
南　　京										

6-3续表5

地　区	其中：气流纺纱（吨）	布（万米）	其中：色织布（含牛仔布）（万米）	其中：棉布（万米）	棉混纺布（万米）	化学纤维布（万米）	印染布（万米）	毛线（吨）	呢绒（万米）	苎麻布（含苎麻≥55%）（万米）
全国农垦	**28 939**	**58 153**	**820**	**36 149**	**4 727**	**206**	**32 851**	**90**	**263**	**10**
北　京										
天　津										
河　北		8 993		8 993			145		20	
山　西										
内蒙古										
辽　宁								90		
吉　林										
黑龙江										
上　海										
江　苏							5 139			
浙　江		12 490					27 244			
安　徽										
福　建		2 050		2 050						
江　西		206	206			206	233			10
山　东										
河　南		23								
湖　北		28 749	272	21 654	4 257		90			
湖　南		342	342							
广　东										
广　西										
海　南										
重　庆										
四　川										
贵　州										
云　南										
陕　西										
甘　肃										
青　海										
宁　夏										
新疆（兵团）	28 939	5 300		3 452	470				243	
新疆（农业）										
新疆（畜牧）										
热科院										
广　州										
南　京										

6-3续表6

地　区	蚕丝（吨）	蚕丝被（万条）	纺布（无纺织物）（吨）	服装（万件）	梭织服装（万件）	羽绒服装（万件）	西服套装（万件）	衬衫（万件）	针织服装（万件）	其中：棉化纤针织衫裤（万件）
全国农垦	**543**	**0.02**	**6 114**	**12 713**	**11 868**	**5 385**	**2 267**	**5**	**5 856**	**543**
北　　京										
天　　津										
河　　北				407	407				50	10
山　　西										
内 蒙 古										
辽　　宁									538	
吉　　林										
黑 龙 江				8					8	8
上　　海										
江　　苏				149		149			3 817	
浙　　江										
安　　徽				109	109					
福　　建				88						
江　　西	60		2 860	4 004	3 914	3 851			90	
山　　东										
河　　南										
湖　　北			3 254	2 645	2 634	1 385	287	4	11	
湖　　南										
广　　东				1 975	1 975		1 975			
广　　西	483			2 790	2 824				813	
海　　南										
重　　庆										
四　　川		0.02								
贵　　州										
云　　南										
陕　　西										
甘　　肃										
青　　海										
宁　　夏										
新疆（兵团）				538	5		5	1	528	525
新疆（农业）										
新疆（畜牧）										
热 科 院										
广　　州										
南　　京										

6-3续表7

地　区	毛针织衫裤（万件）	鞣制皮革（折合牛皮）（米²）	皮革服装（件）	鞣制毛皮（折羊毛皮）（张）	皮鞋（万双）	人造板（米³）	胶合板（米³）	纤维板（米³）
全国农垦	**40.42**	**147 777**	**120 000**	**1 281 073**	**844.66**	**1 941 738**	**872 906**	**648 092**
北　京								
天　津								
河　北	40.20			73	43.00	15 505	15 500	5
山　西								
内蒙古						45 000	45 000	
辽　宁					11.00	7 441	4 831	
吉　林								
黑龙江						21 608		
上　海								
江　苏								
浙　江								
安　徽					0.18			
福　建		46 025			770.00	96 258	87 922	8 300
江　西						39 278	26 633	11 745
山　东								
河　南								
湖　北					7.00	129 344	50 344	19 800
湖　南						20 066	4 327	12 534
广　东						10 708	2 458	
广　西			120 000	1 280 000	13.00	1 412 177	537 419	593 602
海　南						27 139	26 489	
重　庆								
四　川								
贵　州								
云　南						29 139	29 131	
陕　西				1 000	0.40			2 106
甘　肃								
青　海								
宁　夏								
新疆（兵团）	0.22	101 752			0.08	54 645	9 422	
新疆（农业）						33 430	33 430	
新疆（畜牧）								
热科院								
广　州								
南　京								

6-3续表8

地　区	刨花板（米³）	人造板表面装饰板（米²）	实木木地板（米²）	复合木地板（米²）	家具（件）				纸浆（原生浆及废纸浆）（吨）	机制纸及纸板（吨）
						木质家具（件）	金属家具（件）	软体家具（件）		
全国农垦	**317 737**	**213 213**	**75 766**	**1 952 376**	**9 065 166**	**6 220 847**	**2 085 851**	**203 327**	**138 341**	**467 090**
北　京										
天　津										
河　北					2 010 000		2 010 000		7 100	50 120
山　西					700	700				
内蒙古										1 902
辽　宁	2 610				1 109 000	1 109 000				3 410
吉　林										6 800
黑龙江	21 608				51 701	51 701			13 660	28 651
上　海										
江　苏										
浙　江					500	500				
安　徽										
福　建			4 020		547 972	327 346	35 126			
江　西	900		68 500	6 305	70 302	127			1 582	67 761
山　东										
河　南										
湖　北		211 881		1 946 071	641 045	188 004	27 357	189 567		6 262
湖　南	3 205				18 000	18 000				39 123
广　东	8 250		2 046		2 731 500	2 731 500				12 750
广　西	281 156				76 455	77 132	6 960	8 600	91 794	105 263
海　南					160 000	100 000				180
重　庆					1 477 818	1 477 818				
四　川										
贵　州										
云　南	8									
陕　西										
甘　肃										
青　海										
宁　夏										
新疆（兵团）		1 332	1 200		170 173	139 019	6 408	5 160	24 205	144 868
新疆（农业）										
新疆（畜牧）										
热科院										
广　州										
南　京										

6-3 续表 9

地　　区	其中：未涂布印刷书写用纸（吨）	其中：新闻纸（吨）	涂布类印刷用纸（吨）	卫生用纸原纸（吨）	箱纸板（吨）	纸制品（吨）	其中：瓦楞纸箱（吨）	单色印刷品（令）	多色印刷品（对开色令）
全国农垦	**87 820**	**11 226**	**2 010**	**19 451**	**114 353**	**348 828**	**329 310**	**1 279 672**	**37 128 044**
北　　京									
天　　津						6 381	5 010		
河　　北				20	27 158	51			
山　　西									
内 蒙 古									
辽　　宁									
吉　　林									
黑 龙 江	28 651					1 970			
上　　海									34 080 000
江　　苏									
浙　　江						900			
安　　徽								1	
福　　建	3 520					1 810	1 200	61	
江　　西						2 331	93		6
山　　东									
河　　南						2 723			
湖　　北						175 976	173 241	1 204 734	2 411 610
湖　　南						29 193	29 193		
广　　东					4 242				60 500
广　　西	30 165					3 306	2 662		
海　　南									
重　　庆									
四　　川									
贵　　州									
云　　南									
陕　　西									
甘　　肃							2 262		
青　　海									
宁　　夏									
新疆（兵团）	25 484	11 226	2 010	19 431	82 953	124 187	115 649	74 876	575 928
新疆（农业）									
新疆（畜牧）									
热 科 院									
广　　州									
南　　京									

6－3 续表 10

地　区	原油加工量（吨）	汽油（吨）	柴油（吨）	润滑油（吨）	燃料油（吨）	溶剂油（吨）	液化石油气（吨）	石油沥青（吨）	人造原油（吨）	其中：煤炼油（吨）
全国农垦	**9 000**	**9 742**	**254 183**	**34 367**	**148 108**	**5 451**	**37 517**	**441 228**	**12 500**	**12 500**
北　京										
天　津										
河　北		42	84 016		148 108			56 652		
山　西									12 500	12 500
内蒙古										
辽　宁		9 700	10 200					384 576		
吉　林										
黑龙江										
上　海										
江　苏										
浙　江										
安　徽										
福　建				15						
江　西						451				
山　东			159 967				37 517			
河　南										
湖　北				30 352						
湖　南										
广　东										
广　西										
海　南										
重　庆										
四　川										
贵　州										
云　南										
陕　西										
甘　肃										
青　海										
宁　夏										
新疆（兵团）	9 000			4 000		5 000				
新疆（农业）										
新疆（畜牧）										
热科院										
广　州										
南　京										

6－3续表11

地　　区	焦炭（吨）	其中：机焦（吨）	硫酸（吨）	盐酸（氯化氢，含量31%）（吨）	氢氧化钠（烧碱）（吨）	其中：离子膜法烧碱（折100%）（吨）	碳化钙（电石，折300升/千克）（吨）	精甲醇（吨）	合成氨（吨）
全国农垦	**3 361 422**	**2 112 819**	**175 981**	**219 446**	**804 252**	**780 809**	**1 750 748**	**90 751**	**225 544**
北　　京									
天　　津									
河　　北	159 225	159 225	10 504						530
山　　西									
内 蒙 古									
辽　　宁									
吉　　林									
黑 龙 江	3 000	3 000						10 751	187 254
上　　海									
江　　苏									
浙　　江									
安　　徽									
福　　建					80				
江　　西	1 219		5 400						
山　　东				19 013					
河　　南			89 765						
湖　　北			11 000					80 000	
湖　　南									
广　　东									
广　　西									34 100
海　　南									
重　　庆									
四　　川									
贵　　州									
云　　南									
陕　　西									
甘　　肃				21 101	13 390				
青　　海									
宁　　夏									
新疆（兵团）	3 197 978	1 950 595	59 312	179 332	790 782	780 809	1 750 748		3 660
新疆（农业）									
新疆（畜牧）									
热 科 院									
广　　州									
南　　京									

6－3 续表 12

地区	农用氮、磷、钾化学肥料总计（折纯量）（吨）	氮肥（吨）	其中：尿素（折含 N 100%）（吨）	磷肥（吨）	钾肥（吨）	磷酸一铵（实物量）（吨）	磷酸二铵（实物量）（吨）	化学农药（折有效成份 100%）（吨）	其中：杀虫剂原药（吨）	杀菌剂原药（吨）
全国农垦	**837 116**	**629 967**	**542 648**	**89 686**	**47 813**	**900**	**16 681**	**3 036**	**2 501**	**30**
北京										
天津										
河北	7 374	2 355		3 458	1 561					
山西								2 129	2 129	
内蒙古										
辽宁	10 138	6 238		3 300	600					
吉林										
黑龙江	160 845	152 979	148 763	3 348	4 518					
上海										
江苏	969	138		649	182					
浙江										
安徽										
福建										
江西	7 517	2 187		5 230	100	900		150	120	30
山东	12 000									
河南	10 298			10 298						
湖北	9 636			9 636				505		
湖南										
广东										
广西	98 065	55 878		18 988	23 199			3	3	
海南										
重庆										
四川										
贵州										
云南	11 950									
陕西										
甘肃	30 161			30 161						
青海										
宁夏							16 681			
新疆（兵团）	478 163	410 192	393 885	4 618	17 653			249	249	
新疆（农业）										
新疆（畜牧）										
热科院										
广州										
南京										

6－3续表13

地　区	涂料（吨）	其中：建筑涂料（吨）	初级形态的塑料（吨）	聚氯乙烯树脂（吨）	合成橡胶（吨）	化学试剂（吨）	单晶硅（千克）	合成洗涤剂（吨）	化学原料药（吨）	中成药（吨）
全国农垦	**97 610**	**24 119**	**1 170 435**	**1 150 573**	**372 413**	**25**	**850 000**	**40**	**19 911**	**48 094**
北　京	3 282	3 282							178	
天　津										
河　北								40	280	
山　西										
内蒙古										
辽　宁							850 000			
吉　林										320
黑龙江									920	4 206
上　海										37
江　苏									9 847	268
浙　江										
安　徽										350
福　建	12 544	12 094			110					67
江　西					12	25			2 620	18 651
山　东										
河　南										2 512
湖　北	27 570	700							6 035	18 361
湖　南										55
广　东										
广　西	38 377	7 857			372 226					
海　南										
重　庆										
四　川										
贵　州										
云　南										
陕　西										
甘　肃										
青　海										
宁　夏										
新疆（兵团）	15 837	186	1 170 127	1 150 573	65				31	346
新疆（农业）			308							
新疆（畜牧）										
热科院										
广　州										2 921
南　京										

6－3 续表 14

地　区	化学纤维用浆粕（吨）	化学纤维（吨）	其中：人造纤维（纤维素纤维）（吨）	其中：黏胶短纤维（吨）	纤维	丙纶纤维（吨）	轮胎外胎（条）	其中：摩托车充气橡胶轮胎外胎（条）	塑料制品（吨）	其中：塑料薄膜（吨）
全国农垦	**38 370**	**9 544**	**8 270**	**4 432**	**254 217**	**274**	**106 338**	**560**	**954 692**	**171 120**
北　京										
天　津									5 979	
河　北		274			274	274			2 064	1 717
山　西										
内蒙古									3 122	3 122
辽　宁									5 214	4 589
吉　林										
黑龙江										
上　海									36 210	15 750
江　苏									2 109	
浙　江					253 943				440	
安　徽									980	
福　建		1 000					60 000		26 907	400
江　西	1 700	4 432	4 432	4 432					18 067	30
山　东										
河　南									1 250	
湖　北							560	560	202 196	22
湖　南									162	
广　东							40 228		719	
广　西									137 849	
海　南									782	540
重　庆									424	
四　川										
贵　州										
云　南									486	486
陕　西										
甘　肃										
青　海										
宁　夏										
新疆（兵团）	36 670	3 838	3 838				5 550		509 732	144 464
新疆（农业）										
新疆（畜牧）										
热科院										
广　州										
南　京										

6-3续表15

地区	农用地膜（吨）	塑料板、片（吨）	塑料管及其附件（吨）	其中：滴灌管带（吨）	塑料条、棒、型材（吨）	塑料丝、绳及编织品（吨）	泡沫塑料（吨）	塑料包装箱及容器（吨）	日用塑料制品（吨）
全国农垦	**136 887**	**16 249**	**309 189**	**184 970**	**15 405**	**54 495**	**14 959**	**58 632**	**37 775**
北京									
天津								5 979	
河北					20	17	120	147	
山西									
内蒙古	3 122								
辽宁	3 450								625
吉林									
黑龙江									
上海								597	
江苏									
浙江									
安徽									
福建	400	320				16			26 007
江西	30				5 671			20	10
山东									
河南									
湖北		1 350				8 344	6 683		1 823
湖南									
广东						719			
广西		720	41 368			12 692	5 370	30 818	3 490
海南	540					242			
重庆									
四川									
贵州									
云南	486								
陕西									
甘肃									
青海									
宁夏									
新疆（兵团）	128 859	13 859	267 821	184 970	9 714	32 465	2 786	21 071	5 820
新疆（农业）									
新疆（畜牧）									
热科院									
广州									
南京									

6-3续表16

地　　区	硅酸盐水泥熟料（吨）	其中：窑外分解窑水泥熟料（吨）	水泥（吨）	其中：强度等级42.5水泥（含R型）（吨）	强度等级52.5水泥（含R型）（吨）	商品混凝土（米³）	水泥混凝土排水管（千米）	水泥混凝土压力管（千米）	水泥混凝土电杆（根）
全国农垦	**14 594 152**	**12 996 076**	**27 289 595**	**13 009 696**	**285 801**	**13 380 709**	**78 752**	**76**	**234 950**
北　　京						109 000			
天　　津									
河　　北			429 403	429 403		495 696	99		
山　　西									
内 蒙 古			120	40	80				
辽　　宁			197 229	197 229					
吉　　林			617 903	617 903		15 434			
黑 龙 江	819 456	819 456	1 997 314	1 997 314					
上　　海									
江　　苏									
浙　　江			1 070 000	1 070 000					
安　　徽			80 000						
福　　建	6		480 000	430 000		172 700			
江　　西			186 560	186 560		331 500			
山　　东									
河　　南			88 882	40 000	48 882				
湖　　北			2 375 795	1 880	200	200 000	140	59	520
湖　　南									
广　　东			516 692						
广　　西			445 200	268 000	177 200	587 600	78 414		19 300
海　　南	556 471		910 000						
重　　庆						820 000			
四　　川									
贵　　州									
云　　南			185 347	185 347					
陕　　西									
甘　　肃	295 800		2 363 700	2 363 700					
青　　海									
宁　　夏									
新疆（兵团）	12 922 419	12 176 620	15 345 449	5 222 320	59 439	10 648 779	99	17	215 130
新疆（农业）									
新疆（畜牧）									
热 科 院									
广　　州									
南　　京									

6-3 续表 17

地区	预应力混凝土桩（米）	石膏板（万米²）	砖（万块）	瓦（万片）	瓷质砖（米²）	细炻砖（米²）	陶质砖（米²）	天然大理石建筑板材（米²）	天然花岗石建筑板材（米²）
全国农垦	**5 423 626**	**417**	**1 722 269**	**24 335**	**8 678 056**	**38 900**	**7 550 000**	**306 853**	**344 190**
北京									
天津									
河北	662 209		16 485						
山西									64 000
内蒙古			95 384						
辽宁			22 156	8					
吉林			1 200						
黑龙江			209 212	39					
上海									
江苏			24 798						
浙江			3 700						
安徽			10 397						
福建		5	14 445	650	8 677 500	36 600		12 000	20 991
江西			33 035	1 552		2 300		15 000	
山东			5 911						
河南			6 007						
湖北	3 332 953		275 370	10 905				219 504	77 499
湖南			35 455	6 354					
广东			41 524						
广西		139	141 657				7 550 000		
海南			15 688	80					181 700
重庆									
四川									
贵州			79						
云南			7 879						
陕西									
甘肃			263						
青海			440						
宁夏			29 267						
新疆（兵团）	1 428 464	272	693 309	4 747	556			60 349	
新疆（农业）			38 608						
新疆（畜牧）									
热科院									
广州									
南京									

6－3 续表 18

地　区	沥青和改性沥青防水卷材（米²）	平板玻璃（重量箱）	钢化玻璃（米²）	夹层玻璃（米²）	中空玻璃（米²）	日用玻璃制品（吨）	玻璃包装容器（吨）	玻璃保温容器（万个）	纤维增强塑料制品（吨）
全国农垦	**340 011**	**3 582 994**	**100 000**	**20 000**	**5 000**	**41 418**	**81 473**	**1 240**	**6 356**
北　京									
天　津									
河　北		2 455 037							
山　西									
内蒙古									
辽　宁									
吉　林									
黑龙江									
上　海									
江　苏									
浙　江									
安　徽									
福　建									
江　西						935		1 240	
山　东									
河　南									
湖　北		133 873	100 000	20 000	5 000				
湖　南									
广　东									
广　西									
海　南									
重　庆									
四　川									
贵　州									
云　南									
陕　西									
甘　肃									
青　海									
宁　夏									
新疆（兵团）	340 011	994 084				40 483	81 473		6 356
新疆（农业）									
新疆（畜牧）									
热科院									
广　州									
南　京									

6-3 续表 19

地　区	卫生陶瓷制品（件）	耐火材料制品（吨）	石墨及碳素制品（吨）	生铁（吨）	钢（吨）	铸铁管（吨）	铸钢件（吨）	成品钢材（吨）	铁道用钢材（吨）
全国农垦	**57 094**	**514 569**	**305 662**	**351 529**	**557 733**	**63 347**	**266 030**	**1 983 962**	**32 280**
北　京								341	
天　津						2 142			
河　北		386 600	38 079		437 225			460 994	32 280
山　西									
内蒙古									
辽　宁						9 665		1 683	
吉　林									
黑龙江									
上　海									
江　苏									
浙　江									
安　徽									
福　建				5 500		17 332		92 246	
江　西	57 094							15 000	
山　东									
河　南									
湖　北						11 220			
湖　南									
广　东									
广　西		41 189		57 396	317	7 287	265 383	1 263 406	
海　南									
重　庆									
四　川									
贵　州									
云　南									
陕　西									
甘　肃									
青　海									
宁　夏									
新疆（兵团）		86 780	267 583	288 633	120 191	15 443	647	150 292	
新疆（农业）						258			
新疆（畜牧）									
热科院									
广　州									
南　京									

6-3 续表 20

地　区	中小型型钢（吨）	钢筋（吨）	厚钢板（吨）	热轧薄板（吨）	热轧窄钢带（吨）	镀层板（带）（吨）	无缝钢管（吨）	焊接钢管（吨）	其他钢材（吨）
全国农垦	**27 283**	**24 242**	**27 549**	**40 079**	**447 723**	**96 409**	**73 166**	**63 320**	**23 575**
北　京									341
天　津						96 409			7 064
河　北			23 949		447 723			13 271	8 411
山　西							50	60	280
内蒙古									
辽　宁									
吉　林									
黑龙江									
上　海									
江　苏									
浙　江									
安　徽									
福　建			3 600						
江　西									
山　东									
河　南									
湖　北									
湖　南									
广　东									
广　西							73 116		
海　南									
重　庆									
四　川									
贵　州									
云　南									
陕　西									
甘　肃									
青　海									
宁　夏									
新疆（兵团）	27 283	24 242		40 079				49 989	7 479
新疆（农业）									
新疆（畜牧）									
热科院									
广　州									
南　京									

6-3续表21

地区	用外购国产钢材再加工生产的钢材（吨）	铁合金（吨）	其中：硅铁（折合含硅75%）（吨）	锰硅合金（吨）	十种有色金属（吨）	锑品（吨）	原铝（电解铝）（吨）	镁（吨）	海绵钛（吨）	黄金（千克）
全国农垦	**543 173**	**132 002**	**36 700**	**1 235**	**835 958**	**8 500**	**821 527**	**14 431**	**36**	**3 280**
北京										
天津										
河北	449 823									
山西		12 627								
内蒙古		113 276	30 601	1 235						
辽宁										
吉林										
黑龙江										
上海										
江苏										
浙江										
安徽										
福建	87 650									
江西	5 700								36	3 280
山东										
河南										
湖北										
湖南										
广东										
广西						8 500				
海南										
重庆										
四川		1 199	1 199							
贵州										
云南										
陕西										
甘肃										
青海										
宁夏										
新疆（兵团）		4 900	4 900		835 958		821 527	14 431		
新疆（农业）										
新疆（畜牧）										
热科院										
广州										
南京										

6-3 续表 22

地　区	铝合金（吨）	铜材（吨）	铝材（吨）	金属切削工具（万件）	钢丝（吨）	钢丝绳（吨）	不锈钢日用制品（吨）	工业锅炉（蒸发量吨）	金属成形机床（台）	铸造机械（台）	起重机（吨）
全国农垦	**9 528**	**2 672**	**2 751**	**34**	**4 700**	**488**	**53 610**	**255**	**442**	**65**	**570**
北　京											
天　津											
河　北							254	255			570
山　西											
内蒙古											
辽　宁											
吉　林											
黑龙江											
上　海						488	3 356				
江　苏											
浙　江											
安　徽					4 700						
福　建											
江　西				2							
山　东											
河　南											
湖　北		2 672					50 000		442		
湖　南											
广　东			2 380								
广　西											
海　南											
重　庆											
四　川											
贵　州											
云　南											
陕　西											
甘　肃											
青　海											
宁　夏											
新疆（兵团）	9 528		371	32						65	
新疆（农业）											
新疆（畜牧）											
热科院											
广　州											
南　京											

6-3续表23

地　区	电动车辆（电动叉车）（台）	输送机械（输送机和提升机）（吨）	泵（包括工业泵和农用水泵）（台）	气体压缩机（台）	其中：制冷设备用压缩机（台）	阀门（吨）	滚动轴承（万套）	钢铁铰接链（工业链条）（吨）	风机（台）	金属紧固件（吨）	弹簧（吨）
全国农垦	**1 185**	**3 077**	**35 227**	**17**	**17**	**8 148**	**731**	**1 800**	**2 467**	**26 441**	**2 115**
北　京							9				
天　津											
河　北		2 392	7 001								
山　西											
内蒙古											
辽　宁						947					
吉　林											
黑龙江											
上　海							586			17 210	
江　苏											
浙　江											
安　徽							136				
福　建											
江　西								1 800			
山　东			15 000								
河　南											
湖　北						7 201			2 365		
湖　南											
广　东											
广　西											
海　南											
重　庆											
四　川											
贵　州											
云　南											
陕　西											
甘　肃											
青　海											
宁　夏											
新疆（兵团）	1 185	685	13 226	17	17				102	9 231	2 115
新疆（农业）											
新疆（畜牧）											
热科院											
广　州											
南　京											

6-3 续表 24

地　区	减速机（台）	矿山专用设备（吨）	石油钻井设备（台、套）	挖掘、铲土运输机械（台）	其中：挖掘机（台）	金属冶炼设备（吨）	金属轧制设备（吨）	塑料加工专用设备（台）	模具（套）	农产品初加工机械（台）	饲料加工机械（台）
全国农垦	**4 274**	**8 838**	**420**	**1 187**	**1 187**	**1 429**	**10 000**	**102**	**10 555**	**692**	**124**
北　京											
天　津											
河　北		2 629				1 429			6 255		
山　西											
内蒙古		6 209									
辽　宁											
吉　林											
黑龙江											
上　海											124
江　苏	4 274										
浙　江											
安　徽											
福　建											
江　西											
山　东											
河　南											
湖　北			420	1 187	1 187		10 000	102	4 300		
湖　南											
广　东											
广　西											
海　南										288	
重　庆											
四　川											
贵　州											
云　南										404	
陕　西											
甘　肃											
青　海											
宁　夏											
新疆（兵团）											
新疆（农业）											
新疆（畜牧）											
热科院											
广　州											
南　京											

6-3 续表 25

地　区	小型拖拉机（台）	收获机械（台）	其中：谷物收获机械（台）	收获后处理机械（台）	棉花加工机械（台）	环境污染防治专用设备（台、套）	固体废弃物处理设备（台）	改装汽车（辆）	发电机组（发电设备）（千瓦）	交流电动机（千瓦）
全国农垦	**6 396**	**654**	**507**	**4 262**	**1 054**	**467**	**467**	**4 528**	**180 000**	**6 000**
北　京										
天　津										
河　北										
山　西										
内蒙古										
辽　宁		35	35							
吉　林										
黑龙江		337	337							
上　海										
江　苏										
浙　江										
安　徽	3 198							2 264		
福　建						467	467		180 000	6 000
江　西										
山　东										
河　南										
湖　北	3 198							2 264		
湖　南										
广　东										
广　西										
海　南										
重　庆										
四　川										
贵　州										
云　南										
陕　西										
甘　肃										
青　海										
宁　夏										
新疆（兵团）		282	135	4 262	1 054					
新疆（农业）										
新疆（畜牧）										
热科院										
广　州										
南　京										

6-3续表 26

地　　区	变压器（千伏安）	互感器（台）	高压开关设备（11万伏以上）（台）	通信及电子网络用电缆（对千米）	电力电缆（千米）	锂离子电池（只、自然只）	铅酸蓄电池（千伏安时）	房间空气调节器（台）	太阳能热水器（米²）
全国农垦	**3 164 147**	**800**	**60**	**96**	**100 527**	**17 650 576**	**818 849**	**2 046 109**	**1 820 600**
北　　京									
天　　津					45 131				
河　　北		800				2 675 291			
山　　西									
内 蒙 古									
辽　　宁									
吉　　林									
黑 龙 江									
上　　海									
江　　苏									1 820 000
浙　　江									
安　　徽									
福　　建									
江　　西									600
山　　东									
河　　南									
湖　　北	3 164 147			96	41 560	14 595 285	818 849	2 046 109	
湖　　南									
广　　东									
广　　西					13 836	380 000			
海　　南									
重　　庆									
四　　川									
贵　　州									
云　　南									
陕　　西									
甘　　肃									
青　　海									
宁　　夏									
新疆（兵团）			60						
新疆（农业）									
新疆（畜牧）									
热 科 院									
广　　州									
南　　京									

6－3 续表 27

地　区	灯具及照明装置（套、台、个）	集成电路（万块）	液晶显示模组（万套）	电子元件（万只）	印制电路板（$米^2$）	工业自动调节仪表与控制系统（台、套）
全国农垦	**65 673**	**2 051**	**10 638**	**618 884**	**1 610**	**20 947**
北　　京				35		
天　　津						
河　　北	64 499					
山　　西						
内 蒙 古						
辽　　宁						
吉　　林						
黑 龙 江						
上　　海						
江　　苏				46 758		
浙　　江						
安　　徽						
福　　建				852		
江　　西				8 688		
山　　东						
河　　南						
湖　　北			10 638	1 875		
湖　　南						
广　　东						
广　　西		2 051		560 676		
海　　南						
重　　庆						
四　　川						
贵　　州						
云　　南						
陕　　西						
甘　　肃						
青　　海						
宁　　夏						
新疆（兵团）	1 174				1 610	20 947
新疆（农业）						
新疆（畜牧）						
热 科 院						
广　　州						
南　　京						

6－3 续表 28

地　区	电工仪器仪表（台）	汽车仪器仪表（台）	船舶修理（载重吨）	发电量（万千瓦时）	#火电（万千瓦时）	水电（万千瓦时）	风力发电量（万千瓦时）	太阳能发电（万千瓦时）	供热量（万吉焦）	自来水生产量（万米^3）
全国农垦	**2 909 217**	**25 270**	**3 000**	**3 577 042**	**3 212 564**	**260 074**	**99 944**	**3 155**	**7 630**	**48 515**
北　京										
天　津										
河　北	2 900 000			35 782			35 782			
山　西										
内蒙古				7 500			7 500			75
辽　宁										1 200
吉　林										
黑龙江				77 153	43 387		33 766		2 256	5 008
上　海										1 611
江　苏										
浙　江										
安　徽										332
福　建				11 988		11 988				
江　西				17 572		17 572				252
山　东										
河　南										
湖　北			3 000	13 150	11 950	1 200				6 320
湖　南				6 350		6 350				
广　东				15 749	15 056	693				
广　西		25 270		22 034	20 398	1 636				21 722
海　南				7 695	5	7 690				
重　庆										
四　川				537		537				
贵　州				120		120				
云　南				32 923		32 923				
陕　西										
甘　肃				6 066	6 066					
青　海										
宁　夏										
新疆（兵团）	9 217			3 319 617	3 113 502	178 759	22 896	3 155	5 374	11 995
新疆（农业）				2 200	2 200					
新疆（畜牧）				606		606				
热科院										
广　州										
南　京										

6-4 农垦大中型工业

企业名称	行业类别	中型	增加值（现价）（万元）	排序
河北省中海石油中捷石化	石油加工	中型	420 000	1
*上海光明乳业股份有限公司	乳制品制造	龙头	381 201	2
湖北益海嘉里（武汉）粮油工业有限公司	粮油机械	中型	273 558	3
黑龙江省九三粮油工业集团有限公司	食用植物油加工	大型	258 243	4
江苏正大天晴药业股份有限公司	医药	大型	200 450	5
新疆农六师煤电有限公司	火力发电	大型	195 252	6
*广西农垦糖业集团股份有限公司	农副食品加工业	大型	178 748	7
首农集团河北滦平华都食品有限公司	食品制造业	大型	173 444	8
*上海农工商超市（集团）有限公司	超级市场零售	龙头	168 290	9
湖南正虹科技发展有限公司	饲料加工业	大型	150 724	10
新疆兵团天能化工有限公司	初级形态塑料及合成树脂制造	大型	148 128	11
湖北 TCL 空调器（武汉）有限公司	家用电器	中型	146 784	12
新疆兵团天辰化工有限公司	初级形态塑料及合成树脂制造	大型	133 348	13
光明集团光明乳业股份有限公司	液体乳及乳制品制造	大型	120 675	14
新疆兵团伊力特实业股份有限公司	白酒制造	大型	115 106	15
湖北武汉统一企业食品有限公司	食品	大型	114 734	16
湖北凌云科技集团有限责任公司	电子	大型	96 287	17
浙江红剑集团有限公司	合成纤维	大型	92 649	18
新疆农六师铝业有限公司	铝冶炼	大型	91 869	19
湖北武汉双汇食品有限公司	食品	中型	88 935	20
河北省蒙牛塞北乳业有限公司	乳品制造业	中型	83 118	21
江西九江市一共青场一鸭鸭股份公司	服装	大型	80 588	22
湖北友芝友乳业有限责任公司	奶业	中型	77 526	23
光明集团中国英茂糖业有限公司	制糖	大型	74 164	24
新疆生产建设兵团农八师天山铝业有限公司	铝冶炼	大型	73 809	25
新疆天富热电股份有限公司（母公司）	火力发电	大型	67 343	26
黑龙江省完达山乳业股份有限公司	液体乳及乳制品制造	大型	63 136	27
*广西农垦明阳生化集团股份有限公司	农副食品加工业	大型	58 388	28
江西九江市一共青场一江西回圆服饰有限公司	服装	大型	54 073	29
新疆天盛实业有限公司	棉纺纱加工	大型	53 480	30
江西九江市一共青场一共青城赛龙通信技术有限责任公司	电子	大型	52 663	31
湖北武汉玛丽文化用品有限公司	文化用品	中型	52 605	32
北京三元食品股份有限公司	液体乳及乳制品制造业	大型	51 860	33
湖北武汉虹之彩包装印刷有限公司	印刷	中型	50 541	34
河北省唐山汉沽利源金属制品有限公司	黑色金属冶炼压延业	中型	50 402	35
湖北可口可乐装瓶商生产（武汉）有限公司	食品	中型	49 655	36
广西中国重汽集团柳州运力专用汽车有限公司	汽车制造业	中型	49 470	37
河北省蒙牛乳业（察北）有限公司	乳品制造	中型	47 225	38
浙江协和集团有限公司	镀锌板	中型	46 600	39
重庆市星星门业有限公司	家具制造业	大型	46 345	40

企业、龙头企业一览表

总产值（现价）（万元）	排序	销售产值（万元）	排序	年末资产总额（万元）	排序	固定资产原值年末数（万元）	排序	年平均从业人员（人）	排序
1 458 076	3	1 090 201	4	257 099	31	157 804	21	1 096	96
1 371 471	4	1 342 070	3	921 928	4	443 849	4	17 921	3
621 723	7	565 402	9	268 684	29	67 139	51	4 027	28
2 788 506	1	2 682 229	1	3 203 606	1	370 101	7	3 567	35
427 642	13	387 334	16	232 803	35	98 068	35	3 992	30
283 860	24	265 153	25	450 467	14	404 272	6	1 060	100
482 968	11	456 033	13	726 094	9	343 918	9	6 763	15
171 240	42	170 263	42	99 160	72	50 870	70	3 307	39
1 560 079	2	1 559 781	2	668 470	12	214 555	16	33 329	1
223 156	30	205 682	35	100 756	67	58 731	56	5 322	20
667 270	6	659 362	7	752 475	8	561 314	2	4 060	27
333 600	18	336 523	19	71 914	102	22 491	146	10 966	6
596 076	8	587 556	8	789 336	7	742 852	1	4 786	23
361 257	15	361 335	18	679 207	11	120 393	29	6 085	17
168 649	43	167 845	43	216 630	37	53 756	65	2 692	48
260 760	26	260 760	26	144 282	46	86 115	38	8 991	7
218 835	31	218 961	32	271 716	27	118 399	31	16 332	4
501 700	10	511 916	11	265 880	30	119 303	30	2 285	54
864 112	5	845 706	6	1 101 741	2	432 778	5	2 249	55
202 124	35	180 894	39	83 526	90	42 420	87	8 472	8
277 060	25	227 649	31	71 068	104	38 690	95	290	353
383 752	14	379 755	17	135 220	50	50 872	69	3 558	36
176 195	41	176 195	40	54 025	129	43 467	82	3 101	43
315 022	19	301 137	23	290 216	25	192 888	18	4 691	24
305 786	21	252 098	27	798 408	6	556 735	3	1 770	68
245 951	29	245 951	29	868 639	5	252 631	11	2 827	46
300 974	23	297 034	24	360 562	16	235 123	13	8 267	9
115 024	56	113 263	56	22 289	246	22 267	150	1 854	64
257 492	27	235 246	30	100 613	68	20 987	154	3 105	42
255 003	28	251 771	28	486 352	13	250 062	12	7 192	13
351 088	16	480 070	12	155 906	43	101 272	32	2 475	51
119 556	53	107 046	58	77 183	97	14 943	199	3 957	31
340 107	17	331 441	20	365 003	15	221 588	14	8 171	10
114 867	57	104 349	59	66 362	112	6 130	306	639	183
176 851	40	171 545	41	19 269	264	6 937	293	3 928	32
112 853	58	114 571	54	84 497	87	63 863	52	3 438	38
142 500	47	140 500	49	83 610	89	18 341	171	600	196
162 846	44	161 951	45	31 618	207	18 358	170	535	229
536 116	9	530 951	10	307 577	21	84 125	39	693	168
115 863	55	115 888	53	55 100	128	35 670	109	5 186	22

6-4续表1

企业名称	行业类别	中型	增加值（现价）（万元）	排序
江苏南京正大天晴制药有限公司	医药	中型	46 256	41
湖北联塑科技发展（武汉）有限公司	塑料	中型	45 655	42
山东东营齐润化工有限公司	石油化工	中型	44 747	43
湖北东风扬子江汽车（武汉）有限责任公司	汽车	中型	44 014	44
新疆西部合盛硅业有限公司	其他稀有金属冶炼	大型	43 654	45
江西九江市一共青场一江西深傲服装有限公司	服装	中型	42 376	46
黑龙江省北大荒丰缘集团有限公司	谷物磨制	大型	41 133	47
广西农垦糖业集团昌菱制糖有限公司	农副食品加工业	中型	38 353	48
光明集团上海石库门酿酒有限公司	酒精制造	大型	37 657	49
广西柳兴制糖有限公司	农副食品加工业	大型	36 908	50
湖北华润雪花啤酒（武汉）有限公司	饮料	大型	36 106	51
广西柳州市威鹏汽车配件制造有限公司	汽车制造业	中型	35 697	52
辽宁铁岭冀东专用车有限公司	改装汽车制造	中型	35 400	53
重庆市天友乳业股份有限公司	农产品加工	大型	34 970	54
湖南正虹海原绿色食品有限公司	肉制品加工业	中型	34 828	55
光明集团广西上上糖业有限公司	制糖	大型	34 711	56
湖北东风（武汉）实业有限公司	汽车	中型	33 440	57
*广东省丰收糖业发展有限公司	制糖业	大型	33 118	58
湖北武汉长兴电器发展有限公司	电器	中型	32 857	59
黑龙江省北大荒肉业有限公司	畜禽屠宰	大型	32 507	60
湖北武汉百事可乐饮料有限公司	食品饮料	中型	30 990	61
湖北伟福科技工业（武汉）有限公司	电子	中型	30 796	62
江西上饶市一新岗山场一新岗山异 V_C 钠厂	化工	大型	29 820	63
河北省唐山文丰钢铁有限公司	黑色金属冶炼及延压加工业	中型	29 225	64
湖北际华三五零六纺织服装有限公司	纺织	中型	28 384	65
湖北武汉航达航空科技发展有限公司	交通	中型	28 094	66
新疆兵团伊犁南岗建材（集团）有限责任公司	水泥制造	大型	28 077	67
新疆大黄山鸿基焦化有限责任公司	炼焦	大型	27 986	68
新疆兵团库尔勒金川矿业有限公司	烟煤和无烟煤开采洗选	中型	27 692	69
新疆天康畜牧生物技术股份有限公司	饲料加工	中型	27 539	70
湖北荷贝克电源系统（武汉）有限公司	电子	中型	27 072	71
*广东省东方剑麻集团有限公司	农业	大型	26 670	72
湖北潜江市金松纱业有限公司	纺织	中型	26 570	73
黑龙江省红兴隆农垦跃进山建龙矿业	铁矿采选	中型	25 078	74
黑龙江省北大荒马铃薯集团有限公司	淀粉及淀粉制品的制造	中型	24 854	75
新疆农六师大黄山豫新煤业有限公司	烟煤和无烟煤开采洗选	中型	24 529	76
江西上饶市一大茅山场一金山金矿	黄金采选业	大型	23 560	77
湖北武汉艾帕克汽车配件有限公司	汽车	中型	23 533	78
辽宁阜新市驰宇石油机械有限公司	石油钻采专用设备制造	中型	23 455	79
湖北武汉光明乳品有限公司	奶业	中型	23 059	80

总产值（现价）（万元）	排序	销售产值（万元）	排序	年末资产总额（万元）	排序	固定资产原值年末数（万元）	排序	年平均从业人员（人）	排序
97 073	70	94 779	64	48 362	138	9 778	253	1 369	81
103 761	63	94 108	65	49 573	136	13 430	215	1 790	66
430 339	12	424 156	14	233 638	34	40 887	92	547	225
100 032	65	82 213	77	97 861	73	3 851	350	5 226	21
187 862	37	165 300	44	140 372	48	48 735	73	2 098	59
201 792	36	192 458	36	19 674	261	10 080	250	743	151
180 473	39	184 312	38	283 732	26	137 515	23	1 206	89
106 109	62	88 631	70	148 550	44	74 833	44	1 019	107
95 322	71	99 189	63	133 730	51	75 143	43	1 378	80
86 543	78	82 600	75	135 228	49	70 755	48	846	132
82 058	80	82 175	78	130 781	54	58 221	58	18 472	2
97 979	69	930 980	5	38 842	167	13 400	217	840	134
30 734	196	30 734	189	67 456	110	12 853	221	585	204
186 632	38	185 382	37	105 500	63	76 309	42	2 801	47
37 957	162	36 750	164	13 743	304	10 710	239	502	241
152 388	46	103 332	60	85 037	86	54 417	64	1 081	98
76 000	86	76 000	84	56 379	127	20 523	156	2 881	45
109 664	59	113 745	55	86 534	85	55 365	62	903	126
74 675	87	67 550	92	25 577	229	3 423	357	1 634	70
307 579	20	310 013	21	91 226	80	36 562	107	3 099	44
70 431	91	66 045	94	37 661	174	20 185	161	7 774	12
69 992	92	69 992	89	46 778	147	26 974	132	5 980	18
107 705	60	60 000	102	14 605	295	8 156	277	558	217
117 234	54	51 708	122	269 754	28	2 477	372	2 671	50
64 508	98	58 210	105	48 178	140	17 136	178	8 061	11
63 849	99	53 208	116	47 707	143	15 067	197	2 059	60
72 339	89	71 933	88	214 027	38	122 945	28	1 545	73
99 123	67	78 335	83	239 536	33	201 579	17	1 723	69
40 674	149	36 641	166	68 464	109	41 046	91	1 043	101
134 356	51	131 412	52	230 860	36	56 211	61	868	130
61 528	103	54 742	109	34 132	195	16 377	184	3 604	34
59 971	107	48 014	128	79 574	94	56 837	60	3 489	37
93 559	72	91 687	67	20 078	257	14 006	207	917	123
65 059	96	65 059	95	4 062	391	1 764	386	675	175
98 863	68	85 267	71	165 617	41	97 084	36	830	138
32 983	182	31 423	185	93 922	78	68 447	49	1 158	91
87 594	75	60 000	102	39 460	165	16 807	181	752	149
53 484	115	53 484	113	63 238	116	58 653	57	3 132	40
32 053	191	30 440	192	17 569	276	7 871	279	255	359
52 406	118	52 406	120	21 456	251	11 653	228	687	171

6-4续表2

企业名称	行业类别	中型	增加值（现价）（万元）	排序
湖北武汉森六汽车配件有限公司	汽车	中型	22 559	81
广西农垦糖业集团星星制糖有限公司	农副食品加工业	中型	22 207	82
新疆锦龙电力有限责任公司	火力发电	中型	21 739	83
广西农垦糖业集团防城精制糖有限公司	食品制造业	中型	21 511	84
＊天津中法合营王朝葡萄酿酒有限公司	饮料制造业	中型	21 491	85
广西农垦糖业集团红河制糖有限公司	农副食品加工业	中型	21 090	86
广西农垦国有金光农场	农业	中型	20 317	87
新疆青松建材化工（集团）股份有限公司	水泥制造	大型	20 311	88
广西柳州市双飞汽车电器配件制造有限公司	汽车制造业	大型	20 205	89
湖北武汉长玻璃（汉南）有限公司	建材	中型	20 134	90
湖北建华管桩有限公司	建筑机械	中型	19 966	91
新疆兵团石河子开发区天业热电有限责任公司	火力发电	中型	19 552	92
黑龙江省清河泉米业有限责任公司	谷物磨制	大型	19 407	93
光明集团上海冠生园食品有限公司	糖果、巧克力制造	大型	19 127	94
湖北武汉非凡电源有限公司	电子	中型	19 021	95
光明集团上海乳品四厂有限公司	液体乳及乳制品制造	中型	18 958	96
北京市华都峪口禽业有限责任公司	饲养加工业	大型	18 956	97
新疆兵团农一师电力公司	电力供应	大型	18 467	98
＊广东省燕塘乳业有限公司	食品制造业	中型	18 456	99
辽宁华润雪花啤酒（鞍山）有限公司	饮料制造	中型	18 450	100
新疆兵团石河子开发区天业化工有限责任公司	初级形态塑料及合成树脂制造	中型	18 255	101
湖北尝香思食品公司	食品	中型	18 225	102
北京华都肉鸡公司	饲养加工业	大型	17 570	103
广西柳州市动力宝电源科技有限公司	汽车制造业	中型	17 522	104
湖北武汉径河化工有限公司	化工	中型	16 792	105
湖北武汉新世界制冷工业有限公司	机电	中型	16 759	106
辽宁大成（铁岭）农牧有限公司	农副食品加工业	中型	16 658	107
广东省燕塘亨氏联合有限公司	食品制造业	中型	16 650	108
新疆兵团农四师电力公司	水力发电	中型	15 900	109
宁夏西夏嘉酿啤酒有限公司	精制茶加工	大型	15 845	110
新疆兵团奎屯锦疆化工有限公司	氮肥制造	中型	15 796	111
湖北武汉飘飘食品集团有限公司	食品	中型	15 533	112
新疆兵团库车青松水泥有限责任公司	水泥制造	中型	15 481	113
新疆燕京啤酒有限公司	啤酒制造	中型	15 291	114
新疆兵团石河子天富南热电有限公司	火力发电	中型	14 963	115
新疆农六师碳素有限公司	石墨及碳素制品制造	大型	14 790	116
＊上海黄海农贸总公司	稻谷种植	龙头	14 650	117
＊广东省华海糖业发展有限公司	制糖业	中型	14 510	118
新疆兵团库车县科兴煤炭实业有限责任公司	烟煤和无烟煤开采洗选	中型	14 451	119
湖北武汉采之韵服饰有限公司	服装	中型	14 333	120

总产值（现价）（万元）	排序	销售产值（万元）	排序	年末资产总额（万元）	排序	固定资产原值年末数（万元）	排序	年平均从业人员（人）	排序
51 270	123	51 270	124	42 629	155	30 362	118	1 309	83
28 059	210	23 383	224	34 499	193	22 057	151	480	253
67 111	95	67 111	93	240 915	32	175 526	20	700	167
61 429	105	54 703	110	70 233	107	42 797	86	841	133
58 163	111	52 407	119	172 392	40	80 038	41	1 085	97
58 625	110	55 703	107	64 514	115	47 625	76	693	168
34 019	179	29 258	198	21 629	250	12 895	219	2 675	49
55 302	114	53 356	114	961 060	3	131 498	26	1 795	65
52 942	117	52 934	118	35 000	190	15 890	189	2 350	53
79 770	83	79 239	82	103 827	65	47 566	77	849	131
45 378	135	43 641	141	34 776	191	15 629	190	4 202	25
44 204	138	36 721	165	80 462	92	101 157	33	589	203
64 653	97	64 653	96	17 638	275	13 568	212	744	150
40 674	148	44 690	138	96 843	76	4 567	340	1 122	93
51 409	122	58 352	104	47 238	145	22 882	143	1 100	95
68 022	94	68 040	91	33 763	199	10 496	241	441	275
99 832	66	99 832	62	84 186	88	58 977	55	12 436	5
49 799	126	49 799	126	333 758	18	100 364	34	1 036	103
82 919	79	81 298	80	45 435	149	20 070	162	668	178
29 644	201	29 515	197	33 929	198	28 489	127	1 772	67
142 131	48	144 623	48	97 252	74	135 012	24	1 024	106
55 336	113	53 711	112	9 031	348	8 186	275	318	341
214 631	32	214 631	33	59 101	119	27 813	129	3 874	33
47 360	129	45 010	137	19 663	262	9 900	252	614	191
38 164	159	37 758	158	18 797	271	4 621	339	1 244	86
38 089	161	34 901	170	48 621	137	19 035	168	5 802	19
89 152	74	89 152	69	35 667	186	9 289	256	1 350	82
51 160	124	49 306	127	19 009	265	13 427	216	978	114
39 417	156	39 417	153	90 585	82	43 742	81	577	207
37 670	166	34 946	169	41 598	160	34 890	111	803	143
52 212	120	45 400	135	323 932	19	306 893	10	620	187
35 302	174	33 618	176	31 537	208	4 705	335	363	315
31 055	195	30 666	191	115 096	61	81 986	40	367	311
45 998	134	46 276	134	50 190	134	25 416	134	977	116
34 503	177		428	96 944	75	126 959	27	463	261
74 286	88	83 646	74	305 271	22	72 028	47	761	146
68 568	93	68 568	90	90 883	81	41 892	90	1 104	94
38 193	158	38 135	157	13 086	310	30 050	120	550	221
20 071	248	17 053	261	125 930	55	11 930	226	354	319
32 576	186	32 576	180	16 480	284	3 562	355	2 117	58

6-4续表3

企业名称	行业类别	中型	增加值（现价）（万元）	排序
江苏正大丰海制药有限公司	医药	中型	14 230	121
新疆天业股份有限公司（母公司）	无机碱制造	大型	14 079	122
广西农垦糖业集团金光制糖有限公司	食品制造业	中型	14 073	123
新疆天业节水灌溉股份有限公司	塑料板、管、型材制造	中型	13 843	124
辽宁华丰食品（阜新）有限公司	食品制造业	中型	13 456	125
湖北武汉艾立卡电子有限公司	电子	中型	13 236	126
新疆绿翔糖业有限责任公司	制糖业	中型	13 143	127
新疆青松水泥有限责任公司	水泥制造	中型	12 993	128
湖北省龙感湖力达棉花纺织有限公司	纺织	中型	12 903	129
广西农垦糖业集团良圻制糖有限公司	食品制造业	中型	12 830	130
*上海都市农商社有限公司	其他企业管理服务	龙头	12 770	131
黑龙江省人和米业有限公司	谷物磨制	中型	12 670	132
新疆昌平矿业有限责任公司	烟煤和无烟煤开采洗选	中型	12 633	133
新疆顶益食品有限公司	方便面及其他方便食品制造	中型	12 523	134
河北省唐山北田油气开发有限公司	石油天然气	中型	12 489	135
*广东省广前糖业发展有限公司	制糖业	中型	12 463	136
河北省张家口察哈尔乳业有限公司	乳品制造	中型	12 388	137
辽宁阜新杰超煤矸石热电有限公司	火力发电	中型	12 305	138
新疆屯南煤业有限责任公司	烟煤和无烟煤开采洗选	中型	12 293	139
北京艾莱发喜食品有限公司	液体乳及乳制品制造业	中型	12 277	140
广西柳州新兴二化一厂	有色金属冶炼和压延加工业	中型	12 268	141
新疆绿原糖业有限公司	制糖业	中型	12 171	142
湖北武汉金鼎食品有限公司	食品	中型	12 093	143
湖北武汉市新特装潢印刷有限公司	印刷	中型	12 035	144
黑龙江北大荒药业有限公司	中成药制造	中型	11 982	145
黑龙江东隆化工集团有限公司	炼焦	中型	11 980	146
湖北黄冈霞客环保色纺有限公司	纺织	中型	11 881	147
新疆兵团双新煤业公司	炼焦	中型	11 788	148
辽宁陆平机器股份有限公司	专用设备制造业	中型	11 635	149
新疆兵团农十三师红山煤业总厂	烟煤和无烟煤开采洗选	中型	11 606	150
湖北卓尔雪龙纺织有限公司	纺织	中型	11 319	151
辽宁阜新小东北食品有限公司	食品制造业	中型	11 205	152
广西南宁君盈纸业公司	造纸和纸制品业	中型	10 918	153
新疆动力源生物科技有限公司	酒精制造	中型	10 612	154
*重庆万吨冷储物流有限公司	仓储业	龙头	10 569	155
*广东省广垦橡胶集团有限公司	农业	大型	10 488	156
光明集团黑龙江省光明松鹤乳品有限责任公司	液体乳及乳制品制造	大型	10 480	157
新疆兵团华芳石河子纺织有限公司	棉纺纱加工	大型	10 449	158
北京辛普劳食品加工有限公司	食品加工业	中型	10 272	159
新疆中硅科技有限公司	其他稀有金属冶炼	中型	10 232	160

总产值（现价）（万元）	排序	销售产值（万元）	排序	年末资产总额（万元）	排序	固定资产原值年末数（万元）	排序	年平均从业人员（人）	排序
44 552	136	44 552	139	35 798	185	16 026	187	708	164
93 454	73	91 335	68	296 990	24	131 620	25	2 142	57
39 743	154	41 255	149	79 946	93	39 017	94	953	120
61 520	104	61 908	99	117 516	58	42 293	88	965	119
19 694	249	16 597	267	7 540	364	8 317	274	767	145
30 081	198	25 185	216	20 015	259	11 847	227	975	117
37 424	169	25 411	215	61 689	117	44 425	80	566	212
35 820	173	35 813	167	87 788	84	51 932	68	727	157
46 084	133	40 136	150	302 145	23	19 652	166	1 380	79
37 797	164	42 064	144	44 672	152	16 627	183	680	172
207 547	34	207 848	34	100 421	69	55 057	63	1 183	90
48 162	127	47 711	129	20 454	255	6 291	305	388	301
29 781	200	30 134	193	131 070	53	38 597	97	998	111
43 747	139	46 357	133	23 533	236	21 870	153	550	221
29 046	205	29 046	199	22 775	244	1 527	389	3 998	29
59 655	108	51 249	125	116 615	60	30 953	117	939	121
42 717	142	13 924	293	29 339	216	24 420	136	202	377
18 384	259	18 384	251	46 960	146	23 504	142	386	303
18 116	262	19 185	245	48 088	141	29 135	125	1 003	110
59 139	109	57 593	106	36 051	182	13 723	210	561	214
34 850	176	34 850	172	28 000	219	11 620	229	400	296
31 728	192	27 237	206	56 675	125	24 028	139	495	246
27 483	213	23 381	225	15 335	290	5 501	320	1 940	61
27 352	214	26 620	207	35 840	184	14 923	200	1 599	71
31 185	194	33 505	177	57 935	123	37 139	103		
36 280	171	37 247	160	31 119	209	13 988	208	598	198
42 435	143	41 335	148	25 362	230	22 582	144	740	153
23 587	231	21 383	236	68 524	108	7 545	285	710	162
52 313	119	52 313	121	70 340	106	48 208	75	1 534	75
14 189	295	13 318	301	18 965	266	12 479	224	515	235
40 426	152	400 642	15	24 168	232	9 275	258	761	146
14 937	290	14 937	281	9 836	335	4 884	327	420	282
29 986	199	28 728	201	8 593	350	4 800	330	482	250
42 872	141	30 010	195	25 800	227	2 040	383	713	161
11 630	328	11 630	322	31 792	205	17 235	176	461	262
302 617	22	302 127	22	318 318	20	61 422	54	1 420	78
81 605	82	79 254	81	65 297	114	38 066	99	907	125
71 893	90	74 397	87	70 570	105	72 370	46	1 298	84
38 965	157	38 191	156	37 360	177	20 010	163	365	312
25 879	222	25 689	214	31 002	210	29 588	123	418	284

6-4续表4

企业名称	行业类别	中型	增加值（现价）（万元）	排序
广西农垦糖业集团黔江制糖有限公司	农副食品加工业	中型	10 221	161
新疆顶津食品有限公司	茶饮料及其他饮料制造	中型	10 177	162
辽宁盘锦华润雪花啤酒厂	饮料制造	中型	10 088	163
光明集团上海正广和饮用水有限公司	啤酒制造	中型	10 002	164
新疆兵团石河子天富农电有限责任公司	电力供应	中型	9 942	165
江西南昌市一桑海场一南昌济生制药厂	中成药制造	中型	9 664	166
江苏承德苏垦银河连杆股份有限公司	机械	中型	9 568	167
河北省唐山冀东石油机械有限公司	洪炉、熔炉、电炉制造业	中型	9 557	168
湖南德科纺织有限公司	纺织业	中型	9 424	169
*黑龙江省农垦龙王食品有限责任公司	豆制品制造	龙头	9 258	170
光明集团广州光明乳品有限公司	液体乳及乳制品制造	中型	9 239	171
辽宁阜新鲁花浓香花生油有限公司	食品加工业	中型	9 203	172
辽宁铁岭大牛乳品公司	乳制品制造	中型	9 196	173
辽宁铁岭杨氏集团实业有限公司	农副食品加工业	中型	9 042	174
辽宁铁岭特种阀门有限公司	专用设备制造业	中型	8 919	175
河北鑫泉石油化工有限公司	石油制品业	中型	8 820	176
云南电力公司	水力发电	中型	8 804	177
北京丘比食品有限公司	食品加工业	中型	8 729	178
广州风行牛奶有限公司	液体乳及乳制品	中型	8 632	179
新疆兵团和田昆仑山枣业股份有限公司	水果和坚果加工	中型	8 586	180
浙江杭申集团有限公司	日用电器	中型	8 568	181
光明集团光明乳业（德州）有限公司	液体乳及乳制品制造	中型	8 562	182
*广东省湛江市金丰糖业有限公司	制糖业	中型	8 490	183
湖北武汉市华昌硅酸盐制品有限公司	建材	中型	8 128	184
*河北省唐山市腾龙畜禽养殖有限公司	畜牧业	龙头	8 074	185
河北省唐山市三元食品有限公司	食品制造业	中型	8 053	186
新疆银纺棉业有限责任公司	棉纺纱加工	中型	7 961	187
黑龙江农垦北大荒南华糖业有限公司	制糖	中型	7 936	188
广西柳州市华侨紧固件厂	汽车制造业	中型	7 761	189
新疆绿华糖业有限责任公司	制糖业	中型	7 671	190
新疆兵团石河子佳美包装工贸有限公司	纸和纸板容器制造	中型	7 656	191
辽宁阜新伊利乳业有限责任公司	乳制品制造	中型	7 654	192
黑龙江省牡丹江垦区连珠山水泥厂	水泥制造	中型	7 618	193
辽宁北票市电力电杆有限公司	砼结构构件制造	中型	7 590	194
湖北武汉雅致集成房屋有限公司	建筑机械	中型	7 487	195
黑龙江省兴隆水泥有限公司	水泥制造	中型	7 453	196
北京大发正大有限公司	饲养加工业	大型	7 450	197
辽宁营口建华管桩有限公司	砼结构构件制造	中型	7 450	198
新疆石河子八棉纺织有限公司	棉纺纱加工	中型	7 448	199
河南省孟州市华兴公司	农加	中型	7 330	200

总产值（现价）（万元）	排序	销售产值（万元）	排序	年末资产总额（万元）	排序	固定资产原值年末数（万元）	排序	年平均从业人员（人）	排序
29 202	204	30 864	187	33 985	197	16 282	186	535	229
24 876	226	24 461	218	22 809	243	20 569	155	491	249
16 231	278	16 354	270	15 587	289	13 924	209	554	219
18 616	255	18 224	254	16 507	281	10 275	246	741	152
62 136	102	62 136	97	66 026	113	67 727	50	594	200
39 945	153	39 377	154	17 046	278	6 548	298	1 132	92
23 646	230	23 222	226	29 960	215	10 658	240	704	165
41 553	147	41 553	146	33 541	200	7 836	281	6 317	16
15 842	282	12 036	317	11 730	316	5 712	314	810	142
24 262	227	24 281	219	11 427	320	7 861	280	239	365
34 992	175	34 289	174	16 216	285	12 565	223	1 039	102
51 133	125	54 024	111	76 911	99	17 351	174	363	315
46 971	131	46 971	131	41 745	159	16 322	185	437	276
44 217	137	44 217	140	50 673	132	17 737	172	555	218
55 430	112	55 430	108	43 611	153	14 838	201	548	224
212 019	33	92 944	66	116 728	59	353 086	8	472	257
20 776	244	18 724	249	30 464	213	37 004	104	627	185
25 231	225	24 653	217	15 816	288	8 814	266	443	272
29 524	202	33 849	175	26 200	224	8 028	278	737	155
28 391	207	34 768	173	37 372	175	10 036	251	285	354
77 083	85	75 209	85	195 816	39	29 832	122	972	118
77 108	84	84 075	73	35 459	188	23 707	141	887	127
29 312	203	26 513	209	16 196	286	8 515	271	493	248
18 473	258	18 473	250	7 832	359	1 161	401	1 260	85
13 668	300	13 668	296	10 200	331	4 266	345	220	369
32 560	187	31 583	183	13 068	311	11 549	230	709	163
37 602	168	37 082	163	23 056	240	19 709	165	803	143
11 558	329	13 365	300	49 923	135	24 118	138	501	243
20 094	247	20 064	240	10 600	329	8 520	270	650	180
25 512	223	23 680	222	33 147	203	14 374	205	541	227
21 163	240	21 346	237	10 029	333	4 420	344	350	322
37 612	167	37 511	159	13 813	303	6 675	296	312	347
21 345	239	19 758	243	16 505	282	6 304	303	369	309
19 000	253	19 000	246	6 160	378	7 600	284	350	322
17 016	271	10 187	336	37 734	173	22 398	149	2 224	56
23 455	232	23 455	223	21 335	252	12 110	225	430	279
137 048	50	135 185	51	56 968	124	51 961	67	4 190	26
26 500	216	26 500	210	40 500	162	36 800	106	235	366
26 406	219	21 956	233	73 559	101	42 969	85	1 864	63
87 518	76	100 162	61	71 513	103	37 820	101	701	166

6-4 续表 5

企 业 名 称	行 业 类 别	中型	增加值（现价）（万元）	排序
黑龙江省建三江分局电业局	电力供应	中型	7 300	201
黑龙江省牡丹江垦区兴凯湖电业局	电力供应	中型	7 227	202
*安徽皖垦种业有限公司	种子加工	龙头	7 085	203
新疆兵团哈密屹利煤化工有限公司	炼焦	中型	7 072	204
*河北省现代牧业（察北）有限公司	奶牛养殖	龙头	7 061	205
*黑龙江省建三江农垦荣氏粮油工贸有限责任公司	食用植物油加工	龙头	7 031	206
安徽益益乳业有限公司	乳业	中型	7 028	207
新疆兵团农五师电力公司	电力供应	中型	7 021	208
浙江中大饲料集团有限公司	饲料加工	大型	7 015	209
光明集团武汉光明乳品有限公司	液体乳及乳制品制造	中型	6 953	210
*广东省廉江市华南糖业有限公司	制糖业	中型	6 872	211
光明集团上海梅林食品有限公司	肉、禽类罐头制造	中型	6 869	212
江苏正大清江制药有限公司	医药	中型	6 836	213
光明集团上海浦东金环医疗用品股份有限公司	机械零部件加工及设备修理	中型	6 620	214
新疆蒙鑫水泥有限公司	水泥制造	中型	6 619	215
辽宁铁岭方向电子有限公司	计算机整机制造	中型	6 593	216
新疆天润生物科技股份有限公司	乳制品制造	中型	6 583	217
*黑龙江农垦爱邦实业有限公司	谷物磨制	龙头	6 515	218
新疆兵团石河子康隆油脂工贸有限责任公司	食用植物油加工	中型	6 487	219
福建华润混凝土（厦门）有限公司	混凝土生产	中型	6 438	220
广西柳州盛泰汽车部件有限公司	汽车制造业	中型	6 432	221
浙江金首水泥有限公司	水泥	中型	6 415	222
四川宜宾市叙府酒业股份有限公司	工业	中型	6 390	223
江西南昌市一桑海场一南昌桑海制药厂	中成药制造	中型	6 372	224
湖南常德天宏纸业有限公司	造纸业	中型	6 367	225
新疆乌鲁木齐正大畜牧有限公司	饲料加工	中型	6 333	226
新疆兵团奎屯天北矿业投资有限责任公司	烟煤和无烟煤开采洗选	中型	6 330	227
新疆兵团阿拉尔新农棉浆有限责任公司	化纤浆粕制造	中型	6 290	228
北京荷美尔食品有限公司	食品制造业	中型	6 243	229
光明集团上海申光高强度螺栓有限公司	金属制厨用器皿及餐具制造	中型	6 230	230
广西西江制糖有限公司	食品制造业	中型	6 160	231
新疆兵团奎屯锦孚纺织有限公司	棉纺纱加工	大型	6 159	232
黑龙江省北大荒股份浩良河化肥厂分公司	氮肥制造	大型	6 083	233
新疆兵团农五师新赛精纺有限公司	棉纺纱加工	中型	6 051	234
湖北武汉五景药业有限公司	医药	中型	6 001	235
辽宁营口海宇农水产品有限公司	农副食品加工业	中型	6 000	236
新疆兵团河南宏展实业有限责任公司	饲料加工	大型	5 955	237
湖北武汉市吉人食品工业有限责任公司	食品	中型	5 953	238
黑龙江省建三江三江热电有限责任公司	火力发电	中型	5 946	239
湖北纽兰药业有限公司	医药	中型	5 914	240

总产值（现价）（万元）	排序	销售产值（万元）	排序	年末资产总额（万元）	排序	固定资产原值年末数（万元）	排序	年平均从业人员（人）	排序
30 676	197	30 676	190	38 497	171	32 811	113	690	170
22 604	234	22 604	227	30 835	212	32 709	114	615	190
9 752	346	38 300	155	40 635	161	12 884	220	293	351
34 456	178	18 896	247	58 196	122	14 194	206	620	187
17 653	266	17 653	255	105 110	64	50 406	71	600	196
37 722	165	32 785	179	9 800	337	5 709	315	161	386
28 336	208	27 304	205	36 047	183	5 495	321	719	159
15 938	280	15 938	274	47 854	142	52 002	66	830	138
87 221	77	84 210	72	38 839	168	15 439	192	232	368
36 614	170	41 470	147	23 180	238	11 317	233	201	378
27 488	212	20 890	238	15 002	293	10 421	242	416	287
41 929	145	37 103	162	30 890	211	10 276	245	525	233
21 912	238	19 815	242	14 212	299	6 339	302	570	210
13 646	302	13 646	298	15 023	292	4 809	329	372	307
26 438	218	22 352	228	58 722	121	11 446	231	338	328
46 589	132	46 589	132	146 415	45	37 269	102	926	122
28 731	206	28 384	202	34 686	192	16 921	180	648	181
26 468	217	26 429	211	7 540	364	3 455	356	217	370
37 844	163	29 710	196	9 277	346	4 684	337	310	348
6 438	375	6 223	374	3 467	397	2 505	370	468	259
17 829	265	16 937	264	12 000	315	5 256	323	360	318
33 407	180	30 965	186	88 128	83	38 162	98	335	329
20 816	243	20 641	239	21 686	249	4 749	333	601	195
32 321	189	30 859	188	11 601	317	4 466	342	835	136
20 709	245	19 500	244	7 150	370	8 320	273	640	182
47 309	130	47 265	130	13 344	308	10 370	244	320	337
8 715	357	8 715	351	66 930	111	8 570	269	739	154
8 616	358	6 697	368	50 408	133	46 637	78	410	291
23 163	233	22 294	229	20 233	256	13 463	214	457	264
26 960	215	24 120	220	33 504	201	6 300	304	531	232
15 379	286	16 463	269	15 215	291	9 564	255	325	334
42 101	144	42 165	143	74 886	100	36 871	105	1 062	99
5 000	386	5 000	387	122 918	57	187 909	19	1 867	62
19 526	250	14 258	289	26 863	222	24 360	137	537	228
13 639	304	13 028	303	11 221	322	7 018	291	1 428	76
22 000	237	22 000	232	9 600	341	8 500	272	500	244
107 438	61	107 821	57	36 224	179	17 119	179	1 030	104
13 530	305	13 014	305	8 160	358	2 657	367	464	260
18 605	256	17 611	257	41 829	158	38 634	96	443	272
13 441	310	11 714	320	8 312	355	3 896	348	832	137

6－4续表6

企业名称	行业类别	中型	增加值（现价）（万元）	排序
新疆华兴玻璃有限公司	玻璃包装容器制造	中型	5 905	241
重庆正大有限公司	农产品加工	中型	5 875	242
湖南益阳丰源纸业	造纸业	中型	5 874	243
新疆红星镁业有限公司	镁冶炼	中型	5 844	244
北京家禽育种有限公司	种禽饲养业	中型	5 827	245
新疆光大山河化工科技有限公司	其他家用纺织制成品制造	中型	5 789	246
河北省唐山丰源焦化有限公司	炼焦	中型	5 721	247
黑龙江省宝泉岭电业局	电力供应	中型	5 590	248
新疆兵团巴音郭楞蒙古自治州石棉矿	石棉、云母矿采选	中型	5 573	249
江西上饶市旭光造纸厂	造纸	大型	5 554	250
新疆天宏新八棉产业有限公司	棉纺纱加工	中型	5 418	251
光明集团上海思乐得不锈钢制品有限公司	稀有稀土金属压延加工	中型	5 324	252
新疆叶河源果业股份有限公司	水果和坚果加工	中型	5 321	253
湖北武汉智迅创源科技发展股份有限公司	电子	中型	5 310	254
湖南伟业农牧发展有限公司	饲料加工	中型	5 250	255
辽宁大连三寰集团有限公司	食品加工业	中型	5 177	256
宁夏西夏王葡萄酒业有限公司	葡萄酒制造	中型	5 064	257
*重庆大正畜牧科技有限公司	生猪养殖	龙头	5 054	258
广东省四明燕塘乳业有限公司	食品制造业	中型	5 041	259
天津海河乳业有限公司	食品制造业	中型	5 008	260
重庆双桥正大有限公司	农产品加工	中型	4 893	261
河南省焦作市方便面厂	食品	中型	4 841	262
光明集团上海梅林股份（绵阳）有限公司	肉、禽类罐头制造	中型	4 798	263
江西宜春市国营奉新县干洲综合垦殖场	农垦企业	大型	4 698	264
广西柳州圣美康医疗器械有限公司	医药制造业	中型	4 657	265
内蒙古合适佳公司	食品制造	中型	4 545	266
光明集团南京光明乳品有限公司	液体乳及乳制品制造	中型	4 522	267
新疆兵团博乐南岗建材有限责任公司	水泥制造	中型	4 421	268
江西抚州市一长红场一振宇集团	竹制品	中型	4 390	269
辽宁陆平机器股份有限公司	专用设备制造业	中型	4 370	270
江苏省金象传动设备股份有限公司	机械	中型	4 296	271
新疆兵团哈密星鑫镍铁合金有限责任公司	炼铁	中型	4 228	272
*黑龙江省牡丹江农垦绿源农业开发有限公司	谷物磨制	龙头	4 223	273
辽宁铁岭新优特彩板有限公司	有色金属冶炼及压延加工业	中型	4 200	274
湖北武汉瀚兴电源有限公司	电器	中型	4 181	275
*广东省湛江农垦畜牧有限公司	农业	中型	4 171	276
新疆兵团克州青松水泥有限责任公司	水泥制造	中型	4 087	277
湖北武汉新东棉纺织有限公司	纺织	中型	4 049	278
新疆石河子银河纺织有限责任公司	棉纺纱加工	中型	4 035	279
广州市花城制药厂	医药	中型	3 993	280

总产值（现价）（万元）	排序	销售产值（万元）	排序	年末资产总额（万元）	排序	固定资产原值年末数（万元）	排序	年平均从业人员（人）	排序
13 974	299	15 055	280	18 837	269	17 521	173	341	327
82 014	81	81 695	79	14 022	301	9 191	261	348	325
20 950	241	16 225	271	11 050	324	6 864	294	560	215
20 529	246	17 229	259	45 090	150	29 471	124	510	236
16 876	274	16 876	265	46 477	148	15 107	195	584	206
27 720	211	25 928	213	77 556	96	43 327	83	610	193
22 007	236	22 007	231	19 482	263	14 692	203	737	155
17 176	269	17 176	260	30 143	214	29 930	121	572	208
16 913	273	17 613	256	6 252	376	5 721	313	631	184
18 538	257	17 572	258	7 300	368	24 500	135	300	349
32 756	185	28 874	200	31 669	206	13 718	211	814	141
28 336	209	26 386	212	12 637	314	4 902	326	436	277
15 750	283	14 700	283	34 073	196	4 182	346	318	341
12 069	323	10 011	339	9 953	334	3 582	354	2 375	52
7 265	370	6 436	372	6 018	381	5 589	318	320	337
15 680	285	15 781	276	8 571	351	8 823	265	213	372
9 440	350	9 613	342	25 640	228	8 572	268	144	389
12 372	317	12 408	310	40 492	163	20 456	157	509	238
15 204	288	14 889	282	13 385	307	11 129	236	211	373
41 733	146	41 659	145	38 123	172	22 563	145	591	201
51 856	121	51 692	123	9 348	345	6 953	292	244	364
25 427	224	30 012	194	6 463	372	5 699	316	755	148
32 168	190	31 980	182	21 314	253	10 158	249	560	215
16 640	276	13 045	302	4 703	388	690	408	1 218	87
12 975	313	12 325	311	9 430	343	2 095	381	361	317
102 000	64	75 000	86	59 040	120	19 143	167	320	337
24 041	228	24 041	221	14 282	298	4 136	347	329	332
13 460	309	12 955	306	26 220	223	20 305	159	399	298
12 472	315	12 302	312	23 980	233	5 900	307	839	135
32 853	183	32 853	178	16 568	280	627	411	414	288
14 635	292	15 499	277	39 478	164	2 648	368	608	194
40 478	150	37 148	161	22 289	246	8 711	267	405	294
17 236	268	16 162	272	8 302	356	2 467	373	88	403
43 513	140	43 513	142	142 449	47	48 598	74	614	191
16 567	277	13 805	295	100 048	70	7 154	290	405	294
18 651	254	13 900	294	19 795	260	72 809	45	323	336
22 019	235	21 763	234	132 176	52	37 949	100	298	350
9 202	354	9 199	349	3 546	395	5 220	324	723	158
19 007	252	19 972	241	51 735	131	20 328	158	546	226
14 111	296	14 615	284	10 685	326	8 997	262	477	255

6－4 续表 7

企业名称	行业类别	中型	增加值（现价）（万元）	排序
福建合丰水泥有限公司	水泥制造业	中型	3 987	281
北京安德鲁水果食品有限公司	食品加工业	中型	3 967	282
新疆昌恒纺织有限责任公司	棉纺纱加工	中型	3 920	283
光明集团天津光明梦得乳品有限公司	液体乳及乳制品制造	中型	3 878	284
新疆北屯电力工业有限公司	水力发电	中型	3 827	285
海南金路水泥厂	水泥制造	中型	3 827	286
黑龙江省九三农垦电业局	电力供应	中型	3 761	287
黑龙江乌苏里江制药有限公司	中成药制造	中型	3 760	288
*上海海丰米业有限公司	谷物磨制	龙头	3 746	289
新疆兵团天津中辰番茄制品有限公司	蔬菜、水果罐头制造	中型	3 696	290
云南南湖橡胶厂	羽毛（绒）制品加工	中型	3 660	291
新疆伊力特糖业有限公司	制糖业	中型	3 652	292
光明集团上海永安乳品有限公司	液体乳及乳制品制造	中型	3 646	293
黑龙江红兴隆电力有限公司	电力供应	中型	3 619	294
新疆兵团阿拉尔市金鲁纺织有限责任公司	棉纺纱加工	中型	3 601	295
光明集团四川全兴酒业有限公司	酒精制造	中型	3 487	296
新疆兵团阿克苏新农乳业有限责任公司	乳制品制造	中型	3 425	297
辽宁营口大新不锈钢有限公司	金属制餐具和器皿制造	中型	3 400	298
广西剑麻集团山圩剑麻制品有限公司	纺织业	中型	3 353	299
湖北武汉市东西湖自来水公司	饮水	中型	3 278	300
海南椰威糖业有限公司	制糖	中型	3 262	301
新疆芳婷针纺织有限责任公司	机织服装制造	中型	3 253	302
湖北武汉长印包装印务有限公司	印刷	中型	3 205	303
湖南大通湖口口香米业	食品加工业	中型	3 164	304
河北省察北乳业有限责任公司	乳品制造	中型	3 149	305
辽宁本溪寨香生态农业有限公司	农副食品加工业	中型	3 121	306
新疆天然物产贸易有限公司	烟煤和无烟煤开采洗选	中型	3 090	307
湖南大通湖三星养殖	肉制品加工业	中型	3 085	308
新疆六孚纺织工业园有限公司	棉纺纱加工	大型	3 085	309
重庆广安正大有限公司	农产品加工	中型	3 047	310
新疆兵团农五师博乐新赛油脂有限公司	食用植物油加工	中型	3 029	311
广西农垦金光淀粉公司	农副食品加工业	中型	2 909	312
河南省淅川县制药集团	制药	大型	2 812	313
*黑龙江省建三江农垦北斗星粮油工贸有限公司	谷物磨制	龙头	2 769	314
黑龙江省名山农场盛泰木业有限责任公司	锯材加工	中型	2 706	315
重庆华牧实业（集团）有限公司	生猪养殖及加工	中型	2 698	316
新疆嘉和毛纺织有限公司	毛织造加工	中型	2 672	317
光明集团上海向明轴承有限公司	建筑、家具用金属配件制造	中型	2 672	318
新疆石河子中发化工有限责任公司	初级形态塑料及合成树脂制造	中型	2 636	319
新疆兵团哈密红山化工有限责任公司	无机盐制造	中型	2 635	320

总产值（现价）（万元）	排序	销售产值（万元）	排序	年末资产总额（万元）	排序	固定资产原值年末数（万元）	排序	年平均从业人员（人）	排序
15 910	281	15 109	279	13 876	302	7 539	286	621	186
14 448	293	14 428	288	10 178	332	5 783	311	253	360
13 477	307	13 960	292	29 121	217	42 972	84	715	160
32 444	188	32 158	181	43 503	154	11 137	235	350	322
11 761	327	11 761	319	38 742	169	27 454	130	368	310
16 942	272	16 942	263	20 040	258	20 000	164	825	140
10 007	345	10 007	340	17 872	274	20 229	160	418	284
10 159	343	9 099	350	60 420	118	22 430	148	886	128
63 231	101	61 943	98	79 195	95	32 317	115	478	254
61 100	106	60 991	101	123 061	56	50 101	72	673	176
11 119	333	5 384	382	13 199	309	2 877	365	495	246
17 391	267	15 946	273	23 463	237	8 174	276	470	258
40 468	151	28 142	204	9 786	338	2 003	385	374	306
18 289	260	18 289	253	26 124	225	28 976	126	620	187
11 047	334	10 950	328	22 136	248	12 725	222	454	267
17 894	264	15 449	278	33 201	202	5 412	322	502	241
14 024	298	13 508	299	34 491	194	9 282	257	330	331
12 300	318	12 300	313	16 500	283	14 500	204	460	263
9 592	347	8 651	353	12 935	312	8 995	263	410	291
7 450	365	7 450	361	26 010	226	10 398	243	1 544	74
10 272	342	10 272	335	4 094	390	3 275	359	423	281
12 420	316	12 627	307	14 094	300	2 272	377	654	179
7 285	369	7 108	364	7 549	362	7 506	287	1 421	77
12 300	318	10 353	334	4 836	387	2 122	379	7 000	14
10 860	338	9 418	344	2 651	409	740	407	68	408
10 412	339	9 822	341	8 403	353	1 163	400	25	422
6 171	377	5 995	377	56 637	126	33 557	112	378	305
12 201	322	10 595	331	3 218	402	2 100	380	565	213
11 828	326	10 587	332	99 864	71	31 590	116	1 029	105
32 846	184	35 078	168	5 701	382	2 057	382	173	384
26 000	221	26 595	208	13 481	305	7 287	288	352	320
7 323	368	6 646	369	108 387	62	3 888	349	189	381
13 021	312	13 021	304	45 078	151	10 749	238	1 210	88
14 080	297	14 080	290	8 220	357	5 830	308	70	407
10 031	344	10 031	338	3 395	398	541	414	450	269
53 242	116	53 242	115	39 438	166	27 129	131	455	265
12 208	321	11 480	323	11 504	319	5 789	310	570	210
8 730	356	6 968	366	3 907	393	2 018	384	414	288
47 664	128	45 317	136	18 418	272	35 991	108	516	234
7 402	366	6 222	375	9 656	340	6 535	299	317	343

6－4续表8

企业名称	行业类别	中型	增加值（现价）（万元）	排序
湖北爱斯曼食品有限公司	食品加工	中型	2 635	321
新疆华世丹药业股份有限公司	化学药品制剂制造	中型	2 571	322
辽宁铁岭大河建业公司	金属制品业	中型	2 531	323
＊黑龙江省建三江农垦双盛米业有限责任公司	谷物磨制	龙头	2 530	324
湖北武汉顺威电器有限公司	电器	中型	2 520	325
新疆天富煤业有限公司	烟煤和无烟煤开采洗选	中型	2 502	326
新疆唐成棉业有限公司	棉纺纱加工	中型	2 459	327
重庆市提爱思塑料制品有限公司	塑料制品	中型	2 400	328
海南红华糖业有限公司	制糖	中型	2 399	329
＊黑龙江益华米业有限公司	谷物磨制	龙头	2 190	330
山东大地石化集团有限公司	石油化工	中型	2 174	331
海南海南三叶制药厂有限公司	化学药品制剂制造	中型	2 168	332
内蒙古麦福劳公司	食品加工	中型	2 166	333
＊黑龙江省建三江农垦伍峰工贸有限公司	谷物磨制	龙头	2 142	334
光明集团上海新三花薄膜有限公司	橡胶板、管、带的制造	中型	2 133	335
重庆德佳肉类科技发展有限公司	农产品加工	中型	2 122	336
新疆兵团五家渠华孚纺织有限公司	棉纺纱加工	中型	2 112	337
广东省绿洲水泥厂	建筑材料制品业	中型	2 090	338
新疆绿翔牧业有限责任公司	牲畜屠宰	中型	2 066	339
河北省唐山兴达服装有限公司	服装	中型	2 065	340
新疆天宏纸业股份有限公司（母公司）	机制纸及纸板制造	中型	2 008	341
新疆爱立泽纺织有限公司	棉纺纱加工	中型	2 006	342
广西贵港市黄浦江制衣（贵港）有限公司	纺织服装、服饰业	中型	1 989	343
江西抚州市一长红场一佰特励公司	电子	中型	1 971	344
新疆兵团阿拉尔市佳纺纺织有限公司	棉纺纱加工	中型	1 958	345
＊安徽华阳河棉花产业化集团	轧花	龙头	1 945	346
＊上海鲜花港企业发展有限公司	花卉种植	龙头	1 923	347
河北省唐山三水岗岩水泥有限公司	非金属矿物制造业	中型	1 884	348
江西抚州市一七里岗场一天顺公司	化工	中型	1 879	349
湖北爱立德家庭用品有限公司	家用电器	中型	1 778	350
江苏省农垦麦芽有限公司	加工	中型	1 734	351
江苏省勤奋药业有限公司	医药	中型	1 726	352
黑龙江省九三农垦南华糖业有限公司	制糖	中型	1 685	353
＊上海大瀛食品有限公司	肉制品及副产品加工	龙头	1 664	354
首农集团承德三元金星鸭业有限责任公司	饲养加工业	中型	1 599	355
河南省黄泛区绿源化工公司	化工	中型	1 491	356
新疆兵团图木舒克市前海棉纺织有限责任公司	棉纺纱加工	中型	1 459	357
＊黑龙江省兴安岭乳业有限公司	液体乳及乳制品制造	龙头	1 449	358
新疆兵团石河子开发区青松天业水泥有限公司	水泥制造	中型	1 440	359
广东湛江碧丽华模压木制品有限公司	木材加工制造业	中型	1 415	360

总产值（现价）（万元）	排序	销售产值（万元）	排序	年末资产总额（万元）	排序	固定资产原值年末数（万元）	排序	年平均从业人员（人）	排序
9 335	352	8 687	352	10 805	325	5 123	325	482	250
23 703	229	21 716	235	27 894	220	6 408	300	554	219
39 461	155	39 461	152	23 047	241	7 603	283	391	300
11 426	331	10 785	330	7 303	367	1 405	392		
14 349	294	14 527	285	9 774	339	4 823	328	320	337
6 752	371	6 513	371	52 487	130	40 063	93	380	304
31 545	193	31 435	184	47 360	144	18 821	169	978	114
9 425	351	9 413	345	7 363	366	3 390	358	209	374
7 337	367	7 337	363	3 255	401	6 682	295	365	312
10 960	336	10 960	327	2 168	414	1 170	399	130	392
36 142	172	34 895	171	36 214	180	4 689	336	550	221
9 297	353	9 505	343	36 079	181	15 081	196	874	129
18 000	263	9 384	346	23 968	234	15 555	191	285	354
13 657	301	13 657	297	6 125	379	2 276	376	30	417
18 140	261	18 306	252	7 573	361	2 372	375	370	308
8 149	361	7 952	357	11 123	323	4 673	338	200	379
13 439	311	11 435	325	14 411	296	5 679	317	509	238
7 503	364	7 961	356	9 201	347	9 213	259	101	397
13 644	303	12 078	316	18 895	267	5 817	309	274	357
7 650	363	7 650	359	1 580	419	28 086	128	986	113
12 253	320	12 487	309	23 176	239	26 960	133	917	123
11 369	332	12 262	315	37 096	178	35 421	110	426	280
5 208	384	5 208	383	4 926	386	1 158	402	996	112
12 866	314	12 284	314	18 200	273	4 800	330	248	363
5 341	383	5 041	385	2 501	411	2 464	374	450	269
11 046	335	11 713	321	6 520	371	6 654	297	420	282
16 840	275	16 534	268	27 296	221	42 142	89	250	361
6 499	374	6 311	373	2 907	405	1 608	388	400	296
7 871	362	7 005	365	10 437	330	8 926	264	324	335
4 041	393	4 041	394	9 550	342	3 246	360	672	177
38 123	160	39 819	151	93 054	79	45 842	79	192	380
3 958	394	3 875	396	3 077	404	2 501	371	78	406
10 923	337	7 373	362	2 287	413	982	403	234	367
16 180	279	16 823	266	8 927	349	4 562	341	280	356
11 481	330	11 148	326	17 017	279	9 196	260	333	330
11 889	325	10 910	329	6 300	374	10 960	237	455	265
6 430	376	5 916	379	32 975	204	14 737	202	412	290
6 110	378	6 110	376	14 947	294	956	404	208	375
9 444	349	9 382	347	22 729	245	23 727	140	387	302
5 418	382	4 824	388	17 328	277	21 882	152	328	333

6－4 续表 9

企业名称	行业类别	中型	增加值（现价）（万元）	排序
海南如来木业有限公司	木质家具制造	中型	1 410	361
光明集团海南东方糖业有限公司	制糖	中型	1 353	362
*广东省农垦集团进出口有限公司	农业	中型	1 329	363
新疆锦域纺织有限公司	棉纺纱加工	中型	1 318	364
四川西昌泸山铁合金有限责任公司	工业	中型	1 252	365
*黑龙江省北珠精米公司	谷物磨制	龙头	1 217	366
*重庆正大农牧食品有限公司	畜牧业	龙头	1 212	367
*黑龙江野宝药业有限公司	酒精制造	龙头	1 206	368
*黑龙江省建三江农垦鑫盛源粮油工贸有限公司	谷物磨制	龙头	1 195	369
浙江绍兴市御茶村有限公司	农业种植业	大型	1 180	370
黑龙江红兴隆农垦宝利采金有限公司	金矿采选	中型	1 171	371
光明集团北京光明健能乳业有限公司	液体乳及乳制品制造	中型	1 108	372
*上海一只鼎食品有限公司	水产品罐头制造	龙头	1 093	373
新疆兵团农五师博州赛里木机械制造有限责任公司	其他农、林、牧、渔业机械制造	中型	1 064	374
*黑龙江省牡丹江农垦绿源农业开发有限公司	谷物磨制	龙头	1 061	375
云南天使食品厂	饼干及其他焙烤食品制造	中型	1 057	376
河南省黄泛区天鹰缸套公司	机械	中型	1 053	377
新疆兵团石河子市长运生化有限责任公司	食品及饲料添加剂制造	中型	1 026	378
黑龙江农垦九三圣龙亚麻产业有限公司	麻制品制造	中型	1 023	379
河北省唐山华东纸业有限公司	纸制品业	中型	1 005	380
新疆石河子西营棉纺织厂	棉织造加工	中型	1 002	381
*河北省张家口察北草原乳业有限公司	乳品制造	龙头	974	382
*重庆市长江农产品批发有限公司	农产品批发	龙头	971	383
新疆兵团阿拉尔青松化工有限责任公司	无机碱制造	中型	954	384
安徽雁湖面粉有限公司	碾磨业	中型	887	385
江西九江市一茅山头场一红杉树	轻工	中型	877	386
光明集团上海梅林（荣成）食品有限公司	蔬菜、水果罐头制造	中型	871	387
云南茶叶公司	软饮料制造	中型	855	388
黑龙江省北大荒纸业有限责任公司	机制纸及纸板制造	中型	850	389
*辽宁中山铸业有限公司	黑色金属冶炼及压延加工业	龙头	845	390
云南春鹰模板公司	常用有色金属压延加工	中型	807	391
河北省唐山利丰制衣有限公司	服装	中型	778	392
云南热作机械公司	金属成形机床制造	中型	775	393
*重庆市三峡生态渔业发展有限公司	水产养殖	龙头	769	394
河北省唐山万盛制衣有限公司	服装	中型	714	395

总产值（现价）（万元）	排序	销售产值（万元）	排序	年末资产总额（万元）	排序	固定资产原值年末数（万元）	排序	年平均从业人员（人）	排序
6 552	372	5 767	380	18 828	270	7 187	289	477	255
15 205	287	11 457	324	10 682	327	7 605	282	510	236
2 093	416	82 342	76	38 721	170	638	410	65	409
3 128	403	2 831	408	35 655	187	0	428	496	245
5 009	385	4 434	391	21 196	254	6 402	301	393	299
4 195	391	4 491	389	2 602	410	515	415	38	415
11 895	324	11 895	318	13 466	306	207	422	291	352
4 635	387	5 015	386	1 463	420	590	412	53	412
6 525	373	6 525	370	1 993	416	1 280	396	45	414
3 600	398	5 500	381	9 406	344	10 195	248	96	398
5 655	381	6 713	367	5 337	384	3 685	351	534	231
17 153	270	17 017	262	42 106	157	15 058	198	313	346
8 400	359	8 055	355	6 256	375	1 181	398	186	382
4 530	388	3 947	395	15 885	287	2 956	363	215	371
5 940	379	5 940	378	3 302	399	1 763	387	26	420
2 994	405	4 468	390	3 886	394	2 658	366	208	375
4 383	389	3 687	399	3 117	403	4 751	332	364	314
8 858	355	7 628	360	14 320	297	22 475	147	454	267
3 219	401	2 494	411	6 055	380	2 943	364	448	271
4 371	390	4 083	393	994	423	1 328	394	63	410
4 065	392	3 140	405	9 812	336	3 603	352	351	321
3 359	399	3 359	401	2 713	408	2 520	369	184	383
3 800	396	3 776	397	7 591	360	5 749	312	17	423
5 712	380	5 189	384	83 520	91	167	424	314	345
15 192	289	15 849	275	10 680	328	4 706	334	155	387
3 000	404	3 200	404	672	426	543	413	266	358
14 870	291	14 520	286	28 422	218	16 639	182	1 006	109
1 624	418	2 024	417	6 359	373	1 281	395	116	394
10 355	340	12 502	308	35 232	189	30 332	119	1 008	108
3 708	397	4 198	392	1 437	421	106	427	115	395
2 307	411	3 390	400	3 991	392	270	421	142	390
2 880	406	2 880	407	1 609	418	400	418	679	173
2 117	414	2 283	413	3 544	396	1 259	397	96	398
769	423	1 525	419	8 390	354	3 154	361	89	402
2 646	408	2 646	409	446	428	199	423	443	272

6-4 续表 10

企业名称	行业类别	中型	增加值（现价）（万元）	排序
*黑龙江省齐齐哈尔农垦大强米业有限责任公司	谷物磨制	龙头	701	396
江西鹰潭市大地蔬菜制品有限公司	食品制造	中型	654	397
云南维克达公司	电子和电工机械专用设备制造	中型	642	398
广西贵港市森美浪皮具制造有限公司	皮革、毛皮、羽毛及其制品和制鞋业	中型	640	399
*河北省唐山旺地种业有限公司	种植	龙头	628	400
*黑龙江省农垦胜利粮油食品有限责任公司	谷物磨制	龙头	589	401
*黑龙江省北大荒牛业	畜禽屠宰	龙头	578	402
云南云南咖啡厂	其他酒制造	中型	500	403
光明集团上海海丰米业有限公司	谷物磨制	中型	497	404
上海梅林正广和重庆食品有限公司	农产品加工	中型	494	405
*黑龙江省绥化农垦晨环生物科技有限责任公司	有机肥料及微生物肥料制造	龙头	464	406
*黑龙江省建三江农垦富油商贸有限责任公司	谷物磨制	龙头	430	407
*安徽省青草湖酒业公司	酿酒	龙头	394	408
*安徽倮倮米业有限公司	碾磨业	龙头	249	409
*重庆市渝人园林工程有限公司	园林	龙头	229	410
光明集团白沙合水糖业有限公司	制糖	中型	218	411
*安徽省安禽有限公司	禽业养殖	龙头	202	412
*安徽省绿魁茶业有限公司	茶叶	龙头	171	413
河北省唐山陆雄塑胶制品有限公司	橡胶和塑料制品业	中型	150	414
宁夏贺兰山清真牛羊肉产业集团公司	畜禽屠宰	中型	103	415
*黑龙江省农垦东北黑蜂产品开发有限责任公司	冷冻饮品及食用冰制造	龙头	70	416
新疆兵团伊犁南岗化工有限责任公司	无机盐制造	中型	41	417
*黑龙江北大荒冰雪食品有限公司	蔬菜、水果和坚果加工	龙头	…	418
新疆天达生物工程有限公司	味精制造	中型	−247	419
新疆睿盛纺织有限公司	棉纺纱加工	中型	−286	420
新疆兵团石河子南山水泥厂	水泥制造	中型	−516	421
新疆中基番茄制品有限责任公司	蔬菜、水果罐头制造	大型	−629	422
新疆新光油脂有限公司	食用植物油加工	中型	−777	423
黑龙江省哈尔滨龙垦麦芽有限公司	啤酒制造	中型	−3 473	424
新疆兵团伊力特煤化工有限责任公司	炼焦	中型	−4 492	425
广西农垦糖业集团天成纸业有限公司	造纸和纸制品业	中型	−5 789	426
光明集团重庆今普食品有限公司	畜禽屠宰	中型	−9 961	427
黑龙江省北大荒米业有限公司	谷物磨制	大型	−13 781	428

总产值（现价）（万元）	排序	销售产值（万元）	排序	年末资产总额（万元）	排序	固定资产原值年末数（万元）	排序	年平均从业人员（人）	排序
3 308	400	3 308	402	2 313	412	830	406	120	393
2 181	413	2 058	416	968	424	837	405	92	400
2 083	417	2 234	415	8 429	352	4 449	343	150	388
2 100	415	2 238	414	3 256	400	2 160	378	315	344
1 100	420	1 100	421	1 016	422	428	417	26	420
2 700	407	2 914	406	5 212	385	3 010	362	113	396
2 532	409	2 532	410	11 253	321	10 263	247	249	362
883	422	7 737	358	4 318	389	1 491	391	80	405
9 585	348	9 266	348	42 601	156	11 418	232	90	401
155 889	45	158 352	47	24 371	231	15 113	194	432	278
2 183	412	1 988	418	2 773	407	1 342	393	141	391
2 400	410	2 400	412	1 873	417	157	426		
938	421	1 086	422	2 851	406	1 514	390	85	404
3 832	395	3 721	398	7 541	363	676	409	55	411
255	427	3 308	402	6 199	377	161	425	13	424
13 475	308	14 517	287	12 883	313	13 372	218	590	202
3 157	402	1 524	420	771	425	280	420	38	415
1 337	419	740	423	2 018	415	448	416	50	413
484	424	484	425	7 247	369	3 597	353	164	385
287	426	287	427	5 610	383	5 515	319	28	419
350	425	300	426	540	427	319	419	30	417
10 307	341	10 362	333	101 077	66	13 548	213	596	199
		620	424	11 505	318	11 137	234	12	425
15 707	284	14 027	291	23 608	235	17 202	177	345	326
13 500	306	10 175	337	22 827	242	17 268	175	409	293
8 297	360	8 307	354	18 886	268	15 216	193	679	173
33 054	181	61 243	100	358 841	17	221 015	15	1 566	72
20 820	242	22 256	230	48 213	139	9 599	254	503	240
63 392	100	53 049	117	163 712	42	88 200	37	585	204
19 258	251	18 726	248	96 588	77	56 903	59	481	252
26 179	220	28 345	203	77 168	98	62 480	53	572	208
139 709	49	159 242	46	37 367	176	15 973	188	418	284
134 048	52	139 985	50	695 516	10	144 174	22	3 115	41

建筑业、交通运输业、批发零售贸易、餐饮业

7－1　建筑业基本情况

（2012 年）

地　区	年末单位个数（个）	国有（个）	有工作量的单位个数（个）	国有（个）	年末从业人员（人）	国有（人）	全年从业人员报酬（万元）	国有（万元）
全国农垦	**3 997**	**534**	**3 680**	**513**	**404 766**	**111 883**	**1 322 647**	**485 423**
北　京	4	3	2	2	81	66	332	266
天　津	3	3	3	3	71	71	821	821
河　北	136	9	133	8	9 121	1 150	28 178	4 723
山　西								
内蒙古	284	2	155	1	6 034	125	13 394	319
辽　宁	323	10	320	10	25 340	3 237	78 990	24 359
吉　林	67		58		1 379		1 448	
黑龙江	300	41	300	41	57 919	23 768	212 049	71 304
上　海	8	8	8	8	1 516	1 516	7 829	7 829
江　苏	78	5	73	5	3 031	295	2 1242	1 801
浙　江								
安　徽	163	4	163	4	3 828	2 235	10 867	7 197
福　建	285		189		2 935		5 340	
江　西	68	16	51	12	9 849	2 595	18 699	5 590
山　东	6	1	6	1	351	6	1 101	27
河　南	8	1	8	1	1 470	1 200	1 926	1 060
湖　北	544	14	519	13	101 202	35 804	286 433	69 204
湖　南	238	85	238	85	11 776	4 590	19 539	9 607
广　东	204	15	204	15	5 225	708	20 686	5 088
广　西	471	33	471	33	30 124	2 709	100 836	9 843
海　南	407	65	407	65	28 672	10 082	79 904	28 041
重　庆	1	1	1	1	86	86	458	458
四　川								
贵　州								
云　南	11	4	4	2	222	39	500	153
陕　西								
甘　肃	17	3	11	2	613	179	1602	384
青　海								
宁　夏	18	3	13	3	2 343	882	7 533	5 909
新疆(兵团)	287	194	277	184	98 163	19 480	396 127	230 081
新疆(农业)	65	14	65	14	2 250	1 060	3 075	1 360
新疆(畜牧)	1		1		1 165		3 739	
热科院								
广　州								
南　京								

7-1续表1

地区	年末固定资产原值（万元）		年末拥有机械设备总台数（台）		全年施工房屋建筑面积（万米²）	
		国有（万元）		国有（台）		国有（万米²）
全国农垦	**2 325 832**	**758 722**	**85 384**	**26 474**	**15 060**	**7 670**
北京	974	959	16	16	3	3
天津	565	565	5	5	8	8
河北	29 028	8 641	3 869	877	175	3
山西						
内蒙古	15 886	1 044	919	91	59	3
辽宁	110 722	4 448	3 317	408	592	144
吉林	1 697		146		17	
黑龙江	227 701	47 393	4 667	808	869	231
上海	6 255	6 255	77	77	85	85
江苏	49 050	3 984	973	70	25	3
浙江						
安徽	2 602	1 003	384	212	113	75
福建	1 042		342		54	
江西	21 357	10 495	2 138	1 191	232	95
山东	4 625	3	135	4	13	8
河南	2 769	2 624	441	365	37	33
湖北	369 854	34 275	30 562	914	6 619	2 964
湖南	27 495	14 869	5 753	4 089	419	68
广东	20 478	9 944	551	44	118	17
广西	613 569	61 779	7 938	784	877	170
海南	175 606	4 197	1 200	168	313	79
重庆	2 050	2 050	6	6	7	7
四川						
贵州						
云南	512	73	17	8	26	16
陕西						
甘肃	1 749	749	33	2	12	6
青海						
宁夏	1 225	723	376	264	33	15
新疆（兵团）	626 143	538 439	20 767	15 707	4 307	3 613
新疆（农业）	6 370	4 210	715	364	45	25
新疆（畜牧）	6 509		37		2	
热科院						
广州						
南京						

7-1续表 2

地　区	本年新开工面积（万米²）	国有（万米²）	单位工程竣工个数（个）	国有（个）	房屋建筑竣工面积（万米²）	国有（万米²）
全国农垦	**8 968**	**3 843**	**20 334**	**2 978**	**8 368**	**3 420**
北　京	3	3	2	2	3	3
天　津	3	3	3	3	4	4
河　北	109	1	199	2	140	1
山　西						
内蒙古	33	3	796	18	57	3
辽　宁	483	108	872	26	347	38
吉　林	11		528		11	
黑龙江	512	138	4 258	403	653	97
上　海	12	12	199	199	40	40
江　苏	22	2	283	87	21	2
浙　江						
安　徽	57	30	18	12	17	12
福　建	22		417		31	
江　西	115	60	3 172	1 313	137	68
山　东	5	4	25	21	25	21
河　南	25	24	85	22	8	5
湖　北	3 586	926	3 399	82	2 504	370
湖　南	353	60			373	48
广　东	106	15	2819	375	100	16
广　西	340	68	215	35	652	96
海　南	173	24	2 586	237	198	24
重　庆	1	1	2	2	4	4
四　川						
贵　州						
云　南	24	16	293	42	20	15
陕　西						
甘　肃	5	2	86	56	969	966
青　海						
宁　夏	15		32	18	33	27
新疆(兵团)	2 913	2 322			1 982	1 541
新疆(农业)	40	21	45	23	36	19
新疆(畜牧)					2	
热科院						
广　州						
南　京						

7－2 交通运输业基本情况

(2012年)

地区	年末单位个数（个）	国有（个）	年末从业人员（人）	国有（人）	全年从业人员报酬（万元）	国有（万元）	年末固定资产原值（万元）	国有（万元）
全国农垦	**32 036**	**212**	**197 069**	**34 161**	**620 937**	**103 839**	**1 530 345**	**287 530**
北京	4	1	2 445	2 445	4 599	4 599	26 789	26 789
天津	1	1	10	10	61	61	13	13
河北	4 789	3	10 154	43	26 650	88	82 128	321
山西	47		106		224		611	
内蒙古	2 158	1	3 131	17	9 121	43	26 340	248
辽宁	6 412		17 115		41 030		100 553	
吉林	514		1 956		2 425		6 479	
黑龙江	275	89	24 065	4 140	53 864	8 036	295 650	48 991
上海	49	49	23 234	23 234	72 618	72 618	166 891	166 891
江苏	39		2 368		11 993		18 474	
浙江	4		4		30		28	
安徽	572		974		2 773		7 301	
福建	1 073		1 773		5 202		7 036	
江西	241	5	1 480	232	2 942	327	3 197	1 038
山东	45		98		384		2 052	
河南								
湖北	11 079	4	17 499	301	47 658	892	535 777	4 014
湖南	558	9	3 841	552	6 680	880	14 127	2 877
广东	832	10	3 954	983	16 355	7 608	21 402	6 466
广西	17	2	9 106	29	27 432	78	78 337	340
海南	21	8	7 595	171	17 225	563	28 450	806
重庆								
四川								
贵州								
云南	1 988	13	2 740	231	4 132	614	28 903	7 264
陕西								
甘肃	65	1	111	6	375	19	1 046	2
青海								
宁夏	692		1 374		2 915		5 343	
新疆(兵团)	36	7	60 564	1 602	260 480	7 018	60 217	19 193
新疆(农业)	510	9	1 215	165	3 040	395	9 416	2 277
新疆(畜牧)	14		139		696		3 622	
热科院								
广州								
南京	1		18		34		164	

7-2续表1

地区	年末拥有主要运输工具（台）					
		国有（台）	载货汽车（辆）		载货汽车（吨位）	
				国有（辆）		国有（吨位）
全国农垦	**158 268**	**17 758**	**90 018**	**3 229**	**904 455**	**35 524**
北京	1 851	1 851	115	115	318	318
天津	318	318				
河北	5 483	16	4 351	7	30 916	55
山西	35		25		252	
内蒙古	2 540	9	1 254	9	7 146	108
辽宁	13 277		5 033		30 083	
吉林	1 852		1 423		8 315	
黑龙江	26 960	1 349	10 414	437	138 247	10 708
上海	10 459	10 459	529	529	2 287	2 287
江苏	1 164		784		9 840	
浙江	4		1		10	
安徽	656		438		3 077	
福建	1 161		925		4 076	
江西	704	142	613	50	3 625	495
山东	83		53		1 957	
河南						
湖北	19 093	255	16 135	62	107 584	5 682
湖南	1 812	588	1 386	510	6 571	2 833
广东	2 242	766	1 352	179	10 961	3 288
广西	9 716	11	3 598	10	27 911	70
海南	2 618	49	2 056	45	10 640	90
重庆						
四川						
贵州						
云南	4 240	434	1 033	58	4 951	72
陕西						
甘肃	84		56		962	
青海						
宁夏	813		325		3 396	
新疆（兵团）	49 905	1 271	37 125	1 033	484 306	8 318
新疆（农业）	965	240	800	185	4 815	1 200
新疆（畜牧）	214		187		2 174	
热科院						
广州						
南京	19		7		35	

7-2续表2

地区	年末拥有主要运输工具			
	载客汽车（辆）		载客汽车（客位）	
		国有（辆）		国有（客位）
全国农垦	**50 835**	**14 415**	**455 379**	**126 326**
北京	1 736	1 736	7 150	7 150
天津	318	318	1 272	1 272
河北	1 122	9	10 449	36
山西	10		114	
内蒙古	195		1 267	
辽宁	1 886		11 359	
吉林	398		2 082	
黑龙江	15 344	893	143 967	34 570
上海	9 930	9 930	64 941	64 941
江苏	380		2 098	
浙江	3		30	
安徽	128		1 661	
福建	65		546	
江西	91	62	925	582
山东	30		160	
河南				
湖北	2 958	193	38 367	2 069
湖南	426	78	7 446	2 132
广东	890	587	8 246	2 935
广西	352		3 581	
海南	562	4	6 167	112
重庆				
四川				
贵州				
云南	534	45	6 207	394
陕西				
甘肃	27		278	
青海				
宁夏	488		4 630	
新疆(兵团)	12 780	538	128 708	9 638
新疆(农业)	145	22	3 435	495
新疆(畜牧)	27		255	
热科院				
广州				
南京	10		38	

7－3 批发零售业基本情况

(2012 年)

地区	年末单位个数（个）	国有（个）	年末从业人员（人）	国有（人）	全年从业人员报酬（万元）	国有（万元）	营业网点个数（个）	国有（个）
全国农垦	**72 153**	**1 138**	**451 458**	**75 587**	**1 245 771**	**284 558**	**173 425**	**8 498**
北京	9	8	590	557	3 459	3 309	74	71
天津	7	7	1 497	1 497	8 949	8 949	223	223
河北	5 730	13	18 062	302	25 709	394	7 721	16
山西	867	3	3 200	88	5 501	73	973	5
内蒙古	3 045	29	7 158	554	16 673	2 144	1 641	47
辽宁	8 075	46	32 136	156	58 208	173	6 137	67
吉林	1 013		5 221		2 728		488	
黑龙江	491	268	52 292	7 577	101 811	22 529	28 373	2 715
上海	255	255	51 335	51 335	179 226	179 226	3 994	3 994
江苏	4 344	3	12 148	568	44 177	2 489	2 796	3
浙江	21		232		640		20	
安徽	1 806	8	5 329	26	7 471	58	2 321	5
福建	2 320	3	5 816	6	5 702	5	1 954	3
江西	2 293	18	11 842	291	22 431	228	4 867	12
山东	191	6	624	93	1 308	366	175	18
河南	194	10	1 117	338	1 649	745	209	40
湖北	30 517	18	63 961	3 097	109 449	24 593	22 605	30
湖南	4 953	8	16 809	45	21 529	92	5 756	10
广东	1 946	63	6 598	548	20 404	2 402	1 904	128
广西	99	25	19 888	372	57 144	1 408	6 902	26
海南	61	33	19 728	731	80 942	7 876	10 031	39
重庆	2	2	20	20	81	81		
四川								
贵州								
云南	156	12	4 110	493	4 665	1 549	3 437	107
陕西	27	27	100	100	192	192	28	28
甘肃	155	8	373	216	1 050	684	137	6
青海	3		3		15			
宁夏	1 028	3	2 167	147	3 581	260	1 089	56
新疆(兵团)	1 850	241	107 093	5 872	458 572	23 829	58 751	825
新疆(农业)	631	18	1 840	530	1 861	690	759	24
新疆(畜牧)								
热科院	1		65		321			
广州	3	3	28	28	213	213		
南京	60		76		109		60	

7-3续表

地区	年末固定资产原值（万元）		年末营业用房面积（米²）		销售总额或营业收入（万元）	
		国有（万元）		国有（米²）		国有（万元）
全国农垦	**2 631 823**	**1 270 323**	**14 259 297**	**3 476 871**	**36 621 524**	**20 540 769**
北京	22 060	20 916	23 734	22 976	241 320	233 807
天津	80 984	80 984	440 050	440 050	743 575	743 575
河北	120 974	55 362	187 400	27 904	1 737 220	128 527
山西	3 297	403	27 973	2 370	274 790	810
内蒙古	43 141	13 583	169 300	34 136	251 655	116 184
辽宁	99 327	2 834	601 929	5 089	461 656	1 712
吉林	3 608		261 222		6 624	
黑龙江	530 426	284 705	2 901 560	1 122 560	6 789 488	4 940 077
上海	371 035	371 035	1 087 351	1 087 351	6 817 249	6 817 249
江苏	70 790	14 796	376 444	8 024	930 225	39 728
浙江	504		5 233		2 031	
安徽	14 964	1 183	162 010	11 435	98 247	2 887
福建	7 122	3	86 910	55	95 728	27
江西	31 004	1 640	268 817	8 442	124 710	1 635
山东	2 164	455	14 910	2 580	14 009	5 603
河南	6 136	5 197	47 617	34 601	41 079	21 027
湖北	205 980	76 240	1 026 349	35 870	3 198 479	1 290 317
湖南	16 407	36	148 313	2 798	99 636	1 098
广东	80 750	58 413	150 470	16 831	1 026 865	816 379
广西	223 915	17 932	607 344	16 078	1 633 185	235 686
海南	74 452	37 204	524 606	146 593	1 447 626	1 226 832
重庆	5 749	5 749	9 975	9 975	6 657	6 657
四川						
贵州						
云南	24 739	7 737	128 689	39 980	54 488	31 123
陕西	484	484	3 117	3 117	468	468
甘肃	5 247	4 576	7 674	2 409	42 899	41 690
青海						
宁夏	6 473	2 714	39 421	2 575	27 690	12 755
新疆（兵团）	575 775	204 558	4 893 896	372 895	10 393 110	3 793 540
新疆（农业）	3 925	1 420	55 023	20 017	41 873	16 730
新疆（畜牧）						
热科院					2 473	
广州	164	164	160	160	14 645	14 645
南京	227		1 800		1 825	

7－4 餐饮业基本情况

（2012 年）

地区	年末单位个数（个）	国有（个）	年末从业人员（人）	国有（人）	全年从业人员报酬（万元）	国有（万元）	营业网点个数（个）	国有（个）
全国农垦	**14 245**	**307**	**167 770**	**13 877**	**424 692**	**40 888**	**43 882**	**592**
北京	8	6	8 203	440	30 737	2 451	244	3
天津	2	2	19	19	156	156	1	1
河北	1 226	3	6 756	47	48 104	89	1 463	2
山西	173		405		880		174	
内蒙古	837	7	3 367	284	5 891	729	545	7
辽宁	1 549	8	15 949	126	22 210	134	1 200	12
吉林	322		1 194		1 082		148	
黑龙江	85	48	24 977	2 152	46 016	4 809	8 559	90
上海	15	15	1 346	1 346	5 186	5 186	106	106
江苏	486	2	2 274	148	7 615	598	289	1
浙江	18	6	74	17	225	57	28	16
安徽	404	9	4 215	2 744	8 035	5 377	650	87
福建	429	3	1 615	12	2 417	15	606	1
江西	436	7	3 832	82	6 022	95	568	6
山东	53	1	171	15	327	48	55	1
河南	65	1	378	3	384	10	67	8
湖北	5 650	7	18 582	410	29 175	1 077	5 814	8
湖南	868	5	4 164	31	10 960	50	1 168	7
广东	412	25	3 305	646	12 138	3 137	401	24
广西	36	9	6 902	133	18 781	338	1 449	9
海南	36	29	8 084	1 477	17 963	6 205	1 919	38
重庆	3	3	408	408	1 447	1 447	3	3
四川	3	2	29	22	74	65	1	1
贵州								
云南	78	16	2 060	287	2 924	597	800	30
陕西	23	23	206	206	202	202	23	23
甘肃	55	11	270	161	886	563	52	5
青海	2	1	26	25	50	45	1	1
宁夏	382	6	1 937	692	3 303	1 590	390	8
新疆（兵团）	170	26	45 607	1 874	139 836	5 739	16 734	68
新疆（农业）	401	26	1 350	70	1 485	80	406	26
新疆（畜牧）								
热科院	2		23		120		2	
广州								
南京	16		42		61		16	

7-4续表

地　区	年末固定资产原值（万元）		年末营业用房面积（米²）		销售总额或营业收入（万元）	
		国有（万元）		国有（米²）		国有（万元）
全国农垦	**1 495 029**	**405 572**	**4 674 775**	**893 272**	**2 498 883**	**202 730**
北　京	146 958	27 822	105 435	60 695	280 259	11 257
天　津	593	593	473	473	655	655
河　北	38 728	1 372	105 576	1 559	181 950	587
山　西	177		2 813		54 801	
内蒙古	14 274	3 081	128 455	24 416	29 384	1 984
辽　宁	81 454	5 012	250 664	5 986	184 116	1 578
吉　林	1 786		28 421		1 968	
黑龙江	243 077	69 278	1 096 242	184 317	393 887	49 099
上　海	42 446	42 446	118 246	118 246	25 276	25 276
江　苏	14 584	1 824	68 372	3 827	32 202	4 406
浙　江	376	165	6 344	2 124	324	50
安　徽	20 302	12 899	82 753	34 744	43 121	32 990
福　建	17 552	16	106 221	134	15 472	105
江　西	18 206	1 695	94 576	14 880	59 448	388
山　东	865	272	8 170	2 000	1 271	120
河　南	1 029	200	11 347	400	2 600	106
湖　北	59 198	2 133	408 058	23 080	218 590	2 362
湖　南	10 727	35	56 555	489	16 886	411
广　东	31 366	19 062	167 742	57 772	51 492	10 764
广　西	68 829	11 887	224 982	23 212	174 698	1 784
海　南	335 887	63 160	350 248	129 172	56 435	15 253
重　庆	9 085	9 085	30 981	30 981	5 228	5 228
四　川	504	407	5 130	3 130	359	341
贵　州						
云　南	22 911	11 870	128 944	51 190	12 271	2 514
陕　西	1 858	1 858	35 697	35 697	1 106	1 106
甘　肃	5 552	5 409	30 781	29 521	2 320	1 797
青　海	342	342	1 406	1 406	101	101
宁　夏	23 583	20 916	58 137	28 535	10 079	5 122
新疆（兵团）	276 929	92 201	917 847	22 021	639 317	26 895
新疆（农业）	2 497	533	34 812	3 265	2 281	451
新疆（畜牧）						
热科院	3 205		7 547		240	
广　州						
南　京	150		1 800		745	

7－5 服务业基本情况

（2012 年）

地区	年末单位个数（个）	国有（个）	年末从业人员（人）	国有（人）	全年从业人员报酬（万元）	国有（万元）	营业网点个数（个）	国有（个）
全国农垦	**23 516**	**536**	**181 033**	**38 484**	**451 786**	**162 936**	**61 605**	**1 069**
北京	66	66	2 841	2 841	16 691	16 691	28	28
天津	16	16	414	414	5 942	5 942	16	16
河北	4 914	2	22 555	30	41 574	62	4 836	2
山西	49		284		350		88	
内蒙古	893	14	3 314	840	8 419	3 409	533	6
辽宁	3 423	4	14 071	89	27 914	98	2 758	95
吉林	243	1	608	10	406	28	193	
黑龙江	40	21	22 664	1 393	37 463	2 432	838	43
上海	55	55	1 838	1 838	16 947	16 947	28	28
江苏	2 090	6	9 228	3 260	32 864	3 896	1 049	3
浙江	21	2	116	78	202	170	20	1
安徽	699	7	1 802	152	2 501	320	809	9
福建	595	4	1 851	42	2 763	164	585	4
江西	134	2	1 553	34	3 072	56	214	2
山东	113	1	376	1	774	5	110	
河南	37	2	182	33	168	10	34	
湖北	4 035	1	9 773	13	16 041	28	4 409	1
湖南	3 291	9	5 816	425	9 233	550	3 688	14
广东	1 175	46	5 167	1 625	22 331	11 307	1 142	39
广西	24	9	5 960	130	14 027	301	1 271	9
海南	48	33	14 395	1 323	34 017	10 784	4 009	24
重庆								
四川	3	3	236	236	652	652		
贵州								
云南	77	7	1 487	199	1 865	378	783	16
陕西	18	18	179	179	270	270	26	26
甘肃	29	11	123	88	143	41	65	51
青海	1	1	44	44	174	174	350	350
宁夏	659	6	2 811	774	5 211	2 505	613	6
新疆（兵团）	335	143	49 875	21 980	144 927	82 484	32 681	252
新疆（农业）	370	35	1 055	185	1 065	181	371	37
新疆（畜牧）								
热科院	2		115		622		1	
广州	10	10	146	146	2 858	2 858		
南京	51	1	154	82	300	192	57	7

7－5续表

地　　区	年末固定资产原值（万元）	国有（万元）	年末营业用房面积（米^2）	国有（米^2）	销售总额或营业收入（万元）	国有（万元）
全国农垦	**1 392 205**	**869 250**	**5 425 372**	**2 120 436**	**2 590 387**	**1 263 717**
北　　京	151 830	151 830	226 921	226 921	220 965	220 965
天　　津	295 303	295 303	479 616	479 616	735 625	735 625
河　　北	100 571	180	151 010	140	290 471	240
山　　西	235		1 750		13 796	
内 蒙 古	19 628	15 022	52 537	17 869	25 087	12 382
辽　　宁	64 299	1 101	314 555	3 105	126 206	2 867
吉　　林	2 028	1 601	20 343	5 000	960	76
黑 龙 江	143 077	13 223	860 958	48 951	393 887	19 795
上　　海	84 044	84 044	18 487	18 487	88 803	88 803
江　　苏	75 264	26 758	257 019	90 769	145 098	50 676
浙　　江	701	633	727	500	435	141
安　　徽	4 685	951	25 485	3 367	10 033	1 611
福　　建	11 050	1 297	43 281	1 038	11 598	2 252
江　　西	9 692	549	55 624	2 360	22 945	432
山　　东	1 015	2	5 512	40	1 974	15
河　　南	905	371	9 010	5 326	818	21
湖　　北	22 541	3 733	187 197	49 000	39 338	357
湖　　南	9 825	1 985	39 516	998	19 186	656
广　　东	78 669	69 339	209 414	160 702	75 503	33 749
广　　西	27 136	1 543	215 920	10 301	100 111	1 511
海　　南	24 869	16 689	222 563	96 046	45 642	14 516
重　　庆						
四　　川	7 537	7 537	5 716	5 716	1 088	1 088
贵　　州						
云　　南	10 381	3 385	69 049	37 463	10 524	1 269
陕　　西	3 566	3 566	10 592	10 592	4 403	4 403
甘　　肃	1 186	1 075	10 981	10 899	1 121	738
青　　海	5 475	5 475	37 700	37 700	1 214	1 214
宁　　夏	36 818	31 646	42 110	19 802	26 410	20 532
新疆（兵团）	147 369	83 058	1 654 432	614 141	165 859	40 016
新疆（农业）	4 371	1 045	32 091	941	2 857	1 368
新疆（畜牧）						
热 科 院	1 600		900		75	
广　　州	46 297	46 297	162 346	162 346	5 962	5 962
南　　京	237	11	2 010	300	2 392	437

商品量、出口、物资

8－1 农业商品产值及商品量

(2012 年)

地区	农业商品产值（万元）	主要农产品商品量						
		粮豆合计（吨）	大豆（吨）	棉花（吨）	油料（吨）	肉类（吨）	猪肉（吨）	肉猪（万头）
全国农垦	**27 371 936**	**30 251 989**	**1 119 255**	**1 573 936**	**731 195**	**2 761 433**	**1 635 305**	**2 074.16**
北京	715 048	2 007	1			224 784	5 893	7.19
天津	59 308	16 405	5	364	6	1 185	261	0.35
河北	701 870	358 306	1 546	20 399	1 831	60 936	34 878	44.42
山西	17 270	25 015	31	142	168	1 193	905	0.86
内蒙古	666 919	1 575 868	185 343	22	283 190	63 459	8 106	8.08
辽宁	1 160 195	1 144 054	12 462		10 902	244 696	116 837	128.82
吉林	293 970	614 624	5 272		10 249	46 238	23 130	29.72
黑龙江	9 203 640	20 354 205	808 684		15 979	731 907	470 809	616.77
上海	384 812	302 401	73	135	537	38 653	36 237	48.32
江苏	480 263	606 800	613	2 056	882	76 742	20 970	25.95
浙江	69 303	7 808	1 353	75	105	27 024	21 651	34.40
安徽	155 640	295 118	30 742	3 483	1 160	12 444	5 105	5.93
福建	180 350	42 439	1 773		3 870	57 325	50 947	70.93
江西	421 325	379 677	2 496	9 390	16 874	81 470	75 854	87.14
山东	82 889	47 706	1 041	4 636	329	12 018	2 156	2.50
河南	150 390	219 821	13 329	1 611	9 313	33 495	31 548	42.93
湖北	1 229 325	751 661	9 637	76 491	90 081	177 089	153 399	191.75
湖南	518 489	470 196	2 223	12 718	47 877	143 888	140 385	156.00
广东	572 344	42 865	427		4 852	84 157	61 322	71.86
广西	688 617	3 546	253		2 312	112 819	107 254	153.22
海南	1 170 736	114 925	265		4 095	91 258	79 693	84.01
重庆	59 346					9 645	6 145	7.32
四川	7 246	2 156	7		23	2 432	589	0.70
贵州	20 384	4 152	21		330	252	221	0.02
云南	540 635	53 950			119	7 064	5 382	6.29
陕西	29 575	44 335	603	1 734	1 239	2 176	2 118	1.05
甘肃	152 138	219 769	599	6 980	21 108	2 831	1 162	1.34
青海	25 195	30 514			9 760	1 306	313	0.41
宁夏	209 473	324 311	126		3 923	5 574	3 396	4.83
新疆（兵团）	6 623 657	1 404 100	16 085	1 275 930	135 722	324 583	160 923	229.87
新疆（农业）	251 616	225 735	3 100	78 000	11 000	10 753	4 340	5.65
新疆（畜牧）	513 245	567 519	21 146	79 770	43 359	71 490	3 018	5.03
热科院	4 303					392	358	0.50
广州	10 737							
南京	1 683					155		

8-2 出口商品总金额

计量单位：万元

地区	总金额				其中：工业品金额		
	2012年	2011年	2012年比2011年增长（%）	排序	2012年	2011年	2012年比2011年增长（%）
全国农垦	**7 560 415**	**6 569 085**	**15.1**		**6 842 866**	**5 930 184**	**15.4**
北京	84 134	69 862	20.4	11	13 388	12 144	10.2
天津	5 174	4 966	4.2	19	5 174	4 966	4.2
河北	95 587	94 703	0.9	9	80 782	79 502	1.6
山西							
内蒙古	233	592	−60.6	24			
辽宁	256 710	211 933	21.1	6	218 903	195 443	12.0
吉林	1 938	1 500	29.2	22			
黑龙江	369 042	314 382	17.4	3	153 703	138 412	11.0
上海	91 330	90 979	0.4	10	88 103	88 066	…
江苏	52 466	29 749	76.4	12	13 503	12 467	8.3
浙江	98 199	326 913	−70.0	8	98 199	326 913	−70.0
安徽							
福建	32 678	32 764	−0.3	13	17 850	17 377	2.7
江西	263 883	187 795	40.5	5	241 439	166 653	44.9
山东							
河南	2 200	4 303	−48.9	21			
湖北	281 510	233 855	20.4	4	229 838	190 625	20.6
湖南	26 895	24 488	9.8	14	17 876	17 689	1.1
广东	534 325	512 324	4.3	2	489 909	467 867	4.7
广西	131 120	113 431	15.6	7	117 336	101 306	15.8
海南	7 061	55 984	−87.4	17	6 665	55 304	−87.9
重庆							
四川	426	128					
贵州							
云南	8 192	1 942	321.8	16	8 192	1 942	321.8
陕西							
甘肃		1 077				1 077	
青海							
宁夏	6 029	6 584	−8.4	18			
新疆（兵团）	5 197 422	4 236 499	22.7	1	5 042 006	4 052 432	24.4
新疆（农业）	10 598	9 750	8.7	15			
新疆（畜牧）							
热科院							
广州	3 263	2 584	26.3	20			
南京							

8－3 外贸出口供货商品量

（2012年）

种类和地区	计量单位	出口供货商品数量
大豆	**吨**	**140 117**
黑龙江		140 117
玉米	**吨**	**42 283**
黑龙江		42 283
甜瓜	**吨**	**666**
新疆（农业）		666
白瓜子	**吨**	**8 238**
黑龙江		8 238
食用油籽	**吨**	**2**
新疆（兵团）		2
莲子	**吨**	**259**
湖南		259
红小豆	**吨**	**45 730**
黑龙江		45 730
芸豆	**吨**	**82 462**
黑龙江		82 462
小黄豆	**吨**	**18 900**
黑龙江		18 900
蔬菜	**吨**	**112 486**
黑龙江		55 498
上海		4 520
江苏		7 365
浙江		3 780
福建		20 910
湖南		5 758
宁夏		13 473
新疆（兵团）		4
新疆（农业）		1 178
新鲜蔬菜	**吨**	**77 846**
黑龙江		50 505
上海		4 520
福建		16 010
湖南		5 758
新疆（农业）		1 053
速冻蔬菜	**吨**	**7 928**
黑龙江		4 023
浙江		3 780
新疆（农业）		125
脱水蔬菜	**吨**	**5 870**
黑龙江		970
福建		4 900
干辣椒	**吨**	**450**
黑龙江		450
水果	**吨**	**69 723**
湖南		5 109
新疆（农业）		42 365
辽宁		7 097
广西		15 152
柑橘	**吨**	**15 510**
湖南		5 109
广西		10 401
甜橙	**吨**	**3 861**
广西		3 861
苹果	**吨**	**25 267**
辽宁		6 887
新疆（农业）		18 380
香梨	**吨**	**23 256**
新疆（农业）		23 256
黄桃	**吨**	**210**
辽宁		210
葡萄	**吨**	**729**
新疆（农业）		729
枣	**吨**	**151**
新疆（农业）		151
咖啡豆	**吨**	**2 982**
云南		2 982
调味品	**吨**	**6 101**
北京		204
辽宁		5 897
白胡椒	**吨**	**113**
海南		113
猪	**头**	**281 353**
河南		11 000
江西		96 750
湖北		50 500
湖南		18 923
广东		30 000
广西		23 680
重庆		50 500
瘦肉型猪	**头**	**281 353**
河南		11 000
湖北		50 500
湖南		18 923
江西		96 750
广东		30 000
广西		23 680
重庆		50 500

8-3续表1

种类和地区	计量单位	出口供货商品数量	种类和地区	计量单位	出口供货商品数量
家禽	吨	**96 146**	**鱼类**	吨	**17 641**
北京		96 146	河北		1 280
鸭	吨	**96 146**	辽宁		600
北京		96 146	江西		400
猪肉	吨	**5 877**	湖南		10 122
北京		44	广东		5 239
黑龙江		2 953	**海水鱼**	吨	**1 880**
广东		2 880	河北		1 280
鲜猪肉	吨	**2 880**	辽宁		600
广东		2 880	**淡水鱼**	吨	**15 761**
冻猪肉	吨	**2 997**	江西		400
北京		44	湖南		10 122
黑龙江		2 953	广东		5 239
家禽肉	吨	**21 965**	**虾类**	吨	**10 421**
北京		21 165	广东		10 421
辽宁		800	**对虾**	吨	**10 421**
鸡肉	吨	**20 851**	广东		10 421
北京		20 851	**龙虾**	吨	**25**
鸭肉	吨	**1 114**	江西		25
北京		314	**鹿茸**	千克	**800**
辽宁		800	黑龙江		800
肠衣	把	**1 290 000**	**原料药**	吨	**1 337**
黑龙江		1 290 000	黑龙江		1 337
猪肠衣	把	**1 290 000**	**大米**	吨	**56 622**
黑龙江		1 290 000	黑龙江		56 622
牛奶	吨	**6 367**	**食用油类**	吨	**3 337**
广州		6 367	黑龙江		3 337
蜂蜜	吨	**807**	**味精**	吨	**384**
吉林		807	上海		384
皮张类	张	**38 000**	**淀粉**	吨	**67 985**
黑龙江		38 000	广西		67 985
兔皮	张	**38 000**	**再制蛋**	吨	**1 390**
黑龙江		38 000	湖北		1 390
绒类	吨	**51**	**松花蛋**	吨	**943**
黑龙江		51	湖北		943
山羊绒	吨	**51**	**咸蛋**	吨	**447**
黑龙江		51	湖北		447

8-3 续表 2

种类和地区	计量单位	出口供货商品数量	种类和地区	计量单位	出口供货商品数量
乳制品	**吨**	**1 000**	浙江		1 800
黑龙江		1 000	湖南		9
奶粉	**吨**	**1 000**	**精制红茶**	**吨**	**907**
黑龙江		1 000	福建		30
咸蕨菜	**吨**	**200**	**甜菜粕**	**吨**	**8 800**
黑龙江		200	黑龙江		8 800
番茄酱	**吨**	**260**	**豆粕**	**吨**	**14 000**
新疆（兵团）		260	黑龙江		14 000
罐头	**吨**	**30 718**	**苇帘**	**万片**	**98**
上海		19 253	河北		98
湖北		5 249	**柳编织品**	**万件**	**111**
广东		631	黑龙江		99
广西		5 585	广西		12
猪肉罐头	**吨**	**16 727**	**雕花家具**	**件**	**110**
上海		16 727	辽宁		110
水果罐头	**吨**	**11 365**	**地毯**	**米^2**	**40 600**
湖北		5 149	广东		40 600
广东		631	**服装**	**万件**	**2 116**
广西		5 585	河北		100
蔬菜罐头	**吨**	**2 626**	辽宁		40
上海		2 526	江苏		38
湖北		100	江西		157
酒类	**吨**	**240**	广东		1 031
天津		32	新疆（兵团）		750
上海		208	**工艺品**	**万件**	**21**
葡萄酒	**吨**	**32**	福建		21
天津		32	**棉布·呢绒·丝制品**	**万件**	**9 669**
茶叶	**吨**	**3 245**	浙江		9 669
浙江		1 800	**棉纱**	**万件**	**20**
福建		105	湖北		20
湖南		9	**胶鞋**	**万双**	**150**
广西		100	福建		150
四川		355	**多用车**	**台**	**200 016**
云南		876	黑龙江		16
红茶	**吨**	**116**	湖北		200 000
福建		16	**活性炭**	**吨**	**5 100**
广西		100	江西		5 100
绿茶	**吨**	**1 809**			

8－4　主要物资消费

（2012 年）

地　区	钢材（吨）	木材（米³）	水泥（吨）	纯碱（吨）	烧碱（吨）	化肥（实物量）（吨）	聚乙烯、聚丙烯（吨）
全国农垦	**3 695 955**	**3 773 232**	**18 582 802**	**42 022**	**61 714**	**5 300 265**	**310 661**
北　京	9 059	2 288	14 669			1 188	
天　津	929	4 560	1 092		3	2 039	5 042
河　北	63 479	35 367	439 407	7 951	94	40 332	5 248
山　西	793	141	917			11 684	3
内蒙古	24 137	39 626	198 361	79		167 134	2 503
辽　宁	160 021	692 926	593 480	5 761	4 655	191 619	2 516
吉　林	5 900	9 715	43 722	4 100	280	107 856	382
黑龙江	253 247	363 670	1 773 313	1 613	6 677	1 175 372	27 180
上　海	80 693	18 004	190 445			51 956	15 297
江　苏	133 534	9 880	412 337	201	2 277	128 303	112
浙　江	4 072	711	1 548	1 101		6 089	928
安　徽	44 026	17 398	110 279	2	66	66 163	1 306
福　建	31 221	18 724	100 421	11	5	49 662	56
江　西	89 556	55 260	326 177	2 435	2 324	90 038	547
山　东	25 638	1 913	110 735		230	12 487	42
河　南	11 982	2 203	66 162	150	22	55 920	45
湖　北	364 038	367 591	703 629	657	373	446 125	85 247
湖　南	81 163	139 866	499 278	5 568	283	150 746	280
广　东	73 563	55 036	362 871	7	225	229 850	501
广　西	471 475	804 807	1 559 923	44	24 603	322 317	231
海　南	72 196	41 182	1 707 086			261 879	665
重　庆	11 316	1 492	20 481			50	
四　川	750	2 669	3 966			205	9
贵　州	5 210	2 760	43 920			4 852	
云　南	11 873	29 889	33 753	384	8	54 364	384
陕　西	15 922	4 659	5 935			8 718	
甘　肃	5 604	938	14 267		10	51 600	641
青　海	1	50	851			13 074	
宁　夏	17 563	10 980	69 624	4	11	82 983	42
新疆（兵团）	1 589 742	916 250	8 734 162	11 944	18 051	1 366 392	158 203
新疆（农业）	17 922	96 803	297 225	11	88	56 699	3 252
新疆（畜牧）	17 738	23 733	140 646			92 442	
热科院	38	2 138	2 106		1 423	126	
广　州	3	3	15		6		
南　京	1 550						

8-4 续表 1

地　区	原煤（吨）	原煤（吨标准煤）	焦炭（吨）	焦炭（吨标准煤）	汽油（吨）	汽油（吨标准煤）
全国农垦	**38 867 540**	**27 862 056**	**1 855 371**	**1 802 574**	**1 214 819**	**1 816 110**
北　京	229 224	163 735			122 058	179 596
天　津	20 200	14 429			2 172	3 195
河　北	682 233	533 574	162 249	157 608	7 179	51 637
山　西	10 576	7 554	9 033	8 775	1 326	1 951
内蒙古	473 664	338 338	250	243	18 309	26 940
辽　宁	1 068 423	763 175	139 514	135 524	185 938	273 589
吉　林	43 118	31 965	32	29	34 127	48 372
黑龙江	4 884 003	3 399 653	2 561	2 487	186 179	273 879
上　海	105 852	75 610	36	35	103 617	152 462
江　苏	46 172	32 980			10 790	15 876
浙　江	592 192	42 300			1 785	2 626
安　徽	24 188	17 277			1 582	2 328
福　建	73 186	51 021	29 278	28 457	7 260	8 063
江　西	189 654	42 297	282		14 211	13 929
山　东	7 023	5 015			524	640
河　南	78 629	56 660	161	155	5 052	7 435
湖　北	395 962	282 717	13 789	13 395	84 011	123 614
湖　南	343 170	245 126			29 238	43 020
广　东	187 853	134 180			25 126	36 970
广　西	486 913	291 767	5 272	5 581	28 532	41 982
海　南	201	144	84	82	29 886	43 974
重　庆	1 270	907			370	544
四　川	994	710	6 468	6 283	121	178
贵　州	3 644	3 644			986	1 452
云　南	71 185	50 848			4 455	6 556
陕　西	10 103	4 203	149	145	1 360	2 001
甘　肃	447 521	319 664			859	1 264
青　海	18 496	14 279			402	9 359
宁　夏	113 450	81 032			2 635	3 877
新疆(兵团)	27 433 817	20 268 384	1 486 213	1 443 707	259 427	381 720
新疆(农业)	81 535	58 080			12 026	17 693
新疆(畜牧)	743 056	530 765			12 895	18 973
热科院				68	20 241	20 208
广　州					129	190
南　京	32	23			11	16

8－4续表2

地　　区	柴油（吨）	柴油（吨标准煤）	电力（万千瓦时）	电力（吨标准煤）	其他燃料（吨标准煤）
全国农垦	**2 006 584**	**2 921 316**	**5 795 644**	**8 681 914**	**1 181 187**
北　　京	5 398	7 865	127 681	156 920	4 071
天　　津	1 049	1 528	10 724	13 181	
河　　北	15 490	22 399	140 680	165 726	4 040
山　　西	1 526	2 223	10 412	12 796	
内 蒙 古	144 882	211 108	75 054	92 241	
辽　　宁	203 897	297 098	177 967	218 721	8 283
吉　　林	32 162	46 864	34 471	42 363	300
黑 龙 江	520 585	758 562	376 554	1 521 117	848 230
上　　海	22 231	32 393	86 776	106 648	1 362
江　　苏	29 860	43 509	71 742	88 170	
浙　　江	3 928	5 723	69 814	85 801	
安　　徽	11 025	16 065	9 556	11 744	
福　　建	8 104	9 595	16 126	16 413	577
江　　西	21 810	20 317	70 544	71 497	100
山　　东	1 731	2 356	4 502	14 551	300
河　　南	5 193	7 533	14 907	18 708	
湖　　北	72 454	105 573	226 073	730 216	
湖　　南	19 937	29 335	74 826	91 961	
广　　东	32 214	46 939	58 247	65 244	73 926
广　　西	39 629	57 743	84 813	104 235	207 819
海　　南	15 172	22 107	52 139	64 079	
重　　庆	4 528	6 598	10 886	13 379	9 180
四　　川	79	115	30 517	99 489	
贵　　州	1 240	1 804	182	223	
云　　南	4 273	6 225	24 010	29 508	10 308
陕　　西	4 392	6 399	1 661	2 041	
甘　　肃	10 453	15 232	55 905	75 399	
青　　海	1 563	13 386	283	250	
宁　　夏	12 457	18 260	9 869	12 131	205
新疆（兵团）	726 793	1 059 010	3 750 550	4 609 425	1 354
新疆（农业）	17 413	25 368	99 332	122 078	7 439
新疆（畜牧）	14 429	21 024	16 594	20 394	
热 科 院	68	157	605	469	
广　　州	617	900	1 362	4 453	3 692
南　　京	2	3	280	344	

科研、教育、卫生

9－1　农垦科研基本情况

（2012年）

地　　区	个数（个）	职工（人）			科技经费（万元）				实验地面积（公顷）
			科技人员（人）	工人（人）		国家拨款（万元）	省地局自筹（万元）	企业自筹（万元）	
全国农垦	**374**	**19 555**	**11 323**	**7 934**	**286 339**	**77 638**	**103 741**	**104 609**	**11 366**
北　　京	11	1 077	442	635	15 882	2 157	351	13 374	113
天　　津	3	118	65	53	628		512	116	
河　　北	10	188	133	55	13 259	9 402	3 695	162	147
山　　西	3	178	16	162	116	6		110	73
内 蒙 古	21	139	62	77	316	20	110	186	136
辽　　宁	27	543	358	185	605	340	10	255	267
吉　　林	2	18	13	5	12			12	4
黑 龙 江	19	713	494	219	11 050	1 897	8 363	790	91
上　　海	1	6	5						
江　　苏	24	787	565	222	44 340	210		44 130	445
浙　　江									
安　　徽	7	130	47	82	225			225	64
福　　建									
江　　西	7	705	417	184	2 613	1		2 262	28
山　　东	3	49	30	19	255	20	35	200	522
河　　南	12	298	161	137	362		202	160	1 286
湖　　北	31	1 266	369	865	2 813	380	680	1 753	535
湖　　南	22	759	386	373	887	193	65	629	1 868
广　　东	49	363	231	126	6 616	5 118	218	1 280	1 782
广　　西	3	645	245	400	7 509	5 541	1 968		328
海　　南	8	216	129	87	1 180	731	366	83	212
重　　庆	4	102	64	38	903	530		373	15
四　　川	4	91	75	16	162		40	122	
贵　　州									
云　　南	4	712	304	408	6 177	1 862	713	3 602	706
陕　　西									
甘　　肃	11	228	158	70	1 993	1 292	32	669	94
青　　海	2	59	22	37	115			115	1 187
宁　　夏	2	46	30	16	72	20		52	
新疆（兵团）	58	5 403	4 509	894	131 500	13 191	85 669	32 640	1 290
新疆（农业）	8	110	91	19	200			200	
新疆（畜牧）	3	12	8	2	27			27	
热 科 院	15	4 594	1 894	2 548	36 523	34 728	712	1 083	174
广　　州									
南　　京									

9－2 部、省、地属科研单位基本情况

（2012年）

地区	个数（个）	职工（人）		科技经费（万元）				实验地面积（公顷）
			科技人员（人）	工人（人）		国家拨款（万元）	省地局自筹（万元）	企业自筹（万元）	
全国农垦	**88**	**8 881**	**4 599**	**4 130**	**158 479**	**74 261**	**59 964**	**24 253**	**2 741**
北京	3	274	175	99	1 883	1 883			100
天津	3	118	65	53	628		512	116	
河北	1	57	36	21	13 065	9 402	3 663		93
山西									
内蒙古	1	19	13	6	87		87		100
辽宁	1	218	129	89	320	290	10	20	235
吉林									
黑龙江	19	713	494	219	11 050	1 897	8 363	790	91
上海									
江苏									
浙江									
安徽									
福建									
江西									
山东									
河南	1	26	26		209		197	12	8
湖北	11	211	104	107	1 040	300	340	400	14
湖南									
广东	4	104	84	20	3 436	3 208	162	66	207
广西	2	553	193	360	6 299	4 951	1 348		324
海南	3	156	106	50	1 082	728	354		87
重庆	1	25	25		530	530			15
四川									
贵州									
云南	4	712	304	408	6 177	1 862	713	3 602	706
陕西									
甘肃	1	137	80	57	1 292	1 292			7
青海									
宁夏									
新疆（兵团）	18	964	871	93	74 858	13 191	43 503	18 164	580
新疆（农业）									
新疆（畜牧）									
热科院	15	4 594	1 894	2 548	36 523	34 728	712	1 083	174
广州									
南京									

9－3 场属科研单位基本情况

(2012 年)

地区	个数(个)	职工(人)			科技经费(万元)				实验地面积(公顷)
			科技人员(人)	工人(人)		国家拨款(万元)	省地局自筹(万元)	企业自筹(万元)	
全国农垦	**286**	**10 674**	**6 724**	**3 804**	**127 860**	**3 377**	**43 777**	**80 356**	**8 625**
北京	8	803	267	536	13 999	274	351	13 374	13
天津									
河北	9	131	97	34	194		32	162	54
山西	3	178	16	162	116	6		110	73
内蒙古	20	120	49	71	229	20	23	186	36
辽宁	26	325	229	96	285	50		235	32
吉林	2	18	13	5	12			12	4
黑龙江									
上海	1	6	5						
江苏	24	787	565	222	44 340	210		44 130	445
浙江									
安徽	7	130	47	82	225			225	64
福建									
江西	7	705	417	184	2 613	1		2 262	28
山东	3	49	30	19	255	20	35	200	522
河南	11	272	135	137	153		5	148	1 278
湖北	20	1 055	265	758	1 773	80	340	1 353	521
湖南	22	759	386	373	887	193	65	629	1 868
广东	45	259	147	106	3 180	1 910	56	1 214	1 575
广西	1	92	52	40	1 210	590	620		4
海南	5	60	23	37	98	3	12	83	125
重庆	3	77	39	38	373			373	
四川	4	91	75	16	162		40	122	
贵州									
云南									
陕西									
甘肃	10	91	78	13	701		32	669	87
青海	2	59	22	37	115			115	1 187
宁夏	2	46	30	16	72	20		52	
新疆(兵团)	40	4 439	3 638	801	56 642		42 166	14 476	710
新疆(农业)	8	110	91	19	200			200	
新疆(畜牧)	3	12	8	2	27			27	
热科院									
广州									
南京									

9-4 农垦各类学校基本情况

（2012年）

地　区	学校数（所）	教职工（人）		在校学生合计（人）		当年毕业生人数（人）
			教师（人）		新招生（人）	
全国农垦	**1 357**	**105 345**	**87 833**	**1 215 474**	**301 084**	**301 838**
北　京	1	15	4	251		251
天　津	1	10				
河　北	109	4 445	3 803	46 205	12 136	11 262
山　西	5	123	95	1 138	132	219
内蒙古	30	871	762	3 717	837	880
辽　宁						
吉　林						
黑龙江	180	33 202	28 696	330 604	71 469	77 967
上　海	1	32	17	1 303	449	404
江　苏						
浙　江						
安　徽						
福　建						
江　西	52	1 008	881	12 150	3 452	2 543
山　东						
河　南	31	695	599	13 734	2 310	3 258
湖　北	270	11 882	10 215	132 428	33 097	34 747
湖　南	144	5 540	4 752	65 999	11 507	10 653
广　东	150	5 275	3 811	93 955	27 909	23 398
广　西	4	918	524	20 924	7 732	6 043
海　南	4	486	297	6 084	2 234	1 707
重　庆						
四　川	2	3	3	52	12	9
贵　州						
云　南	2	284	185	2 904	909	1 099
陕　西	1	29	29	1 336	357	370
甘　肃	2	87	69	10 535	3 635	1 341
青　海	13	393	351	3 369	349	209
宁　夏	1	53	40	1 111	382	180
新疆（兵团）	331	39 001	31 811	458 857	120 046	123 558
新疆（农业）						
新疆（畜牧）	15	711	656	3 411	643	759
热科院	7	197	158	2 174	632	552
广　州						
南　京	1	85	75	3 233	855	429

9-5 普通高等学校基本情况

(2012年)

地区	学校数(所)	教职工(人)		在校学生合计(人)		当年毕业生人数(人)
			教师(人)		新招生(人)	
全国农垦	**15**	**8 977**	**5 360**	**120 622**	**38 557**	**32 186**
北京						
天津						
河北						
山西						
内蒙古						
辽宁						
吉林						
黑龙江	3	2 575	1 504	29 521	9 795	8 244
上海						
江苏						
浙江						
安徽						
福建						
江西	2	26	25	178	31	37
山东						
河南						
湖北						
湖南						
广东	1	1 028	368	20 034	7 476	5 773
广西	3	814	449	19 644	7 306	5 520
海南						
重庆						
四川						
贵州						
云南	1	258	170	2 904	909	1 099
陕西						
甘肃						
青海						
宁夏						
新疆(兵团)	5	4 276	2 844	48 341	13 040	11 513
新疆(农业)						
新疆(畜牧)						
热科院						
广州						
南京						

9－6 成人高等学校基本情况

(2012 年)

地区	学校数(所)	教职工(人)		在校学生合计(人)		当年毕业生人数(人)
			教师(人)		新招生(人)	
全国农垦	**9**	**1 417**	**891**	**30 911**	**12 329**	**7 208**
北京	1	15	4	251		251
天津						
河北	1	44	36			
山西						
内蒙古						
辽宁						
吉林						
黑龙江	1	221	102	1 455	655	274
上海	1	32	17	1 303	449	404
江苏						
浙江						
安徽						
福建						
江西						
山东						
河南						
湖北	1	104	75	1 845	945	1 548
湖南						
广东						
广西						
海南						
重庆						
四川						
贵州						
云南	1	26	15			
陕西						
甘肃	1	45	35	10 108	3 532	1 108
青海						
宁夏				726	250	129
新疆(兵团)	2	930	607	15 223	6 498	3 494
新疆(农业)						
新疆(畜牧)						
热科院						
广州						
南京						

9－7 普通中等专业学校基本情况

(2012 年)

地区	学校数（所）	教职工（人）		在校学生合计（人）		当年毕业生人数（人）
			教师（人）		新招生（人）	
全国农垦	**34**	**2 973**	**1 887**	**61 735**	**24 456**	**15 462**
北京						
天津						
河北	2	53	42	1 357	211	403
山西						
内蒙古	1	80	26	180	70	114
辽宁						
吉林						
黑龙江	2	256	118	8 142	5 228	756
上海						
江苏						
浙江						
安徽						
福建						
江西	1	107	87	4 100	1 208	1 227
山东						
河南						
湖北	3	241	185	7 565	2 528	2 009
湖南						
广东	1	188	155	6 028	2 572	2 012
广西						
海南	3	346	186	4 426	1 731	1 171
重庆						
四川						
贵州						
云南						
陕西						
甘肃						
青海						
宁夏						
新疆(兵团)	21	1 702	1 088	29 937	10 908	7 770
新疆(农业)						
新疆(畜牧)						
热科院						
广州						
南京						

9-8 成人中等专业学校基本情况

（2012年）

地　区	学校数（所）	教职工（人）		在校学生合计（人）		当年毕业生人数（人）
			教师（人）		新招生（人）	
全国农垦	**8**	**380**	**278**	**50 368**	**11 504**	**15 098**
北　京						
天　津	1	10				
河　北	1	8	8	50	9	12
山　西						
内蒙古						
辽　宁						
吉　林						
黑龙江	1	35	29	38 376	4 564	10 733
上　海						
江　苏						
浙　江						
安　徽						
福　建						
江　西						
山　东						
河　南						
湖　北						
湖　南						
广　东	2	148	97	4 577	3 517	1 069
广　西						
海　南						
重　庆						
四　川						
贵　州						
云　南						
陕　西						
甘　肃	1	42	34	427	103	233
青　海						
宁　夏	1	53	40	385	132	51
新疆（兵团）	1	84	70	6 553	3 179	3 000
新疆（农业）						
新疆（畜牧）						
热科院						
广　州						
南　京						

9-9 普通中学基本情况

(2012 年)

地区	学校数（所）	教职工（人）		在校学生合计（人）		当年毕业生人数（人）
			教师（人）		新招生（人）	
全国农垦	**566**	**64 546**	**42 266**	**424 736**	**129 099**	**131 412**
北京						
天津						
河北	16	1 717	1 485	16 192	5 638	5 645
山西	1	34	21	146	48	53
内蒙古	4	138	121	609	202	220
辽宁						
吉林						
黑龙江	126	20 029	17 862	125 720	35 261	32 804
上海						
江苏						
浙江						
安徽						
福建						
江西	5	190	187	942	267	164
山东						
河南	5	231	172	3 459	908	1 432
湖北	79	6 088	4 943	51 008	16 668	18 245
湖南	31	1 644	1 135	25 693	4 296	4 121
广东	46	1 643	1 270	24 041	7 786	7 339
广西	1	104	75	1 280	426	523
海南	1	140	111	1 658	503	536
重庆						
四川						
贵州						
云南						
陕西						
甘肃						
青海	4	218	194	2 033	218	64
宁夏						
新疆(兵团)	241	31 990	14 379	169 141	56 273	59 610
新疆(农业)						
新疆(畜牧)	4	258	227	1 679	254	289
热科院	2	122	84	1 135	351	367
广州						
南京						

9－10 职业中学基本情况

（2012 年）

地　　区	学校数（所）	教职工（人）	教师（人）	在校学生合计（人）	新招生（人）	当年毕业生人数（人）
全国农垦	**15**	**657**	**538**	**11 025**	**3 439**	**3 230**
北　　京						
天　　津						
河　　北	1	218	177	3 688	1 521	1 042
山　　西						
内 蒙 古						
辽　　宁						
吉　　林						
黑 龙 江	6	97	67	270	190	686
上　　海						
江　　苏						
浙　　江						
安　　徽						
福　　建						
江　　西	2	67	50	622	208	175
山　　东						
河　　南						
湖　　北	1	47	42	591	78	229
湖　　南	2	95	85	1 285	230	210
广　　东						
广　　西						
海　　南						
重　　庆						
四　　川						
贵　　州						
云　　南						
陕　　西	1	29	29	1 336	357	370
甘　　肃						
青　　海						
宁　　夏						
新疆（兵团）	1	19	13			89
新疆（农业）						
新疆（畜牧）						
热 科 院						
广　　州						
南　　京	1	85	75	3 233	855	429

9－11　小学基本情况

（2012 年）

地　　区	学校数（所）	教职工（人）		在校学生合计（人）		当年毕业生人数（人）
			教师（人）		新招生（人）	
全国农垦	**710**	**26 395**	**36 593**	**516 077**	**81 700**	**97 189**
北　　京						
天　　津						
河　　北	88	2 405	2 055	24 918	4 757	4 107
山　　西	4	89	74	992	84	166
内 蒙 古	25	653	615	2 928	565	546
辽　　宁						
吉　　林						
黑 龙 江	41	9 989	9 014	127 120	15 776	24 470
上　　海						
江　　苏						
浙　　江						
安　　徽						
福　　建						
江　　西	42	618	532	6 308	1 738	940
山　　东						
河　　南	26	464	427	10 275	1 402	1 826
湖　　北	186	5 402	4 970	71 419	12 878	12 716
湖　　南	111	3 801	3 532	39 021	6 981	6 322
广　　东	100	2 268	1 921	39 275	6 558	7 205
广　　西						
海　　南						
重　　庆						
四　　川	2	3	3	52	12	9
贵　　州						
云　　南						
陕　　西						
甘　　肃						
青　　海	9	175	137	1 336	131	145
宁　　夏						
新疆(兵团)	60		12 810	189 662	30 148	38 082
新疆(农业)						
新疆(畜牧)	11	453	429	1 732	389	470
热 科 院	5	75	74	1 039	281	185
广　　州						
南　　京						

9－12 农垦卫生事业基本情况

（2012 年）

地区	医疗单位个数（个）			病床（张）	职工合计（人）		
		医院（个）	疗养院（个）			医务人员（人）	
							医生（人）
全国农垦	**5 333**	**1 029**	**2**	**62 641**	**74 932**	**61 802**	**29 351**
北京	1	1		50	6	3	3
天津	3	3		56	25	19	10
河北	130	37		1 831	1 865	1 585	764
山西	8	6		92	102	64	32
内蒙古	284	74		1 386	1 873	1 606	821
辽宁	678	90		3 228	2 619	2 531	1 198
吉林	69	28		644	603	408	235
黑龙江	1 536	123	1	11 015	14 889	11 456	8 427
上海	3	3		1 152	454	377	193
江苏	18	18		1 136	1 109	612	497
浙江							
安徽	83	20		915	661	515	280
福建	106	13	1	128	231	201	73
江西	43	32		368	476	389	208
山东	10	2		46	26	19	13
河南	65	17		552	667	597	239
湖北	597	85		5 929	6 545	5 597	2 689
湖南	114	57		1 603	1 955	1 676	790
广东	61	54		5 171	4 434	3 600	1 475
广西	9	9		201	262	156	88
海南	94	89		6 001	8 955	7 193	2 677
重庆							
四川							
贵州							
云南							
陕西	12	12		167	146	83	48
甘肃	37	26		562	320	210	108
青海	13	9		225	188	131	75
宁夏							
新疆（兵团）	1 342	210		20 031	26 292	22 573	8 265
新疆（农业）							
新疆（畜牧）	11	10		152	213	191	137
热科院	6	1			16	10	6
广州							
南京							

9－13 省局、地区属卫生事业基本情况

（2012 年）

地 区	医疗单位个数（个）			病床（张）	职工合计（人）		
		医院（个）	疗养院（个）			医务人员（人）	
							医生（人）
全国农垦	**101**	**54**	**1**	**20 601**	**25 356**	**20 616**	**7 389**
北 京							
天 津							
河 北							
山 西							
内 蒙 古	3	3		608	853	480	311
辽 宁							
吉 林							
黑 龙 江	23	11	1	4 290	5 072	4 179	1 893
上 海	1	1		1 119	443	366	189
江 苏							
浙 江							
安 徽							
福 建							
江 西							
山 东							
河 南							
湖 北	22	11		1 742	1 886	1 596	551
湖 南							
广 东	4	4		2 250	2 182	1 696	610
广 西							
海 南	4	3		2 414	4 249	3 311	1 089
重 庆							
四 川							
贵 州							
云 南							
陕 西	1	1		50	69	42	16
甘 肃							
青 海							
宁 夏							
新疆（兵团）	43	20		8 128	10 602	8 946	2 730
新疆（农业）							
新疆（畜牧）							
热 科 院							
广 州							
南 京							

9－14 场（厂）属卫生事业基本情况

（2012年）

地区	医疗单位个数（个）	医院（个）	疗养院（个）	病床（张）	职工合计（人）	医务人员（人）	医生（人）
全国农垦	**3 567**	**861**	**1**	**37 621**	**44 256**	**36 184**	**19 396**
北京	1	1		50	6	3	3
天津	3	3		56	25	19	10
河北	35	23		1 357	1 368	1 163	486
山西	6	5		88	85	53	27
内蒙古	62	54		596	756	676	333
辽宁	91	90		1 759	1 455	1 427	685
吉林	26	20		419	478	339	169
黑龙江	1 513	112		6 725	9 817	7 277	6 534
上海	2	2		33	11	11	4
江苏	18	18		1 136	1 109	612	497
浙江							
安徽	13	12		330	216	176	83
福建	49	13	1	104	152	127	63
江西	19	18		332	402	324	173
山东	8	2		40	23	17	11
河南	24	16		336	499	432	168
湖北	140	61		3 394	3 257	2 722	1 334
湖南	51	30		1 308	1 559	1 309	645
广东	55	50		2 921	2 237	1 893	858
广西	9	9		201	262	156	88
海南	86	86		3 587	4 105	3 287	1 357
重庆							
四川							
贵州							
云南							
陕西	8	8		114	72	38	30
甘肃	21	20		475	267	173	89
青海	11	7		205	176	122	71
宁夏							
新疆（兵团）	1 299	190		11 903	15 690	13 627	5 535
新疆（农业）							
新疆（畜牧）	11	10		152	213	191	137
热科院	6	1			16	10	6
广州							
南京							

9－15　分场属卫生事业基本情况

（2012 年）

地　　区	医疗单位个数（个）			病床（张）	职工合计（人）		
		医院（个）	疗养院（个）			医务人员（人）	
							医生（人）
全国农垦	**1 517**	**103**		**3 857**	**4 815**	**4 405**	**2 309**
北　　京							
天　　津							
河　　北	95	14		474	497	422	278
山　　西	2	1		4	17	11	5
内 蒙 古	134	11		129	173	162	96
辽　　宁	585			1 463	1 159	1 099	508
吉　　林	43	8		225	125	69	66
黑 龙 江							
上　　海							
江　　苏							
浙　　江							
安　　徽	9	3		82	36	35	26
福　　建	57			24	79	74	10
江　　西	24	14		36	74	65	35
山　　东	2			6	3	2	2
河　　南	41	1		216	168	165	71
湖　　北	435	13		793	1 402	1 279	804
湖　　南	63	27		295	396	367	145
广　　东	2				15	11	7
广　　西							
海　　南	4				601	595	231
重　　庆							
四　　川							
贵　　州							
云　　南							
陕　　西	3	3		3	5	3	2
甘　　肃	16	6		87	53	37	19
青　　海	2	2		20	12	9	4
宁　　夏							
新疆（兵团）							
新疆（农业）							
新疆（畜牧）							
热 科 院							
广　　州							
南　　京							

附　录

附录一　中华人民共和国 2012 年国民经济和社会发展统计公报[1]

中华人民共和国 2012 年
国民经济和社会发展统计公报

中华人民共和国国家统计局

2013 年 2 月 22 日

2012 年，面对复杂严峻的国际经济形势和艰巨繁重的国内改革发展稳定任务，全国各族人民在党中央、国务院的正确领导下，坚持以科学发展为主题，以加快转变经济发展方式为主线，按照稳中求进的工作总基调，认真贯彻落实加强和改善宏观调控的各项政策措施，国民经济运行总体平稳，各项社会事业取得新的进步，为全面建成小康社会奠定了良好基础。

一、综合

初步核算，全年国内生产总值[2] 519 322 亿元，比上年增长 7.8%。其中，第一产业增加值 52 377 亿元，增长 4.5%；第二产业增加值 235 319 亿元，增长 8.1%；第三产业增加值 231 626 亿元，增长 8.1%。第一产业增加值占国内生产总值的比重为 10.1%，第二产业增加值比重为 45.3%，第三产业增加值比重为 44.6%。

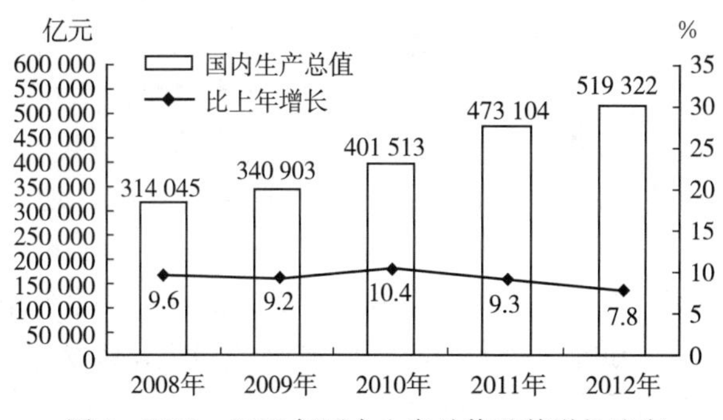

图 1　2008—2012 年国内生产总值及其增长速度

全年居民消费价格比上年上涨 2.6%，其中食品价格上涨 4.8%。固定资产投资价格上涨 1.1%。工业生产者出厂价格下降 1.7%。工业生产者购进价格下降 1.8%。农产品生产者价格[3]上涨 2.7%。

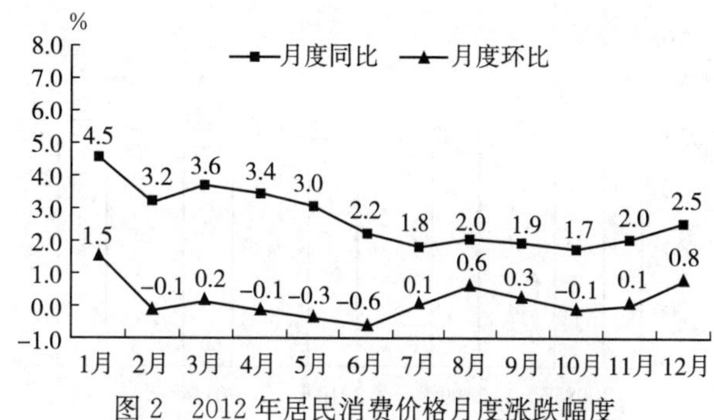

图 2　2012 年居民消费价格月度涨跌幅度

表 1　2012 年居民消费价格比上年涨跌幅度

单位：%

指　　标	全国	城市	农村
居民消费价格	2.6	2.7	2.5
其中：食品	4.8	5.1	4.0
烟酒及用品	2.9	2.9	2.7
衣着	3.1	2.9	3.8
家庭设备用品及维修服务	1.9	2.1	1.5
医疗保健和个人用品	2.0	2.0	2.1
交通和通信	−0.1	−0.3	0.6
娱乐教育文化用品及服务	0.5	0.4	1.0
居住	2.1	2.2	1.9

70 个大中城市新建商品住宅销售价格月环比上涨的城市个数年末为 54 个。

年末全国就业人员 76 704 万人，其中城镇就业人员 37 102 万人。全年城镇新增就业 1 266 万人。年末城镇登记失业率为 4.1%，与上年末持平。全国农民工[4]总量为 26 261 万人，比上年增长 3.9%。其中，外出农民工 16 336 万人，增长 3.0%；本地农民工 9 925 万人，增长 5.4%。

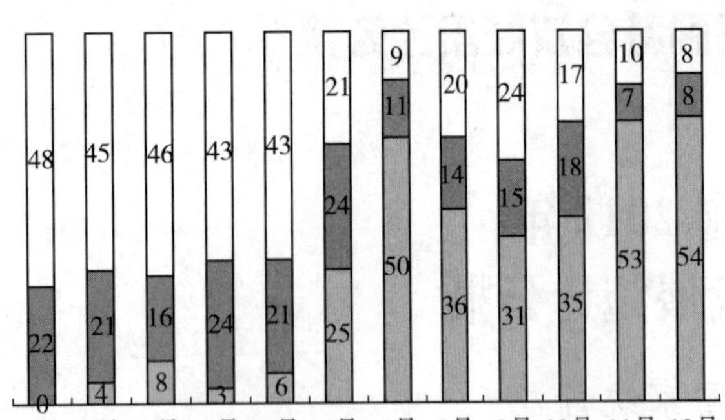

图 3　2012 年新建商品住宅月环比价格下降、持平、上涨城市个数变化情况

图 4　2008—2012 年城镇新增就业人数

年末国家外汇储备 33 116 亿美元，比上年末增加 1 304 亿美元。年末人民币汇率为 1 美元兑 6.285 5 元人民币，比上年末升值 0.25%。

图 5　2008—2012 年年末国家外汇储备及其增长速率

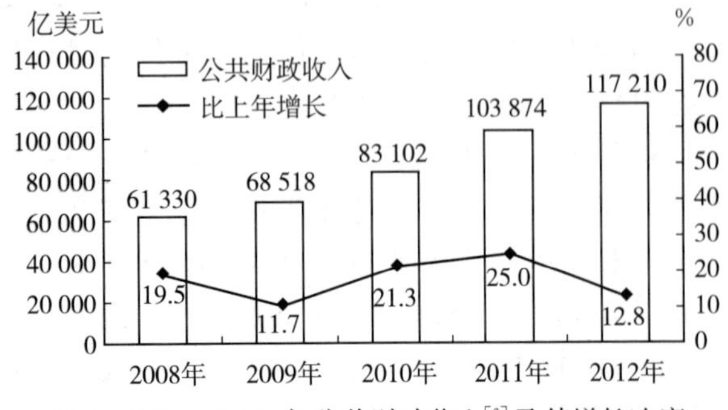

图 6　2008—2012 年公共财政收入[6]及其增长速度

全年全国公共财政收入[5] 117 210 亿元，比上年增加 13 335 亿元，增长 12.8%；其中税收收入 100 601 亿元，增加 10 862 亿元，增长 12.1%。

二、农业

全年粮食种植面积 11 127 万公顷，比上年增加 69 万公顷；棉花种植面积 470 万公顷，减少 34 万公顷；油料种植面积 1 398 万公顷，增加 12 万公顷；糖料种植面积 203 万公顷，增加 9 万公顷。

全年粮食产量 58 957 万吨，比上年增加 1 836 万吨，增产 3.2%。其中，夏粮产量 12 995 万吨，增产 2.8%；早稻产量 3 329 万吨，增产 1.6%；秋粮产量 42 633 万吨，增产 3.5%。其中，主要粮食品种中，稻谷产量 20 429 万吨，增产 1.6%；小麦产量 12 058 万吨，增产 2.7%；玉米产量 20 812 万吨，增产 8.0%。

图 7　2008—2012 年粮食产量及其增长速度

全年棉花产量 684 万吨，比上年增产 3.8%。油料产量 3 476 万吨，增产 5.1%。糖料产量 13 493 万吨，增产 7.8%。烤烟产量 320 万吨，增产 11.5%。茶叶产量 180 万吨，增产 11.2%。

全年肉类总产量 8 384 万吨，比上年增长 5.4%。其中，猪肉产量 5 335 万吨，增长 5.6%；牛肉产量 662 万吨，增长 2.3%；羊肉产量 401 万吨，增长 2.0%；禽肉产量 1 823 万吨，增长 6.7%。年末生猪存栏 47 492 万头，增长 1.6%；生猪出栏 69 628 万头，增长 5.2%。禽蛋产量 2 861 万吨，增长 1.8%。牛奶产量 3 744 万吨，增长 2.3%。

全年水产品产量 5 906 万吨，比上年增长 5.4%。其中，养殖水产品产量 4 305 万吨，增长 7.0%；捕捞水产品产量 1 601 万吨，增长 1.3%。

全年木材产量 8 088 万立方米，比上年下降 0.7%。

全年新增有效灌溉面积 172 万公顷，新增节水灌溉面积235万公顷。

三、工业和建筑业

全年全部工业增加值199 860亿元，比上年增长7.9%。规模以上工业增加值增长10.0%。在规模以上工业中，国有及国有控股企业增长6.4%；集体企业增长7.1%，股份制企业增长11.8%，外商及港澳台商投资企业增长6.3%；私营企业增长14.6%。轻工业增长10.1%，重工业增长9.9%。

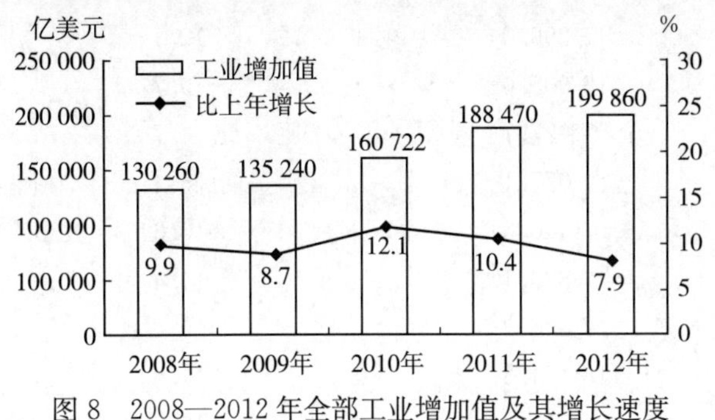

图8　2008—2012年全部工业增加值及其增长速度

全年规模以上工业[7]中，农副食品加工业增加值比上年增长13.6%，纺织业增长12.2%，通用设备制造业增长8.4%，专用设备制造业增长8.9%，汽车制造业增长8.4%，计算机、通信和其他电子设备制造业增长12.1%，电气机械和器材制造业增长9.7%。六大高耗能行业[8]增加值比上年增长9.5%，其中，非金属矿物制品业增长11.2%，化学原料和化学制品制造业增长11.7%，有色金属冶炼和压延加工业增长13.2%，黑色金属冶炼和压延加工业增长9.5%，电力、热力生产和供应业增长5.0%，石油加工、炼焦和核燃料加工业增长6.3%。高技术制造业增加值比上年增长12.2%。

表2　2012年主要工业产品产量及其增长速度

产品名称	单　位	产　量	比上年增长（%）
纱	万吨	2 984.0	9.8
布	亿米	840.8	3.3
化学纤维	万吨	3 800.0	12.1
成品糖	万吨	1 406.8	18.5
卷烟	亿支	25 160.9	2.8
彩色电视机	万台	12 823.3	4.8
其中：液晶电视机	万台	11 418.3	10.9
家用电冰箱	万台	8 427.0	−3.1
房间空气调节器	万台	13 281.1	−4.5
一次能源生产总量	亿吨标准煤	33.3	4.8
原煤	亿吨	36.5	3.8
原油	亿吨	2.07	2.3
天然气	亿立方米	1 072.2	4.4
发电量	亿千瓦小时	49 377.7	4.8
其中：火电	亿千瓦小时	38 554.5	0.6
水电	亿千瓦小时	8 608.5	23.2
核电	亿千瓦小时	973.9	12.8
粗钢	万吨	71 716.0	4.7
钢材[9]	万吨	95 317.6	7.6
十种有色金属	万吨	3 672.2	6.9
其中：精炼铜（电解铜）	万吨	574.0	9.5
原铝（电解铝）	万吨	1 985.8	12.3
氧化铝	万吨	3 769.6	10.3

（续）

产品名称	单位	产量	比上年增长（%）
水泥	亿吨	22.1	5.3
硫酸	万吨	7 686.3	2.7
纯碱	万吨	2 408.8	5.0
烧碱	万吨	2 696.1	9.0
乙烯	万吨	1 486.8	−2.7
化肥（折 100%）	万吨	7 296.0	10.1
发电机组（发电设备）	万千瓦	13 005.6	−9.7
汽车	万辆	1 927.7	4.7
其中：基本型乘用车（轿车）	万辆	1 077.1	6.4
大中型拖拉机	万台	46.3	15.3
集成电路	亿块	823.1	14.4
程控交换机	万线	2 826.3	−6.8
移动通信手持机	万台	118 154.3	4.3
微型计算机设备	万台	35 411.0	10.5

全年规模以上工业企业实现利润 55 578 亿元，比上年增长 5.3%，其中国有及国有控股企业 14 163 亿元，下降 5.1%；集体企业 819 亿元，增长 7.5%，股份制企业 32 867 亿元，增长 7.2%，外商及港澳台商投资企业 12 688 亿元，下降 4.1%；私营企业 18 172 亿元，增长 20.0%。

全年全社会建筑业增加值 35 459 亿元，比上年增长 9.3%。全国具有资质等级的总承包和专业承包建筑业企业实现利润 4 818 亿元，增长 15.6%，其中国有及国有控股企业 1 236 亿元，增长 21.9%。

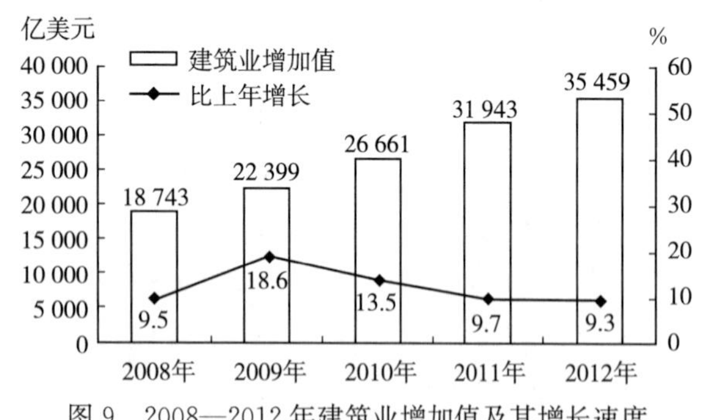

图 9　2008—2012 年建筑业增加值及其增长速度

四、固定资产投资

全年全社会固定资产投资 374 676 亿元，比上年增长 20.3%，扣除价格因素，实际增长 19.0%。其中，固定资产投资（不含农户）364 835 亿元，增长 20.6%；农户投资 9 841 亿元，增长 8.3%。东部地区投资[10] 151 742 亿元，比上年增长 16.5%；中部地区投资 87 909 亿元，增长 24.1%；西部地区投资 88 749 亿元，增长 23.1%；东北地区投资 41 243 亿元，增长 26.3%。

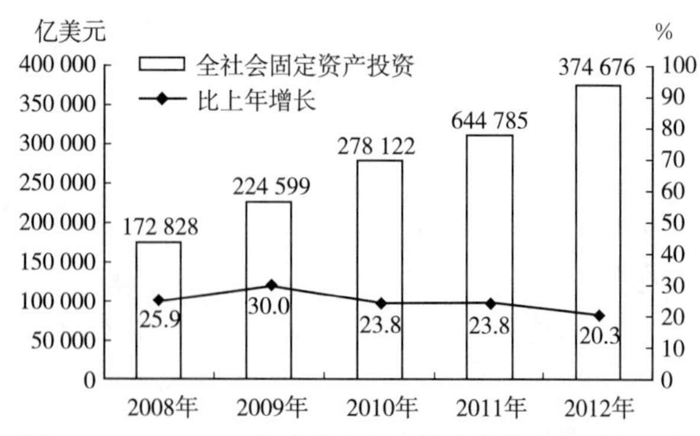

图 10　2008—2012 年全社会固定资产投资及其增长速度

表 3　2012 年分行业固定资产投资（不含农户）及其增长速度

单位：亿元

行业	投资额	比上年增长（%）
总计	364 835	20.6
农、林、牧、渔业	9 004	32.2

（续）

行　业	投资额	比上年增长（%）
采矿业	13 129	11.8
制造业	124 971	22.0
电力、热力、燃气及水的生产和供应业	16 536	12.8
建筑业	4 036	24.6
批发和零售业	9 816	33.0
交通运输、仓储和邮政业	30 296	9.1
住宿和餐饮业	5 102	30.2
信息传输、软件和信息技术服务业	2 834	30.6
金融业	932	46.2
房地产业[11]	92 357	22.1
租赁和商务服务业	4 645	37.4
科学研究和技术服务业	2 176	27.8
水利、环境和公共设施管理业	29 296	19.5
居民服务、修理和其他服务业	1 718	26.0
教育	4 679	20.3
卫生和社会工作	2 645	23.0
文化、体育和娱乐业	4 299	36.2
公共管理、社会保障和社会组织	6 363	9.2

在固定资产投资（不含农户）中，第一产业投资 9 004 亿元，比上年增长 32.2%；第二产业投资 158 672 亿元，增长 20.2%；第三产业投资 197 159 亿元，增长 20.6%。

表 4　2012 年固定资产投资新增主要生产能力

指　　标	单位	绝对数
新增发电机组容量	万千瓦	8 020
新增 220 千伏及以上变电设备	万千伏安	18 208
新建铁路投产里程	公里	5 382
其中：高速铁路[12]	公里	2 723
增建铁路复线投产里程	公里	4 763
电气化铁路投产里程	公里	6 054
新建公路	公里	58 672
其中：高速公路	公里	9 910
港口万吨级码头泊位新增吞吐能力	万吨	49 522
新增光缆线路长度	万公里	267

全年房地产开发投资 71 804 亿元，比上年增长 16.2%。其中，住宅投资 49 374 亿元，增长 11.4%；办公楼投资 3 367 亿元，增长 31.6%；商业营业用房投资 9 312 亿元，增长 25.4%。

全年新开工建设城镇保障性安居工程住房 781 万套（户），基本建成城镇保障性安居工程住房 601 万套。

表 5　2012 年房地产开发和销售主要指标完成情况及其增长速度

指　　标	单　　位	绝对数	比上年增长（%）
投资额	亿元	71 804	16.2
其中：住宅	亿元	49 374	11.4
其中：90 平方米及以下	亿元	16 789	21.9
房屋施工面积	万平方米	573 418	13.2
其中：住宅	万平方米	428 964	10.6
房屋新开工面积	万平方米	177 334	−7.3
其中：住宅	万平方米	130 695	−11.2
房屋竣工面积	万平方米	99 425	7.3
其中：住宅	万平方米	79 043	6.4
商品房销售面积	万平方米	111 304	1.8
其中：住宅	万平方米	98 468	2.0
本年资金来源	亿元	96 538	12.7
其中：国内贷款	亿元	14 778	13.2
其中：个人按揭贷款	亿元	10 524	21.3
本年土地购置面积	万平方米	35 667	−19.5
本年土地成交价款[13]	亿元	7 410	−16.7

五、国内贸易

全年社会消费品零售总额 210 307 亿元，比上年增长 14.3%，扣除价格因素，实际增长 12.1%。按经营地统计，城镇消费品零售额 182 414 亿元，增长 14.3%；乡村消费品零售额 27 893 亿元，增长 14.5%。按消费形态统计，商品零售额 186 859 亿元，增长 14.4%；餐饮收入额 23 448 亿元，增长 13.6%。

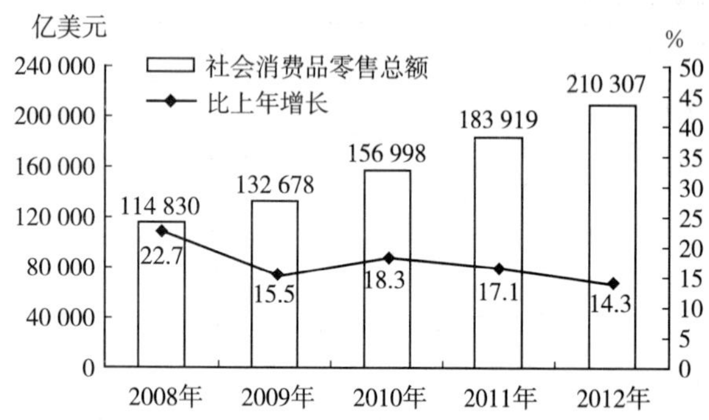

图 11　2008—2012 年社会消费品零售总额及其增长速度

在限额以上企业商品零售额中，汽车类零售额比上年增长 7.3%，粮油类增长 19.9%，肉禽蛋类增长 18.0%，服装类增长 17.7%，日用品类增长 17.5%，文化办公用品类增长 17.7%，通讯器材类增长 28.9%，化妆品类增长 17.0%，金银珠宝类增长 16.0%，中西药品类增长 23.0%，家用电器和音像器材类增长 7.2%，家具类增长 27.0%，建筑及装潢材料类增长 24.6%。

六、对外经济

全年货物进出口总额 38 668 亿美元，比上年增长 6.2%。其中，出口 20 489 亿美元，增长 7.9%；进口 18 178 亿美元，增长 4.3%。进出口差额（出口减进口）2 311 亿美元，比上年增加 762 亿美元。

表 6　2012 年货物进出口总额及其增长速度

单位：亿美元

指　　标	绝对数	比上年增长（%）
货物进出口总额	38 668	6.2
货物出口额	20 489	7.9
其中：一般贸易	9 880	7.7
加工贸易	8 628	3.3
其中：机电产品	11 794	8.7
高新技术产品	6 012	9.6
其中：国有企业	2 563	−4.1
外商投资企业	10 227	2.8
其他企业	7 699	21.1
货物进口额	18 178	4.3
其中：一般贸易	10 218	1.4
加工贸易	4 812	2.4
其中：机电产品	7 824	3.8
高新技术产品	5 068	9.5
其中：国有企业	4 954	0.3
外商投资企业	8 712	0.8
其他企业	4 512	17.2
进出口差额（出口减进口）	2 311	—

表 7 2012 年主要商品出口数量、金额及其增长速度

商品名称	单位	数量	比上年增长（%）	金额（亿美元）	比上年增长（%）
煤（包括褐煤）	万吨	926	−36.8	16	−41.6
钢材	万吨	5 573	14.0	515	0.5
纺织纱线、织物及制品	—	—	—	958	1.2
服装及衣着附件	—	—	—	1 591	3.9
鞋类	—	—	—	468	12.2
家具及其零件	—	—	—	488	28.7
自动数据处理设备及其部件	万台	183 275	−0.1	1 853	5.1
手持或车载无线电话	万台	101 447	15.9	810	29.1
集装箱	万个	248	−23.5	84	−26.1
液晶显示板	万个	316 650	29.7	363	22.9
汽车（包括整套散件）	万辆	99	20.1	127	27.5

表 8 2012 年主要商品进口数量、金额及其增长速度

商品名称	数量（万吨）	比上年增长（%）	金额（亿美元）	比上年增长（%）
谷物及谷物粉	1 398	156.7	48	134.2
大豆	5 838	11.2	350	17.6
食用植物油	845	28.7	97	25.6
铁矿砂及其精矿	74 355	8.4	956	−15.0
氧化铝	502	165.1	18	133.3
煤（包括褐煤）	28 851	29.8	287	20.2
原油	27 102	6.8	2 207	12.1
成品油	3 982	−1.9	330	0.6
初级形状的塑料	2 370	2.9	462	−2.2
纸浆	1 646	14.0	110	−7.5
钢材	1 366	−12.3	178	−17.5
未锻造的铜及铜材	465	14.1	386	4.9

表 9 2012 年对主要国家和地区货物进出口额及其增长速度

国家和地区	出口额	比上年增长（%）	进口额	比上年增长（%）
美国	3 518	8.4	1 329	8.8
欧盟	3 340	−6.2	2 121	0.4
中国香港	3 235	20.7	180	15.9
东盟	2 043	20.1	1 958	1.5
日本	1 516	2.3	1 778	−8.6
韩国	877	5.7	1 686	3.7
印度	477	−5.7	188	−19.6
俄罗斯	441	13.2	441	9.2
中国台湾	368	4.8	1 322	5.8

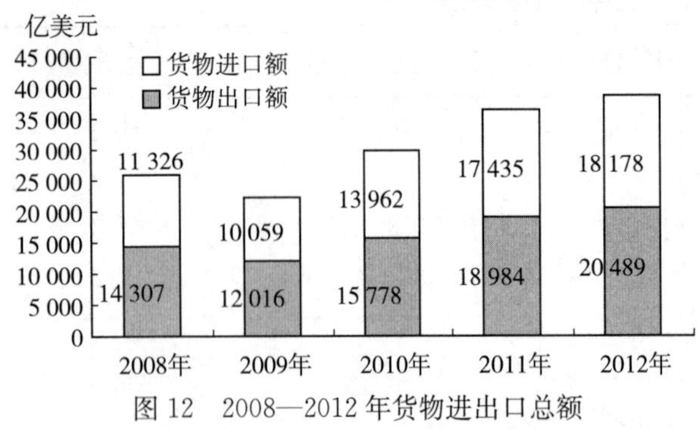

图 12　2008—2012 年货物进出口总额

全年非金融领域新批外商直接投资企业 24 925 家，比上年下降 10.1%。实际使用外商直接投资金额 1 117 亿美元，下降 3.7%。

全年非金融类对外直接投资额 772 亿美元，比上年增长 28.6%。

全年对外承包工程业务完成营业额 1 166 亿美元，比上年增长 12.7%；对外劳务合作派出各类劳务人员 51.2 万人，增长 13.3%。

表 10　2012 年非金融领域外商直接投资及其增长速度

行　　业	企业数（家）	比上年增长（%）	实际使用金额（亿美元）	比上年增长（%）
总　　计	24 925	−10.1	1 117.2	−3.7
其中：农、林、牧、渔业	882	2.0	20.6	2.7
制造业	8970	−19.3	488.7	−6.2
电力、燃气及水的生产和供应业	187	−12.6	16.4	−22.6
交通运输、仓储和邮政业	397	−3.9	34.7	8.9
信息传输、计算机服务和软件业	926	−6.8	33.6	24.4
批发和零售业	7 029	−3.2	94.6	12.3
房地产业	472	1.3	241.2	−10.3
租赁和商务服务业	3 229	−8.2	82.1	−2.0
居民服务和其他服务业	192	−9.4	11.6	−38.2

七、交通、邮电和旅游

全年货物运输总量 412 亿吨，比上年增长 11.5%。货物运输周转量 173 145 亿吨公里，增长 8.7%。全年规模以上港口完成货物吞吐量 97.4 亿吨，比上年增长 6.8%，其中外贸货物吞吐量 30.1 亿吨，增长 8.8%。规模以上港口集装箱吞吐量 17 651 万标准箱，增长 8.1%。

表 11　2012 年各种运输方式完成货物运输量及其增长速度

指　　标	单　　位	绝对数	比上年增长（%）
货物运输总量	亿吨	412.1	11.5
铁路	亿吨	39.0	−0.7
公路	亿吨	322.1	14.2
水运	亿吨	45.6	7.0
民航	万吨	541.6	−2.0
管道	亿吨	5.3	−7.8
货物运输周转量	亿吨公里	173 145.1	8.7
铁路	亿吨公里	29 187.1	−0.9
公路	亿吨公里	59 992.0	16.8
水运	亿吨公里	80 654.5	6.9
民航	亿吨公里	162.2	−6.8
管道	亿吨公里	3 149.3	9.1

全年旅客运输总量 379 亿人次，比上年增长 7.6%。旅客运输周转量 33 369 亿人公里，增长 7.7%。

表 12　2012 年各种运输方式完成旅客运输量及其增长速度

指　标	单　位	绝对数	比上年增长（%）
旅客运输总量	亿人次	379.0	7.6
铁路	亿人次	18.9	4.8
公路	亿人次	354.3	7.8
水运	亿人次	2.6	4.3
民航	亿人次	3.2	9.2
旅客运输周转量	亿人公里	33 368.8	7.7
铁路	亿人公里	9 812.3	2.1
公路	亿人公里	18 468.4	10.2
水运	亿人公里	77.4	3.9
民航	亿人公里	5 010.7	10.4

年末全国民用汽车保有量达到 12 089 万辆（包括三轮汽车和低速货车 1 145 万辆），比上年末增长 14.3%，其中私人汽车保有量 9 309 万辆，增长 18.3%。民用轿车保有量 5 989 万辆，增长 20.7%，其中私人轿车 5 308 万辆，增长 22.8%。

全年完成邮电业务总量[14] 15 022 亿元，比上年增长 13.0%。其中，邮政业务总量 2037 亿元，增长 26.7%；电信业务总量 12 985 亿元，增长 11.1%。邮政业全年完成邮政函件业务 70.74 亿件，包裹业务 0.69 亿件，快递业务量 56.85 亿件。电信业全年局用交换机容量新增 478 万门，总容量 43 906 万门；新增移动电话交换机容量[15] 11 234 万户，达到 182 870 万户。年末固定电话用户 27 815 万户，其中，城市电话用户 18 893 万户，农村电话用户 8922 万户。新增移动电话用户 12 590 万户，年末达到 111 216 万户，其中 3G 移动电话用户[16] 23 280 万户。年末全国固定及移动电话用户总数达到 139 031 万户，比上年末增加 11 896 万户。电话普及率达到 103.2 部/百人。互联网上网人数 5.64 亿人，其中宽带上网人数 5.30 亿人。互联网普及率达到 42.1%。

图 13　2008—2012 年年末电话用户数

全年国内出游人数 29.6 亿人次，比上年增长 12.1%；国内旅游收入 22 706 亿元，增长 17.6%。入境旅游人数 13 241 万人次，下降 2.2%。其中，外国人 2 719 万人次，增长 0.3%；香港、澳门和台湾同胞 10 521 万人次，下降 2.9%。在入境旅游者中，过夜旅游者 5 772 万人次，增长 0.3%。国际旅游外汇收入 500 亿美元，增长 3.1%。国内居民出境人数 8 318 万人次，增长 18.4%。其中因私出境 7 706 万人次，增长 20.2%，占出境人数的 92.6%。

八、金融

年末广义货币供应量（M2）余额为 97.4 万亿元，比上年末增长 13.8%；狭义货币供应量（M1）余额为 30.9 万亿元，增长 6.5%；流通中现金（M0）余额为 5.5 万亿元，增长 7.7%。

年末全部金融机构本外币各项存款余额 94.3 万亿元，比年初增加 11.6 万亿元，其中人民币各项存款余额 91.8 万亿元，增加 10.8 万亿元。全部金融机构本外币各项贷款余额 67.3 万亿元，增加 9.1 万亿元，其中人民币各项贷款余额 63.0 万亿元，增加 8.2 万亿元。全年社会融资规模[17] 为 15.8 万亿元，按可比口径计算，比上年多 2.9 万亿元。

表 13　2012 年年末全部金融机构本外币存贷款余额及其增长速度

单位：亿元

指　标	年末数	比上年末增长（%）
各项存款余额	943 102	14.1
其中：住户存款	410 201	16.6
其中：人民币	406 192	16.7
非金融企业存款	345 124	9.9
各项贷款余额	672 875	15.6
其中：境内短期贷款	268 152	23.3
境内中长期贷款	363 894	9.0

年末主要农村金融机构（农村信用社、农村合作银行、农村商业银行）人民币贷款余额 78 320 亿元，比年初增加 11 544 亿元。全部金融机构人民币消费贷款余额 104 357 亿元，增加 15 656 亿元。其中，个人短期消费贷款余额 19 367 亿元，增加 5 826 亿元；个人中长期消费贷款余额 84 990 亿元，增加 9 830 亿元。

全年上市公司通过境内市场累计筹资 5 841 亿元，比上年减少 939 亿元。其中，首次公开发行 A 股 154 只，筹资 1034 亿元，减少 1 791 亿元；A 股再筹资（包括配股、公开增发、非公开增发[18]、认股权证）2 093 亿元，减少 155 亿元；上市公司通过发行可转债、可分离债、公司债筹资 2 713 亿元，增加 1 006 亿元。全年公开发行创业板股票 74 只，筹资 351 亿元。

全年发行公司信用类债券[19] 3.7 万亿元，比上年增加 1.4 万亿元。

全年保险公司原保险保费收入[20] 15 488 亿元，比上年增长 8.0%，其中寿险业务原保险保费收入 8 908 亿元；健康险和意外伤害险业务原保险保费收入 1 249 亿元；财产险业务原保险保费收入 5 331 亿元。支付各类赔款及给付 4 716 亿元，其中寿险业务给付 1 505 亿元；健康险和意外伤害险赔款及给付 395 亿元；财产险业务赔款 2 816 亿元。

九、教育、科学技术和文化

全年研究生教育招生 59.0 万人，在学研究生 172.0 万人，毕业生 48.6 万人。普通高等教育本专科招生 688.8 万人，在校生 2 391.3 万人，毕业生 624.7 万人。各类中等职业教育招生 761.0 万人，在校生 2 120.3 万人，毕业生 673.6 万人。全国普通高中招生 844.6 万人，在校生 2 467.2 万人，毕业生 791.5 万人。全国初中招生 1 570.8 万人，在校生 4 763.1 万人，毕业生 1 660.8 万人。普通小学招生 1 714.7 万人，在校生 9 695.9 万人，毕业生 1 641.6 万人。特殊教育招生 6.6 万人，在校生 37.9 万人，毕业生 4.9 万人。幼儿园在园幼儿 3 685.8 万人。

全年研究与试验发展（R&D）经费支出 10 240 亿元，比上年增长 17.9%，占国内生产总值的 1.97%，其中基础研究经费 498 亿元。全年国家安排了 1 701 项科技支撑计划课题，1 165 项“863”计划课题。累计建设国家工程研究中心 130 个，国家工程实验室 128 个。累计建设国家地方联合工程研究中心 149 个，国家地方联合工程实验室 180 个。国家认定企业技术中心达到 887 家。省级企业技术中心达到 8 137 家。实施新兴产业创投计划[21]，累计支持设立 102 家创业投资企业，资金总规模近 290 亿元，投资了创业企业 238 家。全年受理境内外专利申请 205.1 万件，其中境内申请 188.6 万件，占 91.9%。受理境内外发明专利申请 65.3 万件，其中境内申请 52.3 万件，占 80.1%。全年授予专利权 125.5 万件，其中境内授权 114.4 万件，占 91.1%。授予发明专利权 21.7 万件，其中境内授权 13.7 万件，占 63.2%。截至年底，有效专利 350.9 万件，其中境内有效专利 289.9 万件，占 82.6%；有效发明专利 87.5 万件，其中境内有效发明专利 43.5 万件，占 49.7%。全年共签订技术合同 28.2 万项，技术合同成交金额 6 437.1 亿元，比上年增长 35.1%。全年成功发射卫星 19 次。神舟九号载人飞船与天宫一号目标飞行器顺利实现首次空间交会对接，北斗二号卫星导航系统完成区域组网并正式提供运行服务，“蛟龙”号载人深潜器海试成功突破 7 000 米。

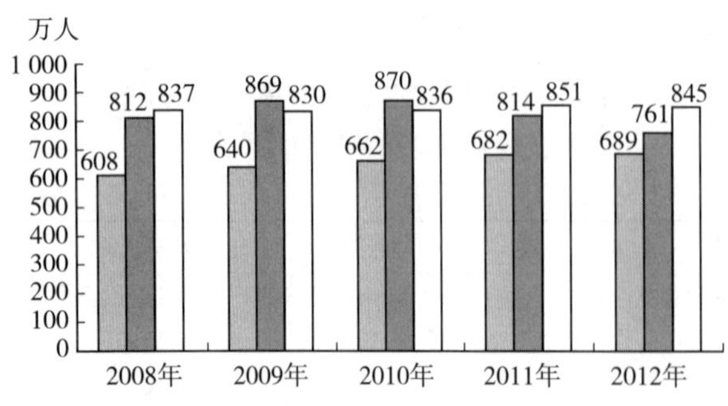

图 14　2008—2012 年普通高等教育、中等职业教育及普通高中招生人数

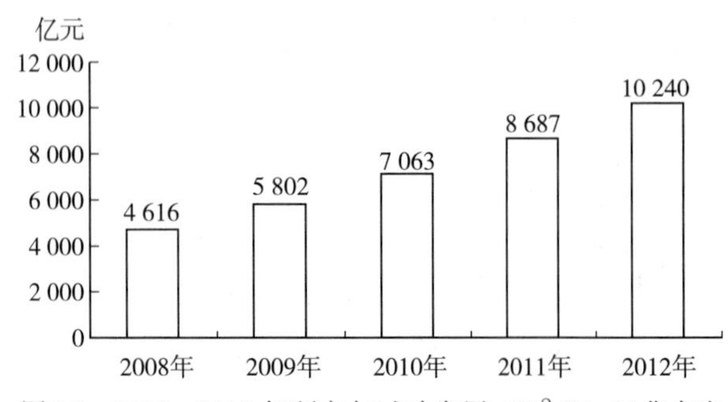

图 15　2008—2012 年研究与试验发展（R&D）经费支出

年末全国共有产品检测实验室 28 128 个，其中国家检测中心 509 个。全国现有产品质量、体系认证机构 173 个，已累计完成对 105 224 个企业的产品认证。全国共有法定计量技术机构 3 496 个，全年强制检定计量器具 6 267 万台（件）。全年制定、修订国家标准 1 986 项，其中新制定 1 375 项。全年中央气象台和省级气象台共发布气象预警信号 5 123 次，警报 4 049 次。全国共有地震台站 1 687 个，区域地震台网 32 个。全国共有海洋观测站 79 个。测绘地理信息部门公开出版地图 1 662 种。

年末全国文化系统共有艺术表演团体 2 089 个，博物馆 2 838 个，全国共有公共图书馆 2 975 个，文化馆 3 286 个。各类广播电视播出机构共有 2 579 座。有线电视用户 2.14 亿户，有线数字电视用户 1.43 亿户。年末广播节目综合人口覆盖率为 97.5%；电视节目综合人口覆盖率为 98.2%。全年生产电视剧 506 部 17 703 集，电视动画片 222 838 分钟。全年生产故事影片 745 部，科教、纪录、动画和特种影片[22] 148 部。出版各类报纸 476 亿份，各类期刊 34 亿册，图书 81 亿册（张）。年末全国共有档案馆 4 107 个，已开放各类档案 11 662 万卷（件）。

全年我国运动员在 24 个运动大项中获得 107 个世界冠军，共创 14 项世界纪录。在伦敦奥运会上，我国运动员共获得 38 枚金牌，奖牌总数 88 枚，位列奥运会金牌榜和奖牌榜第二位。在伦敦残奥会上，我国运动员共获得 95 枚金牌，蝉联金牌榜和奖牌榜第一位。

十、卫生和社会服务

年末全国共有医疗卫生机构 961 830 个，其中医院 23 005 个，乡镇卫生院 37 128 个，社区卫生服务中心（站）33 646 个，诊所（卫生所、医务室）179 644 个，村卫生室 663 355 个，疾病预防控制中心 3 506 个，卫生监督所（中心）3 037 个。卫生技术人员 650 万人，其中执业医师和执业助理医师 252 万人，注册护士 242 万人。医疗卫生机构床位 557 万张，其中医院 403 万张，乡镇卫生院 106 万张。全年甲、乙类法定报告传染病发病人数 321.7 万例，报告死亡 16 721 人；报告传染病发病率 238.76/10 万，死亡率 1.24/10 万。

图 16　2008—2012 年卫生技术人员人数

年末全国共有各类提供住宿的社会服务机构[23] 4.7 万个，床位 429.8 万张，收养救助各类人员 296.7 万人。其中，养老服务机构 4.2 万个，床位 381.0 万张，收养各类人员 262.0 万人。年末共有社区服务中心 1.6 万个，社区服务站 7.2 万个。年末全国共有 2 142.5 万人纳入城市居民最低生活保障，5 340.9 万人纳入农村居民最低生活保障，545.9 万人纳入农村五保供养[24]。全年救助城市医疗困难群众 666.4 万人次，救助农村医疗困难群众 1 908.4 万人次；资助 1 158.9 万城镇困难群众参加城镇医疗保险，资助 3 915.1 万农村困难群众参加新型农村合作医疗。

十一、人口、人民生活和社会保障

年末全国大陆总人口为 135 404 万人，比上年末增加 669 万人，其中城镇人口为 71 182 万人，占总人口比重为 52.6%，比上年末提高 1.3 个百分点。全年出生人口 1 635 万人，出生率为 12.10‰；死亡人口 966 万人，死亡率为 7.15‰；自然增长率为 4.95‰。出生人口性别比为 117.70。0～14 岁（含不满 15 周岁）人口 22 287 万人，占总人口的 16.5%，比上年末提高 0.01 个百分点；15～59 岁（含不满 60 周岁）劳动年龄人口 93 727 万人，比上年末减少 345 万人，占总人口的 69.2%，比上年末下降 0.60 个百分点；60 周岁及以上人口 19 390 万人，占总人口的 14.3%，比上年末提高 0.59 个百分点。全国人户分离的人口[25]为 2.79 亿人，其中流动人口[26]为 2.36 亿人。

全年农村居民人均纯收入 7 917 元，比上年增长 13.5%，扣除价格因素，实际增长 10.7%；农村居民人均纯收入中位数[27]为 7 019 元，增长 13.3%。城镇居民人均可支配收入 24 565 元，比上年增长 12.6%，扣除价格因素，实际增长 9.6%；城镇居民人均可支配收入中位数为 21 986 元，增长 15.0%。农村居民食品消费支出占消费总支出的比重为 39.3%，城镇为 36.2%。

表 14　2012 年年末人口数及其构成

单位：万人

指　　标	年末数	比重（%）
全国总人口	135 404	100.0
其中：城镇	71 182	52.6
乡村	64 222	47.4
其中：男性	69 395	51.3
女性	66 009	48.7
其中：0～14 岁（含不满 15 周岁）	22 287	16.5
15～59 岁（含不满 60 周岁）	93 727	69.2
60 周岁及以上	19 390	14.3
其中：65 周岁及以上	127 14	9.4

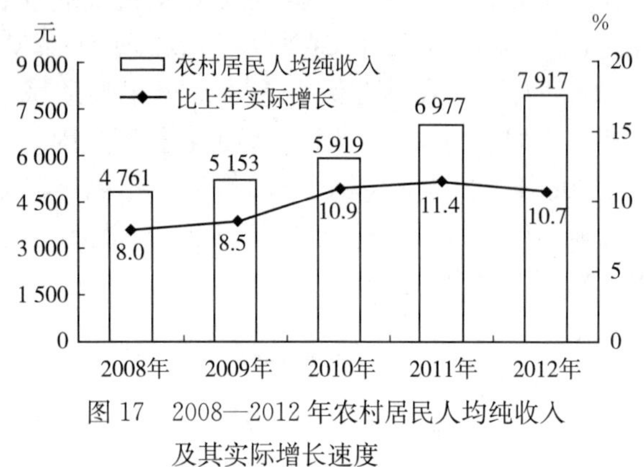

图 17　2008—2012 年农村居民人均纯收入及其实际增长速度

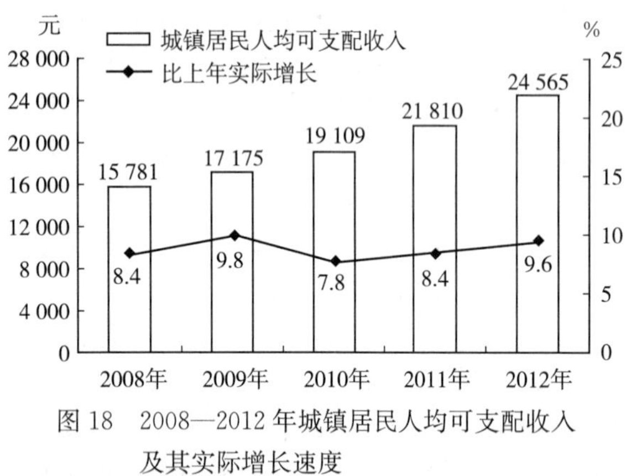

图 18　2008—2012 年城镇居民人均可支配收入及其实际增长速度

年末全国参加城镇职工基本养老保险人数 30 379 万人，比上年末增加 1 988 万人。其中，参保职工 22 978 万人，参保离退休人员 7 401 万人。全国参加城乡居民社会养老保险人数 48 370 万人，增加 15 187 万人。其中享受待遇人数 13 075 万人。参加城镇基本医疗保险的人数 53 589 万人，增加 6 246 万人。其中，参加城镇职工基本医疗保险[28]人数 26 467 万人，参加城镇居民基本医疗保险人数 27 122 万人。参加城镇基本医疗保险的农民工 4 996 万人，增加 355 万人。参加失业保险的人数 15 225 万人，增加 908 万人。年末全国领取失业保险金人数 204 万人。参加工伤保险的人数 18 993 万人，增加 1 297 万人，其中参加工伤保险的农民工 7 173 万人，增加 345 万人。参加生育保险的人数 15 445 万人，增加 1 553 万人。年末，2 566 个县（市、区）开展了新型农村合作医疗工作，新型农村合作医疗参合率 98.1%；1—9 月新型农村合作医疗基金支出总额[29]为 1 717 亿元，受益 11.5 亿人次。2012 年，按照农村扶贫标准年人均纯收入 2 300 元（2010 年不变价），年末农村贫困人口为 9 899 万人，比上年末减少 2 339 万人。

十二、资源、环境和安全生产

全年全国国有建设用地供应总量[30] 69.0 万公顷，比上年增长 17.5%。其中，工矿仓储用地 20.3 万公顷，增长 5.6%；房地产用地[31] 16.0 万公顷，下降 4.2%；基础设施等其他用地 32.7 万公顷，增长 43.4%。

全年水资源总量 28 410 亿立方米。全年平均降水量 676 毫米。年末全国 422 座大型水库蓄水总量 2 120 亿立方米，比上年末多蓄水 164 亿立方米。全年总用水量 6 110 亿立方米，与上年基本持平。其中，生活用水增长 3.2%，工业用水下降 0.8%，农业用水下降 0.5%，生态补水增长 7.2%。万元国内生产总值用水量[32] 129 立方米，比上年下降 7.2%。万元工业增加值用水量 76 立方米，下降 8.0%。人均用水量 452 立方米，下降 0.4%。

全年完成造林面积 601 万公顷，其中人工造林 410 万公顷。林业重点工程完成造林面积 274 万公顷，占全部造林面积的 45.6%。截至年底，自然保护区达到 2 640 个，其中国家级自然保护区 363 个。新增水土流失治理面积 4.2 万平方公里，新增实施水土流失地区封育保护面积 2.6 万平方公里。截至年底，已确权集体林地面积为 18 000 万公顷，其中发放林权证的面积为 17 187 万公顷。

全年平均气温为 9.4℃，共有 7 个台风登陆。

初步核算，全年能源消费总量 36.2 亿吨标准煤，比上年增长 3.9%。煤炭消费量增长 2.5%；原油消费量增长 6.0%；天然气消费量增长 10.2%；电力消费量增长 5.5%。全国万元国内生产总值能耗下降 3.6%。

七大水系的571个水质监测断面中，Ⅰ～Ⅲ类水质断面比例占63.9%，劣Ⅴ类水质断面比例占12.4%。七大水系水质总体为轻度污染，水质保持基本稳定。

近岸海域301个海水水质监测点中，达到国家一、二类海水水质标准的监测点占69.4%，三类海水占6.6%，四类、劣四类海水占23.9%。

在监测的316个城市中，城市区域声环境质量好的城市占3.5%，较好的占75.9%，轻度污染的占20.3%，中度污染的占0.3%。

年末城市污水处理厂日处理能力达11 858万立方米，比上年末增长4.9%；城市污水处理率达到84.9%，提高1.3个百分点。城市集中供热面积49.2亿平方米，增长3.8%。建成区绿地率达到35.5%，提高0.2个百分点。

全年农作物受灾面积2 496万公顷，下降23.1%，其中绝收183万公顷，下降36.9%。全年因洪涝地质灾害造成直接经济损失1 661亿元，上升31.8%。全年因旱灾造成直接经济损失244亿元，下降73.7%。全年因低温冷冻和雪灾造成直接经济损失61亿元，下降79.0%。全年因海洋灾害造成直接经济损失155亿元，上升150%。全年大陆地区共发生5级以上地震16次，成灾11次，造成直接经济损失83亿元。全年共发生森林火灾3 966起，下降28.5%。

全年各类生产安全事故共死亡71 983人，比上年下降4.7%。亿元国内生产总值生产安全事故死亡人数为0.142人，下降17.9%；工矿商贸企业就业人员10万人生产安全事故死亡人数为1.64人，下降12.8%；道路交通万车死亡人数为2.5人，下降10.7%；煤矿百万吨死亡人数为0.374人，下降33.7%。

注释：

[1] 本公报中数据均为初步统计数。各项统计数据均未包括香港特别行政区、澳门特别行政区和台湾省。部分数据因四舍五入的原因，存在着与分项合计不等的情况。

[2] 国内生产总值、各产业增加值绝对数按现价计算，增长速度按不变价格计算。

[3] 农产品生产者价格是指农产品生产者直接出售其产品时的价格。

[4] 年度农民工数量包括年内在本乡镇以外从业6个月以上的外出农民工和在本乡镇内从事非农产业6个月以上的本地农民工两部分。

[5] 公共财政收入是指政府凭借国家政治权力，以社会管理者身份筹集以税收为主体的财政收入。

[6] 图中2008年至2011年数据为公共财政收入决算数，2012年为执行数。

[7] 2012年起，国家统计局执行新的国民经济行业分类标准，工业行业大类由原来的39个调整为41个，固定资产投资（不含农户）行业分类也按新的标准进行了调整。

[8] 六大高耗能行业分别为：化学原料和化学制品制造业、非金属矿物制品业、黑色金属冶炼和压延加工业、有色金属冶炼和压延加工业、石油加工炼焦和核燃料加工业、电力热力生产和供应业。

[9] 钢材产量数据中含部分使用钢材加工成其他钢材的重复计算因素。

[10] 固定资产投资按东部、中部、西部和东北地区计算的合计数据小于全国数据，是因为有部分跨地区的投资未计算在地区数据中。其中，东部地区是指北京、天津、河北、上海、江苏、浙江、福建、山东、广东和海南10省（市）；中部地区是指山西、安徽、江西、河南、湖北和湖南6省；西部地区是指内蒙古、广西、重庆、四川、贵州、云南、西藏、陕西、甘肃、青海、宁夏和新疆12省（区、市）；东北地区是指辽宁、吉林和黑龙江3省。

[11] 房地产业投资除房地产开发投资外，还包括建设单位自建房屋以及物业管理、中介服务和其他房地产投资。

[12] 高速铁路是指最高营运速度达到200公里/小时及以上的铁路。

[13] 本年土地成交价款是指房地产开发企业进行土地使用权交易活动的最终金额，与土地购置费不同。

[14] 邮电业务总量按2010年不变价格计算。

[15] 移动电话交换机容量是指移动电话交换机根据一定话务模型和交换机处理能力计算出来的最大同时服务用户的数量。

[16] 3G是指第三代蜂窝移动通信系统（3rd-generation，简称3G），3G移动电话用户是指报告期末在计费系统拥有使用信息、占用3G网络资源的在网用户。

[17] 社会融资规模是指一定时期内实体经济从金融体系获得的资金总额，是增量概念。

[18] 非公开增发又叫定向增发，不含资产认购部分。

[19] 公司信用类债券包括非金融企业债务融资工具、企业债券以及公司债、可转债等。

[20] 原保险保费收入是指保险企业确认的原保险合同保费收入。

[21] 新兴产业创投计划是指中央财政专项资金通过与地方政府资金、社会资本共同发起设立创业投资企业，或以股权投资模式直接投资创业企业等方式，培育和促进新兴产业发展的活动。

[22] 特种影片是指那些采用与常规影院放映在技术、设备、节目方面不同的电影展示方式，如巨幕电影、立体电影、立体特效（4D）电影、动感电影、球幕电影等。

[23] 提供住宿的社会服务机构除收养性机构外，还包括救助类机构、社区类机构以及军休所、军供站等机构。

[24] 农村五保供养是指老年、残疾和未满16周岁的村民，无劳动能力、无生活来源又无法定赡养、抚养、扶养义务人，或者其法定赡养、抚养、扶养义务人无赡养、抚养、扶养能力的村民，在吃、穿、住、医、葬方面得到的生活照顾和物质帮助。

[25] 人户分离的人口是指居住地与户口登记地所在的乡镇街道不一致且离开户口登记地半年以上的人口。

[26] 流动人口是指人户分离人口中不包括市辖区内人户分离的人口。市辖区内人户分离的人口是指一个直辖市或地级市所辖区内和区与区之间，居住地和户口登记地不在同一乡镇街道的人口。

[27] 人均收入中位数是指将所有调查户按人均收入水平从低到高顺序排列，处于最中间位置的调查户的人均收入。

[28] 城镇职工基本医疗保险人数包括参保职工和参保退休人员。城镇居民基本医疗保险的参保对象是不属于城镇职工基本医疗保险覆盖范围的城镇非从业人员。

[29] 按卫生部统计制度规定，新型农村合作医疗基金支出总额和受益人次目前仅统计到1—9月份。

[30] 国有建设用地供应总量是指报告期市、县人民政府根据年度土地供应计划依法以出让、划拨、租赁等方式将国有建设用地使用权提供给单位或个人使用的国有建设用地总量。

[31] 房地产用地是指商服用地和住宅用地的总和。

[32] 万元国内生产总值用水量、万元工业增加值用水量和万元国内生产总值能耗按2010年不变价格计算。

资料来源：本公报中城镇新增就业、登记失业率、社会保障数据来自人力资源社会保障部；外汇储备和汇率数据来自外汇局；财政数据来自财政部；水产品产量数据来自农业部；木材产量、林业、森林火灾数据来自林业局；灌溉面积、水资源数据来自水利部；新增发电机组容量、新增220千伏及以上变电设备数据来自中电联；新建铁路投产里程、增建铁路复线投产里程、电气化铁路投产里程、铁路运输数据来自铁道部；新建公路、港口万吨级码头泊位新增吞吐能力、公路运输、水运、港口货物吞吐量数据来自交通运输部；新增光缆线路长度、新增移动电话交换机容量、电话用户、上网人数等通信数据来自工业和信息化部；保障性住房、城市污水处理、城市集中供热面积、建成区绿地率数据来自住房城乡建设部；货物进出口数据来自海关总署；外商直接投资、对外直接投资、对外承包工程、对外劳务合作等数据来自商务部；民航数据来自民航局；管道数据来自中石油、中石化；民用汽车、交通事故数据来自公安部；邮政业务数据来自邮政局；旅游数据来自旅游局、公安部；货币金融、公司信用类债券数据来自人民银行；上市公司数据来自证监会；保险业数据来自保监会；教育数据来自教育部；安排科技计划课题、技术合同等数据来自科技部；国家工程研究中心、企业技术中心、新兴产业创投等数据来自发展改革委；专利数据来自知识产权局；发射卫星数据来自国防科工局；质量检验、国家标准制定修订数据来自质检总局；气象预警、平均气温、登陆台风数据来自气象局；地震数据来自地震局；测绘数据来自测绘局；海洋观测站、海洋灾害造成直接经济损失数据来自海洋局；艺术表演团体、博物馆、公共图书馆、文化馆数据来自文化部；广播电视、电影数据来自广电总局；报纸、期刊、图书数据来自新闻出版总署；档案数据来自档案局；体育数据来自体育总局；残奥会数据来自中国残联；卫生、新农合数据来自卫生部；社会服务、低保和五保供养数据、农作物受灾面积、洪涝地质灾害造成直接经济损失、旱灾造成直接经济损失、低温冷冻和雪灾造成直接经济损失来自民政部；国有建设用地供应数据来自国土资源部；自然保护区、环境监测数据来自环境保护部；安全生产数据来自安全监管总局；其他数据均来自国家统计局。

附录二　中国农业统计资料选编

全国主要农作物面积和产量增减情况

面积：千公顷
单位　总产量：粮食：万吨，其他：吨
公顷产量：千克

项　目	2012年			2011年			2012年比2011年增减			
	播种面积	总产量	公顷产量	播种面积	总产量	公顷产量	播种面积	总产量		公顷产量
								绝对数	%	
农作物总播种面积	**163 415.7**			**162 283.2**			**1 132.5**			
一、粮食作物合计	111 204.6	58 958.0	5 302	110 573.0	57 120.9	5 166	631.6	1 837.1	3.2	136
其中：夏收粮食	27 589.1	12 993.7	4 710	27 557.6	12 638.7	4 586	31.5	355.1	2.8	124
秋收粮食	77 850.6	42 635.1	5 477	77 265.9	41 206.7	5 333	584.7	1 428.4	3.5	144
（一）谷物	92 612.4	53 934.7	5 824	91 015.8	51 939.4	5 707	1 596.6	1 995.3	3.8	117
1. 稻谷	30 137.1	20 423.6	6777	30 057.0	20 100.1	6 687	80.1	323.5	1.6	90
2. 小麦	24 268.3	12 102.3	4 987	24 270.4	11 740.1	4 837	−2.1	362.2	3.1	150
3. 玉米	35 029.8	20 561.4	5 870	33 541.7	19 278.1	5 748	1 488.2	1 283.3	6.7	122
（二）豆类合计	9 709.5	1 730.5	1782	10 651.4	1 908.4	1 792	−941.9	−177.9	−9.3	−10
其中：大豆	7 171.7	1 305.0	1 820	7 888.5	1 448.5	1 836	−716.8	−143.6	−9.9	−16
（三）薯类（折粮）	8 885.9	3 292.8	3 706	8 905.8	3 273.1	3 675	−19.9	19.7	0.6	31
其中：马铃薯	5 532.0	1855.3	3 354	5 424.0	1 765.8	3 256	107.9	89.4	5.1	98
二、油料作物	13 929.8	34 367 660	2 467	13 855.1	33 067 571	2 387	74.7	1 300 089	3.9	80
其中：花生	4 638.5	16 691 582	3598	4 581.4	16 046 363	3 502	57.1	645 219	4.0	96
油菜籽	7 431.9	14 007 307	1885	7 347.4	13 425 566	1 827	84.5	581 741	4.3	58
三、棉花	4 688.1	6 835 975	1 458	5 037.8	6 588 959	1 308	−349.7	247 016	3.7	150
四、糖类合计	2 030.4	134 854 276	66 416	1 947.8	125 165 421	64 261	82.7	9 688 855	7.7	2 155
（一）甘蔗	1 794.7	123 113 920	68600	1 721.2	114 434 620	66 485	73.5	8 679 300	7.6	2 115
（二）甜菜	235.8	11 740 356	49793	226.6	10 730 801	47 362	9.2	1 009 555	9.4	2 431
五、蔬菜类	20352.6	708 830 560	34 828	19 639.2	679 296 745	34 589	713.4	29 533 815	4.3	239
六、瓜果类	2 408.2	89 523 979	37175	2 389.3	86 848 810	36 350	19.0	2 675 169	3.1	825

注：附录二数据来自2012全国农业提要，正式数据以国家统计公布为准。

各地区主要农作物播种面积和产量（一）

地　　区	农作物总播种面积（千公顷）	一、粮食作物合计			（一）谷　物		
		播种面积（千公顷）	产量（万吨）	公顷产量（千克）	播种面积（千公顷）	产量（万吨）	公顷产量（千克）
全国合计	**163 415.7**	**111 204.6**	**58 958.0**	**5 302**	**92 612.4**	**53 934.7**	**5 824**
北　　京	282.7	193.9	113.8	5 868	186.2	111.6	5 991
天　　津	479.0	322.9	161.8	5 009	309.6	159.8	5 160
河　　北	8 781.8	6 3[illegible]2.4	3 246.6	5 151	5 863.4	3 102.7	5 292
山　　西	3 808.1	3 291.5	1 274.1	3 871	2 776.9	1 214.7	4 374
内　　蒙	7 154.0	5 589.4	2 528.5	4 524	4 068.1	2 180.9	5 361
辽　　宁	4 210.6	3 217.4	2 070.5	6 435	2 995.4	1 986.5	6 632
吉　　林	5 315.1	4 610.3	3 343.0	7 251	4 161.6	3 221.7	7 742
黑 龙 江	12 237.0	11 519.5	5 761.5	5 001	8 510.1	5 147.9	6 049
上　　海	387.9	187.6	122.4	6 524	180.7	120.1	6 646
江　　苏	7 651.6	5 336.6	3 372.5	6 320	4 955.9	3 252.0	6 562
浙　　江	2 324.2	1 251.6	769.8	6 151	1 004.3	678.0	6 750
安　　徽	8 969.6	6 622.0	3 289.1	4 967	5 498.3	3 123.3	5 680
福　　建	2 263.1	1 201.1	659.3	5 489	880.2	524.2	5 956
江　　西	5 524.9	3 675.9	2 084.8	5 671	3 378.6	1 992.8	5 898
山　　东	10 867.0	7 202.3	4 511.4	6 264	6 793.7	4 285.8	6 308
河　　南	14 262.2	9 985.2	5 638.6	5 647	9 152.8	5 431.4	5 934
湖　　北	8 078.9	4 180.1	2 441.8	5 842	3 702.8	2 315.6	6 254
湖　　南	8 511.9	4 908.0	3 006.5	6 126	4 493.2	2 843.2	6 328
广　　东	4 629.6	2 540.2	1 396.3	5 497	2 129.4	1 208.8	5 677
广　　西	6 082.6	3 069.1	1 484.9	4 838	2 658.7	1 396.5	5 253
海　　南	854.6	438.6	199.5	4 548	352.0	167.1	4 748
重　　庆	3 477.7	2 259.6	1 138.6	5 039	1 305.4	799.1	6 122
四　　川	9 657.0	6 468.2	3 315.0	5 125	4 769.7	2 741.0	5 747
贵　　州	5 182.9	3 054.3	1 079.5	3 534	1 829.1	820.1	4 484
云　　南	6 920.4	4 399.6	1 749.1	3 976	3 167.9	1 436.5	4 534
西　　藏	244.0	170.9	94.9	5 554	163.8	92.2	5 628
陕　　西	4 238.3	3 127.5	1 245.1	3 981	2 587.1	1 119.5	4 327
甘　　肃	4 099.8	2 839.4	1 109.7	3 908	1 963.1	837.1	4 264
青　　海	554.2	280.2	101.5	3 623	163.5	61.9	3 787
宁　　夏	1 241.2	828.3	375.0	4 527	576.6	328.1	5 690
新　　疆	5 123.9	2 131.2	1 273.0	5 973	2 034.5	1 234.8	6 070

各地区主要农作物播种面积和产量（二）

地　区	其中：稻谷			（二）豆类合计			其中：大豆		
	播种面积（千公顷）	产量（万吨）	公顷产量（千克）	播种面积（千公顷）	产量（万吨）	公顷产量（千克）	播种面积（千公顷）	产量（万吨）	公顷产量（千克）
全国合计	**30 137.1**	**20 423.6**	**6 777**	**9 709.5**	**1 730.5**	**1 782**	**7 171.8**	**1 305.0**	**1 820**
北　京	0.2	0.1	6 436	5.5	1.0	1 762	4.7	0.9	1 879
天　津	14.6	11.2	7 658	12.2	1.5	1 217	11.8	1.4	1 216
河　北	85.9	49.8	5 798	171.8	32.5	1 889	127.6	25.9	2 032
山　西	1.0	0.6	5 941	324.3	27.6	851	199.7	18.2	912
内　蒙	89.3	73.3	8 201	840.0	162.9	1 939	616.7	122.0	1 978
辽　宁	661.8	507.8	7 673	140.0	34.2	2 444	115.8	31.2	2 695
吉　林	701.2	532.0	7 587	370.0	52.6	1 421	230.0	40.8	1 776
黑龙江	3 069.8	2 171.2	7 073	2 764.0	479.6	1 735	2 663.8	463.4	1 740
上　海	105.1	89.1	8 481	5.9	1.5	2 559	2.9	0.8	2 753
江　苏	2 254.2	1 900.1	8 429	320.5	81.2	2 532	210.5	55.3	2 628
浙　江	832.6	608.3	7 306	138.5	36.6	2 646	88.5	25.2	2 850
安　徽	2 215.1	1 393.5	6 291	960.3	120.5	1 255	876.7	113.0	1 289
福　建	827.6	503.8	9 087	81.9	20.8	2 534	63.8	15.9	2 493
江　西	3 328.3	1 976.0	5 937	157.1	29.8	1 899	99.0	21.5	2 168
山　东	123.9	103.4	8 346	163.6	39.9	2 436	146.4	37.4	2 557
河　南	648.2	492.6	7 599	520.5	84.6	1 625	460.5	78.1	1 697
湖　北	2 017.9	1 651.4	8 184	177.7	32.2	1 813	95.3	20.6	2 157
湖　南	4 095.1	2 631.6	6 426	168.4	38.4	2 283	90.5	21.5	2 371
广　东	1 949.4	1 126.6	5 779	80.2	20.1	2 511	62.0	15.3	2 460
广　西	2 057.6	1 142.0	5 550	154.5	23.6	1 528	94.4	15.3	1 621
海　南	324.4	155.8	4 802	8.4	2.4	2 812	3.4	0.7	2 186
重　庆	687.0	498.0	7 249	230.1	45.0	1 957	99.2	19.6	1 973
四　川	1 997.8	1 536.1	7 689	477.2	93.6	1 961	223.1	51.9	2 325
贵　州	683.0	402.4	5 893	305.8	23.6	772	133.8	7.8	586
云　南	1 082.9	644.6	5 953	572.5	129.7	2 265	127.1	26.9	2 116
西　藏	1.0	0.5	5 567	6.3	2.3	3 613	0.2	0.1	3 000
陕　西	123.3	87.4	7 082	223.4	43.1	1 930	166.8	36.0	2 159
甘　肃	5.6	3.9	7 020	191.3	33.1	1 729	90.7	16.3	1 799
青　海				33.1	7.1	2 148			
宁　夏	84.3	71.3	8 458	36.0	4.7	1 306	11.9	0.5	420
新　疆	69.2	59.4	8 574	68.8	25.0	3 639	55.2	21.6	3 902

各地区主要农作物播种面积和产量（三）

地区	（三）薯类（折粮）			二、油料作物			其中：油菜籽		
	播种面积（千公顷）	产量（万吨）	公顷产量（千克）	播种面积（千公顷）	产量（吨）	公顷产量（千克）	播种面积（千公顷）	产量（吨）	公顷产量（千克）
全国合计	**8 885.9**	**3 292.8**	**3 706**	**13 929.8**	**34 367 660**	**2 467**	**7 431.9**	**14 007 307**	**1 885**
北京	2.1	1.2	5 738	4.5	13 405	2 958		1	143
天津	1.1	0.5	4 811	1.9	5 646	3 003			
河北	267.3	111.5	4 170	454.0	1 428 283	3 146	19.0	29 690	1 564
山西	190.3	31.9	1 674	145.9	195 672	1 341	4.2	6 570	1 575
内蒙	681.4	184.7	2 711	764.7	1 450 797	1 897	270.7	306 659	1 133
辽宁	82.0	49.8	6 073	376.7	1 208 739	3 209	0.5	937	1 952
吉林	81.9	68.7	8 386	266.6	807 183	3 028			
黑龙江	245.5	134.0	5 460	117.3	225 158	1 919	0.4	1 056	2 576
上海	1.0	0.8	7 938	8.2	17 313	2 117	7.3	15 120	2 077
江苏	60.2	39.3	6 534	527.7	1 469 468	2 785	421.3	1 091 272	2 590
浙江	108.8	55.2	5 075	189.4	383 010	2 022	165.6	320 853	1 938
安徽	163.5	45.4	2 774	843.6	2 276 936	2 699	609.6	1 343 182	2 203
福建	239.0	114.3	4 784	113.6	280 735	2 472	11.9	16 780	1 412
江西	140.3	62.2	4 430	744.2	1 170 753	1 573	551.9	687 541	1 246
山东	245.0	185.8	7 583	796.0	3 509 513	4 409	8.0	20 823	2 608
河南	311.9	122.6	3 931	1 573.6	5 695 117	3 619	380.4	876 064	2 303
湖北	299.6	94.0	3 137	1 501.5	3 196 621	2 129	1 167.3	2 300 323	1 971
湖南	246.5	124.8	5 066	1 321.7	2 078 154	1 572	1 201.3	1 785 723	1 486
广东	330.6	167.4	5 063	352.2	966 063	2 743	6.6	8 077	1 227
广西	255.9	64.8	2 532	217.4	544 867	2 507	20.1	20 068	1 000
海南	78.2	30.0	3 737	39.7	103 621	2 608			
重庆	724.1	294.4	4 065	271.0	501 142	1 849	204.6	377 102	1 844
四川	1 221.3	480.4	3 934	1 249.7	2 877 615	2 303	981.4	2 220 860	2 263
贵州	919.4	235.8	2 565	547.5	873 827	1 596	497.0	781 764	1 573
云南	659.2	183.0	2 776	343.3	628 374	1 831	281.2	534 987	1 903
西藏	0.8	0.5	2 696	24.0	63 310	2 636	23.9	63 047	2 639
陕西	317.0	82.5	2 603	302.3	603 300	1 996	202.1	399 403	1 976
甘肃	684.9	239.5	3 497	336.4	670 036	1 992	175.0	339 294	1 938
青海	83.7	32.5	3 884	164.4	352 246	2 143	160.0	345 316	2 159
宁夏	215.7	42.2	1 956	88.4	180 321	2 040	1.2	2 839	2 380
新疆	28.0	13.2	4 709	242.3	590 436	2 436	59.6	111 956	1 877

各地区主要农作物播种面积和产量（四）

地区	三、棉花			四、糖类合计		
	播种面积（千公顷）	产量（吨）	公顷产量（千克）	播种面积（千公顷）	产量（吨）	公顷产量（千克）
全国合计	**4 688.1**	**6 835 975**	**1 458**	**2 030.4**	**134 854 276**	**66 416**
北京	0.2	272	1 137			
天津	55.4	57 567	1 039			
河北	578.3	564 404	976	14.2	594 297	41 911
山西	37.4	46 981	1 257	8.6	407 752	47 718
内蒙	1.0	1 552	1 495	43.7	1 679 264	38 421
辽宁	0.3	560	1 842	1.9	97 317	52 041
吉林	4.2	7 983	1 919	6.7	209 410	31 443
黑龙江				73.0	2 731 176	37 439
上海	2.0	3 811	1 934	0.2	10 140	63 375
江苏	170.6	220 470	1 292	1.7	97 531	59 110
浙江	20.9	29 891	1 429	11.0	701 425	63 737
安徽	304.9	293 973	964	5.2	206 108	39 735
福建	0.1	71	696	9.3	564 711	60 663
江西	85.0	152 203	1 790	13.8	615 764	44 747
山东	689.9	698 490	1 012		72	
河南	256.7	256 868	1 001	4.0	268 803	67 709
湖北	472.9	545 300	1 153	7.8	310 822	39 951
湖南	172.2	250 600	1 456	14.5	738 307	51 094
广东				165.4	14 692 105	88 805
广西	2.2	2 206	1 010	1 128.0	78 297 134	69 411
海南				62.5	4 159 197	66 605
重庆	0.1	91	636	3.4	118 823	35 197
四川	14.6	13 314	912	14.9	615 307	41 227
贵州	1.7	1 200	705	21.8	1 280 784	58 684
云南	0.3	481	1 652	331.5	20 437 844	61 654
西藏						
陕西	48.3	67 202	1 391	0.1	1 667	27 783
甘肃	48.2	81 028	1 682	5.0	246 503	49 007
青海					35	
宁夏					88	
新疆	1 720.8	3 539 458	2 057	82.6	5 771 889	69 855

各地区主要农作物播种面积和产量（五）

地　　区	五、蔬菜类			六、瓜果类		
	播种面积（千公顷）	产量（吨）	公顷产量（千克）	播种面积（千公顷）	产量（吨）	公顷产量（千克）
全国合计	**20 352.6**	**708 830 560**	**34 828**	**2 408.2**	**89 523 979**	**37 175**
北　　京	64.1	2 799 020	43 673	7.7	340 211	44 414
天　　津	88.9	4 477 016	50 354	5.5	275 659	50 120
河　　北	1 203.0	76 951 323	63 966	106.7	5 288 582	49 547
山　　西	247.8	10 733 368	43 313	23.3	704 876	30 298
内　　蒙	288.5	14 762 943	51 181	62.8	2 280 568	36 311
辽　　宁	487.1	29 775 976	61 125	53.5	2 613 731	48 902
吉　　林	237.4	9 575 386	40 341	51.1	1 577 210	30 871
黑 龙 江	249.9	8 664 146	34 677	57.8	2 118 363	36 650
上　　海	134.2	4 069 320	30 327	11.5	390 340	33 913
江　　苏	1 323.4	49 845 992	37 665	143.5	5 147 541	35 879
浙　　江	623.3	18 198 063	29 198	101.4	2 911 559	28 710
安　　徽	810.6	23 274 970	28 714	172.7	6 240 745	36 148
福　　建	692.2	16 739 331	24 184	36.0	830 060	23 032
江　　西	547.5	12 131 089	22 159	74.5	2 010 118	26 988
山　　东	1 806.0	93 860 081	51 972	277.2	14 006 911	50 539
河　　南	1 730.3	70 116 764	40 523	330.6	16 646 085	50 348
湖　　北	1 138.7	35 063 784	30 793	101.5	3 439 595	33 891
湖　　南	1 239.2	34 809 082	28 091	139.5	3 555 093	25 483
广　　东	1 229.2	29 827 067	24 266	42.0	1 110 028	26 454
广　　西	1 075.4	23 567 183	21 916	112.0	2 940 819	26 264
海　　南	229.5	4 990 010	21 740	32.9	940 748	28 618
重　　庆	652.7	15 093 438	23 126	21.8	407 182	18 667
四　　川	1 253.9	37 647 249	30 025	50.3	1 273 013	25 335
贵　　州	774.3	13 756 279	17 766	26.6	576 663	21 688
云　　南	803.8	14 726 600	18 322	27.7	704 032	25 444
西　　藏	23.7	655 905	27 652	0.2	3 820	23 875
陕　　西	477.1	15 256 183	31 976	74.3	2 560 738	34 483
甘　　肃	454.0	14 604 216	32 167	52.0	2 052 806	39 507
青　　海	48.8	1 587 488	32 544	0.6	22 705	35 421
宁　　夏	111.6	4 711 062	42 224	81.4	1 700 648	20 906
新　　疆	306.9	16 560 227	53 953	130.1	4 853 531	37 313

全国牧业主要产品生产情况

项　目	计量单位	2012 年	2011 年	2012 年比 2011 年增减	
				绝对数	%
一、牲畜存栏量					
（一）大牲畜存栏	万头	11 891.8	11 966.2	−74.4	−0.6
1. 牛	万头	10 343.4	10 360.5	−17.1	−0.2
2. 马	万头	633.5	670.9	−37.4	−5.6
3. 驴	万头	636.1	647.8	−11.7	−1.8
4. 骡	万头	249.2	259.8	−10.6	−4.1
5. 骆驼	万头	29.5	27.3	2.2	8.1
（二）猪	万头	47 592.2	46 862.7	729.5	1.6
（三）羊	万只	28 504.1	28 235.8	268.3	1.0
二、肉类总产量	万吨	8 387.2	7 957.8	429.4	5.4
其中：猪牛羊肉产量	万吨	6 406.0	6 093.7	312.3	5.1
1. 猪肉产量	万吨	5 342.7	5 053.1	289.6	5.7
平均每头产肉量	千克/头	76.6	76.4	0.1	0.2
2. 牛肉产量	万吨	662.3	647.5	14.8	2.3
平均每头产肉量	千克/头	139.1	138.6	0.5	0.4
3. 羊肉产量	万吨	401.0	393.1	7.9	2.0
平均每头产肉量	千克/头	14.8	14.7	0.1	0.7
三、其他畜产品产量					
1. 牛奶产量	万吨	3 743.6	3 657.8	85.8	2.3
2. 山羊毛产量	吨	43 924.0	44 047.0	−123.0	−0.3
3. 绵羊毛产量	吨	400 057.0	393 072.0	6 985.0	1.8
其中：细羊毛	吨	125 709.0	132 836.0	−7 127.0	−5.4
其中：半细羊毛	吨	131 983.0	120 119.0	11 864.0	9.9
4. 蜂蜜产量	万吨	44.8	43.1	1.7	3.9
5. 禽蛋产量	万吨	2 861.2	2 811.4	49.8	1.8

全国主要农业机械年末拥有量

项目	计量单位	数量	项目	计量单位	数量
一、农业机械总动力	万千瓦	102 558.96	2. 农用水泵	万台	2 211.54
1. 柴油发动机动力	万千瓦	82 365.04	3. 节水灌溉类机械	万套	182.56
2. 汽油发动机动力	万千瓦	3 124.10	（四）田间管理机械		
3. 电动机动力	万千瓦	16 985.29	1. 机动喷雾（粉）机	万台	544.31
4. 其他机械动力	万千瓦	84.54	2. 茶叶修剪机	万台	25.34
二、拖拉机及配套机械			（五）收获机械		
（一）拖拉机	万台	2 282.47	1. 联合收获机	万台	127.88
	万千瓦	31 903.75	2. 割晒机	万台	48.23
1. 大中型	万台	485.24	3. 其他收获机械	万台	131.02
	万千瓦	14 436.39	（六）收获后处理机械		
2. 小型	万台	1 797.23	1. 机动脱粒机	万台	1 042.32
	万千瓦	17 467.36	2. 谷物烘干机	万台	3.60
（二）拖拉机配套农具			3. 种子加工机械	万台	3.34
1. 大中型	万部	763.52	4. 保鲜贮藏设备	万台（套）	6.86
2. 小型	万部	3 080.62	（七）设施农业设备		
三、种植业机械			1. 水稻工厂化育秧设备	万套	0.96
（一）耕整地及种植机械			2. 温室	万米^2	1 450 259
1. 耕整机	万台	667.6	四、农产品初加工机械		
2. 机耕船	万艘	16.93	（一）农产品初加工动力机械	万台	1 461.71
3. 机引犁	万台	1 315.83		万千瓦	8 920.87
4. 旋耕机	万台	530.72	（二）农产品初加工作业机械	万台	1 316.74
5. 深松机	万台	20.49	五、畜牧养殖机械	万台	661.7
6. 机引耙	万台	745.13	六、渔业机械	万台	348.78
（二）种植施肥机械			七、林果业机械	万台	27.62
1. 播种机	万台	580.2	八、运输机械		
其中：免耕播种机	万台	77.57	1. 农用运输车	万台	1 396.23
精少量播种机	万台	353.98	2. 手扶变型运输机	万台	88.09
2. 水稻种植机械			3. 农用挂车	万台	812.2
（1）水稻直播机	万台	2.86	九、农田基本建设机械	万台	44.95
（2）水稻插秧机	万台	51.3	十、其他机械		
（3）水稻浅栽机	万台	0.9	其中：农用飞机	架	124
3. 化肥深施机	万台	77.64	十一、农业机械原值和净值		
4. 地膜覆盖机	万台	50.49	1. 农业机械原值	亿元	7 805.61
（三）农用排灌机械			2. 农业机械净值	亿元	5 683.14
1. 排灌动力机械	万台	2 280.56			

附录三　全国农垦系统实施无公害食品发展情况

绿色、有机食品、无公害农产品生产情况（一）

（2012年）

项　目	认证个数（个）	带动农户数量（户）	已认证绿色食品				已认证有机食品		已认证无公害农产品	
			A级		AA级					
			面积（公顷）	产量（吨）	面积（公顷）	产量（吨）	面积（公顷）	产量（吨）	面积（公顷）	产量（吨）
一、种植业										
（一）主要农作物	1 049	473 304	1 845 087	13 018 153	5	39	201 925	1 007 307	2 722 074	22 410 674
1. 水稻	246	182 976	947 442	7 768 046	5	39	41 167	270 658	1 637 496	12 00[illegible] 597
2. 小麦	67	13 905	93 138	269 726			5 673	18 785	63 415	324 802
3. 玉米	110	83 400	259 985	2 219 841			56 248	397 989	567 481	5 078 258
4. 大豆	110	62 839	347 188	1 137 083			67 662	144 380	284 311	717 412
5. 油料	17	11 500	20 447	21 225			4 752	25 384	16 732	60 196
6. 糖料	22	12 930	50 363	449 692			755	30 255	11 270	398 642
7. 药材										
8. 蔬菜	267	68 271	21 016	413 406			492	18 238	34 008	1 009 623
9. 其他	210	37 483	105 508	739 134			25 176	101 618	107 361	2 812 144
（二）茶叶	66	60 176	4 160	3 661	916	1 185	2 548	1 150	4 024	8 234
（三）水果	150	61 642	83 337	486 460	32	2 880	1 662	21 878	31 674	422 096
#1. 香蕉	2	155							184	2 700
2. 苹果	22	5 153	6 931	58 910			634	11 710	918	18 827
3. 柑橘、橙、柚	24	6 996	2 373	70 026	32	2 880	32	500	1 377	29 981
4. 梨	15	18 424	22 901	142 749			274	4 181	20	320
5. 桃	4	392	1 553	6 560			5	7		
6. 葡萄	17	6 818	13 734	80 790			169	3 005	12 380	90 683
7. 菠萝	7	3 680	1 100	8 600					1 300	30 000
8. 荔枝	7	3 506							2 320	12 944
9. 龙眼	6	1 150							707	1 951
10. 芒果	7	9 013	533	8 000					7 393	124 895
11. 西瓜	12	3 772	3 235	25 615					1 907	86 125
12. 其他水果	27	2 583	30 977	85 210			548	2 475	3 168	23 670
（四）食用菌	15	60	74	9 400						76
二、渔业										
1. 淡水鱼	120	38 058	2 535	20 910	10	132	1 884	438	10 233	35 480
2. 海水鱼	1	87							470	454
3. 虾	9	845							2 142	20 137
4. 蟹	11	6 532	2 830	2 848			1 000	336	2 859	1 876
5. 甲鱼	2	200							22	131
6. 贝	2	100							600	3 500
7. 其他水产品	15	1 103	73	313	198	1 035	198	1 035	24	180

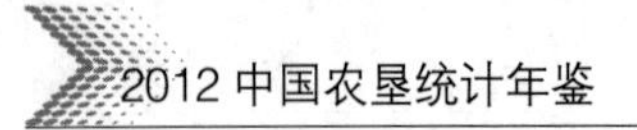

绿色、有机食品、无公害农产品生产情况（二）

（2012年）

项目	认证个数（个）	带动农户数量（户）	已认证绿色食品				已认证有机食品		已认证无公害农产品	
			A级		AA级					
			数量（万头、万只）	产量（吨）	数量（万头、万只）	产量（吨）	数量（万头、万只）	产量（吨）	数量（万头、万只）	产量（吨）
三、畜牧业										
（一）家畜类	85	23 545	5	354 782	9	8 065	8	258 883	111	517 804
1. 生猪	83	94 569	1	820	9	8 065			276	241 958
2. 肉牛	16	450	4	4 600			2	1 500	12	22 730
3. 奶牛	56	13 897	6	356 394			6	257 383	17	643 850
4. 羊	14	604	1	511					20	3 315
5. 其他家畜	1								3	69
（二）禽类	23	5 128			1 302	32 520			12 866	192 043
1. 肉鸡	10	4 577			1	13			11 182	146 827
2. 蛋鸡	22	66	34	5 300	1	7			214	31 225
3. 鸭	7	553	7	83	1 300	32 500			1 657	40 632
4. 其他禽类	3	150	11	570			3	860	5	128
四、加工品										
1. 面粉加工类	5			33 500						
2. 蔬菜加工类	6			59 075				90		
3. 饮品类	10	7 067		6 862				95		200
4. 乳制品	59	12 938		143 469				251 611		
5. 果脯类	5	558								1 517
6. 酒类	49	5 982		164 234						

附录四 西藏国有农场基本情况

西藏国有农场基本情况统计表（一）

项目	计量单位	合计	易贡农场	察隅农场	米林农场	八一农场
1. 人口						
人口总数	人	4 720	1 337	494	640	2 249
其中：在职职工人数	人	1 272	109	58	109	996
退休职工人数	人	1 130	521	107	279	223
离休职工人数	人					
中小学在校生人数	人	559	280	50	137	92
2. 土地面积	万亩	4.62	0.71	1.33	0.98	1.60
其中：耕地面积	万亩	1.44	0.42	0.11	0.68	0.23
草原面积	万亩	0.35			0.06	0.29
林地面积	万亩	0.74		0.34		0.40
果园面积	万亩	0.36	0.07	0.05	0.24	
茶园面积	万亩	0.22	0.22			
橡胶园面积	万亩					
水产养殖面积	万亩	0.006				0.006
3. 生产总值	万元	16 554	481	667	4 293	11 113
其中：第一产业增加值	万元	7 914	360	395	804	6 355
第二产业增加值	万元	2 189		212	1 977	
第三产业增加值	万元	6 451	121	60	1 512	4 758
4. 收入						
农场销售总收入	万元	2 426	387	202	294	1 543
职均年收入	元	9 963	4 300	9 456	15 556	10 000
人均年收入	元	4 716	2 100	6 712	5 532	5 600
5. 住房年末实有面积	万米^2	18.52	5.75	1.45	4.11	7.21
6. 农业机械化程度						
农业机械总动力	万千瓦	0.10	0.02	0.02	0.03	0.03
7. 化肥、电使用量						
农场用电总量	千瓦时					
农田化肥施用总量	吨					

西藏国有农场基本情况统计表（二）

项　　目	计量单位	合计	易贡农场	察隅农场	米林农场	八一农场
1. 农作物总播种面积	万亩	1.33	0.37	0.13	0.70	0.13
2. 粮豆作物播种面积	万亩	1.06	0.17	0.11	0.68	0.10
总产量	吨	2 772	583	61	1870	258
亩产量	千克	262	353	55	275	258
3. 棉花播种面积	万亩					
总产量	吨					
亩产量	千克					
4. 油料作物播种面积	万亩	0.23	0.19	0.02	0.02	0.002
总产量	吨	280	185	62	27	6
亩产量	千克	122	97	310	135	300
5. 糖料作物播种面积	万亩	0.001		0.001		
总产量	吨	4		4		
亩产量	千克	400		400		
6. 干胶总产量	吨					
7. 水果总产量	吨	499	7	7	485	
8. 茶叶总产量	吨	28	28			
9. 肉类总产量	吨	364		50	236	78
10. 禽蛋总产量	吨	326			320	6
11. 水产品总产量	吨	6				6
12. 牛奶总产量	吨	49	10	18	3	18

附录五　内蒙古海拉尔农牧场管理局2012年基本情况

内蒙古海拉尔农牧场管理局2012年主要经济指标表

指标名称	计量单位	数　量	指标名称	计量单位	数　量
一、基本情况			其中：小麦播种面积	公顷	47 811
单位个数	个	27	公顷产量	千克	4 171
其中：国有农场	个	16	小麦总产量	吨	199 401
总人口	人	86 301	四、畜牧业生产指标		
职工人数	人	11 165	牧业年度牲畜总头数	头、匹、只	635 573
土地总面积	公顷	1 365 220	其中：大畜存栏	头、匹	174 593
其中：耕地面积	公顷	306 653	小畜存栏	只	420 628
草原面积	公顷	628 299	生猪存栏	口	40 352
农业机械总动力	千瓦	568 039	梅花鹿存栏	只	
大中型农用拖拉机	台	5 010	年末牲畜总头数	头、匹、只	644 086
小型农用拖拉机	台	10 581	其中：大畜存栏	头、匹	155 066
联合收割机	台	854	小畜存栏	只	448 981
二、综合指标			生猪存栏	口	40 039
生产总值	万元	300 327	梅花鹿存栏	只	
其中：第一产业增加值	万元	230 491	五、特色养殖		
第二产业增加值	万元	38 708	年末实有獭兔	只	4 915
其中：工业增加值	万元	26 926	年末实有貂	只	
第三产业增加值	万元	31 129	年末实有貉	只	
自营经济增加值	万元	136 021	六、畜产品产量		
农垦人均纯收入	元/年	21 000	肉类总产量	吨	16 600
农牧场人均收入	元/年	20 589	牛奶总产量	吨	331 000
人均生产总值	元/年	34 735	绵羊毛产量	吨	1 218
职均收入	元/年	47 085	山羊绒产量	吨	4
利润总额	万元	67 608	禽蛋总产量	吨	1 284
固定资产投资	万元	72 673	蜂蜜总产量	吨	2 911
其中：国有投资	万元	46 040	七、工业产品产量		
工农业总产值（现行价）	万元	637 937	马铃薯雪花全粉	吨	12 455
其中：农业总产值	万元	435 256	面粉	吨	922
工业总产值	万元	202 681	植物油	吨	64 600
三、农作物总播种面积	公顷	275 348	干酪素	吨	
其中：粮食大豆播种面积	公顷	141 816	奶粉	吨	10 158
公顷产量	千克	4 229	奶油	吨	
粮豆总产量	吨	599 702	混合饲料	吨	2 376
其中：油菜播种面积	公顷	127 846	石灰	吨	8 000
公顷产量	千克	1 680	红砖	万块	3 677
油菜总产量	吨	214 759			

内蒙古海拉尔农牧场管理局 2012 年经济和社会发展统计公报

2012 年，海拉尔垦区认真学习贯彻十八大精神，贯彻落实全国和自治区农业工作会议、农垦专业会议精神，以科学发展观统揽全局，冷静沉着、创新思路，战胜了各种自然灾害，农业生产再获丰收，垦区生产总值、农牧场人均纯收入、职均收入等指标较快增长。使海拉尔农垦继续保持良好发展态势。为经济平稳较快发展、维护社会和谐稳定作出了重大贡献。

一、综合

2012 年海拉尔垦区经济继续保持健康增长。产业结构、产品结构进一步优化，经济运行质量进一步提高。2012 年海拉尔垦区实现生产总值 300 327 万元，同比增长 49.4%。其中，第一产业增加值 230 491 万元，同比增长 38.4%；第二产业增加值 38 707 万元，同比增长 97.1%；第三产业增加值 31 129 万元，同比增长 109.9%。实现人均生产总值 34 735 元，同比增长 48.9%。人均收入 21 000 元，同比增长 25.3%。垦区实现利润 67 608 万元，同比增长 37.1%。其中统一经营实现利润 35 452 万元，同比增长 5.5%。

二、农牧业

2012 年，海拉尔垦区认真贯彻落实中央 1 号文件精神及中央支持农业特别是粮食生产的政策措施，极大地调动了广大职工群众的积极性，面对严重自然灾害的影响，垦区上下采取措施，积极应对，将灾害带来的负面影响降到了最低，为垦区今后经济的持续、健康、快速发展奠定了坚实的基础。

2012 年垦区实现农业总产值（现行价）435 256 万元，同比增长 56.1%，其中，种植业产值 253 739 万元，同比增长 50.4%，牧业产值 171 290 万元，同比增长 55.6%。

农业坚持以防灾减灾为中心，进一步提升现代农业发展水平，加大结构调整力度，引进试验推广先进的科学技术，为发展现代农业提供了强大的技术支撑。2012 年总播种面积 413 万亩，同比增长 4%，粮油总产量 81.8 万吨，同比增长 30%。其中，粮豆总产量 59.9 吨，同比增长 31%，油料总产量 21.8 万吨，同比增长 27%。其中，小麦总产量播种面积 19.78 万吨，同比增长 20%（表 1）。

表 1　2012 年垦区主要农产品产量

产品名称	计量单位	2012 年实际	同比增长（%）
粮豆油合计	万吨	81.78	30
1. 粮豆合计	万吨	59.9	31
其中：小麦	万吨	19.7	20
大麦	万吨	14.79	48
大豆	万吨	2.7	−20.9
2. 油料	万吨	21.8	27

海拉尔垦区农业生产从育种到粮食销售实现全程机械化，农业机械化装备程度不断提高，进一步改善了垦区农业生产条件，以满足农业生产的需要。2012 年机械总动力 56.8 万千瓦，同比增长 4.4%；拥有各类拖拉机 15 591 台；联合收割机 854 台，全年化肥施用量（折纯量）3.6 万吨。

2012 年海拉尔垦区进一步加大对畜牧业的政策扶持和项目带动，畜牧业快速发展的基础和机制已经形成。年内各类牲畜存栏 64.4 万头（匹、只），同比增长 16%，各类牲畜出栏率 33%（表 2）。

表 2　2012 年牲畜头数及主要畜产品产量

产品名称	计量单位	2012 年实际	同比增长（%）
年末牲畜存栏	头匹只	644 086	16
其中：牛	头	148 526	−7.8
羊	只	448 981	29
猪	头	40 039	−4.8
各类牲畜出栏	头匹只	185 848	5
出栏率	%	33	−7
肉类总产量	吨	16 600	27
牛奶总产量	吨	331 000	−5
羊毛总产量	吨	1 219	61

三、工业、商贸

工业生产态势良好，发展平稳。2012 年垦区坚持以改扩建工程和培育龙头企业为突破口，强力推进产业化进程。年内实现工业增加值（现价）26 926 万元，同比增长 42%，完成工业总产值（现价）202 681 万元，同比增长 48.9%。

2012 年海拉尔垦区主要工业产品产量见表 3。

表 3　2012 年主要工业产品产量

产品名称	计量单位	2012 年实际	同比增长（%）
马铃薯全粉	吨	12 455	54
红砖	万块	3 677	－0.9
奶粉	吨	10 158	－52
植物油	吨	64 600	4.77

2012 年垦区实现进出口商品总金额 233 万元，实现社会商品零售额 34 037 万元。

四、固定资产投资

2012 年垦区固定资产投资较 2011 年有所增长。垦区全年完成固定资产投资 72 673 万元，同比增长 18%，当年新增固定资产 56 832 万元，同比增长 16%。

进一步优化资金投向，以龙头企业为骨干、以农牧业为基础的产业化经营格局正在形成。

用于第一产业的投资 55 804 万元，占总投资的 76.7%；

用于第二产业的投资 6 248 万元，占总投资的 8.6%；

用于第三产业的投资 10 621 万元，占总投资的 14.7%。

2012 年垦区自主投资进一步增强，在固定资产投资中，自筹资金 52 905 万元，占总投资的 72.8%，占投资比重最大，表明垦区经济自主增长的能力增强。

五、非国有经济

随着垦区企业改制的进一步深入，非国有经济经营范围不断扩展，一、二、三产业中的非国有经济成分逐步扩大，垦区经济结构进一步优化，2012 年完成非国有经济生产总值 136 021 万元，占垦区经济总量的 45.3%。

附录六　内蒙古大兴安岭农场管理局2012年基本情况

内蒙古大兴安岭农场管理局2012年主要经济指标表

指标名称	计量单位	数　量	指标名称	计量单位	数　量
一、基本情况			三、农作物播种面积		
1. 单位个数	个	24	1. 粮食播种面积	公顷	129 450
其中：国有农场	个	8	其中：租赁周边乡镇土地	公顷	47 333
2. 总人口	人	64 024	公顷产量	千克	2 496
3. 土地总面积	公顷	1 269 467	粮食总产量	吨	322 914
其中：耕地面积	公顷	82 101	①小麦播种面积	公顷	6 501
草原面积	公顷	55 007	公顷产量	千克	3 582
4. 农业机械总动力	万千瓦	25	总产量	吨	23 284
5. 大中型拖拉机	台	830	②玉米播种面积	公顷	14 700
6. 联合收割机	台	468	公顷产量	千克	6 925
二、综合指标			总产量	吨	101 804
1. 生产总值	万元	125 005	③大豆播种面积	公顷	107 342
其中：第一产业增加值	万元	85 736	公顷产量	千克	1 825
第二产业增加值	万元	15 575	总产量	吨	195 857
第三产业增加值	万元	23 694	四、年末牲畜存栏		
2. 利润总额	万元	7 206	1. 大畜存栏	头	21 139
3. 人均纯收入	元/年	12 652	2. 小畜存栏	只	211 658
4. 人均生产总值	元/年	19 524	3. 生猪存栏	口	5 758
5. 职均收入	元/年	39 783	五、畜产品水产品产量		
6. 固定资产投资	万元	41 217	1. 肉类总产量	吨	4 683
其中：国有固定资产投资	万元	10 881	2. 绵羊毛产量	吨	1 184
7. 工农业总产值	万元	198 891	3. 禽蛋产量	吨	1 528
其中：工业总产值	万元	38 085	4. 鹿茸产量	吨	1 073
农业总产值	万元	160 806	5. 鱼类产量	吨	205

内蒙古大兴安岭垦区2012年经济和社会发展统计公报

2012年是垦区发展之年，也是垦区坚持以加快转型、转变发展方式为主线，不断优化内部外部发展环境，加快推进产业发展和结构调整，加大项目的争跑力度和项目的实施管理，努力改善民生，经济和社会发展取得了显著成绩较快的一年。垦区党政领导团结带领广大干部职工群众，抢前谋划，精心安排，周密部署，狠抓落实，经济社会保持了良好的发展势头。经济总量、粮食产量、人均收入、畜牧业发展、民生工程、重大项目建设等都实现了突飞猛进的发展，全局政治稳定、社会和谐，职工安居乐业。垦区经济社会发展呈现良性快速发展的良好态势。

一、经济综合指标完成情况

2012垦区工农业总产值20亿元，增长50.8%；生产总值12.5亿元，年均增长36%；其中，第一产业增加值实现8.57亿元，增长43.6%，第二产业增加值实现1.55亿元，增长46.2%，第三产业增加值实现2.36亿元，增长9.9%；销售收入30.2亿元，增长32.9%；人均生产总值19 035元/人，年均增长29.7%；利润总额7 206万元，人均纯收入12 652元，年均增长17.2%；职均收入39 783元，增长54.3%；固定资产投资4.1亿元，增长50.4%。播种面积194.2万亩，增长62.6%（租赁周边土地71万亩）；粮食总产3.225亿千克，增长35.1%；牲畜存栏23.85万头匹只，增长5.4%。

二、农牧业生产情况

全年实现农业总产值16.08亿元，增长38.7%；完成农林牧渔业增加值85 736万元。

2012年全局播种面积129 450公顷（租赁周边土地47 333公顷）。在农业生产上，由于受春旱、伏旱加秋涝等灾害的影响，造成全局大豆、玉米减产幅度较大。但经过垦区上下的共同努力，仍实现了粮食总产3.25亿千克。播种面积增加47 333公顷，这些都是整合周边的土地，增加粮食0.85亿千克，粮食平均亩产166.4千克，其中大豆平均单产121.6千克、小麦238千克、玉米462千克。主要得益于我们加强了对生产的指挥，及时推行了“三干”播法，抢前抓早，确保了一次播种保全苗。同时加大了结构调整和科技创新力度，玉米种植面积达到了22万亩，是建局史上种植面积最大的一年，并且加大了新技术的推广应用，建局52年第一次实行了飞机航化作业，自创了旱、高、密栽培等成套技术以及膜下滴灌、化控等技术，投资150万元与八一农大合作建立现代化农业信息系统，建立农机作业GPS（全球定位系统）定位监控系统，投资1.6亿元更新农机装备418台套。先后采取招商引资、股份合作等方式新建5座烘干塔，在一定程度上解决了玉米湿粮转化的生产难题。甘河农场和巴彦农场现代化示范场的引领带动作用不断增强，在打造机械化、规模化、标准化、现代化农业上取得了明显进步，特别是文明生产和标准化作业的推广，为转变职工观念、提高种地水平起到了积极的推动作用，为发展现代农业积累了宝贵经验。在土地经营权改革上。探索总结了反租倒包、模拟股田制、六统一分等经营模式，促进了土地规模化、集约化经营，提高生产力水平和农机设备利用率，促进了剩余劳动力从土地上分离出来，从事其他产业，实现了多元化增收。

全面落实各项惠农政策，垦区职工群众得到了实惠。2012年垦区享受各项惠农政策补贴总计达到9 550万元，其中，良种补贴1 197万元，农机补贴463万元，粮食直补369万元，农资综合补贴7 509万元。通过惠农政策补贴的实施，极大地提高了职工种粮的积极性；全面加入农业保险，解除了职工的后顾之忧，降低了农业生产的风险，为职工增收致富提供了保障。

——畜牧业发展势头良好，畜牧防疫工作全面落实。2012年垦区大力发展高效生态畜牧业，积极推进畜牧业产业化进程，切实增加广大群众的收入。以“乳、肉、草”战略思想为主导，大力发展肉牛、肉羊养殖，在原有牲畜存栏量的基础上，迈出坚实的一步。全年畜牧业投入达到 1 200 万元，购置良种基础母羊 12 000 只，使牧业年度存栏数量迅速提升，加快了扩群速度。2012 年垦区牧业年度牲畜存栏 30.3 万（头只），实现牧业产值 29 848 万元。

2012 年垦区动医工作认真贯彻落实呼伦贝市农牧业工作会议精神入手，积极加强动物保健工作，提高动物产品质量，保证人民群众动物食品安全，以兴牧富民为目的，有力地保障了垦区畜牧业生产的健康快速发展。

针对牛羊猪口蹄疫全部注射了疫苗，猪蓝耳病疫苗全部注射，到 2012 年 6 月底，已经完成防疫电子档案的全部登录工作。

布病防治工作继续贯彻免疫、检疫、监测相结合，淘汰病畜及血检阳性牲畜的综合防治措施，对成幼畜全部进行了免疫密度达 100%。

——职工自营经济快速发展，促进了增收致富。在《垦区职工自营经济发展规定》和自营经济发展基金的引导、扶持下，职工对发展自营经济认识逐步提高、积极性不断增强，通过采取“一帮一”扶贫等方式，帮助职工群众发展自营经济，实现了“户有一策，人有一业”。自营经济增加值 3.37 亿元，增长 11.9%。自营经济人均收入 3 310 元，占人均纯收入的 26.2%。

三、工业和建筑业

2012 年垦区在豆业上与蒙佳集团公司合作，启动了停产四年的大豆加工企业，由蒙佳集团公司出资 1 000 万元，改造高温粕生产线，使其加工能力由日加工大豆 200 吨提高到 400 吨，年加工能力达到 12 万吨，2012 年投产后已经加工大豆 5 万吨，实现产值 1.7 亿元。场办工业方兴未艾，东方红、巴彦、甘河面粉厂加工小麦 2 万吨，取得了较好经济效益和社会效益；借助危旧房改造，各农场的建材、制砖业蓬勃兴起，一些小型的工商业逐步扩大发展；对原有的建筑材料厂成功实现公司制改造，并为垦区的危房改造工程提供了优质材料，实现了良好的经济效益。

2012 年垦区工业步入增长阶段，结构调整成效显著，产销衔接良好，产品销售正常，全部工业增加值完成 9 562 万元，完成现价工业总产值 38 085 万元。

建筑业生产增长较快。全年实现建筑业增加值 6 013 万元，房屋改造面积 22.8 万米^2，建筑业企业年末固定资产原值 7 124 万元，全年承包的施工单位单项工程 113 个。

四、运输业、批发零售贸易业、服务业基本情况

运输业年末 655 个，从业人员 733 人，从业人员劳动报酬 2584 万元，全年完成货运周转量 176 万吨，客运周转量 74 万人/次，实现营业总收入 7 882 万元，完成运输业增加值 3 043 万元。

批发零售贸易业、餐饮业、服务业共有营业单位总数 1 456 个，拥有固定资产原值 19 117 万元，营业用房面积 117 130 米^2，从业人员 3 932 人，从业人员报酬 11 361 万元，完成商品销售额和营业收入 72 251 万元，完成商业、餐饮业和服务业增加值 12 032 万元。

五、文化、卫生

——文化事业稳步发展。全局共有有线电视台 9 座，电视转播发射台 2 座，电视人口覆盖率 100%。

——扎实开展学习实践科学发展观活动，垦区精神文明和企业文化建设不断提高。通过扎实有效开展深入开展学习“十八”以及实践科学发展观活动，形成了科学发展的思路，垦区上下对五年再造一个新垦区充满了信心和斗志。通过迎接全市两个文明建设经验交流会的召开，举办第七届垦区文化艺术节、第四届职工篮球赛，进一步丰富了精神文明建设和职工文体生活。通过全力打造自治区新的经济增长极大学习、大讨论，十八届一中全会精神学习宣讲，领导干部下基层走访调研，“三抓一建”等系列活动，加强了基层党组织建设，转变了干部作风，提高了干部政治素质，密切了党群干群关系。实施人才兴垦战略，提升了干部素质。编印出版了《干部教育读本》《劳动模范风采录》《廉政故事选编》等书籍，在广大干部员工中引起强烈反响。出版了大型画册《辉煌五十年》，举办了大型“农业成果展览”，展现了垦区改革发展取得的辉煌成就，更加坚定了建设农垦、发展农垦的信心和决心。

——垦区卫生事业得到加强。医疗卫生条件进

一步改善，初步建立起了疫情等突发公共卫生应急机制。垦区现有卫生医疗机构70个，其中，医院9所，生产队卫生室61所。垦区医疗卫生单位拥有病床264张，其中，医院拥有病床216张，生产队卫生室拥有病床48张。年末拥有职工478人，其中卫生技术人员398人，其中医院拥有卫生技术人员148人，生产队卫生室拥有卫生技术人员52人。垦区十分重视卫生工作，加大资金投入，提高了整体医疗水平，为垦区职工就医创造良好的医疗环境。垦区中心医院被呼伦贝尔市确定为出血热治疗的定点医院，几年来，出血热治愈率达到100%以上。

六、人口、人民生活和社会保障

人口自然增长率继续在较低水平。2012年垦区人口出生率为5.69‰，人口死亡率为3.13‰，人口自然增长率为2.56‰。年末垦区总人口达64 024人。

垦区员工共享受优农、惠农补贴资金达9 550万元，在职职工医疗保险、工伤保险全面启动，覆盖面达100%。

2012年，在农业部农垦局和呼伦贝尔市委、政府的正确领导下，坚持以邓小平理论、“三个代表”重要思想、党的十八届一中全会精神和科学发展观为指导，按照“优工强牧兴农大力发展非国有经济”的方针，不断深化改革、加快发展、强化管理、维护稳定，紧紧依靠广大干部员工，战胜了各种困难和挑战，赢得了垦区经济发展、社会进步、政治稳定的良好局面，圆满完成年初确定的各项目标，取得显著的经济效益和社会效益。

附录七 2012 年全国农垦大事记

全国农垦 2012 年大事记

一 月

1 日 《梁军传》发行签售会举行。中共中央政治局委员、十一届全国人大常委会副委员长、中华全国总工会主席王兆国为该书作序，黑龙江省委书记吉炳轩题写书名。

3 日 黑龙江农垦总局组团参加全国冬运会。

4 日 由海南省农垦集团投资 10 亿元建设的海南农垦商业中心举行奠基典礼。省委常委、海口市委书记陈辞，省委常委、海南军区政委刘鼎新，省政府副省长李秀领等出席奠基仪式。

6 日 大兴安岭集团公司召开干部大会，宣布成立呼伦贝尔农垦集团。

7 日 宁夏回族自治区人民政府授予宁夏农垦局“塞上农民新居”建设先进集体荣誉。

8 日 全国人大常委会原副委员长、中国红十字会原会长彭佩云到海南农垦南田农场考察。

9 日 海南农垦 2011 年度推进惩治和预防腐败体系建设检查考核工作动员会暨汇报会举行。海南省委常委、省政法委书记、省检查考核组组长肖若海出席并讲话。

9 日 由宁夏回族自治区旅游局、农垦局主办的第九届宁夏（沙湖）冰雪旅游节开幕。

10 日 广东省农垦总局与广东省经济和信息化委员会在广东签署《关于共建现代农业循环经济示范区合作协议》。

11 日 首农集团凯拓三元公司与河北省邯郸市磁县人民政府、邯郸市漳河生态科技园区，签订建设国家现代农业科技城良种创制中心河北良种创制基地合作协议。

12 日 《经济日报》以“跨越热作农业‘三道坎’”为题，报道广东农垦发展现代农业取得的成绩。

12 日 宁夏农垦工作会议召开，自治区人大副主任马秀芬、政府副主席郝林海、政协副主席解孟林出席了会议。

13 日 宁夏农垦集团被自治区人民政府评为“安全生产工作先进单位”。

13 日 安徽农垦集团与芜湖县人民政府举行战略合作协议签约仪式。

15 日 在首届全国冰上龙舟赛活动中，宁夏农垦沙湖代表队在女子 250 米直通竞速赛中夺冠。

17 日 泰国总理英拉在曼谷接见广垦橡胶集团公司领导。

17 日 广西农垦集团公司与中国烟草总公司广西公司举行广西烟草科技研发项目合同签字仪式，自治区副主席杨道喜出席。

17 日 黑龙江省长王宪魁到黑龙江垦区北安管理局调研绿色食品加工园区推进情况。

18 日 重庆市农业投资集团公司 2012 年工作会召开，重庆市政协陈贵云副主席出席。

19 日 黑龙江农垦北安管理局获国家级出口食品农产品质量安全示范区称号，黑龙江省副省长孙尧出席授牌仪式。

19 日 宁夏农垦与北京中坤投资集团公司签订框架性合作协议，携手打造国际化的葡萄旅游小镇。

20 日 海南省农垦总局八一总场、三亚医院被中央文明委授予“全国文明单位”称号。

21 日 宁夏垦区被列为第二批国家现代农业示范区。

30 日 广西农垦局与广西柳工机械股份公司、康明斯（中国）投资公司签署投资合作协议，柳工与康明斯合资生产发动机项目落户广西农垦新兴产业园区。

30 日 黑龙江农垦召开“十佳宜居农垦城”

命名表彰大会。

31日　河北省委书记、省长张庆伟到河北省柏各庄农场考察上汽曹妃甸绿色能源汽车项目、城西经济区冀东油田石油装备制造项目。

二　月

3日　宁夏回族自治区副主席赵小平调研宁夏垦区贺兰山东麓葡萄文化长廊建设。

5日　宁夏农垦局被自治区人民政府评为2011年招商引资工作先进单位。

8日　农业部办公厅印发《农垦局落实“全国农业科技促进年活动”方案》，部署开展科技创新与推广能力建设、农业高产创建攻关、热作标准园创建、农产品质量追溯、科技培训等活动。

8日　加拿大农业部长Gerry Ritz等一行参观北京首农集团三元种业绿荷金银岛牧场。

8日　首农集团所属北京华都集团与观唐投资控股公司签署《设立衡水华都食品有限公司投资协议》，共同成立衡水华都食品公司。

8日　黑龙江农垦总局被省委省政府授予“黑龙江省粮食生产突出贡献奖”。

9日　湖北省农垦工作会议召开，省政府副省长赵斌、副秘书长梅祖恩出席了会议。

10日　宁夏农垦平吉堡奶牛场被自治区党委政府授予“社会主义新农村建设先进集体”称号，农垦茂盛草业公司被评为“农业科技进步先进集体”、“自治区农业产业化优秀龙头企业”。宁夏农垦被自治区农业产业化协调领导小组认定为“自治区现代农业综合示范区”，并荣获2011年度全区马铃薯脱毒种薯三级繁育推广体系三等奖。

11日　黑龙江农垦总局连续第6年被黑龙江省政府授予全省安全生产工作优秀单位称号。

13～15日　甘肃省农垦工作会议召开，省政府李建华副省长、省政协张景辉副主席、省人大农工委王家勋主任出席会议。

17日　天津市副市长张俊芳出席在天津农垦海河乳业公司举行的天津市“放心奶”工程建设启动仪式。

20日　古巴部长会议副主席马里诺·穆里略·豪尔赫一行来到三元食品工业园区考察。

20日　安徽龙亢农场与省农科院、省农技推广总站、安徽科技学院合作完成的“耐旱、高效、广适性旱稻新品种绿旱1号选育与应用”成果获2011年度安徽省科学技术奖二等奖。

21日　农业部农垦局启动第六批学生奶奶源示范基地创建工作。上海光明荷斯坦牧业有限公司金山种奶牛场等50家奶牛场被确定为第六批“学生奶奶源升级计划奶源示范基地”。

27日　农业部农垦局在上海举办学生饮用奶计划宣传信息员培训班。

27日　光明集团与上海出入境检验检疫局签订推进食品产业国际化合作协议，国家认证认可监督管理委员会副主任王大宁、上海市政府副秘书长王伟到会讲话。

28日　首农集团与山东省人民政府战略合作签约仪式在济南举行。

29日　2012年全国南亚热带作物工作会议在广西南宁市召开。广西壮族自治区副主席陈章良致辞，农业部副部长高鸿宾讲话。

三　月

2日　农业部办公厅印发《农垦现代农业示范提升活动方案》，以100家全国农垦现代农业示范区为主体，开展农垦现代农业示范提升活动。

4日　宁夏回族自治区林业局、发改委、财政厅等单位联合评审，确定了宁夏首批6家自治区级湿地公园，农垦简泉湖、暖泉湖、镇朔湖三湖位列其中。

5日　西夏王葡萄酒物联网防伪与质量追溯平台在“2011RFID世界年度评选”中获“2011中国RFID行业十大最有影响力成功应用奖”。

6日　黑龙江八一农垦大学搭乘“神舟八号”飞船接受航天育种试验的200克“太空良种”首茬秧苗培育成功。

6～7日　广东省农垦集团公司在全省国有企业反腐倡廉建设工作会议上作典型经验交流。

7日　中国工商银行与黑龙江省政府暨黑龙江省农垦总局举行《金融战略合作协议》签约仪式。

7日　国务院医改办副主任徐善长到广东省农垦中心医院调研医保改革“湛江模式”的经验和做法。

9日　黑龙江垦区首家驻外旅游单位——北京北大荒旅行社投入运营。

10日　广西壮族自治区副主席高雄到黔江农

场就保障性安居工程建设用地、资金落实、开工以及项目工程监管等进行调研。

13日 “沙湖大米”荣获“宁夏安全放心消费品牌企业”奖。

14日 宁夏回族自治区人民政府副主席屈冬玉到农垦调研农业科技工作情况。

4月中旬 山西省发展和改革委员会、农业厅、林业厅、司法厅、电力公司共同签发了《关于理顺农林场电力管理体制推进农网改造升级工作的意见》。

19～23日 农业部农垦局在北京举办第六期国有农场土地管理政策培训班。

20日 《国务院农村综合改革工作小组关于开展国有农场办社会职能改革试点工作的意见》（国农改［2012］4号）印发，对国有农场办社会职能改革试点工作进行全面部署。

23日 农业部启动第三届“牛奶与健康”全国少儿绘画和作文大赛。

23日 安徽农垦现代农业发展公司召开创立大会暨第一次股东会。

23日 宁夏前进农场被自治区环保厅命名为第一批自治区级生态乡镇。

23日 央视一套《新闻联播》和新闻频道以“大春耕：激活两个环节 促进小麦增产”为题，报道了安徽龙亢农场春耕生产情况。

24日 河北省政府、国家电网在河北文安农场召开文安鲁能生态旅游度假区项目工作会议。

26日 湖南省委副书记、省长徐守盛到大通湖管理区调研蔬菜生产情况。

26～29日 农业部农垦局局长李伟国率由农业部、财政部、人力资源和社会保障部组成的联合调研组，专题调研对广东农垦养老保险相关情况。

27～28日 农业部农垦局在江西举办农垦超级稻和水稻生产工作座谈会。

27日 2012香港·北大荒招商项目推介会暨合作项目签约仪式在香港举行。

27日 在国务院国资委与广西合作备忘录签字仪式暨“央企广西行”活动启动仪式上，广西农垦与中石油广西销售公司签署战略合作协议。

28日 首农集团被北京市教委评为2011年北京高校毕业生就业百佳用人单位。

28日 黑龙江农垦总局与广东省供销合作联社举行战略合作框架协议签约仪式。

28日 广东省农垦集团与国家开发银行在穗签署开发性金融合作协议。

29日 农业部副部长牛盾访问莫桑比克期间，视察了湖北农垦援建的中—莫农业技术示范中心和湖北—加扎友谊农场。

29日 新疆兵团党委召开农业现代化建设暨扶贫开发工作会议、水利工作会议。

29日 广东省农垦总局与黑龙江省农垦总局签署《战略合作框架协议》。

29日至4月1日 广西农垦经贸代表团参加中国广西（缅甸）中小企业博览会。

30日 2012浙江·北大荒招商项目推介会暨合作项目签约仪式在杭州举行，招商总额达170亿元。

30日 河北省中捷斯友谊农场与斯洛伐克驻华大使馆签署《斯中友好合作备忘录——2012年活动计划书》。

30～31日 山西省农垦局组织召开全省农垦危房改造工作汇报暨布置会。

3月 农业部农垦局在内蒙古、黑龙江、河北举办三期滴灌节水技术培训班，8个垦区选派相关管理人员和技术人员450人参加了培训。

四　月

1日 广州风行发展集团公司被广州市认定为首批总部企业。

6日 陕西农垦集团和华阴市人民政府在西洽会上签署共建华阴—陕西农垦城乡统筹一体化现代农业示范园项目协议。

7日 上海鲜花港举行第八届郁金香花展暨公司成立十周年庆典仪式。

9日 农业部办公厅和财政部办公厅联合印发《2012年中央财政天然橡胶良种补贴项目实施指导意见》，明确2012年在优势区域内补贴胶园40万亩以上，并在海南省儋州市、白沙县、云南省景洪市开展操作方式创新试点。

9日 安徽省商务厅、省农委、省农垦集团联合举办“安徽农垦津巴布韦农业开发联盟对接会”。

10日 农业部办公厅印发《关于推荐“十二五”期间第一批热带南亚热带作物主导品种和主推技术的通知》，向热作生产者推荐54个热带南亚热带作物主导品种和38项主推技术。

10日 海南省委副书记、省深化农垦管理体制改革领导小组组长李宪生到西联、蓝洋农场检查总局2011年度重点项目建设情况。

10～13日 全国第三届割胶工技能大赛总决赛在广东茂名举行。农业部总经济师杨绍品出席开幕式。来自广东、海南、云南植胶区的36名选手参加比赛，海南农垦代表队虞海浓获得第一名。

12日 海口市人民政府和海南省农垦总局举行"海南省农垦国营桂林洋农场整建制正式移交海口市人民政府管理签约仪式"，副省长陈成出席仪式。

12日 由云南农垦集团公司和孟连农场合作组建的云南农垦集团孟连橡胶有限责任公司挂牌成立。

12日 宁夏农垦渠口太阳梁迎来了"十二五"首批移民。自治区政府副主席郝林海出席安置仪式。

13日 合肥皖垦小额贷款股份有限公司正式创立。

13～15日 中国农垦经济研究会理事长暨常务理事扩大会议在湖北垦区召开。农业部原副部长、中国农垦经济研究会名誉会长刘成果出席会议。

18～19日 2012年农垦农产品质量追溯工作会议在京召开。

18日 中共中央政治局常委、全国政协主席贾庆林一行，在新西兰进行国事访问期间，视察光明乳业旗下的新莱特公司及合作牧场。

18日 北大荒商贸集团东北亚物流平台——北大荒肇东食品产业园项目签约仪式举行，签约总额达30亿元。

20日 法国酩悦轩尼诗夏桐酒庄在宁夏黄羊滩农场举行开工仪式。自治区副主席郝林海出席。

21日 在第五届亚洲葡萄酒质量大赛中，西夏王葡萄酒业公司的"赤霞珠"干红葡萄酒获金奖，"霞多丽"、"贵人香"干白葡萄酒获银奖。

22～24日 全国农垦夏粮主产区小麦生产观摩会在安徽垦区举行。

23日 湖北农垦中莫农业技术示范中心合作项目正式启动。

24～25日 全国农垦宣传文化和办公室工作座谈会在重庆召开。

25日 农业部部长韩长赋一行到光明米业上海长江现代农业所属前进七队，考察大小麦生产情况。

25日 全国农垦企业财务决算分析会在海南召开，分析全年农垦企业经营情况，通报财务决算汇总情况。

26日 农业部部长韩长赋、副部长陈晓华、部党组成员张玉香等先后考察上海鲜花港。

26日 内蒙古呼伦贝尔农垦集团董事长张福礼随同温家宝总理出访欧洲。

26日 人力资源社会保障部和国家旅游局共同召开全国旅游系统先进集体、劳动模范和先进工作者表彰大会，宁夏农垦沙湖旅游公司荣获"全国旅游系统先进集体"称号。

27日 广西农垦与中国农业银行广西区分行举行全面战略合作协议签约仪式。自治区党委副书记危朝安出席仪式。

27日 甘肃黄羊河农工商（集团）公司的"黄羊河"商标被国家商标局认定为中国驰名商标。

27日 国家工商行政管理总局认定宁夏农垦"西夏王XIXIAKING及图"注册商标为驰名商标。

31日 全国"三夏"小麦跨区机收启动仪式在安徽农垦寿西湖农场举行。中共中央政治局委员、国务院副总理回良玉，安徽省委书记张宝顺、省长李斌等出席仪式。

4月 农业部农垦局启动农垦农产品质量追溯创建单位建设工作，确定117家企业为2012年农垦农产品质量追溯创建单位。

五　月

4～5日 农业部农垦局在广东召开全国农垦国有农场公益事业建设一事一议暨农工负担监管工作现场会。

6日 广西农垦集团与北京二商集团战略合作协议签约仪式在北京人民大会堂举行。自治区党委副书记危朝安、自治区副主席陈章良出席仪式。

7日 海南省农垦集团并购新加坡R1公司完成股权交割，涉及并购金额达3.26亿元。

8～10日 农业部农垦局在黑龙江举办全国农垦现代农业示范区培训班，来自各垦区主管部门负责人和100个现代农业示范区负责同志共计130余人参加了培训。

8～9日 河北省农垦科研所接待朝鲜农业技

术考察团。

12 日　黑龙江垦区发展战略座谈会在北京人民大会堂举行。中央农村工作领导小组副组长、办公室主任陈锡文，国务院食品安全委员会办公室主任张勇，国家发展和改革委员会副主任解振华、农业部副部长高鸿宾等出席。

13～14 日　农业部党组副书记、常务副部长余欣荣一行到海南考察南繁基地建设工作。

15 日　云南农垦和缅甸佤邦合作兴建的云康制胶厂正式建成投产。

16 日　全国农垦扶贫办主任座谈会在广西召开，交流扶贫工作开展情况和部署当年农垦扶贫开发重点工作。

18 日　广西壮族自治区农垦局和钦州市人民政府举行战略合作协议签约仪式。

18 日　甘肃省农垦集团 8 亿元企业债券及亚盛集团 11.5 亿元非公开发行股票成功发行。

18～20 日　在第十届中国畜牧业展览会上，三元种业被评为“百强优秀企业”，金星鸭业被评为中国畜牧业协会禽业分会突出贡献奖。

20～25 日　农业部农垦局在北京举办农垦改革和社会管理政策培训班。

20 日　广垦橡胶集团与集大国际投资集团在穗签署柬埔寨橡胶种植项目协议。

24 日　广西壮族自治区主席马飚考察广西农垦朗姆酒项目。

28 日　北大荒五大连池矿泉水股份公司举行工程竣工投产暨产品上市庆典仪式。

29 日　在国务院国资委与安徽省人民政府合作备忘录签字暨安徽省与中央企业合作项目签约仪式上，安徽农垦集团与中石油合作开发及配套设施建设项目签约。

31 日　中共中央政治局委员、上海市委书记俞正声在上海市委常委尹弘等陪同下视察上海冠生园食品总厂。

六　月

1 日　宁夏农垦集团资金集中管控平台正式启动，14 家农场作为首批实施单位，资金收支全部纳入系统集中管控。

4 日　宁夏回族自治区科技厅批复宁夏农垦成立宁夏奶牛研究所。

5～6 日　全国农垦扶贫项目管理培训班在北京举办，重点培训扶贫资金管理、审计检查和扶贫年报统计等内容。

6 日　辽宁省委任命王永鹏同志为辽宁省农垦局局长、党组书记。

9 日　欧盟委员会农业与乡村发展委员达契安·乔罗什一行到黑龙江农垦九三粮油工业集团考察，农业部部长韩长赋、副省长吕维峰等陪同。

9 日　由黑龙江农垦总局、福田雷沃重工合资成立的黑龙江雷沃北大荒农业装备有限公司举行投产仪式，填补了垦区大型农机制造产业的空白。

12～16 日　中国天然橡胶协会 2012 会长年会在宁夏举行。

12 日　由三元种业、华都集团、台湾酪多精生物科技股份公司合资成立了北京绿荷生物科技有限公司。

14～17 日　学生饮用奶计划部际协调小组办公室在河南省郑州市举办 2012 年学生奶奶源升级计划技术培训班和学生奶奶源示范基地建设经验交流会。

15 日　黑龙江农垦总局与北京市密云县人民政府签署战略合作框架协议。

15～18 日　农业部农垦局“科技垦区行”组织农民日报、光明日报、经济日报和新华网记者团赴宁夏农垦采访。

17 日　首农集团公司党委书记、董事长张福平当选为第十一届北京市委候补委员。

19 日　内蒙古垦区乌拉盖鲁新能源开发公司年处理 300 万吨褐煤提质项目开工建设。

19 日　第二十三届哈洽会圆满落幕，北大荒集团共签订国内外经济技术合作项目 246 项，成交总金额达 102.4 亿元。

21 日　安徽农垦集团与奇瑞重工股份公司举行战略合作签约仪式，重点加强在现代农业关键技术装备的研发、试验、示范、推广运用等方面的合作。

27 日　北大荒股份浩化分公司以年产尿素 30.9 万吨跻身 2011 年度全国氮肥行业 50 强行列。

29 日　农业部办公厅印发《农垦农产品质量追溯系统建设项目量化考核方案（试行）》（农办垦［2012］50 号）。

30 日　广西农垦集团有限责任公司以 145.121 1 亿元的经营收入入围广西企业百强，排名第10位。

七 月

2～5日 农业部农垦局在辽宁召开“第十届中国国际农产品交易会农垦展团预备会议”、“农垦农产品质量追溯项目监理制度研讨会”。

3～5日 中国内蒙古锡林郭勒乌拉盖2012首届民族传统射箭国际邀请赛在内蒙古乌拉盖牧管局举行。

4日 宁夏农垦·绿地控股集团战略合作签约仪式在银川举行，自治区党委常委、银川市委书记徐广国等出席。

5日 陕西省农垦集团华阴农场被陕西省现代农业园区办公室认定为“陕西省现代农业园区”。

6日 农业部农垦局李伟国局长率团考察访问光明食品集团所属澳大利亚玛纳森食品公司。

7日 在第二届中国草业大会上，宁夏农垦茂盛草业有限公司被中国畜牧业协会草业分会评为“首届（2009—2011年度）全国草业十强优秀企业”。

10日 国家禁毒委、商务部代表团到云南农垦所属老挝云橡投资公司考察调研。

11日 农业部副部长高鸿宾一行到甘肃农垦亚盛田园牧歌草业集团优质商品苜蓿基地调研。

11日 安徽省农垦集团（省农垦事业管理局）与宿州市人民政府签订了种业合作备忘录。

11日 农业部总经济师杨绍品到黑龙江农垦七星农场、胜利农场、友谊农场等地调研现代化大农业建设情况。

14日 由农业部、财务部主办的2012年天然橡胶良种补贴工作会议暨项目管理培训班在海口召开。

18日 黑龙江垦区牡丹江管理局云山水库管理站职工关龙有奋不顾身跳入江中抢救两名溺水中学生，献出了宝贵的生命。30日，中组部追授他“全国创先争优优秀共产党员”荣誉称号。

18～21日 中共中央政治局常委、全国人大常委会委员长吴邦国在全国人大常委会副委员长兼秘书长李建国，省委书记吉炳轩、省长王宪魁，总局党委书记、局长隋凤富等陪同下，深入建三江和牡丹江管理局视察。

19～20日 国务院在黑龙江省召开全国现代农业建设现场交流会，代表们参观了黑龙江垦区建三江、红兴隆管理局的现场。农业部部长韩长赋主持会议。

23日 中国科学院·宁夏农发办科技合作项目现场观摩总结会在宁夏农垦平吉堡现代农业示范园区科技创新中心召开，自治区政府副主席屈冬玉等观摩了宁夏农垦绿色生态高效栽培示范推广等项目。

30日 中共中央政治局常委、全国政协主席贾庆林视察黑龙江垦区现代化大农业发展、小城镇建设、生态环境保护以及民生工程。

30～31日 中央直属垦区财务人员培训班在北京举办，重点培训财务决算、国库集中支付和公务卡等内容。

7月 农垦系统174名从事部门统计工作三十年以上的统计人员，受到国家统计局表彰并获得荣誉证书。

八 月

1日 首农集团食品经营中心研发及配送基地项目（草桥）举行奠基仪式。

1日 黄河流量近3 000米^3/秒的洪峰安全通过宁夏农垦渠口农场段，宁夏农垦经受住了30年来黄河宁夏段最大洪峰的考验，没有发生一起人畜伤亡事故和重大财产损失。

2日 安徽农垦集团与安徽建工集团、宣城市签订了宣城政务新区建设项目合作备忘录。

5日 由黑龙江省政府主办，北大荒集团和东北农业大学、北京新发地农产品批发市场协办的黑龙江省“北菜南运”北京推介会暨签约仪式举行，黑龙江省副省长孙尧等出席。

8日 中共中央政治局委员、上海市委书记俞正声到光明食品集团上海五四公司防汛防台撤离人员临时安置点，向职工表示亲切慰问。

8日 首农集团与韩国最大的食品集团——希杰签署合作协议，共同出资组建北京首农希杰餐饮公司。

8日 在第二届“国饮杯”全国茶叶评比（第一阶段）活动中，广西农垦茶业集团的2个茶样（“大明山”牌黄金龙乌龙茶、“大明山”牌金宣红茶）荣获一等奖。

14日 农业部办公厅印发《农垦农产品质量

追溯系统建设项目管理办法》(农办垦〔2012〕63号)。

15日 在陕西省国资委监管企业战略合作签约会上，陕西省农垦集团公司分别与陕西建工集团、陕西煤业化工集团、陕西西瑞集团签订了战略合作协议。

15～20日 泰国农业与合作社部热作技术交流团到广东农垦参观考察。

15～16日 全国农垦财会人员培训班在辽宁省举办，重点培训企业财务管理和税务改革等内容。

16日 宁夏回族自治区张毅书记、王正伟主席陪同四川省党政代表团刘奇葆书记一行考察沙湖自然保护区。

22日 全国农垦危房改造工作研讨班在江西举办，农业部农垦局局长李伟国出席并讲话。

22日 斯洛伐克大使弗兰季谢克·德尔霍波切克到河北省中捷友谊农场参观访问。

29日 西夏王玉泉国际葡萄酒庄举行开业仪式，宁夏回族自治区政协副主席张乐琴等出席。

29日 农业部副部长张桃林到黑龙江垦区九三管理局调研现代化大农业建设、城镇化和社会公共服务体系建设等情况，并出席农业部支持海军农副业生产项目交接仪式。

九　月

1日 教育部副部长鲁昕一行到黑龙江垦区红兴隆、建三江管理局考察义务教育、职业教育等情况。

3日 第三届中国北大荒大豆节在黑龙江九三管理局开幕。农业部原副部长、中国奶业协会荣誉会长刘成果出席。

6～16日 湖北省农垦局组织省内新闻媒体赴莫桑比克采访农垦在非洲农业开发和技术援非工作。

9日 第七届亚洲品牌盛典在香港举行，"完达山"品牌荣获"亚洲品牌500强"、"亚洲(行业)十大公信力品牌奖"和"中国品牌冠军奖"。

11日 黑龙江省委副书记、省长王宪魁主持召开省政府常务会议，讨论并原则通过了《关于建三江、九三现代农业综合改革试验区管理委员会设立方案》。

11日 中非总统博齐泽考察宁夏农垦沙湖景区。

13日 安徽农垦集团与明光市政府举行垦地合作项目签约仪式。

15日 由国家发改委、财政部、农业部等六部门组成的秋粮收购调研组到黑龙江垦区建三江管理局，调研秋收生产、粮食储存及销售情况。

15～18日 由中国热带作物学会主办、宁夏农垦局协办的中国热带作物学会2012年理事年会暨学术论坛在银川举行，自治区政府副主席屈冬玉等出席会议并讲话。

17～21日 2012京津沪渝穗五垦区研讨会在上海光明食品集团举行。

18日 河北中捷友谊农场中海油中捷石化第一条陆上原油管线成功投运。

19～20日 农业部农垦局在新疆乌鲁木齐市召开农垦国有农场土地管理工作座谈会。

20～21日 农业部农垦局在新疆召开全国农垦农业机械化工作会议。

20日 宁夏回族自治区党委副书记崔波带领全区生态移民现场观摩经验交流团，观摩宁夏农垦渠口太阳梁生态移民安置区。宁夏农垦荣获全区生态移民工作先进集体三等奖。

21～23日 宁夏农垦绿色生态食品节暨西夏王之夜活动在北京举行，自治区政府副主席屈冬玉等参加了开幕式。

22日 在第九届中国—东盟博览会国际、国内合作项目集中签约仪式上，广西农垦签约项目36个，总投资169.88亿元。

23日 《国务院关于第六批取消和调整行政审批项目项目的决定》(国发〔2012〕52号)发布，取消了作为非行政审批的学生饮用奶定点生产企业资格认定工作。

25日 农业部发布第1832号公告，公布中国32家育繁推一体化《农作物种子经营许可证》企业名单，安徽皖垦种业公司位列小麦种子市场份额全国第一位。

25日 内蒙古呼伦贝尔农垦集团举行挂牌仪式。

27日 2012光明食品节举办开幕式，市委常委、副市长艾宝俊等出席。

28～30日 农业部农垦局组织农垦农产品质量追溯项目建设垦区和企业，参加了在北京举行的第十届“中国国际农产品交易会”，以及全国农垦优质可追溯产品展示、农垦专题座谈暨经贸合作项目签约仪式和百家参展企业诚信守法倡议签名等活动，中央政治局常委、全国政协主席贾庆林、国务委员孟建柱等领导参观视察了农垦展台。

十 月

5日 外交部副部长谢杭生、外交部欧洲司副司长陈立等到河北中捷友谊农场产业园区考察。

12日 2012年热带作物（番木瓜）种质资源展示活动在广州举办，共展示番木瓜种质资源238份。

16日 广西农垦糖业集团股份有限公司香港H股上市启动大会在南宁举行。

20日 由光明食品集团、中国食品工业协会、上海国家会计学院和上海海洋大学联合主办的首届“2012中国食品产业发展论坛”在上海举行。

22～30日 2012年农垦实施“走出去”战略培训班在京举办。

25日 来自美国、泰国、挪威等15个国家22人组成的IAGTO高尔夫考察团到海南农垦南田农场神泉国际高尔夫考察。

30日 农业部农垦局在江苏召开全国农垦政策体改工作座谈会。

10月 陕西省政府、省国资委决定，陕西省农垦集团隶属新组建的陕西粮农集团有限责任公司管理。

10月 农业部公布兵团畜禽标准化示范场20个，累计达到43个。

10月 全国农垦粮食总产达到638亿斤，实现“九连增”。

十一月

2日 光明食品（集团）有限公司对世界第二大谷物食品生产企业英国维他麦公司（Weetabix Food Company）60%股份的并购完成交割，成为中国食品行业最大的海外并购。

5～6日 首期农垦农产品质量追溯专家培训班在海南举行。

6日 海南省农垦集团与中国化工集团在京签署《关于橡胶轮胎业务的合作协议》和《中国化工集团公司与海南省农垦集团公司战略合作框架协议》。

7日 北大荒垦丰种业股份公司正式成立，黑龙江省人大常委会副主任申立国出席。

8日 黑龙江垦区水稻专家徐一戎荣获第四届中华农业英才奖。

8日 王震将军率师开发建设北大荒纪念馆和友谊农场红色旅游景区入选“全国红色旅游经典景区”。

9日 广东省人力资源和社会保障厅发文任命雷勇健同志为广东省农垦集团公司（广东省农垦总局）董事长（局长），任命陈少平同志为广东省农垦集团公司总经理。

22日 安徽龙亢农场被认定为安徽省现代农业示范区。

26日 陕西省农垦集团召开领导干部大会，宣布王桂欣任陕西省农垦集团公司董事长兼党委书记，郭剑任总经理兼党委副书记。

29～30日 商务部、农业部援非监评组对湖北农垦中莫农业技术示范中心进行监测评价。

30日 2012上海“兵团—光明食品节”在沪开幕，新疆建设兵团党委常委、副司令员孔星隆，上海市副市长姜平出席开幕式。

30日 随着北大荒米业卫星制米厂生产的600吨北大荒大米装车完毕，标志着由黑龙江省政府和北京市政府共同主办、北大荒米业承办的“黑龙江优质大米进京”活动正式启幕。

11月 广东省广前糖业发展公司获“广东省重点农业龙头企业”称号。

十二月

3日 《农垦农产品质量追溯系统建设项目信息管理办法》《农垦农产品质量追溯系统建设项目验收办法》印发。

3日 首届黑龙江品牌节品牌培育表彰大会在哈尔滨召开，完达山乳业股份公司、北大荒酿酒有限公司、九三粮油工业集团荣获“龙江品牌”单位称号。

6日 北大荒商贸集团与老挝合作建设“中老现代农业经济专区”项目签约仪式在老挝举行。

6～7日 农业部农垦局在北京举办农垦系统农情调度和项目管理培训班。

10 日　湖南农垦君山区野生荷花世界被全国旅游景区质量等级评定委员会评定为国家 4A 级旅游景区。

13 日　国务院总理温家宝到凯拓三元视察。

16 日　海南农垦同时在 12 个农垦单位举行 22 个项目集中开工仪式，项目总投资达 111 亿元。

19 日　海南金融领域“五个一”工程重要项目——海南大宗商品交易中心在海垦国际金融中心开业。

20 日　黑龙江省农垦建三江管理委员会、九三管理委员会正式挂牌成立，标志着省委省政府正式赋予建三江和九三管理局财税职能。

23 日　全国农垦工作会议在京召开，农业部总经济师杨绍品出席会议并作重要讲话，农业部农垦局局长李伟国主持会议。

24 日　农业部办公厅印发《关于印发第三批农业部热作标准化生产示范园名单的通知》，确定了第三批 59 个示范园。

12 月　全国农垦系统以奶牛、生猪生产为重点，在 138 个单位开展畜牧业高产攻关活动，96.4%的单位实现了攻关目标。

12 月　全国农垦系统以水稻、玉米、小麦、大豆、马铃薯、油菜、棉花、糖料生产为重点，在 438 个万亩示范片开展种植业高产创建活动，90.4%的单位实现了创建目标，粮食平均单产达 677.2 千克。

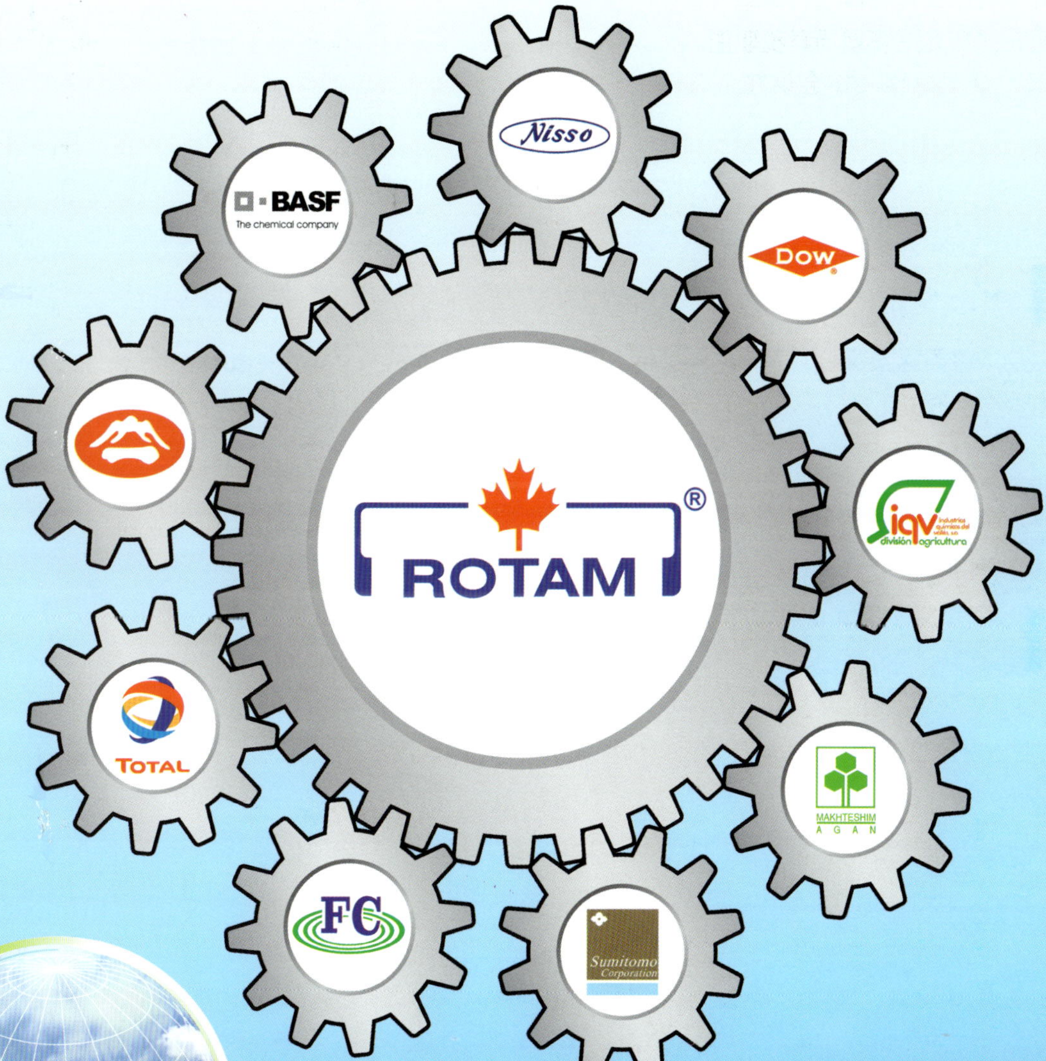

华都食品®
HUADU FOODSTUFF
全程可控 从农场到餐桌的安全食品
奥运
全程可控

安徽皖垦
种业股份有限公司

安徽皖垦种业股份有限公司为安徽省农垦集团有限公司控股的股份制公司，是农业部首批发证的育繁推一体化企业，曾荣获中国种业骨干企业、中国种业AAA级信用企业、省农业产业化龙头企业、省第一批创新型企业、省著名商标、省名牌农产品、省诚信种子企业、农发行黄金客户和AAA级信用企业等称号。公司注册资本1.5亿元，总资产逾3亿元；拥有12家分公司、1家控股公司和2家参股公司。公司以“安徽皖垦生物工程研究院”为科研平台，按照“一院六所十一站”构建了“1611”三级科研体系；公司生产经营小麦、玉米、水稻和大豆等农作物品种，小麦种子产销量稳居全国前列。公司具有完备的种子生产、加工、检验、仓储设施，及健全高效的种子质量管理体系，发展成为全国育繁推一体化大型现代种子企业。

科研合作

服务营销

生物育种

杂交育种

种子加工

服务热线：0551-64232997、64229668、65184718
地址：安徽省合肥市蜀山区黄山路468号通和大厦1号楼18层

安徽倮倮米业有限公司

ANHUI LUOLUO RICE INDUSTRY CO.,LTD.

全程可追溯 安全更健康

倮倮米业新厂外观图

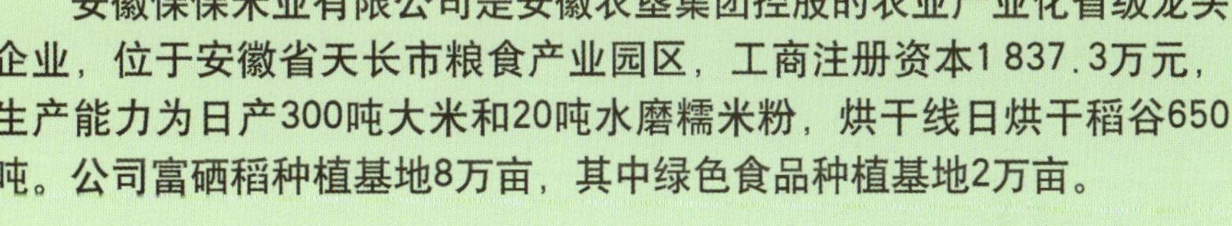

安徽倮倮米业有限公司是安徽农垦集团控股的农业产业化省级龙头企业，位于安徽省天长市粮食产业园区，工商注册资本1 837.3万元，生产能力为日产300吨大米和20吨水磨糯米粉，烘干线日烘干稻谷650吨。公司富硒稻种植基地8万亩，其中绿色食品种植基地2万亩。

2008年，公司成为全国首批、安徽首家农产品质量追溯项目的建设单位，2013年，倮倮米业在全国垦区首家实现应用二维码进行追溯产品的信息查询。企业先后获得“全国放心粮油示范加工企业”、“农业产业化省级龙头企业”、“创食品安全诚信企业”、“滁州市首批农业科技型企业”等十余项荣誉。

垦局副局长叶长江视察倮倮米业二维码追溯扫描

公司现有“倮倮”牌系列大米、硒米，“贵圆”牌系列水磨糯米粉，“雪里香”牌系列五谷雪花粉，其中，倮倮大米等六个产品被国家绿色食品发展中心认定为“A级绿色食品”，并先后获得“安徽省名牌农产品”、“安徽省著名商标”、“第十届中国国际农产品交易会金奖”等荣誉。公司产品因品质优良、营养健康、原生态、富含微量元素硒，畅销苏、沪、皖、闽、两广等地市场。

倮倮米业定量分装线

倮倮米业生产加工线

倮倮米业生产线

黑龙江农垦总局北安管理局红星农场

红星农场地处黑龙江省北安市境内，隶属于黑龙江农垦总局北安管理局。农场拥有土地面积58.8万亩，耕地面积41万亩，总人口1.3万人，2012年实现国内生产总值5.9亿元，粮豆总产4.7亿斤。

CNCA

国家有机产品认证示范创建区

证 书

证书编号：O-2011-004

黑龙江省红星农场：

根据你农场的申请，由黑龙江出入境检验检疫局推荐，经专家评审，现批准黑龙江省红星农场为国家有机产品认证示范创建区，有效期至2014年11月24日。

特颁此证。

该国家有机产品认证示范创建县包含如下项目

生产组织名称
北大荒亲民有机食品有限公司

生产组织地址
黑龙江省哈尔滨市香坊区汉水路116号

产品名称
有机面粉、有机挂面、有机豆酱、有机酸菜

认证机构
北京中绿华夏有机食品认证中心

在现代化大农业建设中，红星农场依靠先进科技和管理手段投资2 000万元建起了全国第一家现代农业发展中心。中心建立的以"3S"技术为核心的现代农业数字化信息系统，在农业生产的管理和指挥上，将土壤、水利、林业、气象等十三项信息及农业动态等相关数据进行综合分析，开展农事活动，实现了农业生产种、管、收全过程的数字化管理。在农业生产的经营与服务中，中心实行公司化经营、社会化服务和集约化管理，为农业提供产前、产中、产后的管理与服务。

在农业产业化发展中，红星农场的"北大荒亲民有机食品有限公司"是国内最大的有机食品产、加、销一体化龙头企业。经过认证的有机食品生产基地达8.6万亩，种植有机作物20多个品种。公司生产有机酸菜、脱水蔬菜、面粉、挂面、大豆酱、白酒等七大类30个品种的系列有机食品，其中"亲民"牌有机酸菜、有机脱水蔬菜已获黑龙江名牌产品，有机酸菜为国内唯一通过有机腌渍类认证的有机食品。公司还建立了"有机食品质量可追溯系统"，实现了从土地到餐桌的全程质量控制。

红星农场是国家无公害农产品示范基地农场、国家级生态示范区、农业部保护性耕作示范场、首批国家有机产品认证示范创建区和黑龙江省法制环境建设先进单位。

红星农场将在强工、兴城、优农的超越发展中开拓创新，成就一个更加美丽的新红星。

吉林省前郭灌区农垦管理局

前郭灌区农垦管理局党委书记、局长包万忠

前郭灌区位于松嫩平原地带、前郭县腹地，土壤肥沃、水草丰美、资源丰富，第二松花江和嫩江穿境而过。前郭灌区农垦管理局成立于1950年，为正处级建制，是全灌区的综合管理机构，下辖3个乡、7个国有农牧场，总幅员面积800千米^2，水田面积60万亩，草原面积20万亩，水面面积3万亩。灌区耕地全部处在北纬45°世界黄金粮食生产带上，年平均降水量400毫米，有效积温3 100℃，是北方水稻的最佳生产地，大广高速、长白高速、珲乌公路、长白铁路均从境内通过，交通十分便捷。全灌区总人口近10万人，其中农业职工10 400人，退休职工3 850人。工农业总产值达到16.23亿元，其中工业产值达到5.8亿元，水稻年产量40万吨，人均纯收入11 026元。

在“十二五”期间，前郭农垦提出了建设“工业项目集中区、农业科技示范区、新村建设样板区、文化旅游精品区”的发展构想，随着“三化统筹”目标的推进，灌区的工业化、城镇化和农业现代化建设蓬勃发展，展现出勃勃生机。现已建设成以农业为主导，以工业为支撑，以牧业为补充，以旅游业为潜力的四大基础产业。农业生产以水稻为主要种植作物，以国家现代农业示范园区红光农场为典范，水稻产量和大米品质逐年提高。工业以红旗工业园区为平台，以建材生产和稻米加工为发展方向，园区规模以上工业企业已达15户。牧业以红星牧场牧业园区为基础，养殖奶牛和东北细毛羊，牛羊总数达到4万头(只)。特色旅游以红光千米条田、莲花泡莲花源、红星大草原、哈拉毛都祥大爷府、哈达山水利枢纽工程为主要景点，形成了独特的旅游风景线。精神文明建设以莲花泡农场为典型，加快了社会主义新农村建设。

吉林省委书记王儒林到前郭灌区视察水稻育苗情况

国家农垦局领导到前郭灌区检查备春耕生产

前郭灌区农垦管理局领导在同晟商砼公司调研

前郭灌区红星牧场大草原

湖北天丰科技股份有限公司

Hubei Tianfeng Science&Technology Co., Ltd.

湖北天丰科技股份有限公司，改制前是湖北省龙感湖天丰粮油购销有限公司，公司成立于2005年，现注册资金7 000万元，固定资产总值2亿元。公司占地200亩，是一家集粮食购销、储备、加工为一体的股份制公司。公司配套设施完善，现有保温仓容5万吨，标准仓容2万吨，日产200吨大米生产线二条，日处理600吨粮食烘干清杂整理中心一座，粮食仓储、大米加工能力突出。

公司"龙湖天源"品牌商标系列的"雷池香米"、"龙湖香米"、"天源香米"等6个品牌大米已荣获"放心粮油"、"绿色食品"称号，参展历届中国食品博览会、湖北粮油精品展示交易会、中国武汉农业博览会等展览会均获金奖。公司是湖北省农业产业化省级重点龙头企业、是省军粮供应和应急粮供应企业、国家托市收储定点和省粮食商业储备企业，并成为农业部农垦农产品质量追溯项目湖北省大米加工企业首家建设单位。

公司秉承质量追溯、绿色生态的经营理念，积极引进和推广新品种，建立有机、绿色、环保水稻基地6万亩、双低油菜基地3万亩，优质稻订单15万亩，带动农户11万户，形成公司+专业合作社+基地+农户的生产模式，其生产的农产品实行质量可追溯制度，奋力打造绿色生态农业，实现公司、农户、社会互利共赢的局面。

① 公司组织员工参加培训

② 公司先进员工宝岛游

③ 省政协主席杨松来公司调研

④ 国家粮食局副局长、湖北省副省长、黄冈市副市长等领导了解公司质量追溯项目建设情况

⑤ 国家粮食协会会长参观公司产品展台

⑥ 天丰挂牌上市

三湖农场

自动日光温室育苗

机械插秧

机械收割

三湖农场位于江陵县东北部，地处江陵县、沙市区与潜江市之交，西南距江陵县城34千米，西距荆州市区32千米，东距省城武汉220千米。版图面积61.04千米^2，其中耕地3 900公顷，林地1 100公顷，养殖水面130公顷。辖新建、龚家垸、清水口3个分场共27个生产队和1个社区居民委员会，有20余家民营企业、1所学校和医院，居民4 676户15 347人。2012年，工农业总产值5.4亿元，生产总值2亿元，实现利税690万元、人均纯收入10 013元。

街道

历史上的三湖，方圆百里，白水映日，茭芦伏岸。"三湖钓雪"乃古江陵著名景观。

如今的三湖，是农业部、湖北省共建的"百家社会主义新农村示范联系点"，也是全国"百家农垦现代农业建设示范区"。

这里田野上不见牛耕人忙，从种到收机械化；这里的农家做饭不烧柴，作物秸秆还了田；这里民居齐展如线，小楼鳞次栉比；这里绿树环绕，田青水秀，万顷绿野展画卷，四季无处不风光。

这里出产绿色无公害的"荆晶"大米、"锦绣"黄桃；有专供超市的绿色"玉三湖"蔬菜和出口欧美的"星都"罐头、"三湖"皮蛋；有野生养殖的甲鱼、螃蟹、黄鳝、泥鳅、南美北对虾等。这里还有市场上俏销的"三湖"牌系列优良种子、种猪、优质皮棉，"垄上行"牌多功能小型农机和"艾美乐"牌床垫。

高产农田整理项目

新农村建设

湖北省国营熊口农场

湖北省国营熊口农场地处江汉平原腹地，位于潜江市南部东干渠两侧，全场土地分为互不连接的五个片块，分布在潜江市熊口、老新、龙湾三个镇境内。国土面积36千米^2，其中耕地面积36 075亩、林地2 100亩、养殖水面630亩、果树面积300亩。全场总人口15 189人，下辖6个分场，29个生产队（其中4个集体队、1个渔业队），2个公司，13家场办企业，1个职工医院，7所中小学，1个自来水厂。2012年实现工农业总产值21.78亿元，其中工业产值19.8亿元，农业产值1.98亿元，人平纯收入9 650元。

熊口农场党委一班人

熊口农场基础设施完好。交通便利，省道襄（樊）岳（阳）公路和襄（樊）石（首）公路贯穿农场，途径境内总里程14千米。场内公路与省、市公路叠通、相交、贯穿形成四通八达的公路网。水利资源丰富，盛产棉花、水稻。

湖北原野蔬菜公司

熊口农场场区环境优美，公共绿地面积5.8公顷，人均公共绿地面积4米^2。场内配套设施完善，自来水厂、职工医院、市场、学校、文化体育广场等一应俱全。

湖北省国营沙市农场

湖北省国营沙市农场位于荆州市东南郊，1957年10月建场，现隶属国家级荆州开发区管辖，国土面积35千米^2，辖9个农业分场和1个社区，总人口22 196人。2012年，农场实现社会总产值32.2亿元，增长50.9%；完成固定资产投资28.9亿元，增长80.9%；实现人平纯收入11 297元，增长24.3%。2008—2012年，农场连续五年荣获湖北农垦系统招商引资先进农场称号。

团结奋进的农场党委班子

沙市农场党委书记杨清华

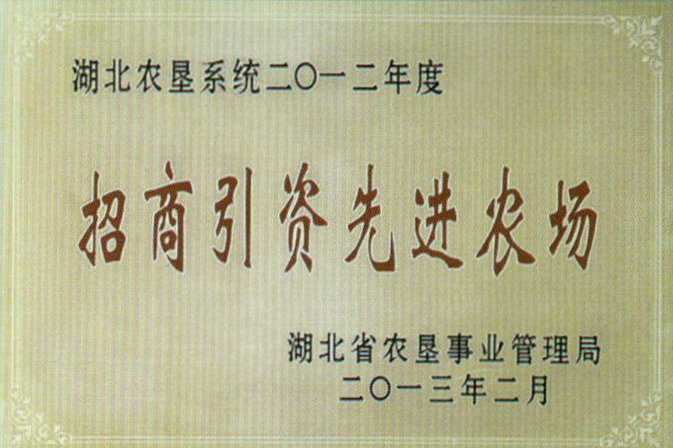

招商引资先进农场奖牌

近年来，农场坚持以招商引资和项目建设为中心，着力推进农业现代化、新型工业化和农村城镇化进程，经济社会发展取得长足进步。区域内现有纺织印染、化工建材、农副产品深加工三大工业园，初步形成纺织印染、化工建材、农副产品深加工、机械制造和新材料五大特色产业集群，目前入驻企业达174家，其中过亿元企业有沙隆达、大明水产、富京科技、长江镍业等。场内建成占地225亩的招商引资平台津龙工业园、建筑面积22万米^{2}的窑湾新村农工公寓、建筑面积3.7万米^{2}的西子河畔公租房，在建占地1 200亩的杨场生态农业体验园，并建立了全方位、多层次的社会保障体系。农场致力于走工业集团化发展路子，组建了湖北楚为置业集团，集团下设六大子公司，年实现纯收入1 000万元以上。

星宇农庄

湖北长江镍业高科股份有限公司

窑湾新村

湖北省军垦农场

军垦农场党委书记、场长张纯洁

军垦农场位于阳新县腹地，地处富水河中游，106国道穿场而过，总人口1.6万，国土面积46千米^2，拥有耕地3.2万亩，水面1.1万亩，林地2.6万亩。2012年被县委、县政府评为先进单位和农业产业化特色项目先进单位。近年来，农场经济社会取得了很大的发展，特别是现代农业呈现良好发展势头，建起黄石市五大特色农业基地——万亩绿色蔬菜基地、中粮7.5万头生猪养殖基地、东贝30万羽蛋鸡养殖基地、新冠日产4万斤的食用菌生产基地和新阳高新农业示范基地，集有机蔬菜、生猪、蛋鸡、食用菌、葡萄、鲜鱼和水果生产为一体，总产值到“十二五”期末达到10亿元。新农村建设整场推进，军垦已成为106国道上一道靓丽的风景线。

“君垦”牌观赏南瓜

军垦农场的设施农业发展的亮点是在生态农业、循环农业等方面走出了一条可持续发展之路，使军垦农场成为有名绿色（安全）食品生产的基地。万亩绿色蔬菜基地今年种植蜜本南瓜约6 000亩，为小拱棚设施种植，全部施用有机肥，采用生物农药，不存在污染和化学农药残留。蜜本南瓜是富含多种营养成分的素食食品，瓜叶、瓜花等也都有很高的食用价值。新冠农林食用菌生产项目建成日产4万斤食用菌的设施栽培基地，规模居全国前列，生产杏鲍菇、姬菇、秀珍菇等高端食用菌，受到市场和消费者的好评，产品远销全国各地。该基地实行设施化生产，集模拟生态环境、智能化控制、自动化工厂生产模式于一体，为食用菌创造了适宜的生长条件，质量较自然环境要好得多，且达到产品的安全绿色（有机）标准；开创了一种新的模式——循环农业，即工厂化生产杏鲍菇——以杏鲍菇废料为主要原料生产秀珍菇——以秀珍菇废料为主要原料生产有机肥，年产食用菌量达5 000吨，生物有机肥达7 000吨。

杏鲍菇包装车间

黄石市市委副书记张家胜视察杏鲍菇包装车

军垦新街